Internationale Bibliothek
Band 93

Peter von Oertzen

# Betriebsräte in der Novemberrevolution

Eine politikwissenschaftliche Untersuchung
über Ideengehalt und Struktur
der betrieblichen und wirtschaftlichen Arbeiterräte
in der deutschen Revolution 1918/19

Verlag J. H. W. Dietz Nachf. GmbH
Berlin · Bonn-Bad Godesberg

CIP-Kurztitelaufnahme der Deutschen Bibliothek

**Oertzen, Peter von**
Betriebsräte in der Novemberrevolution: e. politikwiss. Unters. über Ideengehalt u. Struktur d. betriebl. u. wirtschaftl. Arbeiterräte in d. dt. Revolution 1918/19. – 2., erw. Aufl. – Bonn-Bad Godesberg: Dietz, 1976.
(Internationale Bibliothek; Bd. 93)
ISBN 3-8012-1093-6

2., erweiterte Auflage 1976

ISBN 3-8012-1093-6

© der 2., erweiterten Auflage 1976 bei Verlag J. H. W. Dietz Nachf. GmbH
Berlin · Bonn-Bad Godesberg
Kölner Straße 143, 5300 Bonn-Bad Godesberg 1

© der Seiten 5–375 1963 bei Kommission für Geschichte des Parlamentarismus und der politischen Parteien.
Die 1. Auflage erschien unter Unterstützung der Kommission für Geschichte des Parlamentarismus und der politischen Parteien als Band 25 der Beiträge zur Geschichte des Parlamentarismus und der politischen Parteien im Droste-Verlag, Düsseldorf.

© der Seiten 377–484 bei Vorstand der IG Metall. Als Manuskript gedruckt und erschienen bei der Europäischen Verlagsanstalt, Köln
Umschlag: Die Arbeitsgemeinschaft Uwe Loesch, Düsseldorf
Druck: Ducke Offsetdruck GmbH, Darmstadt
Printed in Germany 1976

# Vorwort zur zweiten erweiterten Auflage

Der hier unverändert wieder abgedruckte Text „Betriebsräte in der Novemberrevolution" ist im Herbst 1961 abgeschlossen worden. Er wurde der Wirtschafts- und Sozialwissenschaftlichen Fakultät der Universität Göttingen als Habilitationsschrift vorgelegt und im Jahre 1963 als Buch veröffentlicht. Der Charakter des Textes als Habilitationsschrift und der Umstand, daß die inhaltlichen Aussagen von der damals herrschenden Lehre der Geschichts- und Politikwissenschaft mit Skepsis betrachtet wurden, geboten mir äußerste Zurückhaltung bei der Behandlung politisch brisanter Fragen der Novemberrevolution.
Um so dankbarer war ich, als mich im Jahre 1962 der Hauptvorstand der Industriegewerkschaft Metall aufforderte, an der Arbeit einer wissenschaftlichen Kommission teilzunehmen, die sich mit den Problemen der Sozialisierung befassen sollte.
Für diese Kommission erstattete ich ein Gutachten: „Die Probleme der wirtschaftlichen Neuordnung und der Mitbestimmung in der Revolution von 1918 unter besonderer Berücksichtigung der Metallindustrie". Dieses Gutachten stützte sich sehr weitgehend auf die wissenschaftlichen Vorarbeiten zu „Betriebsräte in der Novemberrevolution". Jedoch wurden die umfassenden historischen Darstellungen dieses Textes teils gar nicht, teils wesentlich gekürzt in das Gutachten übernommen. Die programmatischen und politischen Fragen, insbesondere soweit sie im Zusammenhang mit den Problemen der Sozialisierung standen, wurden hingegen in dem Gutachten ausführlicher und systematischer behandelt. Zum Teil geschah dies auch unter Hinzuziehung neuer Materialien.
Das Gutachten wurde dann im Jahre 1964 gedruckt. Da jedoch große Teile mit „Betriebsräte in der Novemberrevolution" textlich oder zumindest inhaltlich identisch waren, konnte das Gutachten aus verlagsrechtlichen Gründen nur als Manuskript verarbeitet werden und gelangte nicht in den Buchhandel. Es ist schon seit längerer Zeit nicht mehr erhältlich. Die gegenüber „Betriebsräte in der Novemberrevolution" inhaltlich neuen oder zumindest veränderten Textteile werden nun in einem Anhang mit abgedruckt. Es handelt sich dabei um die Kapitel 5 bis 11 sowie die Dokumente Nr. 5, 6, 7, 9, 13, 15, 18 und 19 dieses Gutachtens.
Beide Texte sind jedoch mehr als 10 Jahre alt und konnten auch nicht überarbeitet werden. Sowohl zum Thema „Räte" als auch zum Thema „Geschichte der Novemberrevolution" hat die Forschung seit 1963/64 jedoch erhebliche Fortschritte gemacht. Um dem Leser zumindest Hinweise

auf den neuesten Diskussionsstand zu geben, seien im folgenden einige deutschsprachige in der Bundesrepublik erschienene Publikationen der letzten Jahre aufgeführt. Sie enthalten in ihren biobliographischen Angaben auch alle erforderlichen Nachweise über die neuere wissenschaftliche Literatur zum Thema.

*Quellentexte und Diskussionsbeiträge zum Räteproblem:*

Karl Korsch, Schriften zur Sozialisierung, Frankfurt/M 1969
Dieter Schneider/Rudolf Kuda, Arbeiterräte in der Novemberrevolution, Frankfurt/M 1968, edition suhrkamp Nr. 296
Ernest Mandel (Hrsg.), Arbeiterkontrolle, Arbeiterräte, Arbeiterselbstverwaltung, Frankfurt/M 1971
Udo Bermbach (Hrsg.), Theorie und Praxis der direkten Demokratie, Opladen 1973, UTB 187

*Schriften zur Geschichte der Novemberrevolution:*

Eberhard Kolb (Hrsg.), Vom Kaiserreich zur Weimarer Republik, Köln 1972, NWB 49
Reinhard Rürup, Probleme der Revolution in Deutschland 1918/19, Wiesbaden 1968
Reinhard Rürup (Hrsg.), Arbeiter- und Soldatenräte im rheinisch-westfälischen Industriegebiet, Wuppertal 1975
Ulrich Kluge, Soldatenräte und Revolution, Göttingen 1975
Hartfrid Krause, USPD, Frankfurt/M 1975

*Literaturberichte:*

Ulrich Kluge, Essener Sozialisierungsbewegung und Volkswehrbewegung im rheinisch-westfälischen Industriegebiet 1918/19, Internationale Wissenschaftliche Korrespondenz zur Geschichte der Deutschen Arbeiterbewegung (IWK), Nr. 16, Aug. 72, S. 55 ff.
Alexander Decker, Die Novemberrevolution und die Geschichtswissenschaft in der DDR, IWK, 10. Jg., Sept. 1974, Heft 3, S. 269 ff.
Hans-Dieter Hellige, Die Sozialisierungsfrage in der deutschen Revolution von 1918/19, IWK, 11. Jg., März 1975, Heft 1, S. 91 ff.

Ich hoffe, daß diese Angaben dem interessierten Leser die Information über den gegenwärtigen Stand der wissenschaftlichen Diskussion erleichtern.

Februar 1976                                                          Peter von Oertzen

# Inhaltsverzeichnis

*1. Kapitel*
Thema und Methode . . . . . . . . . . . . . 7
a) Begriff und Problematik der „Räte" . . . . . . . . . 7
b) Arbeiterräte in der industriellen Wirtschaft . . . . . . 14
c) Die Rätebewegung als politikwissenschaftliches Problem . . . 20

*2. Kapitel*
Anfänge und Voraussetzungen der wirtschaftlichen Rätebewegung in Deutschland vor 1914 . . . . . . . . . . . . . 27

*3. Kapitel*
Die Räte in der Revolution . . . . . . . . . . . . 51

*4. Kapitel*
Die Berliner Arbeiterräte und die Theorie des reinen Rätesystems . . 69
a) Die revolutionären Obleute . . . . . . . . . . . 71
b) Die Berliner Arbeiterräte und ihr politischer Weg . . . . 78
c) Die Grundgedanken des reinen Rätesystems . . . . . . 89
d) Sozialisierung und Arbeiterkontrolle der Produktion . . . . 99
e) Der Sieg des Parteikommunismus . . . . . . . . . 103

*5. Kapitel*
Die Sozialisierungs- und Betriebsrätebewegung im Reich . . . . 109
a) Die Streik- und Sozialisierungsbewegung im Ruhrgebiet . . . 110
b) Die mitteldeutsche Rätebewegung . . . . . . . . . 133
c) Der gesetzliche Ausbau der Räte und die Betriebsrätebewegung 153
d) Zur Praxis der betrieblichen und wirtschaftlichen Räte in der Revolution . . . . . . . . . . . . . . . 169

*6. Kapitel*
Die Rätebewegung in den Gewerkschaften . . . . . . . . 181
a) Die politische Opposition in den Gewerkschaften . . . . . 183
b) Arbeitsgemeinschaft oder Rätesystem . . . . . . . . 187
c) Betriebsräte und Gewerkschaften . . . . . . . . . 194

*7. Kapitel*
Um die Vereinbarkeit von Rätesystem und parlamentarischer Demokratie . . . . . . . . . . . . . . . . 197

a) Kommunisten und Unabhängige . . . . . . . . . . . . 198
b) Die Sozialdemokraten . . . . . . . . . . . . . . 200

**8. Kapitel**
Die Rolle der Unionen in der Rätebewegung . . . . . . . . 207

**9. Kapitel**
Die Kommunisten und die Rätebewegung . . . . . . . . . 219

**10. Kapitel**
Marxismus, Sozialisierung und Rätesystem . . . . . . . . 229

**11. Kapitel**
Die Haltung der traditionellen Arbeiterorganisationen gegenüber der Rätebewegung . . . . . . . . . . . . . . . . 247
a) Das Problem einer wirtschaftlich-sozialen Neuordnung . . . . 251
b) Die Diskussion um die wirtschaftliche Räteverfassung . . . . 255
c) Gewerkschaftliche Argumente gegen die Räte . . . . . . . 266

**12. Kapitel**
Zur sozialen Grundlage der betrieblichen und wirtschaftlichen Arbeiterräte . . . . . . . . . . . . . . . . . . 271
*Exkurs:* Radikalismus und Rätebewegung . . . . . . . . 290

**13. Kapitel**
Die Struktur der Rätebewegung und die Idee des Rätesystems . . . 297
a) Die Grundgedanken des Rätesystems . . . . . . . . . . 297
b) Die politische Prägung der Rätebewegung . . . . . . . . 300
c) Die konkreten Gestaltungen des wirtschaftlichen Rätesystems . . 305
d) Die gesellschaftlichen Wurzeln der Rätebewegung . . . . . 310
e) Klassengesellschaft und Räteidee. Ein abschließender Versuch . . 329

Quellen- und Literaturverzeichnis . . . . . . . . . . . . 347

Dokumentarischer Anhang . . . . . . . . . . . . . . 347

Personenregister . . . . . . . . . . . . . . . . . 373

Neuer Anhang: Auszüge aus dem Gutachten: Die Probleme der wirtschaftlichen Neuordnung und der Mitbestimmung in der Revolution von 1918 . . . . . . . . . . . . . . . . . 377

# Vorwort

Die ersten Anregungen für die vorliegende Studie sind von Herrn Professor Carlo Schmid (Frankfurt) und seinem damaligen Assistenten, Herrn Professor Wilhelm Hennis (Hamburg), ausgegangen. Beiden habe ich außerdem für finanzielle Förderung zu danken. Die wesentlichen Anstöße für den Fortgang der Arbeit, insbesondere für die Konzentrierung auf die Rätefrage, haben sodann Herr Professor Erich Matthias (Marburg) und der seinerzeitige Vorsitzende der Kommission für Geschichte des Parlamentarismus und der politischen Parteien, Herr Professor Werner Conze (Heidelberg), gegeben. Der Kommission schulde ich überdies Dank für eine großzügige finanzielle Unterstützung meiner Arbeit. Im letzten Stadium meiner Untersuchungen haben mir dann noch Herr Professor Richard Nürnberger, Herr Professor Helmuth Pleßner und Herr Dr. Eberhard Kolb (alle Göttingen) wertvolle Hinweise gegeben.

Im Laufe der langen, sich über fast sechs Jahre erstreckenden Arbeit an der vorliegenden Studie haben mich so viele Menschen mit Rat und praktischer Hilfe unterstützt, daß ich ihnen nicht allen einzeln danken kann. Nur zwei möchte ich hervorheben: Meinen unvergessenen Freund Siggi Neumann † (Frankfurt), den Leiter des Archivs der Industriegewerkschaft Metall, und den unermüdlich hilfsbereiten Bibliothekar des Niedersächsischen Landtags, Herrn Hans Schmidt. Ferner danke ich besonders den Direktoren und Mitarbeitern aller Archive, deren Materialien ich benutzen durfte: Internationales Institut für Sozialgeschichte, Amsterdam; Deutsches Zentralarchiv, Potsdam; Deutsches Zentralarchiv, Abteilung Merseburg; Landeshauptarchiv Sachsen-Anhalt, Magdeburg; Institut für Marxismus-Leninismus beim Zentralkomitee der SED, Berlin.

Eine Fassung dieser Arbeit ist im Jahre 1962 von der Wirtschafts- und Sozialwissenschaftlichen Fakultät der Universität Göttingen als Habilitationsschrift angenommen worden. Die vorliegende Buchfassung unterscheidet sich — kleine Korrekturen ausgenommen — von der zuerst genannten nur dadurch, daß aus dem ersten Kapitel ein längerer methodischer Abschnitt über die Politische Wissenschaft im allgemeinen fortgelassen worden ist.

Göttingen, im März 1963                                P. v. O.

# 1. Kapitel:

## Thema und Methode

Der Gegenstand unserer Untersuchung ist ein Teil der Rätebewegung in der deutschen Revolution von 1918/19, und zwar derjenige, der durch Industriearbeiter getragen wurde und sich auf sozialem und wirtschaftlichem Gebiet, insbesondere im Industriebetrieb betätigte. Die in der November-Revolution aufgetretenen Soldatenräte, die — vereinzelten — Bauern- oder Landarbeiterräte und die Arbeiterräte mit unmittelbar politischer, auf die Beeinflussung des staatlichen und kommunalen Lebens gerichteter Zielsetzung sollen also nicht behandelt werden. Sie werden nur so weit herangezogen werden, als dies zum Verständnis der wirtschaftlich-sozialen Arbeiterrätebewegung erforderlich ist[1]).

a) *Begriff und Problematik der „Räte"*[2])

Im allgemeinen Sprachgebrauch versteht man unter „Räten" kollegiale Körperschaften — oder ihre jeweiligen Mitglieder — mit beschließender oder

---

[1]) Über die Rätebewegung in der Novemberrevolution existieren neben den allgemeinen, für unsere Zwecke nicht ausreichenden historischen Darstellungen und einer Reihe fast durchweg überholter Einzelstudien — hauptsächlich älteren Dissertationen — zwei neuere Untersuchungen von Wert: *W. Tormin,* Zwischen Rätediktatur und sozialer Demokratie. Die Geschichte der Rätebewegung in der deutschen Revolution 1918/19, Düsseldorf 1954, und *E. Kolb,* Die Arbeiterräte in der deutschen Innenpolitik 1918/19, Düsseldorf 1962. Läßt *Tormin,* trotz seines unbestrittenen Verdienstes, den fraglichen Komplex das erste Mal im Zusammenhang aufgerollt zu haben, noch manche Frage offen, so liefert *Kolb* eine überzeugende Studie der politischen Rolle der Arbeiterräte unter bewußtem Verzicht auf die Einbeziehung ihrer wirtschaftlich-sozialen Tätigkeit. Die Soldatenräte harren noch einer angemessenen Darstellung. Beide Arbeiten, besonders sorgfältig die von *Kolb,* geben einen wertvollen Überblick über die vorhandenen Quellen und die ältere Literatur.

[2]) Die Literatur über „Räte" und ihre Probleme beginnt — insbesondere seit den polnischen und ungarischen Ereignissen von 1956 — unübersehbar zu werden. Vor allem die verschiedenen dem Rätegedanken anhängenden sozialistischen Strömungen haben zahlreiche, z. T. auch wissenschaftlich beachtliche Beiträge geliefert. Ich werde auf einige dieser Arbeiten noch zurückkommen. Besondere Erwähnung verdient aber die Zeitschrift Études, die vom Institut Imre Nagy de Sciences Politiques in Brüssel herausgegeben wird. Sie repräsentiert die antistalinistische sozialistische Richtung der ungarischen Emigration nach 1956. Der Aufsatz von *J. Bak,* L'Expérience Historique des Conseils Ouvriers, Études, Nr. 2/1959, S. 27 ff., gibt eine gewisse Übersicht. Zum Rätegedanken allgemein: *L. Tschudi,* Kritische Grundlegung der Idee der direkten Rätedemokratie im Marxismus, Basel rer. pol. diss. 1950 (1952). Über Räte und ähnliche Organe in der Wirtschaft unterrichtet *H. A. Clegg,* A New Approach to Industrial Democracy, Oxford 1960, der die Ergebnisse einer internationalen Konferenz zusammenfaßt, die im Herbst 1958 in Wien über das Thema: Workers' Participation in Management stattgefunden hat. Über ihr spezielles Thema hinaus tragen zur Aufhellung des Begriffs und der Problematik der Räte bei: *O. Anweiler,* Die Rätebewegung in Rußland 1905—1921, Leiden 1958; *B. Pribićević,* The Shop Stewards' Movement and Workers' Control 1910—1922, Oxford 1959; ferner das genannte Buch von *Tormin.*

beratender Funktion, die sowohl durch Wahl, als auch durch Ernennung eingesetzt werden können (z. B. Gemeinderat, Bundesrat, Aufsichtsrat, Staatsrat). Der historisch-politische Begriff der „Räte", der spezifische Begriff, den wir meinen, wenn wir von „Räteidee", „Rätesystem" oder „Rätebewegung" sprechen, hat jedoch eine andere Bedeutung. Er hat faktisch-historisch von der ersten russischen Revolution 1905 seinen Ausgang genommen und ist bis in die Gegenwart — ungeachtet aller Wandlungen und ungeachtet der Ausdehnung seines Geltungsbereiches — an seiner revolutionären Entstehungssituation orientiert geblieben[1]).

Diesen Begriff in seinem vollen politischen Inhalt genauer als bisher bestimmen zu helfen, zur Beantwortung der Frage beizutragen: Woraus entstehen, was sind, was bedeuten Räte, speziell Arbeiterräte? ist die Aufgabe der folgenden Untersuchung. Ein plastischer, von historisch-politischer Anschauung gesättigter, geklärter Begriff von „Räten" kann also bestenfalls am Ende unserer Überlegungen stehen. Trotzdem ist ein vorläufiger, allgemeiner Rätebegriff nicht nur nötig, sondern auch möglich.

Ohne eine erste skizzenhafte Vorstellung von Räten, ohne eine aus der vorgängigen historisch-politischen Anschauung gewonnene Hypothese von ihrer Gestalt und ihrem Wesen würde unserer Untersuchung der Leitfaden fehlen, würde das ihr zugrunde liegende Problem gar nicht zu formulieren sein. Ein solcher hypothetischer Begriff von „Räten" läßt sich jedoch aus den geschichtlichen Tatsachen und ihrer wissenschaftlichen Bearbeitung ohne Schwierigkeiten gewinnen. Allerdings schwankt das wissenschaftliche Urteil darüber, wie groß der Kreis der überhaupt in Frage kommenden geschichtlichen Erscheinungen gezogen werden soll. Verschiedene, unter jeweils besonderen geschichtlichen Bedingungen aufgetretene Phänomene unter einem Begriff zusammenzufassen, ist immer problematisch, zumal dann, wenn sie nicht — im Rahmen einer zusammenhängenden Geschichtsperiode — auch in der geschichtlichen Wirklichkeit miteinander in Beziehung stehen. Ob und wieweit das der Fall ist, mag oftmals strittig sein, für die Periode der neueren europäischen Geschichte kann ein solcher Zusammenhang aber als gegeben angenommen werden. Auf diese Periode soll sich unser Begriff der „Räte" deshalb beschränken[2]).

Auch dann freilich wird sich nicht übersehen lassen, daß die tatsächliche wortgeschichtlich faßbare Herkunft des spezifischen Begriffs der „Räte" von den revolutionären Arbeiterräten Rußlands im Jahre 1905 auch den Inhalt unseres Begriffes prägt. Er ist, so wie er heute in Geltung steht, an der geschichtlich jüngsten Ausprägung, dem Arbeiterrat orientiert; und in gewissem Sinne sind daher die außerdem herangezogenen älteren Erscheinungen nur uneigentliche Vorformen. Trotz dieser Einschränkung findet unser definitorisches Unter-

---

[1]) Übereinstimmend mit *Anweiler*, a.a.O., S. 5, und *Tormin*, a.a.O., S. 7.
[2]) Ich folge hierin *Anweiler*, a.a.O., S. 6/7.

nehmen doch in dem gemeinsamen Rahmen der neueren europäischen Geschichte, insbesondere in der Geschichte ihrer Revolutionen, seine Rechtfertigung.

Die „Agitatoren" der Cromwellschen Armee und die revolutionäre Pariser Kommune von 1789—1794 oder von 1871, Revolutionsausschüsse, Streikkomitees und Sowjets in Rußland, Arbeiter- und Soldatenräte in Deutschland, Shop-Stewards oder Betriebsräte in fast allen europäischen Industrieländern, zuletzt noch Revolutions- und Arbeiterräte in Mitteldeutschland, Polen und Ungarn: So verschieden die geschichtlichen Umstände ihres Entstehens und ihrer Wirksamkeit auch sind, tragen sie doch gewisse übereinstimmende Merkmale, gewisse gemeinsame Züge an sich, die es gestatten, sie unter dem Begriff der Räte zusammenzufassen[1]).

Das durchgehende und grundlegende Kennzeichen aller der genannten organisatorischen Formen ist die polemische, die „revolutionäre" Tendenz ihrer Wirksamkeit. Alle „Räte" richten sich *gegen* etwas, gegen eine bestimmte politische oder wirtschaftliche Ordnung, gegen eine bestimmte gesellschaftliche Machtverteilung. Dieser Grundzug der Räte kommt zum Ausdruck: 1. in den sozialen Schichten, die sie — in der Regel — vertreten, 2. in der Form ihres Wirkens, 3. in der Art ihrer Entstehung[2]).

1. Gemeine Soldaten, Bauern und Kleinbürger, Arbeiter, Angestellte oder unterdrückte Volksmassen schlechthin waren in verschiedenen geschichtlichen Situationen und mit verschiedenem Gewicht die Träger von Rätebewegungen. Allen diesen Klassen bzw. Schichten ist gemeinsam, daß sie — sozial, wirtschaftlich, politisch — unterdrückt oder entrechtet oder zumindest abhängig sind, d.h., sich gegenüber bestimmten herrschenden Schichten in einer gesellschaftlich unterprivilegierten Position befinden. Sie sind — sei es durch die politische Verfassung (z. B. durch Wahlrechtsbeschränkung), sei es durch die Eigentumsordnung (z. B. als Lohnarbeiter) — von den entscheidenden gesellschaftlichen Machtstellungen: Offizierkorps, hohe Bürokratie, Parlament, Wirtschaftsleitung, weitgehend ausgeschlossen und haben auf deren Ausnutzung nur einen geringen oder gar keinen Einfluß.

2. Gegen die politischen, sozialen und rechtlichen Organisationsformen oder Institutionen, in deren Rahmen und mit deren Hilfe die herrschenden Schichten ihre Macht ausüben, richtet sich die politische Form der Rätebewegung: eine radikale direkte Demokratie. Durch sie wollen die bislang unterprivilegierten Schichten *unmittelbar* einen maßgebenden, wenn nicht überwiegenden Einfluß auf die Besetzung und Tätigkeit der leitenden Positionen in der Gesellschaft ausüben. Die direkte Demokratie der Räte wird durch die folgenden Praktiken

---

[1]) Da ich im Schlußkapitel noch einmal auf die Erscheinung der Räte schlechthin und auf ihre verschiedenen historischen Gestalten eingehen will, werden Quellen und Literatur z. T. dort genannt werden.

[2]) Ähnlich *Anweiler*, a.a.O., S. 6. Siehe auch *Tormin*, a.a.O., S. 7/8.

und Institutionen gekennzeichnet: (Sie treten zwar nicht in allen Situationen mit völliger Klarheit hervor, sind aber im Ansatz stets erkennbar.)

a) Alle leitenden Positionen werden durch Wahl besetzt.

b) Die Urwähler treten als geschlossene Wahlkörper in Aktion und bilden ihren politischen Willen in den Versammlungen dieser Urwahlkörper (Truppeneinheiten, „Sektionen", Betriebe).

c) Die Urwähler fällen eine möglichst große Zahl der erforderlichen Entscheidungen unmittelbar selbst und überlassen sowenig wie möglich ihren gewählten Vertretern.

d) Die gewählten Vertreter sind in ihren Entscheidungen nicht frei, sondern an Mandate ihrer Wähler gebunden.

e) Sie unterliegen der dauernden Kontrolle durch die Urwähler, müssen ihnen laufend Rechenschaft geben und können jederzeit durch sie abberufen werden.

f) Die gewählten Vertreter sollen möglichst ehrenamtlich tätig sein, auf keinen Fall jedoch ein erheblich höheres Einkommen beziehen als ihre Wähler.

g) Dieser Gedanke wird bis zu der Forderung nach der sozialen Homogenität von Wählern und Gewählten zugespitzt, d. h. die gewählten Vertreter sollen möglichst derselben sozialen Schicht angehören wie die Wähler.

Diese Elemente der direkten Demokratie werden, wie deutlich sichtbar ist, alle von dem Gedanken beherrscht, soweit als möglich den dogmatischen Grundsatz der uneingeschränkten „Volksherrschaft" zu verwirklichen, die „Identität von Regierenden und Regierten" oder — anders ausgedrückt — die „Selbstherrschaft der Massen"[1]).

3. Entsprechend der gegen die jeweils bestehende gesellschaftliche Ordnung gerichteten, der „revolutionären" Tendenz der Räte entstehen sie in der Regel aus revolutionären Situationen, und das spontane Handeln von Massen prägt ihre Entwicklung. Infolgedessen haftet den Räten weitgehend, wenn auch nicht durchweg, der Charakter von Revolutionsorganen an. Gelegentlich sind Räte allerdings auch aus Konzessionen erwachsen, die die herrschenden Schichten in revolutionären Situationen glaubten machen zu müssen, so die „Commission du

---

[1]) *C. Schmitt*, Verfassungslehre, München/Leipzig 1928, S. 234. *Anweiler*, a.a.O., S. 6. Ich habe den Begriff der direkten Demokratie bewußt sehr streng formuliert, weil er sonst alle Brauchbarkeit verliert. Gelegentlich wird schon die bloße Gesetzgebung durch das Volk selbst in Volksbegehren und Volksabstimmung als unmittelbare Demokratie bezeichnet, vgl. *E. Fraenkel/K. D. Bracher* (Hrsg.), Staat und Politik, Fischer-Lexikon Bd. 2, Frankfurt 1957, S. 97. Ich halte das für irreführend. Das Recht der direkten Volksgesetzgebung wäre zwar ein notwendiger Bestandteil einer nach den Prinzipien der direkten Demokratie errichteten Staatsverfassung, ist aber — zumal in der Form isolierter, geheimer Stimmabgabe — keineswegs hinreichende Bedingung der direkten Demokratie, wie im übrigen keine der genannten Kennzeichnungen für sich allein den vollen Begriff ausmacht. Eine ähnliche Kennzeichnung, wenn auch auf den Sonderfall der marxistisch begründeten „proletarischen Demokratie" beschränkt, gibt *Tschudi*, a.a.O., S. 57/8, 90.

Luxembourg" der Pariser Arbeiter von 1848[1]). Das ändert aber nichts an dem grundlegenden Sachverhalt. Die 1920 durch Reichsgesetz geschaffenen deutschen Betriebsräte sind — entgegen dem Anschein der gesetzmäßigen Entstehung — ein unmittelbares Produkt der revolutionären Rätebewegung von 1918/19. Was am ehesten gegen diese These zu sprechen scheint, ist die Schaffung der jugoslawischen Arbeiterräte, die unstreitig von der Partei- und Staatsführung, also „von oben" verfügt wurde. Die polemische, gegen die Wirtschaftsbürokratie im eigenen Lande und gegen die stalinistische Diktatur im übrigen Ostblock gerichtete Tendenz der jugoslawischen Arbeiterräte ist jedoch nicht zu verkennen. Auch die weiterwirkenden Konsequenzen des einmal ins Leben gerufenen Rätegedankens sind deutlich sichtbar[2]). Die Stärke der ihr innewohnenden revolutionären Stoßkraft hat die in Jugoslawien formulierte Idee der Arbeiterselbstverwaltung jedoch in den Aktionen der polnischen und ungarischen Arbeiterräte 1956 enthüllt[3]).

Innerhalb der hier allgemein charakterisierten Form der Räte lassen sich drei durch ihre Funktion voneinander unterschiedene Ausprägungen feststellen[4]):

1. **Räte als Kampforgane.** Sie werden mangels anderer geeigneter Organisationsformen von den revoltierenden Schichten bzw. Klassen geschaffen, um bestimmte, meistens begrenzte Aktionen gegen die bestehende Ordnung durchzuführen (die „Agitatoren", das Zentralkomitee der Pariser Nationalgarde 1871, Soldatenräte überhaupt, Streikkomitees, Shop Stewards, Revolutionsräte). Sie sind infolgedessen zuerst nicht als Dauereinrichtung gedacht; (das kann sich im Laufe des Revolutionsprozesses ändern).

2. **Räte als Interessenvertretungen unterprivilegierter Schichten oder Klassen,** insbesondere der industriellen Arbeitnehmerschaft, gegenüber den herrschenden Gruppen, insbesondere den privaten oder staatlichen Leitern der Wirtschaft oder dem Staatsapparat selbst („Commission du Luxembourg" 1848, vor allem jedoch die heutigen Betriebsräte), aber auch gelegentlich gegenüber anderen Schichten bzw. Klassen (Arbeiter- neben Bauernräten, Arbeiter- neben Angestellten- und Beamtenräten).

3. **Räte als Staatsorgane** des sich unmittelbar demokratisch selbst regierenden Volkes, d. h. als Organe eines „Kommunestaates"[5]). (Pariser Kommune, die Sowjets nach dem Buchstaben der ersten sowjetischen Verfassung von 1918. Aber auch die neben den politischen Vertretungskörperschaften stehenden Produzentenräte der jugoslawischen Verfassung müssen hierher gerechnet werden.)

---

[1]) Siehe *Anweiler*, a.a.O., S. 9/10.
[2]) Siehe *V. Meier*, Das neue jugoslawische Wirtschaftssystem, Zürich 1956, über die Machtverschiebungen zwischen den Organen der Arbeiterselbstverwaltung.
[3]) Vgl. *Anweiler*, Osteuropa, Jg. 1958, Heft 4, S. 224 ff., und Heft 6, S. 393 ff. Siehe ferner: *A. Babeau*, Les Conseils Ouvriers en Pologne, Paris 1960.
[4]) Im wesentlichen übereinstimmend mit *Tormin*, a.a.O., S. 7/8, und *Anweiler*, Die Rätebewegung in Rußland, S. 6.
[5]) *Lenin*, Sämtliche Werke, Wien/Berlin 1927 ff., Bd. 20, 1. Halbband, S. 133/4, 142.

Dieser Versuch einer formalen Gliederung der Räte zeigt jedoch auch die Grenzen eines solchen Verfahrens. In der geschichtlichen Wirklichkeit fließen die Formen, gehen sie ineinander über oder entwickeln sich auseinander. Eine wirkliche Rätebewegung durchläuft meist alle drei Formen[1]). In der Regel beginnt sie mit der Schaffung von Revolutionsorganen. Gelangt sie über dieses Stadium hinaus, so strebt sie häufig zur Errichtung einer Räteverfassung. In vielen Fällen sind jedoch Interessenvertretungen das einzige Ergebnis. Ob diese, etwa die deutschen Betriebsräte, überhaupt noch als Räte in unserem Sinne bezeichnet werden können, erscheint dabei fraglich. Man könnte sie vielleicht als potentielle Räte deuten: Sie waren es einmal und tendieren möglicherweise dazu, es wieder zu werden (die Rolle der Betriebsräte in Deutschland und auch in der Tschechoslowakei nach dem Zusammenbruch 1945 legt eine solche Deutung nahe)[2]. Andere Räte lassen sich von vornherein nicht gänzlich in das genannte Schema einordnen. Die Komitees der Shop Stewards z. B. sind — ihrer hauptsächlichen Funktion als Streikleitung entsprechend — ohne Zweifel Kampforgane, insofern sie aber auch Aufgaben wahrnehmen, die denen der Betriebsräte ähneln, fungieren sie gleichzeitig als Interessenvertretungen[3]. Immerhin lassen sich die unterschiedlichen Funktionen der verschiedenen Räteformen doch deutlich voneinander trennen.

Bereits die durch unsere Begriffsbestimmung gewonnene ganz allgemeine und durchaus vorläufige Vorstellung von Räten läßt einige Probleme erkennen, denen jede Räteorganisation in ihrer praktischen Wirksamkeit begegnen muß, und die demgemäß auch in unserer Untersuchung eine Rolle spielen werden. Ich sehe dabei von der im allgemeinen zuerst sich aufdrängenden Frage ab, ob die aufstrebenden, revoltierenden Schichten der Rätebewegung in der Regel über jene Kräfte verfügen, die die neu errungenen Positionen auch ausfüllen können. Obgleich diese Frage sehr bedeutsam ist und uns noch beschäftigen wird, betrifft sie jedoch keinen Sachverhalt, der für die Räte spezifisch wäre. Vor dieser Frage steht vielmehr jede revolutionäre oder auch nur reformerische Bewegung, die von aufstrebenden, bisher unterprivilegierten Schichten oder Klassen getragen wird. Durchaus spezifisch für eine Rätebewegung im Sinne unserer Begriffsbestimmung sind jedoch die Probleme der „Permanenz" und der Zentralisation.

Der Begriff der „Permanenz" ist hergeleitet von dem Kampf der Pariser Sektionen 1789—1794 um ihr Recht, jederzeit und — falls erforderlich —

---

[1]) So *Anweiler*, a.a.O., S. 7, für die russischen Räte.

[2]) *B. Sarel*, La Classe ouvrière d'Allemagne Orientale. Essai de chronique (1945—1958), Paris 1958; *P. Barton*, Prague à l'heure de Moscou, Paris 1958; über die Rolle der Betriebsräte nach 1945 in Westdeutschland gibt es keine hinreichende Darstellung; Andeutungen finden sich bei *E. Potthoff*, Der Kampf um die Montanmitbestimmung, Köln 1957.

[3]) Siehe *Pribićević*, a.a.O. Ferner *B. Pennington*, Docks breakaway and unofficial movements, International Socialism, Herbst 1960, S. 5 ff. *P.* war nach 1945 Funktionär der britischen Stauer- und Dockarbeitergewerkschaft und schildert die höchst lebhaften Shop Stewards-Bewegungen in den britischen Häfen.

dauernd, „permanent" zu tagen¹). Das Problem der „Permanenz" liegt in dem Erfordernis einer funktionierenden direkten Demokratie, die Willensbildung der Urwähler dauernd lebendig zu erhalten. In der Praxis bedeutet das die Notwendigkeit, daß zumindest eine aktive Minderheit der Urwähler in den Wahlkörpern der untersten Ebene beratend und beschließend tätig werden kann und tätig wird. Die Pariser Sektionen erreichen das durch tägliche Versammlungen. Finden diese Versammlungen nicht mehr in kurzen Abständen statt, sei es, weil den Sektionen das Recht der „Permanenz" genommen wird, sei es, weil die Anteilnahme der Urwähler erlischt, dann wird der reale Volkswille zu einer Fiktion: Die Willensbildung verlagert sich in die gewählten Organe und die direkte Demokratie verkümmert. In der Tat aber bedeutet die permanente Versammlungstätigkeit eine höchst anspruchsvolle Forderung an den einzelnen, der auch die aktive Minderheit nur in den kurzen Zeiten revolutionärer Hochspannung gerecht wird. Das Entstehen von Räten in revolutionären Situationen findet hierin — wenigstens teilweise — seine Erklärung, ebenso wie ihr Zerfall in der nachfolgenden Periode der Erschlaffung der politischen Energien.

Das Problem der Zentralisation entspringt ebenfalls der grundlegenden Bedeutung, die dem Wahlkörper der Urwähler in einer Räteorganisation zukommt. In kleinen, selbstgenügsamen Dorf- oder Talgemeinden, unter wirtschaftlichen Verhältnissen, in denen nur Handel, Rechtsprechung und gegebenenfalls kriegerisches Aufgebot überlokale Aufgaben stellen, können Thing oder Landsgemeinde die erforderlichen zentralen Funktionen ohne Bruch mit den Grundsätzen der direkten Demokratie wahrnehmen. Die entwickelte bürgerliche Gesellschaft und der moderne Flächenstaat lassen solche Lösungen nicht mehr zu. Liegt aber die demokratische Willensbildung wesentlich in den kleinsten Einheiten des sozialen Körpers, wie sollen die Befugnisse einer noch so demokratisch zustande gekommenen Zentralinstanz ihnen gegenüber abgegrenzt werden? Das Mehrheitsprinzip löst das Problem nicht. Immer wird dem in der Minderheit verbliebenen Teil der Urwähler ein Stück seiner unmittelbaren Selbstregierung entzogen werden. In der geschichtlichen Wirklichkeit der Rätebewegung bewegen sich die Lösungen zwischen extremem Zentralismus, der die unmittelbare Demokratie praktisch aufhebt, und extremem Föderalismus, der über der Autonomie der Kommunen und Betriebe (wie etwa im orthodoxen Anarchosyndikalismus) zu keiner funktionsfähigen Zentralinstanz gelangt²).

Eine weitere Differenzierung der Räteform, die uns zugleich unserem eigentlichen Thema näherbringt, ist die nach den tragenden Schichten bzw. Klassen der Räte und nach der gesellschaftlichen Sphäre ihrer Wirksamkeit. Soldatenräte (unter der Hülle ihrer speziellen Funktionen oftmals auch noch Sprecher be-

---

¹) W. Markov und A. Soboul, Die Sansculotten von Paris, Berlin 1957, S. XXIII/IV, 164 ff.
²) Über diese Problematik in Marx' Interpretation der Pariser Kommune von 1871 siehe Anweiler, a.a.O., S. 14 ff., bes. 19 ff. Siehe auch Stichwort „Syndikalismus" im HDSW, Bd. 10, S. 271 ff., die beste neuere deutsche Darstellung.

stimmter sozialer Schichten)¹), die von plebejischen und proletarischen Elementen gemeinsam getragene Pariser Kommune und schließlich die Arbeiterräte der modernen Rätebewegung unterscheiden sich deutlich voneinander; die Wirksamkeit in der Armee, in Staat und Kommune und in der modernen industriellen Wirtschaft stellt jeweils sehr verschiedene Aufgaben.

### b) Arbeiterräte in der industriellen Wirtschaft

In unserer gegenwärtigen industriellen Gesellschaft besitzen offensichtlich die Räte der industriellen Arbeitnehmer — vereinfacht: Arbeiterräte — besondere Bedeutung. Der Art ihrer gesellschaftlichen Stellung entsprechend ist vorzugsweise die Wirtschaft — vor allem in ihren untersten Einheiten: Werkstatt (Shop, Atelier), Betrieb, Unternehmen — das Tätigkeitsfeld von Räten. Das gilt auch, wie wir sehen werden, für die Arbeiterräte der deutschen Revolution 1918/19; ganz offensichtlich ist es bei den verschiedenen Shop Stewards- und Betriebsrätebewegungen seit Beginn dieses Jahrhunderts und bei den Räteströmungen und -bewegungen im kommunistischen Herrschaftsbereich. Der von der angelsächsischen Sozialpolitik und Sozialwissenschaft geprägte Begriff der „Industrial Democracy" bezeichnet ungefähr (nicht vollständig) den Umkreis der Probleme²), den Umkreis, in dem sich auch diese Untersuchung, wenn schon auf eine bestimmte geschichtliche Situation begrenzt, bewegen wird. Die reale Bedeutung einer solchen Themenstellung liegt angesichts des engen und zugleich prekären Zusammenhangs von Industrialismus und Demokratie offen zutage³).

Betrachten wir unter dem Gesichtspunkt der oben angestellten Überlegungen unser Thema etwas näher: Die gesellschaftliche Schicht, die die Rätebewegung in der deutschen Revolution von 1918/19 trägt, ist die industrielle Arbeitnehmerschaft, insbesondere die Arbeiterschaft. Die gesellschaftliche Sphäre, in der wir die Räte aufsuchen wollen, ist die Wirtschaft. Die polemische, die „revolutionäre" Tendenz der wirtschaftlichen und betrieblichen Arbeiterräte richtet sich dementsprechend gegen die bestehende Wirtschaftsordnung, oder anders ausgedrückt, gegen die gesellschaftliche Machtverteilung in der Wirtschaft.

Um diese „revolutionäre" Rolle der Arbeiterräte in Industriebetrieb und industrieller Wirtschaft⁴) wirklich erfassen zu können, ist es nötig, die soziale

---

[1] So brachten die „Agitatoren" der Cromwell'schen Armee auch die Interessen der Bauern, Pächter und Handwerker zum Ausdruck, *G. Lenz*, Demokratie und Diktatur in der englischen Revolution 1640—1660, München/Berlin 1933, S. 80 ff. Die Soldatenräte der russischen Revolution sprachen weitgehend für die Bauern, *Anweiler*, a.a.O., S. 142, 149.

[2] Hierzu das bereits genannte Buch von *Clegg*.

[3] Eine gute Zusammenfassung dieser Probleme gibt die Studie von *W. Strzelewicz*, Industrialisierung und Demokratisierung der modernen Gesellschaft, Hannover 1958.

[4] Daß wirtschaftliche und betriebliche Arbeiterräte nicht nur ein Phänomen der sog. „kapitalistischen" Wirtschaft sind, steht nach den Ereignissen in Jugoslawien, Mitteldeutschland, Polen und Ungarn außer Zweifel. Hingegen setzen sie offenbar die Existenz einer „industriellen" Wirtschaft voraus. Das sich an dieser Stelle aufdrängende Problem des historischen und sachlichen Zusammenhangs von „kapitalistischer" und „industrieller" Wirtschaft muß hier unerörtert bleiben.

Struktur der gegenwärtigen Industriegesellschaft näher zu bestimmen. Die Wirksamkeit von Arbeiterräten ist unzweifelhaft Ausdruck eines sozialen Konflikts. Um ihn zu beschreiben und zu verstehen, können wir auf die Ergebnisse der neuesten von *R. Dahrendorf* entwickelten soziologischen Konfliktstheorie zurückgreifen[1]). Der große Vorzug dieser Theorie liegt in ihrem formalen, auch vor scheinbar banalen Feststellungen und Begriffsbestimmungen nicht zurückschreckenden, instrumentalen Charakter. Wir brauchen *Dahrendorfs* Anwendung seiner eigenen Theorie keineswegs ohne weiteres hinzunehmen (wir brauchen uns auch nicht die höchst diffizile Terminologie dieser Theorie in allen Einzelheiten zu eigen zu machen), und können trotzdem aus ihren präzisen Problemstellungen Nutzen ziehen.

*Dahrendorfs* „Hauptthese" ist, „daß wir den strukturellen Ursprung sozialer Konflikte in den Herrschaftsverhältnissen zu suchen haben", die innerhalb von sogenannten „Herrschaftsverbänden" walten. In jeder menschlichen Gesellschaft „gibt es Positionen, deren Träger ... Befehlsgewalt haben, und andere Positionen, deren Träger diesen Befehlen unterworfen sind". Oder landläufig ausgedrückt, in jeder — entwickelten — Gesellschaft gibt es Herrscher und Beherrschte[2]). Sie bezeichnet *Dahrendorf* als „Klassen". Die Interessen der beiden Klassen können als prinzipiell gegensätzliche angenommen werden (was nicht ausschließt, daß die betreffenden Personengruppen außerhalb der bestimmten Herrschaftsbeziehung auch gemeinsame Interessen haben). Werden sich die Klassen ihrer latenten Interessen bewußt, dann verwandeln sie sich aus „Quasi-Gruppen" in organisierte Interessengruppen mit mehr oder weniger ausgebildeten Programmen und Ideologien und beginnen, ihre Interessengegensätze — in den unterschiedlichsten Formen — kämpfend auszutragen: Wir haben einen Klassenkonflikt vor uns. Solche sozialen Konflikte tendieren dahin, die Struktur des Herrschaftsverbandes, in dem sie sich abspielen, zu verändern[3]).

Auch der Industriebetrieb ist ein Herrschaftsverband. In ihm stehen sich die Unternehmer bzw. Manager als herrschende und die Arbeiter als beherrschte Klasse (im Sinne der *Dahrendorf*'schen Begriffsbestimmungen) gegenüber. Die Angestellten nehmen zwischen ihnen eine Mittelstellung ein, die nicht leicht zu bestimmen ist. In dem unvermeidlichen industriellen Klassenkonflikt sind jedenfalls die Unternehmer auf der einen und die Arbeiter auf der anderen Seite die bestimmenden Pole[4]). Diese soziologisch-theoretische Hypothese über die Angestellten stimmt im übrigen mit der Tatsache überein, daß in den bisherigen

---

[1]) *R. Dahrendorf,* Soziale Klassen und Klassenkonflikt (Klassen), Stuttgart 1957; Zu einer Theorie des sozialen Konflikts (Theorie), in Hamburger Jahrbuch für Wirtschafts- und Gesellschaftspolitik, 3. Jahr/1958, S. 76 ff.; Industrie- und Betriebssoziologie (Industriesoziologie), Sammlung Göschen Bd. 103, Berlin 1956.
[2]) Theorie, S. 83, 84, Klassen, S. 75 ff.
[3]) Klassen, S. 162 ff., zusammenfassend S. 203 ff.
[4]) Industriesoziologie, S. 64/5, 71 ff., 76 ff., 80; Klassen, S. 215 ff.; Theorie, S. 87/8.

industriellen Klassenkonflikten auf seiten der Arbeitnehmerschaft in der Regel die Arbeiter, ihre Organisationen und Ideologien die führende Rolle gespielt haben, und nicht die Angestellten. Wir können uns also in unserer Untersuchung mit gutem Grund vorwiegend auf die Tätigkeit der Arbeiterräte beschränken (im engeren Sinne des Wortes „Arbeiter" im Unterschied zu „Angestellter").

Immerhin wirft die nicht zu übersehende Rolle der Angestellten in der wirtschaftlichen Rätebewegung Fragen auf, deren Beantwortung sehr wohl auf die hier zu Beginn formulierten Thesen modifizierend zurückwirken könnte.

Der Ursprung des industriellen Konflikts zwischen den Unternehmern bzw. Managern und den Arbeitern (sowie dem Teil der Angestellten, der im Klassenkonflikt auf ihre Seite tritt), liegt nun zwar im Industriebetrieb und seiner „zur Dichotomie tendierenden Klassenorganisation"; aber der einzelne Betrieb, das einzelne Unternehmen sind nur Bestandteile des übergreifenden Bereichs der industriellen Produktion, der „Wirtschaft", auf deren Ebene sich der Klassengegensatz zu umfassenden sozialen Konflikten entwickeln kann und entwickelt[1]). Darüber hinaus ist die Wirtschaft auf das engste mit der gesamten übrigen Gesellschaft verflochten. Nicht nur das, sie spielt in unserer Gesellschaft sogar eine ausschlaggebende Rolle. Wir reden nicht ohne Grund von der „industriellen Gesellschaft". In ihr „sind Industrie und Industriebetrieb nicht nur eine neben anderen Institutionen ... Wie die Berufsrolle im Zentrum des sozialen Lebens des einzelnen, so steht die Industrie heute im Zentrum der Gesellschaft"[2]). Und auf Grund der Ergebnisse seiner Klassentheorie stellt *Dahrendorf* abschließend fest: „Wie die frühe, ist auch die entwickelte Industriegesellschaft eine Klassengesellschaft"[3]).

Man würde jedoch die Tragfähigkeit des hier skizzierten Ansatzes überfordern, wenn man von ihm über die Formulierung von soziologischen und politikwissenschaftlichen Problemen hinaus auch gleich deren Lösung erwarten wollte[4]). Weder ist über das Ausmaß, in dem sich industrielle Klassenkonflikte auf die gesamte Gesellschaft auswirken, etwas gesagt, noch über den Charakter dieser Konflikte selbst, über ihre Form, ihre Intensität und ihr Ergebnis. Hierüber kann nur die empirische — historische, soziologische oder politikwissenschaftliche — Untersuchung Aufschluß geben. Nicht einmal das tatsächliche Auftreten von Klassenkonflikten ist theoretisch postuliert (wenn auch mit guten Gründen empirisch als wahrscheinlich angenommen); denn die gegensätzlichen Interessen der Herrschenden und der Beherrschten können latent bleiben, sie brauchen nicht zur Bildung von Interessengruppen und infolgedessen nicht zum aktuellen Konflikt zu führen. <u>Immer müssen die jeweiligen Bedingungen des Klassenkonflikts empirisch erforscht werden,</u> insbesondere im Hinblick 1. auf

---
[1]) Industriesoziologie, S. 82; Klassen, S. 76/7.
[2]) Industriesoziologie, S. 99 ff., 109, 110.
[3]) Klassen, S. 213.
[4]) Was *Dahrendorf* übrigens mit dankenswerter Selbstbescheidung immer wieder betont.

die Bedingungen der Organisation der Klassen, 2. auf die Bedingungen der Intensität des Konflikts und 3. auf die Bedingungen möglichen Wandels der betroffenen Sozialstruktur durch den Konflikt[1]).

Betrachten wir nun die Bewegung der wirtschaftlichen und betrieblichen Arbeiterräte unter den entwickelten Gesichtspunkten, dann stellt sie sich uns als eine Klassenbewegung der Arbeiter dar, die unmittelbar gegen die Unternehmer bzw. Manager gerichtet ist, mit dem Ziel, die Herrschaftsstruktur der industriellen Wirtschaft grundlegend zu verändern[2]). Dieses Ziel ist von den verschiedenen Räten, je nach den historischen Gegebenheiten und politischen Umständen verschieden formuliert worden: Als „Betriebs-" oder „Wirtschaftsdemokratie", als „Kontrolle", „Mitbestimmung" oder „Selbstverwaltung" der Arbeiter in der Wirtschaft.

Diese Begriffe und die hinter ihnen stehenden politisch-sozialen Ideologien unterscheiden sich nicht unwesentlich voneinander, z. B. durch die Radikalität der geforderten Änderungen. Aber sie stimmen alle in dem entscheidenden Punkt überein: Die Arbeiter haben bisher keinen oder keinen wesentlichen positiven, gestaltenden Anteil an der Leitung der industriellen Produktion besessen (oder meinen, ihn nicht besessen zu haben). Nunmehr sollen sie, und zwar nicht als Staatsbürger auf dem „politischen" Wege über Parlament, Regierung und Verwaltung, sondern unmittelbar in der Wirtschaft selbst einen bestimmenden Einfluß auf die industrielle Produktion ausüben. Dabei ist es gleich, ob dafür der Arbeitsplatz selbst, der Betrieb, das Unternehmen, der Industriezweig, die Wirtschaftsregion oder die gesamte Volkswirtschaft, ob nur einige oder alle dieser Bereiche ins Auge gefaßt werden. Das Wesen des wirtschaftlichen Rätegedankens besteht in der unmittelbaren Beteiligung des Arbeiters an der Leitung des Wirtschaftsprozesses, auf welcher Ebene auch immer[3]).

Aus sozialer Bedingung und Zielsetzung der wirtschaftlichen Rätebewegung, wie sie hier skizziert wurden, ergeben sich mehrere wichtige Einzelfragen für unsere Untersuchung. Grundlegend ist die Einsicht, daß die Verwirklichung der Räteidee in der Wirtschaft die Schaffung einer eigenen, selbständigen, in sich zusammenhängenden Verfassung, einer „Wirtschaftsverfassung" erfordert, deren Verhältnis zur politischen Verfassung geklärt werden muß. Das ohnedies auftauchende Problem der Zentralisierung erhält einen besonderen Aspekt in dem Problem der zentralen wirtschaftlichen Planung und der wirtschaftlichen Dezen-

---

[1]) Klassen, S. 205, 174 ff.; Theorie, S. 86.

[2]) Das kommt besonders klar in der Begriffsbestimmung zum Ausdruck, die *Pribićević*, a.a.O., S. 1, für den Ausdruck „Arbeiterkontrolle" gibt. „... ‚workers' control' ... means the replacement of the capitalist industrial system by a new industrial order in which the industries of the country will be controlled (partly or completely) by associations of the workers employed in those industries."

[3]) *Pribićević*, a.a.O., S. 2, „... to take any positive part in the process of management". Demgegenüber bestehen die Unternehmer auf ihrem „right to manage their establishments", a.a.O., S. 40.

tralisation. Das Verhältnis der Arbeiterrätebewegung zu den politischen Parteien und — auf wirtschaftlich-sozialem Gebiet — zu den Gewerkschaften steht zur Diskussion.

Die immanenten Probleme der direkten Demokratie gewinnen unter den Bedingungen der entwickelten industriellen Gesellschaft außerdem ein besonderes Gewicht. Die Leitung des „modernen" Produktionsprozesses — wie übrigens auch die Leitung der „modernen" staatlichen und kommunalen Verwaltung — bedarf offenbar des Managements und der kaufmännischen, technischen und organisatorischen Fachleute. Aber die Existenz einer solchen hauptamtlich tätigen Schicht von Fachleuten („Bürokraten" in der Sicht der Rätebewegung) widerspricht einmal theoretisch den Grundsätzen des Rätesystems, und empirisch steht diese Schicht der bisher herrschenden Klasse der Wirtschaft, den Unternehmern, Managern oder Staatsbürokraten (in staatswirtschaftlichen Systemen) sehr nahe.

Es erhebt sich also die Frage, wie den wirtschaftlichen Räten die erforderlichen fachlichen Qualitäten zu sichern seien, ohne daß der alten oder einer neuen herrschenden Klasse die Wirtschaftsleitung wiederum überantwortet wird. Fragen wie die, ob die Arbeiter sich mit Unternehmern, Managern oder Bürokraten in die Wirtschaftsleitung teilen, ob sie ein entscheidendes Übergewicht beanspruchen, oder ob sie jene Klassen gänzlich ausschalten sollen, gehören in diesen Zusammenhang und bilden einen wesentlichen Bestandteil der Auseinandersetzung um Rätebewegung und Räteidee. Das gilt ebenfalls für die Frage nach der Wirksamkeit der Arbeiterräte auf den verschiedenen Ebenen der Produktion (Werkstatt, Betrieb, Unternehmen, Region, Industriezweig, Volkswirtschaft), wie in den verschiedenen funktionalen Zweigen der Wirtschaftsgestaltung (im sozialen, organisatorischen, technischen oder kaufmännisch-finanziellen Bereich).

Unerläßlich und von großer Bedeutung für eine Untersuchung der wirtschaftlichen und betrieblichen Arbeiterräte ist es vor allem anderen aber, diese geschichtliche Erscheinung mit den jeweiligen Traditionen, Organisationen und Ideologien der Industriearbeiterschaft in Verbindung zu setzen. Dabei müssen wir leider die Rolle der katholischen Arbeiterorganisationen und ihrer Soziallehre in der Rätebewegung der Novemberrevolution aus Gründen der Selbstbeschränkung außer acht lassen. Ohne Berücksichtigung der Sozialdemokratie, der freien Gewerkschaften und der sozialistischen, insbesondere der marxistischen Gedankenwelt jedoch, läßt sich die Rätebewegung weder beschreiben noch verstehen.

Die letzte Überlegung führt auf das bisher von uns vernachlässigte Problem des Zusammenhangs von Rätewirklichkeit und Räteideologie[1]). Auf der einen Seite stehen die tatsächlichen, aus der Arbeiterschaft hervorwachsenden Räte, die sich in bestimmten historischen Situationen zu Rätebewegungen größeren

---

[1]) Siehe *Anweiler*, a.a.O., S. 7, 10 ff., bes. 15.

Umfangs zusammenschließen, vielleicht gar beginnen, auf ihrem Tätigkeitsgebiet ein umfassenderes Rätesystem aufzubauen. Unvermeidlicherweise gelangen die Räte im Zuge dieser Entfaltung dahin, ihre Beweggründe und Praktiken ausdrücklich zu formulieren, eine Räteidee zu entwickeln und sie schließlich — oft unter Verwendung theoretischer Vorarbeiten — zu einem Programm, einer Theorie, einer Räteideologie weiterzubilden. Unabhängig von der realen Volks- oder Arbeiterbewegung, gelegentlich allerdings auch in loser Verbindung mit ihr, verlaufen jedoch daneben geistige Strömungen, die bestimmte Grundgedanken der Räteideologie auf rein theoretischer Ebene entwickeln. Nicht selten wirken diese Theorien dann auf die reale Bewegung zurück und verbinden sich mit deren praktischen Erfahrungen (so im Anarchosyndikalismus)[1]. Oft genug aber verbleiben sie in der Rolle bloßer Theorie, trotz manchmal verblüffender Parallelen zu den gleichzeitigen oder späteren realen Bewegungen, die anscheinend gänzlich unabhängig von ihnen sind[2]).

Worin liegt nun das wissenschaftliche Problem des solchermaßen umrissenen Phänomens der Räte? Welche Fragen erheben sich für uns? Grundlegend ist sicherlich diese: Erwachsen Rätebewegungen mit Notwendigkeit aus der modernen Gesellschaft und der modernen industriellen Wirtschaft? Oder anders ausgedrückt: Läßt sich das Entstehen von Räten ausschließlich aus besonderen nicht wiederholbaren geschichtlichen Umständen erklären oder auch — vielleicht sogar vorwiegend — aus der durchgehenden allgemeinen Struktur der bürgerlichen und der Industriegesellschaft? Worin liegen im einzelnen die Ursachen für das Auftreten von Räten, wohin tendiert ihre Entwicklung, stellen sie eine echte, „zukunftsträchtige Möglichkeit" *(Anweiler)*[3]) unserer Gesellschaft dar?

Eine endgültige Antwort auf diese Fragen kann sicherlich nur durch eine umfassende vergleichende Erforschung der gesamten geschichtlichen Erscheinung der Räte gewonnen werden. Diese Aufgabe ist noch kaum ernstlich in Angriff genommen worden. Die Untersuchung der betrieblichen und wirtschaftlichen Arbeiterrätebewegung in Deutschland 1918/19 will einen *Beitrag* zur Lösung dieser Aufgabe leisten. Sie wird sich bemühen, in der Vielfalt des konkreten geschichtlichen Phänomens der deutschen Arbeiterräte die durchgehenden, die allgemeinen, die „typischen" Entstehungsbedingungen, sozialen Strukturen, organisatorischen Formen, Ideen der gesamten deutschen Rätebewegung aufzusuchen und darzustellen. Das so gewonnene, geklärte Bild der deutschen Räte mag den Vergleich mit anderen Ausprägungen des Rätephänomens erleichtern und uns damit auch der Antwort auf die grundlegende Frage nach der historisch-politischen *Bedeutung* des Rätephänomens überhaupt einen Schritt näherbringen.

---

[1]) Siehe Stichwort „Syndikalismus" im HDSW.
[2]) Vgl. die Skizze bei *Anweiler*, a.a.O., S. 10 ff.
[3]) A.a.O., S. 321.

## c) Die Rätebewegung als politikwissenschaftliches Problem

Es gilt nun, unsere Fragestellung zu konkretisieren. Zu diesem Zweck empfiehlt sich ein kurzer Blick auf die schon anfangs erwähnten Arbeiten von *Anweiler* und *Tormin*, *Kolb* und *Pribićević*[1]), die sich zwar als Historiker und nicht als Politikwissenschaftler der modernen Rätebewegung gewidmet haben, deren Ziel aber nicht allein war, eine Darstellung des Geschehenen schlechthin zu geben, sondern — gleich uns — etwas über die „Bedeutung" und die „Möglichkeiten" der Räte auszusagen. Die Fragestellung der vorliegenden Arbeit wird dabei um so eher deutlich werden, als das ihr zugrunde liegende Tatsachenmaterial auf keinem anderen, als dem überkommenen Wege historischer Forschung hätte gewonnen werden können und infolgedessen der Einwand nahe liegt, daß demzufolge eine „streng historische" Behandlung an Stelle der methodisch nicht unbestrittenen politikwissenschaftlichen eigentlich das sachlich Gegebene gewesen wäre[2]).

Alle genannten Autoren bemühen sich, die Rätebewegung nicht bloß als einen in Entstehung, Verlauf und Ende kausal bedingten Prozeß zu begreifen, sondern als Moment der jeweiligen historischen Situation. Diese Situation aber verstehen sie — ausgesprochen oder unausgesprochen — als offen, als Entscheidungssituation, in der die Räte eine echte Möglichkeit dargestellt haben[3]). Wie wird nun dieser Möglichkeitscharakter herausgearbeitet und einsichtig gemacht?

*Anweiler* schildert am Leitfaden der Räteidee und vor allem der Rätewirklichkeit in bewunderungswürdiger Fülle, Konkretheit und Anschaulichkeit die gesamte russische Revolution zwischen 1905 und 1921. Mit Recht sieht *A.* das entscheidende Problem der russischen revolutionären Rätebewegung in dem Gegensatz zwischen den originären Räten „als Organen der proletarischen Selbstverwaltung und Trägern einer radikalen Demokratie" und den bolschewistischen „Räten" als den „Organen der Massenführung durch die Elite der Partei"[4]). Aber das Ringen dieser beiden Konzeptionen um die zukünftige

---

[1]) Siehe oben S. 7, Anm. 1 und 2.

[2]) Auf die interessanten methodologischen Auseinandersetzungen um die Politische Wissenschaft, insbesondere auf die z. T. sehr scharfe Kritik der Fachhistorie an ihr, kann hier nicht näher eingegangen werden. Eine lebhafte Diskussion entwickelte sich vor allem über *K. D. Bracher*, Die Auflösung der Weimarer Republik, Stuttgart/Düsseldorf 1955. Kritisch dazu: *Th. Vogelsang*, Neue Politische Literatur, Jg. 1/1956, Heft 1, Sp. 52 ff., und derselbe, Vjh. f. Zeitgesch., Jg. 9/1961, Heft 2, S. 211 ff., bes. 217/8; *W. Conze*, Hist. Z. 183, 1957, S. 378 ff.; *W. Besson*, Württemberg und die deutsche Staatskrise 1928—1933, Stuttgart 1959. Eine abgewogene Kritik an *Besson* und eine Verteidigung *Brachers* gegen dessen Einwendungen liefert *H. Herzfeld*, Neue Politische Literatur, Jg. 5/1960, Heft 5, Sp. 435 ff. *Besson* hat übrigens unterdessen selbst — als Ordinarius für Politik in Erlangen — das Feld der von ihm zuvor so herbe kritisierten Politischen Wissenschaft betreten und im übrigen kürzlich auch seine damalige Kritik an *Bracher* ausdrücklich widerrufen, VjH. f. Zeitgesch., Jg. 9/1961, Heft 3, S. 323.

[3]) Ausgesprochen *Kolb*, a.a.O., S. 8 ff., 404 ff.; *Anweiler*, a.a.O., S. 321; *Tormin*, a.a.O., S. 126 ff., bes. 129/30, 130 ff., 136 ff. Unausgesprochen *Pribićević*, a.a.O., S. 160 ff.; aber im Vorwort der Arbeit, S. V ff., greift *G. D. H. Cole* die Frage nach der positiven Bedeutung der Shop Stewards' Bewegung auf und beantwortet sie mit Hinblick auf *P.*'s Ergebnisse.

[4]) A.a.O., S. 303.

Gestaltung Rußlands kommt gegenüber dem eindrucksvoll geschilderten objektiven Gang der Geschehnisse nicht recht zur Geltung. Programm und Taktik der Bolschewiki treten freilich klar hervor; aber die originäre Rätebewegung gewinnt demgegenüber nicht annähernd so deutlich Gestalt. Obwohl dem Verfasser das erforderliche Material zur Verfügung gestanden hat, wie die Fülle der angeführten Tatsachen bezeugt, hat er die Gesamtstruktur, die innewohnenden Konsequenzen, die „Bedeutung" der russischen Rätebewegung nur skizziert, aber nicht ausgeführt[1]). Hätte er das getan, wäre es ihm durch die Konfrontierung des geschlossenen Bildes der Räte, ihrer Kräfte und ihrer Ziele, mit der russischen Wirklichkeit 1917—1921 vielleicht doch möglich gewesen, die offengebliebene Frage nach der „Zwangsläufigkeit" der Entwicklung zwischen 1917 und 1921 zu beantworten[2]). Trotz dieser Zurückhaltung hat *A.* wertend Stellung genommen, wie seine in der Darstellung offen zum Ausdruck kommenden Sympathien zeigen; aber es fehlt den Wertungen auf diese Weise ein Teil des erforderlichen Fundaments[3]).

Ähnlich liegen die Dinge bei *Tormin*. Die eindringliche — wenn auch im Vergleich mit der *Anweiler'schen* Arbeit weniger reichhaltige und plastische — Schilderung der deutschen Räte bis zum Zusammentritt der Nationalversammlung 1919 steht in keinem rechten Zusammenhang mit den Betrachtungen über „Wesen und Bedeutung der Rätebewegung"[4]). Die darin angestellten Überlegungen enthalten zwar erwägenswerte Aussagen über den sozialen, politischen und ideellen Charakter der Räte; aber sie fußen nicht unmittelbar auf der vorangegangenen historischen Darstellung. Überdies führen sie auch nicht zu klaren, deutlichen und historisch „gesättigten" Begriffen. Die benutzten Ausdrücke „soziale Demokratie", „Rätedemokratie" und „Rätediktatur" bleiben weitgehend unbestimmt und werden auch nicht konsequent verwendet. Diese Unklarheiten wirken wiederum auf die historische Darstellung zurück. So entschieden auch *Tormin* die handelnden Gruppen in der Revolution 1918/19 bewertet und so nachdrücklich er das Vorhandensein von Möglichkeiten in der Rätebewegung betont, so wenig wird doch deutlich, worin diese Möglichkeiten bestanden und inwiefern sie wirklich echte Möglichkeiten waren.

Wesentlich tiefer als *Tormin* dringt *Kolb* in die Problematik der deutschen Rätebewegung ein. Von Anfang an stellt er mit großer Bestimmtheit die Frage nach den nicht realisierten echten Möglichkeiten der Arbeiterräte in der Novemberrevolution und hält diese Fragestellung konsequent in der gesamten

---
[1]) Mehr als eine Andeutung kann die knappe Formulierung auf S. 320/1 nicht genannt werden.
[2]) Siehe a.a.O., S. 321.
[3]) Besonders deutlich werden *A*'s Sympathien bei der Schilderung des Kronstadter Aufstands, a.a.O., S. 308 ff. Nicht ohne eine gewisse pragmatische Berechtigung muß sich *A.* von *A. Schreiner* entgegenhalten lassen, daß der Leninismus heute nicht ohne Grund 35% der Erde beherrsche, während andere Wege zum „Sozialismus" noch nirgendwo zum Erfolg geführt hätten, Z. f. Geschichtsw., Jg. 6/1958, Heft 1, S. 29.
[4]) A.a.O., S. 126 ff.

Arbeit durch. Begünstigt wird diese Klarheit durch die wohlüberlegte Beschränkung des Themas auf die innenpolitischen Probleme, d. h. auf den Kampf der Räte um Verfassung und Verwaltung in Staat und Kommune.

Das Ergebnis wird unmißverständlich ausgesprochen: Vor allem — und eigentlich nur — in dem Kampf der demokratischen, d. h. im wesentlichen der sozialdemokratischen und gemäßigt unabhängigen Arbeiterräte um die „Demokratisierung der Verwaltung" lag eine echte Möglichkeit, die hauptsächlich durch die Uneinsichtigkeit der sozialdemokratischen Führer zunichte gemacht wurde. Eindringlich schildert *Kolb* die vom demokratischen Standpunkt aus höchst reformbedürftige alte Verwaltung des Staates und der Gemeinden, besonders in den östlichen Provinzen Preußens, sowie die Bemühungen der Arbeiterräte, eine solche Reform zu erreichen[1]. Zusammenfassend stellt er fest, daß für die unteren Volksschichten, die infolge der Revolution neu in die politische Verantwortung gelangt waren, insbesondere für die Arbeiterschaft, die Räte „nicht nur die einzig zur Verfügung stehenden, sondern auch die geeigneten Instrumente zur Erringung und zum Ausbau von Machtpositionen in der Verwaltung und damit zur Sicherung eines demokratischen Charakters der jungen Republik" gewesen seien[2].

*Daß* dies so war, geht aus *Kolbs* eingehender und sorgfältig dokumentierter Schilderung klar hervor; aber weshalb und inwiefern die Räte eine solche Rolle spielen konnten, bleibt bis auf wenige Andeutungen dunkel. *Kolbs* Rätebegriff ist z. B. ganz vage[3]. Die charakteristische soziale Funktion der Räte als Vertretung bisher unterprivilegierter sozialer Schichten wird nicht näher analysiert[4]. Weder erörtert *Kolb* im Zusammenhang, weshalb gerade die Räte und nicht die traditionellen Arbeiterorganisationen, Gewerkschaft und Partei, 1918/19 dazu berufen waren, eine Verwaltungsreform zu verwirklichen, noch erwägt er, welche Konsequenzen eine solche Reform vermittels der Räte hätte haben müssen. Sein Begriff „Demokratisierung der Verwaltung" ist ganz formal und erschöpft sich in der Vorstellung eines demokratischen „Pairsschubs" in den preußischen Landratsämtern. Die strukturellen Probleme der Demokratisierung einer obrigkeitsstaatlich geprägten Verwaltung und die Bedeutung von Organen der direkten Demokratie, wie es die Räte waren, für ihre Lösung bleiben völlig außer Betracht[5]. Damit entwertet *Kolb* zu einem Teil die Ergebnisse seiner aufschlußreichen Arbeit.

[1]) A.a.O., S. 243, 271, 273, 359 ff.
[2]) A.a.O., S. 405, siehe auch 408.
[3]) Andeutungen a.a.O., S. 60, 85/6, 96, 98/9, 101/2, 112/3, 246/7, 252, 304, 370/1, 401 ff.
[4]) A.a.O., S. 366 ff., 371, 374, 377, 382, 400, 404.
[5]) *A. Rosenberg*, auf den *Kolb* sich in seiner Zusammenfassung ausdrücklich beruft, a.a.O., S. 405, schürft bei weitem tiefer, obwohl auch er nur Andeutungen gibt. Immerhin vermitteln seine Hinweise, Geschichte der deutschen Republik, Karlsbad 1935, S. 21 ff., eine gewisse Vorstellung dessen, was er unter „Demokratisierung" verstanden wissen wollte: „... Überwindung des historischen Gegensatzes zwischen Exekutive und Legislative, ... Ersetzung der bürokratischen Regierung über das Volk durch die Selbstregierung der mündigen Volksmassen" (24).

Die Ursachen für diese überraschenden Lücken einer sonst so gelungenen Untersuchung scheinen mir im methodischen Ansatz zu liegen. Mit großer Entschiedenheit hebt *Kolb* die „ausschließlich historische" Betrachtungsweise seiner Arbeit gegenüber allen möglichen „Spekulationen" über Sinn und Realisierbarkeit eines „Rätesystems" hervor. Ihn interessiert „nicht so sehr die Frage, was die Arbeiterräte nach der einen oder anderen Theorie hätten sein können oder werden sollen, sondern im Mittelpunkt stand die Analyse dessen, wie diese deutschen Arbeiterräte 1918/19 in Wirklichkeit aussahen...". *Kolbs* Ziel ist kurz gesagt „die Feststellung von Tatbeständen"[1]). So weit, so gut! Jedoch die entscheidende Frage bleibt offen: Was sind geschichtliche „Tatbestände" und wie können wir sie erkennen?

*Kolb* nähert sich hier ziemlich weit der längst von der Geschichtswissenschaft selbst als irrig erkannten Auffassung einer naiven Geschichtsschreibung, daß ein historischer „Tatbestand" — etwa die Arbeiterrätebewegung 1918/19 — dem Forscher ohne weiteres unmittelbar gegeben sei, wenn er nur gewissenhaft und kritisch alle quellenmäßig zugänglichen Informationen über sein Thema zusammentrage. So gewiß diese Sammlung der Fakten die unentbehrliche Voraussetzung jeglicher historischen oder auch allgemein sozialwissenschaftlichen Arbeit ist, so gewiß kommt durch sie allein der erforschte Gegenstand in seiner Wirklichkeit, geschweige denn in seiner „Bedeutung", nicht in den Blick (das gilt auch gegen *Anweiler* und *Tormin*).

Die gesellschaftlich-geschichtliche Wirklichkeit existiert nicht allein in diskreten, isolierten Individualitäten. Das, was Räte wirklich „sind", besteht keineswegs nur in der Summe des Handelns von Hunderten einzelner Personenaggregate, die sich zufällig alle „Räte" nennen, sondern ebensosehr in gewissen typischen Regelmäßigkeiten ihrer Entstehung, Wirksamkeit und Entwicklung, in gewissen ihnen allen mehr oder weniger zukommenden, als typisch zu erfassenden Organisationsformen, in gewissen Übereinstimmungen ihrer Beziehungen zu sozialen Schichten, Institutionen und Organisationen und — nicht zuletzt — in gewissen gleichlaufenden ideellen Tendenzen, und seien sie noch so rudimentär. Diese „Strukturen" muß der Forscher, die Fakten zergliedernd, vergleichend und wieder zusammenfügend zu erfassen versuchen und in den Begriff, ebenso wie in die Beurteilung seines Gegenstandes aufnehmen. Jeder Historiker, und zumal jener, der die „Möglichkeiten" einer historischen Situation und demgemäß die „Bedeutung" der in ihr wirkenden Faktoren erkennen will, wird diesen gedanklichen Prozeß vollziehen müssen. Dabei wird sich der eine mehr von einem klaren methodischen Bewußtsein leiten lassen, und der andere mehr von seinem historischen „Takt", seiner schöpferischen Einbildungskraft (am besten ist es sicherlich, wenn beides Hand in Hand geht). Auch *Anweiler*, *Tormin* und *Kolb* sind überall dort, wo sie wertvolle Ergebnisse erzielt haben,

---

[1]) A.a.O., S. 404.

und diese Ergebnisse überwiegen die angedeuteten Mängel bei weitem, nicht anders verfahren[1]).

Zu welch fruchtbaren Resultaten eine historische Betrachtung führen kann, welche ein „allgemeingültiges Urteil... über die Arbeiterräte... ganz allgemein"[2]) unbefangen mit der Würdigung der konkreten historischen Umstände verbindet, zeigt die Studie von Pribićević über die englischen Shop-Stewards' 1910—1922. P. arbeitet die sozialen, organisatorischen und ideologischen Strukturen der gesamten Bewegung heraus, setzt sie zur ökonomischen und politischen Struktur Englands in Beziehung und begründet auf diesen Vergleich ein klares und deutliches Urteil über die „Möglichkeit" (konkret: die Unmöglichkeit) der Arbeiterkontrolle in der damaligen und in jeder ähnlichen Situation[3]).

Diese Arbeit gibt, zumal durch die Parallelität des Themas, den Richtpunkt an, auf den auch unsere Untersuchung zusteuert. In dem Rahmen der allgemeinen Klassenstruktur der industriellen Gesellschaft[4]) wollen wir die besondere historische Gestalt der Auseinandersetzung zwischen Arbeitern und Unternehmern, welche sich in der betrieblichen und wirtschaftlichen Arbeiterrätebewegung in Deutschland 1918/19 ausgeprägt hat, in ihrer Struktur erfassen und darstellen. Wir wollen versuchen, die allgemeinen wirtschaftlichen, sozialen, politischen und ideologischen Bedingungen ihrer Entstehung aufzudecken, ihre soziale Zusammensetzung, ihre Organisationsformen, ihr Verhältnis zu den überkommenen wirtschaftlichen, sozialen und politischen Institutionen zu analysieren, ihre Ideenwelt und deren Verhältnis zur Realität zu schildern, um schließlich die in der Bewegung zum Ausdruck kommenden Tendenzen in ihrer gesellschaftlichen und geschichtlichen Bedeutung zu würdigen. Das heißt, daß wir die Frage stellen müssen, ob sich in der Vielfalt der einzelnen Gebilde, Handlungen und Ideen typische Züge aufweisen lassen, die sich zu durchgehenden Strukturen zusammenschließen.

Unsere Fragestellung setzt voraus, daß genügend historische Darstellungen und erschlossene Quellen zur Verfügung stehen, um überhaupt ein Gesamtbild der deutschen Arbeiterrätebewegung in den Blick zu bekommen. Angesichts der Tatsache, daß die geschichtswissenschaftliche Erforschung der Novemberrevolution sich noch durchaus im Anfangsstadium befindet, könnte man bezweifeln, daß diese Voraussetzung besteht. Für eine einigermaßen umfassende

---

[1]) Sowenig wie im Text kann in der Literaturangabe das Problem der historischen und sozialwissenschaftlichen Begriffsbildung hier weiter vertieft werden. Ausgangspunkt jeder Erörterung ist trotz aller an ihm geübten Kritik — so kürzlich Tenbruck, Kölner Z. f. Soziol. u. Sozialpsych., Jg. 11/1959 — das Werk M. Webers. Siehe seine Ges. Aufs. z. Wissenschaftslehre, 2. Aufl., Tübingen 1951, bes. S. 146 ff., 427 ff., 527 ff. Über die Problematik der Begriffe „Bedeutung" und „Möglichkeit" in der Geschichtswissenschaft siehe vor allem die Auseinandersetzung mit Ed. Meyer, ebenda, S. 215 ff.
[2]) So mit negativem Akzent Kolb, a.a.O., S. 404.
[3]) A.a.O., S. 160 ff.
[4]) Siehe oben S. 14 ff.

Geschichte der revolutionären Ereignisse fehlen in der Tat noch an vielen Stellen die detaillierten Untersuchungen. Aber gewisse allgemeine Züge des Verlaufs der gesamten deutschen Rätebewegung stehen doch bereits fest, von *A. Rosenberg* zuerst skizziert und von *Tormin* und *Kolb* weiter ausgeführt. Dies ist vor allem deswegen bedeutsam, weil es uns ermöglicht, den politischen Zweig der Rätebewegung, den *Tormin* und *Kolb* vorwiegend untersucht haben, von dem wirtschaftlichen mit Bestimmtheit abzugrenzen.

Darüber hinaus aber gestattet uns das bisher gewonnene Bild der Novemberrevolution, unter Verwertung auch der älteren Darstellungen und mit der Ergänzung durch eigene Quellenstudien, einige räumliche und sachliche Schwerpunkte der betrieblichen und wirtschaftlichen Arbeiterrätebewegung hervorzuheben, deren objektive Bedeutung im Prozeß der gesamten Revolution außer Zweifel steht. Auf diese Schwerpunkte muß — und darf — sich unsere Arbeit beschränken. Der Untersuchung liegt also nicht die gesamte wirtschaftliche Rätebewegung in ihrer tatsächlichen Ausbreitung zugrunde. Das Gewicht der ausgewählten Teilkomplexe gestattet uns trotzdem, den Versuch einer typologischen Darstellung zu unternehmen.

Die drei wichtigsten geschlossenen Industrieregionen des alten Reiches, Berlin, das Ruhrgebiet und Mitteldeutschland waren zugleich auch die Schauplätze umfassender Rätebewegungen und die Zentren der revolutionären Unruhe, die in der ersten Hälfte des Jahres 1919 die Republik erschütterte. Von ihnen bezogen die Räte im übrigen Reich immer aufs Neue organisatorische und ideologische Anregungen. Die Bedeutung der Reichshauptstadt steht außer allem Zweifel; überdies waren hier die wirtschaftlich-betrieblichen Arbeiterräte auf das engste mit der politischen Entwicklung der Revolution verknüpft. Die reichhaltige Literatur an wissenschaftlichen Darstellungen und Memoiren, die Fülle der gedruckten Quellen in Zeitungen, Zeitschriften, Broschüren und Flugblättern, sowie die in dieser Arbeit zum erstenmal seit *Richard Müllers* Erinnerungswerken[1]) vollständig herangezogenen Protokolle der Vollversammlungen und des Vollzugsrats der Berliner Arbeiterräte geben unserer Untersuchung ein sicheres Fundament. Nicht ganz so günstig, aber ebenfalls ausreichend ist die Quellenlage für die Rätebewegung im Ruhrgebiet[2]). Insbesondere von der Kerngruppe der dortigen Arbeiterschaft, den Bergarbeitern, läßt sich ein zulängliches Bild gewinnen. Unzureichend waren bisher die Darstellungen und vorliegenden Quellen über die mitteldeutsche Bewegung. Die in unserer Arbeit verwerteten Akten, vor allem die des Oberbergamtes Halle, ergeben jedoch — zusammen mit den gedruckten Materialien — zumindest für das Zentrum der mitteldeutschen Bewegung im Raum Halle—Merseburg eine ausreichende Grundlage. Die in der reichhaltigen Broschürenliteratur der DDR zur Novemberrevolution verstreuten

---

[1]) Vom Kaiserreich zur Republik, 2 Bde, Wien 1924/5; Bürgerkrieg in Deutschland, Berlin 1925.
[2]) Vgl. meinen Aufsatz in VjH. f. Zeitgesch. Jg. 1958, Heft 3, S. 231 ff.

Quellenpublikationen gestatten darüber hinaus gewisse Rückschlüsse auf das gesamte sächsisch-mitteldeutsche Industriegebiet.

Neben den räumlichen Schwerpunkten der Rätebewegung können wir sachliche Entwicklungslinien von besonderer Bedeutung aufweisen, welche die räumlich abgegrenzten Bewegungen miteinander verbinden und zu einem guten Teil auch darüber hinausreichen. Unter ihnen besitzt vor allem der Entstehungsprozeß des Betriebsrätegesetzes Gewicht, der in allen drei räumlichen Zentren Ausgangspunkte besitzt, am sichtbarsten in Mitteldeutschland, und zugleich Bewegungen aus dem ganzen Reich in sich widerspiegelt. Er hat sehr weitgehend in den von mir benutzten Akten des Reichsarbeitsministeriums und des Preußischen Ministeriums für Handel und Gewerbe Niederschlag gefunden. Von gleich großer Wichtigkeit ist es, die Auswirkung der Rätebewegung auf die Gewerkschaften zu verfolgen, was vor allem für die großen Verbände der Metallarbeiter, Bergarbeiter, Eisenbahner, Bauarbeiter und Holzarbeiter zu interessanten Ergebnissen führt. Im wesentlichen gestützt auf die gewerkschaftliche Publizistik und die Protokolle der Kongresse und Tagungen kann hierbei die Reichweite der Rätebewegung über die eigentlichen Zentren hinaus abgemessen werden. Die Untersuchung der Rolle, welche gewisse Vorstellungen, wie die über eine mögliche Vereinigung von Rätesystem und Parlamentarismus, und gewisse Organisationen, wie die „Unionen" und die KPD, in der Rätebewegung gespielt haben, rundet unsere Darstellung ab.

Demgegenüber können wir ohne Bedenken auf eine nähere Untersuchung der Münchener Räterepublik vom April/Mai 1919 verzichten, zumal hier in *Kolbs* Schilderung[1]) eine quellenmäßig gut begründete Würdigung auch ihrer wirtschaftlich-sozialen Tätigkeit vorliegt. Die, wie wir sehen werden, für die Gesamtbewegung nicht typische Vorherrschaft anarcho-kommunistischer Elemente mit stark literarisch-romantischem Einschlag weist den Münchener Ereignissen durchaus eine Sonderstellung zu. So werden sich im ganzen, wie ich hoffe, die historischen Voraussetzungen unserer Darstellung als ausreichend erweisen, um die Struktur der betrieblichen und wirtschaftlichen Arbeiterrätebewegung zumindest in ihren großen Zügen sichtbar werden zu lassen.

---

[1]) A.a.O., S. 331 ff., 347 ff.

## 2. Kapitel:

## Anfänge und Voraussetzungen der wirtschaftlichen Rätebewegung in Deutschland vor 1914

Um die betriebliche und wirtschaftliche Arbeiterrätebewegung der Revolution von 1918/19 in ihren Entstehungsbedingungen, ihrer Struktur und ihrer Bedeutung verstehen zu können, müssen wir uns — wenigstens in ganz groben Umrissen — ein Bild von den sozialen, politischen und ideellen Verhältnissen machen, unter denen die deutsche Arbeiterschaft vor dem Ersten Weltkrieg existierte und die den historischen Hintergrund der Rätebewegung darstellen. Dabei kann es nicht unser Ziel sein, jene Verhältnisse, und sei es auch noch so skizzenhaft, in ihrem vollen Umfang sichtbar werden zu lassen; wir müssen uns vielmehr darauf beschränken, diejenigen Momente hervorzuheben, die für die Entstehung und Entwicklung von Idee und Praxis der Räte in der Arbeiterschaft bedeutsam sind[1]). Ein solches Verfahren setzt freilich das erstrebte Ergebnis dieser Arbeit, ein begründetes Urteil über den Charakter der deutschen Rätebewegung in gewissem Sinne bereits voraus; denn nur auf Grund dieses Urteils können wir abmessen, was an den Vorkriegsverhältnissen wirklich „bedeutsam" für die Rätebewegung gewesen ist. Ein solcher Vorgriff ist jedoch, wie bereits in der zu Beginn gegebenen Bestimmung des Rätebegriffs deutlich geworden ist, unvermeidlich; er wird seine volle Rechtfertigung nur im Gesamtergebnis der Untersuchung finden können.

Da Räteidee und Rätebewegung in ausdrücklicher Form sich in der deutschen Arbeiterschaft vor 1914 — ganz im Gegensatz zu Großbritannien[2]) — so gut wie gar nicht aufweisen lassen, entsteht die Frage, worin wir überhaupt Ansätze oder Vorbedingungen von Räten zu suchen haben. Wir gewinnen die Grundlage zur Beantwortung dieser Frage, wenn wir auf die eingangs entwickelte Begriffsbestimmung der Arbeiterräte als einer Form der direkten Demokratie und als Ausdruck eines sozialen Klassenkonflikts zurückgreifen. Betriebliche und wirtschaftliche Arbeiterräte sind danach, entweder in ihrer subjektiven, bewußten Zielsetzung oder zumindest in ihrer objektiven Tendenz, Organe, die auf die Veränderung der wirtschaftlichen Herrschaftsstruktur gerichtet sind. Sie erstreben

---

[1]) So werde ich mich z. B. im allgemeinen auf die Darstellung der sozialistischen und freigewerkschaftlichen Arbeiterbewegung beschränken, da die christliche und die liberale Strömung — trotz ihrer kulturellen und politischen Bedeutung — gegenüber der sozialistischen Strömung zur Arbeiterrätebewegung nur in so verhältnismäßig geringem Umfang beigetragen haben, daß dieser Verzicht gerechtfertigt erscheint.

[2]) Vgl. *Pribićević*, a.a.O., S. 2 ff., 10 ff.

und erreichen dieses Ergebnis durch die unmittelbare Teilnahme der Arbeiter an den bisher durch die Unternehmer bzw. Manager ausschließlich wahrgenommenen wirtschaftlichen Leitungsfunktionen.

Von daher lassen sich nun gewisse allgemeine soziale und politische Vorbedingungen bezeichnen, die gegeben sein müssen, damit Räteidee oder Rätebewegung sich entwickeln und ausbreiten können. Wie diese Bedingungen sich im einzelnen auswirken und welches Gewicht sie besitzen, kann freilich nur die konkrete Untersuchung der wirklichen Rätebewegung zeigen; aber zur Charakterisierung des geschichtlichen Hintergrundes vermag uns auch ein erster Überblick genügend Anhaltspunkte zu geben.

1. Man wird sagen können, daß ein Minimum an gesellschaftlichem Selbstbewußtsein und politischer Erfahrung in der Arbeiterschaft vorhanden sein muß, wenn über den Frühzustand dumpfer Ergebung oder spontanen blinden Aufbegehrens hinaus irgendeine zielgerichtete und organisierte Form der Klassenauseinandersetzung möglich sein soll.

2. Eine weitere Voraussetzung dafür, daß die latente Gegensätzlichkeit der Interessen von Arbeitern und Unternehmern manifest werden kann, besteht darin, daß die Arbeiter eine Vorstellung von der Herrschaftsstruktur der Wirtschaft und der Gesellschaft gewinnen und dieser gegebenen Struktur überdies kritisch und nicht etwa nur hinnehmend begegnen.

3. Kritik an der bestehenden wirtschaftlichen Herrschaftsordnung und die Bereitschaft, die aus ihr entspringenden Interessenkonflikte auszukämpfen, sind zwar notwendige, aber nicht hinreichende Bedingungen einer auf Veränderung dieser Herrschaftsstruktur zielenden Bewegung. Die Vorstellung von der Möglichkeit und der Notwendigkeit solcher Veränderungen muß hinzutreten, d. h. ein auf soziale Reform oder soziale Revolution gerichtetes (in der geschichtlichen Wirklichkeit Europas also ein „sozialistisches") Bewußtsein.

4. Das abstrakte „sozialistische" Bewußtsein genügt aber nicht. Die Räteidee, wie auch immer man ihren theoretischen oder praktischen Wert bemißt, enthält eine konkrete Vorstellung von den erstrebten sozialen Veränderungen. Wo das Bedürfnis nach solchen konkreten Vorstellungen von der zukünftigen neuen Wirtschaftsordnung nicht entwickelt ist, kann der Rätegedanke keine Wurzeln fassen.

5. Dort, wo sich die Arbeiter — wie in Deutschland vor 1914 — bereits mit Erfolg wirtschaftliche und politische Organisationen zur Vertretung ihrer Interessen geschaffen haben, werden neue, andersartige Organisationsformen, wie die Räte, in der Regel nur dann entstehen, wenn im Zuge einer längeren Entwicklung oder in einer bestimmten kritischen Situation die überkommenen Organisationen sich als unzureichend erweisen.

6. Eine Besonderheit der wirtschaftlichen Rätebewegung liegt in der großen

Rolle, welche Betriebsbelegschaften und Betriebsräte in ihr spielen. Eine solche hervorragende Bedeutung der betrieblichen Sphäre setzt aber voraus, daß der Betrieb und seine speziellen Probleme objektiv im sozialen Leben der Arbeiterschaft eine besonderes Gewicht besitzen, daß diese Tatsache erkannt wird und daß ideelle und organisatorische Folgerungen daraus gezogen werden.

7. Von außerordentlicher Wichtigkeit für die Entwicklung und Ausbreitung der Rätebewegung sind Theorien, Programme oder Organisationen, die gewisse Grundsätze des Rätegedankens verfechten. Eine derartige enge ideelle Verbindung besteht vor allem zu Anarchismus, Syndikalismus, Industrie-Unionismus und Gildensozialismus[1]). Betont der erstere leidenschaftlich die Notwendigkeit vollkommener demokratischer Selbstregierung der Arbeiter, so legen die letzteren, in mehr oder weniger schroffer Abgrenzung vom „Staatssozialismus" der Politiker und Parlamentarier, das Schwergewicht auf die „direkte Aktion" der Arbeiter, die unmittelbare Eroberung und Verwaltung der Wirtschaft durch die Arbeiter selbst. Im Gegensatz zur Rätebewegung betrachten diese Gruppen jedoch nicht Organe wie die Räte, sondern die Gewerkschaft als die grundlegende Organisationsform der direkten Aktion der Arbeiterschaft.

Wenn wir den sozialen, organisatorischen und politischen Zustand der deutschen Arbeiterschaft vor 1914 unter diesen Gesichtspunkten betrachten, finden wir, daß gesellschaftliches Selbstgefühl und politische Erfahrung, Bewußtsein der gemeinsamen proletarischen Interessen und sozialreformerische oder sozialrevolutionäre Zielsetzung in einem beträchtlichen Umfang entwickelt waren[2]). Dem Wahlverhalten und — wenn auch in einem geringeren Grade — der Organisationszugehörigkeit nach bekannte sich die deutsche Arbeiterschaft zu einem erheblichen Teil — ihr Kern, die gewerbliche Arbeiterschaft sogar in großer Mehrheit — zu einer Bewegung, die sich zumindest dem äußeren Anschein der verkündeten Programme und der gängigen Agitation nach weitgehend als eine sozialistische Klassenbewegung darstellte.

Die sozialistisch-freigewerkschaftliche Arbeiterbewegung Deutschlands — sie ist fortan ausschließlich gemeint, wenn von Arbeiterbewegung, Partei oder Ge-

---

[1]) Der Anarchismus hat seine hauptsächliche Wirkung auf die Arbeiterschaft in Verbindung mit dem Syndikalismus ausgeübt. Über diesen siehe unten die Kapitel 8. und 10. Industrie-Unionismus im strikten Sinne — also die Bewegung der Industrial Workers of the World (IWW) und der Socialist Labour Party (SLP) — und Gildensozialismus sind spezifisch angelsächsische Erscheinungen. Hierüber *Pribićević*, a.a.O., S. 12 ff., 21 ff. Siehe ferner unten Kapitel 8.

[2]) Von den neueren Arbeiten über die deutsche sozialistische Arbeiterbewegung habe ich für diese skizzenhafte Übersicht vor allem herangezogen: *G. A. Ritter*, Die Arbeiterbewegung im Wilhelminischen Reich, Berlin 1959, und *C. E. Schorske*, German Social Democracy 1905—1917, Cambridge (Mass.) 1955. Ferner sind zu nennen: *H. J. Varain*, Freie Gewerkschaften, Sozialdemokratie und Staat, Düsseldorf 1956, und *W. Hirsch-Weber*, Gewerkschaften in der Politik, Köln/Opladen 1959. Einen wertvollen Einblick in die Entwicklung der Sozialdemokratie gibt auch die Arbeit von *Th. Nipperdey*, Die Organisation der deutschen Parteien vor 1918, Düsseldorf 1961.

werkschaft die Rede ist — war die verhältnismäßig stärkste unter den Bewegungen der vergleichbaren Industrieländer und nahm infolgedessen auch in der Sozialistischen Arbeiterinternationale eine hervorragende Stellung ein. Ihr politischer Zweig, die Sozialdemokratische Partei, war die älteste und größte aller sozialistischen Parteien[1]), die deutschen Gewerkschaften — obgleich viel später entstanden — hatten die traditionsreichste aller Gewerkschaftsbewegungen, die britische, schon im Jahre 1905 an Mitgliederzahl erreicht (wenn auch nicht ihrem Vermögen nach); die Zahl der der Sozialistischen Arbeiterinternationale angeschlossenen deutschen Gewerkschaftler war jedoch bei weitem höher als die der britischen[2]).

Betrachten wir nun die deutsche Arbeiterbewegung der Vorkriegszeit unter den übrigen der oben entwickelten Gesichtspunkte und beginnen wir mit dem zuletzt genannten, dann stellen wir fest, daß Anarchismus und Syndikalismus in Deutschland vor 1914 völlig unbedeutend waren. Der eigentliche theoretische Anarchismus — zu nennen wären hier *G. Landauer* und *E. Mühsam* — ist fast ohne jede Verbindung zur Arbeiterbewegung geblieben[3]). Der Anarchosyndikalismus zählte — in der Gestalt der „Freien Vereinigung deutscher Gewerkschaften" — im Jahre 1911 7133 organisierte Anhänger. Dieser Verband war aus der sogenannten „lokalistischen" Bewegung der deutschen Gewerkschaften hervorgewachsen, die sich nach dem ersten deutschen Gewerkschaftskongreß, 1892 zu Halberstadt, entwickelt hatte, weil eine Anzahl von lokalen Gewerkschaftsvereinen sich den zentralen Berufsverbänden nicht anschließen wollte. Die Träger dieser Richtung standen ursprünglich dem eigentlichen Anarchismus oder Syndikalismus ganz fern. Sie waren radikale Sozialdemokraten, die an der Lokalorganisation hauptsächlich darum festhielten, weil die damaligen Gesetze einen überlokalen Zusammenschluß politischer Vereine untersagten, weswegen die gewerkschaftlichen Zentralverbände auf unmittelbare politische Betätigung verzichten mußten. Diese Trennung von politischer und gewerkschaftlicher Tätigkeit wollten die Lokalisten nicht mitmachen.

Die Bedeutung der Freien Vereinigung nahm, nach einem vorübergehenden Höhepunkt von rund 20000 Mitgliedern Ende der 90er Jahre, rasch ab. Ein Teil ihrer Anhänger kehrte zur freien Gewerkschaftsbewegung zurück, die übrigen näherten sich nun anarchistischen und syndikalistischen Ideen. 1908 zog die Sozialdemokratie den endgültigen Trennungsstrich und untersagte den Parteimitgliedern die Zugehörigkeit zur Freien Vereinigung. In einigen Städten — be-

---

[1]) Vgl. *Ritter*, a.a.O., S. 99 ff.

[2]) Stat. Jb. f. d. Dt. Reich 1908, S. 346 ff.; 1909, S. 380 ff., 15\*, 16/7\*; 1910, S. 376 ff., 15\*, 16/7\*.

[3]) Vgl. *G. Landauer*, Aufruf zum Sozialismus, 3. Aufl., Berlin 1920, dort auch die 12 Artikel des 1908 von *L.* gegründeten „Sozialistischen Bundes". Über den Münchener Anarchismus, der in der Räterepublik vom April/Mai 1919 eine gewisse Rolle spielte, finden sich einige Angaben bei *P. Werner* (d. i. *P. Frölich*), Die bayerische Räterepublik, 2. Aufl., Leipzig 1920, und *E. Mühsam*, Von Eisner bis Leviné, Berlin 1929.

sonders in Berlin — hat freilich die lokalistische Tradition in der Arbeiterbewegung fühlbar nachgewirkt[1]).

Auf die Sozialdemokratische Partei selbst haben anarchistische oder syndikalistische Ideen so gut wie gar keinen Einfluß ausgeübt. Die Revolte der „Jungen" gegen die Parteiführung in den Jahren 1890/91 zeigte zwar anarcho-syndikalistische Anklänge; sie blieb jedoch Episode[2]). Die Agitation des anarcho-sozialistischen Theoretikers Dr. *Friedeberg* für den Generalstreik hat zweimal (1903 und 1904) kurz den Parteitag beschäftigt, ohne merkliche Wirkungen zu hinterlassen[3]). Über eine vorübergehende syndikalistische Unterströmung im deutschen Sozialismus zwischen 1903 und 1907 berichtet *R. Michels*, der selbst der führende Kopf dieser Richtung gewesen ist[4]). Diese Gruppierung blieb jedoch auf intellektuelle Kreise beschränkt und fand nicht einmal zur Freien Vereinigung der Lokalisten dauernden Kontakt. Die anarchistischen und syndikalistischen Ideen des Auslands haben nach 1907 — übrigens durch Vermittlung von *Michels* — zwar Eingang in *M. Webers* Archiv für Sozialwissenschaft und Sozialpolitik gefunden[5]), aber nicht in das politische Bewußtsein der deutschen Sozialdemokratie.

Welche Voraussetzungen bot nun die tatsächliche politische Gedankenwelt der sozialistischen Arbeiterbewegung Deutschlands für die Aufnahme der Räteidee? Ihr politischer Zweig, die deutsche Sozialdemokratie, bekannte sich vom Ende des Sozialistengesetzes bis zum Ersten Weltkrieg dem Programm nach uneingeschränkt und dem Selbstverständnis nach mit großer Mehrheit zur Lehre des Marxismus (über die Einschränkungen dieser Feststellung und die Entwicklung zwischen 1890 und 1914 wird noch die Rede sein)[6]). Das Verhältnis dieses — im wesentlichen von *Karl Kautsky* geprägten und popularisierten — „Marxis-

---

[1]) *S. Nestriepke*, Die Gewerkschaftsbewegung, Bd. 2, Stuttgart 1921, S. 362 ff. *Ritter*, a.a.O., S. 113 ff. Vgl. auch *H. Bötcher*, Zur revolutionären Gewerkschaftsbewegung in Amerika, Deutschland und England, Jena 1922, bes. S. 57 ff. Speziell über die Lokalisten *E. Bernstein*, Geschichte der Berliner Arbeiterbewegung, 3. Bd., Berlin 1924, S. 259 ff.; *F. J. Furtwängler*, ÖTV, Geschichte einer Gewerkschaft, Stuttgart 1955, S. 65 ff.

[2]) *Ritter*, a.a.O., S. 82 ff.

[3]) Protokolle der Parteitage zu Dresden 1903, S. 432 ff., und zu Bremen 1904, S. 190 ff.

[4]) Festschrift für *C. Grünberg* zum 70. Geburtstag, Leipzig 1932, S. 343 ff.

[5]) A.a.O., S. 357 ff.

[6]) Es muß allerdings betont werden, daß die Gedanken *F. Lassalles* einen beträchtlichen Einfluß auf den „Marxismus" der deutschen Sozialdemokratie ausgeübt haben. *L.* war der eigentliche politische Gründer der deutschen Sozialdemokratie. Seine Neigung zum organisatorischen Zentralismus, seine Hoffnung auf die Befreierrolle des Staates, seine Betonung des Wahlrechts und der politischen Aktion und schließlich der aus seiner Verachtung des liberalen Bürgertums sich nährende, betonte proletarische Radikalismus haben auf die „marxistische" Sozialdemokratie nachhaltig eingewirkt. Siehe *K. F. Brockschmidt*, Die deutsche Sozialdemokratie bis zum Fall des Sozialistengesetzes, Frankfurt phil. Diss., Stuttgart 1929. Den durchaus lassalleanischen Ursprung der stets besonders radikalen Berliner Sozialdemokratie schildert *E. Bernstein* sehr eindringlich, Geschichte der Berliner Arbeiterbewegung, 1. Bd., Berlin 1907, S. 180 ff., 213 ff., 227 ff., 274 ff., 289 ff.

mus" zu den ursprünglichen Lehren von *Karl Marx* ist freilich sehr merkwürdig¹).

*Marx* und sein Freund *F. Engels* hatten ihre Theorie immer als das Selbstbewußtsein einer umfassenden, die gesamte bestehende Gesellschaftsordnung umwälzenden, d. h. im strikten Sinne „revolutionären" Bewegung verstanden; sie haben jede wirtschaftliche Krise, jeden Krieg, jede der vielen zu ihren Lebzeiten neuentstehenden radikalen Parteien oder Arbeiterorganisationen stets im Hinblick auf ihre revolutionären Möglichkeiten hin beurteilt und immer wieder Strategie und Taktik der revolutionären Aktion in allen Einzelheiten erörtert. In diesem Sinne ist weder die deutsche Sozialdemokratie, noch gar die gesamte sozialistisch orientierte deutsche Arbeiterschaft jemals marxistisch gewesen²).

Nichtsdestoweniger hat sich die deutsche Sozialdemokratie weitgehend selbst als „revolutionär" und „orthodox marxistisch" verstanden. Sie hat gegen alle Anfechtungen an wesentlichen Grundgedanken des *Marx'schen* Programms festgehalten: An dem „Endziel" der Sozialisierung aller Produktionsmittel und der staats- und klassenlosen Gesellschaft, an der proletarischen „Revolution" als dem Weg dorthin und an dem proletarischen Klassenkampf als der einzigen erfolgversprechenden Taktik. Aber bereits in der programmatischen Formulierung der sozialdemokratischen Theorie, im Erfurter Programm, fällt die Diskrepanz zwischen dem grundsätzlichen Teil und den sehr maßvollen Gegenwartsforderungen ebenso ins Auge, wie das völlige Fehlen irgendwelcher Hinweise auf eine konkrete revolutionäre Politik. Und in ihrer tatsächlichen Praxis hat die Sozialdemokratie, wenigstens in ihrer Mehrheit, nie den ernsthaften Versuch einer solchen Politik unternommen. Sie hat gegen die bestehenden politischen und wirtschaftlichen Verhältnisse eine scharfe Polemik geführt, sich prinzipiell von ihnen abgegrenzt, sie im übrigen aber als vorläufig unerschütterliche Realitäten stillschweigend hingenommen (wenn wir von der kurzen Periode überschwenglicher Zukunftserwartungen nach Fall des Sozialistengesetzes einmal absehen). Ihre tatsächliche Agitation und Tätigkeit richtete sich auf die soziale und politische Interessenvertretung der Arbeiterschaft einerseits, und auf die Stärkung der Arbeiterorganisationen, vor allem auf die erfolgreiche Durchführung von politischen Wahlen andererseits. „Sozialpolitik und Wahlrecht" waren, wie *A. Rosenberg* scharf zugespitzt, aber mit einigem Grund formuliert hat, die

---

¹) Die wichtigste theoretische Auseinandersetzung mit diesem Verhältnis findet sich bei *K. Korsch*, Die materialistische Geschichtsauffassung, Leipzig 1929, und derselbe, Marxismus und Philosophie, 2. Aufl., Leipzig 1930. Grundlegend ferner *E. Matthias*, Kautsky und der Kautskyanismus, in Marxismusstudien, 2. Folge, Tübingen 1957, S. 151 ff., sowie *A. Rosenberg*, Geschichte des Bolschewismus, Berlin 1932, S. 25/6, Geschichte der deutschen Republik, Karlsbad 1935, S. 15 ff., Demokratie und Sozialismus, Amsterdam 1938, bes. S. 274 ff. Ferner *H. Marr*, Die Massenwelt im Kampf um ihre Form, Hamburg 1932, bes. S. 151 ff.

²) Über *Marx'* und *Engels'* Beziehungen zur Sozialdemokratie vor allem *Rosenberg*, Demokratie und Sozialismus, S. 274 ff. Über die Partei selbst *Brockschmidt*, a.a.O.

Schwerpunkte der sozialdemokratischen Betätigung; die großen politischen Fragen des Staates und vor allem der Wirtschaftsordnung lagen demgegenüber am Rande ihres Gesichtskreises¹).

Besonders bemerkenswert ist, daß die Sozialdemokratie sich nicht nur faktisch nicht mit den konkreten Schritten auf dem Weg zum „Endziel" beschäftigte, sondern daß sie es grundsätzlich ablehnte, das zu tun. Angeblich verbot ihr der wissenschaftliche Charakter ihres Programms, sich um die praktischen Fragen der Zukunft zu kümmern. Sie blieben der „Entwicklung" überlassen. *K. Kautsky*, der unbestrittene theoretische Kopf der Partei, meinte, daß „es nicht unsere Aufgabe ist, Rezepte für die Garküche der Zukunft auszuspintisieren" und begründete diesen Abstinenzstandpunkt unter Berufung auf *Marx* mit dem Argument: „Da die Revolution nicht von uns willkürlich gemacht werden kann, können wir auch nicht das mindeste darüber sagen, wann, unter welchen Bedingungen und in welchen Formen sie eintreten wird"²). *August Bebel*, der ebenso unbestrittene politische Führer der deutschen Sozialisten, gab derselben Haltung den praktisch-volkstümlichen Ausdruck, als er auf dem Dresdener Parteitag 1903 den möglichen Zweiflern versicherte: „Wenn wir morgen durch irgendeinen Umstand unsere Gegner von ihren Sitzen verdrängen und uns selbst hinsetzen könnten, so macht Euch darüber keine Sorgen, wir würden schon wissen, was wir zu tun hätten"³).

Die Unzulänglichkeit dieses Standpunkts wurde von der großen Mehrheit der Partei gar nicht empfunden. Am Rande der Arbeiterbewegung stehende Kritiker haben freilich auf diese eigentümliche Lücke im sozialdemokratischen Denken hingewiesen, ohne jedoch einen Einfluß auf die Partei auszuüben. So *W. Sombart* in seinem weitverbreiteten Werk über Sozialismus und soziale Bewegung⁴); so *Karl Korsch*, der uns noch als ein bedeutender Theoretiker der Rätebewegung begegnen wird. In einem kleinen Aufsatz über „Die sozialistische Formel für die Organisation der Volkswirtschaft", der bezeichnenderweise an einer der Arbeiterbewegung ganz fern liegenden Stelle veröffentlicht wurde⁵), warf er die Frage nach der Praxis des Sozialismus auf: „Es wird einer späteren Generation höchst merkwürdig vorkommen, mit einer wie einfachen Formel der Sozialismus unserer Tage auskommen konnte, und wie viele verschiedene und teilweise gegensätzliche Bestrebungen sich unter dieser Formel zusammenfanden." Diese Formel

---

¹) *Rosenberg*, Republik, S. 17/8, 37.

²) *Kautsky*, Die soziale Revolution, 2. Bd., Berlin 1902, S. 3, und Sozialdemokratischer Katechismus, 1893, abgedruckt in Der Weg zur Macht, 3. Aufl., Berlin 1920, S. 57.

³) Parteitag zu Dresden 1903, Protokoll, S. 319. Die ganze Parteitagsrede *Bebels*, a.a.O., S. 305 ff., ist übrigens ein eindringliches Zeugnis für seinen festen Glauben, daß es zur Errichtung der sozialistischen Gesellschaftsordnung keiner besonderen, über das derzeit Übliche hinausgehenden geistigen und politischen Anstrengung bedürfe.

⁴) 8. Aufl., Jena 1919, bes. S. 101 ff.

⁵) Die Tat, Jg. 4/1912/13, Bd. 2, S. 507 ff.

laute: „Vergesellschaftung der Produktionsmittel." Sie sei lediglich negativ und bedeute erst einmal nichts weiter als Antikapitalismus, als die Verneinung des Privateigentums an den Produktionsmitteln. Nach der positiven Seite aber sei sie leer und nichtssagend. Der Sozialismus könne sich dabei aber nicht beruhigen, er müsse „zu einer für *positive* Zwecke brauchbaren Konstruktionsformel für die sozialistische Organisation der Volkswirtschaft durchdringen". „... auch für Deutschland tut es not, daß sich die Sozialisten über diese Frage klarer werden. Nicht weil zu erwarten steht, daß sie demnächst aufgerufen werden, den sozialistischen Zukunftsstaat zu begründen. Aber darum, weil demnächst auch bei uns wohl die so viel einfacheren und dem Fabrikarbeiter so viel näher liegenden Forderungen des Syndikalismus (!!!) die herrschenden Dogmen des Marxismus erheblicher erschüttern werden"[1]).

Solche Einsichten lagen jedoch offenbar außerhalb des Gesichtskreises auch der klügsten sozialdemokratischen Führer, wie das folgende Beispiel zeigt: *Adolf Braun*, ein bei Partei und Gewerkschaft mit Recht gleich angesehener Schriftsteller und Politiker muß sich in seiner großen Arbeit über die Gewerkschaften vor dem Kriege (1913) auch mit der französischen Arbeiterbewegung auseinandersetzen und tut das sehr kritisch[2]). Besonders heftig greift er die syndikalistische Lehre an, daß die Gewerkschaften die Aufgabe hätten, die kapitalistische Produktion zu übernehmen und in eine sozialistische umzuwandeln: „Diese uns für den Augenblick völlig unverständliche (sic!) Auffassung erklärt sich aus einer bei den Syndikalisten sehr verbreiteten kleinbürgerlichen Beurteilung der kapitalistischen Produktion ... Daß man die Leitung großer Unternehmungen mit ausgebildeter Maschinerie mit Zusammenwirken von Arbeitern verschiedenster Berufe nicht in der Gewerkschaft lernt, daß die moderne, auf dem Großbetrieb und der weitestgehenden Arbeitsteilung beruhende Gütererzeugung einer einheitlichen und zentralisierten Leitung der Produktion bedarf, begreift der nur zu häufig kleinbürgerlich denkende Syndikalist noch nicht." Diese Kritik enthält zwar einen sehr berechtigten Kern; aber eigentlich müßte sich ihr unmittelbar die Frage anschließen, ob die Arbeiter denn die „Leitung großer Unternehmungen" und die „zentralisierte Leitung der Güterproduktion" statt in der Gewerkschaft etwa im sozialdemokratischen Parteiverein lernen können, und wenn dort auch nicht, wo dann; und wenn die Arbeiter selbst so etwas offenbar gar nicht zu lernen brauchen, welche Menschen und in welcher Form die sozialistische Wirtschaft leiten sollen. Solche Fragen wird man freilich sowohl bei *Braun*, als auch bei fast allen anderen sozialdemokratischen Schriftstellern vergeblich suchen.

Der „Marxismus" der deutschen Sozialdemokratie erscheint als eine Lehre, die

---

[1]) Auch bei *Sombart* findet sich dieser Hinweis auf die relative Berechtigung der syndikalistischen Kritik am Marxismus, a.a.O., S. 109 ff., bes. 131 ff.

[2]) *Ad. Braun*, Die Gewerkschaften vor dem Kriege, 3. Aufl., Berlin 1925, S. 153 ff., 159, (1913 geschrieben).

die Notwendigkeit der Revolution proklamiert, ohne eine revolutionäre Praxis zu fordern, die jede Annäherung an die bestehende Staats- und Gesellschaftsordnung verwirft, und zugleich die praktische Anerkennung dieser Ordnung begünstigt. Als die hauptsächliche reale Funktion dieses höchst sonderbaren in sich widersprüchlichen passiven Radikalismus müssen wir seine die Sozialdemokratie einigende, „integrierende" Wirkung betrachten. In seinem Nebeneinander von radikaler Forderung und praktischer Abstinenz vermochte der zur bloßen „Integrationsideologie" gewordene *Kautsky'sche* Marxismus die unvermeidlicherweise aufkommenden realen Gegensätze von Tagespraxis und Zukunftserwartung, von echtem revolutionärem Wollen und tatsächlicher Einordnung in die bestehenden Verhältnisse für lange Zeit zu überbrücken[1]).

Die Herausbildung einer solchen Funktion des Marxismus muß im Rahmen der politischen und sozialen Verhältnisse des deutschen Kaiserreiches gesehen werden. Die relativ große Liberalität der wirtschaftlichen, sozialen und bürgerlich-rechtlichen Verhältnisse und der außerordentliche wirtschaftliche Aufschwung gaben der deutschen Arbeiterbewegung vor 1914 eine beträchtliche ökonomische, soziale, kulturelle und organisatorische Bewegungsfreiheit; die obrigkeitsstaatliche Struktur der konstitutionellen Monarchie Preußen-Deutschlands hingegen schloß die Arbeiterorganisationen weitgehend von jeder positiven politischen Mitarbeit in Staat und Gesellschaft aus. Das System war autoritär genug, um schärfste politische Opposition zu rechtfertigen, und liberal genug, um eine wirklich revolutionäre Politik als unnötig erscheinen zu lassen. Jede wirkliche Lockerung oder Verhärtung der realen politischen Verhältnisse hätte die Sozialdemokratie vor echte politische Entscheidungen gestellt. So aber entwickelte sie jene eigentümliche Symbiose von Doktrinarismus, enger Interessenpolitik und mangelndem Machtwillen, die im übrigen für das gesamte Parteiensystem des deutschen Kaiserreiches bezeichnend ist[2]).

Indessen macht diese Überlegung die Bedeutung der marxistischen Lehre für die deutsche Arbeiterbewegung noch nicht im vollen Umfang verständlich. Trotz aller Verformungen, denen der Marxismus bei seiner Rezeption durch die deutsche Sozialdemokratie unterlegen war, waren doch einige wesentliche Elemente der

---

[1]) Hierzu grundlegend *Matthias*, a.a.O., bes. S. 162, 165 und ff., 183 ff. Ferner *B. Goldenberg*, Beiträge zur Soziologie der Vorkriegssozialdemokratie, Heidelberg phil. diss. 1932, S. 40 ff. Die bei *Matthias* entwickelten Einsichten sind vor 1914 schon von *R. Michels* ausgesprochen worden, der von seinem syndikalistischen Standpunkt aus einen scharfen Blick für die charakteristischen Schwächen der Sozialdemokratie besaß. Vgl. seinen Nachruf auf *August Bebel*, Arch. f. Soz. Wiss. u. Soz. Pol., Bd. 37, S. 671 ff., bes. 688 ff. *Ritter*, a.a.O., S. 96 ff., deutet eine gewisse Kritik an dieser Interpretation an, die aber nicht durchschlägt. Die von ihm angeführte Anregung *V. Adlers*, die Einheit der Partei durch ein konkretes Aktionsprogramm zu sichern, hätte — wenn sie aufgegriffen worden wäre — vermutlich die latenten praktisch-politischen Gegensätze aufbrechen lassen, was durch die „Integrationsideologie" — trotz aller theoretischen Zänkereien, die ihre dogmatische Starre zur Folge hatte — verhindert werden konnte.

[2]) Sehr überzeugend *Matthias*, a.a.O., S. 194 ff.

ursprünglichen *Marx'schen* Theorie in das Bewußtsein der Funktionäre und der politisch aktiven Arbeiter eingegangen; sie waren durch die täglichen Erfahrungen der Arbeiter bestätigt worden und hatten sich mit ihnen zu einer bestimmten sozialen und politischen Anschauung verschmolzen (ohne diesen Prozeß wäre auch die nur formale Rezeption des Marxismus völlig unverständlich). Die Überzeugung von der ausschlaggebenden Bedeutung der Wirtschaft für das gesellschaftliche Leben, die Einsicht in die Bestimmung des eigenen Daseins durch das Lohnarbeitsverhältnis, die Betonung des prinzipiellen Gegensatzes zwischen der Arbeiterschaft und allen übrigen Gesellschaftsklassen, das Gefühl der Abhängigkeit und des erlittenen sozialen Unrechts, das polemisch gegen die bestehenden Verhältnisse gerichtete Klassenbewußtsein, sie beherrschten die Gefühls- und Gedankenwelt eines sicherlich nicht zahlenmäßig überwiegenden, wohl aber qualitativ ausschlaggebenden Teils der deutschen Arbeiterschaft[1]).

Aus diesen gedanklichen Elementen und der ihnen entsprechenden Haltung hätten sich — ungeachtet der fatalistischen Konsequenzen der verengten *Marx'schen* Lehre — konkrete Vorstellungen von einer Veränderung der wirtschaftlichen und sozialen Ordnung entwickeln können, wenn sie tatsächlich mit der wirtschaftlichen Wirklichkeit in Verbindung gebracht worden wären. Es hätte — wie die Entwicklung der europäischen Sozialdemokratie in den letzten Jahrzehnten zeigt — diese Begegnung des Marxismus mit den Aufgaben konkreter Wirtschaftspolitik aber auch zu einer Auflösung des ersteren und zu einer nichtsozialistischen Arbeiterpolitik führen können. Jene Verbindung wurde jedoch vor 1914 nicht hergestellt.

Die Gründe und näheren Umstände dieses Sachverhalts werden deutlich, wenn wir einen Blick auf die organisatorische und soziale Struktur der deutschen Arbeiterbewegung werfen und sie zur allgemeinen gesellschaftlichen und sozialen Struktur des kaiserlichen Deutschland in Beziehung setzen.

Die organisatorische Grundlage der deutschen Arbeiterbewegung war ihre Aufteilung in zwei selbständige Zweige: die Gewerkschaften und die Partei. Zwischen ihnen bestand eine, trotz mancher Auseinandersetzungen nie ernstlich angefochtene klare Arbeitsteilung: die Gewerkschaften widmeten sich der Arbeit auf wirtschaftlichem Gebiet, mit der Aufgabe, „in der Gegenwart die Lage der Arbeiter zu heben, ihre Löhne aufzubessern, ihre Arbeitszeit zu kürzen und dadurch auf ihre geistigen und physischen Kräfte einzuwirken" (*Legien* auf dem Frankfurter Gewerkschaftskongreß von 1899)[2]); die Partei widmete sich der

---

[1]) Ein ausreichender Beweis für diese Behauptung wäre nur durch eine umfassende sozialgeschichtliche Darstellung zu erbringen, die hier nicht geleistet werden kann. Eine wichtige Quelle ist dabei immer noch der Erlebnisbericht von *Paul Göhre*, Drei Monate Fabrikarbeiter, Leipzig 1891, die — wenn man so will — erste empirisch-soziologische Untersuchung der deutschen sozialdemokratischen Arbeiterschaft. Vgl. ferner die Studien von *Gertrud Hermes*, Die geistige Gestalt des marxistischen Arbeiters, Tübingen 1926, und *H. Marr*, a.a.O.

[2]) *P. Barthel*, Handbuch der deutschen Gewerkschaftskongresse, Dresden 1916, S. 473.

politischen Tätigkeit und pflegt zugleich die Theorie und die Lehre vom sozialistischen Endziel[1]).

Von einem wirklich marxistischen Standpunkt aus hätte diese Verknüpfung von Wirtschaft und Gegenwartsarbeit einerseits, von Politik und Zukunftsarbeit andererseits als sehr fragwürdig erscheinen müssen. Denn der Marxismus lehrte ja gerade, und auch der verengte Marxismus der deutschen Vorkriegssozialdemokratie tat das, daß die große Umwälzung der Gesellschaft von den Produktionsverhältnissen ihren Ausgang nehme und daß die Arbeiterschaft als durch ihre Stellung im Produktionsprozeß bestimmte Klasse diese Umwälzung bewirken würde. Die Lehre vom sozialistischen Endziel hätte also eigentlich auch im Zusammenhang mit der wirtschaftlichen und nicht nur mit der politischen Praxis entwickelt werden müssen. Die Struktur der Arbeiterorganisationen und die allgemeinen gesellschaftlichen Verhältnisse standen solchen Schlußfolgerungen jedoch im Wege.

Die Wähler und Mitglieder der Sozialdemokratie waren in ihrer überwiegenden Mehrheit Arbeiter[2]). Die Parteimitglieder unter ihnen schlossen sich in lokalen Vereinen zusammen, über denen sich die Vereinsorganisation des jeweiligen Reichstagswahlkreises, der Bezirksverband und schließlich der Reichsvorstand und der Reichsparteitag erhoben[3]). Im Rahmen dieser Vereinsorganisation spielte sich das politische Leben der sozialdemokratischen Arbeiter ab. Ihre aktive politische Tätigkeit erstreckte sich vorwiegend auf die Durchführung von Wahlkämpfen, auf Agitation, auf Schulungsarbeit und auf Bildungsbestrebungen. In den gewählten Vertretungen des Reiches, der Länder und der Gemeinden mußten sich die Sozialdemokraten lange Zeit mit der Rolle einer konstruktive Kritik übenden Opposition zufriedengeben. Von der verantwortlichen Regierungs- und Verwaltungstätigkeit waren sie durch das konstitutionell-monarchische System weitgehend ausgeschlossen. Nur auf dem Gebiet der sozialpolitischen Selbstverwaltung fanden sie — als Gewerkschafter — von Anfang an ein Feld

---

[1]) Sehr klar bei *Braun*, a.a.O., S. 47 ff., 175 ff., 337 ff., bes. S. 354 „Die Gewerkschaftsbewegung ist und bleibt eine Gegenwartsbewegung, begrenzt durch die kapitalistische Ordnung und ihre Gesetze. Die Sozialdemokratie kennzeichnet das Hinausstreben über die Ordnung des Kapitalismus, ihr Ziel ist, an Stelle dieser kapitalistischen Ordnung, innerhalb der die Gewerkschaften nisten müssen, die sozialistische Gesellschaftsordnung zu setzen." Ferner *Barthel*, a.a.O., S. 361 ff., 471 ff.

[2]) Wirklich umfassende sozialstatistische Untersuchungen der deutschen Vorkriegssozialdemokratie existieren nicht. Die von *R. Michels*, Die deutsche Sozialdemokratie. I. Parteimitgliedschaft und soziale Zusammensetzung, Arch. f. Soz. Wiss. u. Soz. Pol., Bd. 23, S. 471 ff., bes. 502 ff., gegebenen Teilstatistiken lassen jedoch die sozialdemokratische Mitgliedschaft als überwiegend — 77% bis 95% — proletarisch erscheinen. Die Studie von *R. Blank*, Die soziale Zusammensetzung der sozialdemokratischen Wählerschaft Deutschlands, ebenda, Bd. 20, S. 507 ff., behauptet zwar einen starken bürgerlichen Anteil unter der Wählerschaft; ihre Ergebnisse werden aber von *Ritter*, a.a.O., S. 77/8, mit guten Gründen angefochten.

[3]) Über die Entwicklung der sozialdemokratischen Parteiorganisation unterrichtet zusammenfassend *F. Bieligk* in Die Organisation im Klassenkampf, Berlin 1931, S. 31 ff. Jetzt auch für die Zeit vor 1918 die umfassende Darstellung von *Nipperdey*, a.a.O.

anerkannter öffentlicher Wirksamkeit. In den süddeutschen Staaten gewann allerdings zwischen 1890 und 1914 eine allmähliche Annäherung der Sozialdemokratie an den bestehenden Staat Raum; Wahlrechtsverbesserungen erhöhten den Einfluß der sozialdemokratischen Landtagsfraktionen, und in den Gemeinden rückten nun auch Sozialdemokraten in die beamteten Verwaltungspositionen ein[1]).

Lückenlos hingegen war und blieb die Ausschließung der Sozialdemokratie, besonders betont durch die provozierende Ungleichheit des Dreiklassenwahlrechtes, in dem drei Fünftel des deutschen Volkes umfassenden preußischen Staat und — mit gewissen Einschränkungen — auch im Königreich Sachsen. Da in diesen beiden Ländern mit den hauptsächlichen deutschen Industriegebieten auch die Schwerpunkte der sozialdemokratischen Organisation lagen, prägten die norddeutschen Verhältnisse — trotz der immer wiederkehrenden süddeutschen Rebellionen in taktischen Fragen — auch die Haltung der Gesamtpartei[2]). So war die sozialdemokratische Arbeiterschaft aufs Ganze gesehen vor 1914 trotz ihrer zunehmenden Verwurzelung in der bestehenden Gesellschaftsordnung und ungeachtet ihrer mächtigen Organisationen doch von verantwortlicher *politischer* Mitarbeit im öffentlichen Leben weitgehend ausgeschlossen.

Die auf diese Weise von den Schlüsselpositionen des öffentlichen Lebens und von echter politischer Verantwortung ferngehaltenen sozialdemokratischen Arbeiter bauten sich um so intensiver ihre eigene Welt in ihrem Parteiverein auf, der durch eine Reihe von wirtschaftlichen und kulturellen Vereinigungen ergänzt wurde. Sie reichte von der proletarischen Jugendorganisation über den Arbeitersängerbund, den Arbeiter-Turn- und Sportverein, den Freidenkerverband, die freie Volksbühnenbewegung bis zum Feuerbestattungsverein und zum Arbeiter-Abstinentenbund[3]). Die Sozialdemokratie besaß jedoch keinerlei organisatorische Verbindung zur Wirtschaft, zum Produktionsprozeß, d. h. sie besaß keine unmittelbare Verbindung zu derjenigen Sphäre der Gesellschaft, durch die die Arbeiter überhaupt erst zu dem gemacht wurden, was sie waren. Die Arbeiter als Arbeiter zu organisieren war ausschließlich die Aufgabe der Gewerkschaften.

Die organisatorische Grundform *aller* Gewerkschaftsrichtungen in Deutsch-

---

[1]) Hierzu *Ritter*, allerorten. In der sozialdemokratischen Parteiüberlieferung gilt *L. Eissnert*, der 1906 in Offenbach zum ehrenamtlichen Beigeordneten gewählt und vom Großherzog gegen heftiges Protest konservativer Kreise bestätigt wurde, als erster sozialdemokratischer Kommunalbeamter, vgl. Der Sozialdemokrat, Frankfurt/M., Jg. 1/1956, Nr. 4, S. 6/7. Nach *Ritter*, a.a.O., S. 211, war jedoch bereits im Jahre 1884 ein Sozialdemokrat in Mannheim ehrenamtlicher Stadtrat; außerdem gab es, a.a.O., S. 216, bereits 1904 in Baden drei sozialdemokratische Bürgermeister. 1913 waren es dann bereits 318 sozialdemokratische Vertreter in Magistraten, Stadträten und Gemeindevorständen, davon allerdings fast 90% allein in den süddeutschen Staaten.

[2]) Hierzu *Ritter*, a.a.O., S. 209 ff.

[3]) Eine sehr eindringliche Schilderung des Umfangs und der Verzweigung der sozialistischen Arbeiterbewegung enthält *E. Bernsteins* Geschichte der Berliner Arbeiterbewegung, besonders Bd. 3, Berlin 1924. Siehe ferner *Ritter*, a.a.O., S. 218 ff.

land, auch der christlichen und liberalen, war der zentrale Berufsverband. Er umfaßte — der Tendenz nach — alle Arbeiter einer bestimmten Berufsausbildung und schloß sie am jeweiligen Ort in der Zahl- oder Verwaltungsstelle, für das Reich aber im streng zentralisierten Gesamtverband zusammen. Diese Organisationsform erfaßte nicht sosehr den Arbeiter als Lohnempfänger, als vielmehr den Arbeiter als „Gesellen", als ausgebildeten Handwerker. Nicht das Klassenbewußtsein, sondern der zünftig-handwerkliche Berufsstolz stiftete den geistigen Zusammenhalt des „Verbandes". Die Vielzahl der kleinen, kampfkräftigen, von Verbandstreue und Berufssolidarität getragenen Handwerkerverbände prägte zu einem guten Teil die Entwicklung der Gewerkschaften vor 1914[1]).

Diese Organisationsform war auf das dem Handwerk noch nahestehende kleine und mittlere Unternehmertum, nicht aber auf die moderne Großindustrie zugeschnitten. Je mehr diese sich durchsetzte, um so weniger reichte der reine Berufsverband aus. Die wachsende Zahl der ungelernten und angelernten Arbeiter ohne Berufstradition z. B. fand nicht immer eine genügende Vertretung; sie gründeten infolgedessen häufig eigene Verbände, die sich z. T. mit den Berufsverbänden überschnitten.

Der Aufsplitterung der gewerkschaftlichen Organisation wirkte vor 1914 eine zunehmende Tendenz zur Konzentration entgegen; die Zahl der Verbände verminderte sich seit 1891 von 62 auf 47. Trotzdem arbeiteten in den größeren Betrieben, die Gelernte, Angelernte und Ungelernte der verschiedensten Berufszweige beschäftigten, Arbeiter zusammen, die in einer großen Anzahl verschiedener Gewerkschaften organisiert waren. Zwar wurde der Zusammenschluß kleiner Berufsverbände zu großen, Arbeiter vieler Berufe und unterschiedlicher Ausbildung umfassenden „Industrieverbänden" gefördert, und die großen Gewerkschaften der Metallarbeiter, der Holzarbeiter und der Bauarbeiter näherten sich diesem Typus; aber das Prinzip: *Ein* Betrieb, *eine* Gewerkschaft, das endgültig den Klassenzusammenhang der Arbeiter dem Berufszusammenhang der Handwerksgesellen übergeordnet hätte, drang nicht durch[2]). Von einer *Organisation* auf Betriebsgrundlage war infolgedessen schon gar nicht die Rede. Grundeinheit des Verbandes blieb die örtliche Zahlstelle. Die sich in den größeren Betrieben allmählich entwickelnde Einrichtung der Werkstatt- oder Betriebsvertrauensleute vertrat mehr die Gewerkschaft im Betrieb, als den Betrieb in der Gewerkschaft[3]).

Trotz eines eindrucksvollen Wachstums seit 1895 erfaßten die Gewerkschaften vor 1914 doch nur einen kleinen Teil der gesamten Arbeiterschaft. Von den 17,8 Millionen Arbeitern und Gehilfen des Jahres 1907 war nur rund ein Achtel

---

[1]) Über die bestimmende Rolle der handwerklich-zünftigen Tradition und des Berufszusammenhangs in den Gewerkschaften vgl. *Th. Cassau*, Die Gewerkschaftsbewegung, Halberstadt 1925, S. 30, 54, 56 ff., 89 ff., 296/7, 341.
[2]) Vgl. *Barthel*, a.a.O., S. 82 ff., 192 ff.; *Braun*, a.a.O., S. 65 ff.
[3]) *S. Nestriepke*, Die Gewerkschaftsbewegung, Bd. 1, Stuttgart 1919, S. 321 ff.

überhaupt gewerkschaftlich organisiert, ein gutes Fünftel der Organisierten war bei den christlichen und liberalen Gewerkschaften, so daß die freien Gewerkschaften etwa ein Zehntel der gesamten Arbeiterschaft erfaßten. Allerdings waren die Gewerkschaften nicht in allen Zweigen und Schichten der wirtschaftenden Bevölkerung gleich stark. Die gewerkschaftliche Organisation der Landarbeiter sowie der Arbeiter in öffentlichen Betrieben und Verwaltungen steckte ebenso noch in den ersten Anfängen, wie die der rasch anwachsenden Angestelltenschicht[1]. Das Schwergewicht der Gewerkschaften lag bei den Arbeitern in Industrie, Handwerk, Handel und Verkehr; 1907 hatten sich von ihnen rund 24% den freien und 6% den christlichen und liberalen Gewerkschaften angeschlossen. Diese Zahl stieg bis 1914 noch weiter an[2].

Aber auch innerhalb der eigentlichen gewerblichen Arbeiterschaft war die Organisation nicht überall gleichmäßig stark. Es waren gerade die überwiegend handwerklich geprägten, klein- und mittelbetrieblich strukturierten Industriezweige, die das günstigste Organisationsverhältnis aufwiesen (an der Spitze die konservativen und traditionsstolzen Buchdrucker); sie konnten infolgedessen auch die eindrücklichsten gewerkschaftlichen Erfolge erzielen. Auf Grund dessen und auf Grund des starken beruflichen Verbandszusammenhangs war in diesen Branchen auch das spezifisch gewerkschaftliche Bewußtsein stark entwickelt und nicht selten mit einem Einschlag konservativen Beharrungsvermögens verbunden. Schwächer waren jedoch die Gewerkschaften häufig in der Großindustrie, am schwächsten in der Schwerindustrie, wo die Unternehmer ihren Herrenstandpunkt bis zum Weltkrieg mit Erfolg behaupten konnten: Im Bergbau waren die Gewerkschaften zwar zahlenmäßig nicht gerade schwach, aber ohne großen praktischen Einfluß, wie die Erfolglosigkeit der beiden großen Streiks von 1905 und 1912 beweist; in der Eisen- und Stahlerzeugung hatten sie gar nicht erst Fuß fassen können[3].

Unter diesen Verhältnissen hatten die Bemühungen um eine dauerhafte Sicherung etwaiger gewerkschaftlicher Erfolge durch den Abschluß von Tarifverträgen höchst unterschiedliche Ergebnisse. Der Bergbau war vor dem Kriege völlig tariflos. In der Metallindustrie mit ihren weit über zwei Millionen Beschäftigten und rund 650 000 gewerkschaftlich organisierten Arbeitern waren nur rund 200 000 Arbeiter von Tarifverträgen erfaßt; meist handelte es sich dabei um die kleineren Betriebe. In der Holzindustrie hingegen gab es bei rund 200 000 gewerkschaftlich Organisierten 155 000, und im Baugewerbe bei rund 270 000 gewerk-

---

[1] *Nestriepke*, Bd. 2, S. 397 ff., bes. 413 ff.
[2] Zahlen nach Stat. Jb. d. Dt. Reiches, 1909, S. 10/1, 380 ff.; Protokoll der Verhandlungen des neunten Kongresses der Gewerkschaften Deutschlands zu München 1914, S. 84 ff.
[3] *Cassau*, a.a.O., S. 174, 183 ff., 304/5; *Braun*, a.a.O., S. 201/2; *H. Farwig*, Der Kampf um die Gewerkschaften, Berlin 1929, S. 128/9; *W. Neumann*, Die Gewerkschaften im Ruhrgebiet, Köln 1951, S. 130 ff.; *M. Koch*, Die Bergarbeiterbewegung im Ruhrgebiet zur Zeit Wilhelms II., Düsseldorf 1954; *Ritter*, a.a.O., S. 69/70, 109 ff.

schaftlich Organisierten sogar 596 000 von Tarifverträgen erfaßte Arbeiter. Die Buchdrucker hatten schon längst einen Tarifvertrag, der praktisch das gesamte Gewerbe einbegriff und in der Gestalt ausgebildeter Schlichtungseinrichtungen die Elemente eines nicht mehr klassenkämpferischen Verhältnisses zu den Unternehmern enthielt[1]). Ebenso nachhaltige soziale Ergebnisse wie im Lohnkampf erzielten die Gewerkschaften ohne Zweifel in der Zusammenarbeit mit der staatlichen Gewerbeinspektion, in der Selbstverwaltung der sozialen Versicherungsinstitutionen, in den kommunalen Arbeitsnachweisen und in ihren eigenen sozialen Einrichtungen, etwa dem Unterstützungswesen und den Arbeitersekretariaten[2]).

Welche Rolle konnte unter diesen Umständen die offizielle Theorie für die Praxis spielen? Selbst wenn wir einmal unterstellen wollen, daß die Analysen und Prognosen der *Marx'schen* Lehre sachlich zutreffend gewesen wären und infolgedessen bei der Rezeption durch die deutsche Arbeiterschaft hätten zur Formierung einer revolutionären Klassenbewegung führen müssen, so boten trotzdem die geschilderten tatsächlichen Verhältnisse für eine Realisierung des Marxismus keinen Raum.

Wir haben gesehen, wie verhältnismäßig schwach und der Großindustrie gegenüber unentwickelt die deutschen Gewerkschaften trotz aller Erfolge noch waren. Nicht einmal das Grunderfordernis des Programms der sozialistischen Arbeiterbewegung, die Einsicht in die Klassenzusammengehörigkeit aller Arbeiter hatte sich rein durchsetzen können; in der Praxis beruhte der Zusammenhang der gewerkschaftlichen Verbände noch weitgehend auf dem Berufsbewußtsein. Die Gewerkschaftspraxis vor 1914 ging über Lohn- und Sozialpolitik kaum einen Schritt hinaus. Lediglich die Konsumenteninteressen der Arbeiter und damit Steuer- und Zollfragen fanden außerdem noch Beachtung. Welthandel, Volkswirtschaftstheorie, Betriebswirtschaftslehre und so fort lagen den Gewerkschaften vollständig fern. Wenn strukturelle Veränderungen im wirtschaftlichen Bereich ins Auge gefaßt wurden, z. B. Fabrikausschüsse oder Arbeiterkammern, so geschah das mit geringem Nachdruck und stets unter ausschließlich sozialpolitischen Gesichtspunkten[3]).

Das „Klassenbewußtsein" der organisierten Sozialdemokraten, eigentlich der Kern ihrer sozialistischen Vorstellungswelt, bezog sich hingegen im Grunde nur auf die politische Sphäre. Da die Sozialdemokratie aber auf politischem Gebiet über den engen Rahmen der radikal-demokratischen Wahlagitation und besten-

---

[1]) *Cassau*, a.a.O., S. 195; *Farwig*, a.a.O.; *F. Opel*, Der deutsche Metallarbeiterverband, Hannover/Frankfurt/M. 1957, S. 28/9; *Ritter*, a.a.O., S. 162 ff.

[2]) Diese Seite der gewerkschaftlichen Tätigkeit ist vor allem von *Ritter* sehr eindringlich hervorgehoben worden, a.a.O., S. 150 ff.

[3]) Hierzu vgl. *Cassau, Braun, Nestriepke, Barthel* allerorten. Zu Arbeiterausschüssen und Arbeiterkammern siehe besonders *Cassau*, S. 268/9, 271/2; *Braun* erwähnt sie nur völlig am Rande, a.a.O., S. 60, 223, 385, und nicht einmal ausdrücklich zustimmend; *Barthel*, a.a.O., S. 21 ff.

falls der Kommunal- und Sozialpolitik kaum hinausgelangte, so fand die marxistische Lehre auch hier keinen konkreten Ansatzpunkt. Der Marxismus blieb infolgedessen völlig abstrakt und ohne Beziehung auf die wirkliche Situation der Arbeiterschaft; er war eine Ideologie, aber keine Theorie, die „zur materiellen Gewalt wird, sobald sie die Massen ergreift"[1]). Die aus diesem ideologischen Charakter folgende dogmatische Strenge des deutschen Vorkriegsmarxismus hat Zeitgenossen und historische Beobachter ein Bild von der „revolutionär marxistischen" und „klassenbewußten" deutschen Arbeiterbewegung gewinnen lassen, das in dieser Form *niemals* zutreffend gewesen ist[2]).

Der in der Ideologie klassenbewußte sozialdemokratische Proletarier spaltete sich in der Praxis in zwei gänzlich verschiedene Personen auf: auf der einen Seite stand der berufsstolze, dem „Verband" unverbrüchlich treue Gewerkschaftsgenosse, auf der anderen Seite das radikal-demokratische, auf das allgemeine Wahlrecht und die politische Aufklärung der Massen vertrauende Parteivereinsmitglied[3]).

Die soziologische Betrachtung ergänzt und bestätigt die Analyse der Ideologie. Weder in der Gewerkschafts-, noch in der Parteiorganisation kam die Arbeiterschaft selbst in einem Umfang zur Geltung, der das Recht gegeben hätte, von einer bewußten sozialistischen Klassenbewegung im *Marx'schen* Sinne zu sprechen. Der Grund dafür lag nicht sosehr, wie oft behauptet worden ist, in den „oligarchischen Tendenzen" und der Bürokratisierung der Organisationen, obwohl diese beiden sicherlich eine erhebliche Rolle gespielt haben[4]).

Die Organisation der Gewerkschaften hatte zwar vor dem Kriege einen sehr stark bürokratischen Charakter angenommen, und es kam aus diesem Grunde auch nicht selten zu Spannungen zwischen Funktionären und Mitgliedern[5]), aber

---

[1]) *K. Marx*, in Zur Kritik der Hegelschen Rechtsphilosophie. Einleitung, aus Die Heilige Familie, Berlin 1953, S. 20.
[2]) Vgl. *Brockschmidt, Matthias, Schorske, Ritter* allerorten.
[3]) Hierzu und zu dem Folgenden *Th. Buddeberg*, Das soziologische Problem der Sozialdemokratie, Arch. f. Soz. Wiss. u. Soz. Pol., Bd. 49, S. 108 ff., bes. 124 ff. Dort auch (S. 125) eine sehr aufschlußreiche Äußerung *Kautskys* aus dem Jahre 1903: „Man hat häufig die politische und die gewerkschaftliche Organisation als die beiden gleichberechtigten und einander ergänzenden Teile der proletarischen Klassenbewegung bezeichnet. Diese Auffassung ist schon aus dem Grunde falsch, weil die gewerkschaftliche Bewegung gar keine Klassenbewegung ist (!!!). Sie organisiert den Arbeiter nicht als Arbeiter im allgemeinen, nicht als Glied seiner Klasse, sondern im Gegenteil, als Arbeiter im speziellen, als Glied seines Standes, als Buchdrucker, Schreiner, Bildhauer. Die Gewerkschaftsbewegung ist als solche nicht nur keine Klassenbewegung, sondern das Gegenteil einer Klassenbewegung: An die Stelle des Solidaritätsgefühls mit dem Genossen setzt sie das Solidaritätsgefühl mit den Kollegen."
[4]) Vgl. *R. Michels*, Zur Soziologie des Parteiwesens in der modernen Demokratie, Neudruck der zweiten Auflage, Herausgegeben und mit einem Nachwort versehen von *Werner Conze*, Stuttgart o. J. Die kommunistische These von der verräterischen „Arbeiteraristokratie" bedarf eigentlich keiner näheren Erörterung, weil sie ganz offensichtlich nicht zutrifft. *O. K. Flechtheim*, Die KPD, Offenbach 1948, S. 204 ff., hat sich die Mühe einer ausführlichen Untersuchung gemacht und ihre Unhaltbarkeit nachgewiesen.
[5]) Siehe *Opel*, a.a.O., S. 31 ff.

der „Verband" blieb doch eine reine Arbeiterorganisation, seine Führer waren ausschließlich aus der Arbeiterschaft hervorgegangen und blieben mit ihr in dauernder enger Beziehung. Überdies beruhte die Kampfkraft des Verbandes allein auf den Erfolgen, die er erzielte, und auf der Bereitschaft der Mitglieder, ihrer Führung zu folgen und der gemeinsamen Sache Opfer zu bringen[1]. Aber die auf den Beruf, nicht auf die Klasse begründete Tradition und Organisationsform und die durch die Arbeitsteilung mit der Partei bedingte Beschränkung auf bloße Gegenwartsarbeit zogen dem Aktionsfeld der gewerkschaftlich organisierten Arbeiter enge Grenzen. Es ist ein Ausdruck dieser Sachlage, daß die Gewerkschaften vor dem Kriege weder eine ausgesprochene Arbeiterintelligenzschicht, noch eine eigene Theorie hervorgebracht haben[2].

Die sozialdemokratische Parteiorganisation hingegen begriff sich zwar als die führende Kraft der revolutionären sozialistischen Arbeiterbewegung, gab aber in Wirklichkeit den Arbeitern nur in sehr begrenztem Umfang die Möglichkeit der politischen Selbsttätigkeit und Selbstbestimmung. Das persönliche Risiko der sozialdemokratischen Betätigung auf der einen, die drückende Last der Fabrikarbeit, die nicht genug Zeit und Kraft für verantwortliche Ämter ließ, auf der anderen Seite hatten schon in den Anfängen der Partei dazu geführt, daß die Leiter der Organisation, selbst wenn sie Arbeiter gewesen waren (was in der deutschen Sozialdemokratie sehr bald die Regel wurde), eine andere, sowohl freiere, als auch sicherere Existenz suchten. Infolgedessen bildeten die verantwortlichen Funktionäre eine Schicht mehr kleinbürgerlichen, als proletarischen Zuschnitts, die sich aus Partei- und Gewerkschaftssekretären, Parlamentariern, Redakteuren, Genossenschaftsbeamten, Gastwirten (den viel berufenen „Parteiwirten", zu denen auch *Ebert* eine Zeitlang zählte), Handwerkern, Kleinunternehmern und Angehörigen des gebildeten Mittelstandes zusammensetzte[3]. Dieser Schicht gegenüber standen die eigentlichen Arbeitervertreter im Hintergrund, und auch unter den Arbeitern selbst überwogen in den führenden Positionen die Menschen handwerklich-kleinbürgerlicher Prägung die reinen Industriearbeitertypen[4].

---

[1]) Siehe *Th. A. Koller*, Das Massen- und Führerproblem in den freien Gewerkschaften, Tübingen 1920, bes. S. 52 ff.; vgl. auch das sehr instruktive Beispiel des großen Berliner Bierboykotts von 1894 bei *Bernstein*, a.a.O., 3. Bd., S. 324 ff.; *Cassau*, a.a.O., S. 163 ff.

[2]) Diesen Sachverhalt schildert und erklärt sehr eingehend *Cassau*, a.a.O., bes. S. 124 ff., 340 ff.

[3]) *Michels*, Die deutsche Sozialdemokratie, S. 518 ff., bes. 540 ff.; *Ritter*, a.a.O., S. 62/3, 82/3; ferner *Bieligk*, a.a.O., S. 36 ff.; *D. Bronder*, Organisation und Führung der sozialistischen Arbeiterbewegung vor dem Weltkrieg, Göttingen, phil. diss. 1952; *J. Siemann*, Der sozialdemokratische Arbeiterführer in der Weimarer Republik, Göttingen phil. diss. 1956 (beide Maschinenschrift). Eine Fülle von Material zu unserer These befindet sich in *Bernsteins* Geschichte der Berliner Arbeiterbewegung. Dies ist um so interessanter, als die Berliner Sozialdemokratie immer besonders „radikal" war.

[4]) Ausführliche Nachweise darüber bei *Siemann*, a.a.O.; daß auch unter den Mitgliedern die gelernten die ungelernten Arbeiter und die althandwerklichen Berufe die spezifisch neuindustriellen überwogen, geht aus den bei *Michels*, a.a.O., S. 487 ff., 509 ff. angeführten Statistiken ziemlich eindeutig hervor.

Diese soziologische Skizzierung der sozialdemokratischen Funktionärsschicht darf nicht dahin mißverstanden werden, daß ihr „kleinbürgerlicher" Habitus unbedingt mit politischer Mäßigung und Anpassung an die bestehenden Verhältnisse hätte zusammengehen müssen. Im Gegenteil, diese Funktionäre empfanden sich zu einem Teil durchaus als die Vorkämpfer eines radikal klassenkämpferischen proletarischen Sozialismus. Aber ihr Radikalismus verharrte weitgehend in der formalen, gänzlich passiven Auffassung des Marxismus *Kautsky'scher* Prägung. Und diese Haltung entsprach ihrer gesellschaftlichen Position. Die Parteiorganisationen, denen sie vorstanden, umfaßten große Massen von Arbeitern; aber der sozialdemokratische Wahlverein funktionierte, wie wir gesehen haben, ohne Beziehung zu den unmittelbaren betrieblichen Interessen der Arbeiter, ohne Beziehung zur Struktur der Wirtschaft und ohne Beziehung auf konkrete sozialistische Zukunftsaufgaben. Nicht zuletzt aus dieser Situation ergaben sich der Routinebetrieb und die geistige Öde des Organisationslebens, die in den letzten Jahren vor dem Kriege sich auf den für unaufhörlich gehaltenen Aufstieg der Partei hemmend auszuwirken begannen[1]). Jedenfalls aber waren diese Verhältnisse der Selbsttätigkeit und Selbstverständigung der Arbeiter durchaus abträglich.

Auf Grund der geschilderten ideologischen, politischen, ökonomischen und sozialen Bedingungen war also die reale Möglichkeit zur Entwicklung einer revolutionären proletarischen Klassenbewegung nicht gegeben. Aber auch den entgegengesetzten Weg des Verzichts auf den „Marxismus" und der Entwicklung zu einer demokratischen sozialreformerischen Volkspartei vermochte die deutsche sozialistische Arbeiterschaft in ihrer Mehrheit vor 1914 nicht zu gehen. Haupthindernis waren die obrigkeitsstaatlichen politischen Verhältnisse. Sie zu verändern, zu „demokratisieren", erschien als die dringendste Aufgabe, die notwendigerweise, da es sich hierbei um eine rein politische Aufgabe handelte, auch die geistige Führung der Gesamtbewegung durch die politische Partei zur Folge hatte. Die Partei aber vermochte sich von der überlieferten „Integrations-

---

[1]) Zahlreiche Belege hierfür bei *Bernstein*, a.a.O., 3. Bd., bes. S. 75 ff. Sehr bemerkenswerte Schilderungen finden sich bei *C. Severing*, Erinnerungen, 1. Teil, Vom Schlosser zum Minister, Köln 1950, S. 62 ff. Eine Anpassung der Organisation an die Bedürfnisse der Fabrikarbeiter erfolgte erst nach der Revolution durch das System der Betriebsvertrauensleute, Parteikonferenz der SPD zu Weimar am 22./23. 3. 19, Protokoll, S. 8, 11. Aber auch diese Vertrauensleute wurden vorwiegend als Instrument zur Beeinflussung der Arbeiter durch die Partei, nicht aber zur Beeinflussung der Partei durch die Arbeiter begriffen. Siehe die in dieser Hinsicht völlig eindeutigen Feststellungen des Berichterstatters der Organisationskommission auf dem Weimarer Parteitag der SPD im Juni 1919, Protokoll, S. 323, „Ob man sie (die Vertrauensleute der Partei in den Betrieben) revolutionäre Betriebsvertrauensleute oder einfach Betriebsobleute nennt, ist eine untergeordnete Frage. Die Hauptsache ist, daß sie ihre Pflicht erfüllen, die darin besteht, einmal die Werbetrommel für die Partei zu schlagen, dafür zu sorgen, daß die Parteibeiträge einkommen (!!!) und weiter, wenn irgendwelche Parteiarbeiten und Verpflichtungen zu erledigen sind, darauf zu halten, daß die Massen dieser Betriebe ihre Schuldigkeit tun (!!!)." Über die beginnende Stagnation der Arbeiterbewegung vor dem Weltkrieg, *Farwig*, a.a.O., S. 201/2; *Opel*, a.a.O., S. 35/6; *Schorske*, a.a.O., S. 257 ff.

ideologie" des *Kautsky'schen* Marxismus nicht zu lösen, da jede mögliche neue Taktik, eine offen reformerische, eine offen revolutionäre oder eine Kombination beider die Einheit der Partei zu bedrohen schien. Sosehr auch der faktische Einfluß der Gewerkschaften wachsen mochte, eine *politische* Führung vermochten sie der Arbeiterbewegung nicht zu geben; im Gegenteil, die „Vergewerkschaftlichung" der Sozialdemokratie schwächte eher die politische Potenz der Gesamtbewegung[1]).

Daß die gesamte deutsche Arbeiterbewegung trotz dieser geschilderten Unklarheiten und Gebrechen in den Jahrzehnten vor dem Ersten Weltkrieg einen so unbestreitbar glänzenden Aufschwung nehmen und ihre allgemeine politische Linie gegen die heftige Kritik des rechten und des linken Flügels — von der noch die Rede sein wird — behaupten konnte, ist nur im Zusammenhang mit dem außerordentlichen wirtschaftlichen und sozialen Aufstieg des Kaiserreiches zu begreifen, dem sich die Arbeiterbewegung mehr oder weniger passiv anvertraute[2]).

In kaum mehr als drei Jahrzehnten verwandelte sich Deutschland aus einem immer noch stark agrarisch bestimmten Staat in einen modernen Industriestaat, entwickelte sich die großbetriebliche Wirtschaft, verdoppelte sich die Zahl der Arbeiter, stiegen Produktion und Produktivität um beinahe 50%[3]). Im gleichen Zeitraum verbesserten die Arbeiter ihre wirtschaftliche und soziale Lage, hoben ihre gesellschaftliche Stellung und entwickelten ihr politisches Bewußtsein[4]). Der Aufstieg der Arbeiterorganisationen setzte in voller Stärke allerdings erst nach dem Fall des Sozialistengesetzes 1890 ein, war danach freilich um so eindrucksvoller. Die Mitgliedschaft der freien Gewerkschaften wuchs in knapp 20 Jahren von einer Viertel Million auf zweieinhalb Millionen; die sozialdemokratische Wählerschaft vergrößerte sich im gleichen Zeitraum von eineinhalb auf viereinhalb Millionen; die Partei zählte 1914 rund eine Million organisierte Anhänger[5]). Es ist einsichtig, daß angesichts eines solchen scheinbar unaufhaltsamen Fortschritts der Glaube an die Macht der „Entwicklung" in der deutschen Arbeiterbewegung nicht ernsthaft erschüttert werden konnte.

---

[1]) So sehr richtig *Ritter*, a.a.O., S. 175, der an dieser Stelle auch die — trotz aller Auseinandersetzungen — im Grunde sehr enge Zusammengehörigkeit von Partei und Gewerkschaft hervorhebt. Zur Taktik a.a.O., S. 12/3; zum ganzen Problem auch *Opel*, a.a.O., S. 34. *Goldenberg*, a.a.O., S. 45, überspitzt seinen an sich richtigen Ansatz, wenn er den Zentrismus schlichtweg als „Theorie der bürgerlichen Revolution" klassifiziert. Er war, strenggenommen, auch das nicht wirklich.

[2]) Hierzu die Bemerkungen von *Ritter*, a.a.O., S. 106, 149.

[3]) Die Hauptergebnisse der Berufszählungen von 1882, 1895 und 1907 aus Stat. Jb. d. Dt. Reiches, 1884, S. 20; 1909, S. 10 ff. Weiter *J. Kuczynski*, Geschichte der Lage der Arbeiter in Deutschland, Berlin 1947, 1. Bd., S. 147 ff.

[4]) Siehe vor allem *Nestriepke*, Bd. 1.

[5]) Protokoll der Verhandlungen des neunten Kongresses der Gewerkschaften Deutschlands zu München 1914, S. 78 ff., 84 ff. Die Mitgliedschaft der Sozialdemokratie betrug am 31. 3. 14 1 085 905 Personen, Parteitag zu Weimar Juni 1919, Prot., S. 56.

Nichtsdestoweniger vollzog sich die Entwicklung der deutschen Arbeiterbewegung zwischen 1890 und 1914 nicht ohne heftige innere Auseinandersetzungen; und ihr Charakter unterlag einer zwar ganz allmählichen, aber doch tiefgreifenden Wandlung[1]). Die wesentlichsten Momente dieser Wandlung waren die zunehmende Integration der Arbeiterschaft und ihrer Organisationen in die bestehende Staats- und Gesellschaftsordnung und die damit gleichlaufende Zunahme des gewerkschaftlichen Einflusses auf die Partei. Das wachsende Gewicht der Organisationsbürokratie in der Bewegung war ein Symptom dieses Prozesses. Auf dem politisch-ideologischen Felde verlagerte sich der Schwerpunkt der Partei nach „Rechts", fort von der „revolutionären" Attitude und hin zur praktischen Reformarbeit. Bis 1903 lag das Hauptgewicht der inneren Auseinandersetzungen auf dem Kampf der radikalen „marxistischen" Parteimehrheit gegen die gewerkschaftlichen Praktiker, die süddeutschen Reformpolitiker und die theoretischen „Revisionisten". Als sich nach 1905, vor allem in der Massenstreikdebatte, eine wirklich revolutionäre „Linke" in der Partei herausbildete, wandte sich die Parteimehrheit vorwiegend gegen diese. An der Schwelle des Krieges differenzierte sich das Parteizentrum selbst schließlich in eine rechte und eine linke Tendenz, die zukünftige Abspaltung der USPD damit vorzeichnend[2]).

Dieser letzten Entwicklungsphase, insbesondere der Herausbildung eines tatsächlich revolutionären linken Flügels in der Arbeiterbewegung lag eine allmählich immer deutlicher sichtbar werdende Veränderung der wirtschaftlichen und politischen Verhältnisse zugrunde. Der soziale Aufstieg der Arbeiterschaft verlangsamte sich: Der Lebensstandard stieg nicht mehr unaufhörlich an, die Abwehr der Unternehmer wurde entschiedener, die Kampfbedingungen der Arbeiterorganisationen wurden schwerer, die Illusion des automatischen Fortschritts begann zu zerbröckeln[3]). Zugleich vermehrten sich die politischen Spannungen, die Gefahr eines großen Krieges wuchs, das monarchisch-konstitutionelle

---

[1]) Dieser Prozeß wird für die Zeit zwischen 1890 und 1900 von *Ritter* und für die Zeit nach 1905 von *Schorske* in einer Weise dargestellt, die die wichtigsten Fragen zufriedenstellend beantwortet.

[2]) Diese letzte Phase klar herausgearbeitet zu haben, ist das hauptsächliche Verdienst der *Schorske'schen* Arbeit. Wenn *Nipperdey*, a.a.O., mit Recht darauf hinweist, daß *Schorske* an einigen Stellen die Zwangsläufigkeit der Entwicklung von der linken Parteiopposition vor 1914 zur USPD überbetont hat, so bleibt doch unbestreitbar, daß diejenige Kräftegruppierung in der Partei, die die Abspaltung während des Krieges im wesentlichen bewirkte, sich politisch, personell und geografisch vor dem Kriege bereits klar abgezeichnet hatte.

[3]) Hierzu siehe oben S. 44, Anm. 1. Aufschlußreich sind auch die Verhandlungen des neunten Kongresses der Gewerkschaften Deutschlands zu München im Juni 1914; siehe dort vor allem das mahnende Referat des sehr gemäßigten Bauarbeiterführers *August Winnig*, Protokoll S. 403 ff., bes. 415, und den materialreichen Bericht von *J. Timm* über die Verteuerung der Lebenshaltung, a.a.O., S. 437 ff., bes. 444/5. Zur Reallohnentwicklung der deutschen Arbeiterschaft auch *Kuczynski*, a.a.O., S. 170 ff. Über die offensichtliche Erschwerung der gewerkschaftlichen Arbeit durch die wachsende Macht des Unternehmertums siehe ferner *E. Lederer*, Arch. f. Soz. Wiss. u. Soz. Pol., Bd. 39, 1914/5, Sozialpolitische Chronik, S. 610, ff. bes. 613/4.

Regime geriet — vor allem im Reich und in Preußen — in zunehmende innere Schwierigkeiten[1]). Überdies hatten die revolutionären Ereignisse in Rußland 1905/06 zum erstenmal wieder seit der Pariser Kommune von 1871 die Idee der proletarischen Revolution aus dem Reich der agitatorischen Phrase in die Welt der politischen Realitäten gerückt.

Bestimmte soziale Veränderungen wirkten in derselben Richtung und förderten den Differenzierungsprozeß in der Arbeiterbewegung. In den großen Industriezentren — vor allem der Metallindustrie — entwickelte sich nach und nach eine Arbeiterschaft von starkem Selbstbewußtsein, die den ursprünglichen *Marx'schen* Vorstellungen von einem klassenbewußten Proletariat näher rückte, als die bisherige Bewegung. Insbesondere die großstädtischen Verwaltungsstellen des Metallarbeiterverbandes entfalteten ein eigenes, auf vermehrte Selbstverwaltung gegründetes Organisationsleben, und die dort entstehende Schicht von Arbeiterfunktionären gewann auch in den Parteivereinen an Einfluß[2]). Es ist kein Zufall, daß sich während des Krieges die politische Opposition der USPD in den industriellen Zentren entfaltete, dort mit der Opposition gegen den DMV-Vorstand zusammenging und nicht selten von oppositionellen Metallarbeitern getragen wurde[3]).

In engem Zusammenhang mit der hier skizzierten Lage und Entwicklung der deutschen Arbeiterbewegung stehen die beiden theoretischen Strömungen, die ernsthaft versucht haben, den *Kautsky'schen* „Marxismus" zu überwinden und der Arbeiterschaft ein praktikables politisches Programm zu geben: Die rechte „revisionistische" und die linke revolutionär-marxistische. Die kleine Gruppe der äußersten Linken rechnete in naher Zukunft mit gewaltigen revolutionären Erschütterungen und verlangte, daß die Sozialdemokratie diese Entwicklung ins Auge fassen, also mit ihren revolutionären Parolen ernst machen solle. Die äußerste Rechte der Partei hingegen glaubte an die Fortdauer der kapitalistischen Ordnung noch für längere Zeit und forderte deshalb den Verzicht auf die scheinradikale Phraseologie, praktische Arbeit im Rahmen des bestehenden Staates und infolgedessen auch das Zusammengehen mit bürgerlichen Gruppen zur Erlangung

---

[1]) Siehe die prägnanten Darlegungen bei *A. Rosenberg*, Die Entstehung der deutschen Republik, Berlin 1928, S. 52 ff.

[2]) Über die Probleme der großen gewerkschaftlichen Zahlstellen, siehe *Cassau*, a.a.O., S. 64 ff.; über den DMV, *Opel*, a.a.O., S. 26/7, 54/5.

[3]) Siehe vor allem *Schorske*, a.a.O., S. 250 ff., 280 ff. mit ins einzelne gehenden Belegen; *Opel*, a.a.O., S. 42 ff.; *Ritter*, a.a.O., S. 210 macht beiläufig einen interessanten Hinweis auf die ab 1908 neu entstandene radikale Opposition in den württembergischen Industriestädten. Die politisch radikalen Zentren jedenfalls: Berlin, Mitteldeutschland/Sachsen, Hamburg/Bremen, Braunschweig, Niederrhein, Frankfurt, Mannheim, Stuttgart/Eßlingen, waren zugleich auch Zentren der Metallindustrie und einer radikalen gewerkschaftlichen Richtung, welche der bedächtigen und gänzlich unpolitischen traditionellen Gewerkschaftsarbeit mit zunehmender Kritik begegnete. Vgl. hierzu die namentlich erfolgte Stimmabgabe zu gewerkschaftspolitischen Fragen auf den Verbandstagen des DMV 1911 und 1913. 1911 zu Mannheim, Protokoll, S. 158, 162; 1913 zu Breslau, Protokoll, S. 141; 1913 (außerordentlich) zu Berlin, Protokoll, S. 89/90.

politischer und sozialer Reformen[1]). Keine der beiden oppositionellen Richtungen konnte einen wesentlichen unmittelbaren Einfluß auf die Arbeiterschaft gewinnen, zumal die Partei- und Gewerkschaftsführer zum großen Teil dazu neigten, sich von dem „Literatengezänk" der Theoretiker fernzuhalten[2]). So entwickelten beide Richtungen zwar die Umrisse eines realisierbaren politischen Programms; aber die allgemeine Abstinenz von jeder konkreten Zukunftsplanung prägte auch ihre Vorstellungen von einer politischen und gesellschaftlichen Strukturveränderung. Bis zu Überlegungen, die Raum für eine Aufnahme des Rätegedankens gegeben hätten, stießen sie nur gelegentlich vor.

Dies ist besonders bemerkenswert bei den Wortführern der radikalen Linken; denn aus ihrem Kreise sind in der Revolution von 1918/19 die entschiedensten Verfechter rätedemokratischer und revolutionär-gewerkschaftlicher Tendenzen hervorgegangen.

*R. Luxemburg* z. B. gelangte in ihren Analysen der proletarischen Massenaktion nicht zum Bewußtsein des Räteproblems, obwohl sie das Haupthindernis eines Verständnisses, die schroffe Trennung von politischer und gewerkschaftlicher Organisation, verwarf, und obwohl das Auftauchen von Arbeiterräten in der russischen Revolution von 1905 ihr Augenmerk hätte darauf lenken können[3]). Ebensowenig finden sich Andeutungen in dieser Richtung in den Schriften *H. Laufenbergs* und *F. Wolffheims*, obwohl beide 1919/20 als Führer der KAPD entschiedene Vertreter des revolutionären Rätegedankens gewesen sind[4]). Dieses Fehlen jeder Andeutung ist besonders bei *Wolffheim* erstaunlich, der vor 1914 als Redakteur an einer amerikanischen sozialistischen Zeitung für die industrieunionistischen Ideen der revolutionären Gewerkschaft IWW (Industrial Workers of the World) geworben haben soll[5]). Es würde dies aber nur die Unempfänglichkeit der deutschen Verhältnisse für solche Ideen bekräftigen. Nur *A. Pannekoek*, ein aus den Niederlanden stammender Theoretiker, der vor 1914 auf dem linken Flügel der Sozialdemokratie eine Rolle spielte und nach 1918 die KAPD unterstützte, hat nicht nur — wie *Luxemburg*, wenn auch mit größerer Bewußtheit — den „passiven Radikalismus" *Kautsky'scher* Prägung kritisiert, sondern auch, freilich noch in abstrakter Form, den gedanklichen Schritt von der revolutionären Massenaktion zum Rätegedanken vollzogen. Er begreift die soziale Revolution

---
[1]) Eine brauchbare knappe Zusammenfassung der theoretischen und taktischen Differenzen gibt *Ritter*, a.a.O., S. 196 ff.; mehr auf die praktische Parteipolitik gerichtet auch *Schorske*, a.a.O., S. 1 ff.
[2]) Vgl. die Erinnerungen *A. Winnigs*, Der weite Weg, 2. Aufl., Hamburg 1932, S. 134, 184 ff.; *Braun*, a.a.O., S. 47 ff., 335 ff.; *Cassau*, a.a.O., S. 152 ff., 284 ff.; *Ritter*, a.a.O., S. 201/2.
[3]) *R. Luxemburg*, Massenstreik, Partei und Gewerkschaften, Hamburg 1906, über Arbeiterräte bzw. -ausschüsse, S. 11, 22, 26, 37 Anm., 41.
[4]) *H. Laufenberg*, Der politische Streik, Hamburg 1914, S. 39, über Arbeiterräte, 61 Kritik an *Luxemburg*, 258 über Gewerkschaftsdemokratie. Ferner derselbe, Sozialdemokratie und Verstaatlichung, Die Neue Zeit, Jg. 32, 2. Bd., S. 420 ff., 472 ff. Allerdings rückt *L.* hierin dem Rätegedanken recht nahe, wobei er — der „Radikale" — sich übrigens interessanterweise dem „Revisionisten" *Bernstein* nähert, a.a.O., S. 479/80.
[5]) *H. Bötcher*, a.a.O., S. 65.

Luxemburg; Pannekoek

als den „Prozeß der allmählichen stufenweisen Auflösung aller Machtmittel der herrschenden Klasse und namentlich des Staates" bei gleichzeitigem „Aufbau der Macht des Proletariats bis zur höchsten Vollendung". Am Schlusse dieses Prozesses steht dann das ganze arbeitende Volk „als hochorganisierte, das eigene Los mit klarem Bewußtsein bestimmende, zum Herrschen fähige Masse da und kann darangehen, die Organisation der Produktion in die Hand zu nehmen"[1]). In der sich an diese Feststellungen anschließenden Debatte *Pannekoek—Kautsky* ist besonders bemerkenswert, wie starr *Kautsky* das Ziel der sozialistischen Arbeiterbewegung auf politischem Gebiet fixiert[2]) und wie völlig unverständlich ihm im Grunde die *Pannekoek'sche* Auffassung des Marxismus als einer „Theorie der proletarischen Aktion" ist[3]). Er sieht darin nur eine „syndikalistische" Abirrung[4]). Irgendeinen ersichtlichen Einfluß haben die *Pannekoek'schen* Erkenntnisse auf die deutsche Arbeiterbewegung vor 1914 jedoch offenbar nicht mehr ausgeübt. Ohne Zweifel aber waren bei den radikal marxistischen Linken der Sozialdemokratie die Vorbedingungen für die Aufnahme und Ausgestaltung der Räteidee gegeben[5]).

Noch ein anderer denkbarer Ansatz zur Entwicklung der Räteidee blieb bloß eine Möglichkeit. Die Forderung nach eigenen Arbeitervertretungen in der Wirtschaft in der Form von Fabrikausschüssen und Arbeiterkammern hätte einen solchen Ansatz darstellen können. Aber derartige Forderungen wurden, wie wir gesehen haben, nur mit wenig Nachdruck und stets mit einer rein sozialpolitischen Zielsetzung erhoben. Angesichts der herrschenden politischen und sozialen Machtverhältnisse mußten den Arbeiterführern die Aussichten einer solchen unmittelbaren Einflußnahme auf die Wirtschaft allerdings gering erscheinen. Nur *E. Bernstein* ist unter den sozialdemokratischen Theoretikern weitergegangen. Sein Satz: „In einem guten Fabrikgesetz kann mehr Sozialismus stecken als in

---

[1]) Massenaktion und Revolution, Die Neue Zeit, Jg. 30, Bd. 2, S. 451 ff., 585 ff., 609 ff., bes. 550.

[2]) *K. Kautsky*, Die neue Taktik, ebenda, S. 654 ff., 688 ff., 723 ff., bes. 732 „Und das Ziel unseres Kampfes bleibt dabei das gleiche, das es bisher gewesen: Eroberung der Staatsgewalt durch Gewinnung der Mehrheit im Parlament und Erhebung des Parlaments zum Herren der Regierung."

[3]) *A. Pannekoek*, Marxistische Theorie und revolutionäre Taktik, Die Neue Zeit, Jg. 31, Bd. 1, S. 272 ff., bes. 371 ff., wo *P.* zu Ergebnissen kommt, die völlig der wenige Jahre später von *Korsch* am *Kautskyschen* Marxismus geübten Kritik entsprechen. Siehe unten 10. Kapitel.

[4]) *K. Kautsky*, Der jüngste Radikalismus, Die Neue Zeit, Jg. 31, Bd. 1, S. 436 ff., bes. 440 ff. *Pannekoeks* knappes Schlußwort, ebenda, S. 611/2, ist vor allem deswegen bemerkenswert, weil er sich ganz offen von den *Marx'schen* Ansichten über die politische Machtergreifung des Proletariats aus den Jahren 1848/50 distanziert, während *Kautsky* formal an ihnen festhält. Dabei berücksichtigt *K.* allerdings nicht, daß *Marx* in seiner Bewertung der Pariser Kommune von 1871 — in seinem Bürgerkrieg in Frankreich — selbst bereits den Schritt zu einer Auffassung der proletarischen Revolution getan hatte, die der anarchistisch-sydikalistischen recht nahe kam. Bezeichnenderweise ist es wieder der „Revisionist" *Bernstein*, der in seinem Buch, Die Voraussetzungen des Sozialismus, 3. Aufl., Berlin 1923, S. 189 ff. — im Gegensatz zu *Kautsky* — positiv an den *Marx'schen* Bürgerkrieg und an seine Würdigung der Pariser Kommune anknüpft.

[5]) Siehe auch *Tormin*, a.a.O., S. 24/5.

einer Verstaatlichung von etlichen hundert Unternehmungen und Betrieben"[1]) bedeutet nicht etwa nur eine sozialpolitische Abschwächung der sozialistischen Forderungen. In einem seiner Hauptwerke, den „Voraussetzungen des Sozialismus", hat er diesen Gedanken näher ausgeführt und die Idee des unmittelbaren Einflusses der Arbeiter auf die Leitung der Wirtschaft deutlich ausgesprochen[2]). Aufs Ganze gesehen war auch bei den Revisionisten, besonders im Kreis der „Sozialistischen Monatshefte", der Boden durch derartige Überlegungen so weit vorbereitet, daß der Rätegedanke dort nach 1918 aufgenommen und weiterentwickelt werden konnte.

Wenn wir das nunmehr in Umrissen gewonnene Bild der deutschen Arbeiterbewegung vor 1914 im Hinblick auf die zu Beginn dieses Kapitels formulierten allgemeinen sozialen und politischen Vorbedingungen von Räteidee und Rätebewegung betrachten, dann finden wir, daß die drei wichtigsten konkreten Bedingungen: die Entwicklung fest umrissener sozialistischer Zukunftsvorstellungen überhaupt, die Unzufriedenheit mit den überkommenen Organisationen und die Aktivierbarkeit der Betriebe nicht oder nur in schwachen Ansätzen gegeben waren.

Zugleich aber ist sichtbar geworden, unter welchen Umständen die ideologische Potenz marxistischen Klassenkampfdenkens in Teilen der Arbeiterschaft hätte aktualisiert und der Weg zur Entfaltung einer Bewegung wie der der Räte freigelegt werden können:

Wenn die Notwendigkeit aktiver Politik, vor allem auf dem Gebiet der Wirtschaft unabweisbar geworden wäre,

wenn damit die strenge Trennung von Politik und Wirtschaft, die Trennung der Funktionen von Partei und Gewerkschaft sich als nicht mehr haltbar erwiesen hätte,

wenn der in den großen Industriezentren begonnene Umschmelzungsprozeß der Arbeiterschaft beschleunigt worden wäre,

wenn der anscheinend unaufhaltsame soziale Aufstieg der Arbeiterschaft sich nicht weiter fortgesetzt hätte,

wenn das Vertrauen in Partei und Gewerkschaft ernsthaft erschüttert worden wäre,

wenn die politischen und organisatorischen Hemmungen für die Aktivierung der betrieblichen, insbesondere der großbetrieblichen Belegschaften fortgefallen wären.

Alle diese bedingenden Veränderungen sind nun in der Tat während des Krieges und der Revolution mehr oder weniger vollständig eingetreten!

---

[1]) Zitiert nach K. Korsch, Was ist Sozialisierung?, Hannover 1919, S. 12 ff., 40.
[2]) Bernstein, a.a.O., S. 142 ff., 170 ff., 174, „Ihrer sozialpolitischen Stellung nach sind die Gewerkschaften oder Gewerkvereine das *demokratische* Element in der Industrie. Ihre Tendenz ist, den Absolutismus des Kapitals zu brechen und dem Arbeiter direkten Einfluß auf die Leitung der Industrie zu verschaffen." Die Beiträge dieses bedeutenden Buches, das heute nach über 60 Jahren noch nicht veraltet ist, zum Thema: Demokratie und Sozialismus erschöpfen sich übrigens nicht in dieser Feststellung.

## 3. Kapitel:

## Die Räte in der Revolution

Es ist nicht die Absicht dieser Untersuchung, die Geschichte der November-Revolution zu schreiben, ja nicht einmal, die Rätebewegung in ihrem vollen Umfang darzustellen. Trotzdem ist es zum Verständnis der betrieblichen und wirtschaftlichen Arbeiterräte und ihrer Bedeutung unumgänglich, wenigstens in einem ganz knappen Umriß die revolutionäre Situation der Jahre 1918/19 zu charakterisieren und jene historischen Zusammenhänge zu bezeichnen, innerhalb derer die Räte ihre Rolle gespielt haben. Dies ist um so nötiger, als auch die Geschichtswissenschaft diese Zusammenhänge z. T. noch nicht endgültig geklärt hat.

Zu diesem Zweck müssen wir eine allgemeine politische und soziale Charakteristik der November-Revolution zu geben versuchen, und uns dabei bemühen, die Revolution als eine zur Zukunft hin offene Situation, d. h. im Hinblick auf die verschiedenen möglichen Entscheidungen der handelnden Personen und Gruppen zu begreifen. Da die Diskussion über den Charakter der November-Revolution noch im vollen Fluß ist, werden wir uns dabei mit einer Skizzierung der offenen Probleme begnügen müssen. Ferner müssen wir jene politischen Strömungen innerhalb der sozialistischen Arbeiterschaft näher bezeichnen, in deren Zusammenhang sich die Rätebewegung entwickelt hat. Und schließlich müssen wir die durch Krieg und Revolution geschaffenen Bedingungen charakterisieren, die den Arbeiterräten den Weg frei gemacht haben, sowie den allgemeinen zeitlichen und sachlichen Zusammenhang der gesamten Rätebewegung skizzieren.

Die herkömmliche Auffassung sieht in den revolutionären Ereignissen von 1918/19 im wesentlichen eine gescheiterte sozialistische Revolution: Die Umwandlung des konstitutionell-obrigkeitsstaatlichen in ein parlamentarisch-demokratisches System sei bereits im Oktober durch die Berufung der Regierung Max von Baden und die Änderung der Reichsverfassung auf dem Wege friedlicher Reform vollzogen gewesen; bei der Umsturzbewegung der Novembertage habe es sich im wesentlichen um einen durch vielerlei unglückliche Umstände beförderten Zusammenbruch der moralisch-politischen Widerstandskräfte oder der Geduld breiter Volkskreise gehandelt, der die Institution der Monarchie zum Opfer gefallen sei; aus dieser chaotischen Massenbewegung sei dann die Gefahr einer radikal sozialistischen „bolschewistischen" Revolution hervorgewachsen; die Sozialdemokratie vor allen anderen habe im Bündnis mit der obersten Heeresleitung und den bürgerlichen Mittelparteien diesen Angriff abgeschlagen, die Errichtung einer bolschewistischen Rätediktatur verhindert und die Demokratie gerettet¹).

*K. D. Erdmann* gibt dieser Auffassung einen klaren Ausdruck, wenn er das „konkrete Entweder-Oder" der November-Revolution so formuliert: „die soziale Revolution im Bund mit den auf eine proletarische Diktatur hindrängenden Kräften oder die parlamentarische Republik im Bund mit konservativen Elementen . . ."²), und an anderer Stelle noch prägnanter auf die Schlüsselposition der Sozialdemokratie zugespitzt: „Deutschland . . . stand vor der Frage, ob sich in der sozialistischen Gesamtbewegung die westeuropäische Idee des Parlamentarismus und der Demokratie oder die Lenin'sche Idee des Rätestaates als die stärkere erweisen werde"³). Gestützt wird diese Ansicht nicht zuletzt dadurch, daß auch die Anhänger der gescheiterten radikal sozialistischen Revolution ihr nicht selten beigepflichtet haben, wenn auch mit entgegengesetzten Wertakzenten. So erscheint die Politik der SPD bei den einen als „staatserhaltend", bei den anderen als „konterrevolutionär"; in der Sache deckt sich die Beurteilung⁴).

Allerdings läßt diese Auffassung eine Reihe von wichtigen Fragen offen: Die entschieden revolutionären Kräfte um den Spartakusbund und am linken Flügel der USPD waren schwach, zersplittert und ohne politische Zielvorstellungen; die USPD-Mehrheit tastete sich unschlüssig von Situation zu Situation; die SPD wollte nachgewiesenermaßen keinen Umsturz und keine Revolution⁵); die große Mehrheit der sozialistischen Arbeiterschaft stand, zumindest bis ins Frühjahr 1919 hinein, hinter der SPD. Was also wollten die revoltierenden Arbeiter und Soldaten wirklich? Was bedeutete die äußere Radikalität ihres Auftretens, was ihre revolutionäre Symbolik, was die Phraseologie ihrer Wortführer, was die sich ausbreitende Unruhe der Versammlungen, Demonstrationen und Streiks? Was bedeuteten schließlich die bevorzugten Organisationsformen ihrer Wirksamkeit, die Räte? Standen — wie *Erdmanns* Alternativformulierungen es erscheinen lassen — die Ideen der Räte wirklich in einem ausschließen-

---

[1] Vgl. z. B. *F. Meinecke*, Die Revolution, in Handbuch des deutschen Staatsrechts, Bd. 1, Tübingen 1930, S. 95 ff., bes. 112; *F. Friedensburg*, Die Weimarer Republik, Berlin 1946, S. 13/14, 153 ff.; *E. Eyck*, Geschichte der Weimarer Republik, Zürich 1954.

[2] Die Geschichte der Weimarer Republik als Problem der Wissenschaft, VjH. f. Zeitgesch., 3. Jg./1955. Heft 1, S. 1 ff., 7.

[3] Die Zeit der Weltkriege, in *B. Gebhardt*, Handbuch der deutschen Geschichte, 8. Auflage, Stuttgart 1959, S. 85.

[4] Vgl. den bemerkenswerten Aufsatz von *Paul Frölich*, in Arbeiter-Literatur, Nr. 11, November 1924, S. 833 ff., bes. 834; die Novemberrevolution „der erste Akt der proletarischen Revolution in Deutschland". *F.* war auch der Redakteur der in demselben Sinne gehaltenen parteioffiziellen Illustrierten Geschichte der Deutschen Revolution, Berlin o. J. (1929). Siehe ferner das Erinnerungswerk von *R. Müller*, Vom Kaiserreich zur Republik, 2 Bde., Wien 1924/5 und Bürgerkrieg in Deutschland, Berlin 1925.

[5] Hierzu die kurze zusammenfassende und völlig überzeugende Darstellung bei *Kolb*, a.a.O., S. 24 ff., 122 ff., 138 ff.

den Gegensatz zur Idee der Demokratie, war tatsächlich allein die *Lenin'sche* Idee des Rätestaates wirksam, hatte jeder sozialrevolutionäre Eingriff unvermeidlich die proletarische Diktatur im Gefolge? Es scheint mir kein Zufall zu sein, daß die herkömmliche Historie der November-Revolution die Räte meistens nicht nur schief, sondern praktisch gar nicht dargestellt hat. Die Rätebewegung hat — außer als Symptom des „Bolschewismus" — in der Tat in dieser Sicht der Dinge keinen rechten Platz.

Den bisher umfassendsten Versuch, die überkommenen Alternativen kritisch zu prüfen und das komplexe Phänomen der revolutionären Ereignisse von 1918/19 in seiner Differenziertheit zu deuten, hat von seiten der politischen Geschichtsschreibung, wie von seiten der Ideengeschichte und der politischen Theorie her *Arthur Rosenberg* unternommen[1]). In jüngster Zeit sind seine Anregungen dann mehrfach aufgegriffen und für eine intensivere Erforschung der Rätebewegung nutzbar gemacht worden[2]).

Einige Momente sind in der *Rosenberg'schen* Sicht von besonderer Bedeutung: Seine Charakterisierung der Massenströmung und -bewegung, die den Novemberumsturz zur Folge hatte, sein Urteil über die sozialen und politischen Bewegungen der Monate nach dem Umsturz, insbesondere also über die Rätebewegung, und schließlich seine Kritik an der Politik der sozialdemokratischen Volksbeauftragten, der am 10. November 1918 eingesetzten Revolutionsregierung.

Die politische Umwälzung der Novembertage 1918 wurde — nach der uns überzeugend erscheinenden Darstellung *Rosenbergs* — durch eine spontane Erhebung von Soldaten und Arbeitern bewirkt. Sie richtete sich vor allem anderen gegen die Weiterführung des Krieges[3]), nicht zuletzt auf Grund der im Laufe der Kriegsjahre fast unerträglich gewordenen materiellen Not. Zugleich damit und angetrieben durch den Wunsch nach Frieden wandte sich die Umsturzbewegung auch gegen die Herrschaft der alten politischen und militärischen Gewalten. Die Parole „Brot, Freiheit, Frieden", unter der die großen politischen Streiks während des Krieges geführt worden waren, bringt auch die Motive der Novemberbewegung zum Ausdruck[4]). Es war kein Zufall, sondern der be-

---

[1]) Die Entstehung der deutschen Republik, Berlin 1928 (zit.: Entstehung) und Geschichte der deutschen Republik, Karlsbad 1935 (zit.: Geschichte); ferner Geschichte des Bolschewismus, Berlin 1932 (zit.: Bolschewismus) und Demokratie und Sozialismus, Amsterdam 1938. *Kolb*, a.a.O., S. 7, Anm. 4, weist allerdings mit Recht darauf hin, daß der linkssozialistische Schriftsteller *H. Ströbel* bereits 1919 und 1920 eine Darstellung der Revolution geliefert hat, die *Rosenbergs* Auffassung sehr nahe kommt.

[2]) Siehe *Tormin* und *Kolb* a.a.O. sowie den Literaturbericht von *E. Matthias* in Die Neue Gesellschaft, Jg. 3/1956, Heft 4, S. 312 ff. Ferner meinen Aufsatz über die großen Streiks der Ruhrbergarbeiter im Frühjahr 1919, VjH. f. Zeitgesch., Jg. 6/1958, Heft 3, S. 231 ff.

[3]) Über die Unwiderstehlichkeit der in den letzten Kriegsmonaten im deutschen Volk aufgekommenen Friedensbewegung und ihre rasche Politisierung und Radikalisierung siehe sehr treffend *Kolb*, a.a.O., S. 15 ff.

[4]) *Rosenberg*, Entstehung, S. 193 ff., 246 ff.; *Müller*, Kaiserreich, Bd. 1, S. 78 ff., 100 ff., bes. 139, die Feststellung, daß die Novemberbewegung politisch im allgemeinen nicht über die Zielsetzung des Januarstreiks hinausgegangen sei.

zeichnende Ausdruck der Bewegung, daß sie von einer militärischen Meuterei ihren Ausgang nahm, und daß diese Meuterei sich zu Beginn ausschließlich gegen eine befürchtete Verlängerung des Krieges, gegen die militärische Disziplin und gegen die schlechte Verpflegung richtete.

Das im eigentlichen Sinne politische Programm der Umsturzbewegung beschränkte sich im allgemeinen auf die Forderungen nach Beseitigung der feudalen Vorrechte[1]) und der Monarchie und nach Einführung einer Regierungsform, die auf demokratischen Wahlen und auf der politischen Gleichberechtigung aller Staatsbürger beruhte. Das heißt, das Ziel der revolutionären Bewegung war die parlamentarisch-demokratische Republik. Der politische Ausdruck dieser Tatsache wurde die Weimarer Koalition zwischen der Mehrheitssozialdemokratie und den bürgerlichen Parteien des Zentrums und der Demokraten, die im Januar 1919 bei den Wahlen zur Nationalversammlung annähernd dreiviertel der Stimmen auf sich vereinigen konnten, also die überwältigende Mehrheit des deutschen Volkes hinter sich hatten. Die revolutionäre sozialistische Linke war demgegenüber ohne jeden tiefgreifenden Einfluß auf die Umsturzbewegung des November und konnte auch in den folgenden Monaten nur eine schwache Minderheit der Arbeiterschaft für ihr Programm gewinnen[2]).

Die Koalition zwischen der SPD und den bürgerlichen Mittelparteien auf der Basis eines parlamentarisch-demokratischen Programms ist nach *Rosenbergs*

---

[1]) Es mag fraglich sein, ob der Ausdruck „feudal" hier am Platze ist, *Rosenberg* verwendet ihn allerorten. Auch *Th. Schieder*, Staat und Gesellschaft im Wandel unserer Zeit, München 1958, S. 155, spricht vom „bürgerlich-feudal eingerichteten Nationalstaat" jener Epoche. Es ist in der Tat schwierig, einen treffenderen kurzen Ausdruck für die eigenartige privilegierte Stellung des Adels in der preußisch-deutschen Gesellschaft vor 1918 zu finden.

[2]) Über die Schwäche und Ziellosigkeit der radikalen Linken siehe vor allem *Rosenberg*, a.a.O., ferner *Tormin*, a.a.O., S. 134 ff., bes. 136/7; *Kolb*, a.a.O., S. 38 ff., 46 ff., 138 ff. Vgl. ferner *O. K. Flechtheim*, Die KPD in der Weimarer Republik, Offenbach 1948, S. 33 ff. über die notwendigerweise unbedeutende Rolle, die die Linksradikalen in der Revolution spielten. Ihre Schwäche wird in den Wahlergebnissen der Zeit deutlich sichtbar. Bei den Wahlen zur Nationalversammlung am 19. Januar 1919 erhielt die USPD nur 7,6% der abgegebenen Stimmen, weniger als $1/5$ des Anteils, der auf die SPD entfiel. Und in der USPD stellte die radikale Linke damals nur eine Minderheit dar. Die KPD beteiligte sich zwar nicht an den Wahlen, so daß wir ihren Anhang nicht zahlenmäßig erfassen können; aber ihr Einfluß war ohne Zweifel noch sehr viel geringer als der der USPD. Einen gewissen Aufschluß geben Wahlen, die im Februar/März 1919 in Hamburg und Bremen stattfanden; dabei muß man berücksichtigen, daß es sich hier um ausgesprochene Hochburgen des kommunistischen Einflusses handelte. In Hamburg erhielt die KPD bei den Arbeiterratswahlen von 143 294 Stimmen, die für die drei sozialistischen Parteien abgegeben wurden, nur 12 116, in Bremen bei den Wahlen zur Landesversammlung am 9. März von 88 499 sozialistischen Stimmen 11 359 gegen 28 363 der USPD. Illustrierte Geschichte der Deutschen Revolution (zit.: Ill. Gesch.), S. 346, 354; *Müller*, Bürgerkrieg, S. 117. Noch im Juni 1920 bei den Reichstagswahlen erreichte die KPD nur 442 000 Stimmen (1,7%) gegen 4 896 000 Stimmen der USPD (18,6%), was auch dann sehr wenig ist, wenn man bedenkt, daß der im Winter 1919/20 zur KAPD abgesplitterte beträchtliche Teil ihrer Anhängerschaft sich vermutlich an der Wahl nicht beteiligt hat.

Ansicht¹) nicht erst mit der formellen Konstituierung der ersten Reichsregierung im Februar 1919 ins Leben getreten, sondern in einer kontinuierlichen Entwicklung, die auch durch die Novemberereignisse nicht wirklich unterbrochen wurde, aus der Reichstagsmehrheit der Friedensresolution von 1917 hervorgegangen. Im Oktober 1918 übernahm diese Koalition dann unter der Kanzlerschaft des Prinzen Max von Baden offiziell die Regierung und beendete das Regime der konstitutionellen Monarchie. Angesichts dieser Lage befanden sich die revoltierenden Soldaten und Arbeiter der Umsturzbewegung in einer sehr eigentümlichen Situation. Zumindest ihre bürgerlich oder sozialdemokratisch gesonnene Mehrheit machte in gewissem Sinne Revolution gegen sich selbst. Ihre politischen Hauptwünsche: Sofortige Friedensverhandlungen und parlamentarisch-demokratische Regierung waren tatsächlich im Oktober 1918 bereits erfüllt. Ihre politischen Vertrauensmänner, die Führer der SPD, der Demokraten und des Zentrums bildeten de facto die neue Reichsregierung. Mit gutem Recht hat man die Novemberereignisse des Jahres 1918 „die wunderlichste aller Revolutionen" genannt²).

    *A. Rosenberg* hat den eigenartigen Charakter des Novemberumsturzes eindringlich dargestellt³). Der Hauptgrund für den Ausbruch der Revolution war seiner Meinung nach, daß die Reichstagsmehrheit aus SPD, Demokraten und Zentrum die Fühlung mit ihren Anhängern im Lande verloren und infolgedessen versäumt hatte, den kriegsmüden und unzufriedenen Massen die tatsächlich bereits vollzogene Errichtung des demokratisch-parlamentarischen Staates eindringlich und glaubhaft genug vor Augen zu führen. Nur auf Grund der Tatsache, daß sie die stillschweigende Abdankung der alten Gewalten gar nicht wahrgenommen hatten, gingen die Massen auf die Straße und gebärdeten sich — Meuterer und Aufrührer, die sie nun plötzlich waren — als rote Revolutionäre, die sie eigentlich gar nicht sein wollten. Dieser merkwürdige Zustand wurde dadurch beendet, daß die SPD, die bis zum letzten Augenblick alles getan hatte, um den Ausbruch der Revolution zu verhindern⁴), sich am 9. November an die Spitze der Bewegung stellte, und daß ihre bürgerlichen Koalitionspartner stillschweigend den Boden der neugeschaffenen Verhältnisse betraten.

    Allerdings war die durch den 9. November geschaffene Lage alles andere als stabil. Die linksradikalen sozialistischen Kräfte begannen den Kampf gegen die

---

¹) Siehe besonders Entstehung, S. 255 ff. und Geschichte, S. 9 ff. Die endgültige historische Klärung dieser Frage ist nun auf Grund der kürzlich erschienenen Dokumente über den Interfraktionellen Ausschuß 1917/18 einen guten Schritt näher gerückt: Quellen zur Geschichte des Parlamentarismus und der politischen Parteien, Hrsg. *W. Conze, E. Matthias, G. Winter*, Erste Reihe, Bd. 1, Zwei Halbbände, Düsseldorf 1959.

²) *Rosenberg*, Entstehung, S. 238.

³) Entstehung, S. 236 ff.; Geschichte, S. 10 ff. *Kolbs* Darstellung, a.a.O., S. 60 ff., 71 ff. bestätigt *Rosenbergs* Auffassung.

⁴) Der klarste Ausdruck dieser Bemühungen war die Tätigkeit *Noskes* in Kiel, dem Zentrum der Matrosenerhebung. Siehe *Noske*, Von Kiel bis Kapp, Berlin 1920, S. 8 ff., bes. 23/4.

Regierung der Volksbeauftragten; und es mochte zweifelhaft scheinen, ob die durch den Umsturz in Bewegung geratenen Arbeitermassen sich nicht von ihnen würden beeinflussen lassen. *Rosenberg* meint zu dieser labilen Situation, daß freilich bei größeren Unruhen den Mehrheitsparteien nichts geschehen konnte. „Denn die sachliche Übereinstimmung zwischen der Reichstagsmehrheit und den großen Massen des Volkes mußte sich trotz aller Verwirrung wieder herausstellen. Auch das besitzende Bürgertum hatte nichts zu befürchten. Denn die erdrückende Mehrheit der deutschen Arbeiter konnte sich, trotz 50jähriger Existenz der deutschen Sozialdemokratie, unter Sozialismus nichts Klares vorstellen, und sie hatte keine sozialistischen Gegenwartsforderungen"[1]). In der Tat konnten die Volksbeauftragten und konnten nach ihnen die Kabinette der Weimarer Koalition ihre Position ohne sehr große Schwierigkeiten gegen alle Angriffe von Links behaupten. Das führt *Rosenberg* schließlich zu der zusammenfassenden Feststellung über die November-Revolution: „Es war eine bürgerliche Revolution, die von der Arbeiterschaft gegen den Feudalismus erkämpft wurde"[2]).

Aber diese geistreiche Formel erweist sich bei näherem Zusehen nicht als restlos befriedigend. Sie steht auch zu *Rosenbergs* eigenem Urteil über die Entwicklung nach dem Novemberumsturz in Widerspruch. Sehr bald danach begannen nämlich Teile der sozialistischen Arbeiterschaft gegenüber der neuen republikanischen Regierung eine kritische, ablehnende oder sogar feindselige Haltung einzunehmen. (Gleichlaufend damit wanderten Teile des Mittelstandes und der Bauernschaft von den bürgerlichen Parteien der Weimarer Koalition zu den antirepublikanischen Rechtsparteien ab.) Aber diese allmählich unruhig werdenden Arbeiter waren trotzdem weder radikale sozialistische Revolutionäre, noch gar Bolschewisten. Sie waren nach wie vor bereit, sich — wenigstens für die nächste Zukunft — mit der demokratischen Republik zufrieden zu geben; aber ihre Vorstellungen von einer *wirklichen* Demokratie unterschieden sich recht beträchtlich von den Vorstellungen der sozialdemokratischen Volksbeauftragten und der ersten Reichsregierung. Dieser Gegensatz enthüllte sich vor allem im Streit um die Räte.

*Rosenberg* hat die einzelnen Momente dieser Entfremdung zwischen der Arbeiterschaft und ihrer traditionellen Führung treffend bezeichnet und die

---

[1]) Entstehung, S. 242. *R.* bezieht diese Feststellung zwar nur auf die Periode des Umsturzes im November selbst, sie gibt aber unzweifelhaft auch seine Meinung über den darauf folgenden Zeitabschnitt wieder.

[2]) Entstehung, S. 201. Bemerkenswert ist die Tatsache, daß die heutige parteikommunistische Geschichtsschreibung — im Gegensatz zur Weimarer Zeit — zu einer ganz ähnlichen Auffassung gelangt ist. Siehe die Rede von *W. Ulbricht* in der Kommission zur Vorbereitung der Thesen über die Novemberrevolution, aus Vorwärts und nicht vergessen. Erlebnisberichte aktiver Teilnehmer der Novemberrevolution 1918/19, Berlin 1958, S. 9 ff., 27, „Zusammenfassend muß man die Novemberrevolution ihrem Charakter nach als eine bürgerlich-demokratische Revolution, die in gewissem Umfang mit proletarischen Mitteln und Methoden durchgeführt wurde, bezeichnen." Vgl. ferner Z. f. Gesch. Wiss., Jg. 6/1958, Sonderheft, S. 1 ff., 28 ff.

Politik der Volksbeauftragten und der ersten Reichsregierung einer scharfen Kritik unterzogen, die — von seinem Standpunkt aus: Schaffung einer kämpferischen sozialen Massendemokratie — als in allen wesentlichen Punkten durchschlagend anerkannt werden muß[1]). Er hat auch die Schlüsselstellung der Räte in dieser Entwicklung richtig gesehen; trotzdem befriedigt seine Darlegung der Probleme nicht.

Die Differenz zwischen den Vorstellungen der sozialdemokratischen Führung und denen eines Teils ihrer Anhänger kommt im Grunde bereits in Ausbruch und Verlauf der Umsturzbewegung zum Ausdruck. Sie als bloßes Mißverständnis zu deuten, ist doch wohl — trotz allen Anscheins — keine ausreichende Erklärung. Wenn die Politiker der Reichstagsmehrheit es im Oktober/November 1918 versäumten, den Massen ihrer einfachen Anhänger klarzumachen, daß sich durch die vollzogene Parlamentarisierung des Reiches wirklich etwas geändert habe, dann war das nicht nur eine taktisch-psychologische Ungeschicklichkeit. Und der Grund dafür lag nicht nur darin, daß sie sich an ihre neue Autorität noch nicht gewöhnt hatten und sich zu unsicher fühlten, um ihre Überlegenheit über die Männer und Einrichtungen des alten Systems demonstrativ zu zeigen[2]).

Die Führer der Weimarer Koalitionsparteien hatten, unbeschadet ihres grundsätzlichen ausdrücklichen Bekenntnisses zum demokratischen Parlamentarismus, Vorstellungen vom Aufbau und vom Funktionieren der Regierung, der Verwaltung, des Militärapparates, der Wirtschaft, die es ihnen fast unmöglich machten, anders zu handeln, als sie es im Oktober 1918 taten. Sie hielten eine feste Staatsautorität, einen straff organisierten Verwaltungsapparat und die verantwortliche Leitung der Wirtschaft durch die private Unternehmerschaft grundsätzlich für notwendig (das letztere gilt für die Sozialdemokraten zwar nur eingeschränkt, aber doch de facto zumindest für die schwierigen Zeiten der Nachkriegswirtschaft). Ihre Scheu davor, den überkommenen kaiserlichen Staatsapparat nach der Parlamentarisierung des Reiches im Oktober 1918 in drastischer und allgemein sichtbarer Weise unter ihre Kontrolle zu nehmen, entsprang also nicht nur ihrer inneren Unsicherheit, sondern auch der tief eingewurzelten Überzeugung von der Bedeutung der staatlichen Autorität schlechthin, die sie revolutionären Erschütterungen nicht aussetzen wollten. In dieser Haltung wurzelte auch die fast uneingeschränkte Hochachtung, die die Parlamentarier — trotz aller bitteren gegenteiligen Erfahrungen der Kriegszeit — vor der fachlichen Leistungsfähigkeit der alten Beamtenschaft und des alten Offizierkorps hegten[3]).

---

[1]) Geschichte, bes. S. 35 ff., 69 ff., 87 ff. Über *Rosenbergs* politisch-theoretische Auffassungen siehe Demokratie und Stalinismus, bes. S. 9 ff., 330 ff., 337 ff.

[2]) *Rosenberg*, Entstehung, S. 242.

[3]) Es wäre eine Aufgabe für sich, diese psychologisch-politische Disposition vor allem für die, ihrem Selbstverständnis nach doch radikal demokratische Sozialdemokratie näher zu unter-

Die trotzdem vorhandene grundsätzliche Kritik wurde gehemmt durch die Furcht vor einem plötzlichen Zusammenbruch der gesamten politisch-gesellschaftlichen Verhältnisse, und den dringenden Wunsch, vor allem anderen Sicherheit, Ruhe, Ordnung und geregelte wirtschaftliche Produktion aufrechtzuerhalten. Die oft unklaren und formlosen politischen Regungen, die sowohl in der Umsturzbewegung, als auch in der danach anwachsenden kritischen Strömung zum Ausdruck kamen, mußten zu dieser Haltung in Gegensatz geraten[1]).

Die revoltierenden Arbeiter und Soldaten des November 1918 waren nun keineswegs grundsätzlich gegen Ruhe, Ordnung und geregelte Wirtschaft, und ihrer großen Mehrheit nach auch keine Gegner der SPD, geschweige denn Linksradikale. Aber sie wurden doch beherrscht von einer stark gefühlsbetonten Abneigung gegen die Kastenprivilegien der Offiziere, gegen die starre militärische Disziplin, gegen die überkommene autoritär-bürokratische Verwaltung, gegen die Vorrechte der Unternehmer und gegen jede Unterdrückung oder Entrechtung der Arbeiter, d. h. sie waren zwar nicht gegen Ordnung schlechthin, aber doch sehr entschieden gegen die bestehende Ordnung und ihren Machtapparat. Die Form, in der diese Rebellion ihren Ausdruck fand, war die der Räte: Soldatenräte zur Kontrolle der Offiziere, Arbeiterräte zur Kontrolle der Regierung und Verwaltung, Betriebsräte zur Kontrolle der Unternehmer. In den Räten verwirklichte sich — spontan, ungeordnet, nicht durchdacht, aber für kurze Zeit unwiderstehlich — der Wunsch großer Teile des Volkes, insbesondere der Arbeiterschaft, nicht mehr länger kommandiert zu werden, sondern die Dinge irgendwie selbst in die Hand zu nehmen.

Die Räte „waren Organe einer primitiven Selbstverwaltung, die sich in dem Augenblick bilden mußte, in dem die alten Behörden ohne verfassungsrechtliche Legitimation und ohne Direktion von oben gleichsam in der Luft hingen", urteilt *Fr. Stampfer*[2]). Dies Urteil scheint uns durchaus zutreffend zu sein; aber

---

suchen. Siehe dazu *Matthias*, Literaturbericht, a.a.O., S. 313 ff., 315, „Das Verhalten manches sozialdemokratischen Spitzenfunktionärs, der damals in ein hohes Staatsamt hinüberwechselte, legt den Gedanken nahe, daß zwischen dem Geist der in mancher Hinsicht vorbildlichen obrigkeitsstaatlichen Verwaltung und dem der sachlich-nüchternen, doch politisch kurzsichtigen sozialdemokratischen Parteibürokratie, für die politische Imponderabilien nicht existent waren, eine innere Verwandtschaft bestand, die vorurteils- und leidenschaftslos zu untersuchen eine verdienstvolle Aufgabe sein würde." Vgl. auch das schneidende Urteil des politisch und persönlich mit der Sozialdemokratie eng verbundenen Historikers *G. Mayer* über die Qualitäten der damaligen SPD-Führer, Erinnerungen, München o. J. (1949), S. 307 ff., sowie die sanfte Ironie *F. Payers* in seiner Bemerkung über den sich rasch nach der Amtsübernahme entfaltenden „Sinn für Repräsentation" bei *Ebert*, Von Bethmann-Hollweg bis Ebert, Frankfurt 1923, S. 168.

[1]) Über die von grundsätzlicher Ablehnung und völliger Verständnislosigkeit getragene Politik der SPD gegenüber dieser Stimmung ausdrückenden Räten, auch wenn sie aus Sozialdemokraten bestanden, siehe die überzeugende Darstellung bei *Kolb*, a.a.O., S. 169 ff., 183 ff., 244 ff., 262 ff., 359 ff., 384 ff.

[2]) *F. Stampfer*, Die ersten 14 Jahre der deutschen Republik, Offenbach 1947, S. 62.

es ist zugleich bezeichnend, daß die eigentliche Ursache dieses Zustandes, nämlich die Rebellion der Soldaten und Arbeiter gegen die alten „Behörden", in dieser Charakterisierung der Räte durch einen führenden Sozialdemokraten überhaupt nicht vorkommt. Wichtig ist ihm nur, daß die „verfassungsrechtliche Legitimation" und die „Direktion von oben" fehlen. *Rosenberg* hat diese Seite der Umsturzbewegung besonders herausgearbeitet und versucht, die Räte als Organe einer „neuen volkstümlichen Demokratie", „einer ernsthaften Selbstregierung der Massen" zu deuten[1]). *Kolbs* umfangreiche Untersuchungen über die Versuche der Räte, auch und gerade der nicht linksradikalen, eine Demokratisierung des überkommenen Staatsapparates zu erreichen, bestätigt diese Deutung[2]).

So wertvoll der von *Rosenberg* entwickelte Begriff einer „entschlossenen Demokratie der Volksmassen"[3]) für die Charakterisierung jener zwischen parlamentarischer Demokratie und radikaler sozialistischer Revolution sich bewegenden Massenströmung auch ist, so bedarf er doch zumindest der Konkretisierung. Wenn *Rosenberg* feststellt, daß ein ernster Wille, sozialistische Maßregeln durchzuführen, sich „bei den revolutionären Massen eigentlich nirgends" zeigte[4]), so gilt das doch nur für die Tage des Umsturzes selbst und die ersten Wochen danach. Aber seit dem Dezember 1918 wurde es immer deutlicher, daß Millionen von Arbeitern und Angestellten — Anhänger der USPD, der SPD, des Zentrums, aber auch bisher konservativ oder gänzlich unpolitisch gewesene — von der bestehenden Wirtschaftsordnung wegstrebten. Die, wie wir gesehen haben, höchst unzulänglichen sozialdemokratischen Vorstellungen von einer konkreten Neuordnung der wirtschaftlichen Verhältnisse gaben ihnen nur die allgemeine Zielrichtung; eine feste Form für ihre unbestimmten Wünsche fanden sie in Theorie und Praxis der Räte.

Diesen Prozeß, der sich nun doch über die bloße radikale Demokratie hinaus auf eine wenn auch sehr gemäßigte und betont demokratische Form des Sozialismus zubewegte, sieht — wie mir scheint — *A. Rosenberg* nicht in seiner vollen Bedeutung[5]). Sein Begriff einer wirklichen lebendigen Demokratie, und das gilt auch für den später von ihm entwickelten Begriff der sozialen Demokratie[6]),

---
[1]) Geschichte, S. 74, 23, insgesamt 21 ff.
[2]) A.a.O., bes. S. 359 ff. Diese Versuche beschränkten sich übrigens nicht auf sozialdemokratische Arbeiterräte. So versuchte z. B. der aus christlichen Gewerkschaftlern und Zentrumsanhängern bestehende Arbeiterrat von Aschendorf (Kr. Aschendorf, Reg.-Bez. Osnabrück) vom Dezember 1918 bis zum Oktober 1919 vergeblich, vom Preußischen Innenministerium die Abberufung des alten Landrats zu erreichen. Seine Einstellung zum System der Arbeiterräte und zu den Aufgaben der Demokratisierung der Verwaltung entspricht völlig der von *Kolb* bei den sozialdemokratischen Räten vorgefundenen Haltung. Archiv des Zentralrats, B — 12, Bd. 6.
[3]) Geschichte, S. 24.
[4]) Entstehung, S. 253.
[5]) Die Tatsache der sozialen Unzufriedenheit bei den Arbeitern wird von *Rosenberg* durchaus gesehen, Geschichte, S. 24/5, 39/40, aber nicht genügend gewürdigt.
[6]) Demokratie und Sozialismus, allerorten, bes. S. 337 ff.

erfaßt nicht die qualitativen gesellschaftlichen Veränderungen, die eintreten müssen, wenn demokratische Prinzipien unmittelbar auf die moderne industrielle Wirtschaft angewendet werden¹). *Rosenberg* verkennt daher auch die Bedeutung der betrieblichen und wirtschaftlichen Arbeiterräte: „Gerade die deutsche Revolutionsgeschichte beweist", schreibt er einmal, „daß die Räteform an sich mit dem Sozialismus nichts zu tun hat"²). Diese Feststellung geht an der Wirklichkeit vorbei. „An sich" bedeutet die Räteidee freilich nichts weiter als radikale Demokratie; aber in der Anwendung auf die Struktur der Wirtschaft kann sie die Kontrolle oder völlige Beseitigung der bisherigen Unternehmer bedeuten und insofern einen entscheidenden Schritt auf dem Wege zur Sozialisierung, zur „Expropriation der Expropriateure" und zur „Emanzipation der Arbeiterklasse" darstellen. Und genauso haben große Teile der Arbeiterschaft die Räte in der Revolution von 1918/19 verstanden.

Eine breite Strömung in der sozialistischen Arbeiterschaft Deutschlands war nicht gewillt, sich bereits mit der parlamentarischen Regierungsform zufrieden zu geben. Sie verlangte als mindestes eine soziale Demokratie, die als erster Schritt auf dem Wege zum Sozialismus gelten konnte. Die organisatorische Form, in die dieser soziale fortschrittliche Charakter der neuen Republik gekleidet werden sollte, war das Rätesystem. Ohne das Vorhandensein einer solchen Strömung wäre weder die rätefreundliche oppositionelle Tendenz in Teilen der SPD, noch vor allem die Existenz der USPD zu begreifen. Die Unabhängigen waren — zumindest zu Beginn des Jahres 1919 — in ihrer großen Mehrheit Verfechter einer durch vorsichtige Sozialisierung, Rätesystem und demokratisierte Verwaltung ausgebauten sozialen Republik. Ein erheblicher Teil von ihnen wollte zwar vermutlich später einmal weitergehen, die sofortige sozialistische Revolution im linksradikalen oder gar bolschewistischen Sinne forderte jedoch nur eine verhältnismäßig kleine Minderheit³). Sogar bei der Spaltung der USPD im Oktober 1920, die erst nach einem langen Radikalisierungsprozeß erfolgte, verharrte ziemlich genau die Hälfte der Partei auf jener mittleren Linie⁴).

Diese mittlere Strömung in der sozialistischen Arbeiterbewegung, die eine sofortige sozialistische Revolution nicht wollte, die sich aber mit der sozialkonservativen bürgerlichen Republik nicht zufrieden gab, wurzelte in der wirt-

---

¹) Dies auch gegen die *Rosenberg*'sche Behauptung, Geschichte, S. 77, „daß sich in der deutschen Revolution die Geister viel mehr an der Frage der Demokratie als an der Frage der Wirtschaftsform geschieden" hätten. Bei Anwendung der Demokratie auf die Wirtschaft fällt diese Alternative in sich zusammen.

²) Bolschewismus, S. 132.

³) Vgl. *Rosenberg*, Geschichte, S. 51 ff., 136/7, wo er von der „breiten Mitte der deutschen Arbeiterschaft" zwischen rechten Sozialdemokraten und Linksradikalen spricht. Ferner sehr eindringlich *Kolb*, a.a.O., S. 158 ff., bes. 167 ff., 207 ff., 233 ff., 246 ff., 256 ff., 406 ff. Zur USPD vgl. auch die Protokolle der Parteitage von Berlin im März 1919 und von Leipzig im November/Dezember 1919, sowie des Bezirksparteitages Niederrhein im April 1919. Ferner *E. Prager*, Geschichte der USPD, Berlin 1921, S. 172 ff.

⁴) Vgl. die Ergebnisse der Landtagswahlen im Winter 1920/21, bei denen die VKPD 1 440 000, die USPD 1 481 000 Stimmen erhielt, *Flechtheim*, a.a.O., S. 73.

schaftlichen und sozialen Sonderstellung der Arbeiterschaft. Diejenigen Bevölkerungsschichten, die hinter den bürgerlichen Koalitionspartnern der SPD, dem Zentrum und den Demokraten standen, hatten im wesentlichen politische Gründe für ihre Opposition gegen das alte monarchisch-obrigkeitsstaatliche System gehabt. Mit der bestehenden Sozial- und Wirtschaftsordnung konnten sie sich im großen und ganzen abfinden (wobei die katholischen Arbeiter freilich eine gewisse Ausnahme bildeten). Bauern und selbständige Gewerbetreibende besaßen im Eigentum, das ihnen Unabhängigkeit und meistens auch einen erträglichen Lebensstandard garantierte, eine feste Grundlage ihrer gesellschaftlichen Existenz. Beamte und Angestellte fanden — wenigstens zum Teil — in der besonderen Fürsorge des Staates, einem ausreichenden Gehalt und einem ständisch geprägten sozialen Prestige einen vergleichbaren gesellschaftlichen Status. Einzig und allein die Masse der Arbeiter besaß weder Eigentum, noch wirkliche Sicherheit, weder Unabhängigkeit, noch ein zulängliches Einkommen, weder stützende Traditionen, noch ein soziales Prestige. Ihren sichtbaren Ausdruck fand diese Lage in dem dauernden Kampf der Arbeiter um einen ausreichenden Lohn und um Sicherungen gegenüber der sozialen Herrschaftsgewalt des Unternehmers in der Fabrik.

Diese soziale Lage der Arbeiter war eine objektive Tatsache. Ein erheblicher Teil von ihnen fand sich freilich aus den verschiedensten Gründen mit dieser Tatsache ab oder strebte lediglich nach begrenzten Verbesserungen. (Über die besondere Stellung der christlichen Arbeiterbewegung und ihre bemerkenswerte Synthese von Konservatismus und sozialem Reformwillen kann im Rahmen dieser Arbeit nicht gesprochen werden. In den industriellen Zentren, vor allem im Ruhrgebiet, haben jedoch Teile der christlichen Arbeiterschaft in der Rätebewegung mitgewirkt, wenn auch niemals an führender Stelle.) Diejenigen Arbeiter aber, die auf eine grundsätzliche Änderung ihrer Lage hofften, hatten sich der Sozialdemokratie und den freien Gewerkschaften angeschlossen und bekannten sich zum Sozialismus. Die sozialen und wirtschaftlichen Vorstellungen dieser Arbeiter waren gewiß im hohen Grade unklar und unbestimmt, aber sie enthielten in Gestalt des allgemeinen, marxistisch geprägten Klassenbewußtseins doch ein Element sozialistischer Zielsetzung, das auf die Entwicklung einer konkreten Reform- oder Revolutionspolitik hinwirken konnte, sowie die Hemmungen fortfielen, die einer solchen Politik vor dem Kriege im Wege standen[1]).

Vor 1914 erschien die Tätigkeit der Arbeiterorganisationen weitgehend als unproblematisch. Partei und Gewerkschaft kämpften nach Kräften um eine Besserung der materiellen, sozialen und politischen Stellung der Arbeiter. Die Richtungsstreitigkeiten der Zeit berührten die große Masse der einfachen Anhänger und Mitglieder verhältnismäßig wenig. Das wurde im Kriege sehr bald anders. Die Sozialdemokratie stellte den Kampf gegen die bestehende Staats- und Gesellschaftsordnung ein, sie bewilligte die Kriegskredite und verpflichtete

---
[1]) Siehe oben 2. Kapitel.

sich zum innenpolitischen Burgfrieden. Die Gewerkschaften brachen alle Lohnbewegungen ab und verzichteten darauf, neue zu beginnen. Es ist kein Zweifel, daß diese Politik in den ersten Monaten des Krieges von der überwiegenden Mehrzahl der Arbeiter gutgeheißen wurde. Diese Übereinstimmung der Massen mit den verantwortlichen „Instanzen" ihrer Organisationen wurde jedoch bald gestört. Das hatte mehrere, zum Teil miteinander zusammenhängende Gründe.

Der Krieg verlor rasch an Popularität, je schwerer die Opfer wurden, die er forderte, und je mehr die führenden Schichten des Reiches offenbar auf einen Eroberungs- und nicht mehr auf einen Verteidigungskrieg auszugehen schienen. Außerdem hatte der Burgfrieden an den politischen und sozialen Verhältnissen nichts Grundlegendes geändert. Partei und Gewerkschaft genossen zwar eine gewisse offizielle Anerkennung, aber das preußische Dreiklassenwahlrecht blieb, die sozialen Privilegien (z. B. in Heer und Verwaltung) blieben, die Hausherrenrechte der Unternehmer blieben; die diktatorischen Vollmachten der Militärbehörden, die Zensur, das Streikverbot, die strafweise Einberufung zum Militär kamen noch dazu. Am schwersten aber wog wohl die sich rasch verschlechternde wirtschaftliche Lage des deutschen Volkes, und damit auch der Arbeiter. Die Versorgung der Soldatenfamilien war oft ungenügend; die Preise stiegen sehr viel rascher als die Löhne; die allgemeine Ernährungskrise traf die ärmeren Bevölkerungsschichten mit besonderer Härte[1]).

In dieser Situation begann ein rasch wachsender Teil der Arbeiterschaft von seinen Organisationen zu fordern, daß ohne Rücksicht auf den Burgfrieden die energische Vertretung der wirtschaftlichen, sozialen und schließlich politischen Interessen der Mitglieder wieder aufgenommen werde. Da die „Instanzen" dazu nicht bereit waren, entwickelte sich eine Opposition, die auf politischem Gebiet zur Gründung der Unabhängigen Sozialdemokratie führte[2]). In den Gewerkschaften war die Lage für die opponierenden Kräfte noch schwieriger als in der Partei. Die leitende Gewerkschaftsbürokratie stand so gut wie geschlossen auf der Seite der Burgfriedenspolitik, während in der Partei die Opposition von Anfang an prominente Führer aus dem Parteivorstand, der Reichstagsfraktion und dem Parteiapparat gefunden hatte. Eine legale Korrektur der Instanzenpolitik war auch deshalb nicht möglich, weil die meisten Verbände während des Krieges keine Kongresse oder Generalversammlungen abhielten[3]). Überdies griffen

---

[1]) Eine zusammenfassende Darstellung der Entwicklung im gewerkschaftlichen Zweige der sozialistischen Arbeiterbewegung, aber keineswegs nur auf diesen beschränkt, findet sich bei *Opel*, a.a.O., S. 9 ff. bis 1914, 37 ff. im Kriege. Eingehende Darstellungen in: Wirtschafts- und Sozialgeschichte des Weltkrieges, Deutsche Serie: *Umbreit-Lorenz*, Der Krieg und die Arbeiterverhältnisse, Stuttgart 1928; *Meerwarth-Günther-Zimmermann*, Die Einwirkungen des Krieges auf Bevölkerungsbewegung und Lebenshaltung in Deutschland, Stuttgart 1932.

[2]) Vgl. *Prager*, a.a.O.

[3]) Außer den Schneidern und Fabrikarbeitern hielten nur die stark oppositionell gestimmten Metallarbeiter und Schuhmacher während des Krieges regelmäßig Verbandstage ab. Vgl. Protokoll des Allgemeinen Kongresses der Gewerkschaften Deutschlands zu Nürnberg 1919, S. 237.

Weltkrieg

gelegentlich sogar die Militärbehörden zugunsten der Instanzen in das innere Gewerkschaftsleben ein[1]); die Gewerkschaftsbürokratie hingegen scheute sich nicht, ihre politisch andersdenkenden Verbandskollegen bei den Militärbehörden zu denunzieren[2]), was für die Betroffenen sofortige Einberufung zum Wehrdienst bedeutete und damit neben der Entfernung aus dem Verbandsleben auch schwere persönliche Folgen hatte. Solches Vorgehen mußte um so mehr verbittern, als die Gewerkschaftsbeamten häufig vom Wehrdienst freigestellt wurden. Eine Spaltung der Gewerkschaften jedoch war — ganz abgesehen von den geschilderten Hindernissen für die Betätigung der Opposition — aus tieferliegenden Gründen nicht möglich: Die Gewerkschaften hatten sich bisher von aller Politik ferngehalten und auf die rein wirtschaftlich-soziale Interessenvertretung beschränkt. Ein großer Teil ihrer Mitglieder war — im Gegensatz zur Mitgliedschaft der Partei — nicht politisch aktiv tätig. Eine Gewerkschaftsspaltung aus rein politischen Gründen (und als solche mußten die Argumente der Opposition erscheinen) hätte allen gewerkschaftlichen Prinzipien und traditionellen Einstellungen widersprochen. Unter diesen Umständen wurde durch die wachsende Spannung zwischen Organisation und Mitgliedern bei einem Teil der letzteren das Vertrauen zur Organisation selbst erschüttert[3]).

Aber auch in der Sozialdemokratie reichte die Erschütterung des Vertrauens zur Partei weiter, als es in der Abspaltung sichtbar wurde. Und selbst bei der großen Masse derjenigen Partei- und Gewerkschaftsanhänger, die von der Richtigkeit der Burgfriedenspolitik überzeugt blieben, griff eine gewisse Entfremdung gegenüber ihren alten Führern Platz. Der Gegensatz zwischen der Lage der Arbeiter und dem vertraulichen Umgang der Partei- und Gewerkschaftsführer mit den — wie es den Arbeitern erschien — Urhebern und Nutznießern der herrschenden Not, den Regierungspolitikern, Militärs und Unternehmern, tat seine Wirkung.

---

[1]) *Opel*, a.a.O., S. 62.
[2]) *R. Müller*, Kaiserreich, Bd. 1, S. 65; Verbandstag des DMV zu Stuttgart 1919, Protokoll, S. 197/8; Vorwärts und nicht vergessen, S. 255. Da diese Vorfälle verständlicherweise von seiten der SPD und der Gewerkschaftsführung stets lebhaft bestritten worden sind und auch nicht leicht geklärt werden konnten, soll hier ein einwandfreier Beleg für die Zusammenarbeit der Gewerkschaftsführer mit den Militärbehörden aus den preußischen Akten wiedergegeben werden: DZA Merseburg, Rep 120, Pr. Min. f. Handel u. Gew., BB VII 1, Zur Nr. 3 Bd. 2, Maßregeln zur Verhütung von Arbeitseinstellungen, Bl.3. Ergebnisprotokoll einer Besprechung im Okdo. in den Marken vom 27. 7. 16. Daraus: „Oberst v. Wrisberg führt aus, der Gewerkschaftsführer Müller vom K.E.A. habe ihm streng vertraulich mitgeteilt, die Munitionsarbeiter von Berlin wollten am 1. 8. streiken. Die Führer hätten nicht mehr die nötige Macht und wünschten schon deshalb ein scharfes Vorgehen, um die Macht wieder in die Hand zu bekommen. Die Arbeiter und besonders die *Frauen* wünschten keinen Streik. Gegen den Terrorismus müßte vorgegangen werden. Müller erkennt die bisherigen scharfen Maßnahmen an und ist bereit, eine Liste von weiteren Hetzern vorzulegen (!!!). Die Gefahr einer Spaltung der Gewerkschaften läge vor. Geldmittel der Gewerkschaften gingen zur Neige. Die finanzielle Unterstützung von seiten der Regierung wurde durch Müller angeregt (!!!)."
[3]) Vgl. hierzu *R. Müller*, Kaiserreich, Bd. 1, S. 23 ff., bes. 55 ff.

Diese Vertrauenskrise scheint mir eine der wesentlichen Ursachen dafür gewesen zu sein, daß die Führer der Sozialdemokratie Ende Oktober, Anfang November 1918 ihre eigenen Anhänger nicht mehr in der Hand behielten. Hinzu trat, daß die große Masse der vordem unpolitisch gewesenen Arbeiter, durch Krieg und Not aufgestört, ebenfalls in Bewegung geriet und sich — ungeschult und unorganisiert — jeder Beeinflussung entzog. Mit ihrem geschickten Schachzug, sich im letzten Augenblick an die Spitze der Umsturzbewegung zu setzen, gelang es zwar der Sozialdemokratie schlagartig, ihre Anhänger wieder in die Hand zu bekommen; aber das einmal geweckte Mißtrauen war doch nur eingeschläfert und nicht ausgeräumt worden[1]. Als im weiteren Verlauf der Entwicklung viele Hoffnungen der Arbeiter enttäuscht wurden, erwachte es wieder und führte dazu, daß sich große Arbeitermassen zeitweilig oder dauernd von der SPD abwandten. Dieser Prozeß der Radikalisierung in der sozialistischen Arbeiterschaft hat sich nicht vollkommen zwangsläufig vollzogen; und seine Folgen, die Zerschlagung der breiten sozialistischen Mitte und die dauernde und unüberbrückbare politische Spaltung der Arbeiterbewegung waren kein unabwendbares Schicksal.

Die Bedeutung dieser Spaltung für die politische Entwicklung der Demokratie in Deutschland nach 1918 kann hier nicht näher geschildert werden. Es steht aber außer Frage, daß der bittere Zwist zwischen sozialdemokratischen und kommunistischen Arbeitern für das politische Leben der Weimarer Republik eine schwere und unheilvolle Belastung gewesen ist. Diese Erkenntnis spricht unvermeidlicherweise bei jeder Darstellung der Bedingungen und Ursachen jener Spaltung mit und macht es besonders schwierig, zu einem abschließenden Urteil zu kommen. Es spricht aber vieles für die von *Rosenberg* mit so großem Nachdruck vertretene Behauptung, daß die von den Führern der SPD und der Gewerkschaften gegenüber den hier geschilderten Tendenzen in der Arbeiterschaft betriebene Politik wesentlich zu jenem Ergebnis beigetragen hat[2].

Um die Rätebewegung in den Rahmen der politischen Entwicklung 1918/19 einordnen zu können, müssen wir jedoch noch ein weiteres Problem kurz erörtern. Mit *Rosenberg* haben wir die Bedeutung der demokratisch-sozialistischen Mittelströmung in der Arbeiterschaft hervorgehoben, in einer gewissen Korrektur seiner Sicht haben wir zugleich auf die spezifisch sozialistischen Tendenzen in dieser Strömung hingewiesen. Die Rätebewegung wurde aber nicht nur von ihr getragen. Auch die revolutionär sozialistische Linke wirkte in der Rätebewegung,

---

[1] Dieser Stimmungsumschwung im Augenblick des Umsturzes ist durchschlagend gewesen und nahm der radikalen Linken jede Chance, sich selbst an die Spitze der Bewegung zu stellen. Nachdem die SPD durch ihr entschlossenes Auftreten anscheinend alle vergangenen Schwächen hinter sich gelassen hatte, wollten die Arbeiter erst einmal das Vergangene vergangen sein lassen und drängten überall auf Zusammenarbeit und auf „Parität" der sozialistischen Parteien. Vgl. die höchst aufschlußreichen Schilderungen bei *R. Müller*, Kaiserreich, Bd. 2, S. 32 ff.

[2] Vgl. *Rosenberg* und *Kolb* allerorten. Zur Diskussion dieser These siehe vor allem den genannten Aufsatz von *Erdmann* und kritisch dazu den Literaturbericht von *E. Matthias* und meinen Aufsatz über die Ruhrstreiks 1919.

und gerade sie gab ihr oftmals durch die größere Konsequenz ihres politischen Programms das Gepräge. Freilich standen auch auf der radikalen Linken, wie wir im einzelnen noch sehen werden, mehrere Richtungen nebeneinander. Unter ihnen war der authentische leninistische Bolschewismus bei weitem die schwächste; eine größere Bedeutung besaß der utopische Radikalismus, der oft gemeint ist, wenn undifferenziert von „Spartakismus" gesprochen wird; beherrschend hingegen war der revolutionäre Rätesozialismus der linken USPD. Alle diese Richtungen jedoch propagierten — trotz vieler tiefgreifender Meinungsverschiedenheiten — die sofortige Machtübernahme durch das in den Räten organisierte Proletariat und verwarfen den Weg über die Nationalversammlung.

Da die revolutionär sozialistische Linke ihre schwache Position in der Arbeiterbewegung völlig verkannte, weder über eine schlagkräftige Organisation, noch über ein klares Aktionsprogramm verfügte und überdies durch den in ihren Reihen grassierenden utopischen Radikalismus immer wieder zu den abenteuerlichsten Unternehmungen provoziert wurde, waren alle ihre Aktionen zum Scheitern verurteilt[1]). Vor allem die vom November 1918 bis zum Januar 1919 lautstark geführte Agitation gegen die Wahl einer Nationalversammlung erwies sich als ein schwerer politischer Mißgriff. Sie bewirkte nur, daß die Masse des deutschen Volkes gegen den vorgeblichen „Bolschewismus" der Räte eingenommen wurde, daß die skrupellose Propaganda gegen die revolutionäre Linke und die Räte wohlfeile Nahrung erhielt[2]), daß die SPD immer weiter nach rechts rückte und daß die revolutionären Kräfte selbst sich in sinnlosen Einzelaktionen aufrieben.

Erst nach dem endgültigen Zusammenbruch dieser Versuche — nach den Januarunruhen und der Wahl zur Nationalversammlung — entfaltete sich die eigentliche wirtschaftliche und betriebliche Arbeiterrätebewegung. Das geschah vor allem deswegen, weil die Masse der Arbeiterschaft nur allmählich und erst mit zunehmender Enttäuschung über die Politik der Volksbeauftragten begann, Änderungen in der wirtschaftlich-sozialen Ordnung zu fordern. Außerdem aber begünstigte die politische Ernüchterung am linken Flügel der USPD und der nach dem Tode *Liebknechts* und *Luxemburgs* einsetzende und das Jahr 1919 über anhaltende Zerfall der KPD eine realistischere und konstruktivere Politik der Räte. Diese vermochte den Gegensatz zwischen der revolutionär sozialistischen Linken und der sozialistischen Mitte der Arbeiterbewegung wenn auch nicht zu beseitigen, so doch zu verringern, zumal die Vertreter beider Richtungen in der Regel Mitglieder einer Partei, nämlich der USPD, waren.

Nach dieser Skizzierung des politischen Rahmens der Rätebewegung können wir nun zum Abschluß den zeitlichen Ablauf der gesamten Arbeiterrätebewegung

---

[1]) Vgl. die harte, aber wie mir scheint vollauf berechtigte Kritik bei *Kolb*, a.a.O., S. 38 ff., 46 ff., 125 ff., 127 ff , 138 ff., 217 ff., 287 ff., 303 ff., bes. 325 ff., wo die grausige Farce der sog. „Räterepubliken" Bremen und München überzeugend dargestellt wird.

[2]) Ziele und Methoden dieser Propaganda schildert *Kolb*, a.a.O., S. 183 ff., an einigen Beispielen.

in aufeinanderfolgende Abschnitte zu gliedern versuchen. Sie gehen freilich teilweise ineinander über; trotzdem gibt uns diese Gliederung gewisse Anhaltspunkte für eine Gesamtübersicht. Die erste Periode, in der die Arbeiter- und Soldatenräte teils nominell, teils tatsächlich die Staatsgewalt in den Händen hielten, endete im Frühjahr 1919, nachdem die Nationalversammlung ihre Tätigkeit aufgenommen und ihre Autorität überall durchgesetzt hatte. In dieser Periode zeigten sich zwar schon die ersten Ansätze der wirtschaftlichen und Betriebsrätebewegung; sie stand aber gegenüber dem Kampf um die politischen Arbeiterräte im Hintergrund. Nur wenige Wochen im Frühjahr 1919 dauerte die zweite Phase, in der eine breite von Arbeiterräten organisierte Bewegung mit der Regierung um die Sozialisierung gewisser Industriezweige, um die Kontrolle der Produktion durch die Räte und um die Demokratisierung des Staatsapparates rang. Sie strebte nicht mehr nach der unmittelbaren politischen Machtübernahme, wie etwa die radikale Linke vom November 1918 bis zum Januar 1919, sondern vertrat ein Programm, das den Vorstellungen der sozialistischen Mitte entsprach. Diese Bewegung löste sich in eine Vielzahl von über das ganze Reich verteilten einzelnen Aktionen auf, in denen die nunmehr gänzlich auf das wirtschaftliche Gebiet beschränkten Räte um ihre Rechte in den Betrieben und um die Gestaltung des zukünftigen Betriebsrätegesetzes kämpften. Durch die Verabschiedung des Betriebsrätegesetzes im Februar 1920 wurde diese dritte Phase abgeschlossen.

Obgleich der Höhepunkt und die fruchtbarste Periode der Rätebewegung unzweifelhaft im Jahre 1919 lagen, war die Bewegung in den folgenden Jahren doch noch nicht am Ende. Von 1920 bis 1923 gewannen, teilweise in unmittelbarer Fortführung der ursprünglichen Rätebewegung, die Betriebsräte zeitweilig eine so große Bedeutung, daß wir unsere Untersuchung an einigen Stellen über das Jahr 1919 hinaus ausdehnen müssen. Auch hier lassen sich wieder drei Abschnitte unterscheiden. Der Kapp-Putsch und die darauffolgenden Aufstandsbewegungen im März/April 1920 bildeten ein überwiegend politisches Zwischenspiel, in dem allerdings an einigen Stellen Arbeiterräte auch eine in das wirtschaftliche Gebiet hineinreichende Rolle spielten. Das ganze Jahr 1920 hindurch dauerte die erste Phase dieser zweiten großen Periode der Rätebewegung; in ihr wurde der Kampf zwischen den Gewerkschaften und den selbständigen Rätezentralen um die Kontrolle der Betriebsräte ausgetragen. Im Winter 1920/21 war der Kampf zugunsten der Gewerkschaften entschieden. In den Jahren 1921 und 1922 kämpfte dann die Vereinigte KPD zugleich um die Eroberung der Gewerkschaften und um die Mobilisierung der Betriebsräte über die Grenzen der Gewerkschaft und der Parteien hinweg. In der letzten, der dritten Phase dieser Entwicklung, 1923 inmitten des ungeheuerlichen Elends der Inflation und angesichts der rapide zerfallenden Gewerkschaften, traten die Betriebsräte in großen an die Grenze der Revolution führenden Streikbewegungen noch einmal als selbständige Organe der Arbeiterschaft in Erscheinung.

Versuchen wir nun abschließend die zu Beginn dieses Kapitels aufgeworfenen Fragen kurz zu beantworten, dann stellt sich uns die November-Revolution als ein sehr komplexer Prozeß dar: Eine aus unterschiedlichen Beweggründen entspringende Volksbewegung unter Führung der Arbeiterorganisationen erkämpfte die bürgerlich-demokratische Republik. Aus dieser Bewegung erwuchs eine starke sozialistische Arbeiterströmung, welche die bürgerliche Republik zu einer demokratisch-sozialistischen Republik weiterentwickeln wollte. Diese Tendenz wurde zwischen den Kräften der radikalen sozialistischen Revolution auf der einen und der mit den konservativen Kräften verbündeten bürgerlichen Demokratie auf der anderen Seite zerrieben. Die einzige wirkliche Alternative zur bürgerlichen Demokratie war nicht der „Bolschewismus", sondern eine auf die Räte gestützte soziale Demokratie.

Diese Deutung ist freilich heftig umstritten; und es kann nicht die Aufgabe einer politikwissenschaftlichen Untersuchung sein, die hier noch offenstehenden historischen Fragen unmittelbar zu beantworten. Mittelbar kann sie jedoch zu ihrer Beantwortung wesentlich beitragen. *G. Rhode* hat in seiner Auseinandersetzung mit *Tormin*, der ja eine der unsrigen nahekommende Auffassung vom Charakter der November-Revolution vertritt, mit Recht betont, daß *T.*s Frage nach der historischen Bedeutung der Räte „auf das Gebiet der politischen Theorie" führe[1]). Er hat das zwar vermutlich als methodische Kritik gemeint, in der Tat aber ein unabweisbares sachliches Erfordernis angedeutet.

*K. D. Erdmann* hat dieses Erfordernis mit dankenswerter Klarheit ausgesprochen. Bei seiner Erörterung des möglichen „dritten Weges" zwischen bürgerlicher Demokratie und Bolschewismus beschäftigt er sich auch mit der von mir in meiner Studie über die Bergarbeiterbewegung im Frühjahr 1919 aufgestellten These und konstatiert zutreffend, es sei die Voraussetzung dieser These, „daß eine nach dem Rätesystem organisierte Wirtschaft die gesellschaftliche Basis einer parlamentarischen Demokratie zu sein vermöchte. Mit der Zustimmung zu dieser Voraussetzung oder dem Zweifel an ihr steht und fällt die These dieser für die Vorgänge im Ruhrgebiet im übrigen höchst aufschlußreichen Untersuchung"[2]). Diese Feststellung ist völlig überzeugend; zugleich unterstreicht sie die Wichtigkeit unserer Bemühung, eine zureichende Erkenntnis von Wesen und Bedeutung der Arbeiterrätebewegung zu gewinnen. Eine solche Erkenntnis vermöchte möglicherweise nicht nur zur Klärung wichtiger politikwissenschaftlicher Probleme, sondern auch — wie wir sehen — zur Beantwortung noch offener Fragen in der Geschichtsschreibung der November-Revolution beizutragen.

---

[1]) Hist. Z. 181, S. 378 ff., 380.
[2]) Die Zeit der Weltkriege, a.a.O., S. 88/9.

## 4. Kapitel:

## Die Berliner Arbeiterräte und die Theorie des reinen Rätesystems

Eine der politisch einflußreichsten und theoretisch bemerkenswertesten Strömungen innerhalb der großen Rätebewegung nach 1918 war eng mit dem linken Flügel der USPD verbunden. Dort wirkten die Verfechter des sogenannten „reinen" Rätesystems. Es ist üblich, diese Gruppe schlechthin als den „radikalen" Flügel der Unabhängigen Sozialdemokratie anzusehen und das politische Programm dieses Flügels mehr oder weniger mit dem Parteikommunismus zu identifizieren. Beide Ansichten sind unrichtig.

Richtig ist, daß das Bekenntnis zum Rätesystem für jeden links stehenden USPD-Mann eine Selbstverständlichkeit darstellte, richtig ist auch, daß führende Persönlichkeiten der „reinen" Rätebewegung (z. B. *Ernst Däumig, Wilhelm Koenen, Curt Geyer)* zugleich die Führer des radikalen Flügels der USPD waren. Trotzdem nimmt der Kern der eigentlichen Politiker und Theoretiker des reinen Rätesystems eine Sonderstellung gegenüber den Parteirichtungen des politischen Sozialismus ein; das Verhältnis dieser Gruppe zu ihrer Partei, der USPD, ist zu vielschichtig, als daß es mit dem Begriff des radikalen Parteiflügels erfaßt werden könnte.

Richtig ist ebenfalls, daß die große Mehrzahl der Angehörigen jener Gruppe sich im Herbst 1920 zusammen mit dem linken Flügel der USPD der KPD anschloß. Trotzdem ist die Praxis und Theorie des reinen Rätesystems vom Parteikommunismus grundsätzlich verschieden.

Innerhalb der Richtung, die von der Idee des reinen Rätesystems beherrscht wurde, müssen mehrere räumliche Schwerpunkte unterschieden werden. Die Arbeiterschaft hat in den verschiedenen Industriegebieten in sehr unterschiedlichem Grade die Idee des Rätesystems in sich aufgenommen, sich brauchbare organisatorische Formen geschaffen und auf diese Weise eine wirkliche Rätebewegung entwickelt. Am weitesten ist diese Entwicklung im Ruhrgebiet, in Mitteldeutschland und in Berlin gediehen. Diese Zentren standen aber nicht alle in derselben Beziehung zu den Theoretikern und Propagandisten des reinen Rätesystems. Am selbständigsten und ursprünglichsten war die Bewegung im Ruhrgebiet; dort konzentrierte sie sich vor allem um die Forderung nach Sozialisierung des Kohlenbergbaus, und die politischen Kräfte der linken USPD spielten nicht dieselbe eindeutig führende Rolle wie in Berlin und Mitteldeutschland. Hingegen war die Berliner Arbeiterrätebewegung der unmittelbare Träger der Ideen des reinen Rätesystems. Dort wurde die Rätetheorie mit fast dogmatischer Strenge entwickelt; in Berlin und vorwiegend für Berlin erschien auch das bedeutsamste publizistische Organ der Rätebewegung, die Wochenzeitung „Der Arbeiter-Rat". Die mitteldeutsche Bewegung hingegen stand in mancher Beziehung zwischen den beiden anderen Zentren, unterhielt zu beiden enge Beziehungen und empfing von beiden politische und organisatorische Anregungen. Wir wollen unsere Darstellung der reinen Rätebewegung mit ihrer ideell ausgeprägtesten Gestalt, der Berliner Rätebewegung beginnen[1]) und die Schilderung der Entwicklung im Ruhrgebiet und in Mitteldeutschland im nächsten Kapitel folgen lassen.

[1]) Die wichtigsten Darstellungen der Entstehungsgeschichte sind *R. Müller*, Vom Kaiserreich zur Republik, 2 Bde., Wien 1924/5 und Der Bürgerkrieg in Deutschland, Berlin 1925, sowie Das Rätesystem in Deutschland, in Die Befreiung der Menschheit, Berlin/Leipzig/Wien/ Stuttgart 1921, S. 168 ff. (aber offenbar bereits 1920 vor der Spaltung der USPD geschrieben), (zit.: Befreiung). Ferner *G. Ledebour*, Der Ledebourprozeß, Berlin 1919. Für die Entwicklung der Berliner Arbeiterräte sind die grundlegenden Quellen die Protokolle des Vollzugsrats (zit.: Prot. VR) und der Vollversammlung (zit.: Prot. VV) der Berliner Arbeiter- und Soldatenräte. *R. Müller* hat als Vorsitzender des Vollzugsrats diese Protokolle in seinem Besitz gehabt und für seine Bücher benutzt. 1925 hat er sie dann — laut Zugangsvermerk auf den Aktenbänden — dem Reichsarchiv übergeben. Seitdem standen sie der Forschung nicht zur Verfügung. Vor einigen Jahren sind sie neben anderen Reichs- und Preußischen Akten vom Archiv des Instituts für Marxismus-Leninismus beim Zentralkomitee der SED in Berlin (IML) übernommen und auch bereits von Historikern der DDR benutzt worden. Es handelt sich um 4 Bände Prot. VV, die vom 19. 11. 1918 bis zum 6. 6. 1919 reichen (das Protokoll einer VV vom 19. 7. 1919 ist irrtümlicherweise bei den Prot. VR abgeheftet), Signatur: 11/11 bis 11/14, und um 10 Bände Prot. VR, die vom 11. 11. 1918 bis 18. 8. 1919 reichen, Signatur: 11/1 bis 11/10. Die Protokolle sind offenbar von Stenografen aufgenommen worden und bei den größeren Reden der VVen weitgehend wörtlich; die Diskussionsbeiträge auf den VVen sind offenbar leicht verkürzt, die Verhandlungen des VR oftmals, vor allem im November 1918 beträchtlich verkürzt. *H. Müller*, Die Novemberrevolution, Berlin 1918, S. 112, berichtet, daß die Protokolle den Rednern nicht zur Durchsicht vorgelegt wurden und deshalb Fehler enthalten könnten. Für die Sitzungen des VR vom 11., 12., 13. und 14. 11. 1918 liegen nur stichwortartige Beschlußprotokolle vor. Infolge der materiellen und zeitlichen Beschränkung meiner Arbeit mußte ich mich leider mit einer ersten Durchsicht in bezug auf meine speziellen Themen begnügen und auch auf die Anfertigung von Fotokopien verzichten. Immerhin habe ich den Eindruck gewinnen können, daß *R. Müller* in seinen Büchern die Protokolle im allgemeinen korrekt und objektiv ausgewertet hat.

Von den gedruckten Quellen enthält das meiste Material die Zeitschrift Der Arbeiter-Rat, Berlin, ab Februar 1919. Wichtig sind ferner die Protokolle der USPD-Parteitage und -konferenzen dieser Jahre, sowie einige Broschüren der führenden Leute. Zur Beurteilung der Gesamttendenz ist unentbehrlich die Zeitschrift Kommunistische Rundschau, hrsg. von *E. Däumig, C. Geyer, W. Stoecker*, Berlin, Oktober bis Dezember 1920, die die Phase des Zusammenschlusses der linken USPD mit der KPD widerspiegelt. Allgemeine Darstellungen sind die bereits genannten Bücher von *Rosenberg, Stampfer, Prager, Tormin*, sowie *H. Schürer*, Die politische Arbeiterbewegung Deutschlands in der Nachkriegszeit 1918/1923, Leipzig, phil. Diss. 1933. *O. K. Flechtheim*, Die KPD in der Weimarer Republik, Offenbach 1948. *R. Fischer*, Stalin und der deutsche Kommunismus, 2. Aufl., Frankfurt o. J. Ferner noch die von der KPD herausgegebene Illustrierte Geschichte der deutschen Revolution, Berlin o. J. (1929), die über die Zeit von 1918 bis 1920 eine Fülle sonst nicht mehr zugänglichen Quellenmaterials enthält.

In den letzten Jahren haben die Historiker der DDR damit begonnen, die Geschichte der Arbeiterbewegung systematisch zu erforschen und unter parteikommunistischen Gesichtspunkten darzustellen. Dabei werden sowohl die Bestände der Archive ausgewertet, als auch sog. „Veteranenbefragungen" unter noch lebenden Teilnehmern der fraglichen Ereignisse durch-

*a)* *Die revolutionären Obleute*

Die Berliner Arbeiterrätebewegung ist aus der Gruppe der sogenannten „revolutionären Obleute" hervorgegangen. Der Begründer und Führer dieser Gruppe war *R. Müller,* zu Beginn des Weltkrieges Leiter der Dreher-Branche im Berliner Metallarbeiterverband. Im Laufe des Jahres 1918 trat der Schriftsteller *E. Däumig* in den Kreis der Obleute und übernahm sehr rasch die geistige Leitung; er wurde der Kopf der reinen Rätebewegung. *Däumig* war ein älterer, erfahrener sozialdemokratischer Politiker bürgerlicher Herkunft; er war vor dem Kriege Parteiredakteur in Erfurt und Halle gewesen und schließlich in die Redaktion des „Vorwärts" eingetreten. Nach der Gleichschaltung des „Vorwärts" durch den sozialdemokratischen Parteivorstand während des Krieges schied er aus und übernahm bald darauf die Redaktion des „Berliner Mitteilungsblattes" der neugegründeten USPD. Er hatte in der Berliner Parteiorganisation einen großen Einfluß. Außerdem schloß sich noch der Reichstagsabgeordnete *G. Ledebour,* Mitglied des Partei- und Fraktionsvorstandes der USPD, den Obleuten an. In den letzten Wochen vor der Revolution nahmen auch weitere Mitglieder des Vorstandes der USPD sowie die Mitte Oktober 1918 aus Gefängnis und Zucht-

geführt. Vgl. Z. f. Gesch. Wiss., Jg. 4/1956, Heft 5, S. 1044 ff. und Jg. 5/1957, Heft 5. Siehe ferner die beiden von *A. Schreiner* herausgegebenen bzw. redigierten Sammelbände: Revolutionäre Ereignisse und Probleme in Deutschland usf., Berlin 1957, und Die Oktoberrevolution und Deutschland, Berlin 1958; sodann: Vorwärts und nicht vergessen. Erlebnisberichte aktiver Teilnehmer der Novemberrevolution 1918/19, Berlin 1958, und: 1918 — Erinnerungen von Veteranen der deutschen Gewerkschaftsbewegung an die Novemberrevolution (1914—1920). Beiträge zur Geschichte der deutschen Gewerkschaftsbewegung, Bd. 1, 2. Halbband, Berlin 1958 (zit.: Veteranenerinnerungen 1918). Von der Kommission zur Erforschung der Geschichte der Berliner Arbeiterbewegung bei der Bezirksleitung der SED Groß-Berlin wurden mehrere auf Veteranenbefragungen beruhende Broschüren herausgegeben: Berlin 1917/1918, Oktober 1957; *J. Petzold,* Der 9. November 1918 in Berlin, September 1958; *K. Wrobel,* Der Sieg der Arbeiter und Matrosen im Dezember 1918 in Berlin, Oktober 1958; *G. Schmidt,* Der Kampf um die Rätemacht 1918 in Berlin, November 1958. Außerdem hatte ich die Gelegenheit, die Protokolle einiger Veteranenbefragungen in Berlin aus dem Jahre 1957 einzusehen (zit.: Prot. Vet. und Datum). Darüber hinaus hat mir Herr *Wilhelm Koenen,* der ehemalige Führer der linken USPD in Mitteldeutschland, ausführliche Mitteilungen über seine Revolutionserlebnisse gemacht (zit.: Mitteilungen *Koenen*). Ein erheblicher Teil dieser Mitteilungen ist in ein Referat eingegangen, das *K.* auf der Theoretischen Konferenz der Abteilung Agitation-Propaganda der Bezirksleitung der SED, Halle (Saale), gehalten hat, das Protokoll trägt den Titel: Zu einigen Fragen der Novemberrevolution und der Gründung der Kommunistischen Partei Deutschlands, Halle (Saale) 1958 (zit.: Theor. Konf.). Gemäß ihrem Grundsatz der „Parteilichkeit" bemüht sich die historische Forschung der DDR bei unserem Thema den Einfluß der Oktoberrevolution, die Rolle des Spartakusbundes, die Schwäche der USPD und die Mängel in der Arbeit der revolutionären Obleute herauszustellen. *Kolb,* a.a.O., S. 410 ff., hat die fragwürdigen Methoden und Ergebnisse dieser Versuche an einigen Beispielen schlagend dargetan. Nach dem mir zugänglichen umfangreichen Quellenmaterial bleibt die Darstellung *R. Müllers* unerschüttert. Auf sie werde ich mich daher auch vorwiegend beziehen. Eine wertvolle Zusammenstellung vieler wichtiger Quellen zu unserem Thema bilden die Dokumente und Materialien zur Geschichte der deutschen Arbeiterbewegung, Reihe II (1914—1945) (zit.: Dok. u. Mat.), Bd. 1 (Juli 1914—Oktober 1917), 2. Aufl., Berlin 1958; Bd. 2 (November 1917— Dezember 1918), Berlin 1957; Bd. 3 (Januar 1919—Mai 1919), Berlin 1958. Alle herausgegeben vom IML.

haus entlassenen Führer des Spartakusbundes an den Sitzungen des Kreises teil. Zu der eigentlichen Gruppe der revolutionären Obleute zählten sie aber nicht. Außer *Däumig* und *Ledebour* gehörten ihr keine Intellektuellen an, sondern nur Arbeiter[1]).

Die Gruppe der Obleute entwickelte sich im ersten Kriegsjahr aus einem Kreis von Funktionären des Berliner Metallarbeiterverbandes, die mit der Burgfriedenspolitik der Gewerkschaftsführung nicht einverstanden waren. Zu Beginn beschränkte sich die Opposition auf die, allerdings sehr einflußreiche, weil die qualifiziertesten Arbeiter umfassende, Branche der Eisen-, Metall- und Revolverdreher. Später ergriff sie fast die gesamte Berliner Rüstungsindustrie, vor allem die Großbetriebe. Von 1916/17 an dehnten die Obleute ihre Beziehungen, insbesondere auf Grund ihrer Verbindungen im Metallarbeiterverband, auf das ganze Reich aus. Ihren Schwerpunkt hatten sie freilich nach wie vor in Berlin[2]). Die Opposition nahm ihren Ausgang von rein gewerkschaftlichen Fragen, richtete ihre Kritik aber sehr bald und in wachsendem Umfang gegen die gesamte Kriegspolitik, sowohl der Regierung, als auch der Partei und der Gewerkschaftsinstanzen. Diese Entwicklung führte die Gewerkschaftsopposition an die Seite der zunehmenden Opposition innerhalb der SPD und, nach der Spaltung der Partei, an die Seite der USPD. Die Obleute gehörten fast alle der USPD an und benutzten die Partei als Rahmen und Plattform ihrer Tätigkeit, vor allem außerhalb Berlins. Trotzdem betrachteten sie sich als selbständige Gruppe, und *nicht* lediglich als Bestandteil oder Anhängsel der Parteiorganisation. Dieser Sachverhalt ist sehr wichtig. Er beruhte auf einer wohlüberlegten Haltung und bewußten Entscheidung der Obleute. Die Distanzierung von den oppositionellen Gruppen in der SPD ging so weit, daß man es noch im Herbst 1916 ablehnte, mit deren Führern auf die Dauer nähere Fühlung zu nehmen[3]). Diese Einstellung beruhte einerseits auf dem Bemühen, den Streit zwischen den Richtungen *Haase—Ledebour* und *Liebknecht—Luxemburg* von der Betriebsarbeiterschaft fernzuhalten, andererseits — und das ist bedeutsam — auf einer grundsätzlichen Zurückhaltung gegenüber den Intellektuellen und Parlamentariern der Parteiopposition.

Die naheliegende Formel, daß die Obleute eben „radikaler" gewesen seien als die USPD, aber nicht so „radikal" wie der Spartakusbund, bezeichnet die Unterschiede nicht vollständig. Am Spartakusbund kritisierten die Obleute die ungehemmte Produktion radikaler Parolen und das dauernde Drängen auf „Aktionen", ohne Rücksicht darauf, ob die Arbeiterschaft bereit war, auf die

---
[1]) *Müller*, Kaiserreich, Bd. 1, S. 55 ff., 125 ff. *Ledebour*, a.a.O., Ill. Gesch., S. 201/2. Über *Däumig* vgl. Reichstagshandbuch 1920—24, ferner *Hermann Müller*, Die Novemberrevolution, Berlin 1928, S. 102 ff.
[2]) *R. Müller*, a.a.O., bes. S. 100; Berlin 1917/18, S. 31/2, 53/4, 67 ff.; *Petzold*, a.a.O., S. 8 ff.; Prot. Vet. vom 3. 4. 1957 und 3. 7. 1957.
[3]) *Müller*, a.a.O., S. 65/6.

Parolen zu hören und tatsächlich in Aktion zu treten. An der USPD-Führung kritisierten sie die Beschränkung auf parlamentarisch-parteipolitische Opposition und die mangelnde Bereitschaft, außerparlamentarische Aktionen zu führen und zu verantworten. Diese Differenzpunkte sind jedoch nur der Ausdruck der Tatsache, daß die Obleute eine reine Arbeiterorganisation waren, während weder USPD, noch Spartakusbund im allgemeinen unmittelbaren Einfluß auf die Betriebsarbeiterschaft besaßen. Mittelbar übte die oppositionelle Agitation allerdings einen sehr großen Einfluß aus; Männer wie *Haase, Ledebour* und vor allem *Liebknecht* waren ungeheuer angesehen unter den kriegsmüden und unzufriedenen Arbeitermassen; aber eine funktionierende organisatorische Verbindung zu diesen Massen hatten die radikalen Parlamentarier und Theoretiker nicht[1]).

Dabei darf freilich ein grundsätzlicher Unterschied zwischen USPD und Spartakusbund nicht übersehen werden. Die USPD-Führung bemühte sich um eine derartige organisatorische Verbindung mit den oppositionellen Arbeitern gar nicht ausdrücklich. Der Spartakusbund hingegen sah das Problem sehr wohl, und es gelang ihm auch, begrenzte Stützpunkte in der Arbeiterschaft zu gewinnen; einem darüber hinaus reichenden Einfluß stand jedoch einmal die abstrakte Radikalität seiner Parolen, zum anderen — das darf ebenfalls nicht übersehen werden — die rücksichtslose Verfolgung seiner führenden Vertreter entgegen, die viele Versuche einer organisatorischen Konsolidierung im Keim erstickte[2]).

Die revolutionären Obleute waren im Grunde nichts anderes als die Organisation der Arbeitermassen selbst. Wenn sie überhaupt in Aktion treten wollten, dann standen ihnen als Mittel nur Massenstreik und Demonstration zur Verfügung, also spezifisch außerparlamentarische Kampfformen. Das trennte sie von der USPD. Die enge Verbindung der Obleute mit den Betrieben und ihre daher rührende genaue Kenntnis der Massenstimmung hinderte sie jedoch daran, hemmungslos Aktionen um jeden Preis zu fordern. Das trennte sie von den Spartakisten.

---

[1]) Verhältnis zur USPD, *Müller*, a.a.O., S. 59, 72 ff., 100 ff., 109, 126, zum Spartakusbund und seinen Absichten, S. 59, 62, 65/6, 71/2, 89, 100, 102, 109, 126, 129 ff. Den geringen Einfluß des Spartakusbundes auf die Arbeiter bestätigt auch Ill. Gesch., a.a.O., S. 201/2. Siehe auch Prot. Vet. 3. 7. 57, S. 19 die Feststellung von *Cläre Derfert-Casper*, dem einzigen weiblichen Mitglied der Berliner Leitung des Rüstungsarbeiterstreiks im Januar/Februar 1918.

[2]) Besonders der organisatorische Leiter des Spartakusbundes, *Leo Jogiches*, und die revolutionären Obleute *Franke, Peters* und *Scholze* leisteten beträchtliche Arbeit. Im übrigen gelang es den Spartakisten gerade durch ihren rücksichtslosen Aktivismus und ihre theoretische Radikalität auch praktische Ergebnisse zu erzielen, die die Obleute auf Grund ihrer bedächtigeren und ganz empirischen Arbeitsweise nicht aufzuweisen hatten, z. B. die Schaffung einer funktionierenden illegalen Presse. Hierzu: Berlin 1917—1918, a.a.O., S. 46/7, 67 ff., 77. Z. f. Gesch. Wiss., Jg. 5/1957, Heft 5, S. 1015 ff., 1072 ff., 1094 ff., 1103/04. Über die Zerschlagung der Spartakusorganisationen siehe *Petzold*, a.a.O., S. 8/9, dort die Aussagen des dem Spartakusbund nahestehenden revolutionären Obmannes *Peters*.

In diesem Zusammenhang muß die organisatorische Form des Obleute-Kreises genauer betrachtet werden. Der Kern der Organisation bestand aus einer etwa 50—80 Mann starken Gruppe zuverlässiger Vertrauensleute aus den Betrieben, den eigentlichen „Obleuten", die ihrerseits wieder in ihren Betrieben einen Kreis von Vertrauensleuten um sich zu sammeln versuchten. Wenn *Tormin*[1]) davon spricht, daß die Angaben über die Stärke der Gruppe zwischen 80 und einigen Tausend schwankten, dann übersieht er dabei die Besonderheit ihrer Organisation. Sie war so beschaffen, daß beide Angaben stimmen können, je nachdem, wen man berücksichtigt, den Kern der Obleute oder den loseren Zusammenschluß der betrieblichen Vertrauensmänner. Dieser lockere und unsystematische Aufbau ist höchst charakteristisch und bedeutsam für die spätere Entwicklung. „Das Gebilde der revolutionären Obleute ... ist nicht als ein fertiges Produkt dem Geist eines klugen Führers entsprungen, sondern entwickelte sich während des Krieges aus den sozialen, politischen und militärischen Verhältnissen heraus", bezeugt der Leiter der Gruppe[2]).

Die gegebenen Verhältnisse waren aber diese: Partei und Gewerkschaft standen auf dem Boden des Burgfriedens, schieden als Basis für eine oppositionelle Politik also aus. Die offene Begründung einer neuen Organisation war nicht möglich[3]), auch sollte die Opposition nicht auf eine bestimmte Parteirichtung festgelegt und dadurch in ihrer Wirksamkeit beschränkt werden. So blieb als einzige Möglichkeit, auf die gegebene „Organisation" der Arbeiterschaft, auf die Betriebe, vor allem die Großbetriebe, zurückzugreifen. Dort war der Zusammenhang der Arbeiter am ursprünglichsten, engsten, vollständigsten und ohne Unterschiede der Partei gegeben. Es bedurfte nur eines festen zuverlässigen Kerns von in den Betrieben stehenden, angesehenen Vertrauensleuten, um die Gesamtarbeiterschaft zu beeinflussen und in Bewegung zu setzen. Diesen Kern bildeten die revolutionären Obleute. Sie waren fast ausnahmslos qualifizierte Facharbeiter, vorwiegend Dreher. Ihre Stellung im Betrieb beruhte auf dem Gewicht, das die Facharbeitergruppen in der Produktion besaßen und auf dem Ansehen, das sie als Vorkämpfer der Arbeiterforderungen bei ihren Kollegen

---

[1]) A.a.O., S. 42 und Anm. 3. Bei *Petzold*, a.a.O., S. 9/10, berichtet der ehemalige revolutionäre Obmann *P. Eckert*, daß der Kreis der Obleute 52 Mann stark gewesen sei.

[2]) *Müller*, Kaiserreich, Bd. 1, S. 125.

[3]) Siehe oben S. 62/3. Vgl. ferner *Müller*, Befreiung, S. 168/9, „Diese neuen Kampfesorganisationen (die Räte) bildeten sich aber nicht erst als Folgewirkung der Novemberereignisse, sondern wurden bereits früher, während des Krieges geschaffen ... Sie ergaben sich aus den ökonomischen Auswirkungen des Krieges, aus der Unterdrückung jeder freien Regung der Arbeiterschaft durch die Handhabung des Belagerungszustandes und aus dem vollständigen Versagen der Gewerkschaften, wie auch der politischen Parteien ... Der politisch gereifte und revolutionär gesinnte Teil der Arbeiterschaft suchte nach den neuen Formen des proletarischen Klassenkampfes, suchte sich dazu neue Kampfesorganisationen. Diese Bestrebungen zeigten sich zuerst in den Großbetrieben und fanden hier auch festere Formen." „Diese Kämpfe (die großen Streiks von 1916, 1917, 1918) wurden nicht getragen und geführt von den bestehenden Partei- und Gewerkschaftsorganisationen. Hier zeigten sich Ansätze einer *dritten* Organisation, die der *Arbeiterräte*. Die Großbetriebe waren die Träger der Bewegung."

genossen. Die Branchenorganisation der Dreher bot sich infolgedessen auch als die geeignete organisatorische Plattform für die oppositionellen Arbeiter an[1]).

Die drei großen politischen Massenstreiks, die die Berliner Arbeiter unter Führung der revolutionären Obleute im Weltkrieg führten, wurden freilich auf verschiedene Weise ausgelöst. Der erste, der Sympathiestreik für *Liebknecht* am 28. Juni 1916, wurde von den Obleuten unmittelbar ausgerufen und umfaßte infolgedessen auch nur die größeren Betriebe. Der zweite, der Lebensmittelstreik im April 1917, wurde, auf Antrag der Obleute, von der Generalversammlung der Berliner Metallarbeiter beschlossen; zu dem dritten, dem großen Streik vom Januar/Februar 1918, wurde in einer Generalversammlung der Dreher das Signal gegeben[2]).

Der Verlauf des Januar-Streiks von 1918 ist besonders aufschlußreich[3]). Am ersten Streiktag wählten die Streikenden sämtlicher Betriebe Delegierte, die zu einer Versammlung zusammentraten, die ihrerseits einen Aktionsausschuß von elf Personen als Streikleitung bestimmte. Dieser Ausschuß bestand nur aus revolutionären Obleuten. Daß noch je drei Vertreter der SPD und der USPD zur Streikleitung hinzugezogen wurden, war in diesem Falle unerheblich; die Führung des Streiks lag eindeutig bei den Obleuten. Es ist ganz deutlich, daß die Obleute hier lediglich als die Führer der nach Betrieben „organisiert" in Aktion tretenden Arbeiterschaft fungierten, nicht aber als Parteifunktionäre[4]). (Bei dem starken Einfluß, den die SPD unter der Arbeiterschaft immer noch besaß, hätte die Versammlung eine Streikleitung, die tatsächlich aus vierzehn USPD- und drei SPD-Anhängern bestand, nicht widerspruchslos hingenommen, wenn sie die elf Arbeitervertreter als Parteipolitiker betrachtet hätte.) Bemerkenswert ist ferner die unmittelbare — nicht durch eine besondere Organisation vermittelte — Verknüpfung von Führung und Masse: Die Obleute geben in einer Facharbeiterversammlung das Signal, die Facharbeiter veranlassen in den Betrieben die Niederlegung der Arbeit, die Belegschaften wählen ihre Vertreter, die in einer Versammlung die ursprünglichen Initiatoren zu Leitern des Streikes bestimmen.

Bei dieser Aktion werden — und deswegen muß das Phänomen der revolutionären Obleute so ausführlich behandelt werden — wesentliche Grundzüge des Rätesystems sichtbar. Nach dem Schema der Berliner Streikleitung vom

---

[1]) *Müller*, Kaiserreich, Bd. 1, S. 56, 59, 131/2.

[2]) *Müller*, a.a.O., S. 61 ff., 78 ff., 100 ff.; Berlin 1917—18, S. 30, 46 ff., 66 ff.; Revolutionäre Ereignisse und Probleme, S. 1 ff., 141 ff.

[3]) Ausführliche Schilderung bei *Müller*, a.a.O., S. 102 ff. Ferner Revolutionäre Ereignisse und Probleme, S. 141 ff., und Die Oktoberrevolution und Deutschland, die viel wichtiges Material verarbeiten, deren Ergebnisse jedoch nur mit Einschränkungen anerkannt werden können; siehe oben S. 70/1, Anm. 1. Einige wichtige Dokumente in Dok. u. Mat. 2, S. 59 ff., bes. interessant ein spartakistischer Streikbericht (von *Jogiches?*) a.a.O., S. 131 ff.

[4]) Das Mitglied der Streikleitung und der revolutionären Obleute *Cläre Casper* z. B. trat erst während des Streiks in die USPD ein, wie sie selbst berichtet, Vorwärts und nicht vergessen, S. 296.

Januar/Februar 1918 sind, mit geringfügigen Abweichungen, in der Revolution zahlreiche Arbeiterräte gebildet worden¹). Aus der Praxis der Arbeiterräte und aus den theoretischen Bemühungen, diese Räte mit den Bedürfnissen der Arbeiterschaft und den Ideen des Sozialismus in eine dauernde Verbindung zu bringen, besteht die Rätebewegung; insbesondere gilt das für die aus dem Kreis der Obleute hervorgegangene Rätebewegung der linken Unabhängigen. Die Tätigkeit der revolutionären Obleute enthält in der Nußschale die Bedingungen, die Möglichkeiten, aber auch die Grenzen und die vielfältige Problematik der Rätebewegung²).

Vor allem die Grenzen werden bereits in dieser ersten von den Obleuten vollständig durchgeführten Aktion deutlich. Solange sich diese in dem engen Rahmen eines, in der gegebenen Situation von fast allen Arbeitern gutgeheißenen Streiks bewegte, mochte die ebenso simple wie elastische Räteorganisation ohne weiteres genügen. Sowie die Aktion aus dem unmittelbar zugänglichen gesellschaftlichen Lebensraum, dem Betrieb, heraus und in die im weiteren Sinne politische Sphäre eintrat, genügte sie nicht mehr. Das traf schon für den Januar-Streik 1918 zu; und in der Anerkennung dieses Sachverhaltes wurden die Führer der beiden sozialistischen Parteien in die Streikleitung aufgenommen. Das war ein — notwendiges — Abweichen von dem Prinzip der reinen Arbeiterorganisation.

Wie sehr dies der Fall war, beweist der folgende Vorgang: In der ersten Sitzung stellten die Mehrheitssozialisten die Forderung, die Streikleitung durch Hinzuziehung sozialdemokratischer Arbeitervertreter paritätisch auszugestalten³). Diese Vertreter sollten von der SPD-Leitung „namhaft" gemacht werden. Die Obleute lehnten diese Forderung glatt ab, und sie spielte im weiteren Verlauf des Streiks keine Rolle mehr. Aber das mit der sozialdemokratischen Forderung aufgeworfene Problem ist deutlich (wobei es gleichgültig ist, ob es den Beteiligten damals in voller Klarheit bewußt war). Die sozialdemokratischen Parteivertreter betrachteten den Streik nicht als eine Aktion der Arbeiterschaft als solcher. Die Arbeiter „als solche" waren für sie keine handlungsfähigen Subjekte. Handlungsfähig, und das heißt damit auch handlungsberechtigt, waren in ihren Augen einzig und allein Partei- und Gewerkschaftsorganisation; ihnen oblag auch die Führung der unorganisierten Masse. Gab es unglücklicherweise mehrere

---

¹) Eine gute zusammenfassende Darstellung über die verschiedenen Typen von Arbeiterräten und ihre Verbreitung gibt *Kolb*, a.a.O., S. 83 ff.

²) Ohne nähere Kenntnis der russischen revolutionären Bewegung vor 1917, nur auf Grund ähnlicher sozialer und politischer Bedingungen, sind die Obleute zu denselben Organisations- und Aktionsformen gelangt wie die russischen Arbeiter. Das Beispiel der Februar- und noch mehr das der Oktoberrevolution hat diese Entwicklung dann beschleunigt und verbreitert; es hat sie jedoch nicht geschaffen. Vgl. *Tormin*, a.a.O., S. 42 ff. und *Anweiler*, a.a.O., S. 119 ff. Siehe ferner *Müller*, Befreiung, S. 168 ff., wo er mehrfach nachdrücklich auf die Selbständigkeit der Berliner Räteorganisation verweist. Die Obleute hätten sich ähnlich wie die Petersburger Fabrikkomitees von 1905 entwickelt, „ohne deren Tätigkeit gekannt zu haben" (169). Es sei ganz falsch, die Arbeiterräte als eine „spezifisch russische Erscheinung" zu betrachten.

³) *Müller*, Kaiserreich, Bd. 1, S. 104.

miteinander konkurrierende Organisationen, dann wurde die Führung der Masse als eine Art Kartell der beteiligten Organisationen „paritätisch" zusammengesetzt. Die Personen der jeweiligen Leitung wurden natürlich nicht von der „Masse", sondern von den beteiligten Organisationen benannt. Eine unmittelbare, ohne die Vermittlung des Partei- oder Gewerkvereines funktionierende Organisation der gesamten Arbeiterschaft war ihnen eine unvollziehbare Vorstellung. Die von der Versammlung der Betriebsdelegierten gewählten Obleute waren für sie Funktionäre der Konkurrenzpartei, denen man ein Gegengewicht aus den eigenen Reihen zugesellen mußte, sonst nichts[1]).

**Die Unvereinbarkeit des reinen Parteidenkens mit der reinen Räteorganisation** liegt offen auf der Hand. Aus dieser Spannung mußten sich bei anderen Gelegenheiten die schwersten Auseinandersetzungen ergeben. Entweder die Räte wurden von vornherein als ein Kartell der Arbeiterorganisationen aufgefaßt und, ohne die Arbeiterschaft näher zu befragen, von den beteiligten Parteien und Gewerkschaften besetzt oder die Räte wurden zwar gewählt, aber ebenfalls von vornherein unter reinen Parteigesichtspunkten, sei es paritätisch oder nicht. So sind in der Tat sehr viele Arbeiterräte in der November-Revolution ins Leben gerufen worden. Solche nach Parteifraktionen organisierten Arbeiterräte fühlten sich infolgedessen mehr als Delegierte ihrer Organisationen, denn als Vertreter ihrer Wähler. War aber eine Gruppe von Arbeiterräten vorhanden, die sich der Räteorganisation unmittelbar verpflichtet fühlte, wie es die Gruppe der linken Unabhängigen weitgehend tat, dann war sie angesichts der andersartigen Strömungen in der Arbeiterschaft trotzdem genötigt, sich, in paradoxem Widerspruch zu ihren eigentlichen Intentionen, als Fraktion zu organisieren. Es muß freilich, um hier kein schiefes Bild zu geben, festgestellt werden, daß das politische Denken in den Kategorien der Vereinsorganisation, sei es der Gewerkschaft, sei es der Partei, der Tradition der deutschen Arbeiterbewegung entsprach, daß diese Tradition ihre guten historischen Gründe hatte und daß sie das Denken der überwiegenden Mehrheit der organisierten Arbeiterschaft bestimmte, und zwar auf der Rechten ebenso wie auf der Linken[2]).

---

[1]) Diese Problematik, die nach der Novemberrevolution die gesamte Rätebewegung beherrschte, ist klar erkannt und ausgesprochen in *Ernst Däumigs* Aufsatz, Der Rätegedanke und seine Verwirklichung, in Revolution, Unabhängiges sozialdemokratisches Jahrbuch, Berlin 1920, bes. S. 92 ff.

[2]) Der Primat der Organisation, verstanden als Apparat, und die Zerlegung des dynamischen Prozesses der Organisation in die statische Entgegensetzung von Führung und Masse, ist dem sozialdemokratischen und dem bolschewistischen Parteibegriff in gleicher Weise eigentümlich. Mit dieser Feststellung sind die anderweitigen Unterschiede natürlich nicht geleugnet. *Rosa Luxemburg* hat in ihrer Abhandlung über Massenstreik, Partei und Gewerkschaft, Hamburg 1906, versucht, diese Enge des Organisationsdenkens in der Sozialdemokratie *und* in den Gewerkschaften zu durchbrechen, indem sie — anknüpfend an die Erfahrungen des Massenstreiks in der russischen Revolution im Jahre 1905 — darauf hinwies, daß der organisierte und der unorganisierte Teil der Arbeiterschaft in einer revolutionären Situation zusammen in Tätigkeit treten könnten und würden, und daß es ein Irrtum sei, anzunehmen, daß die „Organisation" allein und als solche revolutionäre Massenaktionen hervorrufen, leiten und zum Siege führen könne. A.a.O., bes. S. 41 ff.

Zu dieser Tradition mußte die Rätebewegung in Gegensatz geraten; und in diesem Gegensatz liegt ein wesentlicher Grund ihres Scheiterns.

*b) Die Berliner Arbeiterräte und ihr politischer Weg*

Obgleich es den revolutionären Obleuten nicht gelungen war, den Umsturz in Berlin selbst auszulösen und zu führen, weil der spontane Aufstand ihnen zuvorkam, hatten sie sich sogleich in die Bewegung eingeschaltet. Auf ihre Veranlassung trat am 10. November 1918 im Zirkus Busch die erste Vollversammlung der Groß-Berliner Arbeiter- und Soldatenräte zusammen, die den Rat der Volksbeauftragten als neue Reichsregierung einsetzte und sich selbst einen Vollzugsrat wählte; die Führer der Obleute traten als USPD-Vertreter in den Vollzugsrat ein, *R. Müller* übernahm den Vorsitz. Vollversammlung und Vollzugsrat blieben dann die organisatorische Form der Berliner Arbeiterrätebewegung. Auch das simple Wahlverfahren blieb (Wahl in den Betrieben; auf 1000 Arbeiter ein Arbeiterrat; kleinere Betriebe und nicht betrieblich organisierte Branchen — z. B. freie Berufe — bilden Wahlkörper). In diesem organisatorischen Rahmen wirkte die Gruppe der revolutionären Obleute weiter[1]).

Sie hat von der Revolution bis zum Übertritt ihrer führenden Kräfte in die KPD eine wechselvolle Entwicklung durchgemacht, die wenigstens in den wichtigsten Stationen skizziert werden muß. In den beiden letzten Monaten des Jahres 1918 betätigten sich die Obleute in Berlin, neben dem Spartakusbund, der selbständig agierte, als die Hauptkraft der linken Sozialisten, die gegen die Nationalversammlung und für eine Räterepublik eintraten. In dieser Zeit traten die Führer der Gruppe, *Däumig* und *Müller*, in das Bewußtsein der breiteren politischen Öffentlichkeit, und um sie kristallisierte sich infolgedessen auch der schnell wachsende linke Flügel der USPD im ganzen Reich. In diesen Wochen lag der Schwerpunkt aller Arbeit bei den politischen Auseinandersetzungen, die sich nicht zuletzt auf den Sitzungen des Vollzugsrats und den Tagungen der Vollversammlung abspielten[2]).

Mit den Januarunruhen in Berlin fand diese Periode ein plötzliches und katastrophales Ende. Am 5. Januar 1919 ließen sich die Obleute, gegen den erbitterten Widerspruch *Däumigs* und *Müllers*, zu einem Putsch gegen die

---

[1]) *R. Müller*, Kaiserreich, Bd. 2, S. 32 ff.; *H. Müller*, a.a.O., S. 62 ff.

[2]) Hierzu vor allem die einschlägigen Protokolle und die Darstellungen bei *R. Müller*, Kaiserreich, Bd. 2, und *H. Müller*, a.a.O., S. 73 ff. Eine vortreffliche knappe Würdigung dieser Auseinandersetzungen findet sich bei *Kolb*, a.a.O., S. 114 ff. Die Vollversammlungen setzten sich übrigens prinzipiell aus Arbeiter- *und* Soldatenräten zusammen; aber infolge der raschen Auflösung des Heeres lag das Schwergewicht schon seit Mitte November bei den Arbeiterräten. Die Soldatenräte hielten auch gelegentlich Versammlungen ab, über die keine Protokolle existieren. Die bei den einzelnen Berliner Bezirken und Vororten bestehenden kommunalen Arbeiterräte nahmen gelegentlich an den Vollversammlungen teil, hatten aber kein Stimmrecht. Vgl. vor allem die Tagung vom 5. 4. 1919, Prot. VV, Bd. 4, Bl. 102 ff., IML 11/14.

Regierung *Ebert-Scheidemann* provozieren, der nach wenigen Tagen kläglich zusammenbrach und alle Aussichten auf ein sofortiges Weitertreiben der Revolution zerstörte. Die Januarkämpfe waren, wie *Rosenberg* schreibt „die Marneschlacht der deutschen Revolution"[1]).

In den nächsten Monaten folgten rücksichtslose militärische Befriedungsaktionen der *Noske'schen* Freikorps[2]). Dabei wurde die soeben begründete KPD (Spartakusbund) zerschlagen, ihrer bedeutendsten Führer *(Luxemburg, Liebknecht, Jogiches)* durch Mord beraubt, verboten und dadurch daran gehindert, sich zu einer festen Organisation zu entwickeln; sie blieb praktisch während des ganzen Jahres 1919 aktionsunfähig. Die USPD wurde durch heftige Auseinandersetzungen zwischen ihrem rechten und ihrem linken Flügel gespalten und gelähmt. Da „eine führende politische Partei, die die Bewegung in zielklare revolutionäre Bahnen leiten konnte, ... nicht vorhanden" war[3]), verlagerte sich, wenigstens in Berlin, wie *Müller* rückschauend feststellt, „das Aktionszentrum der revolutionären Bewegung ... nach den Januarkämpfen in die Fraktion der USPD-Arbeiterräte"[4]). Das heißt, die Obleute traten wieder in ihrer alten Gestalt als Betriebsorganisation und nun zugleich als Träger des Rätegedankens in Erscheinung. In der Vollversammlung der Groß-Berliner Arbeiterräte wirkten die äußerlich als USPD-Fraktion organisierten Obleute „unbekümmert um die Instanzen ihrer Partei". „Sie fühlten und tasteten auf einem neuen Boden und kamen dabei zu einer Theorie, die eine überparteiliche Räteorganisation ins Auge faßte"[5]). Im Zuge dieser Bestrebungen wurde Anfang Februar 1919 als „Organ der Arbeiterräte Deutschlands" die „Wochenschrift für praktischen Sozialismus", der „Arbeiter-Rat" begründet. Die Schriftleitung hatte *E. Däumig*[6]).

Die nun folgende, für die Entwicklung der Räteidee und einer bewußten Rätebewegung besonders wichtige Periode bedeutete zugleich eine Hinwendung zu den Problemen der wirtschaftlichen und sozialen Ordnung. Die Einsicht, daß mit den Januarunruhen und dem Ergebnis der Nationalversammlungswahlen die bisherige revolutionäre Politik sich als verfehlt erwiesen hatte, bewirkte eine

---

[1]) *Rosenberg*, Geschichte, S. 61 ff., 71. Fast wörtlich übereinstimmend R. *Müller*, Bürgerkrieg, S. 15 ff., 207.

[2]) Über die Problematik der lokalen politischen Räteherrschaft, insbesondere dort, wo die Räte unter linksradikaler oder kommunistischer Führung standen, sowie über ihr Ende siehe *Kolb*, a.a.O., S. 287 ff.

[3]) *R. Müller*, Bürgerkrieg, S. 124 ff.

[4]) A.a.O., S. 90.

[5]) A.a.O., S. 208 ff.

[6]) Über die Gründung der Zeitschrift, die der privaten Initiative einiger Arbeiterräte unter Führung des USPD-Mannes *Kreft* entsprungen zu sein scheint, vgl. Prot. VR vom 28. 1. 1919, Bd. 5, S. 225 ff., IML 11/5, und Prot. VR vom 3. 2. 1919, Bd. 6, Bl. 28 ff., IML 11/6, sowie Prot. VV vom 26. 2. 1919, Bd. 2, Bl. 153, IML 11/12.

gewisse Ernüchterung im Kreise der radikalen Linken[1]). Der Kampf um die Räte schien nunmehr auf wirtschaftlichem Gebiet aussichtsreicher als auf politischem. Die beginnende Unzufriedenheit größerer Teile der bislang bei der SPD oder der rechten USPD stehenden Arbeiterschaft mit den bisherigen Ergebnissen der Revolution legte überdies eine neue, auf die gemäßigt sozialistische Strömung zugeschnittene Politik nahe[2]). Zugleich aber wurden in dieser Wendung der Berliner Arbeiterräte Triebkräfte sichtbar, die schon seit dem November 1918 wirksam gewesen, in den zurückliegenden Monaten aber durch die politischen Kämpfe in den Hintergrund gedrängt worden waren.

Die seit dem 10. November 1918 im Vollzugsrat wirkenden Führer der Obleute hatten ursprünglich keine Neigung, sich mit wirtschaftlichen Fragen zu beschäftigen. In einer seiner ersten Verordnungen überwies der Vollzugsrat „die Vertretung der wirtschaftlichen Interessen für alle in den Betrieben Groß-Berlins beschäftigten Personen" der freigewerkschaftlichen Lokalkommission für Berlin und Umgegend, die damals noch von den alten SPD-Vertretern beherrscht wurde. Die Gewerkschaftskommission benutzte die ihr erteilte Vollmacht sofort; sie verordnete in einer Bekanntmachung vom 15. 11. die Auflösung der alten durch das Hilfsdienstgesetz von 1916 eingerichteten Arbeiter- und Angestelltenausschüsse und ihre Neuwahl, erweiterte den Kreis der für die Errichtung von Ausschüssen infrage kommenden Betriebe und unterstellte vor allem die Ausschüsse der Aufsicht durch die Gewerkschaften. Den am 10. 11. in den Betrieben gewählten Arbeiterräten wurde gestattet, sich auch in die Ausschüsse wählen zu lassen, wesentliche Funktionen wurden ihnen nicht zugedacht. Ein derartiges Ergebnis hatten *R. Müller* und seine Freunde nun nicht beabsichtigt, auch protestierten ihre Anhänger in den Betrieben gegen die gewerkschaftliche Kontrolle. Überdies betrachteten die Unternehmer die alten Ausschüsse nun als aufgelöst und verweigerten die weitere Zusammenarbeit mit ihnen. Am 16. 11. drückte *R. Müller* daraufhin im Vollzugsrat eine neue Verordnung durch, welche die bestehenden Ausschüsse in Kraft beließ und ihnen überdies — ohne die Gewerkschaften zu erwähnen — „das Kontroll- und Mitbestimmungsrecht über alle aus dem Produktionsprozeß entstehenden Fragen" zusprach. Dagegen wandten sich nun wieder die Gewerkschaften. Sie mobilisierten ihre sozialdemokratischen Freunde im Vollzugsrat; und da diese dort die Mehrheit besaßen, wurde die Verordnung vom 16. 11. praktisch rückgängig gemacht. An ihre Stelle traten am 23. 11. (veröffentlicht am 25. 11.) Richtlinien für die Betriebsräte, die einen Kompromiß zwischen der sozialdemokratischen und der unabhängigen Auffassung darstellten. Die Gewerkschaften erklärten sich freilich auch damit

---

[1]) Siehe meinen Aufsatz VjH. f. Zeitgeschichte, Jg. 6/1958, S. 261/2, und *Kolb*, a.a.O., S. 233 ff., der das starke Drängen großer Teile der Berliner Arbeiterschaft auf Einigkeit und Formulierung einer neuen sozialistischen Politik eindrucksvoll schildert.

[2]) Hierzu vor allem *R. Müller*, Bürgerkrieg, S. 124 ff., und die Mitteilungen *Koenen*. Eine zusammenfassende Darstellung dieser Politik erfolgt im Zusammenhang mit dem mitteldeutschen Generalstreik im Februar/März 1919 unten S. 133 ff., bes. S. 140 ff.

nicht einverstanden und hielten an dem Inhalt ihrer Bekanntmachung vom 15. 11. fest[1]).

In diesen wenigen Wochen hatte sich in den Betrieben und bei den Arbeiterräten eine wesentliche und für die Zukunft bestimmende Entwicklung vollzogen: Die Arbeiterräte hatten die Bedeutung der betrieblichen Probleme für ihre Position in den Betrieben erkannt, sie hatten sowohl gegenüber den Unternehmern als auch gegenüber den Gewerkschaften eine unabhängige Stellung bezogen, und sie hatten sich in Abgrenzung von den alten Ausschüssen und den neuen politischen Arbeiterräten eine weitere neue Organisationsform geschaffen: die Betriebsräte.

Im Unterschied zu den politischen Arbeiterräten, die infolge des Wahlschlüssels 1 : 1000 nur in den Großbetrieben eine, wenn auch kleine Körperschaft bildeten und mit den inneren Angelegenheiten der kleineren Betriebe gar keinen unmittelbaren Kontakt hatten, sollten nach den neuen Richtlinien in *allen* Betrieben Betriebsräte gewählt werden. Der Schlüssel betrug 1 Betriebsrat auf 100 Beschäftigte. Der Unterschied zu den alten Arbeiter- und Angestelltenausschüssen war beträchtlich: 1. wählten Arbeiter und Angestellte zusammen einen gemeinsamen Betriebsrat, 2. waren die Betriebsräte den Gewerkschaften neben- und nicht mehr untergeordnet, 3. erhielten sie im Bereich der ihnen zugewiesenen Aufgaben ausdrücklich ein volles Mitbestimmungsrecht gegenüber der Direktion. Diese Aufgaben waren freilich — wohl auch als Ergebnis des Kompromißcharakters der Richtlinien — auf „alle die Arbeiter und Angestellten betreffenden Fragen" beschränkt. Alle anderen Probleme, auch das der Sozialisierung, wurden ausdrücklich ausgeschlossen. Immerhin wurde den Betriebsräten auch ein politischer Charakter zuerkannt, wogegen die Gewerkschaften — getreu der überkommenen Trennung zwischen wirtschaftlicher und politischer Interessenvertretung — besonders scharf protestierten.

Daß diese Entwicklung wirklich aus den Betrieben selbst und aus den praktischen Erfahrungen der Arbeiterräte hervorging, ergibt sich mit großer Deutlichkeit aus dem Verlauf der ersten Vollversammlung der Berliner Arbeiter- und Soldatenräte nach der Revolution am 19. November 1918[2]). Von den Verhandlungen dieser Versammlung ist im wesentlichen der bekannte Angriff *R. Müllers* auf die Politik der Volksbeauftragten überliefert worden, dessen pathetische Pointe („der Weg zur Nationalversammlung geht über meine Leiche") mit einigem Recht als Ausdruck des sterilen Radikalismus der revolu-

---

[1]) Dok. u. Mat., Bd. 2, S. 400/1, 402, 460/1, 484/5; *R. Müller*, Kaiserreich, Bd. 2, S. 108 ff.; *H. Müller*, a.a.O., S. 111, 204 ff., Aus den Prot. VR ist für diese Vorgänge nichts Wesentliches zu ersehen. Nur in der Sitzung vom 25. 11. 1918 — Bd. 1, Bl. 109 ff., IML 11/1 — findet sich eine längere Aussprache über betriebliche Fragen, in der SPD- und USPD-Vertreter übrigens in der Ablehnung des den Räten gegenüber negativen Gewerkschaftsstandpunktes ganz einig sind.

[2]) Prot. VV, Bd. 1, Bl. 1 ff., IML 11/11.

tionären Linken gilt¹). Mindestens ebenso stark wie durch die politischen Probleme wurde die Versammlung aber durch die betrieblichen Fragen, vor allem durch die Spannungen zwischen Räten und Gewerkschaften bewegt. Über die Hälfte der mehr als 30 Diskussionsredner waren Arbeiter und Angestellte aus den Betrieben (die übrigen waren Politiker, Soldaten, freiberuflich Tätige und Arbeitslosenvertreter); 9 von ihnen nahmen unter lebhaftem Beifall mehr oder weniger scharf für die Unabhängigkeit der betrieblichen Arbeiterräte Stellung. R. *Müller*, der versuchte, seine den Gewerkschaften entgegenkommende Haltung nachträglich zu rechtfertigen, stieß dabei auf heftigen Widerspruch. Ein Gewerkschaftssekretär, der den gewerkschaftlichen Standpunkt verteidigen wollte, wurde durch den Protest der Versammlung sogar daran gehindert, zu Ende zu sprechen²). In *Müllers* Rechenschaftsbericht und in den Diskussionsbeiträgen mehrerer Arbeiterräte wurde dabei ausdrücklich hervorgehoben, daß die Arbeiter sich in verschiedenen Betrieben, besonders in den maßgebenden Großbetrieben, entscheidende Mitbestimmungsrechte gegenüber den Unternehmern gesichert hätten, die sie nicht bereit seien, preiszugeben³).

Offensichtlich unter dem Eindruck dieser Entwicklung in den Betrieben begannen die revolutionären Obleute nun die Agitation für die Kontrolle der Produktion durch die Betriebsräte und für die Vorbereitung der Sozialisierung. In zwei großen Versammlungen der Berliner Arbeiterräte Ende November kam es zu lebhaften Auseinandersetzungen mit den sozialdemokratischen Vertretern, die vor überstürzten Experimenten warnten (besonders trat dabei der Angestelltenvertreter *Kaliski* hervor, der zusammen mit dem ehemaligen Reichstagsabgeordneten *Max Cohen-Reuss* der Hauptsprecher der sozialdemokratischen Arbeiterräte wurde)⁴). Aber auch die Wortführer der Obleute und USPD-Arbeiterräte, unter ihnen vor allem *R. Müller*, nahmen scharf gegen planlose Aktionen Stellung und sprachen sich — trotz scharfer Kritik an ihnen — für eine Zusammenarbeit mit den Gewerkschaften aus⁵).

Im Dezember traten dann die politischen Kämpfe beherrschend in den Vordergrund. Trotzdem gingen die Auseinandersetzungen um die Stellung der

---

¹) In der Tat ist das Auftreten der linken Sprecher in dieser Versammlung wenig überzeugend, trotz des großen Beifalls, den sie ernteten. Weder *R. Müller* (Bl. 1 ff.), noch *Däumig* (22/3), *Haase* (28 ff.), *Ledebour* (36/7) oder gar *Liebknecht* (40 ff.) brachten mehr als radikale Allgemeinheiten vor. Keiner von ihnen entwickelte ein konkretes Aktionsprogramm, das der einprägsamen sozialdemokratischen Parole: „Nationalversammlung" hätte wirkungsvoll entgegengestellt werden können.
²) A.a.O., Bl. 39.
³) A.a.O., Bl. 8/9, 25/6, 34/5.
⁴) *R. Müller*, Kaiserreich, Bd. 2, S. 110/11; *H. Müller*, a.a.O., S. 201/2. Über diese Versammlungen existieren offenbar keine Protokolle.
⁵) *R. Müller*, ebenda. Vgl. auch seine Ausführungen auf der VV vom 19. 11. 1918, a.a.O., Bl. 41 ff. Über den Fall der Firma Piatschek, wo ein junger Betriebsobmann selbständig „sozialisiert", d. h. die Direktion abgesetzt hatte, vgl. Prot. VR, Bd. 2, IML 11/2, Sitzung vom 3. 12. 1918, Bl. 1 ff. Der VR lehnte solche Übergriffe einmütig ab. Dazu auch *H. Müller*, a.a.O., S. 199/200.

betrieblichen Arbeiterräte weiter. Der Rat der Volksbeauftragten erließ am 23. Dezember 1918 eine Verordnung, welche die alten Arbeiter- und Angestelltenausschüsse mit ihren eng auf tarifliche und soziale Fragen beschränkten Befugnissen für die gesamte Wirtschaft einführte; von den neuen Betriebsräten und ihren Ansprüchen nahm die Verordnung keine Notiz[1]). Dieses Vorgehen der Regierung stieß bei den Arbeiterräten bis weit in die Reihen der Sozialdemokraten hinein auf lebhaften Widerspruch. Die Obleute machten sich zu Sprechern dieser Unzufriedenheit und begannen, ein betriebliches und wirtschaftliches Räteprogramm neben dem politischen auszuarbeiten. In derselben Zeit, in der die blutigen Januarkämpfe tobten, wurden auf Arbeiterräteversammlungen der Groß- und der Kleinbetriebe, der kaufmännischen und der öffentlichen Unternehmungen fast einstimmig neue Grundsätze für die Tätigkeit der betrieblichen Arbeiterräte beschlossen. Sie sahen die gleichberechtigte Mitbestimmung der Arbeiterräte in allen Fragen sowie Sitz und Stimme in Direktion und Aufsichtsrat vor und betonten, „daß die Durchführung der Sozialisierung ... unbedingt die Mitarbeit der Arbeiterräte erfordert"[2]). Die neu erarbeiteten Richtlinien für die Aufgaben und das Tätigkeitsgebiet der Arbeiterräte wurden vom Vollzugsrat am 16. Januar 1919 und von der Vollversammlung am 17. Januar 1919 beraten und ohne weiteres angenommen[3]).

An diesen Vorgängen ist besonders bemerkenswert, daß die sozialdemokratischen Arbeiterräte, obwohl in politischer Hinsicht noch den Auffassungen ihrer Parteileitung treu, in den wirtschaftlichen Fragen anfingen, eigene Wege zu gehen. Ein Teil von ihnen begann unter dem Einfluß der zum Kreis der „Sozialistischen Monatshefte" gehörenden *Kaliski* und *Cohen* ein eigenes Räte- und Wirtschaftsprogramm zu entwickeln[4]), ein anderer übernahm einfach die Vorstellungen der USPD-Arbeiterräte oder entwickelte eigene, die auf derselben Linie lagen[5]). Aber auch auf politischem Gebiet löste sich die sozialdemokratische Front allmählich auf. Obwohl die SPD und die Demokraten am 17. Januar 1919 bei der Wahl zum Vollzugsrat eine klare Mehrheit erhalten hatten, gelang es

[1]) Reichsgesetzblatt, Jg. 1918, Nr. 192, S. 1456 ff.

[2]) Die Versammlungen fanden zwischen dem 4. und 8. 1. 1919 statt. Die Resolutionen mit Abstimmungsergebnis in Prot. VR, Bd. 4, IML 11/4, Bl. 129 ff.

[3]) Prot. VR vom 16. 1. 1919, Bd. 5, IML 11/5, Bl. 23 ff.; Prot. VV vom 17. 1. 1919, Bd. 2, IML 11/12, bes. Bl. 10 ff. Die Annahme im VR erfolgte „einmütig", in der VV offenbar mit großer Mehrheit. Die Richtlinien sind abgedruckt in Der Arbeiter-Rat, Jg. 1, Nr. 1, S. 7 ff.

[4]) Siehe Prot. VV vom 17. 1. 1919, a.a.O., Bl. 10 ff., 42 ff. Vgl. ferner unten Kapitel 7.

[5]) So der SPD-Arbeiterrat *Burciczak* auf der VV vom 17. 1. 1919, a.a.O., Bl. 13/4, 45 ff. Seine Resolution wendet sich scharf gegen die Verordnung vom 23. Dezember 1918, die „kein einwandfreies Mitbestimmungsrecht der Betriebsausschüsse" bringe. Zur Sozialisierung stellt sie fest: „Es muß dafür Sorge getragen werden, daß die Betriebsausschüsse durch entsprechende Vorbereitung allmählich befähigt werden, bei der kommenden Sozialisierung innerhalb der einzelnen Betriebe selbst mitzuwirken. Solange den Betriebsausschüssen jedes Mitbestimmungsrecht und damit auch die Einsicht in das innere Getriebe der Produktion versagt ist, kann man an eine ernstliche Absicht der Sozialisierung nicht glauben". Vorläufig jedenfalls „blüht der alte Betriebsabsolutismus weiter".

der USPD-Fraktion doch, bei Abstimmungen über grundsätzliche politische Fragen am 17. Januar und am 31. Januar 1919 jeweils ein Drittel der gegnerischen Arbeiterräte auf ihre Seite zu ziehen und ihre Resolutionen durchzubringen[1]). Im Januar 1919, und nicht zuletzt von der Rätefrage her, begann sich jener Radikalisierungsprozeß zu entfalten, der im Laufe des Jahres die SPD den größten Teil ihrer Berliner Arbeiteranhänger kostete. Die Schwankungen bei den Führern und der offene Abfall bei den unteren Funktionären der sozialdemokratischen Arbeiterschaft lassen sich in den Verhandlungen des Vollzugsrats und der Vollversammlung der Berliner Arbeiterräte deutlich verfolgen[2]).

Noch etwas anderes ist an der hier skizzierten Entfaltung der betrieblichen und wirtschaftlichen Rätebewegung bemerkenswert: Die Entwicklung der Grundlagen eines wirtschaftlichen Räteprogramms erfolgte im Kreise der revolutionären Obleute und ihrer Anhänger spontan und ohne ersichtliche ideologische oder gar organisatorische Einwirkung von außen. Treibende Kraft war der Kampf der Arbeiterräte um ihre betriebliche Position als wichtigste unmittelbare Interessenvertretung der Arbeiterschaft mit der doppelten Frontstellung gegen den „alten Betriebsabsolutismus"[3]) der Unternehmer und gegen die Gewerkschaftsbürokratie. Die politische Führung der Arbeiterräte gab diesem Streben dann nachträglich einen formulierten Ausdruck.

Diese Tatsache gestattet uns, eine der wichtigsten Fragen bei der Untersuchung der deutschen Rätebewegung zu beantworten, die Frage nach dem unmittelbaren Einfluß der bolschewistisch-kommunistischen Idee und Politik. Es besteht kein Zweifel daran, daß die Idee und der Name der „Räte" ihre uneingeschränkte Herrschaft während der Umsturzbewegung im November dem Vorbild der Russischen Revolution verdanken, wenn auch, wie wir am Beispiel der revolutionären Obleute gesehen haben, die sozialen und politischen Keimformen der Räte bereits vorher gegeben waren[4]). Aber bis zum Umsturz blieb die Parole der Räte ganz allgemein, eine „unbestimmte Formel", die nur die „äußere Form" der Revolution bezeichnete, aber keine durchdachte politische Idee[5]). Die nach der Revolution einsetzende Ausgestaltung erfolgte dann aus den konkreten deutschen Verhältnissen heraus (zumindest bei der wirtschaftlichen Rätebewegung, die wir zu untersuchen haben). In der Tat waren die Möglichkeiten unmittelbarer Einwirkung für den Bolschewismus sehr gering: Gemeinsame Grenzen mit Deutschland bestanden für Sowjetrußland nicht, die diplomatischen Beziehungen waren kurz vor dem Novemberumsturz abgebrochen worden, von

---

[1]) Prot. VV a.a.O., *R. Müller*, Bürgerkrieg, S. 148 ff., 240/1.
[2]) Siehe Prot. VV vom 3. 3., 5. 3., 8. 3. 1919, Bd. 3, IML 11/13, Bl. 21 ff., 93 ff., 111, 196 ff., und vom 26. 3. 1919, Bd. 4, IML 11/14, Bl. 49 ff. Über die Politik der sozialdemokratischen Räteführer allgemein siehe *Kolb*, a.a.O., S. 244 ff., 359 ff.
[3]) Vgl. dieses Kapitel S. 83, Anm. 5.
[4]) Über das Eindringen des Rätegedankens in Deutschland während des Weltkrieges siehe *Tormin*, a.a.O., S. 26 ff.; *Kolb*, a.a.O., S. 56 ff.
[5]) *Kolb*, a.a.O., S. 59; *Tormin*, a.a.O., S. 28.

„originalen" Bolschewisten befand sich nur Radek in Deutschland. Der Spartakusbund selbst hatte keine eingehenden Kenntnisse von der russischen Entwicklung, überdies war sein Einfluß auf die deutschen Arbeiter 1918/19, wie wir wissen, sehr schwach; und dem bedingungslosen politischen Radikalismus seiner Anhänger lagen im allgemeinen die Probleme konkreter wirtschaftlicher Strukturveränderung zu Beginn der Revolution ganz fern. Der Rätegedanke wurde von den Spartakisten vor und unmittelbar nach dem Umsturz *nur* als die politische Form der sozialistischen Revolution propagiert; auf wirtschaftlichem Gebiet dominierte die Forderung auf Nationalisierung der Produktionsmittel[1]). Von einem Einfluß der spezifisch russischen Theorie und Praxis auf den Gebieten der Wirtschaftsorganisation, der Produktionskontrolle usf. ist nirgends etwas zu bemerken. Wenn dann im Winter 1918/19 auch die Spartakisten die Forderungen nach Mitbestimmungs- und Kontrollrechten der Betriebsräte zu vertreten begannen, so war das die Folge und nicht die Ursache der wirtschaftlichen Rätebewegung. Außerdem waren die „spartakistischen" Organisationen, vor allem in Mitteldeutschland und im Ruhrgebiet, oftmals nichts anderes als ganz selbständige radikale Arbeitergruppen, die eher von syndikalistischen, als von originär bolschewistischen Vorstellungen geleitet wurden, auch wenn sie formell der KPD angehörten.

Im Februar/März 1919 entfaltete die Berliner Rätebewegung noch einmal eine umfassende Tätigkeit, um der ganzen Revolution eine andere Richtung zu geben. Zusammen mit den Führern der Räte in Mitteldeutschland und im Ruhrgebiet versuchten *Däumig*, *Müller* und ihre Freunde die anschwellende soziale Bewegung zusammenzufassen[2]) und ihr auf wirtschaftlichem Gebiet mit der Forderung nach Sozialisierung der Schlüsselindustrie und — vor allem — Mitbestimmungsrechten der Betriebsräte ein festumrissenes Ziel zu setzen. Ein im Februar 1919 zusammentretender zweiter Reichsrätekongreß sollte das politische und organisatorische Zentrum der Bewegung, ein alle wichtigen Industriegebiete ergreifender Generalstreik ihr Höhepunkt werden. Dieser Plan konnte nicht durchgeführt werden. Die Einberufung eines Rätekongresses wurde vom Zentralrat der Deutschen Republik, der auf dem ersten Rätekongreß nur aus Sozialdemokraten gewählt worden war, und von der sozialdemokratischen Mehrheit des Vollzugsrates hinausgezögert; der Generalstreikbeschluß der Berliner Vollversammlung kam gegen die verschiedensten Widerstände erst am 3. März 1919 zustande. Zu dieser Zeit war der seit dem 24. 2. dauernde mitteldeutsche Generalstreik bereits im Abflauen; der Streik im Ruhrgebiet war unter ungünstigen Umständen verfrüht ausgebrochen und mußte nach wenigen Tagen beendet

---

[1]) Dok. u. Mat., Bd. 2, allerorten. Über die ganz geringfügigen direkten Beziehungen der Bolschewiki zu den deutschen Kommunisten siehe *Kolb*, a.a.O., S. 153 ff.

[2]) Siehe unten S. 133 ff., bes. S. 140 ff.

werden¹). Die Regierung hatte gewisse Zugeständnisse formuliert; und ehe der Streik in Berlin recht in Gang gekommen war, beschlossen die Streikenden Mitteldeutschlands bereits den Abbruch und nahmen am 6. und 7. 3. die Arbeit wieder auf. In Berlin führte der Streik zu schweren Auseinandersetzungen zwischen den Arbeiterparteien. In Ostberlin brachen Unruhen aus, die ungemein blutige Kämpfe zur Folge hatten. Die Regierung machte die in Mitteldeutschland gegebenen Zusagen auch in Berlin, ein weiteres Ergebnis wurde nicht erzielt. Am 8. 3. wurde der Streik abgebrochen²).

Nach dieser entscheidenden politischen Niederlage traten in der Tätigkeit der Berliner Arbeiterräte Organisation und Propaganda in den Vordergrund; zugleich wurden die ersten Entwürfe einer zusammenhängenden Räteorganisation zu einem umfassenden theoretisch begründeten Rätesystem weiterentwickelt. Auf dem zweiten Rätekongreß vom 8. bis 14. April 1919 legte die USPD-Minderheit Richtlinien vor, die in Berlin ausgearbeitet worden waren³). Zu dieser Zeit hatten USPD und KPD die klare Mehrheit der Berliner Arbeiterräte für sich gewonnen, wobei die Unabhängigen etwa dreimal so stark waren wie die Kommunisten⁴). In den folgenden Monaten wurde die Berliner Räteorganisation weiter ausgebaut, wurden die theoretischen Grundlagen vertieft und vor allem die Vorbereitungen für eine Neuwahl der Arbeiterräte und die Einberufung eines dritten Rätekongresses getroffen. Das Schwergewicht der Arbeit lag nun vollständig auf wirtschaftlichem Gebiet. Die leitenden Vorstellungen näherten sich dem Syndikalismus: Das Proletariat solle sich in einer umfassenden, nach Wirtschaftszweigen gegliederten Räteorganisation zusammenschließen, sich auf die Kontrolle bzw. Sozialisierung der Produktion vorbereiten und dabei seine Hauptwaffe, die Arbeitskraft, in die Waagschale werfen⁵). Aber die politischen Gegensätze machten diese Pläne hinfällig. Am 16. Juli 1919 sprengte die SPD

---

¹) Siehe unten S. 115 ff. Zu den Streikvorbereitungen in Berlin siehe *R. Müller*, Bürgerkrieg, S. 150 ff. Ferner Prot. VR vom 19. 2. 1919, Bd. 6, IML 11/6, Bl. 188 ff., mit den Berichten *Müllers* und *Däumigs* über den Kontakt mit den west- und mitteldeutschen Vertretern, und mit den vergeblichen Versuchen der USPD-Vertreter, die Einberufung eines Rätekongresses zustande zu bringen. Zum Streikbeschluß dann die VV vom 26. 2., 28. 2. und 3. 3. 1919, Prot. VV, Bd. 2, IML 11/12, Bl. 139 ff., und Bd. 3, IML 11/13, Bl. 1 ff.

²) Siehe die eingehende Darstellung bei *R. Müller*, Bürgerkrieg, S. 154 ff., 163 ff. Ferner die Prot. VV vom 3., 4., 5., 6., 7., 8., 12. 3. 1919, Bd. 3, IML 11/13, Bl. 1 ff., sowie die Prot. VR, Bd. 7, IML 11/7, Bl. 1 ff.

³) II. Kongreß der Arbeiter-, Bauern- und Soldatenräte Deutschlands, am 8. bis 14. April 1919, Stenografisches Protokoll, Berlin o. J. Ferner die Berliner VV vom 24. 2., 26. 3., 28. 3., 5. 4. und 19. 4. 1919, Prot. VV, Bd. 4, IML 11/14, Bl. 1 ff., 48 ff., 88 ff., 102 ff., 144 ff. Das Grundsatzreferat *R. Müllers* auf der VV vom 26. 3. findet sich in der Broschüre: Was die Arbeiterräte wollen und sollen, Berlin 1919; die Richtlinien der einzelnen Fraktionen stehen im Stenografischen Protokoll.

⁴) Prot. VV vom 28. 3. 1919, a.a.O., Bl. 99; Prot. VR vom 19. 4. 1919, Bd. 8, IML 11/8. *R. Müller*, Bürgerkrieg, S. 152.

⁵) Hierzu vor allem die VV vom 19. 7. und die Sitzungen des VR vom 19. 7. und 25. 7. 1919. Alle in Prot. VR, Bd. 10, IML 11/10, Bl. 39 ff., 85 ff., 99 ff.

die Berliner Vollversammlung und den Vollzugsrat. Es gab nun eine sozialdemokratisch-demokratische und eine unabhängig-kommunistische Räteorganisation. Die letztere umfaßte angeblich rd. 650 von rd. 1000 Arbeiterräten, eine Angabe, die nach den vorausgegangenen Wahlergebnissen glaubhaft erscheint[1]).

Der USPD-KPD-Vollzugsrat versuchte trotz allem an der Idee einer unabhängigen, über die Parteien hinweg alle Arbeiter erfassenden Rätebewegung festzuhalten. Er schrieb Anfang August Neuwahlen der Berliner Arbeiterräte auf der Grundlage des von ihm entwickelten Rätesystems aus. Die Regierung, die angesichts der nahe bevorstehenden Verabschiedung eines Betriebsrätegesetzes diese Wahlen für ungesetzlich hielt, verbot sie und ließ das Büro des Vollzugsrats durch Truppen besetzen. Am 6. November 1919 wurde die gesamte Räteorganisation für illegal erklärt, ihre Büros wurden abermals militärisch besetzt, ihr Eigentum wurde beschlagnahmt[2]). Damit war die umfassende Organisation der Berliner Arbeiterräte endgültig zerschlagen. Die erste Periode der Rätebewegung war zu Ende.

Um die Jahreswende 1919/20 konstituierten sich die unabhängigen Arbeiterräte bei unverändertem organisatorischem Aufbau als „Rätevereinigung, Wirtschaftsbezirk Groß-Berlin", d. h. auf freiwilliger Grundlage, neu[3]). Mit der Verabschiedung des Gesetzes über die Bildung von Betriebsräten verlagerte sich der Schwerpunkt aller Arbeit auf diese. Die Räteorganisation verwandelte sich in die „Zentrale der Groß-Berliner Betriebsräte", ihres Sitzes wegen kurz die „Zentrale in der Münzstraße" genannt. Der „Arbeiter-Rat" wurde das offizielle Organ dieser Zentrale[4]). Das Jahr 1920 war erfüllt von dem Kampf um die Unabhängigkeit der Betriebsräte gegenüber gewerkschaftlicher Kontrolle. Obwohl die Vertreter einer selbständigen Betriebsräteorganisation in Berlin noch vorübergehend erfolgreich blieben, bekamen die Gewerkschaften doch die Oberhand[5]). Der erste Reichsbetriebsrätekongreß entschied sich für die gewerkschaftlichen Vorstellungen[6]). Die in dieser Zeit sich vollziehende Spaltung der USPD verschärfte die Gegensätze und beschleunigte die Entwicklung. Mit dem Ende des Jahres 1920 stellte der „Arbeiter-Rat" sein Erscheinen ein, seine Nachfolge trat die neue Gewerkschaftszeitung der Vereinigten KPD an; in der Münzstraße ließ sich die neue kommunistische Reichsgewerkschaftsleitung nieder.

---

[1]) Der Arbeiter-Rat, Jg. 1/1919, Nr. 24. VV vom 19. 7. 1919, a.a.O., Bl. 51 ff., 72.

[2]) Der Arbeiter-Rat, Jg. 1/1919, Nr. 25 und ff., bes. Nr. 40 mit einem ausführlichen Rechenschaftsbericht *Däumigs*. Über die Entwicklung der selbständigen Betriebsrätebewegung siehe auch *Nestriepke*, Die Gewerkschaftsbewegung, Bd. 2, S. 98 ff., 155 ff., und *Brigl-Matthiass*, Das Betriebsräteproblem, Berlin/Leipzig 1926, S. 36 ff.

[3]) Der Arbeiter-Rat, Jg. 2/1920, Nr. 1.

[4]) Der Arbeiter-Rat, Jg. 2/1920, Nr. 11.

[5]) Der Arbeiter-Rat, Jg. 2/1920, Nr. 19/20 und ff.

[6]) Protokoll des ersten Reichskongresses der Betriebsräte Deutschlands, Berlin 1920.

**Ernst Däumig** hatte in einer Weise, die über den oberflächlichen Wortsinn hinausreichte, recht, als er im Schlußwort für seine Arbeit schrieb: „Der Arbeiter-Rat ist tot — es lebe der Kommunistische Gewerkschafter"¹). Dieser Entwicklung lief der Kampf zwischen dem linken und dem rechten Flügel in der USPD parallel. Auf dem Parteitag vom März 1919 kam noch ein Kompromiß zustande, auf dem Parteitag von Dezember 1919 setzte sich der linke Flügel weitgehend durch; der Parteitag stellte sich einstimmig auf den Boden des reinen Rätesystems und der Diktatur des Proletariats. Die gemeinsame Aktion der Arbeiterparteien während des Kapp-Putsches überdeckte die inneren Spannungen noch eine Zeitlang; aber über die Frage: Anschluß an die Dritte Internationale in Moskau kam es im Oktober 1920 schließlich zur Spaltung²). Im Dezember vereinigte sich der abgespaltene linke Flügel mit der KPD, die dadurch zum ersten Male eine Massenpartei wurde, denn bisher stand die Mehrheit der radikalen Arbeiter nach wie vor bei der USPD³).

Der Führer des linken Flügels war immer noch *Däumig*, mit ihm gingen zur KPD eine Gruppe von Parlamentariern und *R. Müller* mit dem Kern der ehemaligen revolutionären Obleute. Freilich folgten ihm nicht alle; diejenigen z. B., die unterdessen, nach dem Siege der linken Opposition im deutschen Metallarbeiterverband, verantwortliche Gewerkschaftsfunktionen erhalten hatten, blieben im allgemeinen — vor allem durch die auf eine Spaltung der Gewerkschaften hinauslaufende Gründung der Moskauer Gewerkschaftsinternationale abgestoßen — bei der USPD⁴).

Wenige Monate später stürzte sich die neue Partei in das Abenteuer des März-Putsches von 1921. Nach der Niederlage blieben die Massen, die sich in der zunehmenden Inflation weiter radikalisierten, zwar bei der KPD, aber die Partei verlor die Hälfte der Mitglieder; und ein Teil der Führerschaft, schon vorher durch den Moskauer Zentralismus abgestoßen, büßte endgültig das Vertrauen zum Bolschewismus ein. Zusammen mit *Paul Levi*, dem alten Freunde *Rosa Luxemburgs*, schied im Laufe des Jahres 1921, tief enttäuscht, die Hälfte der im Dezember 1920 übergetretenen Parlamentarier wieder aus der KPD aus⁵); mit

---

¹) Der Arbeiter-Rat, Jg. 2/1920, Nr. 51/2.
²) Zur Spaltung vgl. Protokoll der Reichskonferenz der USPD zu Berlin, 1.—3. September 1920, und des außerordentlichen Parteitages der USPD zu Halle, 12.—17. Oktober 1920. Ferner *E. Prager*, Geschichte der USPD, Berlin 1921; *H. Ströbel*, Die deutsche Revolution, 3. Aufl., Berlin 1922.
³) Im Juni 1920 erhielt die USPD bei den Reichstagswahlen 4 896 000 Stimmen, die KPD nur 442 000. In den beiden hochindustrialisierten Ruhrbezirken Westfalen-Süd und Düsseldorf-Ost war der Unterschied sogar noch krasser, die KPD erhielt nur 29 000 Stimmen gegenüber 551 000 für die USPD.
⁴) So z. B. *Otto Tost*, ehemaliger Kommandeur der Volksmarinedivision Berlin und seit Oktober 1919 Sekretär im Vorstand des Metallarbeiterverbandes.
⁵) Über die Austritte aus der KPD siehe Protokoll des (7.) Parteitages von 1921, S. 58 und ff., und des (8.) Parteitages von 1923, S. 48 ff., beide Berlin 1921 bzw. 1923.

ihnen gingen *E. Däumig, R. Müller* und nicht wenige der alten Obleute¹). Die Rätebewegung der linken Unabhängigen war endgültig tot.

## c) *Die Grundgedanken des reinen Rätesystems*

Die Bemühung, Geist und Bedeutung der unabhängigen Rätebewegung darzustellen, muß sich hauptsächlich auf das Jahr 1919 konzentrieren. In jener Zeitspanne zwischen der politischen Niederlage im Januar und der allmählichen Einengung auf eine bestimmte parteipolitische Richtung im Winter 1919/20 rangen die USPD-Arbeiterräte um eine eigene Linie. Dabei gelangten sie, wie ihr organisatorischer Führer nachträglich abwägend und kritisch feststellte, zu einer Theorie, „die eine überparteiliche Räteorganisation ins Auge faßte"²). Diese, die Theorie des sogenannten „reinen" Rätesystems enthält bestimmte, ihr notwendigerweise innewohnende Probleme, die der Ausarbeitung zu einem klaren und eindeutigen Programm im Wege standen und die eine unmißverständliche Interpretation und Darstellung erschweren. Die eine Schwierigkeit beruht auf der Verknüpfung von politischer und wirtschaftlicher Zielsetzung, die andere darauf, daß das Rätesystem Ziel *und* Weg zur Erreichung dieses Zieles in einem ist.

---

¹) Über den Märzputsch und seine Folgen vgl. *Flechtheim*, Die KPD, S. 73 ff. Ferner *P. Levi*, Unser Weg. Wider den Putschismus, 1921, und Was ist das Verbrechen?, 1921. Ferner anonym (von seiten der KAPD) Der Weg des Dr. *Levi*, der Weg der VKPD, 1921. Die genaue Zusammensetzung des alten Kreises der revolutionären Obleute festzustellen und die spätere Entwicklung zu verfolgen, ist auf Grund des vorliegenden Quellenmaterials nicht möglich. Einen gewissen Hinweis bietet das Personenverzeichnis der Ill. Gesch., S. 522 ff., das die Parteizugehörigkeit der Betreffenden vermerkt. Freilich ist es sehr ungenau. Grundlage sind die Namensangaben bei *Müller*, Kaiserreich, Bd. 1, S. 103, Anm. 2; Bd. 2, S. 39; Bürgerkrieg, S. 34, und die Unterschriften unter Aufrufe aus dem Winter 1918/19, z. B. „An die Mitglieder der USPD" am 3. 1. 1919. Die aus der KPD 1921 wieder ausgetretenen Funktionäre und Parlamentarier schlossen sich unter Führung *Paul Levis* 1922 zur kommunistischen Arbeitsgemeinschaft (KAG) zusammen und gingen im Lauf des Jahres 1922 zur USPD zurück. Bei der Vereinigung der USPD mit der SPD blieb jedoch ein Teil von ihnen abseits und führte zusammen mit *Ledebour, Th. Liebknecht, Obuch, Laukant* u. a. die alte USPD weiter. Vgl. Bericht über den Parteitag der USPD vom 30. März bis 2. April 1923 in Berlin, auf dem aus dem Kreise der alten Obleute *Paul Wegmann* und *O. Rusch* eine bestimmende Rolle spielten. Der Einfluß dieser Gruppe auf die Berliner Arbeiterschaft muß im Jahre 1923 noch recht erheblich gewesen sein. Vgl. die Angaben über die Stärke der Opposition in den einzelnen Gewerkschaften im Bericht der Bezirksleitung der KPD Berlin-Brandenburg über die Arbeit der Organisation von Januar bis September 1923, bes. S. 5, 23. Siehe auch Verbandstag des DMV zu Kassel 1924, wo *Wegmann* als Sprecher der USPD auftrat. Persönliche Angaben von Herrn *Koenen* haben über einige Personen noch zusätzliche Aufschlüsse gebracht. Insgesamt kann wenigstens für den Kern der revolutionären Obleute gesagt werden, daß nur sehr wenige nach 1918 den Weg von der USPD direkt zur SPD zurückgegangen sind. Die Mehrheit hat sich mit dem linken Flügel der USPD der KPD angeschlossen; aber nur eine Minderheit ist dort geblieben. Bemerkenswert viele ehemalige Obleute, unter ihnen viele führende Personen, sind parteilos geblieben oder haben sich zwar der SPD wieder angeschlossen, das Schwergewicht aber nicht auf die politische, sondern auf die gewerkschaftliche Arbeit gelegt. So *R. Müller, P. Wegmann, P. Eckert, P. Neumann, H. Maltzahn*. Vgl. zu den drei letzteren auch Verbandstag des DMV zu Berlin 1930, Protokoll S. 3, 10, 109 ff., 227 ff.

²) *R. Müller*, Bürgerkrieg, S. 208.

Von daher rühren auch die hauptsächlichen Schwächen der Theorie: eine gewisse Verschwommenheit der Begriffe, die doktrinäre Starrheit der Forderungen und die Neigung zur phrasenhaften Allgemeinheit in der Argumentation. Diese Schwächen zu überwinden, waren *Däumig* und seine Freunde nicht in der Lage[1]). Der Vorwurf, der auf Grund dieser Schwächen immer wieder erhoben worden ist, die linken Unabhängigen hätten in einer Art religiösen „Glaubens" das Rätesystem zum Selbstzweck gemacht[2]), ist jedoch nicht berechtigt. Alle möglichen Unklarheiten zugegeben, haben die Verfechter des reinen Rätegedankens trotzdem eine Reihe durchdachter Argumente für ihre Sache vorgebracht. Man kann diese Argumente mit guten Gründen für nicht durchschlagend halten; ihren rationalen Charakter kann man im Ernst nicht bestreiten.

Auf der politischen Ebene ist das Rätesystem für seine Vorkämpfer untrennbar mit der Diktatur des Proletariats verknüpft[3]). Die Notwendigkeit der Diktatur wird nicht einfach behauptet, sondern es wird der Versuch gemacht, sie eingehend zu begründen, ihre Form genau zu umschreiben, ihren sozialen Inhalt zu bestimmen und ihre Wirksamkeit abzugrenzen. Die Diktatur ist danach nicht in erster Linie erforderlich, um einen möglichen akuten Widerstand gegenrevolutionärer Kräfte zu brechen, das heißt, in der Gegenwart, um die Freikorps zu zerschlagen, den bürokratischen Apparat zu entmachten, die ersten Schritte zur Sozialisierung gegen die Sabotage der Unternehmer durchzusetzen, obwohl diese Argumente sich selbstverständlich durch alle Äußerungen hindurchziehen.

Die Diktatur des Proletariats, die für *Däumig* gleichbedeutend ist mit dem Rätesystem als *Mittel*[4]), soll vielmehr im Wesen der sozialistischen Arbeiterbewegung selbst begründet sein. „Die Befreiung der Arbeiterklasse kann nur das Werk der Arbeiterklasse selber sein", lehrte *Marx*[5]). Auf dem Boden dieser Auffassung steht auch *Däumig*: „Das Rätesystem als Kampforganisation gegen die kapitalistische Produktionsweise und den bürokratischen Obrigkeitsstaat,

---

[1]) Belege dafür liefern z. B. die Broschüren von *C. Geyer*, Sozialismus und Rätesystem, Leipzig 1919, und von *R. Müller*, Was die Arbeiterräte wollen und sollen, Berlin 1919, sowie die Kritik, die im Arbeiterrat an *Müller* geübt wird, z. B. die Aufsätze von *L. Bendix*, allerorten, und *A. Kreft*, in den Nr. 14, 15, 16. Im Gegensatz dazu liefert *Däumig* in seinem Aufsatz „Der Rätegedanke und seine Verwirklichung" eine übersichtliche und gut begründete Darstellung. In: Revolution, Unabhängiges sozialdemokratisches Jahrbuch, Berlin 1920, S. 84 ff. Er arbeitet die Grundgedanken des Rätesystems klar heraus und analysiert den enttäuschenden Verlauf der Revolution und der Rätebewegung im Jahre 1918/19 nüchtern und selbstkritisch.

[2]) *Tormin*, a.a.O., S. 88/9. *Stampfer*, a.a.O., S. 152/3. *Prager*, a.a.O., S. 213/4. S. auch *Ströbel*, a.a.O., S. 156 ff.

[3]) Z. B. *Däumig* auf dem USPD-Parteitag im März 1919, Protokoll, S. 228. Vgl. auch seine Rede auf dem USPD-Parteitag im Dezember 1919, Protokoll, S. 237 ff., bes. 238/9.

[4]) USPD-Parteitag März 1919, Protokoll, S. 95/6, 228.

[5]) *Däumig* setzte dieses Zitat an das Ende seiner großen Programmrede auf dem März-Parteitag der USPD, a.a.O., S. 112.

sowie als organisatorische Ausdrucksform aller Bestrebungen des praktischen Sozialismus, kann in seinen ersten Anfängen in die Tat umgesetzt werden nur durch *die* Menschen, denen der Druck kapitalistischer Ausbeutung und politischer Entrechtung so unerträglich geworden ist, daß sie ihn nicht länger zu dulden gewillt sind, d. h. durch die Masse des revolutionär empfindenden Proletariats"[1]).

Das bedeutet also: Wenn die Arbeiter in unmittelbarer Aktion als Klasse ihre Freiheit erkämpfen, können sie in *ihren* Organisationen, den Räten, nicht ihre Klassengegner, die Unternehmer, dulden: insofern üben sie eine Diktatur aus.

Zugleich aber kann diese Diktatur nicht die Herrschaft einer kleinen Minderheit, sondern nur die Herrschaft der großen Mehrheit der Arbeiterklasse sein, die die überwiegende Mehrheit des Volkes darstellt. Die Diktatur des Proletariats ist in der Sicht der reinen Rätetheorie gleichbedeutend mit der proletarischen Demokratie[2]). Mit diesen Überlegungen rechtfertigten die linken Unabhängigen auch jenen Teil des Rätesystems, der — gerade unter dem Gesichtspunkt der Demokratie — den meisten Widerspruch erregte: Die Einschränkung des Wahlrechts zu den Räten. In allen Vorschlägen einer politischen oder wirtschaftlichen Räteorganisation wurden nur Arbeitnehmer und kleine Selbständige, die keine bezahlten Arbeitskräfte beschäftigten, zur Wahl zugelassen[3]).

Mit aller Schärfe wandten sich die Verfechter des Rätegedankens gegen jede Minderheitsdiktatur, gegen jeden Putschismus und Terrorismus. „Die proletarische Revolution ist kein verzweifelter Versuch einer Minderheit, die Welt mit Gewalt nach ihren Idealen zu modeln, sondern die Aktion der großen Millionenmasse des Volkes"[4]). Diese Überzeugung kommt in allen programmatischen Äußerungen zum Ausdruck; sie vor allem anderen lag der von den linken Unabhängigen immer wieder an der KPD geübten Kritik zugrunde[5]). Hier liegt freilich ein wichtiges Problem: Es könnte den Anschein haben, als ob diese Ab-

---

[1]) Arbeiter-Rat, Jg. 1, Nr. 20, S. 3. Vgl. auch *Däumig* in Revolution, a.a.O., S. 87.
[2]) *Däumig*, Arbeiter-Rat, Jg. 1, Nr. 2, S. 14/5.
[3]) Statt vieler Belege, Arbeiter-Rat, Jg. 1, Nr. 25, S. 3 ff. Der Aufbau des deutschen Rätesystems. Diese Schichten stellten übrigens in der Tat die große Mehrheit des Volkes dar: Bei der Volks- und Berufszählung 1925 umfaßten Arbeitnehmer und kleine Selbständige (sog. „Tagewerker für eigene Rechnung") rd. 81,3% des gesamten Volkes. Vgl. *Theodor Geiger*, Die soziale Schichtung des deutschen Volkes, Stuttgart 1932, S. 22/3.
[4]) *Däumig*, Arbeiter-Rat, Jg. 1, Nr. 5, S. 3. Siehe auch derselbe in Revolution, a.a.O., S. 94. „Eine Diktatur, die sich nicht auf proletarische Massen, sondern nur auf eine proletarische Minderheit aufbaut und die ihre Herrschaft nur mit militärischen Gewaltmethoden aufrechterhalten kann, trägt den Keim des Verfalls in sich." Daß *Däumig* und seine Freunde diese Einsicht nicht nur predigten, sondern auch danach handelten, zeigte ihr erbitterter Widerstand gegen den Januar-Putsch. Daß ihre einfachen Anhänger ihnen nicht folgten, war freilich ebenfalls typisch. Vgl. *Müller*, Bürgerkrieg, S. 32 ff.
[5]) *Müller*, Kaiserreich, Bd. 1, S. 129 ff., Bürgerkrieg, S. 46, 85 ff., 167/8, derselbe im Arbeiter-Rat, Jg. 1, Nr. 6, S. 6, Nr. 11, S. 6. *Däumig* im Arbeiter-Rat, Jg. 1, Nr. 2, S. 11, Nr. 4, S. 7, Nr. 7, S. 9, Nr. 20, S. 3 u. 4, Nr. 28, S. 2. Ferner derselbe auf dem März-Parteitag der USPD, Protokoll S. 106, 118/9. Weitere Äußerungen im Arbeiter-Rat, Jg. 1, Nr. 30, S. 13, Nr. 32, S. 2 u. 4, Nr. 35, S. 9 u. 10, Jg. 2, Nr. 5/6, S. 26/7.

grenzung vom Parteikommunismus nur taktischer Art gewesen wäre; viele Äußerungen deuten in der Tat darauf hin. Das Eigenartige der Situation bestand darin, daß gemäß ihrem von R. *Luxemburg* entworfenen Programm sich die KPD theoretisch auf einem ähnlichen Boden bewegte, wie *Däumig* und seine Freunde, während der orthodoxe Bolschewismus ihnen beiden fremd war¹). In der Praxis aber verfolgten die Kommunisten sehr oft eine von radikalen Gefühlen getriebene extreme Taktik, die zu ihren eigenen Grundsätzen in Widerspruch stand. Sogar *Luxemburg* selbst erlag den Versuchungen des Utopismus immer wieder. Aber auch die Obleute und die Anhänger der linken USPD wurden nicht selten — wie etwa bei den Januarunruhen — von einer radikalen Welle mitgerissen²).

In engem Zusammenhang mit der geschilderten Auffassung der proletarischen Diktatur steht das nachdrücklich betonte Bemühen, die nichtkapitalistischen Intelligenzschichten für die Rätebewegung zu gewinnen, die proletarische Demokratie als eine Demokratie der „Hand- und Kopfarbeiter" zu errichten und nicht etwa allein auf die „schwielige Faust" zu stützen³). Diese Haltung wurde von den unabhängigen Arbeiterräten in Berlin nicht nur propagiert, sondern auch sehr nachdrücklich praktiziert. Die Räte der intellektuellen Berufe waren ein Teil der Vollversammlung und gehörten dort vorwiegend der Demokratischen Fraktion an; Intellektuelle arbeiteten im „Arbeiter-Rat" mit und besaßen die volle Freiheit zu abweichenden Meinungsäußerungen. Gelegentlich war das Urteil der Unabhängigen über die Demokraten sogar freundschaftlicher als über die Sozialdemokraten, weil diese in der Tat für den Rätegedanken insgesamt weniger Verständnis aufbrachten, als die demokratischen Intellektuellen⁴).

---

¹) An Stelle der unübersehbaren Literatur über dieses Thema das Programm des Spartakusbundes, *Flechtheim*, a.a.O., S. 237 ff., 239 „Das Wesen der sozialistischen Gesellschaft besteht darin..." usw., 240 „Die proletarische Revolution bedarf für ihre Ziele keines Terrors..." usf., 244 „Der Spartakusbund ist keine Partei, die über der Arbeitermasse oder durch die Arbeitermasse zur Herrschaft gelangen will", 245 „Der Spartakusbund wird nie anders die Regierungsgewalt übernehmen, als durch den klaren, unzweideutigen Willen der großen Mehrheit der proletarischen Masse..." usf. Vgl. auch *R. Luxemburg*, Die Russische Revolution, neu herausgegeben von *B. Krauss*, Hameln 1957, bes. S. 19 ff., S. 28 ff., S. 67 ff. In seinem ausführlichen Vorwort geht der Herausgeber aber auch auf die Haltung und Politik *P. Levis* ein. *P. Levi* war als einer der engsten Freunde *Luxemburgs* 1919/20 der Führer der KPD. Ferner *P. Frölich*, Rosa Luxemburg, Hamburg 1949, S. 311 ff. Es ist übrigens anzunehmen, daß *R. Luxemburg*, deren Programm: Was will der Spartakusbund? bereits im Dezember 1918 veröffentlicht worden war, einen unmittelbaren Einfluß auf das Denken *Däumigs* ausgeübt hat.

²) Über die Zweideutigkeit der kommunistischen Taktik, auch in der Führung und bei *Luxemburg* selbst, siehe die treffende Kritik von *Kolb*, a.a.O., S. 138 ff., bes. 150 ff. und 217 ff.

³) *Däumig*, Der Aufbau Deutschlands und das Rätesystem, Berlin 1919; Märzparteitag der USPD, a.a.O., S. 102/3, 235; „Revolution", a.a.O., S. 97; Arbeiter-Rat, Jg. 1, Nr. 20, S. 4, Nr. 21, S. 4. *R. Müller*, Kaiserreich, Bd. 2, S. 107/8, Bürgerkrieg, S. 204.

⁴) Z. B. *Müller*, Was die Arbeiterräte..., S. 46/7. Vgl. ferner die demokratischen Äußerungen in Die Parteien und das Rätesystem, Charlottenburg 1919, S. 51 ff., wo sogar der bekannte Staatsrechtler *W. Apelt* die Errichtung eines Räteparlamentes neben dem Reichstag befürwortet.

Das Bestreben der Arbeiter und ihrer Führer, sich nicht von der Intelligenz, insbesondere von den in der Produktion tätigen technischen und kaufmännischen Fachkräften abdrängen zu lassen, zog sich übrigens durch die gesamte Rätebewegung. Es kam in der Sozialisierungsbewegung der Ruhrbergarbeiterschaft ebenso zum Ausdruck, wie bei den revolutionären Unionen. Und die Kämpfe um den einheitlichen, von Arbeitern und Angestellten gemeinsam gewählten Betriebsrat bezogen nicht zuletzt von daher ihre grundsätzliche Schärfe.

Ebenfalls in diesen Zusammenhang und in den Bereich der vorwiegend politischen Problematik gehört die radikal-demokratische gegen Obrigkeit, Staat und parlamentarische Demokratie gerichtete Tendenz des Rätesystems. In ihr vereinigen sich mehrere Beweggründe, die z. T. für den gesamten Rätegedanken bedeutsam und bezeichnend sind. Neben der marxistischen Kritik am Klassencharakter der bürgerlichen Demokratie[1]) steht der primitive, gefühlsbetonte, vor allem von weniger prominenten Räten vorgetragene Protest gegen Bonzen und Bürokraten[2]), darüber hinaus aber, überwiegend von Intellektuellen vertreten, kommen entwickelte anarchistische und anarchosyndikalistische Gedanken zu Wort, die sich gegen den „bürokratisch-straffen Staatsapparat" als solchen richten, einer Föderation der Kommunen das Wort reden und den politischen Generalstreik als das einzige revolutionäre Kampfmittel propagieren[3]). Alle drei Strömungen vereinigen sich in der Forderung nach „unmittelbarer" Demokratie. Sie soll im Rätesystem durch die Umstellung des Wahlverfahrens vom Territorium auf Beruf und Betrieb, durch die Abberufbarkeit der gewählten Vertreter und durch die Vereinigung von Gesetzgebung, Regierung und Verwaltung erreicht werden.

Einer besonderen Erwähnung bedarf in diesem Zusammenhang ein Verfassungsproblem, das an sich für den Aufbau des Rätesystems (wie übrigens einer jeden politischen oder wirtschaftlichen Ordnung) eine große Bedeutung hat, von den Rätetheoretikern jedoch weder ausdrücklich gestellt, noch gelöst worden ist. Es handelt sich um das Verhältnis zwischen politischer und wirtschaftlicher Zentralgewalt und lokaler, regionaler, berufsmäßiger, betrieblicher Selbständigkeit. Anders ausgedrückt: Es handelt sich um die Frage: Zentralismus oder Föderalismus. Die Syndikalisten und — weniger klar und ausgeprägt — die

---

[1]) *Däumig*, Revolution, a.a.O., S. 87, 90 ff. Arbeiter-Rat, Jg. 1, Nr. 14, S. 4.
[2]) Z. B. a.a.O., Nr. 1, S. 1, Nr. 7, S. 16/7, Nr. 12, S. 12 und an vielen anderen Stellen.
[3]) A.a.O., Nr. 18, S. 13/4. *G. Ledebour*, entwickelt im Arbeiter-Rat die vollständige Utopie eines auf der „Urgemeinde" aufgebauten dezentralisierten sozialistischen Staates, Nr. 3, S. 10 ff., Nr. 4, S. 14 ff., Nr. 6, S. 12 ff. Aber auch *Däumig* äußert ähnliche Gedanken. Die Hervorhebung des Generalstreiks erfolgte durch ihn, a.a.O., Nr. 20, S. 2/3. Vgl. auch die durchaus syndikalistisch anmutenden Äußerungen *Däumigs* in Nr. 25, S. 1 ff.: „Jetzt gilt es, die Parole: Alle Macht den Arbeiterräten, in zäher Kleinarbeit in die Tat umzusetzen. Nicht mit den Mitteln des roten Terrors (!!!), wohl aber mit der wichtigsten Waffe, die das Proletariat zur Verfügung hat — seiner *Arbeitskraft*." Aus der Arbeiterschaft kamen solche Stimmen ebenfalls, a.a.O., Nr. 4, S. 21, Nr. 6, S. 7.

revolutionären Unionen haben diese Frage zugunsten eines radikalen Föderalismus beantwortet[1]). Aus den Überlegungen der Theoretiker des reinen Rätesystems läßt sich eine solche eindeutige Antwort nicht entnehmen.

Der Verfassungsaufbau des reinen Rätesystems war zweiseitig. Auf der politischen Seite erhoben sich übereinander: Kommunale Arbeiterräte, bezirkliche bzw. regionale Arbeiterräte, allgemeiner Rätekongreß, der einen Zentralrat als oberste regierende und verwaltende Instanz wählt. Auf der wirtschaftlichen Seite erhoben sich übereinander: Betriebsarbeiterräte, bezirkliche Fachgruppen-(Branchen-, Industriezweig-)Räte und bezirkliche Wirtschaftsräte, Reichsfachgruppenräte und Reichswirtschaftsrat, oberste Instanz war auch hier der politische vom Rätekongreß gewählte Zentralrat. Die Wahl zu den kommunalen und betrieblichen Räten sollte direkt, die zu den höheren Räten indirekt sein. Jeder Wahlkörper bekam das Recht, die von ihm bestimmten Vertreter jederzeit abzuberufen[2]). Diese Abberufbarkeit der oberen Räte verlieh den unteren ohne Zweifel einen großen Einfluß. Auf der anderen Seite waren den zentralen Organen dieser Räteverfassung ganz offensichtlich erhebliche Befugnisse zugedacht, z. B. auf wirtschaftlichem Gebiet zentrale Planung und Lenkung der Produktion. Wieweit die Rechte der politischen Zentralinstanz, des Zentralrats, reichen sollten, ist nicht genau festzustellen[3]). Das gesamte Problem ist, wie gesagt, nicht zu Ende gedacht worden.

Wir müssen uns dabei die praktischen Bedingungen vor Augen führen, unter denen die Führer der USPD-Arbeiterräte ihr Programm ausarbeiteten. Zu einer Zeit andauernder heftiger politischer Kämpfe, während sich die allgemeine Lage fast von Woche zu Woche veränderte, wurden Theorie und Organisationsform des Rätesystems aus den eigenen Erfahrungen heraus völlig neu entwickelt. Vor allem die Verlagerung des Schwergewichts der Arbeit von den politischen auf die wirtschaftlichen Probleme schuf zusätzliche Schwierigkeiten. Die geschilderte Grundidee der demokratischen Selbstregierung der Arbeiterschaft entfaltete sich freilich auch in den Vorstellungen eines wirtschaftlichen Rätesystems.

In den Plänen, die Ende Juli, Anfang August 1919 über den Aufbau eines deutschen Rätesystems veröffentlicht wurden, kam dieser Zusammenhang deutlich zum Ausdruck. „Die kapitalistische Produktionsweise, die formale Demokratie und der Staatsbürokratismus" seien nicht imstande, die wirtschaftlichen und sozialen und politischen Probleme Deutschlands zu lösen. „Dazu sind die im Rätesystem zusammengefaßten Kräfte des werktätigen Volkes not-

---

[1]) Siehe unten, S. 207 ff.
[2]) Vgl. die USPD-Anträge auf dem 2. Rätekongreß vom 8. bis 14. April 1919, Stenografischer Bericht. *C. Geyer*, Sozialismus und Rätesystem, Anhang. *R. Müller*, Was die Arbeiterräte . . ., und Arbeiter-Rat, Jg. 1, allerorten, bes. Nr. 14, 15, 16, 25.
[3]) In dem Entwurf des Berliner Vollzugsrats über den Aufbau eines wirtschaftlichen Rätesystems, Arbeiter-Rat, Jg. 1, Nr. 25, enthielten die organisatorischen Vorschläge nur die Feststellung, daß Beauftragte des Zentralrats die Leitung des Reichswirtschaftsrates führten, und daß bei Konflikten der Zentralrat entschiede.

wendig. Eine durchgreifende Sozialisierung — ..., damit aber auch die Beseitigung des Obrigkeitsstaats — kann nur durch das Proletariat erfolgen." Zuerst müsse nun der Ausbau der wirtschaftlichen Räteorganisation erfolgen, „die den Produktionsprozeß zunächst zu kontrollieren und mitzubestimmen, dann aber auch verantwortlich zu leiten hat"[1]). Und der zur geplanten Neuwahl der Arbeiterräte veröffentlichte Aufruf schloß mit den Sätzen, die alle wesentlichen Gedankenelemente des Rätesystems zusammenfaßten: „Die Räteorganisation ... ist nicht ... die Diktatur einer hoffnungslosen Minderheit, ist nicht die Herrschaft einer einzelnen Partei, sondern ist der organisierte Wille kompakter Volksmassen, der einzige Weg, den Kopf-, den Handarbeiter im Kampf um wirtschaftliche und politische Freiheit zu vereinigen..... nehmt tätigen Anteil an der Gestaltung der wirtschaftlichen und politischen Zustände..... In dieser Räteorganisation laßt das Wort zur Tat werden: Die Befreiung der Arbeiterklasse kann nur das Werk der Arbeiterklasse selbst sein"[2]).

Neben der engen Verknüpfung von politischen und wirtschaftlichen Fragen ist es noch ein anderes Problem, das es schwer macht, den Kern der Theorie des reinen Rätesystems herauszuschälen. Es besteht in der doppelten Bedeutung der Räteorganisation als Ziel und als Mittel der sozialistischen Bewegung. Taktisches und organisatorisches Bedürfnis bestimmten den Grad, in dem die eine oder die andere Bedeutung vorwog. Das Problem selbst blieb ungelöst.

War es wichtiger, mit einfachen Parolen eine schlagkräftige Organisation aufzubauen, oder aber in mühsamer Arbeit klare theoretische Vorstellungen zu entwickeln und ohne fraktionelle Scheuklappen zu diskutieren und zu verbreiten? Die Kommunisten betrachteten das erstere als weitaus wichtiger und waren voll Hohn über die unpraktischen Bemühungen *Däumigs* und seiner Freunde[3]). *Däumig* hingegen hielt die „bloße hysterische Deklamation der Formel: Alle Macht den A.- und S.-Räten" nicht für eine solide Politik. Er war davon überzeugt, daß die Vertreter des Rätesystems eine Minderheit in der Arbeiterschaft waren, daß es galt, die Mehrheit der Arbeiter zu gewinnen und daß die sozialistische Revolution einen Reifungsprozeß voraussetzte, der auch durch technisch perfekte Putschvorbereitungen nicht ersetzt werden konnte[4]). Diese dynamische Auffassung des Rätesystems machte es sehr schwer, für die jeweilige Situation eine allseitig überzeugende, klare Formulierung des Rätegedankens zu finden. Infolgedessen gerieten die linken Unabhängigen zu Zeiten mit wichtigen Forderungen ihres Programms in Widerspruch zu sich selbst.

Besonders schwerwiegend war diese Schwierigkeit bei der — politisch be-

---

[1]) Arbeiter-Rat, Jg. 1, Nr. 25, S. 3 ff.
[2]) Aufruf des Berliner Vollzugsrats zur Neuwahl der Arbeiterräte im August 1919. Flugblatt „Proletarier der Hand und des Kopfes". Archiv des Zentralrats, B-53, Nr. 3.
[3]) Ill. Gesch., S. 440/1.
[4]) Besonders deutlich *Däumig* in seinem Aufsatz: Irrungen, Wirrungen, Begeisterung oder nüchterne Kleinarbeit? Arbeiter-Rat, Jg. 1, Nr. 20, S. 2 ff., Nr. 21, S. 4 ff.

trachtet — wichtigsten Frage der reinen Rätebewegung, bei der Frage, ob die politische Machtergreifung unbedingt der Umgestaltung der wirtschaftlichen Verhältnisse vorangehen müsse. Bejahte man diese Frage, wie es die Kommunisten z. B. bedingungslos taten, dann mußte das wirtschaftliche Rätesystem hinter den politischen A.- und S.-Räten und die Rätetheorie hinter einem pragmatischen Programm der Machtergreifung zurücktreten. Vor allem aber war der rücksichtslose Kampf gegen die bestehende „bürgerliche Demokratie" geboten und jeder Versuch ausgeschlossen, das Rätesystem auf dem Wege eines Kompromisses etwa *neben* die Nationalversammlung oder den Reichstag zu setzen. *Däumig* und *Müller* als revolutionäre Politiker vertraten — gleich den Kommunisten — den geschilderten Standpunkt vom 9. November 1918 bis in den Frühsommer 1919 hinein[1]), und sie waren auch in der Theorie grundsätzliche Gegner des Parlamentarismus. Trotzdem ordneten sie Rätebewegung und Rätesystem nicht ohne weiteres dem Ziel der politischen Revolution unter. Infolgedessen konnten sie in gewissen Situationen — als eine Etappe der Entwicklung — die Schaffung eines Räteparlamentes *neben* dem Reichstag ins Auge fassen[2]).

In ähnlicher Weise schwankten die Urteile über das Verhältnis zwischen Gewerkschaft und Räteorganisation, je nachdem, ob die Gewerkschaften als notwendiges Kampfmittel in der Gegenwart oder als zu überwindendes Gebilde in der Zukunft angesehen wurden. Nach anfänglichen Unklarheiten in dieser Frage einigten sich die Führer der reinen Rätebewegung allerdings auf ein fest umrissenes Programm: Die Gewerkschaften bleiben erhalten, sollen jedoch in revolutionäre Industrieverbände umgewandelt werden; die Räte organisieren sich selbständig und unabhängig von den Gewerkschaften. Trotz dieser ganz klaren Linie blieb unter den einfachen Anhängern der Rätebewegung die Neigung stark verbreitet, die Gewerkschaft zu zerschlagen und durch die Räteorganisation zu ersetzen[3]).

Am deutlichsten trat das gesamte Problem an dem Verhältnis von Räte-

---

[1]) *R. Müller* erhielt in Berlin wegen seiner vor den Arbeiter- und Soldatenräten ausgesprochenen pathetischen Versicherung: „Der Weg zur Nationalversammlung geht über meine Leiche", den Spitznamen „Leichenmüller". Siehe *Müller*, Kaiserreich, Bd. 2, S. 84/5. *H. Müller*, a.a.O., S. 128/9.

[2]) Arbeiter-Rat, Jg. 1, Nr. 2, S. 17, Nr. 12, S. 8. März-Parteitag der USPD, Protokoll, S. 110/1.

[3]) Vgl. *Müller*, März-Parteitag der USPD, Protokoll, S. 45, dagegen Arbeiter-Rat, Jg. 1, Nr. 6, S. 22, Nr. 23, S. 1 ff. *Däumig*, Arbeiter-Rat, Jg. 1, Nr. 2, S. 13. Auf der Gründungskonferenz der Betriebsrätezentrale Halle am 27. Juli 1919 traten *Däumig, Müller, Koenen, C. Geyer* dann sehr nachdrücklich für die Erhaltung der Gewerkschaften ein, sie trafen allerdings auf eine starke antigewerkschaftliche Tendenz unter den anwesenden Arbeiterräten. Vgl. Arbeiter-Rat, Jg. 1, Nr. 27. Ferner Protokoll der Sitzung der 15er Kommission der Hamburger Betriebsräte am 27. 8. 1919, auf der der Betriebsrat *Lahrsen* sehr detailliert über den Verlauf der Halleschen Konferenz berichtet. Aufschlußreich auch die anschließenden Diskussionen der Hamburger Betriebsräte, in denen dasselbe Problem ebenfalls mit aller Leidenschaft und von allen möglichen politischen und gewerkschaftlichen Standpunkten her erörtert wird. Das Protokoll befindet sich, ohne daß man ersehen kann, wie es dort hingeraten ist, unter den — unveröffentlichten — Protokollen des Zentralrats der Deutschen Republik (zit.: Prot. Halle).

organisation, Partei und gesamter Klasse in Erscheinung. In scharfer Abgrenzung gegenüber *allen* Parteien und allem Parteistreit begründeten die linken Unabhängigen die Rätebewegung als eine selbständige Bewegung der Arbeiterklasse als solcher. Mit leidenschaftlichem Nachdruck berief sich vor allem *Däumig* immer wieder auf das Unheil, das die Spaltung im Gefolge gehabt habe, und forderte die Einheit des Proletariats. „Die notwendige Einheit der proletarischen Kampffront wird nicht hergestellt durch Verhandlungen von Partei zu Partei; dazu ist der Parteiegoismus zu groß, dazu haben die auf *allen* (von mir gesperrt v. O.) Seiten begangenen Parteisünden eine viel zu tief sitzende Erbitterung erzeugt." „Die Einigung des Proletariats kann nur erzielt werden durch die proletarischen Interessen selbst ... auf dem Boden einer Institution, die sich eben durch den Betrieb, durch das Zusammenarbeiten den Arbeitern aufzwingt, durch den Arbeiterrat, das Rätesystem." „Ich halte an dem Grundsatz fest, das sie (die Räte) keine Parteipolitik zu treiben haben, sondern eine revolutionäre Arbeiterpolitik ..." „Wir (die unabhängigen Arbeiter-Räte) gehen nicht hin ... zu unseren Parteiführern und Parteibonzen, um zu fragen: Bitte was sagt ihr dazu? ... Wir nehmen keine Anweisungen entgegen ... Die Partei, der ich angehöre, macht ihre Politik für sich. Ich gehöre ihr an, weil sie noch am meisten den Anschauungen ... entspricht, die ich habe; sonst bin ich Vertreter des Rätesystems ... des reinen Rätegedankens! (Bravo, anhaltender Beifall)"[1]). Oder noch grundsätzlicher: „Ich persönlich stehe auf dem Standpunkt, daß die Parteien mit dem Rätegedanken nicht vereinbart werden können"[2]). Daß diese Äußerungen *Däumigs* keine bloß taktischen Wendungen waren, um etwa die SPD-Arbeiterräte, an die er dabei das Wort vorwiegend richtete, von ihrer Partei loszulösen, sondern daß sie wirklich seiner inneren Überzeugung entsprachen, geht ganz klar aus der Diskussion hervor, die die Unabhängigen mit den Kommunisten nach der Spaltung der Vollversammlung im Juli im engsten Kreise führten. Im Vollzugsrat erklärte *Däumig*, daß die Parteien durch die neue Organisation des Proletariats „ganz automatisch aufgesaugt" werden würden, und stellte rundheraus fest: „Die Parteien sind ein Gebilde der Vergangenheit"[3])!

Der Gedanke der unmittelbaren, aus den Betrieben erwachsenden Klassenorganisation ist hier mit äußerster Schärfe ausgesprochen. Zugleich liegt der unüberbrückbare Gegensatz zur bolschewistischen Parteitheorie offen zutage. In seiner Auseinandersetzung mit den linksradikalen, an Syndikalismus und Anar-

---

[1]) *Däumig*, Arbeiter-Rat, Jg. 1, Nr. 20, S. 4; *Märzparteitag*, a.a.O., S. 105; Arbeiter-Rat, Jg. 1, Nr. 7, S. 8; Rede am 1. Juli 1919, a.a.O., Nr. 23, S. 6. Ähnliche Äußerungen, a.a.O., allerorten. Diese Grundsätze wurden auch praktiziert. Die SPD-Arbeiterräte genossen bis zur Spaltung der Vollversammlung und des Vollzugsrats im Arbeiter-Rat volle Diskussionsfreiheit. In den ersten Nummern des Arbeiter-Rats annoncierten „Vorwärts" und „Freiheit" paritätisch auf den Umschlagseiten. Zu Beginn der Vollversammlung vom 26. 2. forderte der Herausgeber *Kreft* unter Betonung der Überparteilichkeit des Blattes vor allem die Sozialdemokraten ausdrücklich zur Mitarbeit auf, Prot. VV, Bd. 2, IML 11/12, Bl. 139 ff.
[2]) Prot. VV, Bd. 4, IML 11/14, Bl. 155.
[3]) Prot. VR, Bd. 10, IML 11/10, Bl. 87.

chismus grenzenden Strömungen formulierte der Begründer des Bolschewismus, *Lenin*, seine Auffassung mit unmißverständlicher Deutlichkeit: „Verneinung des Parteigedankens und der Parteidisziplin ... das ... ist gleichbedeutend mit einer völligen Entwaffnung des Proletariats zugunsten der Bourgeoisie." „Innerhalb der politischen Partei des Proletariats sind strengste Zentralisation und Disziplin notwendig, um ... die organisatorische Rolle des Proletariats ... siegreich durchzuführen. Die Diktatur des Proletariats ist ein zäher Kampf ... Ohne eine eiserne und kampfgestählte Partei ... ist es unmöglich, einen solchen Kampf zu führen"[1]).

Die Unvereinbarkeit dieser Auffassung mit dem Grundgedanken der Rätebewegung ist ohne weiteres offenbar. Aber die bolschewistische Parteitheorie ist von den Vertretern des reinen Rätesystems auch ausdrücklich diskutiert und — in wohlbegründeter Argumentation — verworfen worden. Im Herbst 1919 widmete einer der Führer der Berliner unabhängigen Arbeiterräte und Redakteur des „Arbeiter-Rat", *Max Sievers*, dem Problem der Partei in seiner Zeitschrift einen langen Aufsatz[2]). Mit großer Schärfe lehnt er den Gedanken ab, daß irgendeine Partei eine Vorzugsstellung in der revolutionären Bewegung beanspruchen könne. Die Partei spiele ihre Rolle als Lehrerin und Führerin der revolutionären Bewegung, aber nicht als deren organisatorische und soziale Form. Für *Sievers* ist „ ... die Partei nur Schrittmacher des Rätesystems, in welchem sie aufgehen muß *und aufgehen wird*". Die Gründe, die *Sievers* für seine Beurteilung der Partei anführt, enthalten Kerngedanken nicht nur der Theorie des reinen Rätesystems, sondern der gesamten Rätebewegung[3]):

1. Im Betrieb verbinden sich Politik und Arbeit. Nur der aus den Betrieben herauswachsenden Räteorganisation gelingt die *unmittelbare* Erfassung der Arbeiter.

2. Im Rätesystem werden bereits die künftigen sozialistischen Produktionsformen vorgebildet.

3. Nur im Betrieb wird der Klassengegensatz ohne politische oder weltanschauliche Umkleidung hüllenlos sichtbar; nur hier wird er infolgedessen konsequent ausgetragen.

4. Das Rätesystem garantiert den *rein* proletarischen Charakter der Bewegung. In ihm bestimmen die Arbeiter unmittelbar und selbst.

---

[1]) *Lenin*, Der Radikalismus, die Kinderkrankheit im Kommunismus, Berlin 1946, S. 26, 27.
[2]) Arbeiter-Rat, Jg. 1, Nr. 36, S. 3 ff. In Nr. 40, S. 9 ff. folgte eine kritische Antwort von kommunistischer Seite, von der sich aber die Redaktion in einem Zusatz distanziert. Ein Jahr später ging *Sievers* übrigens bei der Spaltung der USPD mit der Linken auch zur VKPD. Weitere Äußerungen, in denen die Rätebewegung als reine Klassenbewegung von jeder Parteipolitik abgegrenzt wird, finden sich im Arbeiter-Rat, Jg. 1, Nr. 26, S. 9, Nr. 28, S. 2, Nr. 32, S. 5, Nr. 33, S. 15, Nr. 34, S. 16, Nr. 36, S. 3, Nr. 37, S. 2, Nr. 42, S. 13; Jg. 2, Nr. 12/3, S. 1, Nr. 17, S. 3 ff.
[3]) In sehr ähnlicher Form entwickelt *Däumig* die Grundgedanken des Rätesystems, in Die Revolution, S. 84 ff., bes. S. 87, 95, 96. Vgl. auch die Theorie der revolutionären Unionen, insbesondere *Otto Rühle*, siehe unten S. 214 ff.

Die Schlußfolgerung ist klar: „Keine Partei kann die Funktionen ausüben, die im Rätesystem ihre Erfüllung finden sollen."

### d) *Sozialisierung und Arbeiterkontrolle der Produktion*

Es ist nicht ganz einfach, den Kern des im eigentlichen Sinne wirtschaftlichen Rätegedankens aus dem Gesamtzusammenhang der Theorie des reinen Rätesystems herauszuschälen. Die Äußerungen der führenden Männer und die offiziellen programmatischen Formulierungen im Vollzugsrat, in der Vollversammlung und in der USPD-Fraktion der Arbeiterräte verblieben auf wirtschaftlichem Gebiet in einer gewissen Allgemeinheit. Sie beschränkten sich meistens auf die Forderung, den Betriebsräten das Recht der Produktionskontrolle und der Mitwirkung bei der Sozialisierung einzuräumen. Zu Beginn der Berliner Rätebewegung standen, wie wir gesehen haben, die politischen Fragen eindeutig im Vordergrund. Später richtete sich die Aufmerksamkeit mehr auf die Formulierung der grundlegenden Prinzipien und vor allem auf den organisatorischen Ausbau des Rätesystems, nicht so sehr auf die konkreten wirtschaftlichen Probleme. *E. Däumig*, der theoretische Kopf der Berliner Arbeiterräte ging auf wirtschaftliche Einzelfragen im allgemeinen nicht ein, verknüpfte freilich stets die Aufgabe der politischen Machteroberung mit „der tätigen und mitbestimmenden Anteilnahme des Proletariats am Produktionsprozeß... Nicht Regierte, sondern Mitregierende, nicht mehr Teilarbeiter und Lohnsklaven, sondern Mitarbeiter sollen die Arbeiter durch das Rätesystem werden"[1]. Immerhin ist offensichtlich, daß die Rätebewegung des Ruhrgebietes und Mitteldeutschlands sich der wirtschaftlichen Probleme, besonders der Sozialisierung und der Betriebsräteorganisation, mit größerem Nachdruck angenommen und mehr zu ihrer Lösung beigetragen hat, als die Rätebewegung Berlins[2].

*R. Müller* hat diesen Unterschied klar bezeichnet: „In Groß-Berlin lagen die Verhältnisse anders als in den Industriegebieten der Provinz. Bergbau und andere als sozialisierungsreif angesehene Betriebe waren nicht vorhanden. Soweit Kraftwerke und Verkehrsbetriebe sich noch in privater Hand befanden, erwartete man von der sozialistischen Stadtverwaltung die erforderliche Initiative. Für die sofortige Sozialisierung der in sehr großem Maße vorhandenen weitschichtigen und komplizierten Fertigindustrie und der Banken war zwar unter den Arbeitern und Angestellten Stimmung vorhanden, aber die Volksbeauftragten und der Vollzugsrat unternahmen nichts auf diesem Gebiet. Manche Arbeiterräte ver-

---

[1] Arbeiter-Rat, Jg. 1, Nr. 10, S. 4.
[2] Diese Tatsache spielte auf der Gründungskonferenz der Haller Betriebsrätezentrale vom 27. 7. 1919 eine erhebliche Rolle und war Gegenstand scharfer Zusammenstöße zwischen *W. Koenen* und den Berlinern. Protokoll Halle. Die Theorie des reinen Rätesystems von ihrer schwächsten Seite, phrasenhaft, abstrakt, perfektionistisch im Organisatorischen, ohne Sinn für die praktischen Erfordernisse, präsentiert *Friedrich Minck* in seiner Broschüre, Rätesozialismus, Berlin o. J. (1920), die im Verlag des Arbeiter-Rat erschien und offenbar so etwas wie eine wirtschaftspolitische Programmschrift darstellen sollte.

suchten planlos nach eigenem Geschmack und Gutdünken ihren Betrieb zu „sozialisieren". Die Arbeiterräte versuchten in den Betrieben ein Kontroll- und Mitbestimmungsrecht auszuüben. Sie gingen dabei mangels jeder Anweisung selbständig vor. Streiks und andere Konflikte waren die Folgen, die aber von den Gewerkschaften und dem Vollzugsrat wieder beigelegt wurden. Sozialdemokratische Regierungsmänner und Gewerkschaftsführer suchten die in Bewegung geratenen Arbeiter, Angestellten und Beamten für eine Politik nach den Grundsätzen der Arbeitsgemeinschaft zu gewinnen. Ganz allmählich gelang es den revolutionären Führern, die Bewegung zusammenzufassen und auf konkretere Forderungen zu stellen, die sich nach Lage der Verhältnisse nur auf das Kontroll- und Mitbestimmungsrecht der Arbeiter bzw. der Betriebsräte beschränken mußten"[1]). Wie diese Entwicklung vor sich ging, haben wir oben gesehen.

Trotzdem waren sich die führenden Männer der großen Bedeutung, die das Problem der wirtschaftlichen Neuordnung besaß, bewußt. Die Produktionskontrolle, d. h. die strenge Überwachung der Unternehmer durch die Arbeitervertreter, erschien ihnen freilich nicht zuletzt unter politischen Gesichtspunkten wesentlich: Der politische Einfluß der Unternehmer im Betrieb sollte gebrochen, die mögliche Sabotage der Friedensproduktion und der beginnenden Sozialisierung verhindert werden. Außerdem sollten „dem Proletariat vollwertige, greifbare und ehrliche Garantien, daß es nicht mehr Objekt, sondern Subjekt der Staats- und Wirtschaftsordnung sein soll", gegeben werden, damit „Ruhe und Vertrauen, Arbeitslust und Arbeitsfreudigkeit im deutschen Volke wieder Wurzel schlagen"[2]).

Zum anderen aber war die Ausübung der Produktionskontrolle als eine Schulung der Arbeiter für die Aufgaben der Sozialisierung gedacht. Die Vorstellung, daß die sozialistische Revolution zugleich eine ungeheure Erziehungs- und Bildungsaufgabe sei, spielte in den Köpfen *Däumigs* und seiner Freunde eine ausschlaggebende Rolle. Der Vollzugsrat der Berliner Arbeiterräte veranstaltete im Zusammenwirken mit der freien Hochschulgemeinde Bildungskurse für Arbeiterräte und faßte die Errichtung einer „proletarischen Übergangshochschule" ins Auge, die der „Vorbereitung von Proletariern zur Übernahme von Stellen im Verwaltungsapparat, in wirtschaftlichen Betriebsleitungen und in Betriebsräten" sowie der „Aufhebung des Bildungsmonopols der bevorrechtigten Klassen" dienen sollte[3]). Die Gründung der Zeitschrift „Arbeiter-Rat" und das

---

[1]) Bürgerkrieg, S. 148/9, s. auch *Müller*, Kaiserreich, Bd. 2, S. 107 ff.
[2]) Arbeiter-Rat, Jg. 1, Nr. 10, S. 4.
[3]) *Däumig*, März-Parteitag der USPD, Protokoll, S. 103, 232, Arbeiter-Rat, Jg. 1, Nr. 10, S. 24, Nr. 11, S. 24. Auch in der folgenden Zeit spielte das Problem der Bildung in den Spalten des Arbeiter-Rats eine große Rolle. Bemerkenswert ein Aufsatz von *F. Fricke*, in Jg. 1, Nr. 35, S. 4, ferner Nr. 43, S. 16, und Jg. 2, Nr. 8, S. 12 ff. Im Verlag des Arbeiter-Rat erschien auch eine Broschüre von *F. Fricke*, Die Rätebildung im Klassenkampf der Gegenwart, 1920. Siehe ferner die Referate und Diskussionen über Bildungsfragen, Prot. VV vom 28. 3., Bd. 4, IML 11/14, Bl. 92 ff., und Prot. VR, vom 19. 3., Bd. 7, IML 11/7, Bl. 1 ff.

Bestreben, sie über das Niveau eines tagespolitischen Agitationsblattes hinauszuheben, gehört ebenfalls in den Rahmen dieser Versuche.

Die Kontrolle der Produktion durch die Arbeiter (immer als Hand- und Kopfarbeiter verstanden) sollte, wie schon der Name sagt, *keine* Ausschaltung des privatkapitalistischen Unternehmers, d. h. also *keine* Sozialisierung bedeuten. Sie besagte vielmehr erst einmal die Überwachung der Unternehmertätigkeit durch den Betriebsrat auf Grund der Einsichtnahme in sämtliche technischen, betriebswirtschaftlichen und finanziellen Vorgänge des Unternehmens. Zugleich wurde für die wichtigsten Entscheidungen die gleichberechtigte *Mitbestimmung* des Betriebsrats gefordert. Das Recht der Unternehmens- bzw. Betriebsleitung, die laufenden Geschäfte selbständig zu führen und der Belegschaft die erforderlichen Anweisungen zu erteilen, sollte dadurch *nicht* angetastet werden[1]).

Bei Streitfragen zwischen Werksleitung und Betriebsrat wurde die Entscheidung dem nächst höheren Arbeiterrat zugedacht. Damit wäre letzten Endes — trotz des Weiterbestehens der alten Unternehmens- und Betriebsleitungen — der ausschlaggebende wirtschaftliche Einfluß von der Seite der Unternehmer auf die Seite der Arbeiter verlagert worden. Dieser Erfolg war auch beabsichtigt; denn die Kontrolle der Produktion durch die Arbeiter — sehr häufig auch als „Demokratisierung" der Betriebe bezeichnet — sollte den ersten Schritt zur Sozialisierung der Wirtschaft darstellen. Die Produktionskontrolle im Rahmen des Rätesystems bereitete — so war es gedacht — die Sozialisierung vor, indem sie 1. die Unternehmer ihrer bisherigen Machtstellung im Betrieb entkleidete, 2. die Arbeiter für die Aufgaben der Wirtschaftsleitung schulte und 3. im Rätesystem eine Organisation für gesamtwirtschaftliche Planung und Lenkung schuf. Es galt also, wie *R. Müller* sich in einer Betriebsräteversammlung ausdrückte, in der Gegenwart gemeinsam mit der Betriebsleitung die Produktion zu beaufsichtigen und zu regeln, zugleich aber auch die Aufgaben festzulegen, „wenn es einmal gilt, die Produktion ohne die Unternehmer weiterzuführen"[2]).

Es ist kaum verwunderlich, daß in der Diskussion über Inhalt und Bedeutung der Produktionskontrolle in wachsendem Umfang der Gedanke auftauchte, den erhofften Endzustand sofort zu verwirklichen und entweder die Leitung der Produktion unmittelbar den Betriebsräten zu übertragen oder aber zumindest die Betriebsleitung dem Betriebsrat nicht mehr gleichzuordnen, sondern zu unterstellen. Solchen Vorstellungen traten die Führer allerdings energisch entgegen. In der oben erwähnten Rede betonte *R. Müller* mit Nachdruck, daß seiner Meinung nach in der sozialisierten Wirtschaft die Betriebsleiter *nicht* von den Betriebsräten, sondern von den regionalen Arbeiterräten eingesetzt werden sollten, da sonst die Gefahr zu häufigen Wechsels bestünde. Auf keinen Fall dürfe

---
[1]) Das Problem der Produktionskontrolle ist in der mitteldeutschen Rätebewegung und vor allem während des Kampfes um die Rechte der Betriebsräte sehr viel genauer formuliert und durchgedacht worden, als in Berlin. Es wird deshalb im 5. Kapitel ausführlicher behandelt werden.
[2]) Arbeiter-Rat, Jg. 1, Nr. 27, S. 7 ff., vgl. auch *Müller*, Kaiserreich, Bd. 2, S. 110/1.

den Betriebsräten — wie hier und da verlangt — die selbständige Leitung der Produktion überlassen bleiben[1]).

Wieweit in der Praxis in Berlin Betriebsräte angefangen haben, ihre Betriebe wie *Müller* sagt — „planlos nach eigenem Geschmack und Gutdünken" zu „sozialisieren", ist kaum mehr feststellbar. Der Arbeiter-Rat berichtet nur über einen Fall, in dem ein Betriebsrat — allerdings im Einvernehmen mit dem Unternehmer — die Rechte der Betriebsleitung mit in Anspruch genommen und nicht ohne Erfolg ausgeübt habe[2]).

In der Regel hatten die Berliner Arbeiterräte keine Gelegenheit, in der Kontrolle oder Leitung der Produktion praktische Erfahrungen zu sammeln. Infolgedessen erstreckten sich ihre Beiträge zu der im Arbeiter-Rat sehr lebhaft geführte Diskussion auf die grundsätzliche Erörterung des Rätegedankens einerseits und auf die äußere organisatorische Seite der neuen Wirtschaftsform andererseits. Ihre Vorschläge waren im allgemeinen frei von Phantastereien und erfüllt von der schweren Verantwortung für die geordnete Weiterführung der Wirtschaft. Häufig wurde mit Nachdruck betont, daß die Arbeiter ihre Kräfte nicht überschätzen sollten, und daß die weitere Mitarbeit der Unternehmer und der leitenden Angestellten durchaus erwünscht sei. Die zur äußeren Form des Rätesystems vorgetragenen Gedanken zeugen z. T. von hochentwickelter organisatorischer Fähigkeit[3]).

Die Grundideen des wirtschaftlichen Rätesystems sind in den Spalten des „Arbeiter-Rat", und damit in der Berliner Rätebewegung, am eindringlichsten und geschlossensten jedoch von einem Mann vertreten worden, der nicht unmittelbar zum Kreis der revolutionären Obleute und der USPD-Arbeiterräte gehörte, von dem marxistischen Schriftsteller *Karl Korsch*[4]). Sein kurzer Aufsatz „Die Sozialisierungsfrage vor und nach der Revolution" beginnt mit der Feststellung, daß die Sozialdemokratie niemals irgendeinen klaren Begriff über das, was mit der vom Marxismus geforderten „Vergesellschaftung der Produktionsmittel (Sozialisierung)" gemeint sei, entwickelt habe. Nur unklare Vorstellungen von „Verstaatlichung" einerseits, „Vergesellschaftung" im Sinne genossenschaftlicher Bedarfswirtschaft andererseits seien vorhanden gewesen. Beide Möglichkeiten kämen in der gegenwärtigen Lage nicht in Frage. Zur „Genossenschaft" seien die Arbeiter noch nicht reif; „wahrer genossenschaftlicher Geist kann nur allmählich wachsen". Umfassende „Verstaatlichung" hingegen bedeute unter den gegebenen Bedingungen Bürokratismus, Ertötung der Initiative, Lähmung und

---

[1]) Der Unterschied zu den Vorstellungen des Syndikalismus ist deutlich. Siehe unten S. 207 ff.
[2]) Jg. 1, Nr. 26, S. 12 ff.
[3]) So das aus der Praxis erwachsene Betriebsstatut der AEG, Henningsdorf, Lokomotiv-Fabrik, Arbeiter-Rat, Jg. 1, Nr. 16, S. 15/6, ferner Nr. 16, S. 4, Nr. 17, S. 23, Nr. 18, S. 9 und 11 ff., Nr. 19, S. 9, Nr. 22, S. 13/4, Nr. 24, S. 9.
[4]) Arbeiter-Rat, Jg. 1, Nr. 19, S. 15/6. Vgl. auch ebenda, Jg. 2, Nr. 7, S. 6 ff. Auf das übrige theoretische Werk *Korschs* wird noch zurückzukommen sein. Siehe unten S. 242 ff.

Erstarrung. Überdies bringe Verstaatlichung nicht *den* Sozialismus, den die Arbeiter begehrten. „Die Klasse der werktätigen Arbeiter wird als solche nicht freier, ihre Lebens- und Arbeitsweise nicht menschenwürdiger dadurch, daß an die Stelle des von den Besitzern des privaten Kapitals eingesetzten Betriebsleiters ein von der Staatsregierung ... eingesetzter Beamter tritt." Diese Einsicht ist in die Arbeiterschaft eingedrungen. Infolgedessen ist keine Sozialisierung mehr möglich, die nicht in irgendeiner Form dem Gedanken der „industriellen Demokratie" Rechnung trägt, „also dem Gedanken der direkten Kontrolle und Mitbestimmung jedes Industriezweiges, wo nicht jedes einzelnen Betriebes, durch die Gemeinschaft der arbeitenden Betriebsbeteiligten und durch ihre von ihr selbst bestimmte Organe". Die Forderung der „Sozialisierung" enthält heute also *zwei* einander organisch ergänzende Forderungen: die der „Kontrolle von oben" durch planmäßige Verwaltung von Produktion und Verteilung und die der „Kontrolle von unten" durch die unmittelbare Beteiligung der kopf- und handarbeitenden Massen. „Der *Weg* aber, auf welchem diese *beiden* in dem Ruf nach Sozialisierung heute enthaltenen Forderungen ... mit Sicherheit und Schnelligkeit nebeneinander verwirklicht werden können, ist das heute so viel genannte und so wenig verstandene *Rätesystem*".

### e) *Der Sieg des Parteikommunismus*

„Jeder klassenbewußte Arbeiter muß verstehen, daß die Diktatur der Arbeiterklasse nicht anders verwirklicht werden kann, als durch die Diktatur ihrer Vorhut, d. h. durch die kommunistische Partei ... Wir bedürfen aber nicht einfach einer kommunistischen Partei, wir brauchen eine streng zentralisierte kommunistische Partei, mit eiserner Disziplin, mit militärischer Organisation", so schrieb am 1. Oktober 1920 *G. Sinowjew* in der ersten Nummer der „Kommunistischen Rundschau". Sie wurde von *E. Däumig, C. Geyer* und *W. Stoecker* als Organ des linken Flügels der USPD herausgegeben. Die neugegründete Zeitschrift diente dem offen eingestandenen Zweck, die Massen der USPD in die Reihen der 3. Internationale zu führen, deren Präsident *Sinowjew* mit seinem Aufsatz über „Zentralismus" die Grundlagen und Voraussetzungen dieses Anschlusses unmißverständlich klargelegt hatte. Der schreiende Widerspruch dieses Programms zu den Grundsätzen des reinen Rätesystems ist unüberhörbar; die Frage ist, wie kamen *Däumig* und seine Freunde dorthin?

Eine Wurzel dieser Entwicklung lag ohne Zweifel in den Ideen der linken Unabhängigen selbst. Sie hatten stets die revolutionäre Machtergreifung und die Diktatur des Proletariats gefordert. Und sie hatten — bei aller kritischen Abgrenzung — ihre Sympathien für die Oktober-Revolution und für Sowjetrußland nie verleugnet. Nicht nur für die Kommunisten, auch für sie waren die Bolschewiki große vorbildliche Revolutionäre. Sie hatten sich zwar mit allem Nachdruck gegen den Putschismus und gegen die Diktatur einer kleinen Minderheit erklärt, aber die Veränderungen in Rußland seit 1918, die Ersetzung der Sowjet-Demokratie durch die Parteidiktatur der Bolschewiki hatten sie nicht erkannt oder nicht erkennen wollen. Außerdem hatte sich das lockere Rätesystem in den kritischen Situationen der Revolution 1918/19 als eine nicht genügend aktionsfähige Organisationsform erwiesen. Z. B. war es nicht gelungen, bei der großen Generalstreikwelle im Februar/März 1919, die die sofortige Sozialisierung der Schlüsselindustrie, das volle Mitbestimmungsrecht der Betriebsräte und die Entwaffnung der Gegenrevolution zum Ziele hatte, die Bewegungen im Ruhrgebiet, in Mitteldeutschland und in Berlin zu koordinieren. Vor allem die Vorbereitung und Durchführung des Berliner Generalstreiks Anfang März hatte die ganze Unbeweglichkeit der extrem demokratischen Räteorganisation gezeigt[1]). Wenn also nach fast zwei Jahren bitterer Enttäuschungen in der deutschen Revolution die Bolschewiki auf Grund ihrer, wie es schien, von Erfolg gekrönten Praxis straffste Organisation und strengen Zentralismus forderten, konnten *Däumig* und seine Freunde schlecht widersprechen.

Ihre Stellung gegenüber den Kommunisten war auch noch in einer anderen Hinsicht ungünstig. Die Rätebewegung existierte als eine reine Arbeiterorganisation ohne einen eigentlichen eigenen Apparat, ohne organisierten Kontakt zu anderen Schichten, ohne eine ausreichende eigene Presse[2]). Ihre auf unbedingte Demokratie und freie Diskussion, auf Selbsttätigkeit und Selbsterziehung breiter Massen ausgerichtete Theorie sah die systematische Schulung geschlossener, disziplinierter Kader nicht vor. Und die Rätebewegung war zu jung, zu ungefestigt, als daß bereits eine ausreichende Führerschaft auf organische Weise hätte aus ihr hervorwachsen können. Infolgedessen hatten die linken Unabhängigen dem theoretisch und agitatorisch geschulten Führerkorps der KPD nichts gleichwertiges entgegenzusetzen[3]). Das verstärkte den Zug zum Zusammenschluß.

Aber selbst wenn die Unabhängigen sich der Eingliederung in die Dritte Internationale hätten widersetzen wollen, die Massen ihrer Anhänger wären ihnen 1920 nicht gefolgt. Wie *Rosenberg* sehr richtig feststellt, gingen damals Millionen sozialistischer Arbeiter zur revolutionären Linken über. Die Vorbehalte ihrer

---

[1]) Nur die Vollversammlung der Arbeiterräte konnte entscheidende Beschlüsse fassen, und am 28. Februar 1919 kam z. B. ein Beschluß nicht zustande, weil das Versammlungslokal wegen einer nachmittags stattfindenden Tanzveranstaltung (!!!) vor Abwicklung der Tagesordnung geräumt werden mußte. Insgesamt waren drei Sitzungen der Vollversammlung, am 26. und 28. Februar und am 3. März, erforderlich, um die Aktion in Gang zu bringen. Prot. VV vom 26. 2. und 28. 2., Bd. 2, IML 11/12, Bl. 139 ff., bes. 196/7, vom 3. 3., Bd. 3, IML 11/13, Bl. 1 ff. *R. Müller*, Bürgerkrieg, S. 124 ff., 148 ff. Der Hohn der KPD über dieses umständliche Verfahren spricht deutlich aus der Schilderung der Ill. Gesch., S. 358 ff.

[2]) Daß die revolutionären Obleute im November 1918 dem „Vorwärts" kein eigenes Blatt entgegensetzen konnten, war einer der Gründe für ihren geringen Einfluß in den ersten Revolutionswochen. Vgl. *Müller*, Kaiserreich, Bd. 2, S. 32 ff.

[3]) Auf dem Vereinigungsparteitag 1920 waren von sieben Referenten nur zwei ehemalige Unabhängige. *Flechtheim*, a.a.O., S. 71.

Führer *Luxemburg, Däumig* usw. gegenüber dem Bolschewismus sagten ihnen nicht viel. „Sie wollten sich der russischen Führung unterordnen und nach den Anweisungen *Lenins* und *Trotzkijs* die Revolution vollenden." Gegen die Diktatur hatten die durch Krieg und Inflation verelendeten, durch den bisherigen Verlauf der Revolution maßlos erbitterten Arbeiter nicht viel einzuwenden. Sie hatten „gar keine so große Sehnsucht nach der Demokratie. Das bürgerliche Parlament war in ihren Augen entwertet, und das demokratische Mitbestimmungsrecht in den eigenen proletarischen Organisationen hatte ihnen auch nicht viel geholfen. Sie zogen die straffe Diktatur im russischen Stil vor, wenn sie nur so zum Sozialismus gelangen konnten"[1]). Außerdem stellte der Sommer 1920 einen Höhepunkt der prosowjetischen Begeisterung in Deutschland dar. Im Verlauf des russisch-polnischen Krieges waren die Spitzen der Roten Armee kurz vor den deutschen Grenzen angelangt, und die Revolution schien für einen Augenblick noch einmal greifbar nahe zu sein[2]).

Dieser Massenstimmung[3]) konnten und wollten sich *Däumig* und seine Freunde nicht entziehen. Die Revolutionsbegeisterung überwältigte ihre bessere Einsicht. Schon auf dem Leipziger Parteitag der USPD im Dezember 1919 wurde das in *Däumigs* leidenschaftlicher Rede deutlich[4]). Und der erbitterte, zur schließlichen Spaltung der USPD führende Streit im Herbst 1920 trug deutlich die Züge eines Glaubenskonfliktes zwischen denen, die sich bedingungslos zur Revolution hier und heute bekannten, und denen, die das nicht vermochten. Die von einigen Führern des linken Flügels verfaßte Programmschrift für die Dritte Internationale spitzte den ganzen jahrelangen inneren Streit der USPD ausschließlich auf die Frage zu[5]): „Das Bekenntnis (sic!!) zur Dritten Internationale ist das Bekenntnis zur Weltrevolution, ist die Anerkennung internationaler Verpflichtungen des Proletariats, die Bereitschaft zur revolutionären Tat ... Die USPD steht heute vor der Entscheidung, ob sie sich vorbereiten will auf ein aktives Eingreifen in den Gang der Revolution in Deutschland ..." Auch durch alle

---

[1]) *Rosenberg*, Bolschewismus, a.a.O., S. 130/1.

[2]) Vgl. *Stampfer*, a.a.O., S. 212; *Prager*, a.a.O., S. 220 ff.

[3]) *R. Fischer*, a.a.O., S. 177/8; besonders wichtig ist bei ihr der Hinweis auf gewisse radikale Unterschichten im Proletariat als deren typischer Vertreter *E. Thälmann* erscheint. In welchem Grade sich die Massen der USPD-Anhänger dem Einfluß ihrer früherer Führer allmählich entzogen, geht aus einer Betrachtung der Wahlergebnisse von 1920 bis 1924 eindeutig hervor. Noch 1921 waren Rest-USPD und VKPD gleich stark. Bei der Wiedervereinigung der Rest-USPD mit der SPD im Jahre 1922 gingen dann praktisch nur die Führer mit, die Wähler wanderten zur KPD ab. Auch die Tatsache, daß ein Teil der alten Führerschaft der KPD und des linken Flügels der USPD die Vereinigte KPD 1921/22 wieder verlassen, die KAG gegründet hatte und schließlich zusammen mit der Rest-USPD zur SPD zurückgekehrt war, machte die radikalisierten Massen nicht irre. Die KAG war eine Organisation von „Offizieren ohne Soldaten", wie mir einer der engsten Mitarbeiter von *Paul Levi* persönlich bestätigte. Mitteilung von Herrn *Max Schwarz*, Hannover.

[4]) Siehe Protokoll, S. 370 ff.

[5]) *C. Geyer, W. Stoecker, P. Hennig*, Für die dritte Internationale. Die USPD am Scheideweg, Berlin 1920, S. 47.

Artikel der „Kommunistischen Rundschau" zieht sich wie ein roter Faden die Parole: Die Zeit ist reif, sammelt die Kräfte[1])!

Zugleich aber lebten die alten Vorbehalte durchaus weiter und fanden deutlichen Ausdruck. *Stoecker* analysierte das bisherige Verhältnis der linken USPD zur KPD und wiederholte mit großer Schärfe die alten Vorwürfe gegen die Spartakisten[2]). Nicht die linken Unabhängigen, sondern die Kommunisten hätten sich gemausert und dadurch eine Verschmelzung ermöglicht. Außerordentlich aufschlußreich sind auch die Artikel von *Koenen* über Organisationsfragen[3]). Zwar verteidigte er mit allem Nachdruck das bolschewistische Parteiprinzip des „demokratischen Zentralismus", denn: „wollen wir die kommenden schweren Erschütterungen und Kämpfe erfolgreich überstehen, so müssen wir unsere Organisation auf die Zeiten des Belagerungszustandes, des Bürgerkrieges und der Diktatur des Proletariats einrichten". Zugleich aber wünschte *Koenen* offensichtlich, wesentliche Elemente der Räteorganisation zu erhalten. Die Parteiorganisation soll vom Ortsverein auf die Betriebsgruppe umgestellt werden. Und zwar sollen nicht so sehr die Parteiinstanzen die Betriebe, als vielmehr die Betriebe die Parteiinstanzen beeinflussen. Die Kommunisten in den Betrieben müßten das Recht haben, „als Träger des Kampfes die Vorschläge für den Vertrauensmännerkörper, die verantwortlichen Leitungen der Ortsgruppen und der höheren Organe der Partei zu machen. Die Tatsache, daß in den leistungsfähigsten Bezirken (der USPD) schon seit langem ... keine Aktion ohne die Betriebsvertrauensleute der größeren Betriebe beschlossen und durchgeführt wurde, muß in der vereinigten Partei ihren organisatorischen Ausdruck finden."

*R. Müller* äußerte sich ähnlich[4]). Zwar kritisierte er die revolutionären Räte von 1919: „Ihnen fehlte eine klare theoretische Grundlage und eine revolutionäre Partei, die sie zusammenhielt und führte", aber zugleich stellte er Räte, Gewerkschaft und Partei als die „drei Grundformen der Organisation der Arbeiterklasse" gleichberechtigt nebeneinander. Die Partei steht den beiden anderen Organisationen „zur Seite". Diese Auffassung bedeutet offensichtlich einen schweren Verstoß gegen die von *Sinowjew* eingangs so schroff formulierte bolschewistische These von der „führenden Rolle der Partei". Auch *C. Geyer* griff in einem Artikel die Grundlagen der bolschewistischen Politik an, indem er nach scharfer Kritik an den russischen Wirtschaftsverhältnissen dem bürokratischen Zentralismus des

---

[1]) Siehe vor allem die Artikel von *Däumig* in Kommunistische Rundschau, Nr. 1, S. 6 ff., Nr. 2, S. 1 ff. Ferner *H. Werner*, Nr. 1, S. 11 ff., Nr. 5, S. 15. *V. Stern*, Nr. 5, S. 11. Siehe auch die z. T. sehr aufschlußreiche Polemik, die unter den Buchbesprechungen gegen die Kritiker Sowjetrußlands geführt wird, und die immer wieder von der bitteren aber unumgänglichen Notwendigkeit der Diktatur, des Terrors usf. spricht.

[2]) A.a.O., Nr. 2, S. 9 ff., Nr. 3, S. 7 ff.

[3]) A.a.O., Nr. 2, S. 6 ff., Nr. 5, S. 5 ff.

[4]) A.a.O., Nr. 1, S. 24 ff., Nr. 3, S. 16 ff.

Wirtschaftsaufbaues in Rußland die „Idee der Wirtschaftsleitung durch die Betriebsräte" entgegenstellte[1]).

Alle diese Vorbehalte sind freilich im Parteikommunismus untergegangen. *Koenen* und *Stoecker* haben sich angepaßt, *Däumig*, *Müller*, *Geyer* u. a. sind ihre eigenen Wege gegangen. Die reine Rätebewegung als Organisation war mit dem Zusammenbruch der selbständigen Betriebsrätezentralen erledigt, das Rätesystem als Idee lebte in den verschiedensten Unterströmungen der Arbeiterbewegung fort.

---

[1]) A.a.O., Nr. 6, S. 16/7.

## 5. Kapitel:

## Die Sozialisierungs- und Betriebsrätebewegung im Reich

Die gesamte Räte- und Sozialisierungsbewegung des Jahres 1919 ist — im Gegensatz etwa zur Theorie der Sozialisierung — von der historischen Forschung und Publizistik bisher kaum gewürdigt worden. Es ist bezeichnend, daß *Stampfer*, der sonst alle innenpolitischen Ereignisse, besonders auf der Linken, sehr ausführlich schildert, den großen Streiks im Frühjahr 1919 nicht mehr als drei Sätze widmet[1]). Wenn nichtsozialistische oder sozialdemokratische Schriftsteller jene Ereignisse überhaupt erwähnen, tun sie es durchweg auf sehr unvollkommene Weise.

*Hermann Müller*, der spätere Reichskanzler, berichtet z. B. in seinen Erinnerungen, die sich im übrigen durch Materialreichtum und Sachlichkeit wohltuend von den meisten anderen sozialdemokratischen Revolutionsdarstellungen abheben, folgendes: „Nach der Niederlage der Spartakisten im Berliner Januar-Putsch versuchten die Kommunisten immer wieder ... Generalstreiks zu entfesseln mit der Parole: ‚Sozialisierung der Schlüsselindustrien' ... Dabei fehlte diesen Streiks jede klare Linie und jede zentrale Kampfleitung. Abwechselnd wurde heute in diesem, morgen in jenem Bezirk ein Feuer angezündet. Erreicht wurde dadurch nichts. Auch dort nicht, wo wie im Ruhrgebiet in der ersten Januarhälfte 1919 vorübergehend eine gemeinsame Front von Sozialdemokraten, Unabhängigen und Spartakisten gebildet worden war, um die sofortige Sozialisierung des Kohlenbergbaues selbst in die Hand zu nehmen. Auch das dauerte nur kurze Zeit. Jedes Bündnis mit den Linksradikalen trug den Keim des Zerfalls in sich"[2]).

---

[1]) Die ersten 14 Jahre der Deutschen Republik, Offenbach 1947, S. 103.
[2]) Die Novemberrevolution, Berlin 1928, S. 210, 211. Nicht von historischem, sondern nur von psychologischem Interesse ist der Bericht, den *Noske*, Von Kiel bis Kapp, S. 122 ff., über die Ereignisse im Ruhrgebiet gibt. Unter der bezeichnenden Überschrift „Anarchie im Industriegebiet" trägt er ohne die geringste sachliche oder zeitliche Ordnung wahllos etliche Tatsachen zusammen, die überhaupt kein Bild der Ereignisse, geschweige denn ein richtiges geben, und kommentiert sie mit einigen gehässigen Redensarten. Aber auch der sehr viel sachlichere *C. Severing*, der überdies vom April 1919 an als Reichs- und Staatskommissar für das westliche Industriegebiet auf das engste mit den dortigen Ereignissen verbunden war, und der Anlaß und Möglichkeit gehabt haben sollte, sich über die wirkliche Vorgeschichte der Bergarbeiterbewegung gründlich zu informieren, gibt eine völlig unzulängliche und einseitige Schilderung: 1919/1920 im Wetter- und Watterwinkel, Bielefeld 1927, S. 10 ff., 20 ff. Vor allem übergeht *Severing* die überaus wichtige Periode von Mitte Januar bis Mitte Februar 1919 völlig. Das ist zwar verständlich, da seine sozialdemokratischen Parteifreunde damals aktiv an der von ihm verurteilten Sozialisierungsbewegung teilnahmen, stellt aber seiner Objektivität kein gutes Zeugnis aus. Die Erinnerungen *Hans Luthers*, Politiker ohne Partei, Stuttgart 1960, S. 68 ff.,

Über die wirklichen Begebenheiten ist hieraus nichts zu entnehmen. Die zwar ebenfalls parteiischen, aber wenigstens materialreichen und eingehenden Schilderungen von linkssozialistischer Seite sind kaum beachtet worden. Es ist daher nötig, den äußeren Ablauf der Ereignisse, jedenfalls soweit es für das Verständnis der Bewegung erforderlich ist, im zeitlichen Zusammenhang darzustellen.

Es ist im Rahmen dieser Untersuchung nicht möglich, ein einigermaßen lückenloses Bild der gesamten sozialen Bewegung des Jahres 1919 in Deutschland zu entwerfen. Nur die entscheidend wichtigen Momente der Gesamtbewegung können herausgegriffen werden. Unter ihnen darf — nach Gestalt und Auswirkung — die Sozialisierungsbewegung der Ruhrbergarbeiterschaft eine verhältnismäßige Sonderstellung beanspruchen. Sie setzte am frühsten von allen Bewegungen ein, dauerte am längsten und spiegelte die ursprünglichen — noch organisatorisch und ideologisch ungeformten — Triebkräfte besonders deutlich wider.

### a) *Die Streik- und Sozialisierungsbewegung im Ruhrgebiet*

Zu Beginn sollen die tatsächlichen Begebnisse geschildert werden[1]). Der politische Umsturz im November hatte sich im Ruhrrevier im allgemeinen ohne

---

74, der als Oberbürgermeister von Essen mitten in der Bewegung gestanden hat, enthalten leider ebenfalls nur einige zusammenhanglos aufgereihte, z. T. sachlich unrichtige Detailangaben.

[1]) Die umfassendste Darstellung findet sich in dem von seiten der Unternehmer angeregten und finanzierten mehrbändigen Werk *Hans Spethmanns*, 12 Jahre Ruhrbergbau, Berlin 1928, in dessen ersten Bande. Dieses Buch beruht auf den einzigen wirklich handfesten Unterlagen über die auf rund 250 Zechen verteilte Bewegung, nämlich auf den Akten der Zechenverwaltungen. Daneben steht die von der KPD herausgegebene Ill. Gesch., die sich ebenfalls auf reiches Originalmaterial stützt. Beide Bücher sind allerdings in ihrer Auswahl, Darstellung und Beurteilung der geschilderten Ereignisse im höchsten Grade parteiisch. Zum Glück bringen sie beide in erheblichem Umfang ihr Material im Rohzustand vor, so daß die eigentlichen Quellen nicht verschüttet werden. Eine vom revolutionären Standpunkt aus, aber sachlich geschriebene Darstellung findet sich bei *Richard Müller*, Bürgerkrieg, S. 127—142, ebenfalls mit vielen Quellenmitteilungen. Über die im fraglichen Zeitraum aufgekommenen Unruhen — vom rein polizeilichem Standpunkt aus gesehen — orientiert der Bericht des Untersuchungsausschusses der Preußischen Landesversammlung, Drucksachen Nr. 3228, S. 5585—5674. Einer der Führer des April-Streiks, *Heinrich Teuber*, ehemaliges Vorstandsmitglied des freigewerkschaftlichen Bergarbeiterverbandes, nach 1920 Reichstagsabgeordneter und Parteisekretär der USPD in Bochum, liefert einen ausführlichen Bericht in der Zeitschrift Sozialistische Politik und Wirtschaft, Jg. 1926, Nr. 31 ff. Ferner enthält die von der Neunerkommission für die Vorbereitung der Sozialisierung des Bergbaus im rheinisch-westfälischen Industriegebiet herausgegebene Broschüre: Die Sozialisierung des Bergbaus und der Generalstreik im rheinisch-westfälischen Industriegebiet, Essen o. J. (1919) (zit.: Broschüre Neunerkommission) eine ausführliche Darstellung und viel Material. Eine von dem ehemaligen „Volkskommissar" *Ruben* verfaßte Denkschrift: Geschichte der Essener Sozialisierungsbewegung, erwähnt bei *Spethmann*, S. 157, und bei *R. Müller*, S. 133, die auch dem Untersuchungsausschuß vorgelegen hat, war leider nicht wieder aufzufinden. Lange Passagen daraus, ergänzt durch die Schilderung eigener Erlebnisse im Ruhrgebiet finden sich aber bei *R. Wilbrandt*, Sozialismus, Jena 1919, S. 245 ff.

größere Unruhen vollzogen¹). Die Arbeiter- und Soldatenräte übernahmen ohne weiteres die tatsächliche politische Macht²); und da in ihnen mit Ausnahme einiger weniger niederrheinischer Großstädte³) gemäßigte Kräfte vorherrschten, entfalteten sie auch keine besondere politische Aktivität. Nur am Niederrhein entstand Ende November eine Räteorganisation für den Regierungsbezirk Düsseldorf, in deren Exekutive die USPD eine Mehrheit besaß⁴). Der Bezirks-Arbeiter- und Soldatenrat Niederrhein proklamierte auch ein Programm zur energischen Verteidigung und Weiterführung der Revolution, ohne jedoch eine Tätigkeit zu entwickeln, die der des Berliner Vollzugsrats zu vergleichen gewesen wäre⁵). Nur die Spartakisten unternahmen die ersten Versuche, die Arbeiterräte unter ihre Kontrolle zu bringen⁶). Hingegen setzten kurz nach dem Umsturz, noch im November, an mehreren Stellen unabhängig voneinander Bewegungen ein, die materielle und soziale Forderungen der verschiedensten Art stellten⁷). Im Vordergrunde standen Wünsche auf Lohnerhöhung, Verkürzung der Arbeitszeit, Nachzahlung der beim Bergarbeiterstreik von 1912 als Strafe einbehaltenen sechs Schichtlöhne, u. a.; daneben wurden mit besonderem Nachdruck Änderungen der betrieblich-sozialen Verhältnisse verlangt: Man forderte vor allem anderen den Beitritt der Unorganisierten zu den Gewerkschaften, Milderung der betrieblichen Kontrollen, Abschaffung des Fahrsteigersystems, Änderung der Strafordnung und fast überall die Maßregelung unbeliebter Vorgesetzter⁸). Die Bewegungen hielten sich nicht immer im überkommenen Rahmen des geordneten Ausstandes. Nicht selten wurde die Durchsetzung der Forderungen unter Gewaltandrohung erzwungen. Das gilt besonders für die Zechen des rechtsrheinischen Bezirkes. Vor allem Hamborn und Mülheim entwickelten sich damals zum Schwerpunkt der syndikalistischen „Freien Vereinigung Deutscher Gewerkschaften" im Revier und zu einem Zentrum radikaler Aktionen⁹). Die Gewerkschaften standen diesen spontanen Bewegungen ablehnend gegenüber; sie bangten um die ohnedies absinkende Kohlenförderung und mahnten zur Ruhe. Die Vereinbarung des 8-Stunden-Tages und einer mäßigen Lohnerhöhung mit den Zechen, die die alten Gewerkschaftsverbände schon am 15. November erreicht hatten, genügte aber

[1] *Spethmann*, a.a.O., S. 84 ff. Vgl. auch für die gesamte folgende Entwicklung Ill. Gesch., S. 312 ff., und *Müller*, a.a.O., S. 127 ff.

[2] Siehe z. B. die sehr plastische Schilderung von Prof. *Fritz Baade*, Die Heimatstadt Essen, Jahrbuch 1960/61, S. 49 ff., der als junger Soldat im November 1918 den Vorsitz im Essener Arbeiter- und Soldatenrat übernahm.

[3] *Kolb*, a.a.O., S. 91/2.

[4] *Kolb*, a.a.O., S. 109/10.

[5] Dok. u. Mat., Bd. 2, S. 509 ff.

[6] *Kolb*, a.a.O., S. 307 ff.

[7] *Spethmann*, S. 89 ff.

[8] Dafür ist eine bei *Spethmann*, S. 90, wiedergegebene Formulierung typisch: „Die ... (Namen) ... werden ersucht, die Arbeiter als Menschen zu behandeln".

[9] *Spethmann*, S. 121 ff., bes. S. 132 ff.

den Bergarbeitern nicht. Die Streiks und Unruhen gingen fort. In der Vorweihnachtswoche befanden sich zeitweise bis zu 30 000 Mann im Ausstand[1]).

Im Zuge der allgemeinen politischen Entwicklung, vor allem seit dem Bruch zwischen SPD und USPD im Dezember 1918 und im Gefolge der Berliner Januar-Unruhen verschärften und politisierten sich die Gegensätze im Ruhrgebiet und führten nicht selten zu blutigen Zusammenstößen. Die Bewegungen auf den Zechen nahmen zu. Putschistische Unternehmen linksradikaler Gruppen[2]) (so in Dortmund am 7./8. 1., in Gladbeck am 11./13. 1., in Düsseldorf am 8./11. 1., in Duisburg am 11./13. 1.) auf der einen Seite, erste Einsätze von Sicherheitswehren und der neu gebildeten Freikorps (so in Gladbeck am 17. 12., in Hagen am 8./9. 1., in Buer am 14. 1.) auf der anderen Seite, vermehrten die Unruhe[3]).

Um die Jahreswende trat auch zum ersten Mal die Forderung nach Sozialisierung in den Vordergrund. Auf diese Tatsache war sicherlich der Verlauf des ersten allgemeinen Rätekongresses von Einfluß. Das vom 16. bis zum 21. Dezember 1918 in Berlin tagende Revolutionsparlament hatte nicht nur die baldige Wahl der Nationalversammlung beschlossen, also den Weg der parlamentarischen Demokratie eingeschlagen, sondern auch die Regierung beauftragt, „mit der Sozialisierung aller hierzu reifen Industrien, insbesondere des Bergbaus, unverzüglich zu beginnen"[4]).

In der, im übrigen nicht sonderlich ergiebigen Diskussion des Rätekongresses über die Frage der Sozialisierung hatte ein Sprecher aus dem westlichen Industriegebiet bereits die Ideen umrissen, die bald darauf die Arbeiterschaft des Reviers beherrschten. *Heinrich Schliestedt*, Bevollmächtigter des Metallarbeiterverbandes in Remscheid, gemäßigter Unabhängiger und später Sekretär im Zentralvorstand des DMV, verteidigte die streikenden Bergarbeiter des Ruhrgebiets und lenkte dann die Aufmerksamkeit des Kongresses auf die soziale Problematik der Revolution: Die Sozialisten hätten zwar die politische Macht, aber ohne die wirtschaftliche Macht gehe ihnen vielleicht auch die politische wieder verloren; deshalb dürfe die Sozialisierung nicht vertagt werden. „Nun noch etwas: Es kommt darauf an, daß wir auch in den Betrieben ganz anders zu arbeiten haben wie bisher, und das ist es, was die Nationalversammlung nicht leisten kann. Es kommt nämlich auf die *Verwaltung der Betriebe* an. Das kann nicht mehr so gehen, daß die Unternehmer und ihre Beamten allein die Verwaltung haben,

---

[1]) *Spethmann*, S. 131/2, S. 360.

[2]) Es wäre ungenau, hier schlechtweg von „Spartakisten" zu reden. Die KPD (Spartakusbund) war erst am 31. 12. 18 gegründet worden. Ihre Organisation war alles andere als fest und genau umrissen.

[3]) Vgl. Bericht des Untersuchungsausschusses, a.a.O.

[4]) Allgemeiner Kongreß der Arbeiter- und Soldatenräte Deutschlands, vom 16. bis 21. Dezember 1918, Stenografische Berichte, Berlin 1919, S. 344. Es ist bezeichnend, daß *Stampfer*, a.a.O., S. 81 ff., den Sozialisierungsbeschluß des Rätekongresses seinen Lesern vorenthält.

sondern wir müssen die *Arbeiter* daran *beteiligen* durch ihre Arbeiterausschüsse, ihre *Arbeiterräte*. Die Arbeitsleitung muß also in die Hände der überwachenden Arbeiterausschüsse, der Arbeiterräte gelegt werden"[1]).

Unter dem Zeichen der Sozialisierung und des damit verbundenen Rätesystems erhielt die allgemeine soziale Bewegung allmählich einen zunehmend politischen Charakter[2]). Die Welle der Streiks erreichte einen neuen Höhepunkt. Am 11. Januar befanden sich mehr als 80000 Bergarbeiter im Ausstand[3]).

Angesichts dieser bedenklichen und auf die Dauer unhaltbaren Lage ergriff der Essener Arbeiter- und Soldatenrat, in dem alle drei sozialistischen Parteien, SPD, USPD und KPD, vertreten waren, die Initiative. Am 9. Januar beschloß er, von sich aus die Sozialisierung des Bergbaus zu proklamieren. Am 11. Januar ließ er die Büros des Kohlensyndikats und des Bergbaulichen Vereins in Essen besetzen, verordnete eine allgemeine Lohn- und Preiskontrolle und verlangte von Betriebsleitern und Arbeitern die Weiterführung der Produktion. Er ernannte einen der SPD angehörenden Juristen, den Landrichter *Ruben*, zum „Volkskommissar" für die Vorbereitung der Sozialisierung des Bergbaus und stellte ihm Beigeordnete der drei sozialistischen Parteien zur Seite. Eine von allen Parteien unterzeichnete Proklamation forderte die Arbeiter auf, alle Streiks sofort zu beenden. Zugleich wurde für den 13. Januar nach Essen eine Konferenz sämtlicher Arbeiter- und Soldatenräte des rheinisch-westfälischen Industriegebiets einberufen[4]).

An dieser Konferenz nahmen Vertreter der Reichsregierung und sämtlicher Gewerkschaften teil. Im Einvernehmen mit ihnen beschloß die Konferenz *einstimmig* die sofortige Sozialisierung des Bergbaus. *Ruben* wurde als Volkskommissar bestätigt; eine aus je drei Vertretern der SPD, USPD und KPD zusammengesetzte Kommission, die sog. „Neunerkommission", trat ihm zur Seite. Ferner wurde die Wahl einer von den Revieren an sich aufbauenden Räteorganisation des Bergbaus beschlossen. Die Arbeiter wurden zur sofortigen Aufnahme der Arbeit aufgefordert. Am Tag darauf wurde eine Wahlordnung erlassen und die sofortige Durchführung der Wahlen angeordnet[5]).

Die Streiks, die schon nach dem 11. Januar allmählich nachgelassen hatten, hörten schlagartig auf. Abgesehen von einer begrenzten Streikwelle zwischen dem

---

[1]) Protokoll, S. 331 ff., S. 333, vgl. auch Protokoll der 14. ordentlichen Generalversammlung des DMV in Stuttgart vom 13. bis 23. Oktober 1919, Stuttgart 1919, S. 7, 368.

[2]) Vgl. *Müller*, S. 128/9, sowie die aufschlußreichen Äußerungen des Dortmunder Kommunistenführers *Meinberg* bei *Spethmann*, S. 129, vgl. auch *Teuber*, a.a.O., Nr. 36.

[3]) *Spethmann*, S. 173.

[4]) Der von dieser Konferenz erlassene Aufruf „An die Bevölkerung des Ruhrkohlengebietes" nennt irrtümlicherweise das Datum des 14. Januar.

[5]) *Spethmann*, S. 149 ff., S. 376 ff.; Ill. Gesch., S. 314 ff.; *Müller*, S. 129 ff.; Broschüre Neunerkommission, S. 3 ff., dort auch im Anhang, S. 31 ff., alle die Sozialisierung und das Rätesystem betreffenden Dokumente (Verordnungen, Richtlinien, Beschlüsse usw.).

18. und dem 22. Januar, vor allem in dem stets unruhigen Hamborn, blieb das Revier von da an bis Mitte Februar ruhig[1]). Eine Ausnahme bildete eine kleine Anzahl von betrieblichen Bewegungen, deren Ursache überwiegend das Verhalten der Unternehmer war. Diese verweigerten — verständlicherweise, von ihrem Standpunkt aus — den Essener Beschlüssen ihre Zustimmung und versuchten in einigen Fällen die Wahl der Räte auf den Zechen zu behindern. Sie beriefen sich dabei auf die Verordnung der Volksbeauftragten vom 23. Dezember 1918, die die Wahl von Arbeiterausschüssen mit begrenzten Rechten vorsah, und erklärten, in ihren Betrieben nur diese Ausschüsse zulassen zu wollen[2]).

Auch die Reichsregierung zeigte keine Neigung, die Essener Beschlüsse zu sanktionieren. Sie ordnete zwar die Wahl von Betriebsräten an (allerdings nach dem Muster der von den Arbeitern abgelehnten Ausschüsse) und setzte drei Sozialisierungskommissare — den Gewerkschaftsführer *Hué*, den Generaldirektor *Vögler* und den Geheimen Bergrat *Röhrig* — ein; außerdem stellte sie die Errichtung von „Arbeitskammern" mit begrenzten Rechten in Aussicht. Sie war aber nicht bereit, die neu gewählten Räte und die Tätigkeit der Neunerkommission im vollen Umfang anzuerkennen. Überdies entschloß sie sich auch zu den erwähnten Maßnahmen nur unter offensichtlichem Zögern[3]).

In zwei weiteren Konferenzen am 20. Januar und am 6. Februar bestätigten

---

[1]) *Spethmann*, S. 173, S. 177/8; *Müller*, a.a.O., vor allem S. 134/5, wo er völlig korrekt den Bericht des Untersuchungsausschusses auswertet und feststellt, daß es — von lokalen Ausnahmen abgesehen — in der fraglichen Zeit nicht zu Unruhen gekommen sei. Vgl. hierzu auch die Tagesberichte der Informationsstelle der Reichsregierung und die diesen zugrunde liegenden Berichte aus dem Reich. DZA Potsdam, Informationsstelle der Reichsregierung, Berichte über die Lage im Reich, Bde. 1—16, Nr. 28—41, (Bde. 4 und 6 fehlen), und ebenda, Tagesberichte, Bd. 3, Nr. 45 (18. 12. 1918—12. 2. 1919), bes. Bl. 46, 57, 61, 89, 94, 107, 110; in dem Bericht vom 5. 2. 1919 befindet sich eine Mitteilung des Essener Oberbürgermeisters, daß weder Streiks noch Spartakusunruhen bemerkbar und die Zusammenarbeit mit dem A.- u. S.-Rat „ohne Reibungen", Bl. 123.

[2]) *Spethmann*, S. 178 ff.; Broschüre Neunerkommission, S. 10. In einem Telegramm vom 21. 1. 19 protestiert der Bergbauliche Verein Essen beim Preußischen Handelsministerium gegen die Beschlüsse der zweiten Essener Konferenz der A.- und S.-Räte vom 20. 1. 19 und erwähnt die Fälle dreier Zechen, auf denen es wegen der Wahl der Zechenräte nach Essener Muster zu Unruhen, zum Teil zur Absetzung der Direktoren gekommen sei. Das Handelsministerium schließt sich mit Brief vom 22. 1. 19 an das Staatsministerium und an den Zentralrat diesem Protest vollinhaltlich an und kritisiert die „verhängnisvolle Tätigkeit" der Betriebsräte. Der Zentralrat wird aufgefordert, „auf den Essener A.- und S.-Rat wegen der Beseitigung der Betriebsräte (!!!) hinzuwirken". Archiv des Zentralrats der Deutschen Republik, B-22, Bd. 3, Int. Inst. f. Sozialgeschichte, Amsterdam. Dieser Briefwechsel ist höchst bezeichnend für die Einstellung der hohen Regierungsbehörden gegenüber den Forderungen der Arbeiter und zeigt zugleich, in welchem Sinne die sozialdemokratischen Minister von ihren Beamten informiert wurden.

[3]) Die Verordnung betr. den Bergbau wurde am 18. 1. erlassen, die Verordnung über die Errichtung von Arbeitskammern im Bergbau wurde am 8. 2. beschlossen, aber erst am 18. 2. — also nach Ausbruch des ersten Generalstreiks — veröffentlicht. S. Jahrbuch 1919 des Verbandes der Bergarbeiter, S. 52 ff. Vgl. dazu auch den sehr instruktiven, wenn auch stark polemisch gefärbten Bericht des Hauptvorstandes des Gewerkvereins christlicher Bergarbeiter für 1919/20 (zit. als: Bericht chr.), Essen 1921, S. 83 ff. und S. 188 ff.

die Arbeiter- und Soldatenräte des Ruhrgebiets noch einmal — trotz zunehmender Spannungen in ihren eigenen Reihen — fast einmütig die Beschlüsse vom 13. Januar. Sie erklärten dabei ihre volle Bereitschaft, mit der Regierung und den eingesetzten Sozialisierungskommissaren zusammenzuarbeiten[1]). Auf der Februar-Konferenz verlangten die allmählich ungeduldig werdenden Delegierten freilich bereits ultimativ eine klare Anerkennung ihrer Forderungen und drohten für den Fall der Ablehnung zum 15. Februar mit dem Generalstreik. Zugleich bestimmten sie an Stelle des schon am 22. Januar ausgeschiedenen *Ruben* den Kommunisten Dr. *Julius Marchlewski (Karski)* zum volkswirtschaftlichen und journalistischen Berater der Neunerkommission. Die Regierung lehnte es abermals ab, das Rätesystem und die Neunerkommission anzuerkennen, und traf zugleich alle Vorbereitungen für ein militärisches Eingreifen im Revier[2]).

Am 11. Februar löste der neuernannte kommandierende General des VII. A.K., *Watter*, um einem angeblich unmittelbar bevorstehenden spartakistischen Aufstand in ganz Norddeutschland zuvorzukommen, den als besonders radikal bekannten Korps-Soldatenrat in Münster auf und ließ die anwesenden Mitglieder verhaften; dieses Vorgehen rief unter den Arbeitern, die ohnehin die militärischen Maßnahmen der Regierung mit äußerstem Mißtrauen verfolgten, eine große Erregung hervor[3]). Die Radikalen drängten auf Durchführung des angedrohten Generalstreiks und auf Entwaffnung der Freikorps. Eine am 14. Februar nach Essen zusammengerufene Konferenz der Arbeiter- und Soldatenräte beschloß den Generalstreik und den bewaffneten Kampf gegen die Freikorps, falls die Regierung die Maßnahmen in Münster nicht umgehend rückgängig machen würde[4]).

Als am 15. Februar die Truppen im Norden des Reviers, in Hervest-Dorsten einrückten, weil einige Tage vorher dort ein bürgerlicher Politiker ermordet worden war, kam es zu blutigen Kämpfen. Daraufhin beschloß eine von radikaler Seite beschickte Teilkonferenz von Arbeiterräten, sofort in den Generalstreik zu treten. Dieses Vorprellen der ultraradikalen Kräfte — führend auf der in

---

[1]) Der Vorwärts vom 21. 1. 19 veröffentlichte die Entschließung der Konferenz vom 20. Januar unter der Überschrift „Einigung und Ruhe im Ruhrgebiet".

[2]) Vgl. den genannten Bericht chr., ferner *Spethmann*, S. 159, S. 189/90; Ill. Gesch., S. 318 ff. Broschüre Neunerkommission, S. 12/3, und den Bericht über die Verhandlungen mit der Regierung, ebenda S. 13 ff. Von Interesse ist auch der amtliche Bericht des Wehrkreiskommandos Münster im Bericht des Untersuchungsausschusses, S. 5672 ff., vor allem deswegen, weil dieser Bericht voll sachlicher Irrtümer (falsche Daten und Namen usw.) und abenteuerlicher politischer Kombinationen ist und auf diese Weise ein bemerkenswertes Licht auf die politische Vorstellungswelt der Truppe wirft.

[3]) Vgl. den erwähnten militärischen Bericht und *Müller*, a.a.O., S. 136 ff. Ferner DZA Potsdam, Inf. St. d. Reichsregierung, Tagesberichte, Bd. 4, Nr. 46, Bl. 2, ein Telefonat des Generalkommandos Münster: „Infolge gestriger Entwaffnung roter Garde drohende Gefahr Generalstreiks im Industriebezirk".

[4]) *Müller*, S. 136, *Teuber*, Nr. 38, Broschüre Neunerkommission, S. 71/2. Die Entschließung der Konferenz bei *Noske*, von Kiel bis Kapp, S. 123/4.

Mülheim durchgeführten Konferenz waren offensichtlich die Syndikalisten — war von großer Bedeutung[1]). Am 18. Februar trat planmäßig wieder die Gesamtkonferenz der A.- und S.-Räte zusammen, um sich über das Ergebnis vorangegangener Verhandlungen mit der Regierung berichten zu lassen. Aber dazu kam es gar nicht. Gleich zu Beginn der Verhandlungen ereigneten sich tumultartige Auseinandersetzungen zwischen Gemäßigten und Radikalen über den Mülheimer Streikbeschluß. Die überwiegende Mehrheit der sozialdemokratischen Teilnehmer verließ die Konferenz; die Zurückbleibenden proklamierten den Generalstreik[2]). Daraufhin traten die sozialdemokratischen Vertreter aus der Neunerkommission aus, und die vier Gewerkschaftsverbände (Freie, Christen, Polen, Hirsch-Dunckersche) erklärten sich gegen den Streik[3]). Die Truppen rückten in das Industriegebiet ein, wobei es teilweise zu blutigen Kämpfen und zu schweren Ausschreitungen von beiden Seiten kam[4]). Der Streik wurde nicht überall durchgeführt, obwohl die Streikenden z. T. vor der Terrorisierung der Arbeitswilligen nicht zurückschreckten. Auf dem Höhepunkt, am 20. Februar, befand sich mit rund 180000 Mann kaum mehr als die Hälfte der Bergarbeiter im Ausstand. Am 21. Februar wurde der Streik dann von einer Delegiertenkonferenz offiziell abgebrochen und versackte in wenigen Tagen[5]). Das Ergebnis

[1]) *Teubers* Urteil über das „Trüppchen Schwachköpfe" ist von vernichtender Schärfe: „Ein Dutzend angeblicher Revolutionäre — in Wahrheit waren es unzurechnungsfähige Tollhänse — nahmen sich das Recht heraus, den Generalstreik zu proklamieren. Da die Bergleute wußten, daß die Parolen von unberufener Stelle kamen, leistete nur ein kleiner Teil Gefolgschaft. Es kam zwischen den Arbeitern selbst zu Zusammenstößen und Blutvergießen, zu völlig sinnlosen Bruderkämpfen. Für die Saboteure der Sozialisierung und der Neunerkommission war das ein gefundenes Fressen. Die am 18. Februar zusammentreffende Konferenz der A.- und S.-Räte hätte ohne diesen blöden Streich in Mülheim bestimmt den Generalstreik beschlossen ..." Auch die Verfasser der Broschüre der Neunerkommission verurteilten das Mülheimer Vorgehen sehr scharf, a.a.O., S. 22/3, S. 24, 28. Dies ist besonders bedeutsam, da vermutlich *Karski*, also der offizielle Vertrauensmann der KPD-Zentrale, zu den Verfassern gehört hat.

[2]) Die Berichte über den Verlauf der Konferenz sind kontrovers. Die Sozialdemokraten behaupten, die radikale Minderheit der Konferenz habe versucht, sie unter Gewaltanwendung zum Streik zu nötigen. Die Radikalen behaupten, die SPD habe versucht, durch zweckbewußte Vermehrung ihrer Mandate die Konferenz zu majorisieren, und habe eine Prüfung ihrer Mandate verweigert. Tatsache ist, daß die Konferenzteilnehmer von Bewaffneten bedroht wurden; Tatsache ist auch, daß die Sozialdemokraten entschlossen waren, einen Generalstreikbeschluß auf keinen Fall zu respektieren und daß sie ein Interesse daran hatten, die Konferenz auffliegen zu lassen. Vgl. *Spethmann*, S. 206 ff.; Ill. Gesch., S. 322 ff.; die Aussagen der Sozialdemokraten *Limbertz* und *Husemann* vor dem Untersuchungsausschuß, S. 5622, S. 5624; Broschüre Neunerkommission, S. 23/4.

[3]) *Spethmann*, S. 206 ff., S. 382/3, Broschüre Neunerkommission, S. 24 ff.

[4]) Geschichte, Soziologie und Psychologie des revolutionären Aufruhrs und seiner Unterdrückung können hier nicht näher untersucht werden, obwohl sie — vor allem für eine Aufhellung der Beziehungen von Reichswehr und Arbeiterschaft in der Republik — von großer Bedeutung sind. Die Berichte bei *Spethmann* und Ill. Gesch. sind beide höchst einseitig, wobei *Spethmann* allerdings die Tatsachen noch um eine Kleinigkeit skrupelloser entstellt. Verläßlich und instruktiv ist (trotz offensichtlicher Sympathien für die politische Linke) *E. J. Gumbel*, Vier Jahre politischer Mord, Berlin 1922, zumal seine Angaben an Hand der Denkschrift des Justizministeriums zu „Vier Jahre politischer Mord", Berlin 1924, nachgeprüft werden können.

[5]) *Spethmann*, S. 241 ff.

war eine maßlose Erbitterung auf allen Seiten, die nicht nur zu dauernden Zusammenstößen mit den Truppen, sondern auch zu blutigen Auseinandersetzungen innerhalb der Arbeiterschaft führte[1]).

In den folgenden Wochen trat in der Agitation unter den Bergarbeitern die Forderung auf eine Verkürzung der Schichtdauer bis herab zu sechs Stunden in den Vordergrund[2]). Zugleich begann die Bewegung nicht nur dem Einfluß der Gewerkschaften und der SPD, sondern auch der besonneneren Kommunisten zu entgleiten[3]). Am 24. und 25. März kam es in Witten zu blutigen Zusammenstößen zwischen Truppen und demonstrierenden Arbeitern; daraufhin brach im Bezirk zwischen Bochum und Dortmund ein allgemeiner Streik aus, dessen Hauptforderungen Anerkennung der Räte, Entwaffnung der Freikorps und 6-Stunden-Schicht waren[4]).

Am 30. März trat eine sorgfältig vorbereitete Schachtdelegiertenkonferenz des ganzen Ruhrgebiets zusammen, die nunmehr völlig von Vertretern der beiden radikalen Parteien USPD und KPD beherrscht wurde. Sie beschloß gegen wenige Stimmen den Austritt aus den Gewerkschaften und die Gründung einer auf dem Rätesystem aufgebauten „Allgemeinen Bergarbeiterunion" sowie einstimmig den unbefristeten Generalstreik. Außerdem wurde an Stelle der Neunerkommission ein sog. Zentralzechenrat als neue Führung gewählt. Die hauptsächlichsten Streikforderungen waren: 6-Stunden-Schicht, Anerkennung des Rätesystems, Entwaffnung der Freikorps, Bewaffnung der Arbeiter, Wiederherstellung der Beziehung Deutschland zu Sowjetrußland[5]).

Der Streik setzte Anfang April mit voller Wucht ein und erfaßte zwischen dem 10. und 14. April mit über 300000 Beteiligten mindestens 75% der Bergarbeiter, wenn nicht mehr[6]). Im Gegensatz zum Februar-Streik reichte die Bewegung diesmal tief in die Reihen der gemäßigten Parteien und Gewerkschaften hinein und ebbte trotz härtesten Drucks unter dem sofort verhängten Ausnahmezustand nur sehr langsam ab. Die Gewerkschaften nahmen notgedrungen die Hauptforderung der Streikenden — 6-Stunden-Schicht — auf; die Zechenleitungen und die Regierung mußten schließlich am 9. April wenigstens die 7-Stunden-Schicht zugestehen[7]). Zugleich, am 7. April, wurde der sozialdemokratische Politiker und Gewerkschaftsführer *Carl Severing* zum Staatskommissar für das Ruhrgebiet ernannt. Er handhabte die Befugnisse, die ihm der Ausnahme-

---

[1]) *Müller*, S. 137.
[2]) *Spethmann*, S. 253 ff.
[3]) Vgl. die sehr maßvollen Ausführungen *Karskis* über die Sozialisierung des Bergbaus auf der Konferenz der Bergarbeiterdelegierten vom 5. März 1919. Broschüre, Essen 1919, sowie Ill. Gesch., S. 326, S. 330.
[4]) *Spethmann*, S. 256/7.
[5]) *Spethmann*, S. 266 ff.; Ill. Gesch., S. 329 ff.
[6]) Die Zahlenangaben der Zechen und der Streikenden differieren verständlicherweise beträchtlich.
[7]) *Spethmann*, S. 297 ff.

zustand verlieh, sehr geschickt, ließ die Streikführer verhaften oder zu Notstandsarbeiten verpflichten und den Arbeitswilligen Sonderrationen von Lebensmitteln zur Verfügung stellen. Aber erst am 28. April — nach fast vier Wochen — war die Bewegung niedergekämpft[1]).

In weiten Kreisen der Bergarbeiterschaft blieb eine tiefreichende Erbitterung zurück. Vor allem der freigewerkschaftliche Verband der Bergarbeiter Deutschlands, dessen Mitglieder und Vertrauensleute den Streik zu einem erheblichen Teil aktiv mitgetragen hatten[2]), wurde schwer erschüttert. Er verlor von April bis Juni 1919 im Ruhrgebiet fast ein Viertel seiner Mitglieder, in einigen Bezirken sogar fast die Hälfte[3]). Die Ausgetretenen schlossen sich überwiegend der neugegründeten Allgemeinen Bergarbeiterunion an. Aber auch die verbleibenden Mitglieder rebellierten derart, daß alle 69 Sekretäre des Verbandes sich genötigt sahen, gemeinsam mit der Niederlegung ihrer Ämter zu drohen[4]). Auf der Generalversammlung zu Bielefeld vom 15. bis 21. Juni 1919 umfaßte die politisch vorwiegend bei der USPD stehende Opposition 80 Delegierte, gegenüber 177 vorstandstreuen, und auch unter diesen hatte sie noch Sympathien. Unter den aus dem Ruhrgebiet kommenden Vertretern war das Verhältnis für die Opposition sogar noch günstiger[5]). Daneben entwickelte sich die vorwiegend Kommunisten umfassende Bergarbeiterunion (später Freie Arbeiterunion Gelsenkirchen bzw. Union der Hand- und Kopfarbeiter), die in ihren besten Zeiten über 100000 Mitglieder zählte und bis 1925 eine starke Konkurrenz der alten Verbände darstellte[6]).

Der Charakter und die wirklichen Triebkräfte dieser großen Bewegung können nicht dargestellt werden ohne eine kurze Erörterung der vielfältigen, meist negativen Urteile, die über sie gefällt worden sind. Die Kritiker sahen zumeist in erster Linie die Gefahr für die Energieversorgung, die aus den zahlreichen Streiks und den Eingriffen der Arbeiter in den Betrieb erwachsen konnte. Sodann erblickten sie in der Bewegung den Ausdruck eines ziellosen, zerstörerischen Radikalismus, der zwar nur von einer kleinen Minderheit ausgehe, aber infolge systematischer Hetze und Terrors auf die Masse der Arbeiter übergreife, und der

---

[1]) Hierzu vgl. *C. Severing*, 1919/20, Im Wetter- und Watterwinkel, Bielefeld 1927.

[2]) Während des Streiks tagte einmal das Aktionskomitee am 4. April und einmal eine Vertrauensmänner-Konferenz am 11. April. In beiden Fällen kamen Beschlüsse gegen den Streik nur gegen starke Minderheiten — 71 zu 35, 217 zu 87 — zustande. *Spethmann*, S. 286/7, S. 305/6.

[3]) Vgl. Jahrbuch für 1919, Hrsg. Vorstand des Verbandes der Bergarbeiter, S. 368/9.

[4]) *Spethmann*, Bd. II, S. 10/1.

[5]) Protokoll, Bochum 1919, S. 273/4, S. 387.

[6]) Vgl. Protokoll, a.a.O., S. 372/3. Ferner die Zahlen über die Ergebnisse der Betriebsrätewahlen im Bergbau in: 40 Jahre Bergbau und Bergarbeiterverband, Bochum 1929, S. 111; *Brigl-Matthias*, Das Betriebsräteproblem, Berlin 1926, S. 41, 45; Der Kommunistische Gewerkschafter, Jg. 2/1922, Nr. 20. Danach haben die Unionen im Ruhrgebiet in diesen Jahren etwa 30—35%, der Bergarbeiterverband 40—45% und der christliche Verband rd. 20% der Sitze erhalten. Vgl. auch unten S. 208/9.

aus dem Hintergrund von den Spartakisten planmäßig geschürt würde. Ursprung der Bewegung seien im Grunde nur materielle Not und Begehrlichkeit gewesen, das Ziel ihrer Führer aber die Errichtung der proletarischen Diktatur nach russischem Muster. Diese und ähnliche Vorstellungen haben die ablehnende Haltung der Gewerkschaften, sowie der Mehrheitssozialdemokratie und der Reichsregierung gegenüber der Bewegung, und auch teilweise gegenüber der Sozialisierung des Bergbaus schlechthin, sehr weitgehend bestimmt[1]).

Die Sorge um die nach Kriegsende rasch abgesunkene Kohlenförderung — von der ja die gesamte Wirtschaft abhing — war in der Tat berechtigt. Die Behauptung der meisten Beurteiler, daß mangelnder Arbeitswille der Bergleute oder radikale Treibereien die Hauptursachen der Schwierigkeiten gewesen seien, ist jedoch höchst einseitig[2]). Das Sinken der Förderung hatte bereits während des Krieges eingesetzt und war eine Folge des Raubbaus, des Mangels an geschulten Arbeitskräften, der Überbeanspruchung der Bergleute und der schlechten Ernährung. Nach Kriegsende trat eine schockartige Ermattung der Arbeiter, verbunden mit einer Aufweichung der Arbeitsmoral, als Reaktion auf die jahrelange Überforderung hinzu. Im übrigen war nach dem Kriege der Rückgang der Kohlenförderung eine allgemeineuropäische Erscheinung[3]). Eine Politik, die in verständiger Weise auf die Wünsche der Arbeiter eingegangen und der Räte- und Sozialisierungsbewegung entgegengekommen wäre, hätte aller Wahrscheinlichkeit nach keinen geringeren Erfolg bei der Belebung der Produktion und des Arbeitswillens gehabt, als die tatsächlich geführte Politik des Kampfes und der halben, unwillig gemachten Zugeständnisse.

Auch die abwehrende Haltung der sozialdemokratischen Partei- und Gewerkschaftsführer gegenüber dem aufbrausenden Radikalismus der Bergarbeiter hatte einen Grund in den tatsächlichen Verhältnissen. Die wirtschaftliche und soziale Lage der Arbeiter war drückend, ihre Erbitterung über die bisherige Haltung der Betriebsleitungen nicht unberechtigt, die Revolution hatte große Massen bisher wirtschaftsfriedlicher „gelber" oder völlig uninteressierter Arbeiter in die politischen und gewerkschaftlichen Organisationen hineingetrieben, der Krieg hatte die Menschen überdies ganz allgemein abgestumpft und verroht. Aus diesen Voraussetzungen erklärt es sich, daß die vielen Arbeitskämpfe nicht selten einen gewaltsamen Charakter annahmen, manche unerfüllbaren Forderungen gestellt wurden und radikale Agitatoren von teilweise zweifelhafter Qualität offene Ohren fanden. Von den in allen revolutionären Zeiten an

---

[1]) Vgl. hierzu Jahrbuch des Verbandes der Bergarbeiter für 1919; Bericht chr.; *C. Severing*, a.a.O.,

[2]) *Lederer*, Archiv f. Soz.-Wiss. und Soz.-Pol., Bd. 47, S. 232, Anm. 37, meint, daß „in maßloser Weise die Bedeutung der Streiks überschätzt" werde. Hauptproblem sei die Steigerung der Arbeitsintensität, diese lasse sich aber nicht durch übertreibende Darstellung der Streikfolgen erreichen.

[3]) 40 Jahre Bergbau und Bergarbeiterverband, S. 100/1.

die Oberfläche gespülten asozialen und kriminellen Elementen ganz zu schweigen. Die im Laufe der militärischen Kämpfe begangenen Gewalttaten sollen aus dem Kreis unserer Betrachtung gänzlich ausscheiden. Die Gestalt des Bürgerkriegs ist ein Gegenstand für sich. Zwar hat die Greuelpropaganda im Kampf gegen die Bewegung der Arbeiter eine erhebliche Rolle gespielt, und es haben tatsächliche Ereignisse dieser Propaganda immer wieder Nahrung gegeben. In Wirklichkeit aber entsprangen diese Vorfälle dem besonderen Charakter des Bürgerkampfes, und es wäre einseitig, die dabei vorgekommenen Ausschreitungen, wie *Noske* es tat, ausschließlich auf die „Grausamkeit und Bestialität der ... kämpfenden Spartakisten" zurückzuführen[1]).

Trotz dieser unleugbaren — und erklärlichen — Erscheinungsformen ist die Streik- und Sozialisierungsbewegung *nicht* von Anbeginn an durch einen uferlosen Radikalismus beherrscht gewesen. Vielmehr hat sie sich erst im Laufe der Entwicklung, als Sozialdemokratie und Gewerkschaftsverbände die Bewegung verließen — „verrieten", wie die erbitterten Arbeiter meinten — und die Regierung die in sie gesetzten Hoffnungen enttäuschte, in zunehmendem Maße radikalisiert[2]). Diese Entwicklung wird deutlich, wenn man die Streiks vom Februar und vom April miteinander vergleicht.

Im Februar regte sich z. T. noch starker Widerstand gegen die von links kommende Generalstreikparole, und die Mahnungen der Gewerkschaften und der SPD fanden Gehör. An vielen Orten versuchten Streikende die Arbeitswilligen mit mehr oder weniger gewaltsamen Mitteln zur Arbeitseinstellung zu bewegen. Trotzdem beteiligte sich kaum die Hälfte der Bergarbeiter, und der Ausstand brach rasch zusammen. Im April — unter dem militärischen Ausnahmezustand — war Streikterror weder möglich noch nötig. Die Beteiligung war beinahe doppelt so stark wie im Februar und die Ausdauer der Streikenden ungewöhnlich[3]). (Man muß dabei berücksichtigen, daß die Gewerkschaften keine Streikunterstützungen zahlten, daß also die Streikenden schwere materielle Opfer bringen mußten.) SPD und Gewerkschaften hatten nicht mehr den geringsten Einfluß auf die Streikenden; die Gewerkschaften sahen sich genötigt, weit

---

[1]) Aus dem sog. „Schießerlaß" *Noskes* vom 9. März 1919; *Müller*, Bürgerkrieg, S. 177.

[2]) Ein Zeugnis für diese Entwicklung sind die Darlegungen in der Broschüre der Neunerkommission, bes. S. 11 ff. Mit Recht fragen die Verfasser: „Die Regierung Ebert/Scheidemann hatte im Januar und Anfang Februar eine unvergleichlich glänzende Position im Industriegebiet. Sie brauchte nur zuzugreifen, brauchte nur sich solidarisch zu erklären mit den Bestrebungen der Bergarbeiter, brauchte nur die Arbeiterräte als Kontrollinstanzen anzuerkennen, und die Arbeiterschaft stand geschlossen hinter ihr. Warum tat sie es nicht??! Wir wissen es nicht!" *Teuber*, a.a.O., Nr. 36, betont ebenfalls die Bereitschaft der Bergarbeiter, den alten Führern zu folgen. „Ende 1918 waren das noch keine revolutionären Putschisten, sie wurden dazu erst gemacht durch eine Führung, die ... das Erfordernis der Stunde völlig übersah."

[3]) Sogar *Spethmann* kann das nicht leugnen, S. 317 ff. führt er als ein typisches Beispiel für den Streikverlauf die Zeche Augusta-Victoria, Hüls, an, deren Belegschaft unter der Führung eines freigewerkschaftlichen Funktionärs freiwillig und völlig geschlossen vier Wochen durchstreikte.

über ihre eigentlichen Absichten hinaus Konzessionen zu machen, um ihre Organisation wenigstens vor dem Schlimmsten zu bewahren. Trotzdem erlitt, wie wir gesehen haben, zum mindesten der freigewerkschaftliche Verband der Bergarbeiter schwere und dauernde Einbußen, und in seinen eigenen Reihen stieg der Einfluß des radikalen Flügels beträchtlich.

Für diese Deutung spricht auch die Tatsache, daß zwischen Mitte Januar und Mitte Februar, zu der Zeit also, als die Bewegung noch einig war und erfolgreich zu sein schien, das Revier so ruhig war, wie vorher und nachher nicht. Das ist um so bemerkenswerter, als zu derselben Zeit überall im Reich die blutigen Befriedungsaktionen der neugebildeten Freikorps abliefen. Man hat zwar versucht[1]), den Zusammenhang der allgemeinen Beruhigung mit den Essener Sozialisierungsmaßnahmen zu leugnen, die Tatsache der Beruhigung selbst steht außer allem Zweifel[2]). Von lokalen Ereignissen abgesehen — sie entsprangen, wie wir gesehen haben, sehr häufig aus der Weigerung der Unternehmer, die Neunerkommission und die neugewählten Räte anzuerkennen — gab es nur in den notorisch unruhigen und radikalen Städten Hamborn und Mülheim größere Zusammenstöße. Sie nehmen aber eine Sonderstellung ein, insofern als dort die ebenso kampfeifrigen, wie disziplinlosen Syndikalisten der „Freien Vereinigung Deutscher Gewerkschaften" dominierten. Aber auch die dortigen Unruhen hatten z. T. nur lokalen Charakter[3]) und waren nicht von grundsätzlicher politischer Bedeutung.

Daß aber diese Beruhigung eine unmittelbare Folge der Essener Aktion gewesen ist, kann kaum ernsthaft bezweifelt werden. Gleich der erste Aufruf enthielt einen leidenschaftlichen Appell an die Arbeiter, in Zukunft auf jeden Streik zu verzichten. Und es blieb nicht bei Worten. Abgesandte und Mitglieder der Neunerkommission wirkten mäßigend und ordnend auf die lokalen Bewegungen ein[4]). Auch die Kommunisten schlossen sich von dieser Wirksamkeit nicht aus[5]). Der Volkskommissar *Ruben* hat in seinen verschiedenen Äußerungen über die Bergarbeiterbewegung ebenfalls die durchgreifende Wirkung der Sozialisierungs-

---

[1]) *Spethmann*, S. 175.
[2]) Siehe oben, S. 114, Anm. 1. Vgl. auch *Teuber*, a.a.O., Nr. 38. Broschüre Neunerkommission, S. 5.
[3]) Vgl. *Müller*, S. 134, und Bericht des Untersuchungsausschusses.
[4]) *Spethmann*, S. 181/2, S. 183, S. 188/9; Broschüre Neunerkommission, S. 8. Die Entschließung der Essener Konferenz vom 6. 2. 19 enthält die Selbstverpflichtung der A.- und S.-Räte, „daß sie jedem Versuch, die Arbeiter oder Angestellten in den Streik zu treiben, nötigenfalls durch Festsetzung der Rädelsführer entgegentreten" würden, a.a.O., S. 34. Auch gegen die willkürliche Absetzung von Betriebsleitungen nahm die Neunerkommission energisch Stellung, Ber. chr., S. 87/8.
[5]) Nach *Müller*, S. 130, waren sie sogar besonders eifrig dabei, die Arbeiter zum Streikabbruch zu bewegen. Ähnlich *F. Curschmann*, Die Entstehungsgeschichte des mitteldeutschen Vorläufers des Betriebsrätegesetzes, o.O., o.J., S. 13 ff. Ferner *Lederer*, a.a.O., S. 232, Anm. 39. Sehr ausdrücklich betont auch — auf Grund eigener Erfahrungen — *R. Wilbrandt* diese Tatsache, Sozialismus, S. 256 ff., S. 333.

maßnahmen betont und sich zum Verdienst angerechnet[1]). In derselben Richtung äußert sich auch eine Bericht, den der sozialdemokratische Abgeordnete und spätere Regierungspräsident von Arnsberg, *König*, am 24. Februar 1919 vor dem Zentralrat der Deutschen Republik erstattet hat[2]). Er vertrat die Meinung, daß eine rechtzeitige und aufrichtige Anerkennung des in Essen beschlossenen Rätesystems durch die Regierung den Ausbruch des Generalstreiks im Februar hätte verhindern können[3]).

Die Wirkung, welche die Tätigkeit der Neunerkommission auf die unzufriedenen und aufbegehrenden Arbeiter ausgeübt hat, läßt darauf schließen, daß nicht so sehr eine kleine radikale Minderheit, als vielmehr eine breite über alle Parteigrenzen hinwegreichende sozialistische Strömung die Räte- und Sozialisierungsbewegung im Ruhrgebiet bestimmt hat. Allein die bloße Tatsache, daß zu einer Zeit, in der im Reich überall blutige sogenannte „Spartakistenunruhen" stattfanden, vier Wochen lang Sozialdemokraten, Unabhängige und Kommunisten in *einem* Gremium auf der Grundlage *eines* Programms zusammenarbeiteten, ist beweiskräftig genug. Diese Einheit war den Führern von den Arbeitern aufgezwungen worden. Nur so ist es zu erklären, daß auf den Konferenzen durch Vertreter aller Richtungen die programmatischen Erklärungen so gut wie einstimmig beschlossen bzw. bekräftigt werden konnten, obwohl die Führer der Organisationen weder rechts noch links mit ganzem Herzen bei der Sache waren.

Nicht einmal die KPD wagte Sonderunternehmungen, obwohl in ihr gerade im Ruhrgebiet die ultraradikalen Elemente, die später zur Kommunistischen Arbeiterpartei (KAPD) abwanderten, sehr einflußreich waren[4]). Die parteioffizielle Darstellung im Jahre 1929 kritisiert zwar sehr heftig die „Illusionen" der Bewegung und berichtet auch, daß die Essener Ortsgruppe der KPD „nach lebhaften Auseinandersetzungen" die Mitunterzeichnung des Essener Aufrufs vom 13. Januar mißbilligt habe, bestätigt aber dadurch indirekt nur die fast vollständige Einigung der Ruhrbergarbeiterschaft auf der geschaffenen Plattform[5]). Auch der

---

[1]) Bericht des Untersuchungsausschusses, S. 5623/4, „nachdem ich die moralische Unterstützung aller Kreise vorher bekommen hatte, gelang es uns dann auch, gewissermaßen im Wege der Massenpsychose, in zwei Tagen den ganzen Ausstand zu beseitigen". Vgl. ferner den Leitartikel *Rubens*, „Zur Lage im Industriegebiet", Vorwärts Nr. 107, vom 27. 2. 19, und seinen Diskussionsbeitrag auf dem SPD-Parteitag zu Weimar 1919, Protokoll, S. 391 ff.

[2]) Prot. ZR.

[3]) *Teubers* Urteil, a.a.O., Nr. 37, deckt sich mit dem seines politischen Gegners: „Wäre damals die Anerkennung der Räte durch die Regierung erfolgt, so wären alle späteren Unruhen vermieden worden...". Vgl. auch Broschüre Neunerkommission, S. 11 ff.

[4]) Vgl. *Flechtheim*, Die KPD, S. 60/1; *Ruth Fischer*, Stalin und der deutsche Kommunismus, 2. Aufl., Frankfurt a. M., o.J., S. 145; Bericht über den 3. Parteitag der KPD am 25. und 26. Februar 1920, S. 35 ff., bes. S. 36/7, wo der Geschäftsbericht der Zentrale erklärt, daß die Organisation im Industriegebiet nach der Spaltung praktisch zusammengebrochen sei, aber auch vorher niemals ordentlich gearbeitet habe.

[5]) Ill. Geschichte, S. 317/8.

SPD und den Gewerkschaften blieb nichts anderes übrig, als mitzumachen; sogar der dem Zentrum angehörende christliche Gewerkschaftsführer und nunmehrige Unterstaatssekretär *Giesberts* fand auf den Essener Konferenzen vom 13. und 20. Januar Worte der Zustimmung[1]). Wie unwiderstehlich der Drang der Arbeiter auf ein einheitliches Handeln gewesen sein muß, bezeugt wieder sehr eindrucksvoll *König* in seinem Bericht vor dem Zentralrat: „Nur, um die Bewegung nicht allein von den Spartakisten machen zu lassen, haben sich die Unabhängigen (sic!!) und die Mehrheitssozialisten bereit erklärt, in die Kommission einzutreten. Ich habe den Eindruck gewonnen, daß *Hué* (Gewerkschaftsredakteur und der eigentliche Führer des freigewerkschaftlichen Verbandes der Bergarbeiter), der teilgenommen hat, sich hat mitschleifen lassen, und daß man so in die unerquickliche Lage gekommen ist", nämlich vier Wochen lang mit Spartakisten und Unabhängigen auf der Grundlage eines entschieden sozialistischen Programms in einer Front stehen zu müssen[2]).

Sozialdemokraten und Gewerkschaften haben verständlicherweise nach dem Auseinanderbrechen der Bewegung versucht, sich so scharf wie möglich von der Neunerkommission und ihrer Tätigkeit abzugrenzen[3]). Diese Versuche können aber die Tatsache nicht aus der Welt schaffen, daß die sozialdemokratischen Vertreter sich an der Arbeit der Neunerkommission bis zum letzten Augenblick führend beteiligt haben. Der sozialdemokratische Steiger *Stein* war Vorsitzender der Neunerkommission und leitete sowohl die Essener Konferenz vom 6. Februar, auf der der Regierung mit dem Generalstreik gedroht wurde, als auch die von dieser Konferenz benannte Verhandlungskommission; und in diesen Verhandlungen am 13./14. 2. vertrat er uneingeschränkt das Essener Programm[4]). Noch in ihren offiziellen Erklärungen, mit denen sich die Sozialdemokraten am 18. und 19. Februar gegen den Generalstreik erklärten, bekannten sie sich dessenungeachtet zur Neunerkommission, zu der Institution der Räte und zur Sozialisierung und distanzierten sich ausdrücklich von dem wenig sozialisierungsfreundlichen Staatssekretär *August Müller*[5]). Was die Gefahr einer Rätediktatur nach russischem Muster — die Gefahr des „Bolschewismus" also — und die oftmals

---

[1]) Ill. Gesch., S. 316 ff. Der christliche Verband hielt es später für geraten, ausdrücklich darauf hinzuweisen, daß die christlichen Verbandsvertreter auf den Essener Konferenzen kein Stimmrecht besessen hätten, Bericht chr., S. 88.

[2]) Prot. ZR, a.a.O. Die Äußerungen *Hués* auf den Konferenzen vom 13. und 20. Januar, Ill. Geschichte, S. 316, 318. Broschüre Neunerkommission, S. 4/5.

[3]) So z. B. die gehässigen Anwürfe in einigen Flugblättern aus den Monaten Februar und März 1919, Broschüre Neunerkommission, S. 24 ff.; *Spethmann*, S. 266, S. 386/7. Auf demselben Niveau persönlicher Verunglimpfung liegen auch die Ausführungen des Vorsitzenden des Verbandes der Bergarbeiter, *Sachse*, auf der Bielefelder Generalversammlung 1919. Protokoll, S. 114 ff.

[4]) Broschüre Neunerkommission, S. 12/3; Bericht chr., S. 88. Über die genannten Verhandlungen das Protokoll bei *Curschmann*, S. 22 ff.

[5]) *Spethmann*, S. 208/9, S. 382/3.

behauptete geheime Leitung der Bewegung durch Spartakisten anbetrifft, so sprechen die Tatsachen eine klare Sprache.

Praxis und Programm der Bewegung lassen keinen anderen Schluß zu, als daß Rätesystem und Sozialisierung nur als Ergänzung der parlamentarischen Demokratie, nicht als ihre Ersetzung durch die Rätediktatur gedacht waren. Die Neunerkommission hat sich bis zum letzten Tage um eine Legalisierung ihrer Tätigkeit durch die Regierung und die Nationalversammlung bemüht[1]). Hinzu kommt, was an anderer Stelle bereits dargelegt worden ist[2]), daß auch in den Reihen des Spartakusbundes und der linken USPD, wo man sich zum reinen Rätesystem und zur Diktatur des Proletariats bekannte, darunter doch weithin *nicht* eine terroristische Parteidiktatur verstanden wurde; auch wurde dort die putschistische Auffassung der Revolution scharf abgelehnt.

Es darf freilich nicht übersehen werden, daß es im Januar in mehreren Städten — am ausgeprägtesten in Düsseldorf — zu linksradikalen Putschen kam, die mehr oder weniger offensichtlich auf eine Räte*diktatur* im politischen Sinne abzielten; es sollen auch die vielfachen und z. T. recht gewalttätigen Unternehmungen im rechtsrheinischen Gebiet nicht unterschätzt werden. Aber alle diese vereinzelten Vorstöße, bei denen kleine revolutionäre Vortrupps die allgemeine Unzufriedenheit oder auch nur die allgemeine Unsicherheit ausnutzten, hörten — von wenigen Ausnahmen abgesehen — solange auf, wie eine die Mehrheit der Arbeiter befriedigende gemäßigtere Politik erfolgreich zu sein schien. Anders ausgedrückt: es ist unbestreitbar, daß eine kleine sehr aktive putschistisch diktatorisch gesonnene Minderheit vorhanden war. (Dies gilt übrigens für die ganze revolutionäre Bewegung[3]).) Aber diese Minderheit blieb einflußlos, solange die breite sozialistische Bewegung in der Arbeiterschaft ihre Geschlossenheit behielt. Auch die kommunistischen Organisationen, in denen jene ultraradikalen Tendenzen vor allem wirksam waren — und blieben, mußten sich doch in dieser Periode mäßigen.

Eine Bestätigung dieses Sachverhalts liefert das Referat, das *Karski* am 5.

---

[1]) Broschüre Neunerkommission, allerorten; *Curschmann,* S. 12 ff. *Wilbrandt,* a.a.O., S. 259 ff., teilt einen ausführlichen Sozialisierungsvorschlag aus seiner Feder mit, der gänzlich auf engster Zusammenarbeit mit der Berliner Regierung aufgebaut ist und von dem er sagt, daß er mit dem Essener A.- und S.-Rat und der Neunerkommission in Essen durchgesprochen worden sei und „jetzt auch als die dort gebilligte Auffassung gelten" könne.

[2]) Siehe oben, S. 89 ff.

[3]) *Rosenberg* erörtert das Problem, das dieser utopische Radikalismus für die kommunistische Politik bedeutet, sehr nüchtern und kritisch. Geschichte, S. 29 ff., S. 76/7, S. 135/6; Bolschewismus, S. 132/3. Diese utopisch-radikalen Arbeitergruppen empörten sich gegen jede Ordnung und jede Organisation, das heißt also auch gegen jede Politik, die spartakistische mit eingeschlossen. Obwohl diese Elemente teilweise auch in die kommunistischen Reihen eingedrungen waren, bemühte sich der Spartakusbund doch, sie von sich abzuschütteln. Aus gegebenem Anlaß erklärte der Essener A.- und S.-Rat sehr energisch: „Tag und Nacht bemühen sich die drei sozialistischen Parteien . . . die wilden Streiks beizulegen . . . Es sind nicht Spartakisten, die da bandenweise von einer Zeche zur anderen ziehen und die Belegschaften durch Sabotagedrohung zur Arbeitseinstellung zwingen, sondern völlig unorganisierte Elemente." Jahrbuch des Verbandes der Bergarbeiter für 1919, S. 378.

März in einer nur von Radikalen beschickten Bergarbeiterkonferenz in Essen hielt[1]). Trotz der gespannten Situation ist der Tenor des Vortrags außerordentlich maßvoll. Das russische Vorbild wird ausdrücklich als nicht verbindlich bezeichnet. Von einer Aufreizung zum Aufstand und zur Errichtung der Räteherrschaft ist nicht die Rede[2]). Dabei soll gar nicht gefragt werden, ob die eigentlichen Ziele des revolutionären Kommunisten *Karski* möglicherweise sehr viel weiter gesteckt waren, wichtig ist hier allein, daß er es in diesem Kreise und bei dieser Gelegenheit nicht für sinnvoll hielt, mehr zu fordern, offenbar in der Annahme, daß auch die radikal sozialistisch gesonnenen Bergarbeiter nicht bereit waren, weiterzugehen.

Die angebliche planmäßige Leitung der Bewegung durch die Spartakisten hat es nie gegeben. Natürlich haben die jeweiligen örtlichen und regionalen spartakistischen Führer eine z. T. erhebliche Rolle gespielt; aber als Ganzes war die Bewegung nicht ihr Werk. Alle mitgeteilten Dokumente und berichteten Ereignisse bezeugen die Spontaneität der einzelnen Unternehmungen. Wer hätte denn auch eine revolutionäre Zentrale bilden sollen? Die USPD war in mehrere auseinanderstrebende Richtungen zerfallen; ihr organisatorischer Ausbau war im Frühjahr 1919 noch längst nicht abgeschlossen[3]). Den Vertretern des reinen Rätesystems am linken Flügel der USPD *(Däumig, Rich. Müller, W. Koenen, C. Geyer, Stoecker, Brass)* gelang es nicht, eine großzügige revolutionäre Politik zustande zu bringen; im Ruhrgebiet war ihr Einfluß ohnedies nicht sehr fest verankert[4]). Die gerade in den Zentren des Radikalismus besonders einflußreichen

---

[1]) Die Sozialisierung des Bergbaus, Essen 1919.

[2]) A.a.O., S. 6/7, 11, 13, 17 ff., 27. Sowohl aus den praktischen Empfehlungen *Karskis* in seiner Rede, als auch aus der auf der Konferenz gefaßten Entschließung geht deutlich hervor, daß *Karski* — der im Laufe des März polizeilich aus dem Revier verwiesen wurde — den April-Streik nicht gebilligt haben würde. Das deutet auch die Ill. Gesch. an, S. 330.

[3]) Vgl. die Protokolle des USPD-Parteitages zu Berlin, vom 2. bis 6. März, und des Bezirksparteitages Niederrhein am 26. und 27. April 1919 in Elberfeld.

[4]) Siehe die mit selbstkritischer Nüchternheit gegebene Schilderung der organisatorischen und politischen Schwächen jener Gruppe bei *Müller*, a.a.O., allerorten, bes. S. 124 ff. *W. Koenen* hat in seinen Mitteilungen an mich diese Versuche des linken Flügels der USPD eingehend geschildert. Eine feste revolutionäre Organisation bestand im Frühjahr 1919 nicht, sondern nur ein loser Kontakt zwischen einer Reihe von links stehenden USPD-Führern. Es war allerdings geplant, von Halle aus im Februar 1919 eine große Streikwelle im Ruhrgebiet, in Sachsen, Thüringen und Berlin auszulösen. Der verfrühte Ausbruch des Streiks im Westen und die Verspätung in Berlin durchkreuzten diesen Plan. Ziel der Aktion war jedoch nicht der Aufstand und die Diktatur des Proletariats, ja nicht einmal der Sturz der Reichsregierung, sondern die Erlangung von politischen Konzessionen wie Sozialisierung, Mitbestimmung der Betriebsräte, Demokratisierung der Armee usf. *Koenen* kritisiert diese Konzeption von seinem heutigen leninistischen Standpunkt aus und bemängelt vor allem, daß in der Rätebewegung die führende Rolle der Partei und die Bedeutung des Kampfes um die politische Macht nicht erkannt worden seien. Er bestätigt damit aber besonders nachdrücklich unsere Interpretation. Die kritische Einstellung des linken Flügels der USPD gegenüber dem Überradikalismus und der Putschtaktik von Teilen der KPD geht auch aus den Äußerungen von *Brass, Stöcker* und anderen auf dem Bezirksparteitag Niederrhein hervor, a.a.O., S. 6 ff., 14 ff., 19/20, 31 ff., 39, 41 ff., 45 ff.

Syndikalisten lehnten jede zentrale Organisation aus Grundsatz ab. Die neugegründete KPD aber war organisatorisch kaum mehr als eine Sekte und überdies — besonders im Westen — von inneren Gegensätzen zerrissen[1]). Im übrigen ging die kommunistische Politik, soweit sie in jenen Monaten überhaupt durch die Zentrale beeinflußt werden konnte, nicht auf den sofortigen Umsturz aus[2]). Der von verschiedener Seite behauptete allgemeine kommunistische Aufstandsplan für Januar 1919 ist eine Legende[3]). Der Hinweis auf die Januar-Kämpfe in Berlin beweist das Gegenteil des Gewünschten; der sogenannte Januar-Aufstand war keine geplante Aktion, sondern eine spontane Reaktion auf eine besondere Lage[4]). Die in Bremen, Düsseldorf und einigen anderen Städten zur Unterstützung in die Wege geleiteten Putschunternehmungen waren selbständige Vorstöße örtlicher Parteiführungen, die den Berliner Aufstand für ernsthafter hielten als er tatsächlich war. Eine weitere Überlegung, die gegen die

---

[1]) Über die katastrophale Schwäche der KPD bei ihrer Gründung vgl. *Flechtheim*, a.a.O., S. 47. Außerordentlich scharf ist die Selbstkritik, die auf dem 3. Parteitag der KPD im Februar 1920 in bezug auf die bisherige Arbeit geübt wird. Vor allem im Westen waren Führung und Organisation unzureichend, S. 46/7. Der Rote Soldatenbund, eine „Organisation, die sich gegen unseren Willen militärische Aufgaben stellte". Dies sei „aufs äußerste schädlich". „Soweit es uns möglich war, haben wir diese Organisation zerschlagen", S. 41. Besonders scharf äußert sich *Brandler*: „Wir haben überhaupt noch keine Partei ... Was in Rheinland-Westfalen besteht, ist schlimmer, als wenn wir gar nichts hätten ... Die Dinge, die dort gemacht worden sind, haben unsere Namen, unsere Partei diskreditiert ... hat sich herausgestellt, daß unsere Leute nicht den geringsten Einfluß auf die Arbeiter haben", S. 16/7. Schon auf dem 2. Parteitag im Oktober 1919 hatte der Berichterstatter der Zentrale über die schlechte Organisation und das Eindringen von „zweifelhaften Elementen", ja selbst von „Gesindel" in die Partei geklagt. Bericht S. 26.

[2]) *Rosenberg*, Geschichte, S. 76, über die KPD im Frühjahr 1919: „Die Autorität der Zentrale bei den Mitgliedern war gering. An den örtlichen Aktionen und putschistischen Versuchen radikaler Arbeitergruppen war die Zentrale der KPD nicht beteiligt." Völlig überzeugend *Kolbs* eingehende Darstellung der politischen Unklarheit der neugegründeten KPD, a.a.O., S. 217 ff., und ihrer Taktik: „Kennzeichnend für diese kommunistische Putschtaktik ist es, daß sie nicht Bestandteil einer planmäßigen revolutionären Strategie war ... Hinter den vom Spartakusbund und KPD seit Dezember unternommenen Putschaktionen stand weder eine zentrale Leitung, noch der ernsthafte Wille zur Machteroberung; sie wurden von den lokalen Gruppen ohne längere Vorbereitung, nur auf Grund von Augenblicksstimmungen durchgeführt", a.a.O., S. 312, vgl. auch 318, ferner 316 über die vergeblichen Versuche der Zentrale, dieses Treiben zu unterbinden.

[3]) Vgl. *Spethmann*, S. 142/3. Die völlig unsinnige Behauptung z. B. „Radek war eigens aus Rußland eingetroffen, um die Leitung des Aufstandes zu übernehmen ...", charakterisiert den Wert solcher Urteile. Auf dem gleichen politischen Niveau liegen die Spekulationen im Bericht des Untersuchungsausschusses. Auf Grund derartig abenteuerlicher Vorstellungen ist die Regierung zu ihren militärischen Maßnahmen geschritten.

[4]) Das kann als gesichertes Ergebnis der historischen Forschung gelten. Siehe *Rosenberg*, Geschichte der deutschen Republik, S. 67 ff., S. 248/50. *R. Müller*, Bürgerkrieg, S. 15 ff. *R. Fischer*, a.a.O., S. 100 ff. Ill. Gesch., S. 267 ff., bes. 282 mit der scharfen Stellungnahme *Radeks* gegen einen Aufstand. *P. Frölich*, Rosa Luxemburg, S. 333 ff. *Hermann Müller*, a.a.O., S. 246 ff. Siehe auch die sorgfältig abwägende Schilderung von *Kolb*, a.a.O., S. 223 ff., und die umfassende Untersuchung von *Eric Waldman*, The Spartacist Uprising of 1919, Milwaukee (Wisconsin) 1958, der zusammenfassend den Aufstand als ein von keiner der beteiligten Seiten geplantes und gewolltes Ergebnis einer zugespitzten politischen Situation deutet, S. 211 ff., bes. 214.

Behauptungen von der spartakistischen Leitung der gesamten Sozialisierungsbewegung ins Feld geführt werden muß, liegt in der Tatsache begründet, daß — wie im Reich, so im Ruhrgebiet — die politisch und organisatorisch führende radikale Arbeiterpartei nicht die KPD, sondern die USPD war[1]). Diese war aber, wie wir gesehen haben, weder willens, noch imstande, eine Politik des revolutionären Aufstands um jeden Preis zu betreiben. Überdies dominierte in dem wichtigen westfälischen Teil des Reviers gar nicht einmal der linke Flügel der USPD, sondern eine gemäßigtere mittlere Richtung, die allen putschistischen Abenteuern durchaus abgeneigt war[2]).

Eine sehr wichtige und nicht leicht zu beantwortende Frage ist die nach den eigentlichen Triebkräften der Räte- und Sozialisierungsbewegung im Bergbau. Entsprangen die Forderungen der Arbeiter wirklich einem echten Wunsch, oder hatten sich bloß radikale Agitatoren einer Bewegung bemächtigt, die im Grunde lediglich auf weniger Arbeit für mehr Geld aus war? Das Schlagwort: „Die Revolution ist zu einer Lohnbewegung entartet", ist damals nicht nur von bürgerlicher und sozialdemokratischer, sondern auch von unabhängiger Seite kolportiert worden[3]).

Nun hat ohne Zweifel während der ganzen Jahre 1919/20 das Verlangen der Bergarbeiter nach Lohnerhöhungen und — vor allem — Verkürzung der Arbeitszeit eine ausschlaggebende Rolle gespielt. Wäre die „Sozialisierung" bloß als ein allgemeines, nicht weiter konkretisiertes Ziel aufgetreten, könnte man berechtigt sein, sie für ein der Bewegung agitatorisch aufgedrängtes Schlagwort zu halten. Im Gegensatz zu einer solchen Annahme erscheint die Sozialisierung jedoch im Denken der Bewegung als ein durchaus konkreter Vorgang. Sie stellt sich als ein politischer, sozialer und ökonomischer Prozeß dar, in dessen Verlauf die Bergwerke durch die Allgemeinheit *und* die Arbeiter in Besitz genommen werden und dessen erste Etappe die Errichtung eines Rätesystems und die Kontrolle der Produktion durch die Arbeiter ist[4]). Dieser erste Schritt im Prozeß der Sozialisierung entsprang aber offensichtlich einem unmittelbaren Bedürfnis der Bergarbeiter,

---

[1]) Noch im Juni 1920 erhielt die USPD bei den Reichstagswahlen 4 896 000 Stimmen, die KPD nur 442 000, also weniger als $1/_{10}$. Im Ruhrgebiet war das Verhältnis noch ungünstiger. In den Wahlkreisen Westfalen-Süd und Düsseldorf-Ost erhielt die KPD nur 29 000 Stimmen gegenüber 551 000 für die USPD.

[2]) Ein Repräsentant dieser Richtung war der Hagener USPD-Führer *Josef Ernst*, der 1919 auf der Bielefelder Generalversammlung des Verbandes der Bergarbeiter die Opposition dirigierte, Protokoll, S. 360, und später beim Ruhraufstand 1920 als Kopf der Kampfleitung Hagen eine große Rolle spielte, der aber bei der Spaltung der USPD nicht mit zur Vereinigten KPD ging. Auf dem Parteitag der USPD zu Leipzig vom 30. November bis 6. Dezember 1919 ging in den politisch wichtigen Abstimmungen der größere Teil der Delegierten des Bezirks Westfalen nicht mit dem linken Flügel.

[3]) Es wurde sogar von einem führenden Unabhängigen geprägt, von *E. Barth*. Siehe *H. Müller*, a.a.O., S. 80, S. 201 ff. Vgl. auch Allgemeiner Kongreß der Arbeiter- und Soldatenräte Deutschlands vom 16. bis 21. Dezember 1918, Stenograf. Bericht, Berlin 1919, S. 213, S. 319, S. 327 ff. (Rede *Barths*), S. 331 ff.

[4]) Vgl. Broschüre Neunerkommission, S. 4/5, S. 29/30.

welches mehr und anderes umfaßte, als den Wunsch nach einer Verbesserung der materiellen Lebenslage¹).

Nirgendwo im Vorkriegsdeutschland hatten die Unternehmer so hartnäckig auf ihrem „Herr-im-Hause"-Standpunkt beharrt, wie in der westdeutschen Schwerindustrie; in keinem Industriezweig ist überdies — teils aus traditionellen, teils aus sachlichen Gründen — die innerbetriebliche Hierarchie so straff wie im Bergbau²). Der Wunsch, Betriebsleitung und Beamtenschaft ihrer fast unbeschränkten Befugnisse zu entkleiden und die Disziplinierung der Arbeiter auf das technisch erforderliche Maß zu begrenzen, erwuchs unmittelbar aus diesen Verhältnissen³). Die Räte als innerbetriebliche Mitbestimmungs- und Kontrollorgane sollten diesen Wunsch erfüllen helfen. Zugleich mit dem Drang nach innerbetrieblicher Mitbestimmung entwickelte sich, angesichts der allgemeinen wirtschaftlichen Krisis und der hartnäckigen Ablehnung fast aller materiellen Forderungen der Arbeiter durch die Unternehmer, bei den Arbeitern das Bestreben, einen Einblick in das Geschäftsgebaren der Zechen zu bekommen. Diesem Zweck sollten vor allem die zentralen Räteorgane, insbesondere die Neunerkommission dienen. In diesem Sinne rechtfertigte auch der Essener A.- und S.-Rat sein Vorgehen am 11. Januar und entsprach damit ohne Zweifel einem weitverbreiteten Wunsch⁴).

Darüber hinaus aber vertraten zumindest die sozialistisch beeinflußten Bergarbeiter die Meinung, daß ein derart tiefer Eingriff in die überlieferte Arbeitsverfassung nicht ohne Änderung der allgemeinen politischen und sozialen Verhältnisse möglich und von Dauer sein werde; insbesondere nicht ohne die Ausschaltung der bisherigen Herren der Bergwerke. Diese Veränderungen waren für sie der Inhalt des Begriffes der Sozialisierung. Sozialisierung und Rätesystem bildeten in ihrem Bewußtsein infolgedessen eine untrennbare Einheit⁵).

---

¹) Die feste Überzeugung, daß dies so sei, durchzieht das ganze Buch von *Wilbrandt*, bes. deutlich S. 243, 249.

²) Vgl. dazu *Otto Neuloh*, Die deutsche Betriebsverfassung, Tübingen 1956, bes. S. 121 ff., und *Carl Jantke*, Bergmann und Zeche, Tübingen 1953.

³) Siehe oben die von den Arbeitern in den ersten spontanen Bewegungen nach der Revolution gestellten Forderungen.

⁴) Die ausführliche Begründung, die der Essener Arbeiter- und Soldatenrat für seinen Schritt gab, ist wiedergegeben im Bericht chr., S. 83/4.

⁵) Diesen Zusammenhang zwischen Sozialisierung und Rätebewegung bezeugt sehr eindringlich der christliche Bergarbeiterführer *Steger*, der in seinem Referat über die Sozialisierung auf der Generalversammlung seines Verbandes im August 1919 ausführte: (Protokoll S. 173) „Warum hat gerade in den Kreisen der Bergarbeiter der **Gedanke der Sozialisierung so tief Wurzel gefaßt**? ... Sozialisierung bedeutet bei den Bergarbeitern nur den heißen Wunsch, die heiße Sehnsucht nach einem anderen Wirtschaftssystem, in dem sie ein **größeres Mitbestimmungsrecht über ihre Lohn- und Arbeitsbedingungen haben**..., ein anderes System, in dem sie als **Menschen anerkannt werden und in dem sie als Menschen mitbestimmen haben bei der Gestaltung ihrer Existenzbedingungen** ... diese **rechtliche Stellung der Bergarbeiter**, sie war ja mit die Ursache, daß nunmehr ... derartig radikale Forderungen gestellt wurden. Man wollte heraus aus diesem Zwangssystem, ... aus diesem System der Rechtlosigkeit." Hervorhebung im Original. Da der Redner der Sozialisierung

In der Tendenz, Einblick in die wirtschaftlichen Verhältnisse der Zechen zu erlangen, drückt sich zugleich die Bereitschaft aus, auf Grund der neugewonnenen Einsicht und Verantwortung die eigenen Forderungen zu begrenzen. Zum mindesten die führenden Personen der Bewegung waren bereit, die Lohnbewegung der gesellschaftlich-politischen Aufgabe nachzuordnen[1]). *Karski* bestimmte in seinem schon erwähnten Vortrag, in scharfer Abgrenzung gegen Privat- *und* Staatskapitalismus, die erstrebte Stellung der Bergarbeiter als die von „Treuhändern" der Gesellschaft, die gemeinsam mit der staatlichen Wirtschaftsleitung die Bergwerke im Interesse der Gesamtheit verwalten sollten[2]). Und diese Vorstellung entsprach voll und ganz den Ansichten der Neunerkommission[3]).

Es ist der Bewegung von den verschiedensten Seiten vorgeworfen worden, daß die Bergleute — im Sinne eines primitiven Syndikalismus — die Zechen hätten besetzen, alleine leiten und die Gewinne unter sich aufteilen wollen. Solche Vorstellungen waren unter den einfachen Anhängern tatsächlich verbreitet. Aber gerade die Köpfe der Bewegung haben sich davon *nicht* leiten lassen[4]). Darüber können auch die — offensichtlich von starken Affekten bestimmten — Beschuldigungen, die vor allem gegen den „Bolschewisten" *Karski* gerichtet wurden, nicht hinwegtäuschen[5]).

---

an sich kritisch gegenüberstand, ist diese Feststellung von besonderem Gewicht. Ferner Broschüre Neunerkommission, S. 3/4, es „kam sehr bald die Klarheit darüber, daß der Sozialisierung die Kontrolle der bergbaulichen Betriebe durch die Arbeiter vorhergehen müsse, daß sie die Vorbedingung der Sozialisierung und gleichzeitig ihr wichtigster Bestandteil sei. Und nicht nur Kontrolle der Einzelbetriebe, sondern auch der Unternehmerorganisationen". Sehr eindringlich auch S. 11/2.

[1]) Die oben geschilderten Bemühungen aller in der Neunerkommission vertretenen Richtungen, die Streiks einzudämmen und eine geordnete Produktion zu sichern, bezeugen es.
[2]) *Karski*, a.a.O., S. 15.
[3]) Broschüre Neunerkommission, S. 9, 11/2, 29/30.
[4]) In der Freien Arbeiterunion Gelsenkirchen haben derartige vereinfachte syndikalistische Vorstellungen später offenbar einen gewissen Einfluß gewonnen, vgl. *Gestaldio*, Schmollers Jb., Bd. 45, S. 202/3, aber für die Bewegung im Frühjahr 1919 gilt das entschieden *nicht*, siehe die unmißverständlichen Feststellungen in der Broschüre der Neunerkommission, S. 3: „Leider herrschte noch Verwirrung, wie denn eigentlich die Sozialisierung zu verstehen sei, und das führte hier und da zu tollen Sprüngen. So, wenn auf einmal die Kumpels erklärten: Der Pütt gehört uns, und sich die Sache so einfach vorstellten, daß sie nun die geförderte Kohle verkloppen oder noch besser gegen Lebensmittel eintauschen würden. Aber zur Ehre der Arbeiter sei gesagt, daß diese Kindereien, die hier und da von Syndikalisten propagiert wurden, doch nur bei verschwindend wenigen Arbeitern Eindruck machten".
[5]) Man vergleiche die Behauptungen im Bereich des Untersuchungsausschusses, S. 5622; *Spethmann*, S. 251, S. 266, S. 386/7; Generalversammlung des Gewerkvereins Chr. Bergarbeiter, August 1919, Protokoll, S. 171, mit dem Inhalt des *Karski*schen Vortrages vom 5. März. Von alledem, was man ihm unterstellt: Keine Kenntnis des Bergbaus und seiner Probleme, keine Kenntnis der deutschen sozialpolitischen Gesetzgebung, Forderung sofortiger Annullierung aller Anleihen, Sozialisierung im „Eilzugtempo", findet sich dort das genaue Gegenteil. *Karski* war übrigens kein beliebiger zugelaufener Ausländer, sondern ein gebildeter erfahrener Politiker, der — genau wie seine polnischen Landsleute *Rosa Luxemburg*, *Radek*, *Jogiches* — seit

Das Sozialisierungsprogramm der Neunerkommission drückt dieselben Grundgedanken aus, die auch die Berliner Arbeiterrätebewegung bestimmten und deren theoretische Formulierung wir bei *K. Korsch* gefunden haben. Der Wunsch, eine neue gesellschaftliche Ordnung auf dem Boden der Selbsttätigkeit und Selbstverantwortung der Arbeiterschaft zu errichten, Hand- und Kopfarbeiter zu gemeinsamem Werk über die Grenzen der Parteien und Gewerkschaftsverbände hinaus zu vereinigen und den bürokratischen Staatsapparat einer unmittelbaren demokratischen Kontrolle durch das arbeitende Volk zu unterwerfen, beherrschte auch die Rätebewegung der Ruhrbergarbeiter.

Dies geht aus den Dokumenten der Bewegung eindeutig hervor. Von besonderer Bedeutung sind dabei der nach dem 13. Januar von der Neunerkommission erlassene Aufruf „An die Bevölkerung des Ruhrkohlengebiets"[1]) und die schon mehrfach erwähnte Broschüre der Neunerkommission über die Sozialisierung. Der Aufruf bringt den Sinn der Bewegung mit wenigen einfachen Worten zum Ausdruck: „Der Volkskommissar und seine Beisitzer sollen aber nicht wie die alten Behörden von oben herab alles anordnen, sondern sollen getragen sein von dem Vertrauen der ganzen Arbeiterschaft. Deshalb ist beschlossen worden, das Werk der Sozialisierung auf dem Rätesystem aufzubauen." Alle Gewerkschaften und alle Parteien sind sich darin einig. Was jetzt nottut, ist zielbewußte Arbeit. Streiks sind von nun an ein „veraltetes Hilfsmittel". Denn: „Rätesystem ist besser als Streik".

Die Verfasser der Broschüre der Neunerkommission formulieren dieselben Gedanken schärfer und mit einer polemischen Wendung gegen die sozialdemokratischen Führer, von denen sie sich verraten fühlen. Diese denken sich die Sozialisierung als einen Akt, „der von oben her, auf dem bürokratisch-parlamentarischem Wege ... vorgenommen werden soll. Die aktive Teilnahme der Arbeiter an diesem Werk schien den neugebackenen Exzellenzen ein Scheuel und ein Greuel"[2]). Nicht, daß die Arbeiter alles überstürzen wollten, „denn so unwissend sind die Kumpels nicht, daß man ihnen nicht klarmachen könnte, die Sozialisierung sei ein Werk, das nicht von heute auf morgen durchgeführt werden kann"[3]). Aber die Arbeiter fordern greifbare Garantien; diese gibt ihnen das Rätesystem, durch das die Unternehmer auf den Zechen, im bergbaulichen Verein, im Kohlensyndikat und Kohlenkontor scharf kontrolliert werden sollen. Indem, an Stelle der Parlamente, „deren Kontrolle im Laufe der Zeit infolge der Komplizierung

---

Jahrzehnten in der deutschen Sozialdemokratie gewirkt hatte und die deutschen Verhältnisse von Grund auf kannte. Vgl. Broschüre Neunerkommission, S. 27, Nachruf auf *Karski* in Sozialistische Politik und Wirtschaft, Jg. 3/1925, Nr. 12, geschrieben von *Valeriu Marcu* und besonders die Schilderung seiner politischen Tätigkeit bei *P. Frölich*, Rosa Luxemburg, S. 53, 59/60, 142, 194, 211/2, 219, 244, 268.

[1]) Wiedergegeben bei *Spethmann*, S. 378/9, und *R. Müller*, S. 242 ff.
[2]) A.a.O., S. 6.
[3]) A.a.O., S. 11, auch S. 29.

der Staatsmaschine vollständig illusorisch geworden ist"[1]), die Arbeiter die Kontrolle der Betriebe und Behörden selbst durchführen, richten sie allerdings einen grundsätzlichen Stoß gegen Kapitalmacht und Bürokratie. Dieser Vorstoß ist notwendig, denn „Sozialisierung ist nicht bloße Verstaatlichung, — ... *Sozialisierung ist Überführung des Eigentums an den Bergwerken ... an die Allgemeinheit, deren Vertretung der Staat ist, und Übertragung der Verwaltung des Bergbaus an die Arbeiterräte...*"[2]). Deren Spitze, der Zentralzechenrat, würde „die Sozialisierung des Bergbaus gemeinsam mit einer sozialistischen Regierung verwirklichen"[3]).

Die konkreten Vorstellungen über den Aufbau des Rätesystems waren durchaus nüchtern. Der erwähnte Aufruf nimmt für die Räte, durch die „die Mitbestimmung der Arbeiterschaft" gesichert werden sollte, keineswegs übertriebene Rechte in Anspruch. Sie sollen „überwachen" und „mit der Betriebsleitung zusammen" die Dinge „regeln". Die Bestimmungen über die Tätigkeit der Steigerrevier- und Zechenräte, die in den Wochen nach der ersten Essener Konferenz unter lebhafter Mitarbeit der sozialdemokratischen Gewerkschafter ausgearbeitet wurden, lagen auf dieser Linie[4]). Die Revierräte erhielten eine, allerdings völlig gleichberechtigte Mitbestimmung in Fragen der Arbeitsbedingungen und der Lohnfestsetzung. Dem Zechenrat wurde eine Mitbestimmung bei der Festsetzung der Arbeitsordnung, der Verhängung von Strafen, der Entlassung von Arbeitern und der Schlichtung von Streitigkeiten zwischen Revierrat, Beamten und Arbeitern zugestanden. Außerdem sollte er auf Verlangen „Einblick in alle betrieblichen, wirtschaftlichen und kaufmännischen Vorgänge des Werkes" erhalten. Die zentralen Räte schließlich hätten die großen Unternehmerorganisationen zu kontrollieren und die Sozialisierung vorzubereiten.

Besonderer Wert wurde auf die Mitarbeit der technischen und kaufmännischen Beamten gelegt. Einer der ersten Aufrufe der neugebildeten Neunerkommission galt gerade diesem Problem[5]). Um diese „Einheitsfront der Hand- und Kopfarbeiter" ging es auch bei dem Streit um die Wahl der Räte in erster Linie; denn die alten Arbeiterausschüsse schlossen die Beamten von der Arbeitnehmervertretung aus. Die Unternehmer versuchten mit allen Mitteln — bis zur Sperrung der Gehälter — die Beamten an einer Solidarisierung mit den Arbeitern zu verhindern[6]). Die Arbeiter hingegen bemühten sich nach Kräften um fachmännischen Rat. Die Berufung *Rubens* und *Karskis* spricht ebenso dafür, wie die bekundete Bereitschaft, mit den Sozialisierungskommissaren der Regierung zusammenzuarbeiten. Der Beschluß der Essener Konferenz vom 20. Januar, der

[1]) A.a.O., S. 9.
[2]) A.a.O., S. 29.
[3]) A.a.O., S. 9.
[4]) A.a.O., S. 9/10, 32 ff.
[5]) *Spethmann*, S. 150.
[6]) *Spethmann*, S. 168 ff.

versucht, einen arbeitsfähigen „Zentralkörper für die Sozialisierung" mit Unterausschüssen und fachmännischen Beiräten zu schaffen, weist in dieselbe Richtung[1]). Sogar die sog. „wilden Sozialisierungen" — so sinnlos sie auch sein mochten — waren keineswegs immer bloß Akte zerstörerischer Willkür. So geschah die viel beklagte Absetzung der oberen Beamten durch die Arbeiter durchaus nicht bei allen Gelegenheiten völlig wahllos. Auch die auf einigen Zechen unternommenen Versuche, den Betrieb nach Absetzung des Direktors selbständig weiterzuführen, scheiterten z. T. nicht sosehr an der technischen Unfähigkeit der Arbeiter, als vielmehr an der wirtschaftlichen Sabotage der Unternehmer[2]). Diese Ereignisse sind leider fast alle durch die zeitgenössische und auch die nachfolgende politische Polemik verdunkelt worden. Wenn z. B. nachträglich gegen die Arbeit der Neunerkommission von den Gewerkschaftsverbänden die schwersten sachlichen Vorwürfe erhoben wurden, so können diese kaum ohne weiteres übernommen werden. Haben doch, wie wir sahen, die gemäßigten Kräfte bis Mitte Februar aktiv und gleichberechtigt mitgearbeitet. Ähnliche Vorbehalte sind auch bei den Angriffen auf einzelne Führer der Bewegung angebracht[3]). Daß die Arbeiter, aufs Ganze gesehen, bereit und in der Lage waren, zu lernen und sich zu korrigieren, geht z. B. aus der Tatsache hervor, daß bei der Neuwahl der Neunerkommission im April einige in der Öffentlichkeit scharf kritisierte Vertreter nicht wieder auftauchten, während befähigte und im Bergbau erfahrene Männer neu gewählt wurden[4]).

Tatsache ist freilich, daß die Räte- und Sozialisierungsbewegung der Ruhrbergarbeiterschaft scheiterte, aber sie hat es an produktiven Ansätzen nicht

---

[1]) Text im Bericht chr., S. 86, Broschüre Neunerkommission, S. 7.

[2]) Siehe z. B. die Beamtenabsetzungen auf der Zeche Werne, über die im Archiv des Zentralrats der Deutschen Republik, B-22, Bd. I, ein aufschlußreicher Schriftwechsel vorliegt. Auf der Zeche Victoria-Lünen führte ein offenbar recht befähigter Steiger *Schürken* mit Hilfe eines Teils der Beamten die Förderung nach Entfernung der Zechenleitung selbständig weiter. *Wilbrandt*, der Gelegenheit hatte, die Zeche selbst zu besuchen und sich mit den Arbeitern zu unterhalten, berichtet — ungeachtet seiner ausdrücklichen Ablehnung solcher wilden Sozialisierungen als wirtschaftlich unsinnig und betriebstechnisch bedenklich — doch, daß nach der Absetzung der Zechenleitung die Förderung erheblich gestiegen sei, die Feierschichten zurückgegangen seien und die Arbeiter die größten Anstrengungen gemacht hätten, um zu beweisen, daß sie auch ohne Direktor auskommen könnten, a.a.O., S. 241, 259, 260. *Spethmann*, der bei den ähnlich gelagerten Fällen zweier Nachbarzechen mit Behagen berichtet, daß der Betrieb dort ins Stocken geraten und die Leistung zurückgegangen sei, meldet von Viktoria-Lünen — trotz polemischer Schärfe — nichts dergleichen, a.a.O., S. 168 ff.

[3]) So polemisierte auf der Bielefelder Generalversammlung des Verbandes der Bergarbeiter der Zechenrat *Grundmann*, Lünen, auf das heftigste gegen seinen alten Kollegen *Schürken*, Protokoll, S. 241, ganz offensichtlich aber, um vergessen zu machen, daß er selber noch während des Februar-Generalstreiks ein treuer Bundesgenosse *Schürkens* war, wie wir aus dem Ill. Geschichte, S. 326, wiedergegebenen Dokument eindeutig ersehen.

[4]) Ill. Geschichte, S. 317, 329; *Müller*, S. 137. Wurde der alten Neunerkommission von ihren Gegnern vorgeworfen, daß ihr kaum Bergleute angehört hätten, *Spethmann*, S. 266; Ber. chr., S. 309 ff., so bestand der neugewählte Zentralzechenrat aus 5 Bergleuten, 3 technischen und kaufmännischen Grubenbeamten und einem Handwerker, *Teuber*, Nr. 39.

fehlen lassen. Nur waren die Umstände stärker[1]). Von der Regierung, der Sozialdemokratie und den Gewerkschaften ohne wirkliche Unterstützung gelassen, *konnte* sie sich nicht durchsetzen, und mußte schließlich in eine ziellose Radikalisierung einmünden.

b) *Die mitteldeutsche Rätebewegung*[2])

Das mitteldeutsche Industriegebiet um Halle und Merseburg hatte sich im Kriege zu einem wirtschaftlichen Zentrum von besonderer Bedeutung entwickelt. Zu der alteingesessenen Metallindustrie und dem Braunkohlenbergbau trat die neu aufgebaute chemische Industrie um Merseburg und Bitterfeld. Die Arbeiterschaft dieses Gebietes neigte bereits während des Krieges überwiegend zur Opposition. Bei der Spaltung der sozialdemokratischen Partei im Frühjahr 1917 war der gesamte Bezirk Halle fast geschlossen zur USPD übergetreten[3]). Die

---

[1]) Vgl. Broschüre Neunerkommission, S. 7/8, die beweglichen und glaubhaften Klagen über die Verhältnisse, welche die Mitglieder daran hinderten, mehr für ihre eigentliche Aufgabe — Vorbereitung der Sozialisierung — zu tun.

[2]) Quellen und Literatur zur mitteldeutschen Rätebewegung reichen für eine umfassende Darstellung nicht aus. Zwei Schwerpunkte, ein zeitlicher: Der Generalstreik Februar/März 1919, und ein sachlicher: Die Rätebewegung im Bergbau, machen jedoch davon eine Ausnahme. Über die Räte im Bergbau geben die reichhaltigen und mit vorbildlicher Gewissenhaftigkeit geführten Akten des Oberbergamtes Halle Auskunft, die sich im Landeshauptarchiv Sachsen-Anhalt zu Magdeburg befinden (LHA S-A), einige Ergänzungen finden sich im DZA Potsdam und Merseburg. Über den Generalstreik existiert einige Literatur. Kurze Schilderungen der Bewegung finden sich in Ill. Geschichte, S. 371 ff., und *R. Müller*, Bürgerkrieg, S. 124 ff., 142 ff. Eine vom Unternehmerstandpunkt aus geschriebene, aber genaue und materialreiche Behandlung der Vorgänge findet sich bei Prof. Dr. *F. Curschmann*, Die Entstehungsgeschichte des mitteldeutschen Vorläufers des Betriebsrätegesetzes, Sonderdruck aus *F. C.*, Sozialpolitische Betrachtungen, o.O., o.J. Wichtig sind ferner die Reden des USPD-Führers *Wilhelm Koenen* auf dem ersten (Protokoll, S. 337 ff.) und dem zweiten Rätekongreß (Protokoll, S. 232 ff.) sowie in der Nationalversammlung am 21. Juli 1919 (Sten. Ber. Sp. 1778 ff., 1792 ff.). Ferner von *Koenen* eine undatierte Broschüre: Durch Generalstreik zum Sozialismus? (zit.: Generalstreik), die seine Rede in der Nationalversammlung vom 8. 3. 1919 und eine kurze Schilderung der Vorgänge enthält. Aufschlußreich sind auch die Aussagen des Arbeitsministers *G. Bauer* und anderer auf der SPD-Parteikonferenz zu Weimar am 22./23. 3. 1919, Protokoll, o.O., o.J. Auf eine Reihe von wichtigen Fragen geben die Mitteilungen von *Koenen* Aufschluß. Sodann hat die Bezirkskommission zur Erforschung der Geschichte der Arbeiterbewegung im Bezirk Halle (Saale) bei der Abteilung Agitation-Propaganda der Bezirksleitung der SED Halle (Saale) einige Broschüren herausgegeben, die relativ sorgfältig gearbeitet sind und eine Reihe wichtiger Angaben aus den Beständen örtlicher mitteldeutscher Archive enthalten: *Helga Schubert*, Der Generalstreik in Mitteldeutschland 1919; *Gertrud Kling*, Die Rolle des Arbeiter- und Soldatenrates von Halle in der Novemberrevolution (November 1918—März 1919); Aus revolutionären Tagen ... (Erlebnisberichte aus der Zeit der deutschen Novemberrevolution 1918) (zit.: Rev. Tage). Von der Abteilung Agitation und Propaganda der Bezirksleitung der SED Leipzig ist noch herausgegeben worden die Broschüre: Die Rote Fahne über Leipzig (zit.: Rote Fahne Leipzig), wo sich ebenfalls einige wichtige Mitteilungen finden können. Vgl. auch Theor. Konf. siehe oben S. 70/1, Anm. 1.

[3]) *Schorske*, a.a.O., S. 282/3; *Kling*, a.a.O., S. 7; *Prager*, Geschichte der USPD, S. 154. Die Halle'sche Parteiorganisation stand schon vor dem Weltkrieg auf dem linken Flügel der Sozialdemokratie. Bereits damals ist auch damit begonnen worden, Partei- und Gewerkschaftsorganisation durch die Schaffung politischer Betriebsvertrauensleute zu ergänzen und enger

Wahlen zur Nationalversammlung im Januar 1919, die im allgemeinen nicht günstig für die USPD ausfielen, brachten ihr im Wahlbezirk Halle—Merseburg einen durchschlagenden Erfolg[1]). Innerhalb der unabhängigen Partei stand die mitteldeutsche Organisation von Anfang an auf dem linken Flügel und bekannte sich zum Rätesystem.

Nach dem Novemberumsturz bildeten sich, wie überall, auch in Mitteldeutschland örtliche Arbeiter- und Soldatenräte, die kraft revolutionären Rechts die Kontrolle über den Staatsapparat in Anspruch nahmen. Um ein einheitliches Vorgehen zu sichern, und um nicht nur die örtlichen, sondern auch die übergeordneten Verwaltungsbehörden wirksam überwachen zu können, schufen sich die Arbeiter- und Soldatenräte regionale Vertretungen. Im mitteldeutschen Industriegebiet war es vor allem der Bezirks-Arbeiter- und Soldatenrat für den preußischen Regierungsbezirk Merseburg, der sehr rasch großen Einfluß gewann[2]).

Unter dem bestimmenden Einfluß einiger energischer Führer, besonders der beiden jungen USPD-Abgeordneten *Wilhelm Koenen*, Halle und *Bernhard Düwell*, Zeitz, und unterstützt durch eine starke Parteiorganisation erlangte die Rätebewegung in diesem Gebiet eine organisatorische Festigkeit und politische Wirkung wie sonst nirgendwo. Hierin vor allem war sie der Bewegung der Ruhrbergarbeiter voraus, die niemals eine einheitliche Führung und Organisation mit unbestrittener Autorität entwickelt hatte. Von der Berliner Arbeiterbewegung unterschied sie sich dadurch, daß sie die wirtschaftlichen Fragen, Sozialisierung, Kontrolle der Betriebe usf. stärker in den Vordergrund rückte.

Die allgemeine Entwicklung der mitteldeutschen Rätebewegung verlief jedoch sehr ähnlich wie in Berlin und im Westen. In den ersten Wochen nach dem Umsturz standen die politischen Probleme im Vordergrund: Die Festigung der Räteorganisation, die Kontrolle über die alten Behörden, Auseinandersetzungen um die Nationalversammlung und schließlich die Wahlvorbereitungen. Die wirtschaftliche und soziale Bewegung entfaltete sich vorerst spontan in den einzelnen Regionen und führte in einer Reihe von Betrieben zur Wahl von Betriebsräten mit unmittelbaren sozialen und ökonomischen Zielsetzungen[3]). Sehr klar tritt dieser Charakter der betrieblichen Bewegungen in den Forderungen hervor, die der neugewählte Arbeiterrat der Leuna-Werke am 9. November 1918

---

zusammenzufassen. Der politische Exponent der linken Opposition in Halle und Umgebung, der Redakteur des Halleschen „Volksblattes" *Wilhelm Koenen*, war später selbst stellvertretender Vorsitzender des Gewerkschaftskartells. Im Kriege entwickelte sich die Organisation der Betriebsvertrauensleute dann völlig parallel zu den Berliner revolutionären Obleuten. Mitteilungen *Koenen*, S. 29 ff.

[1]) Im Reich war das Verhältnis: SPD: 11509000, USPD: 2317000 Stimmen. Im Wahlkreis Merseburg SPD: 109000, USPD: 294000 Stimmen = 44,1%.

[2]) *Kolb*, a.a.O., S. 109; *Kling*, a.a.O.

[3]) Rev. Tage, S. 58, 66, berichtet von der Wahl solcher Betriebsräte in Eisleben und Wanzleben.

an die Direktion richtete: 1. Acht-Stunden-Tag, 2. Beseitigung der Überstunden- und Sonntagsarbeit, 3. einheitliche Küche für alle Belegschaftsmitglieder, 4. (sehr charakteristisch, wie wir im Ruhrgebiet gesehen haben), „anständige Behandlung seitens der Vorgesetzten" und 5. als einziger politischer Punkt: Einstellung der Kriegsproduktion, was sich durch den Charakter des Werkes als eines reinen Rüstungsbetriebes erklärt[1]).

Ende Dezember, Anfang Januar erhob sich dann unter den Arbeitern in ganz ähnlicher Weise wie im Ruhrgebiet immer dringlicher die Forderung nach Sozialisierung, vor allem des Kohlenbergbaus. Am 14. Januar 1919 stellte in Halle eine große Demonstrationsversammlung der Bergarbeiter aus einer Reihe von mitteldeutschen Revieren die sofortige Sozialisierung aller Grubenunternehmungen an die Spitze ihrer Forderungen[2]). In dieser Bewegung trafen offenbar verschiedene Beweggründe zusammen: Zum einen entwickelte sich eine zunehmende soziale Unruhe in der Arbeiterschaft, die angesichts der sich verschlechternden wirtschaftlichen Lage begann, greifbare Ergebnisse der Revolution zu fordern; sie äußerte sich unmittelbar in spontanen betrieblichen Bewegungen, wie wir sie in noch größerem Umfang aus dem Ruhrgebiet kennen[3]). Ferner dürfte der Sozialisierungsbeschluß des ersten Rätekongresses 1918 seine Wirkung gehabt haben, zumal er sich besonders auf den Bergbau bezog. Außerdem aber standen die Führer der Räte (und der USPD), nachdem die Wahl zur Nationalversammlung unausweichlich geworden war, vor der Frage, welche Politik sie nunmehr einschlagen sollten; sie entschieden sich — wie in Berlin — dafür, die wirtschaftliche Bewegung voranzutreiben. Das auslösende und zugleich richtunggebende Ereignis war aber offenbar der Essener Sozialisierungsbeschluß vom 9. Januar 1919[4]).

[1]) Die Novemberrevolution 1918 und die revolutionären Kämpfe der Leuna-Arbeiter (Materialien und Dokumente). Hrsg. von der Kreisleitung der SED Leuna-Werke, 1958, S. 13, 28 ff. Besonders interessant durch die abgedruckten Dokumente aus dem Werksarchiv. In Veteranenerinnerungen 1918, S. 95 ff., 104/5, werden die Forderungen allerdings etwas anders wiedergegeben; unter anderem wird folgender Punkt genannt: Mitbestimmungsrecht der Arbeiter durch ihre gewählten Vertreter bei Einstellungen und Entlassungen und in der Produktion; da jedoch die im Text genannten Forderungen auf den Unterlagen des Werksarchivs fußen, darf hier ein Erinnerungsfehler vermutet werden. Immerhin wird an derselben Stelle (S. 105) auch betont, daß die Forderung nach Sozialisierung des Leunawerks sich damals noch nicht durchgesetzt hatte.

[2]) *Schubert*, a.a.O., S. 16/7; *Kling*, a.a.O., S. 39.

[3]) So z. B. der gewaltsame Betriebsstreik vom 8. 1.—10. 1. 1919 bei den Halleschen Kaliwerken Schlettau, durch den die Belegschaft — interessanterweise offenbar über die Absichten ihrer Führer hinaus — von der Direktion die Anerkennung des betrieblichen Arbeiterrats und höhere Löhne erzwang. DZA Potsdam, Inf. St. d. Reichsregierung, Berichte über die Lage im Reich, Bd. 9, Nr. 34, Bl. 104 ff., schriftlicher Bericht des Landrats von Merseburg vom 25. 1. 1919.

[4]) Diese Zusammenhänge lassen sich nicht dokumentarisch im einzelnen belegen. Immerhin hatte *W. Koenen* bereits auf dem ersten Rätekongreß die Sozialisierung der mitteldeutschen Großindustrie gefordert, Stenografischer Bericht, S. 377 ff.; die ersten konkreten Schritte wurden jedoch in dieser Richtung erst vier Wochen später unternommen, als der Bezirksarbeiter- und Soldatenrat Merseburg die Kontrolle des Oberbergamts Halle verfügte.

Am 17. Januar 1919 erschien im Halleschen „Volksblatt", der USPD-Zeitung, ein Bericht über die westdeutsche Sozialisierungsbewegung; und gleichzeitig mit der Drucklegung, am 16. Januar 1919, beschloß der Bezirksarbeiter- und Soldatenrat Merseburg, das Preußische Oberbergamt (ObgA) zu Halle, die staatliche Aufsichtsbehörde für den gesamten mitteldeutschen Bergbau, seiner Kontrolle zu unterstellen. Die Kontrolle sollte von Kommissaren des Bezirksarbeiter- und Soldatenrates gemeinsam mit Vertretern der Bergarbeiter ausgeübt werden[1]). Über die Einzelheiten des weiteren Vorgehens herrschte bei *W. Koenen* und seinen Freunden offenbar noch keine völlige Klarheit; es ist zu vermuten, daß erst nähere Informationen über das Essener Vorgehen eingeholt wurden[2]). Am 27. Januar 1919 hielt der unterdessen provisorisch eingesetzte Bezirksbergarbeiterrat (Bez.B.-Rat) dann seine erste Sitzung ab und formulierte seine nächsten Aufgaben[3]): 1. Vorbereitung von Betriebsrätewahlen, denen sich der Aufbau einer wirtschaftlichen Räteorganisation für den Bereich des ObgA anschließen sollte, 2. Kontrolle des Geschäftsverkehrs im ObgA, 3. Studium des bisherigen Verstaatlichungsvorbereitungen des ObgA. Die vorgesehene Wahlordnung entsprach völlig dem Essener Muster: Wahl von Steigerrevierräten, durch diese dann Wahl der Zechen- oder Betriebsräte, die je einen kaufmännischen und technischen Beamten (die Angestellten heißen im Bergbau „Beamte") und bis zu fünf Arbeiter umfassen sollten; die Betriebsräte sollten einen Bergrevierrat wählen, je ein Delegierter jedes Bergreviers den Bez.B.-Rat bilden. Das aktive Wahlalter wurde auf 18 Jahre, das passive auf 25 Jahre festgesetzt; außerdem war zur Wählbarkeit eine Beschäftigungsdauer von mindestens drei Jahren „unter Tage" Voraussetzung. Bis zum Ausbau dieser Organisation sollte der provisorische Bez.B.-Rat amtieren, dem drei Bergarbeiter *(Marx, Heinzelmann, Zeising)*, der Steiger *O. Peters* und der Ingenieur *G. Rausch* angehörten, außerdem ein Vertreter des Bezirksarbeiter- und Soldatenrats, meistens *W. Koenen*, gelegentlich auch sein jüngerer Bruder *Bernhard Koenen*, Metallarbeiter und Vorsitzender des Arbeiterrats der Leuna-Werke.

Am 29. Januar 1919 trat dann in Halle eine allgemeine Konferenz der Arbeiter- und Soldatenräte des Bezirks zusammen, die über die zukünftige Stellung der Räte und über die Sozialisierung beriet[4]). *W. Koenen* hielt das Referat

---
[1]) LHA S-A, Rep F 38, Oberbergamt Halle, Vergesellschaftung der Betriebe, Heft 1, VIII b, 73, Bl. 14, Protokollauszug der Sitzung des Bezirksarbeiter- und Soldatenrats.
[2]) LHA S-A, a.a.O., Bl. 16, in einem Brief vom 24. 1. 1919 an das Pr. Min. f. H. u. Gewerbe, in dem das ObgA über den Beschluß des Bezirksarbeiter- und Soldatenrats Bericht erstattet, wird auch das offensichtliche Zögern der Rätevertreter deutlich. Eine angekündigte Besprechung wird zweimal verschoben. Über die Motive der getroffenen Maßnahme urteilt das ObgA: „Beeinflußt durch die Vorgänge in Westfalen und Oberschlesien haben auch die Belegschaften der mitteldeutschen Braunkohlenwerke eine Bewegung begonnen, die die sofortige Sozialisierung des mitteldeutschen Braunkohlenbergbaus zum Ziel hat."
[3]) A.a.O., Bl. 25, Protokollauszug, siehe auch Bl. 24, Wahlordnung für Betriebsräte im Mansfelder Revier.
[4]) *Schubert*, a.a.O., S. 17/8; *Curschmann*, a.a.O., S. 16 ff., dort auch die Entschließung der Konferenz. Ferner LHA S-A, a.a.O., Bl. 26 und ff.

über die Sozialisierung der Großbetriebe, ein Sozialdemokrat hielt ein Korreferat. Die Konferenz verabschiedete eine ausführliche Entschließung, in der sie erklärte, daß die Arbeiter- und Soldatenräte nach wie vor die oberste politische Gewalt für sich in Anspruch nähmen. Außerdem wurde für alle Betriebe mit mehr als 20 Arbeitern die Einsetzung von Betriebsarbeiterräten nach der Essener Wahlordnung beschlossen. Die Arbeiterräte sollten vor allem für die Aufrechterhaltung der Produktion sorgen und ihre Aufmerksamkeit und Energie auf die schleunige Sozialisierung der Großbetriebe richten. Die großbetrieblichen Arbeiterräte erhielten das Recht, mit Sitz und Stimme in Direktion und Aufsichtsrat bei allen zu erledigenden Angelegenheiten der Unternehmungen „gleichberechtigt" mitzubestimmen. Der Steiger *Peters* wurde zum Beigeordneten des staatlichen Sozialisierungskommissars bestimmt, dessen Einsetzung man analog dem Verfahren im Ruhrgebiet, wo drei solcher Kommissare ernannt worden waren, für nahe bevorstehend hielt. Für den Fall, daß die Regierung die Betriebsräte nicht anerkennen würde, wurde mit Streik gedroht[1]).

Das Preußische Staatsministerium und das ObgA verfolgten diesem Vorstoß gegenüber, genau so wie im Ruhrgebiet, eine hinhaltende Taktik. Die Kontrolle des ObgA wurde hingenommen[2]), jedoch als ein politischer Akt gegenüber einer staatlichen Behörde aufgefaßt (die Kontrolle der politischen Verwaltung durch die Räte war als Grundsatz noch anerkannt). Dem Aufbau der Räteorganisation und den Sozialisierungsbestrebungen gegenüber verhielt man sich ablehnend, ohne aktiven Widerstand zu leisten. Den Werken wurde vom Minister „empfohlen", „noch nicht getätigte Wahlen nach Essener Muster nicht zu hindern"[3]). In der Tat wurden in den folgenden Wochen für die meisten Betriebe Betriebsräte nach der Essener Wahlordnung gewählt[4]). Außerdem festigte der Bez.B.-Rat seine Beziehungen zur Neunerkommission; an der Essener Konferenz der Arbeiter- und Soldatenräte vom 6. Februar 1919 nahmen auch Vertreter aus Halle teil[5]).

Durch die Konferenzbeschlüsse ermuntert und durch das verständliche Widerstreben der Unternehmer, ihre Ausführung zuzulassen, aufgestachelt, entfaltete sich die allgemeine soziale Bewegung unter der Arbeiterschaft, die —

---

[1]) Die Formulierung der Hauptentschließung entspricht übrigens weitgehend den Richtlinien für die Aufgaben und das Tätigkeitsgebiet der Arbeiterräte, die am 17. 1. 1919 von der Vollversammlung der Berliner Arbeiter- und Soldatenräte beschlossen worden waren. Der Arbeiter-Rat, Jg. 1, Nr. 1, S. 7 ff.

[2]) LHA S-A, a.a.O., Bl. 31, internes Rundschreiben des ObgA über die Kontrolle des Schriftverkehrs durch den Bez. B.-Rat und die Teilnahme des letzteren an den Sitzungen des ObgA.

[3]) DZA Potsdam, Reichsarbeitsministerium, Maßnahmen auf dem Gebiet des Arbeiter- und Angestelltenrechts, Betriebsräte, Bd. 1, Nr. 3481, Bl. 72, Brief des ObgA vom 17. 3. 1919 und Bl. 73/4, Abschrift eines Briefes des Pr. Min. f. H. u. Gew. an das ObgA Halle vom 3. 2. 1919 mit ausführlicher Erläuterung der gegenüber der west- und mitteldeutschen Bergarbeiterbewegung einzuschlagenden Taktik.

[4]) *Schubert*, a.a.O., S. 18/9.

[5]) Ill. Gesch., S. 320; Broschüre Neunerkommission, S. 13.

wie sogar *Curschmann* meint — „noch keine greifbaren materiellen Vorteile aus der Revolution für sich erkennen konnte und eine Besserung ihrer Lage nicht fand"[1]). Auf einer Reihe von Werken kam es zu sog. „wilden Sozialisierungen", d. h. zu mehr oder weniger gewaltsamen Aktionen der Belegschaft, mit dem Ziel, von der Direktion die Anerkennung der Betriebsräte und ihrer Kontrollfunktionen zu erzwingen[2]). Der Bez.B.-Rat trat solchen Aktionen energisch entgegen; er warnte die Direktionen zwar vor einer Behinderung der Betriebsrätewahlen, ersuchte aber auch die Betriebsräte, „sich voreiliger Handlungen zu enthalten und nicht eigenmächtig Beamte und Angestellte abzusetzen"; hingegen forderte er eine scharfe Kontrolle, um die Gruben „in einem einwandfreien Zustand der Vergesellschaftung" zuzuführen[3]). Außerdem bemühte er sich um rasche Beilegung der entstandenen Konflikte[4]).

Es ist kaum möglich, unter der Oberfläche der politischen Parolen und Aktionen, zumal durch das Medium der schriftlichen Quelle, die ursprünglichen Beweggründe und Vorstellungen der einfachen Arbeiter oder Angestellten, die an diesen Bewegungen teilnahmen, aufzufinden. Diese Schwierigkeiten bestehen ganz abgesehen von dem soziologisch-politikwissenschaftlichen Grundproblem, ob es in einer Gesellschaft, in der immer schon soziale Organisationen und Ideen wirksam sind, die den einzelnen zumindest mittelbar beeinflussen, überhaupt „ursprüngliche" Motive im reinen vor- und außerpolitischen Sinne geben kann[5]). Trotzdem geben die Schilderungen der durch die Arbeiter ohne und z. T. gegen die Führung unternommenen Aktionen und einige zufällig erhalten gebliebene Zeugnisse einzelner Personen gewisse Hinweise auf die tieferen Gründe der Bewegung.

Besonders bemerkenswert ist die „wilde Sozialisierung" auf einem Kalischacht[6]). Am 2. Februar 1919 war von der Belegschaftsversammlung ein Betriebsrat, bestehend aus zwei technischen und einem kaufmännischen Beamten, sowie vier Arbeitern gewählt worden. Als erstes löste er den alten Arbeiter-

---

[1]) A.a.O., S. 21.

[2]) DZA Potsdam, Inf. St. d. Reichsregierung, Tagesberichte, Bd. 3, Nr. 45, Bl. 135, Bericht des ObgA Halle über drei verschiedene wilde Sozialisierungen; Bl. 139, Bericht des Regierungspräsidenten von Merseburg mit der bemerkenswerten Feststellung: „Massen infolge Sozialisierungsidee nicht mehr in Hand der Führer"; a.a.O., Berichte über die Lage im Reich, Bd. 9, Nr. 34, Bl. 101, telefonischer Bericht des Magistrates Merseburg vom 11. 2. 1919 über die gewaltsame Durchführung der Betriebsrätewahlen in der Kupferschieferbauenden Gewerkschaft in Eisleben. Ferner LHA S-A, a.a.O., Bl. 33 ff., 58/9, 60 ff., ausführliche Unterlagen über Unruhen auf der Grube Gewerkschaft Clara-Verein; Bl. 38 ff., ausführlicher Bericht des Berginspektors *Wiedenbeck* über eine „wilde Sozialisierung" auf der Gewerkschaft Orlas, Nebra, Georg und Unstrut bei Nebra.

[3]) *Schubert*, a.a.O., S. 19.

[4]) LHA S-A, a.a.O., Bl. 34, über die Einigungsverhandlungen auf der Grube Gewerkschaft Clara-Verein.

[5]) Siehe auch unten S. 302/3.

[6]) LHA S-A, Bl. 38 ff.

und den alten Beamtenausschuß auf. Dann erklärte er, „daß der Betrieb der Werke sozialisiert und durch den Betriebsrat mit verwaltet und kontrolliert werden solle", die Verwaltung habe „nach den Beschlüssen des Betriebsrats" zu erfolgen. Ferner forderte der Betriebsrat die Absetzung eines Berginspektors W.; als diese von der Direktion abgelehnt wurde, entzog der Betriebsrat dem W. sein Kutschgeschirr (also in heutigen Begriffen seinen „Dienstwagen") und unterstellte die Benutzung dem Obersteiger. Außerdem wurde eine neue Geschäftsverteilung im Betrieb vorgenommen, welche auf die Ausschaltung der Oberbeamten bei Belassung der mittleren und unteren hinauslief. Sodann nahm der Betriebsrat eine eigenmächtige Befahrung des Untertagebetriebes vor, fand eine Strecke in schlechtem Zustand und veranlaßte beim Obersteiger sofortige Abhilfe. Die Arbeitskräfte dafür ordnete der Betriebsrat selber ab. Erwähnenswert ist, daß auf einer zwei Tage später stattgefundenen Betriebsversammlung, auf der ein offenbar sozialdemokratischer Gewerkschaftssekretär und *W. Koenen* sprachen, der erstere den weitaus größeren Anklang und auch die Unterstützung des Betriebsrates fand; es scheint also die politische Agitation der USPD in diesem Betriebe nicht das ausschlaggebende Moment der sozialen Unruhe gewesen zu sein.

In dieselbe Richtung weist auch der Inhalt zweier Briefe, in denen ein Schachtmeister und ein Bergarbeiter den staatlichen Behörden ihre Vorstellungen von einer vernünftigen Sozialisierung vortrugen[1]). Der Meister lehnt die politischen Arbeiterräte entschieden ab, befürwortet aber die Schaffung von Betriebsräten, die alle Fachrichtungen der Belegschaft umfassen und unbeschränkten Einblick in alle Unterlagen des Betriebes erhalten sollen. Die Leitung des Betriebes soll in genossensehaftlichem Zusammenwirken aller Betriebsangehörigen erfolgen, die Einkommenspyramide im Betrieb erheblich abgeflacht werden und der Reingewinn zu gleichen Teilen an Unternehmer und Arbeitnehmer fallen. Die Vorschläge des Arbeiters sind sehr ähnlich; zwar möchte er den Eigentümern nur 5—8% des Reingewinns zugestehen, aber auch er denkt nicht an eine Enteignung. Ihm ist ebenfalls der Betriebsrat die wichtigste Neuerung; er hat für den Betrieb mit Sorge zu tragen, soll in alle Vorgänge Einblick erhalten und in jeder Weise gesichert und unabhängig arbeiten können. Die Beamten sollen — und das ist wichtig — zwar nach wie vor von den Eigentümern angestellt werden, aber in Zukunft der Bestätigung durch die Arbeiter oder den Betriebsrat unterliegen.

Wenn wir die hier angeführten einzelnen Tatsachen mit anderen ähnlichen aus den vorher geschilderten Bewegungen zusammenhalten, gewinnen wir zumindest ein ungefähres Bild von einigen Schwerpunkten in den unmittelbaren Interessen der Arbeitnehmer. 1. Wichtig waren ihnen vor allem der Kampf gegen die überkommene Hierarchie, den „alten Betriebsabsolutismus", wie es

---

[1]) DZA Potsdam, Reichsarbeitsministerium, Maßnahmen auf dem Gebiet des Arbeiter- und Angestelltenrechts, Betriebsräte, Bd. 1, Nr. 3481, Bl. 168. LHA S-A, a.a.O., Bl. 63/4.

der Berliner Arbeiterrat *Burciczak* ausgedrückt hatte, und für eine irgendwie geartete „Demokratisierung" der innerbetrieblichen Struktur. 2. Damit stand der Wunsch in engem Zusammenhang, über die unmittelbaren sozialen Bedingungen der eigenen Arbeit (im Bergbau vor allem über die Sicherheitsvorkehrungen), über die Lohnfestsetzung und über die Entlassung selbst mitzubestimmen. 3. Als ebenso dringlich wurde ohne Ausnahme das Bedürfnis empfunden, in *alle* Unterlagen der Betriebsleitung unbeschränkt Einblick zu erhalten. Und 4. wurde immer wieder ein angemessener Anteil am Betriebsgewinn und ein Ausgleich der großen Vermögens- und Einkommensunterschiede zwischen Unternehmern und Arbeitnehmern gefordert. Die Institution, von der sich die Arbeitnehmer, auch die Beamten, die Erfüllung aller dieser Wünsche erhofften, war der von der Belegschaft demokratisch gewählte Betriebsrat. Dabei war die Einsicht vorhanden, daß diesen erweiterten Rechten auch entsprechende Pflichten gegenüberstanden: Die Sorge für den Betrieb wurde als eine der Hauptaufgaben des Betriebsrats empfunden. Nicht zuletzt aus diesem Grunde wurde die verstärkte Vertretung der Beamten im Betriebsrat von den Arbeitern als selbstverständlich gefordert oder zumindest hingenommen. Wenn, wie wir aus den beiden Briefen gesehen haben, solche Überlegungen und Wünsche sogar in politisch offenbar nicht sonderlich profilierten oder gar radikalen Arbeitnehmerkreisen wirksam waren, dann können wir uns eine Vorstellung davon machen, welche Werbekraft die Forderungen nach Betriebsräten, nach Kontrolle der Produktion und nach einer auf die Räte gegründeten Sozialisierung unter der Gesamtarbeiterschaft entfalteten.

Die Führer der mitteldeutschen Bewegung bemühten sich im Februar 1919 nun mit großem Nachdruck darum, ihre örtlichen Anfangserfolge fester zu verankern. Gemeinsam mit Vertretern der Essener Neunerkommission fuhren Delegierte des Bez.B.-Rats Halle erst nach Berlin, dann nach Weimar, um in Verhandlungen mit der Reichsregierung eine Anerkennung des Rätesystems in der Wirtschaft und eine feste Zusage über die Sozialisierung zu erreichen. Die Verhandlungen fanden schließlich, unter Hinzuziehung von Vertretern der Gewerkschaften und der Arbeitgeber, am 13./14. Februar 1919 in Weimar statt[1]).

In diesen Verhandlungen wiesen die sozialdemokratischen Minister *Wissell* und *Bauer* die Forderungen der Arbeitervertreter auf das schärfste zurück: „Die Essener Resolution entspräche geradezu einer naiven Anschauung von wirtschaftlichen Verhältnissen; sie könnte von keiner Regierung angenommen werden." Die Sozialisierung sei viel zu schwierig, um „von lokalen Einrichtungen

---

[1]) Ein eingehendes Protokoll ist wiedergegeben bei *Curschmann*, a.a.O., S. 22 ff.; der Bericht, den der Essener Delegierte *Will* vor der Konferenz der Arbeiter- und Soldatenräte des Ruhrgebiets am 18. 2. 1919 in Essen erstattete, nachdem die sozialdemokratischen Teilnehmer zum größten Teil ausgezogen waren, findet sich in Broschüre Neunerkommission, S. 13 ff. Die Darstellung der Verhandlungen bei *Schubert* ist völlig falsch, insbesondere verlegt sie die Verhandlungen irrtümlicherweise auf den 20./21. 2. 1919. So erstaunlicherweise auch *Koenen* in Vorwärts und nicht vergessen, S. 396 ff., 393.

in kürzester Frist übers Knie gebrochen" zu werden. Keinesfalls dürften die Arbeiterräte in die Betriebsleitung eingreifen[1]).

Am Ende kam nach Beratungen im kleinen Kreis eine Vereinbarung zustande, die zwar die Betriebsräte, gegen die sich die Regierung bisher gewehrt hatte, formell anerkannte, in der Sache aber von den Forderungen der Arbeiter nur sehr wenig übrigließ[2]). Der Betriebsrat sollte indirekt, aus den bestehenden getrennt funktionierenden Arbeiter- und Angestelltenausschüssen heraus gewählt werden. Ein Kontrollrecht über die Betriebsleitung stand ihm nicht mehr zu. Einblick in die wirtschaftlichen Vorgänge des Werkes wurde ihm nur soweit zugestanden, als es für das unmittelbare Arbeitsverhältnis von Bedeutung war. Lediglich bei der Entlassung von Arbeitern oder Angestellten sollte er ein volles Mitbestimmungsrecht erhalten. Die Weimarer Vereinbarungen beließen den Betriebsräten also ausschließlich sozialpolitische Rechte, wirtschaftliche oder gar politische Funktionen gestanden sie ihnen nicht zu[3]). Überdies besaßen sie nur eine eingeschränkte und vorläufige Geltung. Darüber, ob die Bestimmung über die Einsetzung der Betriebsräte obligatorisch oder fakultativ gelten sollte, behielt sich die Regierung die Entscheidung vor. Die Bestallung der Betriebsräte und der Erlaß der vereinbarten Dienstanweisung sollten durch Richtlinien, welche die Regierung aufzustellen hatte, den Arbeitgebern und den Arbeitnehmern zur Durchführung lediglich empfohlen werden.

Die Wirkung der Weimarer Vereinbarungen war im Ruhrgebiet und in Mitteldeutschland verschieden, in beiden Fällen jedoch negativ. In Essen brach, wie wir gesehen haben, zu dieser Zeit gerade die Neunerkommission auseinander; und die Radikalen lehnten das Verhandlungsergebnis schroff als unzureichend ab[4]). In Mitteldeutschland hingegen sind die Weimarer Vereinbarungen offenbar im einzelnen überhaupt nicht bekannt geworden. Die Unterhandlungen wurden als erfolglos bezeichnet; und zur selben Zeit, in der mit der Regierung noch verhandelt wurde, am 13. Februar 1919, veröffentlichte der Bezirksbergarbeiterrat Halle eine „Vorläufige Dienstanweisung für die Betriebsräte", in der das volle Kontroll- und Mitbestimmungsrecht auf wirtschaftlichem Gebiet verankert war[5]).

Dieses Verhalten ist den Führern der mitteldeutschen Rätebewegung später heftig vorgeworfen worden, und man hat daraus geschlossen, daß es ihnen im Grunde weniger um die Rechte der Betriebsräte, als um die Aufputschung der Arbeiter gegen die Regierung gegangen sei[6]). Es ist nicht genau festzustellen, ob die Arbeitervertreter in Weimar dem Verhandlungsergebnis uneingeschränkt

[1]) Protokoll siehe *Curschmann*, a.a.O., S. 22 und 23.
[2]) *Curschmann*, a.a.O., S. 14/5.
[3]) Dies betont *Curschmann* mit vollem Recht, a.a.O., S. 25/6.
[4]) Broschüre Neunerkommission, S. 13 ff., bes. S. 17/8, 18/9.
[5]) *Curschmann*, a.a.O., S. 26/7.
[6]) Besonders scharf *Curschmann*, a.a.O., S. 3, 22 ff.

oder unter Vorbehalt zugestimmt haben. Sie haben aber jedenfalls ganz offensichtlich nicht zum Ausdruck gebracht, daß es für sie unannehmbar sei. Angesichts des späteren heftigen Kampfes gegen die Regierung mußte diese Haltung in der Tat als zweideutig erscheinen.

*W. Koenen*, der eigentliche Kopf der gesamten Bewegung, hat unmittelbar nach dem großen Streik behauptet, das Weimarer Verhandlungsergebnis sei am 18. Februar 1919 im Halleschen „Volksblatt" bekanntgegeben, von den Arbeitern aber als ungenügend abgelehnt worden[1]). Später, auf dem 2. Rätekongreß im April 1919 hat er die Vorgänge dann so dargestellt: Die Arbeitervertreter hätten sich nach langen Verhandlungen auf einen Kompromiß eingelassen, aber die Regierung habe die vorgesehene „Entscheidung" über fakultative oder obligatorische Geltung sowie die versprochenen Richtlinien nicht erlassen, obwohl ihr aus Halle ein fertiger Vorschlag gemacht worden sei. Erst dann sei es zum Generalstreik gekommen[2]). Tatsächlich hat die Regierung nach dem 13./14. Februar offenbar erst einmal nichts unternommen, und damit bekundet, daß es ihr mit den Vereinbarungen nicht so ernst war. Außerdem hat auch die Regierung es versäumt, jene Vereinbarungen öffentlich bekanntzugeben; das ist übrigens nicht verwunderlich, denn Regierung, SPD und Gewerkschaften hatten sich zu dieser Zeit auf eine klare Linie in der Rätefrage noch nicht einigen können[3]).

Trotzdem ist diese *Koenen'sche* Version nicht ganz überzeugend; denn das Weimarer Ergebnis war nicht sosehr ein Kompromiß, als vielmehr ein völliger Sieg der Regierungsauffassung und im Grunde für die Arbeitervertreter indiskutabel. *Koenen* hat später, in seiner Rede vor der Nationalversammlung am 21. Juli 1919, selbst erklärt, der Hallesche Entwurf sei „bei den Verhandlungen vor dem mitteldeutschen Generalstreik mit der Regierung dreimal abgeändert, verschlechtert, verbösert, was sozialistisch daran war ... herausgestrichen worden ..."[4]). Der wirkliche Verlauf wird so gewesen sein, daß die mitteldeutschen Vertreter, *Rausch* und *Bernhard Koenen*, sich haben bei den Verhandlungen überfahren lassen. Sie hatten die von *W. Koenen* selbst verfaßte Dienstanweisung[5]) — dieselbe, die dann am 13. Februar 1919 in Halle veröffentlicht wurde — als Verhandlungsgrundlage mitgebracht[6]) und hätten die

---

[1]) *Koenen*, Generalstreik, S. 8, 21/2.
[2]) Stenografischer Bericht, S. 237.
[3]) Siehe die Verhandlungen der Parteikonferenz zu Weimar am 22./23. 3. 1919, die die vergangenen und gegenwärtigen Meinungsverschiedenheiten deutlich widerspiegeln, Protokoll, S. 29 ff. Vgl. auch die Erklärung der Reichsregierung vom 25. 2. 1919, wonach kein Mitglied des Kabinetts daran denke oder je daran gedacht habe, das Rätesystem in irgendwelcher Form, sei es in die Verfassung, sei es in den Verwaltungsapparat einzugliedern. Reichsanzeiger vom 1. 3. 1919. Der Arbeiter-Rat, Jg. 1/1919, Nr. 7, S. 3/4.
[4]) Sten. Protokoll, Sp. 1781.
[5]) Siehe *Koenen* vor der Nationalversammlung, a.a.O.
[6]) Die „Dienstanweisung" der Vereinbarungen beruht, nach Gliederung und Formulierung zu urteilen, ganz offensichtlich auf der Halleschen „Dienstanweisung" vom 13. 2. 1919.

schwerwiegenden inhaltlichen Abweichungen des „Kompromisses" eigentlich bemerken und daraus die Konsequenz der Ablehnung ziehen müssen. *W. Koenen* hat diese Konsequenz dann offenbar gezogen und sofort begonnen, die Arbeiterschaft für den Kampf um die ursprünglichen Forderungen zu mobilisieren[1]).

Gleichlaufend mit dem Generalstreik und den darauf folgenden blutigen Kämpfen im Ruhrgebiet, genährt durch die allmählich auch in Mitteldeutschland einsetzenden militärischen Aktionen zur Entwaffnung der Arbeiter und Auflösung der Arbeiter- und Soldatenräte[2]), steigerte sich die politische Spannung im Halle—Merseburger Gebiet. Bereits am 22. 2. brach im Zeitzer Revier der Generalstreik aus. Am 23. Februar 1919 trat in Halle eine allgemeine mitteldeutsche Bergarbeiterkonferenz zusammen, an der neben den örtlichen Arbeiter- und Soldatenräten die Vertreter der Eisenbahner, der chemischen Industrien und der Elektrizitätswerke (der großen Überlandszentralen, die Berlin und die sächsischen Großstädte z. T. mitversorgten) teilnahmen[3]).

Von den Teilnehmern der Konferenz gehörte die Hälfte zur USPD, je ein Viertel zu SPD und KPD. Die Versammelten forderten die sofortige Durchführung der Demokratie in allen Reichs- und Staatsbetrieben und in allen für die Vergesellschaftung reifen Betrieben als Vorbedingung für den Sozialismus. Sie verlangten die sofortige Anerkennung der direkt gewählten Betriebsräte und des sich darauf aufbauenden Bezirksbergarbeiterrats, der einen Beigeordneten zum Sozialisierungskommissar der Regierung zu benennen hatte. Als erster Beigeordneter wurde abermals der Steiger *Peters* vorgeschlagen. *W. Koenen* formulierte das allgemeine politische Programm der Bewegung, indem er sich gegen eine Sozialisierung von oben unter Ausschaltung des Mitbestimmungsrechtes der Arbeiter wandte: „Deshalb muß man nun von unten sozialisieren. Das erfordere jedoch einen demokratischen Aus- und Aufbau des Rätesystems, in welchem die Betriebsräte vor allem das Mitbestimmungsrecht der Arbeiter an der gesamten Produktion sichern"[4]). Außerdem wurde eine neue „Vorläufige Dienstanweisung für den Betriebsrat" beschlossen, die — unter Übernahme einiger Formulierungen aus der Weimarer Vereinbarung — das volle Kontroll- und Mitbestimmungsrecht enthielt. Da alle Wege beschritten seien, die Regierung aber die Forderungen der Bergarbeiter „zurückgewiesen" habe, erklärten

---

[1]) Diese Deutung wird durch die Mitteilungen *Koenens* bestätigt, a.a.O., S. 15 ff. Er billigt den Verhandlungsführern der Arbeiter den guten Glauben zu, im Rahmen des ausgehandelten Kompromisses, „eine irgendwie ersprießliche Tätigkeit aufnehmen zu können". Die Arbeitervertreter seien freilich mit Ausnahme von *Bernhard Koenen* keine sehr festen Verhandlungspartner gewesen. „Das Wichtigste aber ist, daß sowohl im Ruhrgebiet wie auch in Halle und Leipzig bei der Berichterstattung über diese Verhandlungen einmütige Ablehnung erfolgte. Die Verhandlungskommission war also ein Kompromiß eingegangen, das nicht akzeptiert wurde."

[2]) Ill. Geschichte, S. 371 ff.

[3]) Ill. Geschichte, S. 373/4; *R. Müller*, a.a.O., S. 142/3; *Curschmann*, S. 29 ff.; *Schubert*, a.a.O., S. 21/2.

[4]) *Schubert*, a.a.O.

die Versammelten für den 24. Februar den Generalstreik. Alle Beschlüsse erfolgten einstimmig.

Der Streik setzte sofort mit großer Wucht ein und war fast vollständig. Bergbau und Industrie lagen still, die Stromversorgung ruhte, nur einige Personenzüge verkehrten. Die Arbeitsniederlegung erstreckte sich bis nach Sachsen, Thüringen und Anhalt[1]). Reichsregierung und Nationalversammlung saßen in Weimar wie auf einer Insel, von Berlin, vom Ruhrgebiet, von Süddeutschland abgeschnitten. Es war deutlich, daß nur durch erhebliche Konzessionen die Bewegung zum Stillstand gebracht werden konnte[2]). Am 1. März verkündete ein überall plakatierter Aufruf: „Die Sozialisierung marschiert!". Weiter wurden versprochen: „Wirtschaftliche Demokratie", „das einheitliche sozialistische Arbeitsrecht", „Betriebsräte", „die konstitutionelle Fabrik auf demokratischer Grundlage", und „all das in Verbindung mit der Sozialisierung der Wirtschaftszweige, die sich, wie vor allem Bergwerke und Erzeugung von Energie, zur Übernahme in öffentliche Bewirtschaftung eignen ...". Zugleich erließ die SPD einen beschwörenden Aufruf „Gegen die Tyrannei", in dem die schwersten Vorwürfe gegen die Streikenden erhoben wurden. Außerdem stellte die sozialdemokratische Fraktion in der Nationalversammlung am 1. März einen Antrag, der das Nationaleigentum an den wichtigsten Bodenschätzen proklamierte und von der Regierung eine beschleunigte Sozialisierung sowie die Schaffung von Betriebsräten forderte[3]). Zusätzlich zu der propagandistischen Offensive ließ die Regierung die Truppen des Generals *Maercker* in das Revier einrücken und die Entwaffnung der Arbeiter durchführen. Dabei kam es in Halle, Zeitz und mehreren anderen Orten zu blutigen Kämpfen und schweren Ausschreitungen von beiden Seiten[4]).

Prof. *Curschmann*, der als einer der Vertreter der chemischen Industrie in Mitteldeutschland den ganzen Ereignissen persönlich nahestand, schildert den Verlauf der Streikbewegung und der Verhandlungen, die zum Streikabbruch führten, unter Erwähnung interessanter Einzelheiten. Da der Streik mit erstaunlicher Geschlossenheit durchgeführt wurde, wie auch *Curschmann* anerkennt, und es den Arbeitern mit der Forderung nach Betriebsräten offensichtlich wirklich ernst war, begannen einzelne Unternehmungen selbständig mit ihren Belegschaften Vereinbarungen abzuschließen, in denen sie der Einrichtung von Betriebsräten zustimmten. So kam es in Borna, Altenburg und im Wittenberger Bezirk zu Lösungen, die zwischen dem Weimarer Kompromiß und den Halle-

---

[1]) *Schubert*, a.a.O., S. 23 ff., gibt eine detaillierte Darstellung des Streiks und seiner Ausbreitung. Über Leipzig auch noch Rote Fahne Leipzig, S. 93 ff.

[2]) Siehe die Protokolle der sozialdemokratischen Fraktion der Weimarer Nationalversammlung, in Abschrift bei der Kommission für die Geschichte des Parlamentarismus und der politischen Parteien, Bonn. Sitzungen vom 28. 2. und 3. 3. 1919.

[3]) *Müller*, a.a.O., S. 144 ff.; Ill. Gesch., S. 374/5.

[4]) *Müller*, a.a.O., S. 148; Ill. Gesch., S. 375 ff.

schen Forderungen lagen, aber doch mehr oder weniger ausgeprägt den Gedanken der gleichberechtigten Mitbestimmung in wirtschaftlichen Fragen festhielten[1]).

Besonders aufschlußreich ist dabei die Wittenberger Vereinbarung, weil in ihr — im Gegensatz zu den Halleschen „Dienstanweisungen" — in gewissem Sinne zwischen der allgemeinen Unternehmenspolitik und der laufenden Unternehmensleitung unterschieden wird. Die Formulierungen sind zwar noch recht ungenau, aber die darin zum Ausdruck kommenden Überlegungen werden doch deutlich: „Die Werksleitung wird durch den Betriebsrat ergänzt und unterstützt", „der Betriebsrat kontrolliert mit der Werksleitung den Betrieb und sorgt für einen möglichst hohen Stand der Produktion ...", aber die Werksleitung trägt auch für die gemeinsam gefaßten Beschlüsse die Verantwortung und übernimmt deren Ausführung.

In den zentralen Verhandlungen, die vom 3. März an zwischen der Regierung, den Arbeitgebern, den Gewerkschaften und den Streikenden geführt wurden, blieb von diesen Ergebnissen allerdings nicht viel übrig. Die Reichsregierung hatte ihre Versicherungen vom 1. März in Form einer offiziellen Regierungserklärung am 4. März wiederholt. Die Formulierungen waren freilich kaum weniger unbestimmt, als in dem Aufruf: „Die Sozialisierung marschiert"[2]). Trotzdem blieben sie nicht ohne Eindruck auf die Streikenden. Darüber hinaus verwies die Regierung auf die bislang unbekannt gebliebenen Weimarer Vereinbarungen. *Curschmann* meint: „Der größte Teil der anwesenden Arbeiter erkannte, daß sie in Halle über diese Vorgänge absichtlich nicht unterrichtet und irregeführt worden waren[3])." Wenn diese Beurteilung zutrifft, dann rächte sich nun das Verhalten der mitteldeutschen Führer am 13./14. Februar und in den Tagen danach. Das Weimarer Verhandlungsergebnis war der Masse der Arbeiter bei Streikbeginn offenbar nicht bekannt gewesen; die Hintergründe jenes Kompromisses und seiner nachherigen Ablehnung blieben ihnen verborgen; es mußte fast unvermeidlicherweise verwirrend auf sie wirken, daß einige ihrer angesehensten Führer zehn Tage vor dem Streik einer Lösung zugestimmt hatten, die wesentlich bescheidener war, als das Programm des großen Streiks. Jedenfalls wurde von einer Delegiertenversammlung der Streikenden, wenn auch gegen eine starke Minderheit, der Abbruch des Streiks beschlossen. Zwischen dem 6. und dem 8. März 1919 wurde die Arbeit überall wiederaufgenommen[4]).

Nach dem Beschluß zur Beendigung des Streiks begannen in einer kleinen

---

[1]) *Curschmann*, a.a.O., S. 32 ff. Die Altenburger Vereinbarungen, DZA Potsdam, a.a.O., Betriebsräte, Bd. 1, Nr. 3481, Bl. 462 ff.; siehe auch LHA S-A, a.a.O., Bl. 155 ff.; Vereinbarungen von Wittenberg, Bl. 145/6; von Borna, Bl. 160 ff.

[2]) Text bei *Müller*, a.a.O., S. 147/8. Über die Unbestimmtheit jener Erklärung, die auch auf sozialdemokratischer Seite sehr wohl gesehen wurde, siehe die Diskussion auf der SPD-Parteikonferenz vom 22./23. 3. 1919, Protokoll.

[3]) A.a.O., S. 37/8; siehe auch S. 33 ff., wo dasselbe von den Verhandlungen mit einer Wittenberger Delegation am 3. 3. berichtet wird.

[4]) *Müller*, a.a.O., S. 148; Ill. Gesch., S. 377; *Schubert*, a.a.O., S. 44 ff.

Kommission am 5. 3. die Verhandlungen über die konkrete Ausgestaltung des Betriebsräterechts in Mitteldeutschland. Sie führten nach langwierigen, mehrfach vertagten Auseinandersetzungen, in denen vor allem die Seite der Unternehmer ihren Standpunkt sehr hartnäckig vertrat, am 12. März zu einer offiziellen Vereinbarung zwischen allen Beteiligten, die am 20. 3. im Reichsanzeiger veröffentlicht wurde[1]).

Das Ergebnis des Streiks enthielt gegenüber den Vereinbarungen vom 13./14. Februar einige Verbesserungen: Ein erweitertes Recht der Einsichtnahme in die Betriebsvorgänge, die Zusage der Regierung, die Einrichtung von Betriebsräten in der Verfassung zu verankern, die Ausdehnung auf nicht bergbauliche Betriebe und die zumindest tatsächliche Bindung der mitteldeutschen Unternehmer an die getroffenen Abmachungen[2]). In den politisch entscheidenden Punkten aber hatte sich die Auffassung der Arbeitgeber und der sozialdemokratischen Regierungsvertreter und Gewerkschaftler durchgesetzt: Das Recht, den Betrieb zu leiten, wurde ausdrücklich den Unternehmern allein zuerkannt. Der Betriebsrat unterstützt die Betriebsleitung nur „durch seinen Rat"[3]). Irgendwelche Kontroll- und Mitbestimmungsrechte sollte er nicht mehr besitzen. Die Errichtung von regionalen Arbeiterräten (Bergrevier- oder Bezirksräten) war nicht mehr vorgesehen.

Die Bestimmungen über das Recht der Einsichtnahme in die wirtschaftlichen Vorgänge waren zwar weniger eng, aber auch ungenauer als am 13./14. 2. gefaßt worden. Der Einblick in „alle" betrieblichen Vorgänge wurde zwar gewährt, aber nur soweit dadurch Betriebsgeheimnisse nicht gefährdet wurden und gesetzliche Bestimmungen dem nicht entgegenstünden[4]). Die entscheidende Bedeutung dieser Einschränkungen hat *Curschmann* scharf und treffend ausgesprochen: „Insofern wich man ... bewußt und gewollt von den bisherigen Forderungen des Kontroll- oder gleichberechtigten und gleichverantwortungsvollen Mitbestimmungsrechts der Betriebsräte neben der Werksleitung ab. Wer den Betrieb nicht in vollem Ausmaß seiner technischen und sonstigen betrieblichen Einrichtungen kennt, wem das Recht, diese Kenntnisse zu erwerben, nicht gegeben ist, kann auch nicht an den Entscheidungen über die Betriebsgestaltung beteiligt sein." Die Möglichkeit der Mitbestimmung in der Werksleitung „... ist unbedingt an die volle Kenntnis aller Vorgänge gebunden; wem man diese nicht zugesteht, kann jene nicht verliehen sein"[5]).

---

[1]) Der gesamte wechselvolle Gang der Unterhandlungen ist — unter Mitteilung von ausführlichen Protokollauszügen und von einzelnen Vorschlägen — von *Curschmann*, a.a.O., S. 41 ff., sehr eingehend dargestellt worden. Vgl. auch die Protokolle der Verhandlungen LHA S-A, a.a.O., Bl. 137 ff., 140 ff., 174 ff.

[2]) *Curschmann*, a.a.O., S. 57, wo *W. Koenen*, laut Protokoll, diese Verbesserungen ausdrücklich feststellt. Wie mir scheint, mit Recht, obwohl Minister *Bauer* ihm widerspricht.

[3]) Ziffern 9 und 3 der „Dienstanweisung".

[4]) Ziffern 2 und 4 der „Dienstanweisung".

[5]) A.a.O., S. 42 und 43.

Wenn wir die mitteldeutsche Rätebewegung auf ihr Wesen und ihre Bedeutung hin betrachten, müssen wir uns kurz mit den Vorwürfen auseinandersetzen, daß es sich dabei nur um einen — kommunistisch inspirierten — Angriff gegen die demokratische Reichsregierung mit dem Ziel der proletarischen Diktatur gehandelt habe[1]). Die verhältnismäßig straffe Leitung der Bewegung durch die USPD und ihren Halleschen Exponenten *W. Koenen* legt eine solche Vermutung näher, als die spontane Bewegung im Ruhrgebiet. Die Frage, ob solche Pläne bestanden haben, läßt sich nicht ganz leicht beantworten. *R. Müller*[2]) spricht von den „entscheidenden Kämpfen um die Weiterführung der Revolution". Aber was er genau und im einzelnen darunter verstanden haben will, sagt er nicht. Wenn man jedoch die allgemeinen Kennzeichen der Bewegung zusammen mit den rückerinnernden Mitteilungen *Koenens* betrachtet, kann man zu einem ziemlich eindeutigen Ergebnis kommen.

Daß der Betriebsrätegedanke in den Köpfen der mitteldeutschen Arbeiter — unbeschadet aller etwaigen Pläne ihrer Führer — feste Wurzeln geschlagen hatte, kann kaum ernsthaft bestritten werden[3]). Sicher ist, daß hingegen Wille und Bereitschaft zum revolutionären Aufstand weder bei den Arbeitern, noch bei der Führung vorhanden waren[4]). Sicher ist ferner, daß der Einfluß der KPD auf die Bewegung gering war; die Führung lag eindeutig bei der USPD[5]). Auf der anderen Seite verfolgten die Köpfe der Bewegung ohne Zweifel Ziele, die über die Erkämpfung des wirtschaftlichen Mitbestimmungsrechtes der Betriebsräte hinausgingen. Die Führer des linken Flügels der USPD haben im Februar/März 1919 im Westen, in Mitteldeutschland, in Sachsen und in Berlin einen planmäßigen Vorstoß unternehmen wollen, um doch noch „die halbe Revolution zur ganzen zu machen"[6]). Das Ziel dieser „ganzen Revolution" aber war nicht die im Aufstand errichtete Diktatur des Proletariats, sondern eine sozialistische Demokratie, wie sie auch der Neunerkommission im Ruhrgebiet vorgeschwebt hat[7]). Daß die Vorstellungen der linken Unabhängigen vom „sozialistischen Endziel" darüber noch hinausgingen, ist wahrscheinlich, aber in diesem

---

[1]) Besonders schroff *Curschmann*, a.a.O., S. 3.
[2]) Bürgerkrieg, S. 114 ff., S. 126.
[3]) Auch nicht von *Curschmann*, S. 61, der sogar einen „versöhnenden Gedanken" darin erblickt, daß die Arbeiter wenigstens teilweise das Ziel, für das sie zu streiken glaubten, erreichten, während die Drahtzieher „den Kampf in der Tat verloren".
[4]) *Müller*, a.a.O., S. 146; Ill. Gesch., S. 373 ff., kritisiert scharf die „unklaren Vorstellungen" der Bewegung und die Tatsache, daß der „Kampf um die ganze Macht" nicht ins Auge gefaßt worden war.
[5]) Ill. Gesch., S. 375.
[6]) Mitteilungen *Koenen*, S. 3. Er fährt dann fort: „Dafür haben wir den Kampf um die selbständigen freigewählten Betriebsräte als einen Angelpunkt betrachtet. Diese freigewählten Betriebsräte sollten sowohl Organe des Kampfes, also der großen Aktionen, als auch Organe der Sozialisierung sein, also einen Schritt auf dem Wege der Sozialisierung bedeuten."
[7]) Siehe oben S. 110 ff., bes. S. 124 ff.

Zusammenhang nicht entscheidend[1]). *Koenen* und seine Freunde hatten den Kampf um die ganze Macht bei den großen Streikaktionen des Februar/März 1919 eben nicht auf die Tagesordnung gesetzt[2]).

Ohne Zweifel aber entsprach das von *Koenen* für die Bewegung entwickelte Programm den Vorstellungen der Mehrheit der Arbeiterschaft. Alle sozialistischen Parteirichtungen beteiligten sich einmütig an dem Streik, der geschlossen und höchst diszipliniert durchgeführt wurde[3]). Diese Einmütigkeit ist später niemals wieder erreicht worden. Bezeichnend dafür ist, daß es die KPD bei keiner der Wahlen nach 1920 im Bezirk Merseburg fertiggebracht hat, die Erfolge der USPD von 1919 und 1920 auch nur annähernd zu wiederholen[4]). Der Rätebewegung war es offenbar gelungen, die mitteldeutsche Arbeiterschaft fast vollständig um ihr Programm zu sammeln, der Parteikommunismus hat es nicht vermocht.

Die allgemeinen Ansichten in Mitteldeutschland über Sozialismus und Rätesystem entsprechen durchaus der in Berlin entwickelten Theorie[5]). Eine zu

[1]) Immerhin hat sich die Mitgliederversammlung der USPD Halle in dieser Zeit zweimal, am 29. 1. und am 6. 2. 1919, für den Einbau der Arbeiterräte in die Verfassung, also für das von den dogmatischen sozialistischen Revolutionären verabscheute Kompromiß mit der parlamentarischen Demokratie ausgesprochen, *Kling*, a.a.O., S. 42.

[2]) Mitteilungen *Koenen*, S. 18: „Eine Regierung, wie sie damals zusammengesetzt war, hätte zu weitgehenden Konzessionen gezwungen werden können." „Es mußte sich nicht unbedingt um einen Sturz der Regierung, sondern um ein Zurückweichen der Regierung handeln." S. 19/20, einen Beschluß zum Kampf um die ganze Macht habe man nie gefaßt, auch sei die Militärorganisation habe die USPD damals nicht besessen. S. 24 „Zunächst haben wir ... die Vorstellung gehabt, daß mit dem Kampf um die Sozialisierung auch die Gewinnung politischer Machtpositionen verbunden ist, während wir nicht die konkrete Vorstellung hatten, die bestehende Regierung müßte durch eine andere ersetzt werden". *K*. fügt freilich hinzu: „Aber wir hätten diesen Gedanken fassen müssen, wenn alle Vorbereitungen exakt so geklappt hätten ..." usf. Wir dürfen dieser nachträglichen Erwägung aber nicht allzu großes Gewicht beilegen, denn *K*. berichtet dessenungeachtet unmittelbar darauf (a.a.O., S. 25) sehr nüchtern über die relative Schwäche der Bewegung gegenüber dem nicht revolutionär gestimmten Osten, Norden und Süden des Reiches. „Es kam ein zweites hinzu. Wir mußten uns nüchtern sagen: Jetzt ist die Nationalversammlung zusammengetreten. Die Wahlen sind gewesen. Wir haben uns daran beteiligt. Die große Masse der Bevölkerung denkt, jetzt ist alles entschieden. Die Tatsache der Nationalversammlung war unseren Gedankenkonstruktionen sehr im Wege. Aber daß wir sie einkesseln und zwingen könnten, nachzugeben, den Gedanken haben wir nicht aufgegeben. Wir glaubten fest daran, daß eine Sozialisierung möglich sei." Vgl. auch *Koenens* sehr schmollende Rede in der Nationalversammlung vom 21. 7. 19, a.a.O. Dieser Haltung wegen ist *K*. gelegentlich von seinen Freunden scharf kritisiert worden. Siehe Protokoll der Betriebsrätekonferenz zu Halle im Juli 1919, a.a.O. Eine Bestätigung dieser Interpretation ist auch die harte „leninistische" Kritik, die heute von parteikommunistischer Seite an der damaligen Bewegung und ihren „Illusionen" geübt wird. So *Koenen* selbst, Theor. Konf., S. 8/9, 31 ff; *Schubert*, a.a.O., S. 15/6.

[3]) In dem Protokoll der Weimarer Verhandlungen am 12. März wird die einstimmige Feststellung vermerkt, „daß auf den Werken Gewalttätigkeiten ... nicht vorgekommen sind", *Curschmann*, S. 58.

[4]) USPD: 1919: 294000, 1920: 311000 (+ 11000 KPD); KPD: (+ Rest-USPD) Mai 1924: 196000, 1928: 176000, Juli 1932: 205000. Und dies, obwohl die KPD 1932 im Reich mit über 5 Millionen Stimmen das Ergebnis der USPD von 1920 ungefähr erreicht hatte.

[5]) Siehe oben S. 89 ff., 99 ff.

Beginn der großen Streiks in Halle veröffentlichte Beschreibung der erstrebten „Neuen Demokratie" bewegt sich vollständig in dem Rahmen der „reinen" Rätebewegung. „Die neue Demokratie ist im Wesen wirtschaftlich-sozialer Art. Da aber die Wirtschaftsinteressen der Arbeiterklasse auch zu gleicher Zeit die politischen Interessen des gesamten schaffenden Volkes sind, so ist der mitbestimmende Einfluß des Rätesystems eine Notwendigkeit, und ohne die Herrschaft des Rätesystems ist die Sozialisierung nicht durchsetzbar. Also müssen die Arbeiter anfangen, von unten auf, die neue Demokratie zu errichten[1]."

Bei dem Aufbau der „Neuen Demokratie" rückte bei der mitteldeutschen Bewegung nicht, wie in Berlin, das politische Rätesystem und nicht, wie im Ruhrgebiet, die Sozialisierung in den Vordergrund, sondern das Problem der Betriebsräte. Der Zentralbegriff ihres Programms war „die Kontrolle" der Betriebe durch die Arbeiterräte. Die allgemeinen Funktionen dieser Kontrolle: Demokratisierung der Betriebe, Überwachung der Unternehmer, Vorbereitung der Sozialisierung, wurden genau so begriffen wie in der Berliner Bewegung. Aber sie wurden auf Grund des Bedürfnisses nach einer in den mitteldeutschen Bergbau- und Industriebetrieben praktisch verwendbaren Regelung konkretisiert.

Das Ziel ist auch in Mitteldeutschland die Sozialisierung[2]. Sie besteht freilich nicht bloß in der Aufsicht von oben, sondern vor allem in dem Interessieren und Beteiligen der Arbeiter von innen und unten. Das geschieht durch die Betriebsräte[3]. Durch ihr Kontrollrecht gelangen die Arbeiter zum „tätigen bewußten Mitarbeiten"[4]. Eine unmittelbare Sozialisierung der Betriebe durch die Räte ist jedoch nicht möglich[5], und auch gar nicht beabsichtigt. Im Gegenteil, nach der Halleschen Dienstanweisung soll das Recht der Betriebsleitung, den Betrieb zu führen, durch den Arbeiterrat nicht angetastet werden. *Koenen* hat diese Tatsache sehr nachdrücklich betont; er hat auch energisch darauf bestanden, daß die von ihm verfaßte Dienstanweisung als ein praktischer und konstruktiver Beitrag zur Neuordnung der Wirtschaft anerkannt werde[6]. In der Tat ist die Formulierung in den Dienstanweisungen vom Februar zugleich genauer und vorsichtiger, als in den allgemeinen „Richtlinien", die die Rätekonferenz im Januar erlassen hatte. Von einer Beiordnung „mit Sitz und Stimme" ist nicht mehr die Rede. Neben der gleichberechtigten Mitbestimmung bei Lohn- und Gehaltsfragen und bei Entlassungen ist der unbeschränkte Einblick in alle betrieblichen, wirtschaftlichen und kaufmännischen Vorgänge der Angelpunkt für die Tätigkeit des Betriebsrats. Der Begriff der „Kontrolle" wird zwar nicht

---
[1] Hallesches Volksblatt vom 24. 2. 1919, Nr. 46, zitiert nach *Curschmann*, S. 28.
[2] *Koenen* auf dem 1. allgemeinen Rätekongreß, Stenogr. Bericht, S. 337 ff.
[3] *Koenen* auf dem 2. allgemeinen Rätekongreß, Stenogr. Bericht, S. 233/4.
[4] *Koenen* vor der Nationalversammlung, a.a.O., Sp. 1793.
[5] *Koenen*, a.a.O., Sp. 1783.
[6] *Koenen*, a.a.O., Sp. 1781, 1792.

im einzelnen näher bestimmt, aber es sind regelmäßige Zusammenkünfte zwischen Werksleitung und Betriebsrat vorgesehen, in denen das Arbeitsprogramm des Werkes vorgetragen und die Tätigkeit der Mitglieder des Betriebsrats besprochen werden soll. Der Betriebsrat beteiligt sich also an der laufenden Betriebsleitung nicht, nimmt aber an der allgemeinen Sorge für den Stand des Betriebes verantwortlich teil; so wird man den Inhalt des Begriffes „Kontrolle" deuten dürfen.

Der politisch entscheidende Teil der Halleschen Entwürfe ist freilich das Recht der regionalen Arbeiterräte, bei Streitigkeiten zwischen Betriebsrat und Werksleitung endgültig zu entscheiden. Die linken Unabhängigen und alle Vertreter des wirtschaftlichen Rätesystems sind immer mit Nachdruck gegen die Parität in den oberen Räteorganen aufgetreten. Ihnen schwebten reine Arbeitervertretungen mit fachmännischen Beiräten vor[1]). Bei paritätischer Besetzung seien die Unternehmer immer im Vorteil[2]). Mit ihrer Lösung wollten die Rätetheoretiker die unternehmerische oder technische Leitung in den einzelnen Betrieben erhalten, und sich sachkundigen Rat sichern, die Macht der Unternehmer als Klasse und ihren Einfluß auf die Wirtschaftspolitik im ganzen aber beseitigen.

Die große Mehrzahl der in der Rätebewegung tätigen Arbeiter hat diesen Fragen allerdings wohl kaum große Aufmerksamkeit gewidmet. (Dies ist um so weniger verwunderlich, als auch die Führer der Rätebewegung, wie wir gesehen haben, nicht bis zu restlos klaren und bestimmten Forderungen gelangt sind.) Die Mitbestimmung in den unmittelbaren sozialen Angelegenheiten der Betriebe wurde energisch gefordert und festgehalten. Die Bedeutsamkeit des vollen Einblicks in alle betrieblichen Vorgänge wurde zwar anerkannt; aber für das Recht der vollen Kontrolle oder gar für die überbetriebliche Räteorganisation bis zum letzten zu kämpfen, war der größte Teil der Arbeiter nicht bereit. Wie wir uns dabei allerdings vor Augen halten müssen, vertrauten viele Arbeiter damals noch den Versprechungen der Regierung und der SPD auf baldige Sozialisierung und auf Errichtung regionaler Arbeiterräte zur Kontrolle der Wirtschaft, von denen sie sich eine Ergänzung ihres betrieblichen Einflusses erhofften. Der große Enttäuschungs- und Radikalisierungsprozeß unter der sozialdemokratischen und auch der gemäßigt unabhängigen Arbeiterschaft hatte Anfang März gerade erst begonnen. Schon bei den Auseinandersetzungen um die endgültige Gestalt des Betriebsrätegesetzes im Sommer 1919 rückte, wie wir noch sehen werden, die Forderung nach *voller* Mitbestimmung — und nicht bloß Kontrolle — der Betriebsräte in *allen* Fragen der Unternehmensleitung in den Mittelpunkt.

Mit dem Ausgang des großen Streiks hatte die Rätebewegung in Mitteldeutschland zwar — genauso wie in Berlin — eine entscheidende Niederlage erlitten, war aber noch keineswegs am Ende ihrer Wirksamkeit angelangt.

---
[1]) *Koenen*, 2. Rätekongreß, a.a.O., S. 236/7.
[2]) *Koenen*, Nationalversammlung, a.a.O., Sp. 1781.

Gleichlaufend und offenbar auch in enger Verbindung mit den Berliner Arbeiterräten wurde nun der Ausbau der geplanten Räteorganisation begonnen. Der erste Schritt war die Bildung von regionalen Arbeiterräten in den Bergrevieren[1]). Die Regierung war freilich fest entschlossen, nunmehr die bisherige Politik der stillschweigenden Duldung zu beenden. Sie forderte das ObgA zum energischen Vorgehen gegen die Wahl der Bergrevierräte und gegen die geplante Neuwahl des Bez.B.-Rates auf[2]). Daraufhin erklärte das ObgA am 16. Mai 1919, eine weitere Kontrolle durch die Räte nicht mehr zulassen zu können und setzte den Vertretern des Bez.B.-Rates den Stuhl vor die Tür. Die Proteste des Bezirksarbeiter- und Soldatenrates Merseburg und einer rasch zusammengerufenen Delegiertenversammlung der Betriebsräte Mitteldeutschlands fruchteten nichts. Die Regierung blieb unnachgiebig; die kurze Periode halb anerkannter Existenz war für die wirtschaftliche Rätebewegung des mitteldeutschen Gebietes beendet[3]). Welche Wirksamkeit sie hätte bei ungestörter Entwicklung entfalten können, ist schwer zu sagen. Daß ihre Führer mit Überlegung, Ernst und Verantwortungsgefühl handelten, ist ihnen — intern — sogar von ihren Gegenspielern zugestanden worden[4]).

Auf der Protestkonferenz am 21. Mai 1919 in Halle, von der ein ausführliches Protokoll erhaltengeblieben ist[5]), formulierte *W. Koenen* noch einmal Beweggründe und Ziele der Räte: „Die preußischen Bürokraten und Gewerkschaftsbeamten ... verstehen nicht, was die Arbeiter wollen, wenn sie ... Einblick in die Verwaltung nehmen wollen. Das ist nur möglich durch Kontrolle; denn die einzige Möglichkeit, sich bei der Gesetzgebung zu betätigen, besteht ja bei den Arbeitern nur darin, Einblick in die Verwaltung der öffentlichen Körperschaften, wie der Privatbetriebe zu nehmen." „Solange das Mitbestimmungsrecht nicht da ist, fordern wir als Übergang das Kontrollrecht. Die Arbeiter wollen nicht mehr draußen stehen, sie wollen dabei sein und mitentscheiden." Durch die Anstellung von ein paar neuen sozialen Beamten im Verwaltungs-

---

[1]) LHA S-A, a.a.O., Heft 2, VIII b, 74, Bl. 6 und 18/9 Revier Wanzleben, 41 Naumburg, 66 Zeitz-Weißenfels, sowie den Bericht des ObgA an das Pr. Min. f. H. u. Gew. vom 8. 5. 1919, a.a.O., Bl. 29/30.

[2]) A.a.O., Heft 1, VIII b, 73, Bl. 313/4, Brief des Pr. Min. f. H. u. Gew. an das ObgA vom 30. 4. 1919.

[3]) A.a.O., Heft 2, VIII b, 74, Bl. 71 ff., Verfügung des ObgA vom 16. 5. 1919; 78 ff., Protest des Bezirksarbeiter- und Soldatenrates Merseburg mit einer langen Darstellung der Vorgeschichte und des konstruktiven Charakters seiner Tätigkeit, offenbar auf Erlangung eines Kompromisses abgestimmt; 112/3, Endgültiger Bescheid des Ministeriums vom 24. 5. 1919.

[4]) DZA Merseburg, Rep. 120, Pr. Min. f. H. u. Gew., BB VII 1, Nr. 9, adh. 3, Einführung obligatorischer Arbeiterausschüsse, Bd. 2 (ohne Blattnumerierung), Bericht des Regierungspräsidenten in Merseburg vom 16. 9. 1919 über die Kontrolle durch den Bezirksarbeiter- und Soldatenrat (dessen Kopf *W. Koenen* war). Die Kontrolle vollziehe sich in „erwünschten sachlichen Formen; auch fordert es die Gerechtigkeit anzuerkennen, daß der Bezirksarbeiterrat sich auch seinerseits an die zwischen uns getroffenen Abmachungen gewissenhaft gehalten hat."

[5]) LHA S-A, a.a.O., Die Betriebsräte, Heft 1, VIII b, 75 (ohne Blattnumerierung, aber mit zeitlich durchlaufender Aktennumerierung), Nr. 10485 (21 Maschinenseiten).

apparat ändere sich im ganzen System gar nichts. In der Diskussion traten unter den Betriebsräten recht radikale Sprecher auf, die über die Unmöglichkeit, in die Finanzlage ihrer Werke Einblick zu gewinnen, Klage führten und schließlich die Ausrufung der passiven Resistenz zur Durchsetzung ihrer Forderungen verlangten. Die Versammlung beschloß nach lebhafter Diskussion demgemäß; und die passive Resistenz führte auch in einer Reihe von Betrieben zu Unruhe, ohne freilich einen greifbaren Erfolg zu erzielen[1]).

Die Räteorganisation wurde nun — ähnlich wie ein halbes Jahr später in Berlin — auf eine Art von Vereinsgrundlage gestellt und durch den Verkauf von Unterstützungsmarken finanziert[2]). Man versuchte, die Organisation nach den Grundsätzen des Berliner reinen Rätesystems auf die anderen Industriezweige auszudehnen und einen Bezirkswirtschaftsrat Merseburg zu schaffen, aber praktisch gelangte man über die Schaffung einer lockeren, von den Gewerkschaften unabhängigen Betriebsräteorganisation mit der Zentrale in Halle nicht hinaus. Diese Organisation geriet nach dem Erlaß des Betriebsrätegesetzes 1920 in einen immer schärferen Gegensatz zu den Gewerkschaften und verlor schließlich ihre Existenzmöglichkeit[3]). Im Zuge dieser Entwicklung wurde von der Mitte des Jahres 1919 an bei einem Teil der Arbeiterschaft die Tendenz übermächtig, die Gewerkschaften zu verlassen und die Räteorganisation in eine Arbeiterunion auf Betriebsgrundlage umzuwandeln. Vor allem die KPD förderte diese Bestrebungen. Die USPD-Führer traten solchen Neigungen mit großem Nachdruck entgegen und kämpften unter ihren verbitterten Anhängern für die Einheit der Gewerkschaften, ohne doch Absplitterungen immer verhindern zu können[4]).

Der politisch-ideelle Inhalt der Bewegung nahm in dieser Zeit, wiederum gleichlaufend mit der Berliner Entwicklung, eine stark syndikalistische Färbung an. Auf einer internen Betriebsräteversammlung des Merseburger Bezirks im Dezember 1919 erklärte der Vorsitzende, es sei das Ziel ihrer Arbeit, „in jedem Betrieb Vertrauenspersonen heranzubilden, die im Falle einer neuen Umwälzung sofort die Sozialisierung ermöglichen"; diese könne und solle durchaus „friedlich erfolgen". Aber „wir wollen durch die Ereignisse nicht wieder überrascht werden, wie am 9. November". Zu praktischer Wirksamkeit konnten solche Vorstellungen freilich nicht mehr gelangen.

[1]) A.a.O., Vergesellschaftung der Betriebe, Heft 2, VIII b, 74, Bl. 198 ff.
[2]) A.a.O., Die Betriebsräte, Heft 1, VIII b, 75, Protokoll der Versammlung vom 21. 5. 1919, Bl. 21; Aufruf des Bez. B.-Rates im Halleschen „Volksblatt" Nr. 172 vom 25. 7. 1919.
[3]) A.a.O., Nr. 14437, 18335, 18755, 19604, 20992, 22129, und für 1920, Nr. 2192, 8601, 11574; meistens handelt es sich dabei um Berichte aus der örtlichen Presse über Betriebsrätezusammenkünfte usf. Siehe ferner auch die Auseinandersetzung zwischen der Halleschen Bezirksleitung des DMV und dem örtlichen Hallenser DMV-Bevollmächtigten über die selbständige Rätezentrale für die Metallindustrie im „Volksblatt" vom 24. 9. 1919.
[4]) A.a.O., Nr. 18250, 18801, 20988, 22129. Siehe auch Vorwärts und nicht vergessen, S. 414, über die Bergarbeiterunion in Borna, die unter der Führung eines Kommunisten stand.

c) *Der gesetzliche Ausbau der Räte und die Betriebsrätebewegung*

Die Auseinandersetzungen zwischen der Regierung, der Nationalversammlung, den Arbeitgebern, den Gewerkschaften und der Rätebewegung um die gesetzliche Verankerung betrieblicher und ganz allgemein wirtschaftlicher Arbeiterräte haben sich vom Februar 1919 bis in das Jahr 1920 hingezogen. Ehe wir auf ihren inneren Ablauf eingehen, seien die äußeren Stationen der Entwicklung skizziert. Nach dem Ende der mitteldeutschen und der Berliner Generalstreikbewegung und auf dem Höhepunkt des zweiten Streiks im Ruhrgebiet, am 5. April 1919, gab die Regierung ihren Standpunkt zur Rätefrage und ihre bisherigen konkreten Zusagen in einer zusammenfassenden Darstellung bekannt. Diese „Bekanntmachung" enthielt eine grundsätzliche Erklärung über ihre Haltung, den Entwurf eines Räteartikels für die Reichsverfassung und die bereits erörterten Erklärungen und Abmachungen aus dem März[1]). Eine Woche später, vom 8. bis 14. April 1919 tagte in Berlin der zweite Allgemeine Rätekongreß, dessen sozialdemokratische Mehrheit den ausgearbeiteten Plan eines umfassenden wirtschaftlichen Rätesystems verabschiedete[2]).

Zur gleichen Zeit hatten im Reichsarbeitsministerium die Vorarbeiten für die angekündigten Gesetze begonnen. Ein Anfang Mai fertiggestellter Referentenentwurf für ein Betriebsrätegesetz wurde den wirtschaftlichen Vereinigungen zur Begutachtung vorgelegt. Im Mai und Juni 1919 beriet zusammen mit dem Arbeitsministerium eine Kommission von Arbeitgeber- und Arbeitnehmervertretern über den Entwurf und kritisierte ihn z. T. sehr heftig. Eine vom 8. bis 10. Juli 1919 mit dem Zentralrat und dem Arbeitsministerium in Berlin tagende Delegation von Betriebsräten aus dem ganzen Reich lehnte den Entwurf schroff ab und machte einen Gegenvorschlag[3]).

Am 27. Juli trafen sich in Halle die Delegierten verschiedener auf dem Boden des reinen Rätesystems stehender regionaler Betriebsrätezusammenschlüsse. Sie diskutierten die bisherigen Ergebnisse der Verhandlungen über das Betriebsrätegesetz, arbeiteten den Grundriß einer eigenen revolutionär-sozialistischen Räteorganisation aus und gründeten eine provisorische Zentralstelle der Betriebsräte Deutschlands mit dem Sitz in Halle[4]).

Nach der Verabschiedung der Weimarer Reichsverfassung, in deren Artikel 165 die von der Regierung im März/April verkündeten Grundsätze eines wirtschaftlichen Rätesystems verankert wurden, gelangte der endgültige Regierungsentwurf des Betriebsrätegesetzes in die Nationalversammlung. Er wurde im Herbst

---

[1]) Bekanntmachung des Reichskabinetts vom 5. 4. 1919 über ihren Standpunkt und die getroffenen Maßnahmen zur Rätefrage, Drucksache aus Archiv des Zentralrats, B-43, Bd. 1.
[2]) Stenografischer Bericht, Berlin o.J.
[3]) Über die Entstehung des Gesetzesentwurfes im Reichsarbeitsministerium, über die Kommissionssitzungen im Mai/Juni 1919 und über die Betriebsrätekonferenz geben die Akten im DZA Potsdam und Merseburg und im Archiv des Zentralrats Auskunft.
[4]) Der Arbeiter-Rat, Jg. 1/1919, Nr. 27, S. 1 ff. Prot. Halle, vgl. oben S. 96, Anm. 3.

und Winter beraten, zuungunsten der Arbeitnehmer verändert und schließlich im Januar 1920 verabschiedet. Dabei kam es am 13. Januar bei einer Massendemonstration der Berliner Arbeiterschaft vor dem Reichstag zu einer Schießerei und zu einem entsetzlichen Blutbad unter den Demonstranten[1]). Diese Entstehungsgeschichte des Betriebsrätegesetzes spielte sich vor dem Hintergrund einer zunehmenden Radikalisierung der Arbeiterschaft ab. Zu hunderttausenden verließen im Sommer und Herbst 1919 die Arbeiter die Sozialdemokratie und strömten zum größten Teil den Unabhängigen zu. Der Grund dafür war, neben dem allgemeinen Unwillen über die politische Entwicklung und neben der „Entrüstungsopposition" *(Rosenberg)*[2]) gegen die *Noske'sche* Politik der militärischen Befriedung Deutschlands, nicht zuletzt die Enttäuschung über das Verhalten der Mehrheitssozialdemokratie in der Rätefrage.

Das allmähliche Versanden des ursprünglichen reformerischen Impulses in der Rätegesetzgebung auf der einen Seite, die zunehmende Radikalisierung der Arbeiterschaft und damit auch der Rätebewegung auf der anderen können in allen Einzelheiten verfolgt werden und machen die Gegenläufigkeit der Entwicklung ganz deutlich.

Die ersten Vorarbeiten, die im Arbeitsministerium Ende März, Anfang April 1919 unternommen wurden, um die allgemeinen Zusagen der Regierung gegenüber der Arbeiterschaft einzulösen, bemühten sich noch um einen geschlossenen, von einem einheitlichen politischen Grundgedanken getragenen „Aufbau des Rätesystems" (so die Überschrift des ersten Entwurfs)[3]). Der Arbeiterrat sollte dazu berufen sein, „die Interessen des Arbeiters als solchen zu gesetzlichem Ausdruck zu bringen". Der verfassungspolitische Grundgedanke war, das politische Parlament von den Spannungen zu entlasten, die selbst in der „ausgeprägtesten Demokratie" „zwischen den gesellschaftlichen Kräften und den politischen Methoden ihrer Behandlung" möglich seien. Den Betriebsräten wurden jene Rechte zugedacht, die ihnen in den Weimarer Verhandlungen übertragen worden waren; die regionalen Vertretungen (Wirtschaftskammern) sollten eine „Mitwirkung bei der Sozialisierung und die Teilnahme bei Verwaltung und Aufsicht in sozialisierten Gewerben" erhalten.

Aber dieser großzügige Entwurf wurde rasch fallengelassen. Vor allem die Gewerkschaften wandten sich gegen die Einführung regionaler Arbeiterräte, von denen sie eine Minderung ihres Einflusses befürchteten; die Arbeitgeber — an der Stärkung der Gewerkschaften als eines Bollwerks gegen radikale

---

[1]) Stenografische Protokolle der Deutschen Nationalversammlung, 135., 136., 137., 138., 140. Sitzung, 13.—18. 1. 1920; ferner *Stampfer*, a.a.O., S. 150 ff.

[2]) Geschichte, S. 73.

[3]) DZA Potsdam, Reichsarbeitsministerium, Maßnahmen auf dem Gebiet des Arbeiter- und Angestelltenrechts, Betriebsräte, Bd. 1, Nr. 3481, Bl. 86 ff.

Strömungen interessiert — unterstützten sie darin¹). Der erste ausgearbeitete Referentenentwurf von Ende April 1919 beschränkte sich bereits auf die Rechte der Betriebsräte²). Die folgende Ausarbeitung entfernte sich immer weiter vom ursprünglichen Ausgangspunkt. Besonders deutlich wird das an den Änderungen sichtbar, welchen die grundlegende Zweckbestimmung der Betriebsräte im Gesetz unterlag. Hieß es anfangs, der Betriebsrat habe die Aufgabe, den „Einfluß der Arbeitnehmer auf die Erzeugung oder die sonstigen Betriebszwecke zu verwirklichen", so lautete die Formulierung später, er habe „den Arbeitgeber in der Erfüllung der Betriebszwecke zu unterstützen"³).

Der Entwurf, der schließlich vor die Nationalversammlung kam, und der im wesentlichen den Auffassungen der sozialdemokratischen Partei- und Gewerkschaftsführer entsprach, erfuhr dann von seiten der nichtsozialistischen Parteien in den Beratungen eine weitere Einengung⁴). Einschneidende Kontroll- oder Mitbestimmungsbefugnisse in wirtschaftlichen Fragen waren ohnedies nicht mehr vorgesehen; aber auch die noch vorhandenen bescheidenen Rechte wurden beschnitten: Das Mitwirkungsrecht bei Einstellungen wurde fast völlig beseitigt, das Mitwirkungsrecht bei Entlassungen dadurch wesentlich eingeschränkt, daß dem Arbeitgeber gestattet wurde, die Wiedereinstellung eines zu Unrecht entlassenen Arbeitnehmers durch eine Entschädigung abzugelten. Das Recht des Einblicks in die Betriebsvorgänge wurde strikt auf die „den Dienstvertrag und die Tätigkeit der Arbeitnehmer berührenden" Fragen beschränkt. Auch die Verpflichtung des Arbeitgebers, dem Betriebsrat jährlich eine Bilanz vorzulegen und zu erläutern, wurde einer Einschränkung unterworfen. Lediglich das Recht, ein bis zwei Vertreter in den Aufsichtsrat — falls vorhanden — zu entsenden, blieb dem Betriebsrat von den ursprünglichen weitreichenden „Kontroll"-Forderungen der Rätebewegung erhalten.

Noch einschneidender waren die Änderungen, die sich gegen die möglichen politischen Auswirkungen des Betriebsrätegesetzes richteten und die im Grunde die Restbestände des ursprünglichen umfassenden Rätegedankens in dem Gesetz beseitigen sollten: Die Möglichkeit, in größeren Betrieben den Gesamtbetriebsrat auf der Grundlage von Abteilungsbetriebsräten zu errichten (wodurch der Betriebsrat einen festen organisatorischen Unterbau in der Belegschaft gewonnen

---

¹) A.a.O., Bl. 167, Aktennotiz über eine Besprechung des Reichsarbeitsministeriums mit Vertretern des Reichswirtschaftsministeriums (Minister *R. Wissell*, ehemaliger Leiter des zentralen Arbeitersekretariats der Generalkommission der freien Gewerkschaften) und der Zentralen Arbeitsgemeinschaft zwischen Unternehmern und Gewerkschaften.
²) A.a.O., Bl. 137 ff.
³) A.a.O., Bl. 209 ff., bes. 216.
⁴) DZA Merseburg, Rep 120, Pr. Min. f. H. u. Gew., BB VII 1, Nr. 9, adh. 5, Bd. 1, Betriebsrätegesetz, Bl. 117 ff., sehr aufschlußreiches kritisches Votum des Reichsministeriums des Inneren über den Entwurf. Vgl. ferner den Entwurf, Drucksachen der Nat.-Vers., Nr. 928, den Bericht des Fachausschusses, Drucksachen Nr. 1838, sowie den endgültigen Gesetzestext, Reichsgesetzblatt, Jg. 1920, Nr. 26, S. 147 ff., vor allem die §§ 1, 66, 70 ff., 81 ff.

haben würde), wurde beseitigt; das Recht der Belegschaft, den Betriebsrat oder einzelne seiner Mitglieder abzuberufen, wurde ebenfalls aufgehoben; die Trennung von Angestellten- und Arbeitervertretung im Betriebsrat wurde stärker betont; außerdem wurde dem Betriebsrat verboten, Beiträge für seine Zwecke unter der Belegschaft zu erheben, wodurch der Bildung von fest organisierten selbständigen Betriebsrätevereinigungen ein Riegel vorgeschoben werden sollte.

Unverändert umfassend blieben die Kompetenzen des Betriebsrats auf dem Gebiet der Lohn- und Arbeitsverhältnisse. Aber auch hier erlangte er nur bei Erlaß der Arbeitsordnung ein wirkliches Mitbestimmungsrecht. Auf allen übrigen Gebieten — abgesehen von den anderweitig rechtlich gesicherten Tariffragen — besaß der Betriebsrat nur ein Mitwirkungsrecht, das ihm zwar den Weg der gesetzlichen Schlichtung eröffnete; aber da die Schiedssprüche der Schlichtungsstelle grundsätzlich nicht verbindlich waren, blieben seine Möglichkeiten gegenüber einem hartnäckigen Arbeitgeber doch nur begrenzt[1]). Zusammenfassend gesagt: Der Betriebsrat war durch das Betriebsrätegesetz zu einer im wesentlichen sozialpolitischen Schutz- und Verteidigungseinrichtung der Arbeitnehmer geworden; als solche wurde er dann auch wirksam. Von einer wirklichen Kontrolle der Unternehmer oder gar einer gleichberechtigten Mitbestimmung in den entscheidenden wirtschaftlichen und sozialen Fragen des Betriebes konnte jedoch keine Rede mehr sein. Die überaus scharfsinnige und sehr materialreiche Studie von *Brigl-Matthiass* über das Betriebsräteproblem nach 1918 kommt daher mit Recht zu der Schlußfolgerung: „Als Fundament einer neuen Wirtschaftsverfassung begrüßt, ist das Betriebsrätewesen in seiner praktischen Bedeutung mehr oder minder auf den Wirkungsbereich der früheren Arbeiterausschüsse zusammengeschrumpft[2])."

Die Pläne zur Schaffung eines umfassenden Rätesystems gediehen nur noch bis zur Einführung des Art. 165 in die Weimarer Reichsverfassung. Die Arbeitnehmer waren danach „berufen, gleichberechtigt in Gemeinschaft mit den Unternehmern an der Regelung der Lohn- und Arbeitsbedingungen, sowie an der gesamten wirtschaftlichen Entwicklung der produktiven Kräfte mitzuwirken". Es wurden Betriebs- und Bezirksarbeiterräte, sowie ein Reichsarbeiterrat vorgesehen. Die letzteren sollten mit den entsprechenden Unternehmervertretungen zu Wirtschaftsräten zusammentreten. Diesen Wirtschaftsräten sollten Kontroll- und Verwaltungsbefugnisse übertragen werden „können". Die einzigen praktischen Ergebnisse dieser Proklamation waren das erwähnte Betriebsrätegesetz und ein „Vorläufiger Reichswirtschaftsrat", der in den folgenden Jahren nicht mehr als eine Schattenexistenz führte. Mit der Räte*bewegung* hatte dieses Gesetzgebungswerk kaum mehr etwas zu tun.

---

[1]) Vgl. *Feig/Sitzler*, Betriebsrätegesetz, 13. und 14. Aufl., Berlin 1931, § 66, Anm. 4 und 5.
[2]) A.a.O., S. 246.

In derselben Zeit nahm die Auseinandersetzung in der Arbeiterbewegung um die Rätefrage ihren Fortgang. Eine kleine Gruppe sozialdemokratischer Politiker unter Führung von *Max Cohen* versuchte, die SPD auf ein Räteprogramm festzulegen, das die Grundsätze der parlamentarischen Demokratie mit wirklichem Einfluß für die Räte vereinigte[1]). *Cohen*, führendes Mitglied des vom ersten Rätekongreß eingesetzten Zentralrates der Deutschen Republik, gewann die Berliner sozialdemokratischen Arbeiterräte zeitweilig für seine Pläne und brachte diese — unter dem Eindruck der großen Streikbewegungen — auf dem zweiten Rätekongreß zur Annahme[2]). Als Vorsitzender des neugewählten Zentralrats[3]) bemühte er sich danach, seine Vorstellungen auch in der SPD und bei der Regierung durchzusetzen. Er erlitt dabei eine vollständige Niederlage. Der Weimarer SPD-Parteitag im Juni 1919 lehnte seine Pläne fast einstimmig ab. Die Arbeiterräte aber, auch die sozialdemokratischen, übernahmen in wachsendem Umfang die Gedanken des reinen Rätesystems und der Produktionskontrolle. *Cohen* und seine Freunde warnten die Reichsregierung und die sozialdemokratische Parteileitung nachdrücklich vor den Folgen der betriebenen Rätepolitik[4]) und suchten sogar gelegentlich bei den von ihnen bisher erbittert bekämpften USPD-Arbeiterräten Rückhalt[5]); aber sie vermochten nichts zu ändern[6]).

Gleichlaufend damit versuchten die Vertreter des reinen Rätesystems die nach den schweren Niederlagen des Frühjahrs zersprengten Teile der Rätebewegung als revolutionäre Betriebsrätebewegung unter ihrer Fahne neu zu sammeln. Neben dem weiterbestehenden Berliner Vollzugsrat und den Halle-Merseburger Bezirksräten, schlossen sich Zentralräte für die Eisenbahn, die Werftarbeiter, die Binnenschiffahrt, die optische Industrie, die Rüstungsindustrie und die Automobilindustrie, sowie regionale Betriebsrätevereinigungen in Hamburg, Essen, Niederrhein, Leipzig-Borna, Dresden und Schweinfurt in der erwähnten Halleschen Zentralstelle der Betriebsräte zusammen. Rein organisatorisch

---

[1]) Siehe unten S. 200 ff.

[2]) *Heinrich Schäfer*, sozialdemokratisches Mitglied des Zentralrats, berichtet in seinen Tagebuchblättern eines rheinischen Sozialisten, Bonn 1919, S. 140, daß *Cohen* mit seinen Vorschlägen in der SPD-Fraktion des Zweiten Rätekongresses nur eine knappe Mehrheit von zehn Stimmen erhielt und mit seinen Anträgen nur deshalb durchkam, weil sich die Minderheit dem Fraktionszwang fügte.

[3]) Später aus Zentralrat der Deutschen Republik in Zentralrat der Arbeiterräte Deutschlands umbenannt.

[4]) DZA Potsdam, a.a.O., Arbeiter- und Soldatenräte, Bd. 2, Nr. 3475, Bl. 262, Protokoll einer Sitzung von Vertretern der Reichsministerien, des Zentralrats und des Berliner SPD-Vollzugsrats vom 27. 9. 1919.

[5]) Prot. VR, Bd. 10, IML 11/10, Bl. 109 ff., Sitzung vom 18. 8. 1919. Danach war der Zentralrat unter gewissen Umständen bereit, den — von ihm bis dahin und auch später wieder aufs schärfste angegriffenen — „roten" Vollzugsrat der USPD bei der Durchführung von Wahlen für einen dritten Rätekongreß zu unterstützen, obwohl SPD und Gewerkschaften einen solchen Kongreß ablehnten. Der Vollzugsrat wies das Angebot *Cohens* nach längerer Diskussion zurück.

[6]) Über die Gesamtpolitik des Zentralrats, seine zunehmende Kritik an der Regierung und seine schließliche Machtlosigkeit, siehe *Kolb*, a.a.O., S. 244 ff.

betrachtet und in ihrer praktischen Wirksamkeit waren diese Zusammenschlüsse außer in den ausgesprochenen Zentren der Rätebewegung, nur von geringer Bedeutung; aber stimmungsmäßig und politisch-ideologisch repräsentierten sie eine im Lauf der Jahre breiter und bewußter werdende Strömung in der Arbeiterschaft, die vor allem unter den bereits vorhandenen und tätigen Betriebsräten bis weit hinein in die Reihen der organisierten Sozialdemokraten eine beherrschende Wirkung ausübte.

Es ist nicht möglich, diese Strömung in ihrer allmählichen Entfaltung, ihren verschiedenen Verzweigungen und ihrer praktischen Wirksamkeit in allen Einzelheiten zu schildern. Ein allgemeines, knapp gehaltenes Bild ihres Programms und ihrer politischen Reichweite aber kann aus dem vorliegenden Material gewonnen werden.

Die Verhandlungen der Arbeitgeber-Arbeitnehmer-Kommission im Mai/Juni sind, mit wenigen Ausnahmen, nicht sehr aufschlußreich[1]). Eine tiefer reichende Diskussion entspann sich nur um den § 15 des Entwurfs, der die Aufgaben der Betriebsräte umreißen sollte. Bemerkenswert ist dabei zum einen das ehrliche Bemühen des Arbeitsministeriums und der Gewerkschaftsvertreter, den Arbeitnehmern innerhalb des begrenzten Rahmens, den der Entwurf einhält, die volle Gleichberechtigung zu sichern. Der Arbeitsminister *Gustav Bauer* hat diesen Standpunkt bei allen Gelegenheiten, bei den Weimarer Verhandlungen im Februar—März, auf der SPD-Parteikonferenz Ende März und auf dem SPD-Parteitag im Juni mit Nachdruck vertreten[2]). Bemerkenswert ist zum anderen die völlige Unnachgiebigkeit der Unternehmer, die z. B. jede Mitwirkung der Betriebsräte bei Einstellung und Entlassung schroff ablehnten mit der pathetischen Begründung, daß Industrie, Handel, Bergbau und Landwirtschaft sonst zugrunde gehen würden.

Zu prinzipiellen Auseinandersetzungen kam es nur, als die beiden Angestelltenvertreter *Lange* und *Aufhäuser* eine weitgehende Mitwirkung des Betriebsrats bei der Betriebsführung forderten[3]). Der Betriebsrat solle in der Werksleitung sitzen, Einsicht nehmen in alle Geschäftsbücher, Korrespondenzen und Preis-

---

[1]) Über diese Verhandlungen existiert eine ganze Reihe von verschiedenen Protokollen und Notizen, teils von seiten der beteiligten Ministerialbeamten, teils von seiten teilnehmender Arbeitgebervertreter. Nach einer einleitenden Riesenversammlung von 104 Personen am 15. 5. 1919, DZA Potsdam, a.a.O., Betriebsräte, Bd. 1, Nr. 3481, Bl. 360 ff., wurden die weiteren Beratungen in eine kleine Kommission verlegt. Sie hielt ihre erste Sitzung am 21. 5. 1919 ab, a.a.O., Bd. 2, Nr. 3483, Bl. 184. Lebhafte Auseinandersetzungen ergaben sich auf einer Sitzung am 27. 5. 1919 und auf den abschließenden Sitzungen vom 3. bis 6. 6. 1919, ebenda, Bl. 192 ff., 243 ff., sowie Archiv des Zentralrats, B-53, Nr. 28; die dortigen Protokolle sind teilweise ausführlicher. Vgl. ferner die Diskussionen im Zentralrat nach Berichten des an den Kommissionssitzungen teilnehmenden Mitgliedes *Faass*, Prot. ZR, Sitzungen vom 22. 5., 26. 5., 3. 6. und 19. 6. 1919.

[2]) Siehe *Curschmann*, a.a.O.; Protokoll der SPD-Parteikonferenz vom 22./23. 3. 1919, S. 35 ff.; Protokoll des SPD-Parteitages zu Weimar Juni 1919, S. 443 ff.

[3]) *Paul Lange*, Mitglied der Reichszentrale der KPD, Redakteur im Zentralverband der Handlungsgehilfen; *Siegfried Aufhäuser*, USPD, Vorstand der Arbeitsgemeinschaft freier Angestelltenverbände, später Allgemeiner Freier Angestelltenbund (AFA).

kalkulationen, er solle in der Produktion maßgebend mitbestimmen. Das letztere dürfe heute nicht mehr ausschließlich Sache des einzelnen Betriebsleiters sein, sondern Sache aller im Betrieb tätigen Arbeitnehmer. Diese Forderung wurde von den übrigen Gewerkschaftsvertretern — vor allem unter Hinweis auf das „verunglückte russische Experiment" — zurückgewiesen.

Die Kontroverse spiegelt die Tatsache wider, daß in den ersten Jahren nach der Revolution ein Teil der Angestelltenschaft größeren Wert auf wirtschaftliche Mitbestimmung im Betrieb gelegt hatte, als viele Arbeitergruppen. Besonders die Angestellten des Bankgewerbes und der Metallindustrie haben um die Stellung der Betriebsräte größere Arbeitskämpfe geführt und sich teilweise für lange Zeit Rechte gesichert, die über das im späteren Betriebsrätegesetz Niedergelegte hinausgingen[1]). In der Mitbestimmungsfrage stand auch ein Teil der sozialdemokratischen Angestellten auf dem Boden der radikalen Parteien; dies kam z. B. bei der Abstimmung über die Betriebsräterichtlinien auf dem Nürnberger Gewerkschaftskongreß Anfang Juli 1919 deutlich zum Ausdruck[2]).

Von besonderer Bedeutung war der Streik der Berliner Metallindustrie- und Bankangestellten im April 1919, der mit großer Leidenschaft geführt wurde und dessen Hauptziel es war, ein Mitbestimmungsrecht der Angestelltenräte, vor allem bei Einstellungen und Entlassungen tariflich zu verankern. Der Berliner Vollzugsrat hatte sich als Vermittlungsinstanz eingeschaltet; und aus seinen Verhandlungen können wir einen gewissen Einblick in Charakter und Ziel der Bewegung gewinnen[3]). Vor allem in den großen Betrieben hatten sich die Arbeiter mit den streikenden Angestellten solidarisch erklärt, woraufhin die Arbeitgeber mit Aussperrung drohten. In diesem Fall wollten die Kollegen, so erklärte ein Arbeitervertreter eines der größten Berliner Unternehmen, im Betrieb bleiben und „gegebenenfalls die ganzen Betriebe ... als großes Gemeineigentum betrachten". Sie wollten den Betrieb „in die Hände des Proletariats ... überführen ... Wir wollen den Betrieb aufrechterhalten ohne die Unternehmer. Die Angestellten sind auch bereit, unter unserer Leitung sofort in den Betrieb einzutreten und ihre Tätigkeit wieder auszuüben." Obgleich die gemäßigteren An-

---

[1]) In den Akten finden sich zahlreiche Berichte und Eingaben, aus denen das zeitweilig überaus starke Interesse der Angestellten an einer wirkungsvollen Mitbestimmung in der Betriebs- oder Unternehmensleitung deutlich hervorgeht. DZA Potsdam, a.a.O., Arbeiter- und Angestelltenausschüsse, Bd. 1, Nr. 3468, Bl. 117; Bd. 2, Nr. 3469, Bl. 45 ff.; Betriebsräte, Bd. 1, Nr. 3481, Bl. 407 ff. DZA Merseburg, Rep 120, Pr. Min. f. H. u. Gew., BB VII 1, Nr. 9 adh. 3, Bd. 2, Einführung obligatorischer Arbeiterausschüsse (ohne Blattnumerierung), Protokoll einer Angestellten- bzw. Beamtenversammlung der Gewerkschaft Deutscher Kaiser Hamborn vom 23. 4. 1919.

[2]) Protokoll, S. 500/1. Ferner zur Angestelltenfrage: *E. Lederer*, Die Bewegung der Privatangestellten, Archiv f. Soz. Wiss. u. Soz. Pol., Bd. 47, S. 585 ff., bes. 607 ff.; *S. Aufhäuser*, Das Gesetz über Betriebsräte, Berlin 1920, bes. S. 16/7, 31/2. Vgl. auch Der Arbeiter-Rat, Jg. 1/1919, Nr. 31, S. 7 ff., den Entwurf der AFA für ein Betriebsrätegesetz, dessen §§ 24 und 25 dem Betriebsrat volle wirtschaftliche Mitbestimmung und einen Sitz im Vorstand geben wollen.

[3]) Prot. VR, Bd. 8, IML 11/8, Sitzungen vom 12., 14. und 16. 4. 1919, Bl. 101 ff.

gestelltenvertreter diese radikalen Ansichten nicht teilten, beharrten doch auch sie so hartnäckig auf dem „Mitbestimmungsrecht", daß sogar die Ministerialvertreter es schließlich für unumgänglich erklärten, „daß eine Verschiebung der Rechtsverhältnisse zugunsten der Arbeitnehmer herbeigeführt werden muß, und zwar so, daß an Stelle des einseitigen Bestimmungsrechts ein Zusammenwirken der Arbeitnehmer und -geber treten muß". Und ein sozialdemokratischer Vertreter aus dem Vollzugsrat faßte die Tendenz der Bewegung in die Worte zusammen, daß „ . . . bis zu einem gewissen Grade die Demokratisierung der Betriebe" erreicht werden müsse[1]).

Am 11. Juli 1919 veröffentlichte der Zentralrat der Deutschen Republik eine Pressenotiz über die an den drei vorangegangenen Tagen abgehaltene Besprechung zwischen dem Arbeitsministerium, dem Zentralrat und einer Delegation von Betriebsräten aus dem Reich, in der die wesentlichen Streitpunkte sehr klar bezeichnet werden[2]). „Eine Verständigung über den Gesetzentwurf kam nicht zustande, da die Konferenz als *Mindest*forderung das *volle* Mitbestimmungsrecht der Betriebsräte in *allen* Angelegenheiten des Betriebes verlangte, das von der Regierung nicht zugestanden werden konnte." Die Konferenz habe die Rechte „derjenigen Arbeitervertreter (Betriebsräte), die die Berufsinteressen der Arbeiter innerhalb der Betriebe wahrzunehmen haben", durcheinander geworfen mit denen „derjenigen Arbeitervertreter (Wirtschaftsräte) . . ., die die Arbeiter in der Produktion vertreten und die Produktion im sozialistischen Sinne umgestalten sollen". „Indessen wird der größte Teil der deutschen Arbeiterschaft verstehen, daß die ersprießliche Leitung eines Unternehmens unmöglich ist, wenn jede einzelne dieser Angelegenheiten erst in einer vielköpfigen (aus Betriebsräten und Betriebsleitung zusammengesetzten) Versammlung besprochen werden soll, bevor sie ihre Erledigung finden kann; eine solche Methode würde der Tod jeder rationellen Wirtschaftsführung sein."

Die Konferenz war von einer Delegation Hamburger Betriebsräte, die Anfang Juni 1919 das Arbeitsministerium und den Zentralrat aufgesucht hatte, angeregt worden. Der Minister — damals noch *G. Bauer* — hatte die Anregung aufgegriffen und den Zentralrat mit der Durchführung beauftragt. Dieser forderte seinerseits die Provinzialarbeiterräte auf, Delegierte zu benennen[3]). Anwesend waren 28 Teilnehmer, 17 davon waren Mitglieder der USPD, 10 der SPD, einer der KPD. Die wichtigsten Länder und Bezirke waren, bis auf das westliche Industriegebiet, vertreten. Inwieweit der Kreis als repräsentativ für die gesamte Betriebsrätebewegung angesehen werden kann, ist schwer zu sagen. Von den damals allgemein für „sozialisierungsreif" gehaltenen Wirtschaftszweigen: Berg-

---

[1]) A.a.O., Bl. 101, 102 ff., 149, 230.
[2]) Aus dem Archiv des Zentralrats, B-20, wie auch die im folgenden erwähnten Erklärungen, Entwürfe und Personalien.
[3]) DZA Potsdam, a.a.O., Betriebsräte, Bd. 2, Nr. 3483, Bl. 151, 334; Bd. 3, Nr. 3484, Bl. 29 ff., 37, 109, 111 ff. Die Freiheit (Berliner USPD-Zeitung) vom 11. 7. 1919. Prot. VR, Bd. 10, IML 11/10, Bl. 13 ff., Sitzung vom 13. 6. 1919.

bau, Metallindustrie, Chemie, sowie von der Eisenbahn waren Delegierte erschienen; es fehlten, soweit sich das ersehen läßt, Bau-, Textil-, Holz- und Lederindustrie, sowie die kleinstädtischen und kleinbetrieblichen Unternehmungen. Die politische Zusammensetzung dürfte den allgemeinen Verhältnissen entsprochen haben. In den industriellen Zentren dominierte unter der Arbeiterschaft in den Jahren 1919 und 1920 in ganz Deutschland die USPD.

Am ersten Verhandlungstag berieten nur einige Vertreter des Zentralrats und die Betriebsräte[1]). Dabei gab sich der wortführende *Cohen* sehr viel entgegenkommender als in der erwähnten Pressenotiz. Er war offenbar bemüht, in den Betriebsräten Bundesgenossen gegen die Regierung und ihren Entwurf zu gewinnen. Zwei andere Zentralratsmitglieder näherten sich in der Diskussion sogar den Forderungen nach voller Mitbestimmung für die Betriebsräte. Wie denn überhaupt ein Teil der sozialdemokratischen Mitglieder des Zentralrats zeitweilig dazu neigte, über die *Cohen'schen* Vorschläge noch hinauszugehen und sich den Ideen der Unabhängigen zu nähern[2]). Die Sozialdemokraten unter den Betriebsräten aber stellten sich in der Diskussion ohne wesentliche Einschränkungen auf den Boden der USPD-Vorschläge.

Nach der Vorbesprechung mit dem Zentralrat formulierten die Betriebsräte eine Erklärung für die Konferenz mit dem Ministerium; darin lehnten sie den Regierungsentwurf als Verhandlungsgrundlage ab. Er sei durch die bestehenden Einrichtungen bereits überholt. Ihre prinzipielle Forderung sei: „Organisch aufgebautes wirtschaftliches Rätesystem als Grundlage der kommenden Sozialisierung." In der Sache verlangten sie vor allem: Volles Kontroll- und Mitbestimmungsrecht über alle Angelegenheiten des Unternehmens. Diese Forderung wurde *einstimmig* gebilligt. Den überbetrieblichen Aufbau wünschten die Betriebsräte entsprechend den uns bekannten Vorstellungen der Berliner Arbeiterräte zu gestalten. Hierbei wurden zwei, vermutlich sozialdemokratische, Gegenstimmen abgegeben[3]).

Im Laufe der Verhandlungen mit der Regierung (Arbeitsminister nunmehr *Schlicke*) konkretisierten die Betriebsräte ihre Vorstellungen zu einem ausgearbeiteten Gegenentwurf für den § 15 des Gesetzentwurfs (Aufgaben der Betriebsräte) und betonten dabei einleitend, daß das volle Mitbestimmungsrecht der Betriebstäte in *allen* Angelegenheiten des Unternehmens die Mindestforderung der von ihnen vertretenen Arbeiterschaft darstelle.

Der Gegenentwurf enthält im einzelnen die folgenden Rechte: Volle Mitbestimmung in allen sozialen und das Arbeitsverhältnis betreffenden Fragen, insbesondere bei der Verwaltung aller sozialen Einrichtungen, bei der Fest-

---

[1]) Prot. ZR, Sitzung vom 8. 7. 1919.
[2]) Der Zentralrat bestand aus 17 Sozialdemokraten, zwei christlichen Vertretern und einem Demokraten. Zur Diskussion über das Betriebsrätegesetz siehe vor allem Prot. ZR, Sitzungen vom 22. und 26. 5. 1919.
[3]) Niederschrift der Erklärung und Angabe der Abstimmungsergebnisse nach Archiv des Zentralrats, B-20.

legung der Lohnsätze, bei Erlaß der Arbeitsordnung (über die interessanterweise die endgültige Beschlußfassung der Betriebsversammlung, also den Arbeitern allein, zugedacht ist), bei Einstellung und Entlassung und bei der Einführung neuer Arbeitsmethoden. Bei Aktiengesellschaften und anderen Unternehmungen mit Aufsichtsrat entsendet der Betriebsrat je 2 Vertreter in den Aufsichtsrat und in die Direktion bzw. den Vorstand; bei Unternehmungen ohne Aufsichtsrat nur 2 Vertreter in die Leitung. Für vergesellschaftete Unternehmungen gilt dasselbe. Wichtig ist die Bestimmung, daß den in die leitenden Organe entsandten Vertretern die gleichen Rechte und Pflichten wie den übrigen Mitgliedern, jedoch keine Vertretungs- und Zeichnungsbefugnis und *keine* Tantiemen zustehen. Die letzte Bestimmung enthält offenbar den Versuch, dem Problem, das in der konkreten Ausgestaltung des Rechts der *Kontrolle* liegt, eine praktische Lösung zu geben. Die Arbeitnehmervertreter sollen den uneingeschränkten Einblick in alle wirtschaftlichen Vorgänge bekommen und an der unternehmerischen Willensbildung mitwirken; dies wird durch ihre gleichberechtigte Teilnahme an den Aufsichts- und Leitungsorganen bewirkt. Zugleich aber soll das Recht der bisherigen Unternehmensleitung, die laufenden Geschäfte selbständig zu führen und ihre Pflicht, diese Geschäftsführung juristisch und kaufmännisch zu verantworten, nicht beseitigt werden[1]). Die Formulierungen des Gegenentwurfs sind freilich nicht restlos klar und eindeutig, aber es wird sichtbar, daß die Bemühungen zur Lösung des Problems „Kontrolle" über den Stand, den sie im Februar/März in Mitteldeutschland erreicht hatten, bereits hinausgelangt sind.

Die revolutionäre Betriebsrätekonferenz in Halle am 27. Juli 1919[2]) hat die Fragen nach Sinn und Form des wirtschaftlichen Kontroll- und Mitbestimmungsrechts noch genauer beantwortet. Diese Konferenz war von den Führern des linken USPD-Flügels einberufen worden. Den Vorsitz führten *W. Koenen, Curt Geyer* und der Steiger *Peters*. Die Berechtigung der Teilnahme war nicht von einer bestimmten Parteizugehörigkeit abhängig gemacht worden; es wurde aber von jedem Teilnehmer die Erklärung verlangt, auf dem Boden des Rätesystems und der Diktatur des Proletariats zu stehen. Zwei sozialdemokratische Delegierte aus Hamburg verließen daraufhin die Konferenz, einige andere gaben die geforderte Erklärung ab und blieben. (Besonders bemerkenswert ist in diesem Zusammenhang die Diskussion, die im Anschluß an den Bericht aus Halle in der 15er-Kommission der Hamburger Betriebsräte stattfand. Trotz jenes Zwischenfalls und großer politischer Spannungen in Hamburg selbst, setzte sich der Wille zur Zusammenarbeit *aller* gewerkschaftlichen und politischen Richtungen

---

[1]) In den Verhandlungen mit dem neuen Arbeitsminister *Schlicke*, dem ehemaligen Vorsitzenden des DMV, räumte der mitteldeutsche USPD-Vertreter *Steinitz* ein, daß der Betriebsrat nicht selbst die Betriebsleitung übernehmen könne; man betrachte ihn in seiner neuen Stellung nur als das vorwärtstreibende Element der Sozialisierung, DZA Potsdam, a.a.O., Bd. 3, Nr. 3484, Bl. 113/4.

[2]) Prot. Halle.

in den Reihen der Betriebsräte durch. Der Wille zur überparteilichen Zusammenarbeit und die Anziehungskraft des Rätegedankens auch auf sozialdemokratische Arbeiter waren übrigens nicht auf Hamburg allein beschränkt[1]).)

Zu Beginn der eigentlichen Verhandlungen erläuterte *W. Koenen* seinen Standpunkt. Er verlangte die Sicherung der bereits errungenen Rechte, die Möglichkeit, sich eine Erweiterung zu erkämpfen, Mitbestimmungsrecht in allen sozialen Fragen und bei der Einstellung und Entlassung von Arbeitnehmern, volle Einsichtnahme in alle Betriebsangelegenheiten, Errichtung von Bezirksarbeiterräten als entscheidende Instanz; *Koenen* forderte jedoch *nicht* das volle Mitbestimmungsrecht in *allen* wirtschaftlichen Fragen. Seine Erklärung dazu ist sehr aufschlußreich: „Kontroll- und Mitbestimmungsrecht sind zweierlei. Mitbestimmungsrecht in solchen Sachen, die wir verstehen. Kontrolle über Einkauf und nicht die Zustimmung, damit hätte der Betriebsrat die Verantwortung zu tragen, diese solle die Betriebsleitung tragen. Noch eine weitere Verantwortung soll ihnen übertragen werden: Den Betriebsräten gegenüber."

Wenn wir uns durch die ungelenken Formulierungen des Protokollanten nicht beirren lassen, wird der Sinn des Gesagten ganz klar[2]). Die wirtschaftliche und technische Entscheidungsfreiheit der bisherigen Unternehmensleitung soll nicht beseitigt werden. Die Arbeiter sollen nur die Pflichten verantwortlich übernehmen, denen sie sachlich gewachsen sind. Die notwendige Kontrolle der Unternehmer wird gesichert: Einmal durch die Einsichtnahme in alle Betriebsvorgänge, zum anderen durch die Entscheidungsbefugnisse der übergeordneten Arbeiterräte. Das Gesamtverhältnis zwischen Arbeitervertretern und Betriebsleitungen wird so begriffen, daß nicht die Betriebsräte selbst für den Betrieb verantwortlich *sind*, sondern daß sie die Betriebsleitungen verantwortlich *machen*.

Die *Koenen'sche* Haltung ist recht gemäßigt und bezieht offenbar die Möglichkeit eines allmählichen Fortschrittes auf friedlichem gesetzmäßigem Wege, evtl. sogar die politische Koalition mit einer verständigungsbereiten Sozialdemokratie in ihre Überlegungen ein. Das entspricht übrigens unserer Interpretation der mitteldeutschen Bewegung von Februar-März. Diese vorsichtige Politik rief allerdings in der Diskussion bei den übrigen Verfechtern des reinen Rätesystems den schärfsten Protest hervor. *Ernst Däumig, Richard Müller, Curt Geyer* und andere Delegierte griffen *Koenen* an, weil er „sich auf das Verhandeln gelegt habe", statt die Masse zu einer „sozial-revolutionären Kampforganisation" zusammenzuschließen. *Koenen* antwortete mit derber Kritik am Berliner Vollzugs-

---

[1]) Vgl. *G. Bauer*, der sich auf dem Weimarer Parteitag der SPD über die Neigung der Hamburger Arbeiter, auch seiner eigenen Parteigenossen, beklagt, immer „paritätisch", d. h. mit Vertretern aller Arbeiterparteien aufzutreten, und der den Einfluß des wirtschaftlichen Rätegedankens auch auf sozialdemokratische Arbeiterkreise feststellt und bedauert, Protokoll, S. 444/5.

[2]) Man muß berücksichtigen, daß diese Wiedergabe der *Koenen*schen Rede zweifach vermittelt ist: Einmal durch die zwar mit großer Bemühung um Genauigkeit angefertigten, aber doch nicht wörtlichen Notizen des Hamburger Teilnehmers, zum zweiten durch die ebenfalls nicht durchgehend wörtliche Niederschrift der Hamburger Sitzung.

rat und meinte: „Wir sind noch nicht so weit, ein so rasches Tempo einzuschlagen." Zum Schluß der Diskussion wurde eine Kommission eingesetzt, um Richtlinien über die Aufgaben der Betriebsräte auszuarbeiten.
Am 2. Konferenztag legte die Kommission das Ergebnis ihrer Arbeit vor. In diesen Richtlinien ist von jeder Anknüpfung an den Betriebsräteentwurf der Regierung endgültig abgesehen. Sie ordnen — ohne Berücksichtigung der gegenwärtigen politischen Verhältnisse — die Stellung der Betriebsräte in ein ausgebautes wirtschaftliches Rätesystem ein. Die bezirklichen Arbeiterräte der einzelnen Industriezweige (Bezirksgruppenräte) und der aus allen Industriezweigen zusammengesetzte Bezirkswirtschaftsrat, die Reichsgruppenräte und der zentrale Reichswirtschaftsrat werden als bestehend vorausgesetzt. Praktisch sind die Richtlinien auf einen gesellschaftlichen Zustand hin gedacht, in dem die Kontrolle der alten Betriebsleitungen so weit fortgeschritten ist, daß ihre Enteignung als faktisch bereits vollzogen, die Sozialisierung also als beinahe durchgeführt angesehen werden kann. Die Unternehmerschaft als gesellschaftliche Klasse ist verschwunden; die Betriebsleitung stellt nunmehr eine, wenn auch wichtige Funktion unter anderen innerhalb der arbeitsteiligen sozialistischen Gemeinwirtschaft dar.
So beschreiben diese Richtlinien das Rätesystem im Grunde nicht mehr als die Vorbereitung der Sozialisierung (wie noch im Februar/März die Halleschen Richtlinien oder die *Koenen'schen* Vorschläge), sondern als die Form der Sozialisierung selbst. Je größer allerdings die Distanz dieser Vorstellungen zu den praktischen Fragen der Übergangs- und Kampfperiode ist, desto klarer entfalten sie die grundsätzlichen organisatorischen und Verwaltungsfragen, die eine auf dem Rätesystem aufgebaute Wirtschaftsordnung stellt.
Der Betriebsrat entscheidet mit der Betriebsleitung gemeinsam: Über alle Fragen des Arbeitsverhältnisses und über alle sozialen Fragen. Er ist verpflichtet für die Verbesserung der Arbeitsmethoden, für die technische Hebung und die organisatorische Vereinfachung der Betriebsführung Sorge zu tragen. Er muß in alle Angelegenheiten des Unternehmens Einsicht nehmen. „Die Ausführung der gemeinsam gefaßten Beschlüsse erfolgt durch die Betriebsleitung, die dem Betriebsrat dafür verantwortlich ist. Eigenmächtige selbständige Eingriffe in die Betriebsführung stehen dem Betriebsrat nicht zu." Bei Streitigkeiten entscheiden die übergeordneten Arbeiterräte. „Die Wahl oder die Abberufung und Versetzung von Betriebsleitern erfolgt durch den Bezirksgruppenrat, in dem alle Betriebsräte vertreten sind." Die endgültige konkrete Abgrenzung zwischen der wirtschaftlichen Mitbestimmung der Arbeitnehmer im Betrieb und den Rechten einer verantwortlichen Betriebsleitung ist auch in diesen Richtlinien noch nicht ganz deutlich sichtbar. Aber es ist unverkennbar, daß die Vorstellung einer wähl- und absetzbaren Betriebsleitung, die dem Betriebsrat „verantwortlich" ist, dem seit 1950 in Jugoslawien entwickelten Modell der „Arbeiterselbstverwaltung" sehr nahe kommt.

Wir haben uns bisher — entsprechend der eingangs erörterten beschränkten Zielsetzung dieser Arbeit — damit begnügt, die betriebliche und wirtschaftliche Rätebewegung in ihren Hauptgebieten zu untersuchen und darüber hinaus nur Erscheinungen zu behandeln, die eine zentrale Bedeutung für das ganze Reich besaßen. Ein vollständiges Bild über die gesamte Rätebewegung läßt sich daraus nicht gewinnen; dafür wären lokale und regionale Einzelstudien erforderlich, die zu unternehmen ganz und gar außerhalb unserer Möglichkeiten lag. Trotzdem ist es zur Ergänzung der bereits vorliegenden Ergebnisse nützlich, wenn die Ausbreitung von Räteidee und Rätebewegung über die behandelten Zentren hinaus überall dort in kurzen Strichen skizziert wird, wo sie sich in unseren Quellen widerspiegelt.

Von geringer Bedeutung sind dabei jene Fälle, in denen der Rätegedanke oder einzelne die Betriebsräte betreffende Forderungen nur anläßlich einer vorübergehenden Bewegung, meistens dabei in einem Unternehmen vereinzelt, auftauchten. Mehr als die agitatorisch gemeinte Verwendung der Räteidee als Schlagwort dürfen wir dabei wohl nicht annehmen[1]). Freilich spricht sich auch in solchen Erscheinungen eine allgemeine politische Sympathie für den Rätegedanken aus, die zu konstatieren nicht unwichtig ist; aber über den Charakter der Rätebewegung können wir daraus keine Schlüsse ziehen.

Einen anderen, grundsätzlicheren Charakter müssen wir der Betriebsrätebewegung dort zusprechen, wo sie in einem größeren politischen Zusammenhang auftrat, zu umfassenden organisatorischen Gebilden von längerer Dauer gelangte und ausgearbeitete Programme oder Richtlinien entwickelte. Das gilt zumal dann, wenn die überlieferten programmatischen Äußerungen zwar im Prinzip mit dem ausgearbeiteteren System der großen Zentren der Rätebewegung übereinstimmen, aber dabei doch so viel Eigenes zeigen, daß wir sie als selbständige Schöpfungen und nicht bloß als agitatorische Importe betrachten müssen.

Für ein Zentrum der radikalen sozialistischen Arbeiterbewegung, für *Braunschweig*, läßt sich ein solcher Zustand nur vermuten. Unter der bis in den April 1919 andauernden USPD-Herrschaft kam es auch zu sog. „wilden Sozialisierungen"; d. h. in Wirklichkeit handelte es sich darum, daß gegen den Willen der Unternehmer und mit Unterstützung der Regierung Betriebsräte eingesetzt wurden, die weitgehende Kontrollrechte gegenüber den Betriebsleitungen in

---

[1]) So taucht bei einem Streik im April im Lugau-Oelsnitzer Kohlenrevier unvermittelt neben einer Reihe anderer Punkte die Forderung auf: „Sozialisierung der Bergwerke durch Einsetzung der Betriebsräte". Die Novemberrevolution im sächsischen Steinkohlenbergbau, Freiberger Forschungshefte, Kultur und Technik D 27, Berlin 1959, S. 63/4. Auf derselben Ebene liegt anscheinend auch die Ende März 1919 unter Streikdrohung gestellte Forderung der Belegschaft der Ilseder Hütte, sofort Betriebsräte mit vollem Mitbestimmungsrecht in allen Fragen des Unternehmens einzusetzen. DZA Potsdam, a.a.O., Betriebsräte, Bd. 1, Nr. 3481, Bl. 79 ff.

Anspruch nahmen und soziale Forderungen der Arbeiter durchsetzten, so etwa den Abbau der Akkordarbeit[1]).

Von unbezweifelbarer Stärke und Wirksamkeit war die betriebliche Rätebewegung jedoch in den Industriestädten des nordwestdeutschen Küstengebietes. Vor allem in den staatlichen Werftbetrieben *Kiels* und *Wilhelmshavens* kam es zu einer länger andauernden organisierten Mitwirkung der Betriebsräte in der Werksleitung, deren Sinn die Arbeitnehmerausschüsse der Reichswerft Wilhelmshaven in einem Brief an den Reichswehrminister im April 1919 folgendermaßen bezeichnet haben: „... Mehr als früher ist der Arbeitnehmer von dem Gedanken durchdrungen, mitzuwirken bei dem Wiederaufbau des Wirtschaftslebens. Diese Möglichkeit ist ihm jedoch genommen, wenn ebenso wie in früherer Zeit, auch künftig das ganze Schicksal des Betriebes von einigen wenigen abhängig ist"[2]).

Aber auch auf den privaten Werften entwickelte sich eine starke Betriebsrätebewegung. So trat Anfang Januar 1919 in *Bremerhaven* ein Arbeiterrat für das Unterwesergebiet in Tätigkeit, der von den dortigen Werften die Zulassung von Betriebsräten neben den bestehenden Arbeiter- und Angestelltenausschüssen forderte. Diese Betriebsräte sollten „anordnende" Befugnisse besitzen; die Betriebsleitung sollte nur „im Einvernehmen" mit ihnen entscheiden dürfen, jedenfalls in allen die Arbeiter unmittelbar betreffenden Fragen, wie Einstellung und Entlassung. Außerdem war den Betriebsräten das Recht zugedacht, geeignete Personen zur Beratung hinzuzuziehen[3]). In den folgenden Monaten versuchten die Betriebsräte der Unterweserwerften diese Forderungen durchzusetzen, z. T. mit Erfolg; und es ergaben sich heftige Auseinandersetzungen mit den Unternehmern, dem Zentralrat der Republik und der Regierung[4]).

Zur selben Zeit, Anfang April 1919, erhob eine Vertrauensmännerversammlung der Arbeiter des Gebietes *Vegesack—Blumenthal* ebenfalls umfangreiche Forderungen auf ein wirtschaftliches Rätesystem[5]). Die Betriebsräte sollten in Betriebsleitung und Aufsichtsrat der dortigen Betriebe (darunter die Vulkan-Werft) paritätisch vertreten sein und Einblick in alle Betriebsvorgänge erhalten. Auf regionaler Ebene waren durch Verhältniswahl zustande gekommene Wirtschaftsräte vorgesehen, welche überwachende Funktionen ausüben, Verordnungen erlassen und die Sozialisierung durchführen sollten. In *Bremen* selbst hatte der Arbeiterrat der AG-Weser, der größten Werft, schon im November 1918 einen ausschlaggebenden Einfluß gewonnen. Er besaß von Anfang an eine

---

[1]) So nach Urteilen des Oberlandesgerichts Braunschweig in Schadenersatzprozessen, die die betroffenen Unternehmen gegen den braunschweigischen Staat angestrengt hatten, aus: Braunkohle, XVIII. Jg., Nr. 8, 24. 5. 1919, S. 107 ff.

[2]) DZA Merseburg, Rep 120, Pr. Min. f. H. u. Gew., BB VII 1, Nr. 9 adh. 3, Bd. 1, Einführung obligatorischer Arbeiterausschüsse (ohne Blattnumerierung). Näheres über die Wirksamkeit der Räte in den Staatsbetrieben siehe unten, S. 174 ff.

[3]) DZA Potsdam, a.a.O., Arbeiter- und Angestelltenausschüsse, Bd. 1, Nr. 3468, Bl. 34/5.

[4]) Schriftwechsel im Archiv des Zentralrats, B-12, Bd. 1; B-20; B-22.

[5]) DZA Potsdam, a.a.O., Betriebsräte, Bd. 1, Nr. 3481, Bl. 130 ff.

kommunistische Mehrheit unter Führung des energischen *Josef Miller*, der 1919/20 auch eine Zeitlang Bevollmächtigter des Bremer DMV war. Dieser Arbeiterrat hat offenbar eine sehr effektive Kontrolle über alle Maßnahmen der Werksleitung ausgeübt und hat auch mit den Vertretern der anderen Bremer Großbetriebe zusammen eine lose Verbindung, den sog. 21er-Ausschuß gebildet. Aber es scheint, daß dieser Zusammenschluß mehr ein politisches Kampforgan, als eine wirtschaftliche Räteorganisation gewesen ist[1]).

In *Hamburg* hatte sich der im November 1918 durch die Betriebe gewählte „Große Arbeiterrat"[2]) schon im Dezember eine Art von Verfassung gegeben und diese sofort in Kraft gesetzt, die auch die Stellung der Betriebsräte regelte. Darin wurden die Arbeiter- und Angestelltenräte verpflichtet, „für den geregelten Gang des Betriebes ... zu sorgen" und zugleich berechtigt, „die Geschäftsführung nach der technischen, kaufmännischen und sozialen Seite zu kontrollieren". Die Lohn- und Arbeitsbedingungen sollten sie „mit der Betriebsleitung" und unter Hinzuziehung der Gewerkschaften „regeln"[3]). Später entwickelte sich eine ständige Kommission (15er-Kommission) der Hamburger Betriebsräte und außerdem ein zentraler Werftarbeiterrat, die das ganze Jahr 1919 hindurch einen beträchtlichen Einfluß ausübten und an den allgemeinen Auseinandersetzungen um die Rechte der Betriebsräte lebhaften Anteil nahmen[4]).

Von Interesse ist auch eine Konferenz der optisch-mechanischen Industrie Deutschlands in *Jena* im Sommer 1919, zu der der Arbeiterausschuß der Firma Zeiß & Schott eingeladen hatte[5]). 51 Delegierte aller namhaften Betriebe der Branche waren zugegen. Ein führender Fachmann der Schott-Werke referierte und wies darauf hin, wie „auch ohne Kapitalisten, aber bei enger Zusammenarbeit zwischen Hand- und Kopfarbeitern ein Werk es zu einem Weltruf bringen kann"[6]). Das politische Referat hielt *W. Koenen*. Einmütig bekannten sich die Versammelten zum Sozialismus, zum Rätesystem, zur Produktionskontrolle in

---

[1]) Vgl. die Erinnerungen von *Miller* in Vorwärts und nicht vergessen, S. 189 ff. Verbandstag des DMV zu Stuttgart 1919, Protokoll, S. 210 ff., 274/5, 310 ff., 335, 341, 378.

[2]) *Kolb*, a.a.O., S. 94.

[3]) DZA Potsdam, a.a.O., Betriebsräte, Bd. 1, Nr. 3481, Bl. 44 ff.

[4]) Über die Hamburger Betriebsräte siehe ihre Diskussionsbeiträge in den Sitzungen des Zentralrats vom 3. 6. und 8. 7. 1919, Prot. ZR, sowie Prot. Halle. Vgl. ferner den Bericht in Betriebsrätezeitschrift des DMV, Jg. 1920, Heft 1, S. 31/2.

[5]) Der Arbeiter-Rat, Jg. 1/1919, Nr. 20, S. 15.

[6]) Der betreffende war Dr. *Eberhard Zschimmer*, ein bemerkenswerter, gedankenreicher, aber offenbar auch höchst eigenwilliger Mann, der nach 1918 der SPD beitrat, sehr bald zu einer radikalen Bejahung des Rätegedankens gelangte und mit der SPD-Politik in Konflikt geriet. Später entwickelte er eine stark technokratisch gefärbte Wirtschaftstheorie. Vgl. seine Schriften: Der Staat in der sozialistischen Politik, Jena 1919; Die Sozialisierung der optischen Industrie Deutschlands, Jena 1919; Die Überwindung des Kapitalismus, Jena 1922. Auf dem Weimarer Parteitag der SPD erregte Z., der als Delegierter von Jena anwesend war, durch dauernde radikale Zwischenrufe den Unwillen der übrigen Delegierten und verließ schließlich in äußerster Erregung den Verhandlungssaal, Protokoll, S. 314. Vgl. auch die Anträge des Ortsvereins Jena zum Parteitag, a.a.O., S. 74, 83 und bes. 120/1.

der Übergangszeit, zur engen Zusammenarbeit von Angestellten und Arbeitern und zu einer systematischen Förderung der Produktion. Außerdem wurde die Fünf-Tage-Woche bei 44stündiger Arbeitszeit gefordert. Zum Abschluß wurde ein 15köpfiger Aktionsausschuß aus Vertretern ganz Deutschlands „zur Weiterführung des Begonnenen" gewählt. Bei diesem, allerdings besonders hochqualifizierten kleinen Teil der deutschen Industriearbeiterschaft war offenbar die Aneignung der Grundgedanken des Rätesystems ziemlich weit gediehen. In den Zeiß-Werken in Jena selbst wurde im Lauf des Frühjahrs und Sommers 1919 eine lebhafte Bewegung für die Sozialisierung der optischen Industrie und für die Einsetzung von Betriebsräten mit dem Recht der „Mitentscheidung" wirksam[1]).

Zusammenfassend können wir feststellen: Im Laufe des Jahres 1919 ist von einem erheblichen Teil der Betriebsräte, vor allem in den ausschlaggebenden Industriegruppen und an den wirtschaftlichen Zentren, der Gedanke des wirtschaftlichen Kontroll- und Mitbestimmungsrechts der Arbeitnehmer übernommen und vertreten worden. Die Übereinstimmung in dieser Frage reichte weit über die Grenzen der radikalen sozialistischen Parteien hinaus und umfaßte beträchtliche Teile der sozialdemokratischen Anhängerschaft.

Die Vorstellungen der Betriebsrätebewegung dieser Zeit beruhen auf einigen Grundgedanken: Die Räte sind die „Träger" der Sozialisierung[2]). Sie bereiten die Sozialisierung vor, indem sie die Unternehmer kontrollieren, ihre Macht durch zunehmende Mitbestimmung einschränken und damit zugleich die Arbeiterschaft für ihre zukünftigen Aufgaben bei der Leitung einer sozialistischen Wirtschaft vorbereiten. Die wirtschaftlichen Kontroll- und Mitbestimmungsrechte sollen die verantwortliche Betriebs- und Unternehmensleitung nicht beseitigen, sondern nur im Interesse der Arbeitnehmer und im Sinne einer sozialistischen Umwandlung der Wirtschaft beeinflussen. Hierbei flossen allerdings die Vorstellungen einer Kontrolle der — noch — kapitalistischen Betriebsleitungen in der Gegenwart und die Vorstellungen von einer Mitbestimmung bei der Betriebsleitung sozialisierter Wirtschaftszweige ineinander und gelangten nicht zu restloser Klarheit.

Eindeutig ist, daß für alle sozialen und das Arbeitsverhältnis betreffenden Fragen das volle Mitbestimmungsrecht der Arbeitnehmer in Anspruch genommen wurde[3]). Zur organisatorischen Seite ist bemerkenswert, daß in den meisten Fällen dem Betriebsrat, der sich vorwiegend der wirtschaftlichen Kontrolle und

---

[1]) Die Unterlagen über die geführte Diskussion und die — offenbar von *Zschimmer* formulierten — Vorschläge der Belegschaft finden sich in DZA Merseburg, Rep 120, Pr. Min. f. H. u. Gew., C IX 1, Nr. 77, Bd. 1, Vergesellschaftung industrieller und landwirtschaftlicher Großbetriebe (ohne Blattnumerierung).

[2]) Prot. ZR, Sitzung vom 8. 7. 1919, Bl. 14.

[3]) Die Vorstellungen reichen dabei bis zur teilweisen und völligen Selbstverwaltung der Arbeitnehmer in diesen Angelegenheiten. Vgl. den interessanten Entwurf eines Betriebsrätegesetzes in Der Arbeiter-Rat, Jg. 1/1919, Nr. 22, S. 9/10.

Mitbestimmung widmen sollte, betriebliche Vertrauensleute oder die alten Arbeiter- und Angestelltenausschüsse beigeordnet wurden, die sich mit den laufenden innerbetrieblichen und sozialen Fragen der Belegschaft zu befassen hatten[1]).

Die *Cohen'sche* Absicht, die wirtschaftliche Mitbestimmung aus den Betrieben in die regionalen „Produktionsräte" zu verlegen, wurde nicht gebilligt. Kontrolle und Mitbestimmung sollten im Betrieb, wo die unternehmerische Praxis unmittelbar gegenwärtig ist, beginnen. Betrieblicher Egoismus oder gar „Sozialisierung" einzelner Betriebe wurden jedoch in der Regel scharf abgelehnt. Die wirtschaftlichen Interessen der Allgemeinheit sollten durch die bezirklichen und zentralen Räteorgane gewahrt werden. Ihnen waren erhebliche Aufsichts- und Weisungsbefugnisse zugedacht. Diese überbetrieblichen Räte sollten im allgemeinen ausschließlich von der Arbeitnehmerschaft gewählt werden und dadurch mit ihrer Entscheidungsbefugnis in betrieblichen Streitfällen sichern, daß die erhoffte sozialistische Entwicklung nicht durch die noch weiter tätigen alten Unternehmer gehemmt wurde. Unzweifelhaft stand die Funktion des Betriebsrats im Vordergrund aller Überlegungen; denn diese Institution lag den Arbeitern und verständlicherweise auch und vor allem den Betriebsräten selbst am nächsten. Je mehr aber die Bewegung fortschritt und je mehr die grundlegenden praktischen und theoretischen Probleme durchdacht wurden, desto mehr wurde auch die Wichtigkeit der überbetrieblichen Räteorganisation betont. Schließlich wurde die Räteverfassung der Wirtschaft als ein Ganzes aufgefaßt, in dem betriebliche und überbetriebliche Arbeiterräte gleichzeitig und einander ergänzend tätig sein sollten[2]).

d) *Zur Praxis der betrieblichen und wirtschaftlichen Räte in der Revolution*

Eine wirkliche, rechtlich anerkannte und über längere Zeit hin regelmäßig funktionierende, wirtschaftliche Tätigkeit von Arbeiterräten hat in Deutschland während der Zeit der Rätebewegung nicht bestanden. In dem kaum länger als ein Jahr dauernden Zeitraum zwischen dem Umsturz im November 1918 und der Aufhebung aller noch möglicherweise bestehenden Mitbestimmungsrechte durch das Betriebsrätegesetz im Februar 1920 hat es freilich hier und dort, unsystematisch, illegal, angefeindet und von niemandem ernsthaft gefördert, praktische Versuche gegeben, die in der Rätebewegung lebenden Vorstellungen in die Wirklichkeit umzusetzen.

Von diesen zwar vermutlich nicht ganz seltenen aber verstreuten Versuchen

---

[1]) Die Einzelheiten der Vorschläge sind verschieden. Wo die Motive zur Sprache kommen, wird jedoch übereinstimmend die Ansicht vertreten, daß der Betriebsrat sich nicht um alle betrieblichen Kleinigkeiten kümmern und auch nicht genügend Kontakt zur Belegschaft halten könne, wenn er seinen Mitbestimmungsaufgaben und Kontrollfunktionen gerecht werden wolle; daher bedürfe er der Ergänzung und Entlastung. Prot. ZR, Satzung vom 8. 7. 1919; Der Arbeiter-Rat, Jg. 1/1919, Nr. 16, S. 15/6.

[2]) Hierzu Prot. ZR, a.a.O.

ein auch nur annähernd zutreffendes Bild zu geben, ist vollständig ausgeschlossen. Was geschehen kann, ist, einige zufälligerweise quellenmäßig nachweisbare Einzelfälle kurz darzustellen, um einen Eindruck davon zu geben, wie es an einigen Stellen zugegangen ist. Eine *typische* Bedeutung können diese Beispiele nicht ohne weiteres beanspruchen. Überdies reichen sogar in diesen wenigen Fällen die Quellen nicht dazu aus, den tatsächlichen Hergang einwandfrei zu ermitteln. Die vorliegenden Berichte, überwiegend von seiten der beteiligten Arbeitnehmer, lassen einen zuverlässigen Schluß nur auf eine Seite der Geschehnisse zu, nämlich darauf, wie sich die Praxis der Mitbestimmung in den Vorstellungen der Arbeitnehmer spiegelte und mit ihren theoretischen Ideen verband. Dies zu wissen, ist freilich nicht ohne Wert[1]).

Es liegt in der Natur der Sache, daß auf längere Zeit durchgeführte Versuche wirtschaftlicher Mitbestimmung der Arbeitnehmer in der Regel nur in den öffentlichen Betrieben zustande kamen. Der anonyme Eigentümer „Reich" oder „Land" war durch die politische Umwälzung unmittelbar betroffen worden. Der eigentliche Staatsapparat wurde demokratisiert oder sollte es wenigstens werden; die Überlegung, daß logischerweise nun auch die staatlichen Wirtschaftsbetriebe „demokratisiert" werden müßten, lag nahe. Überdies wurden die leitenden Personen der Reichs- und Landesbetriebe, vor allem da, wo es sich — wie bei den Heeresbetrieben — um Militärpersonen handelte, häufig im Zuge des Umsturzes entfernt; und bei der Neuregelung schalteten sich die Arbeiterräte dann ein und sicherten sich einen geringeren oder größeren Einfluß. Nicht ohne Bedeutung war schließlich die Tatsache, daß der politische und wirtschaftliche Druck auf die Arbeitnehmer der Staatsbetriebe besonders hart gewesen war (sie besaßen z. B. kein Koalitionsrecht) und es infolgedessen zu besonders heftigen Reaktionen kam.

Die Eigentümer und Leiter der privaten Unternehmungen hingegen, deren Rechtsstellung durch die Revolution nicht unmittelbar angegriffen worden war, vermochten sich der Einschränkung ihrer Befugnisse im allgemeinen mit Erfolg zu widersetzen. Trotzdem ist es ohne Zweifel in vielen Betrieben, vor allem in den ersten Monaten nach der Revolution, eine Zeitlang zu Zuständen gekommen, in denen der Betriebsrat kraft faktischer Machtstellung ein Kontroll- und Mitbestimmungsrecht auch in wirtschaftlichen Fragen ausgeübt hat. In welchen Formen und mit welchem Ergebnis das geschehen ist, läßt sich nur in den allerseltensten Fällen feststellen[2]).

---

[1]) Nur eingehende lokale Studien auf Grund von Werksarchiven und mit Benutzung der Akten der kommunalen und regionalen Verwaltungsbehörden, wenn sie vorhanden sein sollten, auch der staatlichen Schlichtungseinrichtungen, könnten vielleicht ein genaueres Bild erbringen. Aus den Akten der Reichs- und Preußischen Ministerien läßt sich nicht allzuviel entnehmen.

[2]) Bei den im vorigen Abschnitt dieses Kapitels skizzierten einzelnen Betriebsrätebewegungen, sowie in den großen Zentren, ergeben sich aus den Quellen nicht selten Hinweise, daß die proklamierten oder geforderten Rechte auch zeitweise tatsächlich in Anspruch genommen wurden. Nähere Angaben fehlen freilich fast immer.

Eine gewisse Vorstellung können wir von den Verhältnissen im Leuna-Werk gewinnen[1]). Die riesigen Anlagen zur Herstellung des kriegswichtigen synthetischen Ammoniak waren im Winter 1916/17 bei dem Dorf Leuna, nahe Merseburg in wenigen Monaten aus dem Boden gestampft worden[2]). Die Belegschaft stammte zu einem gewissen Prozentsatz aus den umliegenden Orten, der größere Teil aber war in kurzer Zeit aus dem ganzen Reich zusammengeholt worden; außerdem hatte die Werksleitung aus dem Stammbetrieb in Ludwigshafen Aufsichtspersonal und einige als besonders verläßlich geltende Gruppen von Arbeitern mitgebracht, welche die Stützen des sofort gebildeten „gelben" Werkvereins darstellten. Hinzu traten zahlreiche Bauarbeiter, die bei der laufenden Erweiterung des Werkes tätig waren. Sie alle mußten in Barackenlagern beim Werk unter wenig erfreulichen Bedingungen leben. Mangelhafte Ernährung, lange Arbeitszeit und die gesundheitlichen Gefahren der chemischen Produktion kamen hinzu, um die intensive Agitation der Halle—Merseburger USPD auf fruchtbaren Boden fallen zu lassen[3]). Bei den Neuwahlen zum Arbeiterausschuß im Frühjahr 1918 erhielten die radikalen Sozialisten eine klare Mehrheit, sogar und gerade unter den „gelben" Ludwigshafener Stammarbeitern[4]). Mit dem Novemberumsturz wurde ein Arbeiterrat gebildet, der sofort eine beträchtliche Machtposition einnahm, am Anfang jedoch, wie wir gesehen haben[5]), nur ökonomische und soziale Forderungen stellte. Nach den Erinnerungen von *B. Koenen*, dem Vorsitzenden des Betriebsarbeiterrats[6]), wurde diese Machtstellung systematisch zu einer festen Kontrolle über die Geschäftsleitung ausgebaut, die unter anderem die Mitbestimmung bei Einstellung und Entlassung, sowie die Möglichkeit, Entlassung oder Degradierung von Vorgesetzten zu erzwingen, umfaßte. Grundlage war die feste politische und gewerkschaftliche Organisation der Belegschaft im Betrieb selbst: Der Vertrauensmännerkörper arbeitete unangefochten, die Beiträge wurden im Betrieb kassiert, und ein Mitteilungsblatt des Betriebsrats wurde durch Lohnabzug finanziert. Die Arbeiterräte bemühten sich außerdem auf einer Reise nach Berlin, von der Regierung die Verstaatlichung des Unternehmens zu erreichen, um eine neue „sozialisti-

---

[1]) Neben den bereits erwähnten Broschüren: *H. Schubert*; Rev. Tage; Die Novemberrevolution und die revolutionären Kämpfe der Leunaarbeiter (zit.: Novemberrevolution Leuna), siehe den Erinnerungsbericht des damaligen Vorsitzenden des Arbeiterrats *Bernhard Koenen* auf einer Sitzung des Parteivorstandes der SED am 29. 7. 1948, in Unser Kurs, Funktionärsorgan der SED, Landesverband Sachsen-Anhalt, 2. Jahr, Heft 7, Oktober 1948, S. 21/2, (zit.: Erinnerungen *B. Koenen*) und den Bericht eines Leunaer Veteranenkollektivs in Veteranenerinnerungen 1918, S. 95 ff.

[2]) Novemberrevolution Leuna, S. 6, 24 ff. (hier die wichtigsten Dokumente zur Gründung des Werks).

[3]) Vorwärts und nicht vergessen, S. 377 ff.; Rev. Tage, S. 16 ff.; Veteranenerinnerungen 1918, S. 95 ff.

[4]) Novemberrevolution Leuna, S. 9; Veteranenerinnerungen 1918, S. 102/3.

[5]) Siehe oben S. 134/5.

[6]) A.a.O.; ferner *Schubert*, a.a.O., S. 34/5; Veteranenerinnerungen 1918, S. 106/7.

sche" Geschäftsleitung bilden zu können, fanden aber — nach Aussage *Koenens* — auch bei den USPD-Führern keine rechte Unterstützung[1]). Bemerkenswert an dieser Episode ist übrigens das Streben nach geordneter positiver Aufbauarbeit und der große Unterschied zu der radikalen Revolutionspolitik des Spartakusbundes.

Zu sog. „wilden" Sozialisierungen, d. h. zur gewaltsamen Absetzung der bisherigen Betriebsleitung, ist es vor allem im Bergbau gekommen[2]). In den meisten Fällen wurde dann allerdings von der betreffenden Gesellschaft ein neuer Direktor eingesetzt, der den Betrieb in der bisherigen Form weiterführte. Nur in einigen wenigen Fällen versuchten Arbeiter und Angestellte den Betrieb selbst zu übernehmen. Eine überlokale Bedeutung hat dabei der Fall der Zeche Victoria—Lünen unter der Leitung des Steigers *Schürken* gewonnen. Für längere Zeit wurde der Betrieb ohne Direktor in Gang gehalten, wobei die Leistung und die Arbeitsfreude der Belegschaft nachweislich stiegen[3]). Solche Aktionen wurden aber auch von der Rätebewegung, wie wir gesehen haben, nicht für sinnvoll gehalten und können infolgedessen nur als Randerscheinungen betrachtet werden.

Von den Versuchen, in staatlichen oder vom Staat abhängigen, also gewissermaßen bereits „sozialisierten" Betrieben die wirtschaftliche Mitbestimmung der Arbeiterräte zu verwirklichen, sollen fünf verschiedene kurz geschildert werden.

Im Sommer 1919 erschien in „Arbeiter-Rat" unter dem Titel: „Wird die Sozialisierung die Produktion steigern ? Ein Beispiel aus der Praxis", die folgende Darstellung[4]). Es handelte sich um einen kleinen Metallbetrieb (die Größe der Belegschaft wird nicht angegeben) in Berlin SO, der sich zwar in privater Hand befand, aber ausschließlich für Rüstungszwecke und im staatlichen Auftrag einen bestimmten Eisenzünder als Spezialartikel herstellte. Als nach der Revolution die Produktion absank, und die Löhne bedroht waren, wurde der Betrieb im Einverständnis mit der Leitung in eine „Genossenschaft" umgewandelt. (Die genaue Rechtsform wird leider nicht angegeben, ebenso nicht das Datum der Umwandlung; sie hat aber vermutlich Ende November 1918 stattgefunden.) Die kaufmännische Leitung verblieb dem Unternehmer, die technische wurde vom Arbeiterrat zusammen mit den Meistern übernommen. Es wurde der Belegschaft keine Gewinnausschüttung in Aussicht gestellt; Zweck der Geschäftsführung sollte vielmehr sein, einen Kapitalfonds für die Umstellung des Betriebes auf Friedensproduktion zu bilden. Ferner wurde aus wirtschaftlichen

---
[1]) Erinnerungen *B. Koenen*, a.a.O. Man sprach mit *Bernstein* (!!), *Kurt Rosenfeld* und *Kautsky*.
[2]) Siehe oben S. 132. Ein offenbar ganz singulärer Fall war die Absetzung des Vorstandes der Priegnitz-Eisenbahn-AG durch den Perleberger A.- u. S.-Rat und seine Ersetzung durch zwei mittlere Beamte, Reichskanzlei, Akten betr. Arbeiter- und Soldatenräte, Bd. 12, IML 8/19, Bl. 69 ff. Forderungen auf Maßregelung oder Absetzung einzelner betrieblicher Vorgesetzter kamen häufiger vor.
[3]) *Spethmann*, a.a.O., S. 168 ff.; *R. Wilbrandt*, Sozialismus, Jena 1919, S. 241, 259, 260.
[4]) Jahrg. 1/1919, Nr. 26, S. 12 ff.

Gründen beschlossen, die Belegschaft um 80% zu vermindern. Die Entlassungen erfolgten allmählich, nach sozialen Grundsätzen und unter Zahlung einer Abgangsentschädigung.

Der Akkordlohn wurde abgeschafft und an seine Stelle ein neuartiges Leistungssystem eingeführt. Ein fester Schichtlohn wurde vereinbart; und nach genauer Aufklärung der Arbeiter über Lage und Leistungsfähigkeit des Betriebes wurde von der Belegschaft selbst eine Normleistung pro Schicht beschlossen. Der Arbeitsbeginn wurde festgelegt, das Arbeitsende trat ein, wenn die Normleistung erreicht war. Es kam zu einem lebhaften Wettbewerb zwischen den einzelnen Werkstätten. Da die Leistung derart stieg, daß die Schichtlänge sich bis auf 6 Stunden verkürzte, setzte die Belegschaft freiwillig eine normale Arbeitszeit von 8 Stunden fest. Auf Grund der erhöhten Leistung konnte ab 1. Januar 1919 eine erhebliche Lohnerhöhung bewilligt werden. Am 1. Februar 1919, also nachdem das Experiment etwa 2 Monate gedauert hatte, mußte der Betrieb infolge von Maßnahmen des Demobilisierungsamtes eingestellt werden. Der bis dahin angesammelte Reservefonds wurde an die Belegschaft nach einem von ihr selbst beschlossenen Modus ausgeschüttet. Während dieser Monate wurde die Belegschaft um 40% vermindert und auch die Zahl der Meister wurde verringert. Trotzdem stieg die Schichtleistung um rund 40% gegenüber der Höchstleistung im Kriege. Der Ausschuß sank von 10% auf 5%. Die Materialnebenkosten (Verbrauch an Werkzeug etc.) verminderten sich gegenüber dem Monatsdurchschnitt des Jahres 1918 um rund 45%. Die Arbeiter machten freiwillig jede Anstrengung, um die Unkosten zu senken.

Wieweit dieser Bericht tatsächlich zutreffend ist, kann nicht nachgeprüft werden. Er erscheint jedoch durchaus glaubwürdig. Auch an anderen Stellen ist mit ähnlichen Mitteln ein ähnliches Ergebnis, vor allem eine erhebliche Steigerung des Arbeitseifers und der Leistung erreicht worden[1]). Die genaue Organisation der Betriebsleitung ist aus dem Bericht leider nicht deutlich zu ersehen; der allgemeine Rahmen ist aber erkennbar. Die das Arbeitsverhältnis betreffenden Fragen (einschließlich des heiklen Entlassungsproblems) wurden offenbar unter überwiegender Verantwortung der Arbeiter selbst entschieden. An der wirtschaftlichen Leitung des Unternehmens nahm der Arbeiterrat verantwortlichen Anteil, an der technischen Seite allerdings in größerem Umfang als an der kaufmännischen. Dabei wurden die Rechte der laufenden kaufmännischen und technischen Leitung zwar — wie es scheint — nicht angetastet, die grundlegenden wirtschaftlichen Entscheidungen über den Betrieb aber wurden

---

[1]) Vgl. oben den Fall der Zeche Victoria-Lünen. Der französische Industrielle *Bardet* hat zwischen den Weltkriegen seinen Betrieb, eine Fabrik für Automatenmaschinen im Bezirk von Paris, nach Prinzipien organisiert, die den von uns geschilderten sehr ähnlich sind. Das Experiment dauert seither und war überaus erfolgreich, sowohl in technisch-wirtschaftlicher, als auch in menschlicher Beziehung. Siehe *G. Friedemann*, Der Mensch in der mechanisierten Produktion, Köln 1952, S. 337 ff.

offenbar im Einvernehmen zwischen der Betriebsleitung und der Belegschaft gefällt.

Wurden vorstehend die Erfahrungen mit einem halbprivaten Betrieb von kleinem Umfang und einfacher Struktur dargestellt, so soll im folgenden die wirtschaftliche Tätigkeit der Betriebsräte in einigen rein staatlichen Betrieben von beträchtlicher Größe erörtert werden.

*Gustav Noske*, erst als Volksbeauftragter, dann als Wehrminister für einen erheblichen Teil der staatlichen Unternehmungen, die Heeres- und Marinebetriebe, verantwortlich, hat das soziale System dieser Betriebe und seine politischen Auswirkungen sehr drastisch geschildert: „Sich offen zur Sozialdemokratie zu bekennen, war früher in den Marinebetrieben (die *Noske* als Korreferent für den Marine-Etat im Reichstag bereits vor dem Kriege gut kennengelernt hatte) nicht ungefährlich gewesen. Wen die Leitung als sogenannten Agitator ansah, den setzte sie unter irgendeinem Vorwand auf die Straße, ... Auch die Zugehörigkeit zu einer gewerkschaftlichen Organisation war lange Zeit verpönt. Durch Pensionskassen und Wohlfahrtseinrichtungen wurden die Arbeiter an den Betrieb gefesselt und Entlassungen ihnen besonders gefürchtet gemacht. Das Aufpassertum war hochgezüchtet, Liebedienerei, Strebertum und Unterwürfigkeit vielen Arbeitern eingeimpft worden. Dieses miserable System ist nach der Revolution an seinen Urhebern und Nutznießern schwer gerächt worden. Sowie der starke Druck von den Arbeitern wich, verfielen sie von einem Extrem ins andere"[1]).

Vor allem in den Kieler Staatsbetrieben, der Reichswerft, dem Marinebekleidungsamt und den Torpedowerken Friedrichsort ergriffen sofort nach der Revolution außerordentlich radikal gestimmte Arbeiter-, Angestellten- und Beamtenräte die Macht. Nach *Noskes* Schilderungen haben sie allerdings nichts Vernünftiges zustande gebracht. Nur über die Torpedowerkstatt berichtet *Noske* etwas günstiger: die provisorische Leitung habe sich nach Kräften bemüht, einen tüchtigen Kaufmann als Leiter zu erhalten, hatte also offenbar versucht, sinnvolle Arbeit zu leisten. Dank habe sie dafür allerdings nicht geerntet[2]).

Über die Grundsätze, von denen sich der Arbeiterrat der Torpedowerkstätten hat leiten lassen, und über die nach der Revolution gemachten Erfahrungen liegt außerdem noch ein sehr eingehender Bericht vor, den ein Kieler Betriebsrat am 8. Juli 1919 in der schon erwähnten Diskussion mit dem Zentralrat gegeben hat[3]). Es handelte sich um einen großen Betrieb[4]). Sofort nach der Revolution wurde mit dem Einverständnis des Ministeriums der alte Direktor entlassen,

---

[1]) Von Kiel bis Kapp, Berlin 1920, S. 41/2. Siehe auch *Noske*, Erlebtes aus Aufstieg und Niedergang einer Demokratie, Offenbach 1947, S. 38 ff.

[2]) Von Kiel bis Kapp, S. 42 ff.

[3]) A.a.O., S. 4 ff., Diskussionsbeitrag *Neumann* (Kiel), nach Namensliste Mitglied der USPD.

[4]) Einmal ist von 2200, einmal von 5000 Arbeitern die Rede, wobei der Zeitpunkt des jeweiligen Bestandes nicht genau zu ersehen ist.

und der neugebildete Betriebsrat übernahm die Leitung. Während einer fünfmonatigen Verwaltung ohne Direktor sahen die Arbeiter ein, daß ein solcher Betrieb nicht ohne einen ausgebildeten Fachmann geleitet werden konnte. Es wurde ein neuer Direktor eingestellt. Ein 11köpfiger Arbeiterrat trat ihm zur Seite. Dieser Betriebsrat war ein Bestandteil der Verwaltung; er wurde jedoch von der Betriebsversammlung unmittelbar gewählt und konnte jederzeit wieder abberufen werden. Im Gegensatz zu den damals in den Heeresbetrieben sonst üblichen Arbeiter-Beiräten, die hohe Spesen liquidierten, erhielten die Mitglieder des Betriebsrats nur ihren Arbeiterlohn.

Der Direktor erstattete dem Betriebsrat alle 14 Tage über die Geschäftslage Bericht; er durfte nur in technischer Beziehung allein entscheiden. Die umfangreichen Wohlfahrtsbetriebe des Werks wurden von zwei Arbeitern geleitet; auch die Kalkulation wurde von der Seite der Arbeiter verwaltet, um genauen Einblick in die Grundlagen der Entlohnung zu bekommen. Für Personal- und Lohn- bzw. Gehaltsfragen wurde — offenbar unter Mitverwaltung der Arbeitnehmer — ein Personalamt errichtet.

Das Akkordsystem wurde abgeschafft; trotzdem soll intensiv und mit Eifer gearbeitet worden sein. Die notwendig gewordenen umfangreichen Entlassungen wurden durch den Betriebsrat nach sozialen Gesichtspunkten durchgeführt. Die unmittelbare soziale Interessenvertretung gegenüber der Werksleitung wurde nicht dem Betriebsrat, sondern einem System von Vertrauensleuten übertragen, das sich vom Vertrauensmann der Abteilung über den Werkstattvorstand und den Ressortobmann bis zum Generalobmann aufbaute; der letztere war Mitglied des Betriebsrats.

Für die Staatsbetriebe allgemein empfiehlt der Berichtende in der „Übergangszeit" — bis zur Sozialisierung — die Rechtsform der GmbH, mit einem Aufsichtsrat, dem zwei Vertreter der zuständigen Behörde, der Direktor, ein Arbeitervertreter und ein Vertreter der Allgemeinheit angehören sollen.

Die Formulierung unseres Berichtes ist nicht immer ganz eindeutig. Weder hat sich offenbar der berichtende Betriebsrat immer genau ausgedrückt, noch ist das Protokoll wörtlich aufgenommen worden. Trotzdem ist das Ergebnis klar: Es kann natürlich nicht gesagt werden, ob die tatsächlichen Zustände in den Torpedowerkstätten Friedrichsort so günstig gewesen sind, wie geschildert. Unabhängig davon aber kann festgestellt werden, daß die Praxis der wirtschaftlichen Mitbestimmung in diesem großen Werk eine Form zu entwickeln versucht hat, die in allen wesentlichen Zügen den uns bekannten Forderungen der Rätebewegung entspricht.

In einem anderen noch erheblich größeren Unternehmen der staatlichen Rüstungsindustrie, in den Spandauer Heereswerkstätten, ist der Versuch der Arbeiterräte durch wirtschaftliche Mitbestimmung zu geregelter Friedensproduktion zu gelangen, in eklatanter Weise mißlungen. Von Interesse sind bei diesem Fall vor allem die Ursachen und die Begleitumstände dieses Scheiterns.

*Noskes* Schilderung der Vorgänge an den Berliner Militärwerkstätten ist freilich sehr einseitig[1]). Er erblickt in der Aktivität der, vorwiegend der USPD angehörenden Arbeiterräte nur ein unerhörtes Maß von Unduldsamkeit, Nichtswürdigkeit und Terrorismus. Tatsache ist, daß die Revolution in den Berliner Heeresbetrieben zu teilweise sehr unerfreulichen Zuständen geführt hatte[2]). Die Produktion konnte nach der Revolution nicht wieder in die Höhe gebracht werden; die Versuche, eine Grundlage für Friedenserzeugung zu schaffen, kamen nicht voran; ein in der neu gebildeten Generaldirektion der Heeresbetriebe tätiger vielköpfiger Arbeiter-Beirat leistete keine produktive Arbeit. Gegen mehrere seiner Mitglieder wurden, offenbar mit Grund, schwere politische und persönliche Vorwürfe erhoben. Leistung und Arbeitsfreudigkeit der Riesenbelegschaft von mehreren 10 000 Arbeitern sanken immer tiefer ab, dafür griff eine in ihren Erscheinungsformen oftmals höchst fragwürdige politische Radikalisierung um sich. Zu Ostern 1919 wurde der Betrieb schließlich geschlossen, der Arbeiterrat abgesetzt und die Belegschaft zum großen Teil entlassen.

Es ist ganz offensichtlich, daß die aus der Belegschaft heraus sich regenden Kräfte nicht ausgereicht haben, um eine positivere Entwicklung zu bewirken. Auf der anderen Seite waren die Verhältnisse ohne Schuld der Arbeiter für ihre Tätigkeit sehr ungünstig. Ein verantwortungsbewußter Kern innerhalb der radikalen Arbeiteräte bemühte sich nach Kräften[3]). Er fand jedoch bei der Mehrheitssozialdemokratie und den Gewerkschaften nur ungenügende Unterstützung und stieß in den Reichsbehörden auf offene Gegnerschaft zu allen Versuchen, aus den Staatsbetrieben Musterbeispiele einer funktionierenden Sozialisierung und Mitbestimmung der Arbeiterräte zu entwickeln. Leitende Reichsbeamte, die bereit waren, in diesem Sinne zu arbeiten, wurden offenbar daran gehindert[4]). In der Tat war der hauptsächlich verantwortliche Minister, der Staatssekretär des Demobilmachungsamtes *Koeth*, ein Vertrauensmann der Privatwirtschaft und an erfolgreicher Sozialisierung nicht interessiert. Die Leiter des Kriegsministeriums, des Schatzamtes und des Wirtschaftsamtes, *Noske, Schiffer* (Demokrat) und *August Müller*, waren ebenfalls mehr oder weniger entschiedene Gegner der Sozialisierung. So standen die Arbeiter auf verlorenem Posten.

---

[1]) Von Kiel bis Kapp, S. 138 ff., bes. S. 142 ff.
[2]) Vgl. hierzu das umfangreiche Material im Archiv des Zentralrats, a.a.O., B-5, B-12, Bd. 1, Prot. ZR, Sitzung vom 14. Mai 1919.
[3]) Siehe z. B. den Brief des Zentralarbeiterrats der Heereswerkstätten an den Staatssekretär im Reichsschatzamt vom 31. 1. 1919, a.a.O., B-11, Bd. 1.
[4]) Siehe Die Freiheit (Tageszeitung der USPD), Nr. 213, 214, 215/1919, vom 5. und 6. Mai. Besonders aufschlußreich darin ein aus der Vossischen Zeitung, Nr. 227, übernommener Artikel des Oberingenieurs *Franz Hendrichs*, der die vergeblichen Versuche des Geh. Rats *Romberg*, Chefingenieur des Waffen- und Munitionsbeschaffungsamtes (WUMBA), schildert, zu einer vernünftigen Lösung zu gelangen, und der der Regierung die Hauptverantwortung an den unerfreulichen Zuständen in den Heereswerkstätten zuschreibt.

Ein weiteres Beispiel für die Wirksamkeit der Arbeiterräte in einem Staatsbetrieb ist die oben bereits erwähnte Reichswerft Wilhelmshaven[1]). Dort wurden im Dezember 1918 Richtlinien für die Tätigkeit von Arbeiterbeiräten ausgearbeitet und von der Oberwerftdirektion angenommen. Außer der Tatsache, daß sie im April 1919 noch in Kraft waren, läßt sich allerdings über ihre tatsächliche Wirksamkeit aus den Quellen nichts ersehen. Von Interesse sind aber der wohlüberlegte Aufbau und die nüchterne, auf produktive Arbeit abzielende Tendenz dieser Betriebsverfassung. Zweckbestimmung war, durch tätige Anteilnahme der Belegschaft die Leistungsfähigkeit des Werkes zu erhöhen. Um Mißstände beseitigen und Verbesserungsvorschläge machen zu können, erhielten die Beiräte — die sowohl bei der Werftleitung, als auch bei den einzelnen Ressortdirektionen errichtet wurden — Einblick in alle geschäftlichen Angelegenheiten. Sie waren der Verwaltung „*beigeordnet, nicht unter*geordnet" (Hervorhebung im Original), nahmen an allen Direktions- und Ressortsitzungen teil und hatten ein „Einspruchsrecht". „Die Ausführung der Beschlüsse und die eigentliche Verwaltung" verblieben jedoch der bisherigen Leitung. Ausdrücklich wurde darauf hingewiesen, daß die Tätigkeit der Beiräte mit „Takt und Gewandtheit" ausgeübt werden müsse.

Einen interessanten, über längere Zeit andauernden und mit großer Konsequenz durchgeführten Versuch, einen reinen Staatsbetrieb zu „demokratisieren", hat es auch noch im Bereich des Direktionsbezirks Frankfurt a. M. der preußisch-hessischen Eisenbahnen gegeben[2]).

In Frankfurt wurde, wie in allen Städten, nach der Revolution ein Arbeiterrat eingesetzt, der die Kontrolle der verschiedenen am Ort befindlichen Behörden übernahm. Der Frankfurter Arbeiterrat setzte zu diesem Zweck mehrere kleinere Kommissionen ein, darunter auch eine zur Kontrolle der Eisenbahndirektion, den sog. Verkehrsausschuß (V.A.). Dieser erlangte für eine geraume Zeit recht weitgehende Mitbestimmungsrechte. Darüber hinaus wirkte er sehr eifrig für die Verwirklichung des Rätesystems in der gesamten deutschen Eisenbahnverwaltung[3]).

In einer ausführlichen Denkschrift vom 5. Februar hat der V.A. seine seit der Revolution geleistete Arbeit und die Grundsätze, die ihn dabei leiteten, geschildert: „Ausgehend von dem Prinzip des konstitutionellen Betriebes auf demokratischer Grundlage verlangte der V.A. volles Mitbestimmungsrecht der Arbeiter und Beamten. 1. Bei Festlegung der Arbeitszeit, der Dienstverhältnisse, Lohnbildung, Lohnzahlung, Sozialversicherung, Einstellung und Entlassung, Anstellung bzw. Auswahl der Vorgesetzten usw. 2. Mitbeteiligung an der Leitung des Betriebes, also Mitarbeit der Vertrauensleute der Arbeiter und Beamten in

---
[1]) DZA Merseburg, Rep 120, Pr. Min. f. H. u. Gew., BB VII 1, Nr. 9 adh. 3, Bd. 1, Einführung obligatorischer Arbeiterausschüsse (ohne Blattnumerierung).
[2]) Archiv des Zentralrats, B-12, Bd. 1 und 2.
[3]) Siehe unten S. 192/3.

der Verwaltung." Praktisch wurde erreicht, daß sowohl bei der Eisenbahndirektion, als auch in den Ämtern, Abteilungen, Werkstätten etc. die Arbeiterräte offizielle Anerkennung fanden. Ihnen wurde ein vollständiges Kontrollrecht, z. B. Teilnahme an den Sitzungen des Präsidiums, Gegenzeichnung zu wichtigen Verfügungen, Einblick in den gesamten Geschäftsgang und den Verkehrs- und Arbeitsablauf, zugestanden. Auf Druck des V.A. wurden vier besonders unbeliebte Beamte entfernt. Außerdem wurden zwei Arbeiterratsmitglieder als hauptamtliche Mitarbeiter in das Wohlfahrtsdezernat des Direktionsbezirkes aufgenommen.

Um die Institution dieser sozialpolitischen Beigeordneten kam es zu einer Auseinandersetzung mit dem zuständigen preußischen Ministerium für öffentliche Arbeiten und dem ebenfalls eingeschalteten Zentralrat der Deutschen Republik. Diese Kontroverse ist in mehrfacher Hinsicht bemerkenswert: Sie verdeutlicht die Vorstellungen des V.A. von Mitbestimmung in einer öffentlichen Verwaltung, sie wirft ein Licht auf die Einstellung der führenden Sozialdemokraten zum Rätesystem und sie enthüllt gewisse spezifische Schwächen der Rätebewegung.

In einem Schreiben an den Zentralrat erläuterte der V.A. noch einmal die von ihm vorgesehene Institution der Beigeordneten. Sie sollten bei den beiden großen Frankfurter Ausbesserungswerken und beim Wohlfahrtsdezernat der Verwaltung eintreten, dort als dauernde hauptamtliche Glieder der Verwaltung sich mit sozialen Fragen befassen, aber jährlicher Wiederwahl unterworfen sein. Eine solche Einrichtung beruhe darauf, daß „... die logische Konsequenz der politischen Revolution und ihre wirtschaftliche Auswirkung eine weitgehende Demokratisierung des Betriebes erfordert". Dies sollte in der Eisenbahnverwaltung außer durch die Mitbestimmungsrechte der Arbeiter- und Beamtenräte offenbar auch durch den unmittelbaren Einbau von Vertrauensleuten der Arbeitnehmer in die Verwaltung erreicht werden. (Diese Beigeordneten erinnerten in ihrer Position übrigens an die Sozial- oder Arbeitsdirektoren der heutigen Mitbestimmungsbetriebe)[1]).

Offenbar um die ungewöhnlichen Verhältnisse in Frankfurt zu untersuchen, entsandte das Ministerium im Januar 1919 eine Kommission nach dort, die aus einem Beamten, ferner aus dem parlamentarischen Beigeordneten *Louis Brunner,* damals noch erster Vorsitzender des Deutschen Eisenbahnerverbandes, und schließlich aus dem Mitglied des Zentralrats der Deutschen Republik, *Kahmann,* bestand. Diese Kommission stellte sich in schroffer Form auf die Seite der Verwaltung, kritisierte die Vertreter des V.A. sehr heftig und erhob gegen sie schwere persönliche Vorwürfe. Der V.A. beschwerte sich daraufhin beim Zentralrat, vor allem über *Kahmann,* der offenbar der Hauptwortführer der Kommission gewesen war. *Kahmann* leugnete nicht, daß die gegen ihn erhobenen Vorwürfe in der Sache zutrafen, erklärte jedoch, die Beschwerde

---
[1]) Brief vom 27. 2. 1919, Archiv des Zentralrats, a.a.O.

der „Herren" (es handelte sich u. a. auch um SPD-Mitglieder, also Parteifreunde von *K.*; und da im übrigen damals auch unter Angehörigen verschiedener sozialistischer Parteien die Anrede „Genosse" üblich war, bedeutete diese Anrede einen bewußten Ausdruck der Nichtachtung) lasse ihn völlig kalt; „der Vorwurf, daß ich Unheil anstiften könnte, kommt von inkompetenten Leuten. Er ist mir Wurst!"[1]).

Die ablehnende Haltung der alten Sozialdemokraten hatte freilich einen berechtigten Grund. Ihr schroff ausgesprochener Verdacht, es gehe den Mitgliedern des V.A. bei dem ganzen Streben nach Mitbestimmung nur um persönliche Vorteile, d. h. um „Pöstchen", war möglicherweise nicht unberechtigt. In der Rätebewegung waren überall neben fähigen und ehrlichen Männern auch geschickte Ehrgeizlinge, Schwätzer und korrupte Elemente an die Spitze getragen worden. Auch unter den aktiven Mitgliedern des V.A. und der Frankfurter Eisenbahnergewerkschaft haben sich offenbar solche befunden. Einige von ihnen mußten jedenfalls später ihre Stellungen wegen Unfähigkeit oder Schlimmerem in Unehren verlassen[2]). Auf der anderen Seite war jedoch einer der Köpfe des V.A., *Lorenz Breunig*, später als Reichstagsabgeordneter der USPD und SPD, sowie als Vorstandsmitglied des Deutschen Eisenbahnerverbandes tätig und hat sich als tüchtiger Politiker und Gewerkschaftler bewährt.

Aus den näheren Umständen des Zusammenstoßes geht jedoch klar hervor, daß die sozialdemokratischen Vertreter von vornherein nicht bereit waren, sich mit den Arbeiterräten des V.A. auf eine sachliche Aussprache einzulassen. Ganz unabhängig von dem geringeren oder größeren Recht der persönlichen Vorwürfe gegen die Frankfurter Vertreter, hätten doch die getroffenen und geplanten Maßnahmen zur „Demokratisierung" der Eisenbahnverwaltung Anlaß zu einer ernsthaften Prüfung geben können, wenn auf seiten der Regierung und ihrer Parteigänger irgendein Wille zu tiefer reichenden Reformen vorhanden gewesen wäre. Daß dieser Wille, gerade was die Demokratisierung des Staatsapparates anbetraf, bei den Führern der SPD nicht vorhanden war, hat *Kolb* überzeugend dargelegt[3]).

---

[1]) Brief des V.A. vom 29. 1. 1919, Brief *Kahmanns* vom 8. 2. 1919. K. war ein Dresdener SPD-Führer; während des Krieges hatte er sich als Verfechter der Mehrheitspolitik so exponiert, daß die Dresdener USPD mit Erfolg verlangen konnte, er dürfe dem Arbeiter- und Soldatenrat nicht angehören. *E. Lorentz*, 5 Jahre Dresdener USPD, Dresden o. J. (1922), S. 48/9. *Noske*, Erlebtes ..., S. 185, erwähnt K. lobend. Auf dem ersten Rätekongreß war K. einer der Sprecher der SPD-Fraktion, siehe Stenografischer Bericht.

[2]) Es handelte sich dabei um *Paul Schulz*, *Michel* und *Hertel*. Letzterer war offenbar ein begabter, aber menschlich nicht einwandfreier Mann. Er wurde nach einem großen Referat auf der Jenaer Generalversammlung des Deutschen Eisenbahnerverbandes 1919 in den Vorstand gewählt, nahm die Wahl aber nicht an, um sich dem Aufbau der Räteorganisation widmen zu können. Protokoll, S. 244 ff., 306, 342. Zu den Vorgängen um das Ausscheiden der Genannten vgl. die Protokolle der Generalversammlungen zu Dresden 1920, S. 142 ff., 263 ff., und zu München 1922, S. 108, 158, 171, 202, 223.

[3]) A.a.O., allerorten, bes. S. 262 ff., 359 ff.

*Kahmann* und *Brunner* traten den Arbeiterräten entgegen, wie ein Vorgesetzter einem widersetzlichen Untergebenen. Die Tatsache, daß sie bei ihrem Besuch zwar Zeit fanden, dem Präsidenten der Eisenbahndirektion eine „Anstandsvisite" abzustatten, aber nicht Zeit genug, die Verhandlungen mit dem V.A. ordentlich zu Ende zu führen, sondern während einer Unterbrechung abreisten, da sie „mit dem Mittagszug nach Berlin zurück wollten" *(Kahmann)*, zeigt deutlich, daß ihnen an dem überkommenen bewährten Beamtenapparat wesentlich mehr lag, als an einer Verständigung mit ihren Partei- und Gewerkschafts- „Genossen". Daß diese Einstellung, von allen Fragen nach der „sozialistischen" Überzeugung der Sozialdemokraten einmal abgesehen, auch von einem rein pragmatischen Standpunkt aus anfechtbar war, zeigen die schweren Streiks und Unruhen, welche die deutschen Eisenbahnen bis 1923/24 immer wieder erschütterten und die nur mit großer Mühe niedergekämpft werden konnten. Einer etwas elastischeren politischen und Staatsführung wären solche Kraftproben möglicherweise erspart geblieben[1]).

Wie die Verhältnisse in Frankfurt während der Wirksamkeit des V.A. im einzelnen tatsächlich gewesen sind, läßt sich nicht zweifelsfrei feststellen. Das gilt ganz allgemein. Dem pauschalen Verdammungsurteil *Noskes* über die Zustände bei der deutschen Eisenbahn 1919[2]) steht z. B. ein Bericht des zuständigen Preußischen Ministers, des Demokraten *Hoff* gegenüber, der sich im Februar 1919 in einer Sitzung des Zentralrats lobend über die Arbeitsleistung der Eisenbahner aussprach[3]). Für uns ist, wie auch bei den vorher erwähnten Fällen wirtschaftlicher Tätigkeit von Arbeiterräten, vor allem von Interesse, in welcher Form die allgemeinen Grundgedanken der Rätebewegung auf bestimmte konkrete Verhältnisse angewendet wurden, und ob die Räteidee mit dieser Praxis in einem erkennbaren sinnvollen Zusammenhang stand.

---

[1]) Siehe den ausführlichen Bericht des Pr. Min. f. öff. Arbeiten vom 4. 7. 1919 über den damals gerade ausgebrochenen „zweifellos vorzüglich vorbereiteten" Eisenbahnerstreik im Direktionsbezirk Frankfurt/M. Er sei auf einen „völligen Umsturz zugunsten der Räteherrschaft" gerichtet. In Frankfurt habe „die Streikleitung bestehend aus den Funktionären der Bezirksleitung des DEV *Paul Schulz* und *Jakob Blunk* die volle Leitung der Verwaltung und des Betriebes übernommen... Alle Beamten, auch der Präsident arbeiten... unter ihrer Kontrolle..." DZA Merseburg, Rep 120, Pr. Min. f. H. u. Gew., BB VII 1, Zur Nr. 3, Bd. 2, Maßregeln zur Verhütung von Arbeitseinstellungen, Bl. 153/4.
[2]) Von Kiel bis Kapp, S. 130 ff.
[3]) Prot. ZR, Sitzung vom 13. 2. 1919.

## 6. Kapitel:

## Die Rätebewegung in den Gewerkschaften

Die große Bewegung, die in den Revolutionsjahren die Arbeiterschaft ergriff, konnte ihre hauptsächlichste Organisation, die Gewerkschaft, nicht unberührt lassen. Zwar sind — mit Ausnahme der neugeschaffenen Einrichtung der Betriebsräte — Organisation und Funktion der Gewerkschaften im Endergebnis durch die Rätebewegung, wenigstens dem Anschein nach, nicht nachhaltig beeinflußt worden. Trotzdem hat diese zu Zeiten auch in den Gewerkschaften eine große Rolle gespielt. Es kann sich bei der folgenden Darstellung nicht darum handeln, die Vorgänge in den zahlreichen Gewerkschaften im einzelnen zu schildern und ihren Charakter zu untersuchen. Die Gedanken, die dort geäußert und die Forderungen, die dort erhoben wurden, die Personen, die in den Vordergrund traten, waren im großen und ganzen dieselben, die wir aus der vorausgegangenen Schilderung der Rätebewegung schon kennen[1]). Worum es hier geht, ist, an dem Auftreten des Rätegedankens in den einzelnen Gewerkschaften zu zeigen, welche Ausbreitung er nach 1918 in der organisierten Arbeiterschaft gefunden hatte, und weiterhin einige Einzelprobleme zu skizzieren, die sich aus dem Zusammenstoß der überkommenen Gewerkschaftsorganisation mit den neu auftretenden Räten ergaben[2]).

Die Grundlage der gewerkschaftlichen Entwicklung nach 1918 war eine gegenüber der Vorkriegszeit völlig veränderte politische und gesellschaftliche Situation. Der Novemberumsturz hatte für die Arbeiterschaft tiefgreifende Folgen gehabt. Ein von ihr im Grunde — trotz aller Opposition — für unerschütterlich gehaltenes politisches System war zusammengebrochen, nicht zuletzt unter dem Ansturm der revoltierenden Arbeiter. Arbeitervertreter, unter ihnen nicht wenige Gewerkschaftler, hatten die politische Macht übernommen. Das Selbstvertrauen der Arbeiterschaft war außerordentlich gestiegen, neue politische, soziale und psychische Faktoren beeinflußten die Haltung ihrer Organi-

---

[1]) So war z. B. *Richard Müller*, der organisatorische Leiter der Berliner Arbeiterrätebewegung, auf dem Allgemeinen Gewerkschaftskongreß zu Nürnberg im Juli 1919 und auf dem Metallarbeiterverbandstag im Oktober 1919 der Hauptsprecher der Opposition zur Rätefrage.

[2]) Die nach diesem Krieg verfaßten Arbeiten von *Hans Sennholz*, Gewerkschaften und Räte nach dem ersten Weltkrieg, Diss. rer. pol. Köln 1949 (Maschinenschrift) und von *Franz Bauer*, Französischer Syndikalismus und deutsche Gewerkschaften, Diss. rer. pol. Heidelberg 1948 (Maschinenschrift), enthalten Beiträge zu unserem Thema, sind aber unzulänglich. Das sonst recht verdienstliche Buch von *H. J. Varain*, Freie Gewerkschaften, Sozialdemokratie und Staat, Düsseldorf 1956, enthält ein Kapitel, Die Zügelung der Rätebewegung (S. 142 ff.), das aber infolge einer allzu schmalen Quellengrundlage ebenfalls nicht viel hergibt. Hingegen ist die schon mehrfach genannte Arbeit von *F. Opel* in mancher Hinsicht sehr aufschlußreich.

sationen: Der Glaube an die herrschende Wirtschaftsordnung war ins Wanken geraten; die überkommenen Grenzen zwischen gewerkschaftlicher und politischer Tätigkeit wurden angefochten; im Zuge der Inflation sank die Lebenshaltung des ganzen deutschen Volkes, die Geldlohnempfänger, also die Arbeitnehmer, wurden jedoch besonders hart getroffen; angesichts der Geldentwertung begannen die alten gewerkschaftlichen Praktiken zu versagen; bisher desinteressierte Arbeitnehmerschichten strömten in die Organisationen und veränderten ihren Charakter; die traditionellen sozialen und moralischen Vorstellungen waren durch Krieg und Revolution ganz allgemein in Frage gestellt worden. Unruhe und gefühlsradikale Strömungen, aber auch gesteigerte Aktivität und Offenheit für neue Ideen waren die Folgen[1]).

Vor dem Hintergrund dieser Zustände vollzogen sich die gewerkschaftlichen Auseinandersetzungen der Nachkriegszeit. Folgende Probleme standen dabei im Vordergrund: Der Kampf der politischen Opposition um die Eroberung der Gewerkschaften, der Streit um die Arbeitsgemeinschaft mit den Unternehmen, die Kontrolle der Betriebsräte durch die Gewerkschaften und schließlich die Organisationsfrage. Das in der allgemeinen politischen Diskussion so heftig umstrittene Problem der Sozialisierung hingegen spielte zwar als Schlagwort, nicht aber als praktische Frage eine Rolle[2]). Auf dem Nürnberger Gewerkschaftskongreß von 1919 wurden von *P. Umbreit* und *R. Hilferding* zwei Referate zum Thema Sozialisierung der Industrie gehalten. Es wurde weder darüber diskutiert, noch eine ausdrückliche Entschließung dazu gefaßt, da, wie der Vorsitzende *Legien* ohne Widerspruch von irgendeiner Seite feststellen konnte, „die beiden Referate die Gedanken, die den Kongreß heute beherrschen, zum Ausdruck gebracht haben"[3]).

Dieses geringe Interesse daran, die konkreten Fragen der Sozialisierung zu diskutieren, wirkt überraschend auf einem Kongreß, der bei anderen Fragen von leidenschaftlichen politischen Auseinandersetzungen erfüllt war. Aber es läßt sich daraus erklären, daß — bei allgemeiner Einmütigkeit über den Grundsatz — das Problem der Sozialisierung im Sinne einer planmäßigen Gemeinwirtschaft dem unmittelbaren gewerkschaftlichen Wirkungsbereich zu fern lag, die Sozialisierung im Sinne der direkten Beeinflussung der Produktion durch

---

[1]) Vgl. hierzu vor allem *S. Nestriepke*, die Gewerkschaftsbewegung, Band 2, Stuttgart 1921, S. 88 ff. Eine Skizze der Probleme, die der Krieg für die Arbeiterorganisationen aufgeworfen hatte, ist oben im 3. Kapitel gegeben worden. Die soziologische Untersuchung des durch den Krieg hervorgerufenen sozialen Umschichtungsprozesses in der deutschen Arbeiterschaft folgt unten im 12. Kapitel, bes. S. 273 ff.

[2]) Nicht einmal der Bergarbeiterverband bildete eine Ausnahme, obwohl die Sozialisierung des Bergbaus im Mittelpunkt der politischen Diskussion stand. Die Debatten auf den Verbandstagen von 1919 in Bielefeld und von 1921 in Gießen waren ziemlich unergiebig, und die entsprechenden Entschließungen wurden trotz heftiger Streitigkeiten in anderen Fragen einstimmig angenommen. Lediglich vom Bauarbeiterverband wurde mit der Schaffung sozialer Baubetriebe das Sozialisierungsproblem praktisch angepackt.

[3]) Protokoll, S. 575.

die Arbeitnehmer aber im allgemeinen mit dem Betriebsräteproblem zusammen behandelt wurde. Die Rätefrage jedoch wurde in den Nachkriegsjahren bei fast allen Auseinandersetzungen mit Nachdruck aufgeworfen.

a) *Die politische Opposition in den Gewerkschaften*

Die gesamte Diskussion um Ziel und Weg der gewerkschaftlichen Arbeit wurde in den Jahren nach 1918 sehr stark durch die politische Spaltung der Arbeiterbewegung in zwei, zwischen 1920 und 1922 sogar drei, einflußreiche Richtungen bestimmt. Sehr weitgehend spielten sich die innergewerkschaftlichen Kämpfe dieser Zeit in der Form politischer Fraktionsbildung ab. Die parteipolitischen Gesichtspunkte herrschten allerdings keineswegs uneingeschränkt vor. Bei den vorwiegend gewerkschaftlichen und bei den vorwiegend parteipolitischen Streitfragen bildeten sich auf ein und derselben Konferenz häufig jeweils ganz unterschiedliche Fronten. Ferner waren sowohl die einzelnen Parteifraktionen, als auch die Verbände selbst in sehr verschiedenem Grade durchpolitisiert. Die Festigkeit der Fraktionsdisziplin war bei der SPD am geringsten und bei der KPD am größten; aber nur beim Deutschen Metallarbeiterverband kann davon gesprochen werden, daß das innergewerkschaftliche Leben vollständig fraktionell organisiert gewesen wäre. In den übrigen Verbänden traten die Parteifraktionen keineswegs immer geschlossen in Erscheinung; den Vorständen gelang es nicht selten, die gewerkschaftlichen von den politischen Fragen in glaubwürdiger Weise zu trennen, und gelegentlich erhielten die fast ausschließlich aus Sozialdemokraten bestehenden besoldeten Vorstände auf den Verbandstagen bei der Entlastung und bei der Neuwahl auch die Stimmen ihrer unabhängigen und kommunistischen Opponenten[1]).

Die Auseinandersetzung über die Burgfriedenspolitik der Gewerkschaftsinstanzen während des Krieges wurde am stärksten von parteipolitischen Motiven bestimmt. Die Unabhängigen warfen den Mehrheitssozialisten „Verrat" an den Grundsätzen des Klassenkampfes vor, und diese bemühten sich, nachzuweisen, daß sie trotz des Burgfriedens die Interessen der Arbeiter wirkungsvoll vertreten hätten. In gewerkschaftlicher Hinsicht war diese Polemik ziemlich unfruchtbar, zumal sie begreiflicherweise fast immer in persönliche Streitereien ausartete.

Vor allem die Unergiebigkeit dieses Streites für die praktische Gewerkschafts-

---

[1]) So wurde auf dem Verbandstag der Bauarbeiter vom Mai 1920 in Karlsruhe trotz der ein Drittel der Delegierten umfassenden und von den Kommunisten *Brandler* und *Heckert* geführten starken Opposition der alte Vorstand „gegen wenige Stimmen" wiedergewählt, Protokoll S. 436. Auf dem Verbandstag der Holzarbeiter vom Juni 1921 in Hamburg wurde trotz einer 77 Mann starken unabhängigen und kommunistischen Opposition der alte Vorstand mit *Fritz Tarrow* an der Spitze sogar einstimmig wiedergewählt, Protokoll S. 366. Auf dem Verbandstag der Fabrikarbeiter vom Juli 1922 in Frankfurt a. M. wurde der alte Vorstand trotz lebhafter Opposition ebenfalls einstimmig wiedergewählt, Protokoll S. 141. Auf dem Verbandstag der Transportarbeiter vom September 1922 in Berlin, wo an der Spitze der Opposition immerhin *Ernst Thälmann* stand, wurde der alte Vorstand „gegen vereinzelte Stimmen" wiedergewählt, Protokoll S. 229.

arbeit wurde nun von den alten Gewerkschaftsführern als Argument gegen jede politische Auseinandersetzung in den Gewerkschaften schlechthin verwendet. Mit geradezu eintöniger Gleichmäßigkeit hielten in den Jahren der großen Kämpfe nach 1918 die Vertreter der bisherigen Gewerkschaftsvorstände und ihrer Politik den überall auftauchenden oppositionellen Gruppen dieselben Argumente entgegen: Auf rein gewerkschaftlichem Gebiet gebe es gar keine echten Gegensätze, die Opposition sei eine rein politische Angelegenheit, sie trage den politischen Gegensatz von außen in die Gewerkschaft hinein, die gewerkschaftlichen Funktionäre würden von der Opposition nicht nach ihren Fähigkeiten und Leistungen, sondern nur nach ihrem Parteibuch bewertet, die Opposition werde von einer außerhalb der Gewerkschaftsbewegung stehenden politischen Instanz gesteuert, sie mißachte damit das Selbstbestimmungsrecht der Gewerkschaftsmitglieder, die politische Fraktionsbildung schädige den Verband und bereite die Spaltung vor, die Opposition wolle die Gewerkschaften zum willenlosen Werkzeug der politischen Partei machen[1]).

Diese Vorwürfe mußten der Opposition höchst fragwürdig, ja geradezu heuchlerisch erscheinen. Die alten Vorstände setzten sich fast ausschließlich aus Mehrheitssozialdemokraten zusammen und billigten im großen und ganzen die Politik der Parteileitung, die ihnen die Fortsetzung ihrer bisherigen Gewerkschaftsarbeit zu ermöglichen schien. Es konnte kein besseres Argument zur Verteidigung ihrer Position — auch und gerade ihrer politischen Position — geben als die Behauptung, ihre ganze Tätigkeit sei rein gewerkschaftlich und jede grundsätzliche Kritik daran bedeute „die Gewerkschaften in den Parteistreit hineinzuziehen"[2]). Eine solche Argumentation konnte die Opposition freilich nicht überzeugen. Es war zu offensichtlich, daß sich gewerkschaftliche und politische Tätigkeit im Letzten nicht einfach trennen ließen und daß die alten Vorstände auch gar nicht daran dachten, es im Ernst zu versuchen. Die Generalkommission und die Gewerkschaftsvorstände hatten während des Krieges und danach niemals die politischen Parteistreitigkeiten einfach bloß als gewerkschaftsfremd abgewiesen, sondern immer auch in der Sache, d. h. politisch Stellung genommen, und zwar eindeutig und unmißverständlich zugunsten der Mehr-

---

[1]) Diese Vorwürfe kehren mit einigen Abwandlungen ohne Ausnahme auf allen Gewerkschaftskongressen und auch in allen Gewerkschaftszeitungen aller Verbände wieder, sowie eine einigermaßen geschlossene Oppositionsgruppe auftaucht. Die Auseinandersetzung reicht übrigens bis in die Kriegszeit zurück. Vgl. den Bericht der Generalkommission vor dem Nürnberger Gewerkschaftskongreß über die Differenzen in der Arbeiterbewegung, Protokoll, S. 201 ff., ferner die Diskussionen, a.a.O. Außerdem sind wichtig die Verbandstage der Metallarbeiter vom Juli 1917 in Köln und vom Oktober 1919 in Stuttgart, sowie die Generalversammlung des Verbandes der Bergarbeiter in Bielefeld vom Juli 1919, ferner die Verbandstage der Holzarbeiter vom Juni 1919 in Berlin, der Bauarbeiter vom März 1918 in Nürnberg und vom Mai 1920 in Karlsruhe, der Fabrikarbeiter vom Juli 1920 in Hannover, der Transportarbeiter vom Juni 1919 in Stuttgart. Die Protokolle der Generalversammlungen des wichtigen Textilarbeiterverbandes zwischen 1918 und 1923 waren leider nicht aufzufinden.

[2]) So die Formulierung *Legiens* auf dem Nürnberger Gewerkschaftskongreß 1919, Protokoll, S. 319.

heitssozialdemokratie¹). Um einen einzelnen Streitpunkt herauszugreifen, der besonders leidenschaftlich umkämpft wurde, weil in ihm das persönliche Interesse und der politische Machtkampf in gleicher Weise unmittelbar mitsprachen: Es mußte wenig glaubwürdig erscheinen, wenn die Vorstände sich z. B. über die „politische Maßregelung" ihrer Anhänger, d. h. über die Ersetzung sozialdemokratischer durch unabhängige Gewerkschaftsfunktionäre entrüsteten, nachdem sie selbst während des Krieges mit teilweise sehr viel härteren Mitteln gegen ihre politisch andersdenkenden Verbandskollegen vorgegangen waren²).

Trotzdem steckte in der Argumentation der Instanzen ein berechtigter Kern. In der Gewerkschaftsarbeit, wie sie bisher verstanden worden war, als Bemühen, „in der Gegenwart die Lage der Arbeiter zu heben"³), hatten politische Gegensätze keinen Sinn. Streiks konnten nur erfolgreich oder erfolglos, Löhne nur hoch oder niedrig, Tarifverträge nur gut oder schlecht, nicht aber sozialdemokratisch oder unabhängig sein. Die Opposition warf in der Tat den alten Führern auch nicht so sehr vor, daß sie ihre Gewerkschaftsarbeit nicht verständen, als vielmehr, daß sie nur diese und nichts anderes im Kopf hätten. Sie war der Ansicht, daß der Sozialismus auf der Tagesordnung stehe, daß es nicht mehr genüge, kleine Verbesserungen zu erkämpfen, sondern daß der entscheidende Angriff auf die bestehende Gesellschaftsordnung eröffnet werden müsse. Das war ein sinnvoller Standpunkt, den man auch in der Gewerkschaft vertreten konnte; aber er erforderte ohne Zweifel eine grundlegende Änderung der bisherigen gewerkschaftlichen Zielsetzung und Arbeitsweise, er bedeutete — kurz gesagt — die Politisierung der Gewerkschaften⁴). Die Konsequenz davon war, daß unter Umständen die gewerkschaftliche Kleinarbeit gegenüber den politischen Auseinandersetzungen zurücktreten mußte und die Existenz der Organisation selbst im Kampf aufs Spiel gesetzt werden konnte. Wer die revolutionären Hoffnungen der Opposition nicht teilte und wer an der bisherigen Begrenzung der gewerkschaftlichen Aufgabenstellung festhielt, der mußte allerdings in der oppositionellen Tätigkeit einen Angriff auf die Grundlagen der Gewerkschaft selbst erblicken⁵).

---

[1] Siehe vor allem den Rechenschaftsbericht der Generalkommission vor dem Nürnberger Gewerkschaftskongreß, Protokoll, 201 ff., und die Referate von *Legien* und *Dissmann*, a.a.O., S. 314 ff., 327 ff., 382 ff., 387 ff.

[2] Vgl. die Äußerungen von *Legien*, a.a.O., S. 319/20, 395, mit den Nachweisen über die Denunziation oppositioneller Gewerkschaftler, oben S. 63, Anm. 2.

[3] Siehe oben S. 36, Anm. 2.

[4] Vgl. die Resolutionen der Opposition auf dem Nürnberger Gewerkschaftskongreß, Protokoll, S. 33 ff., und auf dem Stuttgarter Verbandstag des DMV, Protokoll, S. 47 ff.

[5] Dieser Gegensatz kommt mit besonderer Klarheit in den auf hohem politischen Niveau stehenden Diskussionen zum Ausdruck, die 1918 zwischen *August Winnig* und *H. Brandler* und 1920 zwischen *F. Paeplow* und *H. Brandler* auf den Verbandstagen der Bauarbeiter geführt wurden. Protokoll Nürnberg, S. 298 ff., 312 ff., 326 ff. Protokoll Karlsruhe, S. 120 ff., 141 ff., 213 ff., bes. 225 ff. Eine sehr eindringliche soziologisch-psychologische Interpretation des Gegensatzes zwischen den alten Gewerkschaftlern und der politischen Opposition, insbesondere den Kommunisten findet sich bei *Cassau*, a. a. O., S. 294 ff.

Unter diesem Gesichtspunkt mußte den Instanzen auch das Einwirken der politischen Parteien auf die Gewerkschaften, die Bildung von politischen Fraktionen, die Wahl der gewerkschaftlichen Funktionäre nach Parteirichtungen schlechterdings als verbandsschädigend erscheinen. Demgegenüber betonte die Opposition mit Recht, daß der Kampf um die Änderung der bisherigen Politik, angesichts der Machtfülle der amtierenden Vorstände, ohne systematische fraktionelle Arbeit gar nicht möglich sei, und daß nach ihrer Ansicht über die Aufgabe der Gewerkschaften zwischen gewerkschaftlicher und politischer Zielsetzung kein Gegensatz bestehe. Dieser Konflikt wurde nicht bis zum letzten ausgekämpft, solange die USPD die politische Führung der Opposition innehatte. Die unabhängigen Gewerkschafter handelten zwar auf Grund ihrer politischen Überzeugung und nach politischen Gesichtspunkten, aber doch nicht auf Anweisung einer Parteizentrale, sondern in eigener Verantwortung. Sie konnten den Vorwurf, sie wollten die Unabhängigkeit der Gewerkschaften zerstören, mit Grund zurückweisen.

Das wurde anders, als die KPD die Führung der Opposition übernahm[1]). Sie ordnete in der Tat mit aller Konsequenz die kommunistischen Gewerkschaftsfunktionäre der Parteizentrale unter und machte den Konflikt zwischen Verbandstreue und Parteitreue unlösbar. Sie konnte zwar mit Recht darauf hinweisen, daß die USPD-Opposition, einmal an die Macht gekommen, keine revolutionäre Politik getrieben, sondern nur die alte Linie der Instanzen fortgesetzt habe (was übrigens auch die Sozialdemokraten mit Schadenfreude festzustellen pflegten), aber auf der anderen Seite gefährdete die kommunistische Arbeit in der Tat die gewerkschaftliche Demokratie und die Solidarität unter den Kollegen des Verbandes[2]).

Eine unabhängige, nur der Arbeiterschaft als Ganzes und nicht einer einzelnen Partei verantwortliche sozialistische Gewerkschaftspolitik hat sich in dem Kampf zwischen den Instanzen und der Opposition nicht entwickelt. Die reine Rätebewegung hat diese Richtung eingeschlagen, aber keinen dauernden Einfluß auf die Gewerkschaften gewinnen können.

---

[1]) Siehe auch unten 9. Kapitel.
[2]) Vgl. hierzu vor allem die Debatten auf dem Verbandstag des DMV im September 1921 zu Jena, auf dem SPD, USPD und KPD sich in festen Fraktionen gegenüberstanden und alle grundsätzlichen Probleme in großer Klarheit und auf außerordentlich hohem Niveau erörtert wurden. Zur Haltung der KPD gegenüber der USPD auch noch die Kritik an *R. Dissmann* in Der Kommunistische Gewerkschafter, Jg. 1/1921, Nr. 35, S. 294/5. Von besonderer Bedeutung war dabei die Abhängigkeit von Moskau, das heißt für die Gewerkschafter, von der Roten Gewerkschaftsinternationale; denn die Kommunisten waren verpflichtet, den Verband aus der Amsterdamer in die Moskauer Internationale zu überführen, was den Bruch mit dem Allgemeinen Deutschen Gewerkschaftsbund und die Spaltung der freigewerkschaftlichen Bewegung bedeutet haben würde. Viele revolutionär gesonnene USPD-Mitglieder und -Funktionäre sind nur deswegen nicht zur KPD übergegangen. Vgl. *Flechtheim*, S. 70. Die prekäre Lage der USPD-Gewerkschaftsopposition ist am Beispiel des Metallarbeiterverbandes sehr gut dargestellt von *Opel*, a. a. O., bes. S. 110 ff.

b) *Arbeitsgemeinschaft oder Rätesystem?*

Der politische Fraktionskampf und die eigentliche Problematik der Gewerkschaftsarbeit verknüpften sich bei einer Streitfrage, die nach 1918 im Mittelpunkt der gewerkschaftlichen Auseinandersetzungen stand: es war dies die Politik der „Arbeitsgemeinschaft" mit den Unternehmern[1]).

Als sich das Kriegsende abzeichnete, hatten die Unternehmer, die einen revolutionären Angriff auf ihre Positionen fürchteten, ihre bisherige ablehnende Haltung gegenüber den Gewerkschaften aufgegeben. Wenige Tage nach der Revolution, am 15. November 1918, wurde zwischen den Spitzenverbänden aller Gewerkschaftsrichtungen und den Arbeitgeberverbänden einschließlich denen der Schwerindustrie eine Vereinbarung abgeschlossen, die u. a. auch die Errichtung einer zentralen Arbeitsgemeinschaft zwischen Arbeitgebern und Arbeitnehmern vorsah. Diese Arbeitsgemeinschaft sollte für eine ordnungsgemäße Demobilisierung, für die Aufrechterhaltung der Wirtschaft und für die Regelung der Lohn- und Arbeitsverhältnisse zuständig sein. Mit dieser Vereinbarung wurden die Gewerkschaften als die berufenen Vertreter der Arbeiterschaft und als gleichberechtigte Kontrahenten der Arbeitgeber anerkannt, es wurden ihnen wichtige sozialpolitische Forderungen, z. B. die des 8-Stunden-Tages und der obligatorischen Errichtung von Arbeiterausschüssen erfüllt und die paritätische Mitwirkung bei der Gestaltung der Wirtschaftspolitik zugestanden.

Gemessen an den Verhältnissen vor dem Kriege war die Arbeitsgemeinschaft ein außerordentlicher Fortschritt. Auf der anderen Seite bedeutete sie die Bereitschaft der Gewerkschaften, sofern ihnen nur die „Parität" mit den Unternehmern zugestanden wurde, die Stellung der Unternehmer in der Wirtschaft grundsätzlich unangetastet zu lassen. Das heißt: **die Arbeitsgemeinschaft bedeutete den Verzicht auf die sofortige Sozialisierung, wenn darunter die Beseitigung des Privateigentums an den Produktionsmitteln verstanden wurde**[2]).

Die unverzüglich einsetzende scharfe Opposition der radikalen Sozialisten gegen die Arbeitsgemeinschaftspolitik war auf Grund dessen verständlich, zumal es ganz offensichtlich war und durch Äußerungen führender Unternehmervertreter bestätigt wurde, daß die Unternehmer diese Zugeständnisse nur gemacht hatten, um sich der Unterstützung der Gewerkschaften gegenüber weiter-

---

[1]) Zu Vorgeschichte und Entstehung der Arbeitsgemeinschaft, Bericht der Generalkommission an den Nürnberger Gewerkschaftskongreß, Protokoll, S. 171 ff. Der genaue Text der getroffenen Vereinbarungen ebenda.

[2]) Das betont sehr richtig *E. Lederer*, Die Gewerkschaftsbewegung 1918/19, Archiv f. Soz. Wiss. u. Soz. Pol., Bd. 47, S. 219 ff., der an sich diese Politik sehr nüchtern abwägend gegen unberechtigte Vorwürfe verteidigt. Siehe sein zusammenfassendes Urteil, a.a.O., S. 237 und Anm. 49, sodann S. 242 „Jedenfalls liegt die Arbeitsgemeinschaft nicht auf dem Wege der Sozialisierung, sondern bedeutet im Gegenteil einen Versuch, den unternehmungsweisen Betrieb durch Schaffung paritätischer Organisation zu sichern."

gehenden Sozialisierungsplänen zu versichern¹). Von ihrem Standpunkt aus ebenso berechtigt war aber auch das Gegenargument der Instanzen, daß die Arbeitsgemeinschaft nur die konsequente Fortsetzung der traditionellen Gewerkschaftspolitik sei, die stets die vertragliche Regelung aller Arbeiterfragen auf der Basis der Gleichberechtigung mit den Unternehmern zum Ziel gehabt habe²).

Unter den Verfechtern der offiziellen Gewerkschaftspolitik gab es offensichtlich zwei Richtungen. Die eine hielt die Sozialisierung der Wirtschaft auf absehbare Zeit überhaupt für unmöglich, die andere — verkörpert z. B. durch Männer wie den Redakteur des „Correspondenzblattes", *Umbreit*, den Bergarbeiterführer *Hué*, den Bauarbeiterführer *Paeplow*³) — trat zwar für eine allmähliche Sozialisierung zum mindesten der Schlüsselindustrien ein, wollte aber die Durchführung der staatlichen Gesetzgebung, d. h. der politischen Partei überlassen.

Es ist ganz deutlich, daß hier die alte Vorstellung von der Funktionsverteilung zwischen Partei und Gewerkschaft zum Ausdruck kam. Die unmittelbaren wirtschaftlichen Aufgaben der Gewerkschaften wurden nach 1918 allerdings weiter gefaßt, als vor dem Kriege⁴). Die alten Fabrikausschüsse sollten als „Betriebsräte" mit vermehrten Rechten „in Gemeinschaft mit den Betriebsleitern die Betriebsdemokratie durchführen". Oberhalb der Betriebe sollte die Wirtschaft auf der Grundlage der Kollektivverträge und mittels paritätischer Wirtschaftsräte oder -kammern demokratisiert werden. Diese als „Mitbestimmungsrecht" bezeichneten Einwirkungsmöglichkeiten der Arbeiter umfaßten zwar der Absicht nach auch Vorbereitung und Durchführung der Sozialisierung, tasteten aber im Grunde das Eigentumsrecht und die wirtschaftliche Verfügungsgewalt der Unternehmer nicht an. Sie sollten es auch nicht; denn das zu tun, war Sache der Gesetzgebung.

„Die Gewerkschaften können nach ihrem Charakter als Vertretung reiner

---

[1] *Lederer*, a.a.O., S. 237, und Anm. 49. Eine große Rolle spielten in der damaligen Diskussion die sehr offenherzigen Äußerungen des Geschäftsführers des Verbandes der Eisen- und Stahlindustriellen, Dr. *Reichert*. Siehe Nürnberger Gewerkschaftskongreß, Protokoll, S. 426 ff., bes. S. 445 ff.

[2] Eine zusammenfassende Würdigung der Diskussion auf dem Nürnberger Kongreß und ihrer Fortsetzung auf dem Leipziger Gewerkschaftskongreß im Juni 1922 findet sich bei S. *Schwarz*, Handbuch der Gewerkschaftskongresse, Berlin 1930, S. 120 ff. Die auf dem Nürnberger Kongreß gefaßte Grundsatzresolution beginnt mit dem Satz: „Der 10. Kongreß der Gewerkschaften Deutschlands erblickt in den Arbeitsgemeinschaften die konsequente Fortführung der Tarifvertragspolitik der Gewerkschaften." Protokoll, S. 62.

[3] *Umbreit* und *Hué* waren Mitglieder der Sozialisierungskommission. Vgl. hierzu den Bericht der Generalkommission zum Nürnberger Gewerkschaftskongreß von 1919, Protokoll S. 184 ff. Zu *Paeplow* siehe seine Äußerungen auf dem außerordentlichen Verbandstag vom Mai 1919 in Weimar, Protokoll S. 163 ff., in denen er für eine entschädigungslose Vollsozialisierung eintrat, allerdings auf parlamentarischem Wege.

[4] Siehe die auf dem Nürnberger Kongreß verabschiedeten Richtlinien über die künftige Wirksamkeit der Gewerkschaften und Bestimmungen über die Aufgaben der Betriebsräte, Protokoll S. 57 ff.

Arbeiterinteressen nicht selber Träger der Produktion sein, als welche die Wirtschaftskammern zu gelten haben. Ihnen fällt aber die Führung einer zielbewußten Arbeiterpolitik innerhalb der Wirtschaftskammern zu." Da logischerweise, wenn die Gewerkschaften es nicht sein wollten, nur die Unternehmer als „Träger der Produktion" in den Kammern in Frage kamen, so waren diese im Grunde nichts anderes als die Institutionalisierung des bereits durch die Arbeitsgemeinschaft fixierten Verhältnisse zwischen Kapital und Arbeit. Die Kammern hatten also weder mit dem Sozialismus, noch mit der „Vorbereitung" darauf etwas zu tun. Von wirklicher Mitbestimmung kann in diesen Plänen ebenfalls kaum gesprochen werden, dazu waren sowohl die Rechte der Betriebsräte, als auch die Einwirkungsmöglichkeiten der Wirtschaftskammern zu beschränkt. Die Vertreter der Generalkommission haben auf dem Nürnberger Kongreß übrigens deutlich ausgesprochen, daß sie eine Beteiligung an der Leitung der Produktion gar nicht für wünschenswert hielten. In diesem „Räteprogramm" kommt eine grundsätzliche Haltung zum Ausdruck, die an anderer Stelle noch ausführlicher untersucht werden wird[1]).

Andererseits war die Verwendung von solchen Worten wie „Betriebsdemokratie" oder „Vorbereitung der Sozialisierung", so wenig inhaltsreich sie auch sein mochten, doch ein Zeichen dafür, daß starke Kräfte in der Arbeiterschaft sich mit einer Beschränkung der Gewerkschaften auf ihre alten Funktionen der bloßen Interessenvertretung der Arbeiter nicht zufrieden geben wollten. In der Tat müssen die Beschlüsse des Nürnberger Kongresses z. T. als Konzessionen an die anschwellende Rätebewegung in den Gewerkschaften betrachtet werden. Am 1. Februar 1919 hatte der Vorsitzende der Generalkommission, C. Legien, erklärt, das Rätesystem sei überhaupt keine und jedenfalls keine leistungsfähige Organisation, ferner zersplittere es die Einheit des Berufszweiges, ein Bedürfnis für das Rätesystem liege nicht vor und auch eine organische Eingliederung in den bisherigen Aufbau der Organisationen und Vertretungen der Arbeiter sei kaum denkbar. Und sogar noch Anfang März 1919, als SPD und Reichsregierung auf Grund der allgemeinen Streikbewegung den Arbeitern die „Verankerung" der Räte in der Verfassung zusagten, verwahrte sich die Generalkommission mit scharfen Worten dagegen, den Räten Kontroll- und Mitbestimmungsfunktionen in der Wirtschaft zu übertragen. Das sei die gemeinsame Aufgabe der Arbeitgeber- und Arbeitnehmerverbände, die diese Aufgabe auch bereits durch die Gründung von Arbeitsgemeinschaften in die Hand genommen hätten[2]).

Erst im April wurden dann die Richtlinien ausgearbeitet, die dem Nürnberger

---

[1]) Eine eingehende Untersuchung der Haltung der Gewerkschaftsführung gegenüber der Rätebewegung bringt unten das 11. Kapitel.

[2]) Correspondenzblatt Jg. 28/1918, S. 456 ff.; Jg. 29/1919, S. 47/8, 81 ff. SPD-Parteikonferenz vom 22./23. März 1919 in Weimar, Protokoll S. 29 ff.; SPD-Parteitag vom Juni 1919 in Weimar, Protokoll S. 45; R. Müller, Bürgerkrieg, S. 147; Nestriepke, a.a.O., Bd. 2, S. 147 ff.

Kongreß vorlagen. Sie enthielten freilich, wie wir gesehen haben, in ihrem sachlichen Kern kein Abweichen von dem Grundgedanken der Arbeitsgemeinschaft, näherten sich der sprachlichen Form nach und in einigen Einzelheiten jedoch dem Rätesystem.

Außer in den erweiterten Befugnissen der Betriebsvertretung kam diese Annäherung darin zum Ausdruck, daß die Vertreter zu den Arbeitskammern, und damit zu den paritätischen Wirtschaftsräten, nicht mehr wie in der eigentlichen Arbeitsgemeinschaft durch die Verbände benannt wurden, sondern „auf Grund von Urwahlen nach dem Verhältniswahlsystem zu berufen" waren. Damit waren die Räte, wenigstens pro forma, als unmittelbare Vertretung der Arbeiterschaft neben den Gewerkschaften anerkannt. Unterdessen ging die Entwicklung in den einzelnen Gewerkschaften bereits über diesen Kompromiß hinweg. Ein ungeheurer Mitgliederstrom setzte ein, der die Größe der Verbände vervielfachte. Vor allem die bisher unorganisierten Arbeitnehmerschichten, insbesondere die Angestellten und die Arbeiter der öffentlichen Betriebe und Verwaltungen, bildeten große neue Organisationen. Und gerade in diesen fand das Rätesystem begeisterte Anhänger[1]). Zwei Hauptaufgaben wurden den Räten zugedacht: die Macht der Unternehmer im Betrieb durch Kontrolle der Produktion zu brechen und auf der überbetrieblichen Ebene die Sozialisierung durchzusetzen und zu organisieren. Beide Funktionen wurden in engen Zusammenhang gebracht; betriebliches und überbetriebliches Rätesystem sollten — im Gegensatz zu den Plänen der SPD und der Gewerkschaftsführung — fest miteinander verknüpft werden. Im einzelnen bewegten sich die Vorschläge in eine Richtung, wie sie durch die wirtschaftlichen Gedankengänge des reinen Rätesystems und durch die praktischen Erfahrungen der Streik- und Sozialisierungsbewegung im Frühjahr 1919 vorgezeichnet war[2]).

Es müssen jedoch mehrere Strömungen der Rätebewegung in den Gewerkschaften unterschieden werden, die sich nach dem Grade ihrer parteipolitischen Prägung, nach der Größe des Verbandes und nach dem besonderen sozialökonomischen Charakter der Branche deutlich voneinander abheben. Eine Sonderstellung nimmt der Metallarbeiterverband ein. Die Metallarbeiter vor allen anderen hatten, wie wir gesehen haben, die politische Opposition gegen die Kriegspolitik der Instanzen getragen und zugleich den Kern der Arbeiterrätebewegung gebildet. Nur im DMV gelang der Opposition ein überzeugender Sieg; nur dort trat die Rätebewegung zugleich mit einer gewissen Selbständigkeit in Erscheinung (auf dem Stuttgarter Verbandstag von 1919 wurde der Kopf der Berliner Arbeiterräte *Richard Müller*, zum Redakteur des Verbandsblattes gewählt)[3]).

---

[1]) So z. B. bei Eisenbahnern und Handlungsgehilfen, siehe unten.
[2]) Vgl. die Richtlinien der Opposition auf dem Nürnberger Kongreß, Protokoll S. 33 ff.
[3]) Verbandstag des DMV vom Oktober 1919 in Stuttgart und vom September 1921 in Jena; ferner *F. Opel*, a.a.O.

In anderer Hinsicht besonders lagen die Dinge im Bergarbeiterverband. Sozialisierungsbewegung und Rätebewegung haben die Bergarbeiter stark beeinflußt. Aber das Fehlschlagen aller direkten Aktionen trieb einen Teil der radikalen Mitglieder aus dem Verband, so daß die Opposition geschwächt wurde. Außerdem bestand über das Ziel — Sozialisierung und Mitbestimmungsrecht der Betriebsräte — weitgehende Einigkeit, so daß die vorhandene Opposition einen überwiegend politischen Charakter annahm. Ebenfalls in enger Verbindung mit der politischen Opposition und zugleich in einer sehr gemäßigten Form trat der Rätegedanke im Textilarbeiterverband auf, dessen neuer Vorsitzender, *H. Jäckel*, ein erfahrener Gewerkschafter und zur USPD übergetretener Reichstagsabgeordneter war. Ähnlich lagen die Dinge beim Fabrikarbeiterverband und beim Transportarbeiterverband, bei denen die zeitweilig recht starke Opposition eine rein politische Prägung besaß[1]).

Hingegen setzte sich in den „neuen", erst durch Krieg und Revolution zu Massenorganisationen angeschwollenen Verbänden eine andere Richtung durch. Sie wurde zwar im einzelnen auch durch kommunistische oder linkssozialistische Gruppen beeinflußt, führte jedoch nicht zu einer völligen politischen Umorganisation und Neuorientierung der Verbände. Für diesen Sachverhalt liefern vor allem die Handlungsgehilfen, die Gemeinde- und Staatsarbeiter und die Eisenbahner bezeichnende Beispiele. Alle drei Verbände sprachen sich zeitweilig mit großem Nachdruck für ein sehr weitgehendes Mitbestimmungsrecht der Arbeiterräte aus[2]).

Die großen, traditionsreichen, gewissermaßen „klassischen" Gewerkschaften der Holzarbeiter und der Bauarbeiter ließen sich von der allgemeinen sozialen Bewegung der Revolution verhältnismäßig wenig beeinflussen. Ihre weithin angesehenen und außerordentlich fähigen Führer *(Leipart, Tarnow, Paeplow)* hielten die auch in ihren Reihen zu Zeiten starke politische Opposition energisch im Zaum. Die beiden Verbände beschränkten sich jedoch nicht auf die bloße Abwehr und auf die Verteidigung des sozialdemokratischen Parteistandpunktes,

---

[1]) Generalversammlung des Verbandes der Bergarbeiter vom Juni 1919 in Bielefeld, Protokoll S. 49, und vom Mai/Juni 1921 in Gießen, Protokoll S. 59/60, 316 ff. Über den Textilarbeiterverband siehe *Lederer*, a.a.O., S. 264 und Anm. 124; ferner Correspondenzblatt, Jg. 29/1919, S. 440 ff. und der Aufsatz von *H. Jäckel*, Auf dem Wege zur konstitutionell-demokratischen Fabrik, in Der Sozialist, Jg. 1919, Heft 2, S. 3 ff., in dem *J.* sich sehr bestimmt für eine echte Kontrolle der Betriebsleitung durch die Betriebsräte, aber ebenso bestimmt gegen eine direkte Verwaltung der Betriebe durch die Arbeiter ausspricht, denn die Kenntnisse dafür „gehen dem Lohnarbeiter durchaus ab" (7). Verbandstage der Transportarbeiter vom Juni 1919 in Stuttgart und vom September 1922 in Berlin, der Fabrikarbeiter vom Juli 1920 in Hannover und vom Juli 1922 in Frankfurt/M.

[2]) Der Zentralverband der Handlungsgehilfen stand in seiner Mehrheit auf dem Nürnberger Gewerkschaftskongreß bei der Opposition, aber auch die Minderheit war in der Rätefrage radikaler als die SPD. Protokoll S. 405/6, 500/1. Die Gemeinde- und Staatsarbeiter faßten auf ihrem Verbandstag vom September 1919 in Nürnberg in Kampfabstimmung eine radikale Resolution zur Rätefrage und zur Sozialisierung gegen den Willen des Vorstandes, obwohl dieser an sich eine feste Mehrheit besaß. Protokoll S. 29/30, 100/1, 131.

sondern sie entwickelten konkrete wirtschaftspolitische Vorstellungen, in denen die Mitbestimmung der Arbeiterräte einen wichtigen Platz einnahm. Diese Vorstellungen gingen in der Entwicklung der „Betriebsdemokratie", in der Ausgestaltung der „Wirtschaftskammern", in der Verknüpfung von Mitbestimmung und Sozialisierung und ganz allgemein in ihrer klaren sozialistischen Zielsetzung z. T. beträchtlich weiter, als die Richtlinien des Gewerkschaftskongresses und die Pläne der SPD. Der Bauarbeiterverband unternahm darüber hinaus einen sehr ernst gemeinten Versuch praktischer Sozialisierung und rief die mit produktivgenossenschaftlichen Ideen durchsetzte „Bauhüttenbewegung" ins Leben[1]).

In der großen Zahl der kleineren Verbände entwickelten sich ebenfalls oppositionelle, z. T. ausgesprochen rätefreundliche Strömungen, die entweder starke Minderheiten darstellten oder sogar in einigen Fällen die Kontrolle über den Verband erlangen konnten. Entsprechend der geringen Größe dieser Verbände, ihrem auf dem Berufsgedanken beruhenden Aufbau und der überwiegend kleinbetrieblichen Struktur ihrer Branchen stellten diese Erscheinungen jedoch kaum mehr als ein bescheidenes Abbild der Entwicklung in den großen Verbänden dar[2]). Dort wo die kleinen Verbände allerdings auf Grund ihrer beruflichen Zusammensetzung in Verbindung mit der großbetrieblichen und der großstädtischen Arbeiterschaft standen, trat auch der Rätegedanke ausgeprägter in Erscheinung[3]).

Einer besonderen Erwähnung bedarf hier noch der Deutsche Eisenbahnerverband. Angeregt von der Räteorganisation im Bezirk Frankfurt[4]) trat am 3. und 4. April 1919 in Frankfurt ein allgemeiner Kongreß der Eisenbahnerräte zusammen, der die Bildung einer zusammenhängenden Räteorganisation für die Eisenbahner beschloß und „das volle Kontroll- und Mitbestimmungsrecht über alle Verwaltungsgebiete bis zur restlosen Überführung der gesamten Verwaltung

---

[1]) Verbandstage der Holzarbeiter vom Juni 1919 in Berlin, Protokoll S. 67 ff., 154 ff. (dort eine bedeutende Grundsatzrede *Tarnows!* Eine sehr kluge Kritik *Tarnows* und der radikalen Opposition des Verbandstages findet sich in Der Arbeiter-Rat, Jg. 1/1919, Nr. 24, S. 14/5, geschrieben von dem gewerkschaftlichen Rätetheoretiker *R. Seidel*) und vom Juni 1921 in Hamburg, Protokoll S. 98/9, 196 ff., bes. 206 ff. (wo der Referent des Vorstandes sich ausführlich und positiv mit der „Kontrolle der Produktion" auseinandersetzt), 278 (wo die Betriebsräteresolution des Vorstandes *einstimmig* angenommen wird). Verbandstage der Bauarbeiter vom Mai 1919 in Weimar, Protokoll S. 133 ff., vom Mai 1920 in Karlsruhe, Protokoll S. 22 ff., 274 ff., 361 und 373 (Antrag *Brandler für* Produktionskontrolle angenommen), und vom Mai 1922 in Leipzig, Protokoll S. 38 ff., 380 ff. Ferner *Lederer*, a.a.O., S. 258 ff. und *A. Ellinger* (Verbandsredakteur der Bauarbeiter), Sozialisierungsströmungen im Baugewerbe, Dresden 1920.

[2]) *Lederer*, a.a.O., S. 260 ff. Correspondenzblatt, Jg. 29/1919, S. 279, 289, 293, 331, 332, 334, 343, 345, 386, 450, 466, 486, 536, 590.

[3]) So z. B. auf dem Verbandstag der Schiffszimmerer, der sich trotz Ablehnung der unabhängigen und kommunistischen Politik *für* eine Zusammenarbeit mit dem als äußerst radikal bekannten Zentralrat der Werften aussprach und einstimmig das „volle Mitbestimmungsrecht für die Betriebsräte in den Betrieben" verlangte. Correspondenzblatt, a.a.O., S. 421 ff.

[4]) Siehe oben S. 177 ff.

in die Hände der von den Arbeitern und Angestellten gewählten Vertrauenspersonen" forderte. Außerdem wurde ein provisorischer Zentralrat gewählt, der auch die Anerkennung des Eisenbahnerverbandes erhielt[1]). Auf dem Jenaer Verbandstag des DEV im Mai 1919 herrschte eine geradezu enthusiastische Stimmung zugunsten der Räte. Nach einem Referat des Frankfurter Räteorganisators *Hertel* wurden einstimmig die nur leicht veränderten Richtlinien der Rätekonferenz angenommen und mit Mehrheit wurde ein grundsätzliches Bekenntnis zum Rätesystem abgelegt. *Hertel* wurde in den Verbandsvorstand gewählt, nahm die Wahl aber nicht an[2]). Im Laufe des Jahres 1919 kam es dann, teils aus politischen, teils aus persönlichen Gründen, zu Spannungen mit dem Zentralrat, die mit der Beseitigung der alten und Schaffung einer neuen Räteorganisation endeten, die bald darauf an das neu erlassene Betriebsrätegesetz angepaßt wurde. Zum Betriebsrätesekretär des Vorstandes wählte man jedoch den USPD-Abgeordneten und Verfechter des Rätesystems *Breunig*, der dann — trotz mancherlei Anfeindungen — im Vorstand blieb[3]).

Das Jahr 1920 bedeutet in der geschilderten Entwicklung einen gewissen Abschluß und einen Wendepunkt. Die Kraft der politischen Revolution war völlig gebrochen. Die radikalen sozialistischen Kräfte in den Gewerkschaften wurden durch die Spaltung der USPD geschwächt, zumal die einflußreichen USPD-Gewerkschafter nicht zur KPD gingen, bzw. wenn sie es taten, unter Duldung durch ihre alten Parteifreunde von ihren Positionen verdrängt wurden. So ging es z. B. im DMV dem Mitglied des Hauptvorstandes *Sickert*[4]). SPD und rechte USPD näherten sich einander nicht nur in der Politik, sondern auch in den Gewerkschaften. Zugleich aber fand die Rätebewegung in den neu geschaffenen Betriebsräten zum erstenmal eine umfassende organisatorische Grundlage für ihre Entfaltung. So gering die gesetzlichen Befugnisse der Betriebsräte gemessen an den Forderungen des reinen Rätesystems auch waren, ihre tatsächliche soziale Funktion gab ihnen zu Zeiten einen sehr großen Einfluß. Unmittelbar von allen Arbeitern gewählt, von der Gewerkschaft relativ unabhängig und im Gegensatz zu dieser in dauerndem engen Kontakt mit der Belegschaft, waren die Betriebsräte die geeignete Form für das Weiterleben des Rätegedankens.

[1]) Der Arbeiter-Rat, Jg. 1/1919, Nr. 10.
[2]) Protokoll S. 244 ff., S. 272, 306, 342.
[3]) *Nestriepke*, a.a.O., Bd. 2, S. 149. DEV-Rechenschaftsbericht des Vorstandes vom 1. 4. 1919 bis 1. 7. 1920, Berlin 1920, S. 85 ff., 145/6. Siehe auch oben S. 177 ff., die Darstellung über die Korruptionserscheinungen bei den Räten. Auf dem Verbandstag vom September 1922 in München versuchte man — offenbar von seiten der SPD — *Breunig* aus dem Vorstand herauszudrängen, allerdings vergeblich, Protokoll S. 304 ff., 315. Protokolle über die im Jahre 1919 stattgefundenen Eisenbahner-Betriebsrätekonferenzen sind zwar erschienen, aber nicht mehr greifbar, ebenso nicht das Verbandsorgan des DEV für 1919. Über den Betriebsrätekongreß vom Oktober 1920 siehe Deutscher Eisenbahner, 4. Jg./1920, S. 198, 205 ff. Über die zweite Reichskonferenz der Eisenbahnerräte vom Oktober 1921 in Berlin siehe das Protokoll, bes. S. 61 ff., 168/9. Ferner das Betriebsrätehandbuch des DEV, Berlin 1921, bes. S. 3/4.
[4]) Verbandstag des DMV vom September 1921 zu Jena, Protokoll S. 364/5.

## c) *Betriebsräte und Gewerkschaften*

Die wirtschaftliche Entwicklung, die seit 1921 auf die Katastrophe der völligen Geldentwertung zusteuerte, und die die sozialen Grundlagen der Republik in den Grundfesten erschütterte, trieb die Betriebsrätebewegung voran. Die KPD, die unter der Führung *H. Brandlers* vorübergehend eine realistische Gewerkschaftspolitik betrieb, gewann beträchtlich an Einfluß. Der Druck von unten wurde so groß, daß der ADGB-Vorstand auf der ersten Reichsbetriebsrätekonferenz im Herbst 1920 seine kurz vorher noch schärfsten politischen Gegner, die rechten USPD-Führer *Dissmann* und *Aufhäuser*, vorschicken mußte, um den Ansturm der Kommunisten und linken Unabhängigen unter Führung *Brandlers* und *R. Müllers* abzuwehren. Es gelang nur um den Preis einer Resolution, die sich fast völlig auf den Boden des Rätesystems stellte, Produktionskontrolle und sofortige Sozialisierung forderte, und mit den „Richtlinien" von 1919 kaum mehr etwas gemein hatte[1]).

Der erste Reichsbetriebsräte-Kongreß für die Metallindustrie im Dezember 1921 in Leipzig war derart radikal gestimmt, daß die zahlreich vorhandenen Kommunisten gar nicht als geschlossene Fraktion auftreten wollten oder konnten. *Dissmann* hielt eine programmatische Rede, in der er sich zum „Rätegedanken" bekannte. Zum Schluß wurde eine Resolution einstimmig angenommen, welche das volle Mitbestimmungsrecht für die Betriebsräte forderte, sich für Produktionskontrolle einsetzte und die Notwendigkeit des außerparlamentarischen Kampfes betonte[2]). Sogar auf dem Leipziger allgemeinen Gewerkschaftskongreß 1922 wurde — gegen den Willen des Bundesvorstandes — eine Entschließung angenommen, die ein sehr weitgehendes wirtschaftliches Kontrollrecht für die Betriebsräte forderte[3]).

Es gelang den Gewerkschaften allerdings, sehr nachdrücklich unterstützt von den rechten Unabhängigen, die Betriebsräte organisatorisch allmählich unter ihre Kontrolle zu bringen. Die von der KPD und den linken Unabhängigen (von ersterer allerdings mit Vorbehalt) geförderten selbständigen Betriebsräteorganisationen konnten sich nicht halten. Diese Entwicklung war unvermeidlich, auch nach den Vorstellungen der Rätetheoretiker, soweit sie den Problemen gründlicher nachgingen: Solange es nicht möglich war, die Machtstellung der Unternehmer in der Gesellschaft wirklich zu erschüttern, waren und blieben die Gewerkschaften die wichtigsten Organisationen der Arbeiterschaft. Nur sie konnten im Kapitalismus die Interessen der Arbeiter wirkungsvoll vertreten. Alle

---

[1]) Erster Reichskongreß der Betriebsräte Deutschlands vom Oktober 1920 in Berlin, Protok. S. 67 ff., bes. S. 69/70. Die Mehrheit der Betriebsräte neigte offenbar der USPD und der KPD zu. Nur infolge der gerade stattgefundenen Spaltung der USPD behielt der ADBG-Vorstand die Oberhand. In Geschäftsordnungsfragen (Korreferat für die Opposition, Sprecherlaubnis für den Vorsitzenden des Sowjetrussischen Gewerkschaftsbundes *Losowski)* erlitt er sogar zweimal knappe Niederlagen. Protokoll S. 178, 241.

[2]) Protokoll S. 105 ff., S. 132, 137, 154.

[3]) Protokoll S. 422, 435.

Versuche, eine selbständige Räteorganisation in mehr oder weniger freundschaftlichem Einvernehmen neben die Gewerkschaften zu setzen, hatten nur dann einen Sinn, wenn Produktionskontrolle und Sozialisierung wirklich auf der Tagesordnung standen. In diesem Fall dienten die Räte als Organisationsform der werdenden Gesellschaft und die Gewerkschaften als Schutz gegen die letzten Auswirkungen des absterbenden Kapitalismus[1]).

Mit dem Abebben der revolutionären Welle traten die Betriebsräte als Träger des eigentlichen Rätegedankens zurück und beschränkten sich auf die Funktion der betrieblichen Arbeitervertretung, diesseits aller wirklichen Einflußnahme auf die Produktion[2]). Der Rätegedanke wurde dadurch jedoch keineswegs völlig verdrängt; er war nur in soziologischer und in ideologischer Hinsicht in der gewerkschaftlichen Organisation gewissermaßen eingekapselt. Die Schicht radikaler, kämpferischer und selbstbewußter Betriebsfunktionäre, die den Rätegedanken überall dort, wo er wirklich in die Arbeiterschaft eingedrungen war, getragen hatte, existierte unter den gewerkschaftlichen Betriebsräten fort[3]). Und wenn auch die revolutionäre Räteidee verblaßte oder, entgegen ihrem eigentlichen Wesen, in der KPD zu einer bloßen Parteisache wurde, blieb doch die Spannung zwischen der unmittelbaren Betriebsdemokratie der Räte und der vermittelten bürokratisierten Vereinsdemokratie der Gewerkschaften und Parteien unter der Decke der Verbandsdisziplin bestehen. Auf dem Höhepunkt der Inflationskrise, im Spätsommer und Herbst 1923, als die großen gewerkschaftlichen Organisationen zusammenbrachen und die Republik noch einmal an der Schwelle der Revolution stand, waren es bezeichnenderweise die Betriebsräte, die die großen Streiks führten. Sie traten zwar unter den Parolen der KPD in Aktion, aber sie waren trotzdem keine Organe der Partei, und diese vermochte der revolutionären Bewegung auch keine zielbewußte Führung zu geben[4]).

Eine gewisse Rückwirkung der Rätebewegung auf die Gewerkschaften ist noch in der Auseinandersetzung um die Organisationsform zu bemerken. Bis zum Kriege war das Problem vorwiegend unter rein organisatorischen Zweck-

---

[1]) Sehr klar entwickelt bei *R. Seidel*, Die Gewerkschaftsbewegung und das Rätesystem, Berlin 1919, bes. S. 46/7, 50/1 und die Gewerkschaften in der Revolution, Berlin 1920, bes. S. 31. Zu den Auseinandersetzungen, die vor allem in Berlin um die Zusammenfassung der Betriebsräte geführt wurden, vgl. *Nestriepke*, Bd. 2, S. 155 und der Arbeiter-Rat, Jg. 2/1920 passim. Ferner *Opel*, a.a.O., S. 110 ff.

[2]) Dieser Prozeß ist aus den gewerkschaftlichen Publikationen der Jahre 1920 bis 1924 deutlich abzulesen. Siehe vor allem den Bericht des Hauptvorstandes des Gewerkvereins christlicher Bergarbeiter für 1919/20, Essen 1921 und die Jahrbücher des Verbandes der Bergarbeiter 1919 und ff. Ferner die ab 1920 erscheinende Betriebsrätezeitschrift des DMV. Vor allem im DMV ist das Fortleben des Rätegedankens deutlich spürbar, zugleich aber die Beschränkung der Praxis der Betriebsräte. Siehe die Aufsätze von *Robert Dissmann* in Jg. 1920, S. 385 ff. und von *Toni Sender*, ebenda, S. 538 ff., für die Praxis aufschlußreich ebenda, S. 508 ff. und 541 ff., sowie Jg. 1922, S. 888 ff., 922 ff.

[3]) Diesem Phänomen geht sehr eingehend nach: *Brigl-Matthiass*, Das Betriebsräteproblem, bes. S. 43 ff.

[4]) Siehe unten S. 227.

mäßigkeitsgesichtspunkten behandelt worden. Welcher Verband ist kampfkräftiger, der nach dem Beruf oder der nach Industriezweigen organisierte? Welcher arbeitet rationeller, bei welchem ist das Organisationsgebiet einfacher abzugrenzen? Diese Fragen spielten selbstverständlich nach 1918 auch noch eine große Rolle. Aber über das bloße Bedürfnis nach Stärke und Schlagkraft des Verbandes hinaus, wurde die Notwendigkeit empfunden, die Gewerkschaften ihrer Form und Arbeitsweise nach der modernen kapitalistischen Wirtschaft anzupassen. Überdies ließ die Nötigung, in den Betrieben einheitlich aufzutreten, um den Kampf der Betriebsräte wirksam unterstützen zu können, die berufliche Aufgliederung der Belegschaften als unzeitgemäß erscheinen. Der Grundsatz der Betriebsorganisation: *ein* Betrieb, *eine* Gewerkschaft, vermochte sich freilich noch nicht durchzusetzen, aber er stand doch als unausgesprochene Konsequenz hinter der 1922 in Leipzig getroffenen grundsätzlichen Entscheidung für den Industrieverband[1]). Bemerkenswert dabei ist, daß in der Organisationsfrage eine ganze Reihe von Verbänden mit sonst sehr gemäßigter politischer Einstellung, z. B. der Bauarbeiterverband, der Bergarbeiterverband, der Eisenbahnerverband, dem radikalen Metallarbeiterführer *Dissmann* Gefolgschaft leistete. Gerade an diesem Beispiel wird sehr deutlich, daß sich eine Wandlung in der gewerkschaftlichen Grundeinstellung auch gegen die politischen Ideologien durchsetzen konnte. Diese Feststellung behält auch dann ihr Gewicht, wenn man bedenkt, daß der Beschluß von 1922 in den Jahren bis 1933 nicht in die Praxis umgesetzt wurde. Immerhin nahm die gewerkschaftliche Konzentrationsbewegung ihren Fortgang und führte zumindest auf dem Gebiet der öffentlichen Dienste und des Verkehrs zur Gründung eines Großverbandes, der so gut wie vollständig auf dem Boden des Industrieverbandsprinzips stand[2]). Und die Neugründung des DGB auf der Grundlage der Industriegewerkschaften nach 1945 ist ganz ohne Zweifel durch jene Diskussion und ihre Ergebnisse mitbestimmt worden[3]).

---

[1]) Allgemeiner Gewerkschaftskongreß vom Juni 1922 in Leipzig, Protokoll S. 503 ff. Ferner *Lederer*, a.a.O., S. 243/4 und ff. Außerdem *Barthel*, a.a.O., S. 192 ff., 232 ff., 301 ff. und *Brigl-Matthiass*, a.a.O., S. 46 ff.

[2]) Vgl. *Furtwängler*, ÖTV, S. 477 ff.

[3]) Man vergleiche die Industriegruppeneinteilung von 1922 mit der heutigen Gliederung des DGB.

## 7. Kapitel:

## Um die Vereinbarkeit von Rätesystem und parlamentarischer Demokratie

Es hat im Verlauf der Revolution eine ganze Reihe von zum Teil sehr gewichtigen Stimmen gegeben, die zwar ein reines Rätesystem ablehnten, aber den Einbau der Räte in die parlamentarische Demokratie befürworteten. Diese Vorschläge entsprangen durchweg der Ansicht, daß die sozialistische Arbeiterbewegung sich weder auf politischem, noch auf wirtschaftlichem Gebiet sofort durchsetzen könne; die Arbeiterschaft müsse noch auf lange Zeit mit dem Bürgertum in Staat und Wirtschaft zusammenarbeiten, wenn sie nicht zu dem Mittel der terroristischen Diktatur greifen und das Land in ein politisches und wirtschaftliches Chaos stürzen wolle. Infolgedessen müsse die parlamentarische Demokratie aufrechterhalten bleiben, und die Unternehmer müßten — mit gewissen Ausnahmen — die Wirtschaft weiterhin leiten können. Andererseits kam in diesen Stimmen die Überzeugung zum Ausdruck, daß die Arbeiterschaft einen ersten sichtbaren Schritt zum Sozialismus hin tun solle, und daß die Räte die geeigneten Institutionen seien, um das Ergebnis dieses ersten Anfangs zu sichern und weiter auszubauen.

Sosehr die Argumente für die verschiedenen Vorschläge dieser Art auch im einzelnen voneinander abwichen, in einem wesentlichen Punkte waren sie sich einig: Die neue gesellschaftliche und wirtschaftliche Ordnung könne nicht mit den alten Methoden und Institutionen errichtet werden, neue Organe müßten entstehen, die der Entwicklung zum Sozialismus Ausdruck gäben. Vor allem der grundlegend veränderten Stellung der Arbeiterschaft in der neuen Gesellschaft müsse Rechnung getragen werden. In den Räten solle sie als eine selbstbewußte, gleichberechtigt mitbestimmende oder gar führende Kraft tätig werden; dort solle sie die Sozialisierung vorwärts treiben und zugleich die ihr noch fehlenden technischen und wirtschaftlichen Fähigkeiten erwerben.

Alle diese Vorschläge versuchten in einer Periode des heftigsten Kampfes um die politische und wirtschaftliche Macht, gegen das von allen Seiten ertönende: Alles oder nichts, den Gedanken einer langfristigen organischen Entwicklung durchzusetzen. Sie gerieten dadurch notwendigerweise zwischen zwei Feuer. Auf Grund dessen tragen alle Entwürfe dieser Art neben ihrer grundsätzlichen Tendenz auch das Zeichen des taktischen Kompromisses an sich. Dieser Charakter beeinträchtigte ihre Wirksamkeit erheblich.

Unter dem Druck der großen Massenbewegungen im Frühjahr 1919 wurde zwar das Rätesystem in einer sehr abgeschwächten Form in die Verfassung aufgenommen (das Ergebnis war der erwähnte Artikel 165 RV), aber dieser Kompromiß war nur formal. In der Praxis sind alle Versuche, Parlamentarismus und Rätesystem wirklich miteinander zu verbinden, restlos gescheitert[1]). Es blieb nur das im Februar 1920 verabschiedete Betriebsrätegesetz. Dieses Ergebnis hat die Vertreter des reinen Rätesystems, die von Anfang an alle Bemühungen, die Räte in die parlamentarische Verfassung einzubauen, als „Verankerung" (in Anführungszeichen) verhöhnt hatten[2]), in ihrer Haltung bestärkt. Die Rede von der „Verankerung" der Räte in der Verfassung blieb allerseits in Übung, als die ein wenig abschätzige Bezeichnung eines gutgemeinten, aber unrealistischen Unternehmens.

Trotzdem besteht kein Zweifel daran, daß diese Kompromißvorschläge, so wenig sie sich in den heftigen Auseinandersetzungen der Revolutionszeit durchsetzen konnten, doch sehr wesentliche Gedanken enthalten haben. Überdies haben ohne Zweifel starke Kräfte in der Arbeiterbewegung, sowohl in den Gewerkschaften, als auch in SPD und USPD, damals auf eine solche Lösung gedrängt, auch wenn dieser Sachverhalt nicht klar zum Ausdruck gekommen ist[3]). Wenn im Verlauf der Rätebewegung große Arbeitermassen einen radikalen Protest gegen — wie sie meinten — faule Kompromisse erhoben und sich schließlich gegen die Demokratie schlechthin wandten, so ist der Grund dafür sicherlich u. a. darin zu suchen, daß echte Kompromisse, die das Wesen des Rätesystems unangetastet ließen, nicht zustande kamen. Der Verlauf der Streik- und Sozialisierungsbewegungen im Frühjahr 1919, vor allem im Ruhrgebiet, beweist das ganz deutlich. Es ist daher durchaus sinnvoll, die verschiedenen Vorschläge einer Verbindung von Parlamentarismus und Rätesystem kurz zu erörtern, auch wenn sie in der Revolution eine größere praktische Bedeutung nicht gewonnen haben.

### a) *Kommunisten und Unabhängige*

Eine eigentümliche Zwischenstellung nimmt die Tätigkeit ein, die der Kommunist *H. Laufenberg* 1918/19 in Hamburg als Vorsitzender des dortigen Arbeiterrates ausgeübt hat[4]). *Laufenberg* stand im Prinzip voll und ganz auf dem Boden der Rätedemokratie: Die bürgerliche Demokratie habe sich auf dem Territorium als Grundlage aufgebaut, die sozialistische Demokratie müsse aus den Zellen des Berufs und des Betriebes hervorwachsen. Aber unter den gegebenen Verhält-

---

[1]) Vgl. hierzu *Tormin*, a.a.O., S. 67 ff., 73, 103 ff., 117/8, 121 ff., 129/30, 132 ff.
[2]) Siehe *Däumig* in Revolution, a.a.O., S. 92; *W. Koenen* vor der Nationalversammlung am 21. 7. 1919, Sten. Ber. Sp. 1778.
[3]) *A. Rosenberg*, Geschichte, S. 25 ff., hat die Parteiverhältnisse, die jene „breite Mitte" der sozialistischen Arbeiterschaft nicht zur Entfaltung kommen ließen, genau und kritisch untersucht.
[4]) *H. Laufenberg*, Das Rätesystem in der Praxis des Hamburger Arbeiterrates, Archiv f. Soz. Wiss. u. Soz. Pol., Bd. 45, S. 591 ff., bes. 609 ff.; Ill. Gesch., S. 347 ff.; vgl. auch *Kolb*, a.a.O., S. 149/50.

nissen des Jahres 1918 wandte er sich scharf gegen eine proletarische Diktatur im russischen Sinn. Ohne eine Zusammenarbeit zwischen der siegreichen Arbeiterschaft und dem Bürgertum werde die Republik im Kampf zwischen einer linksradikalen, in den Putschismus abgleitenden Minderheit und der Gegenrevolution zerrieben werden. Aus diesem Grunde wollte *Laufenberg* zwar die revolutionäre Räteorganisation bestehen lassen, da sie die neu errungene politische Macht der Arbeiterklasse verkörperte, aber daneben ein aus allgemeinen Wahlen hervorgegangenes Parlament setzen. Er wandte sich jedoch *gegen* die Wahl einer verfassunggebenden Nationalversammlung, da er den konstituierenden Charakter der Revolution und damit der revolutionären Räte nicht eingeschränkt sehen wollte. Das heißt, er wollte ein Parlament neben den Räten auf Grund der verfassunggebenden Gewalt der Räte, nicht eine Räteorganisation neben dem Parlament auf Grund der verfassunggebenden Gewalt der Nationalversammlung, wie es z. B. die gemäßigten Unabhängigen wünschten. Nach diesen Grundsätzen verfuhr er auch in Hamburg, wo er versuchte, eine Zusammenarbeit zwischen dem Arbeiterrat und dem weiter bestehenden bürgerlichen Senat zu ermöglichen. Diese Bemühungen scheiterten an den Verhältnissen.

Im größeren Rahmen und mit weiterreichender Wirkung unternahm *K. Eisner* als Ministerpräsident in Bayern denselben Versuch[1]). Er trat für die Errichtung eines Landesparlamentes ein, wollte jedoch die Arbeiter-, Bauern- und Soldatenräte erhalten, „die die Richtung des neuen Staates ... anzeigen müssen". Neben die Räte sollten im Laufe der Zeit Vertretungen aller Verbände und Berufe treten; das Ziel war offensichtlich eine berufsständisch-rätedemokratisch organisierte zweite Kammer. Die Beibehaltung und der geplante Ausbau der Räte sollten einem doppelten Zweck dienen: Die „sofortige Demokratisierung des öffentlichen Geistes und der öffentlichen Einrichtungen" zu erreichen und in Zukunft „eine nicht nur formelle, sondern lebendig tätige Demokratie" zu errichten. Obwohl *Eisner* sich gegen eine sofortige Sozialisierung aussprach, gelang es ihm, bis zu seiner Ermordung im Februar *alle* sozialistischen Parteien, sowie eine rätefreundliche Bauernorganisation auf der Basis dieses Programmes zusammenzuhalten.

Im Reichsmaßstab verfolgte der rechte Flügel der USPD eine ähnliche Politik. Auf dem März-Parteitag 1919 trat der Vorsitzende der Partei, *H. Haase*, mit großem Nachdruck gegen die Alternative: Nationalversammlung *oder* Rätesystem auf und stellte ihr die Forderung: Nationalversammlung *und* Rätesystem gegenüber[2]). Er wollte den Arbeiterräten nicht nur begrenzte wirtschaftliche Rechte einräumen, sondern erklärte: „ ... sie sind notwendig zur Kontrolle der Betriebsführung und zur Mitwirkung bei der Betriebsleitung. Sie sind unent-

---

[1]) *Tormin*, a.a.O., S. 65 ff.; *Rosenberg*, Geschichte, S. 77 ff.; *R. Müller*, Kaiserreich, Bd. 2, S. 240 ff.; *Kolb*, a.a.O., S. 331 ff.

[2]) Protokoll, S. 78 ff., bes. 86 ff., 237 ff. Vgl. ferner *Kolb*, a.a.O., S. 157 ff.

behrlich für die Durchführung der Sozialisierung." Auf politischem Gebiet sollten die Räte gleichberechtigt neben dem Parlament stehen.

Eine eingehendere Begründung der Lösung, die vom rechten Flügel der USPD vorgeschlagen wurde, hat *H. Ströbel* gegeben. *Ströbel* war Redakteur am „Vorwärts", gehörte zu den Gegnern der Kriegspolitik und trat der USPD bei. 1918/19 war er kurze Zeit neben dem Sozialdemokraten *Hirsch* preußischer Ministerpräsident. Als die USPD sich immer weiter nach links entwickelte, ging er bereits vor der Spaltung zur SPD zurück. Dort gehörte er zum linken Flügel und war 1931 einer der Mitbegründer der von der SPD abgesplitterten Sozialistischen Arbeiterpartei (SAPD)[1].

*Ströbel* faßte seine Forderungen folgendermaßen zusammen: „Wir brauchen in Deutschland die Räteorganisation, um der Produktion durch Sozialisierung neue Lebenssäfte einzuflößen, ... um das Proletariat wieder mit Arbeitsfreudigkeit und Vertrauen zum Staate und zur Gesellschaft zu erfüllen. Und ... als unentbehrliches Mittel, um die unheilvoll zerklüfteten proletarischen Massen wieder ... zusammenzuschweißen." Zugleich aber wandte er sich mit aller Schärfe gegen jede Diktatur, da diese mit Sicherheit zu Terror und wirtschaftlichem Chaos führen werde. Das Rätesystem solle sich in der Praxis bewähren dürfen, müsse aber durch ein gewähltes Parlament kontrolliert und in Schranken gehalten werden[2]. Auch bei *Ströbel* flossen offensichtlich taktische und grundsätzliche Erwägungen ineinander. Er warf den Rechtssozialisten vor, nicht durch „soziale Reformen" und „entschlossene Demokratisierung der ... Staatseinrichtungen" die enttäuschten und verbitterten radikalen Arbeiter wieder zurückgewonnen zu haben; zugleich betonte er mit Nachdruck: „Der Proletarier will nun einmal nicht länger bloßes Werkzeug des Unternehmers sein, sondern mitbestimmender und ausschlaggebender Faktor im Produktionsprozeß." In der Folge dieser Einsicht gelangte er zu Sozialisierungsvorstellungen, die sich dem englischen Gildensozialismus und den Plänen *Korschs* näherten[3].

### b) *Die Sozialdemokraten*

Von besonderer Bedeutung sind die Pläne zum Aufbau eines Rätesystems in der Demokratie, die von *M. Cohen* und *J. Kaliski* im Rahmen der SPD entwickelt wurden. Sie enthielten einerseits die organisatorisch am weitesten durchgebildeten Vorschläge und übten andererseits auch die größte praktische Wirkung aus, da *Cohen*, als Vorsitzender des Zentralrates der deutschen Republik und als anerkannter Sprecher der sozialdemokratischen Arbeiterräte, zeitweilig einen großen politischen Einfluß besaß. Auf dem zweiten Rätekongreß im April

---

[1] *E. Prager*, Geschichte der USPD, S. 30/1, 181; *Stampfer*, a.a.O., S. 69. Das Görlitzer Programm der SPD, Offenbach 1947, S. 42 ff. Protokoll des ersten Parteitages der SAPD, o.O., 1932.

[2] Die Parteien und das Rätesystem, Charlottenburg 1919, S. 34 ff.

[3] *H. Ströbel*, Die Deutsche Revolution, Berlin, 3. Aufl. 1922, S. 177, 201; Die Sozialisierung, Berlin, 4. Aufl. 1922, S. 227 ff., 238 ff.

1919 stellte sich — wohl auch unter dem Eindruck der großen Streiks — die SPD-Mehrheit hinter die *Cohenschen* Entwürfe; auf dem Parteitag in Weimar im Juni desselben Jahres erhielt *Cohen* für seine Resolution allerdings nur noch eine Stimme[1]).

Der Kern seines Räteplanes bestand darin, von der Gemeinde an aufwärts auf allen Ebenen für jedes Gewerbe einen „Produktionsrat" zu schaffen, der aus Unternehmern *und* Arbeitnehmern zusammengesetzt werden sollte. Diese Produktionsräte sollten Vertreter in sog. „Kammern der Arbeit" entsenden, die ihrerseits, ebenfalls auf allen Ebenen des Staates, als gleichberechtigte zweite Kammer neben die Parlamente treten sollten. Der Grundgedanke war der, neben die Vertretung der Bevölkerung nach ihrer Zahl, die Vertretung der „Produktivkraft und der Leistung des Volkes, des Volksorganismus selber" zu setzen. Diese Forderung entsprang „der Erkenntnis, daß die formale Demokratie noch nicht den Aufbau des Sozialismus gewährleistet"[2]).

Keine der verschiedenen Richtungen der gemäßigten Rätebewegung, ja nicht einmal immer die reine Rätebewegung, hat die qualitative Andersartigkeit der Produktionssphäre gegenüber der politischen Sphäre, der „Arbeiter in ihrer Stellung als Produzenten" gegenüber den Arbeitern als Wählern und Staatsbürgern, so klar und so genau bezeichnet. Die Kritik an der Politik der Gewerkschaften und der SPD war infolgedessen von grundsätzlicher Schärfe. Sie hätten „das Werden des Produktionsgedankens in der Arbeiterklasse nur unvollkommen erfaßt" und die Bedeutung der Rätebewegung nicht erkannt[3]). Auch bei Cohen und seinen Freunden spielte der taktische Gesichtspunkt, den Radikalen den Wind aus den Segeln zu nehmen, eine große Rolle, aber die grundsätzliche Überzeugung überwog doch bei weitem[4]). Die politische Hauptschwäche der *Cohen-Kaliski'schen* Vorschläge lag in der Art, in der sie die geplante gleichberechtigte Zusammenarbeit von Arbeitnehmern *und* Unternehmern in den Räteorganen begründeten. Sehr überzeugend hoben sie zwar die sachliche Unentbehrlichkeit der bürgerlichen Wirtschaftsfachleute hervor, vernachlässigten demgegenüber aber den gesellschaftlichen Hintergrund des Arbeitsverhältnisses, den Klassengegensatz. Die Tatsache, daß die Arbeiter in ihrer Mehrheit sich als eigentumslose und unabhängige Lohnempfänger betrachteten und ein entsprechendes Klassenbewußtsein entwickelt hatten, fand in der *Cohen'schen* Argumentation nur ungenügende Beachtung; das soziale Herrschaftsverhältnis zwischen Unternehmern und Arbeitern wurde nicht näher analysiert. Statt dessen herrschte ein

---

[1]) Vgl. Parteitagsprotokoll, S. 406 ff.; ferner die allgemeine Darstellung bei *Tormin*, S. 97 ff., 103 ff., 108 ff., 116, 121 ff.

[2]) *Kaliski*, Sozialistische Monatshefte, Bd. 52, S. 229 ff.

[3]) *M. Cohen*, Der Aufbau Deutschlands und der Rätegedanke *(Cohens* Referat auf dem zweiten Rätekongreß), Berlin 1919, S. 8 ff.; *Kaliski*, a.a.O.

[4]) Vgl. die sehr taktisch gehaltenen Ausführungen des Zentralratsmitgliedes *Faass* auf der SPD-Parteikonferenz am 22./23. März 1919, Protokoll S. 30/1; dagegen *Cohen*, Sozialistische Monatshefte, Bd. 52, S. 523.

abstrakter Begriff der „Produktion", der alle Klassen völlig unterschiedslos umfaßte. Die Sozialisierung war für *Cohen* „im Grunde doch nichts anderes ..., als Arbeitsleistung im Interesse der Gesamtheit, im Sinne einer Produktionshebung und -vermehrung"[1]). An die Stelle der Forderung nach durchgreifender Demokratisierung der Wirtschaft und der Betriebe trat infolgedessen zuweilen ein etwas fades Pathos der Pflichterfüllung und der Arbeitsfreude[2]), das bei der Mehrzahl der Arbeiter auf die Dauer keinen Widerhall finden konnte.

Die sozialdemokratischen Arbeiterräte selber kehrten zwar — in einem gewissen Gegensatz zu ihren intellektuellen Wortführern — den proletarischen Klassenstandpunkt kräftiger hervor, gelangten jedoch nicht zu einer selbständigen eigenen Auffassung. Einer ihrer Sprecher im Berliner Vollzugsrat, *Franz Büchel*, hat in einer kleinen Schrift seinen grundsätzlichen Standpunkt in einer Art entwickelt, die sich von den Anschauungen der Unabhängigen nur wenig unterscheidet: „Wer der Auffassung ist, wie der Schreiber dieser Zeilen, daß die Befreiung der Arbeiterklasse nur durch die Überwindung der kapitalistischen Wirtschaftsform durch die Arbeiter stattfinden kann, der mußte diese Entwicklung der Arbeiterräte (sich um Betriebs- und Wirtschaftsfragen zu kümmern, v.O.) natürlicherweise begrüßen. Es war das instinktive Gefühl, welches die Arbeiterräte leitete, daß der Wirtschafts- und Produktionsprozeß in die Hände der Arbeiter kommen muß, wenn das Proletariat zur völligen Herrschaft (sic!!) kommen will."[3])

Große Unterschiede der Grundanschauung gegenüber den Verfechtern des reinen Rätesystems bestehen hier offenbar nicht, infolgedessen ist die Polemik gegen die Unabhängigen und ihren Zentralbegriff der „Kontrolle" der Produktion auch etwas mühsam: „Wir als Arbeiter müssen ... das Ansinnen ablehnen, nur als Kontrolleure ausgebildet zu werden, wir wollen in der Produktion mitbestimmen und auch mit verantworten."[4]) Daß es sich hier um eine Verkennung des Inhalts der unabhängigen Räteplänen handelt, ist ganz offensichtlich. In der Tat waren die sozialdemokratischen Arbeiterräte im Jahre 1919, zwischen ihren sich radikalisierenden Arbeitskollegen auf der einen und der offiziellen Politik der SPD auf der anderen Seite, in einer sehr unglücklichen Lage. Das wurde besonders in ihren zwiespältigen Verlautbarungen zur Spaltung des Berliner Vollzugsrates im Juli/August 1919 deutlich. Neben dem Bekenntnis zur Unabhängigkeit der Arbeiterräte von der Parteiorganisation und zum *Cohen-Kaliski'schen* Räteprogramm, stehen Versuche, den Arbeitern den Regierungsentwurf zum Betriebsrätegesetz schmackhaft zu machen, und grobe Beschimpfungen der

---

[1]) *Cohen*, ebenda.
[2]) Sehr deutlich bei *Kaliski* in Die Parteien und das Rätesystem, S. 39 ff., bes. S. 50.
[3]) Das Räteproblem, o.O., o. J. (Berlin 1919), S. 10/1; über *Büchel* selbst vgl. *H. Müller*, Die Novemberrevolution, S. 104.
[4]) *Büchel*, a.a.O., S. 17.

unabhängigen Führer¹). Aus dieser Situation konnte eine eigene sozialdemokratische Räteidee, die die *Cohen'schen* Schwächen überwand, kaum erwachsen. So ist auch für *Büchel* die theoretische Quintessenz: „*Sozialismus heißt höchste Produktivität*"²).

Gegenüber der Art und Weise, in der *Cohen* auf dem SPD-Parteitag 1919 abgefertigt wurde, war seine Beweisführung allerdings die bei weitem überlegene. Daß sie trotzdem keinen Eindruck machte, lag vorwiegend an der gespannten und von bitteren persönlichen Streitigkeiten durchsetzten Atmosphäre dieses Parteitages. Die SPD war im Sommer 1919 rettungslos zwischen der radikalen Linken und der drohenden Gegenrevolution eingeklemmt, die tiefe Sorge über die drückenden Bedingungen des Friedensvertrages kam hinzu, und die Führer reagierten infolgedessen auf *jede* Kritik an ihrem Kurs mit nervöser Gereiztheit. Die Delegierten fügten sich, wenn auch widerwillig genug, der Forderung nach Einigkeit der Partei in dieser kritischen Situation³).

Der Rätefachmann der Partei, *Hugo Sinzheimer*, hielt ein Referat, dessen theoretische Ausführungen so geistvoll und überzeugend die Notwendigkeit von wirtschaftlicher Demokratie und Mitbestimmung der Arbeiter in der Produktion begründeten, daß sie ohne weiteres als Basis eines revolutionären Räteprogramms hätten dienen können; die praktischen Folgerungen gingen freilich in eine ganz andere Richtung⁴). Die Räteorgane sollten ein Initiativ- und Ein-

---

¹) Archiv des Zentralrats, B-48. In einer Erklärung der SPD-Arbeiterräte vom 7. 8. 1919 wird die weitgehende organisatorische Unabhängigkeit der sozialdemokratischen Räteorganisation von der Partei festgestellt. Besonders aufschlußreich ist Punkt 3) „Die Arbeiterräte sind die Vertreter der Arbeiter in den Betrieben und sind in ihrer Tätigkeit als Arbeiterrat nur ihren Wählern verantwortlich und haben nur diesen Rechenschaft abzulegen." In zwei Flugblättern: „Männer und Frauen der Arbeit" und „An die werktätige Bevölkerung Berlins" finden sich wahrheitswidrige Angaben über die Rechte der Betriebsräte nach dem Regierungsentwurf und Beschimpfungen wie: „verzerrte Fratze kommunistischer Weltanschauung", „politische Hochstapler", „ehemalige gelbe Streikbrecher und sonstiges Gesindel", „widerliches Schiebersystem" usf., die auf die USPD-Arbeiterräte und ihre Führer gemünzt sind.

²) A.a.O., S. 24.

³) Vgl. Protokoll des Weimarer Parteitags im Juni 1919. Interessant ist eine Musterung der vorliegenden Anträge, S. 73 ff. 12 Anträge fordern eine Demokratisierung des Heeres und Auflösung der Freikorps, 13 eine demokratische Verwaltungsreform, 13 die Sozialisierung und Rechte für die Räte, 18 unterstützen die Wiedervereinigung mit der USPD, und 5 meinen sogar, daß man sich von kompromittierten Parteiführern trennen solle.

⁴) Protokoll S. 113/4, 406 ff.; als auf der Parteikonferenz vom 22./23. März *Sinzheimer* in derselben zwiespältigen Weise sprach, meinte *Scheidemann* — etwas demagogisch, aber nicht ohne Grund — dagegen, *Sinzheimers* Rede „war gewiß außerordentlich geistreich, aber zum größten Teil war sie doch nur eine geistreiche Wortspielerei", Protokoll S. 33 ff., 38. Die von *Scheidemann* selber mit erlassene Bekanntmachung des Reichskabinetts vom 5. 4. 1919 über seinen Standpunkt und die getroffenen Maßnahmen zur Rätefrage enthält freilich in ihren grundsätzlichen Ausführungen dieselben inneren Widersprüche. Danach hat die Rätebewegung gezeigt, „daß in ihr Keime enthalten sind, welche die Grundlage zu einer neuen sozialen Arbeits- und Wirtschaftsverfassung bilden können". „Der Arbeiter ... strebt ... über die Arbeitnehmersphäre hinaus nach Mitwirkung im Produktionsprozeß selbst ... eine ganz Arbeiterschaft aufwühlende geistige Bewegung ..., deren Fruchtbarkeit von der Gesetzgebung anerkannt werden muß." Der Grundgedanke sei, „daß der Arbeiter nicht nur Arbeiter, sondern

spruchsrecht in der Gesetzgebung erhalten; außerdem sollten die Räte der versagenden parlamentarischen Kontrolle der Verwaltung eine „Kontrolle von unten" an die Seite setzen. Die ihnen zugedachten Rechte waren bescheiden: Information, Einsicht, Beschwerde. Das war — neben den Betriebsräten — praktisch alles.

Vergebens betonte *Cohen*: „Wenn hunderttausende von Arbeitern davonlaufen, so liegt das nicht allein an Schlagwörtern, sondern dann hat es seinen guten Sinn. Jede Massenbewegung wird von einem berechtigten Kern getragen und diesen Kern müssen wir herausschälen und unsere Anschauung danach revidieren." Und gegen *Sinzheimer* gewendet: „Mit Ratschlägen kann man nichts aufhalten, man muß Rechte haben. Nach diesen Richtlinien aber haben die Arbeiterräte keine Rechte, sondern immer nur die Möglichkeit, Ratschläge zu geben"[1]).

Der Parteitag verwarf den Grundgedanken *Cohens*, die zweite Kammer als „undemokratisch" und zugleich als zu „kompliziert". Auch diejenigen Sozialdemokraten, die, gleich *Cohen*, einen Ausbau der Räte verlangten, folgten ihm hierin nicht[2]). Die schließlich angenommenen Leitsätze gaben den Arbeiter- und Wirtschaftsräten nur beratende Funktionen. Die Betriebsräte erhielten ein Mitbestimmungsrecht in sozialpolitischen und Lohnfragen zugesprochen, sowie das Recht des Einblicks in alle Betriebsvorgänge.

In allen geschilderten Kompromißvorschlägen war der Rätegedanke noch lebendig gewesen, auch in den *Cohen'schen*. *Cohen* und seine Freunde hatten sich zwar von Anfang an mit Nachdruck dagegen zur Wehr gesetzt, den Betriebsräten wirtschaftliche Mitbestimmungsrechte zuzugestehen. Sie fürchteten den Betriebsegoismus und vor allem die Lähmung der Unternehmens- und Betriebsleitung durch das Hineinregieren nichtqualifizierter Arbeiterräte. Aber den überbetrieblichen Arbeitervertretungen in Kommune, Bezirk und Reich wollten sie echte wirksame Befugnisse geben. Und wenn sie auch an der Mitarbeit der Unternehmer weitgehend festhielten, so wünschten sie doch in den „Kammern der Arbeit" den Arbeitnehmern eine wirklich einflußreiche Stellung zu geben und bestanden nicht einmal durchweg auf völliger Parität[3]).

---

auch Produzent ist..." Die praktischen Konsequenzen dieser sozialphilosophischen Erörterungen sind dann freilich die geschilderten begrenzten Rechte, die die sozialdemokratischen Entwürfe den Arbeiterräten zugestehen. Nach Archiv des Zentralrats, B-43, Bd. 1.

[1]) Protokoll S. 450, 451.

[2]) Sogar *Büchel*, a.a.O., S. 23, hält die „Produktionsräte" und „Kammern der Arbeit" auf der untersten, der kommunalen Ebene für zu kompliziert und will sie erst auf Bezirksebene beginnen lassen. Eine Ironie der Geschichte und, wenn man so will, eine späte Rechtfertigung *Cohens* ist die Tatsache, daß die einzige bisher verwirklichte Räteverfassung, die jugoslawische, auf dem durchgehenden Dualismus von politischer Kammer und „Produzenten"-Kammer aufgebaut ist, und daß diese Doppelgliederung ausdrücklich und bewußt bereits auf der untersten Ebene, in der Kommune, einsetzt. *V. Meier*, Das neue jugoslawische Wirtschaftssystem, Zürich 1956, bes. S. 32 ff.

[3]) *Cohen* in Weimar, Protokoll S. 421 ff., bes. 424.

Der SPD-Entwurf aber tötete den Lebensnerv des Rätegedankens, indem er den Zusammenhang zwischen der betrieblichen und der überbetrieblichen Räteorganisation zerriß. Den Betriebsräten wurden zwar noch wirkliche und nicht unwichtige Befugnisse, z. B. das Recht der Einsicht in die Betriebsführung, zugedacht; die überbetrieblichen Räte wurden jedoch jedes echten Einflusses entkleidet, und damit war auch den Betriebsräten der Rückhalt auf wirtschaftspolitischem Gebiet genommen. Sie wurden dadurch zu Fabrikausschüssen mit etwas vergrößertem Wirkungskreis. Von einer wirklichen Ergänzung und „sozialen Kontrolle" der Demokratie, wie sie auch *Sinzheimer* vorschwebte, konnte keine Rede mehr sein.

## 8. Kapitel:

## Die Rollen der Unionen in der Rätebewegung

Eine bedeutungsvolle Wirksamkeit, die eine gesonderte Darstellung erfordert, entfalteten in der deutschen Rätebewegung die sog. „Unionen", d. h. die außerhalb der freien Gewerkschaften stehenden radikal klassenkämpferischen Arbeiterverbände. Sie alle — mit gewissen Einschränkungen sogar die orthodoxen Syndikalisten — verfochten extrem rätedemokratische Ansichten und trugen zu Praxis und Theorie der allgemeinen Rätebewegung nicht unwesentlich bei. Ihre Verflechtung mit der breiten Räteströmung war vielfältig und ist im einzelnen kaum vollständig aufzuweisen. Auf jeden Fall wurzelten die Unionen in derselben umfassenden Bewegung, die die Arbeiterräte im allgemeinen hervorgebracht hatte; und in der Rätebewegung wirkten sie als ihr extremster, taktisch radikalster und theoretisch prinzipienfestester Flügel. Überall auf der äußersten Linken der Rätebewegung, im Ruhrgebiet und in Mitteldeutschland, in Berlin und an der Wasserkante, in Mannheim-Ludwigshafen und in München waren unionistische Gruppen oder Strömungen wirksam. Als selbständige Kräfte traten sie allerdings meist erst nach dem Ende der breiten Massenbewegung in Erscheinung: Gewissermaßen als das organisatorische Ergebnis der Enttäuschung über die Niederlage und des darauf folgenden Radikalisierungsprozesses. Und wenn der Höhepunkt der eigentlichen Rätebewegung unzweifelhaft im Jahre 1919 lag, so erreichte die organisatorische Ausdehnung der Unionen ihren Gipfel erst 1922 und ihr politischer Einfluß war vermutlich sogar noch später, nämlich in der schärfsten Inflationskrise 1923/24, am größten.

Es lassen sich — grob umrissen — drei geistig-politische Quellen der unionistischen Strömung erkennen: 1. Die überlieferte anarchistisch-syndikalistische Theorie und Organisation, die in der Revolution vorübergehend größeren Einfluß gewann und mit der allgemeinen Rätebewegung verschmolz. 2. Die in der Räteidee angelegte Auflehnung gegen die überkommen Gewerkschaftsorganisationen, die von den ultraradikalen Kräften unter den Arbeiterräten — oftmals gegen den Widerstand ihrer ursprünglichen Führer — bis zur Trennung von den Gewerkschaften und zur Gründung neuer, „revolutionärer" Arbeiterverbände vorwärts getrieben wurde. 3. Die in der Räteidee gleichfalls angelegte Auflehnung gegen die überkommen politischen Parteiorganisationen, die sich vor allem gegen die hierarchisch-zentralistische Parteiauffassung des Bolschewismus richtete und unter anderem zur Spaltung der KPD, sowie schließlich zur Verneinung der Parteiform überhaupt führte. Diese drei Tendenzen lassen sich freilich nur unvollkommen voneinander abgrenzen; praktisch wirkten sie in jeder unionistischen Gruppierung zusammen. Das anarchistisch-syndikalistische Element lebte in ihnen allen, der Kampf gegen die alten Gewerkschaften wurde von ihnen allen geführt, die feind-freundschaftliche Auseinandersetzung mit dem Parteikommunismus blieb keiner von ihnen erspart.

Wenn wir trotz dieser Unübersichtlichkeit der unionistischen Bewegung von ihr eine kurze, zusammenfassende Darstellung geben wollen, müssen wir uns an ihre eigentlichen, von der allgemeinen Rätebewegung sich absondernden bzw. aus ihr erwachsenen Organisationen halten. So bekommen wir wenigstens einen Überblick über die theoretischen, taktischen und organisatorischen Auffassungen des Unionismus und gewinnen dadurch rückschließend auch einen Einblick in gewisse immanente Konsequenzen der ganzen Rätebewegung.

In der Bewegung der Unionen können wir drei verschiedene organisatorische Gruppierungen unterscheiden, die ungefähr den drei skizzierten geistig-politischen Quellen der unionistischen Strömung entsprechen: 1. Die Anarcho-Syndikalisten, die sich in der aus der „Freien Vereinigung deutscher Gewerkschaften" hervorgegangenen „Freien Arbeiterunion Deutschlands" (FAUD) zusammengeschlossen hatten. 2. Die der KPD nahestehenden unabhängigen Gewerkschaftsverbände, von denen die meisten in der „Union der Hand- und Kopfarbeiter" zusammengefaßt waren. 3. Die von der Kommunistischen Arbeiterpartei (KAPD) ins Leben gerufene „Allgemeine Arbeiterunion" (AAU), von der sich im Widerstand gegen den Einfluß der KAPD die sog. „Einheitsorganisation" (AAUE) abspaltete.

Die genaue Grenze zwischen diesen Verbänden, insbesondere in ihrer Einwirkung auf die Arbeiterschaft und in ihrem politischen Auftreten, läßt sich nicht immer ziehen. Auch läßt sich die zahlenmäßige Stärke der einzelnen Gruppen nicht genau feststellen. Die Angaben über die Mitgliederzahl sämtlicher Unionen für die Zeit ihrer größten Ausdehnung (1922) schwanken zwischen 250000[1]) und über 500000[2]). Der Einfluß der Unionen war jedoch, vor allem in bestimmten Industriezweigen und bestimmten Wirtschaftsgebieten (Bergbau, Chemie, Baugewerbe, Schiffahrt; Ruhrgebiet, Wasserkante, Mitteldeutschland, Berlin) sehr erheblich und auf jeden Fall beträchtlich größer, als es die Mitgliederzahlen ausweisen. Dieser Sachverhalt liegt in den Besonderheiten der unionistischen Praxis und Theorie begründet, die dem Aufbau großer, straff organisierter, wohlhabender Verbände nicht dieselbe Bedeutung zumaßen,

---

[1]) *Flechtheim*, a.a.O., S. 137.

[2]) Diese Zahl beruht auf den eigenen Angaben der Verbände, die z. T. offensichtlich übertrieben waren. Angaben finden sich im Statistischen Jahrbuch des Deutschen Reiches 1921 ff.; *R. Fischer*, a.a.O., S. 272, Anm. 4.; *H. Bötcher*, Die revolutionäre Gewerkschaftsbewegung in Amerika, Deutschland und England, Jena 1922, die grundlegende Darstellung für Entstehung und Entwicklung der AAU, S. 62, 73, 223 Anm. 1, 225 Anm. 1, 231 Anm. 5.; *Nestriepke*, a.a.O., Bd. 2, S. 362 ff. Ferner noch *B. Reichenbach*, Zur Geschichte der KAPD, Grünbergs Archiv, 13. Jg., S. 117 ff.

wie die freien Gewerkschaften, sondern das Schwergewicht auf die locker zusammengefaßten Betriebs- oder Lokalgruppen und auf die spontane Aktion der Massen legten. Bei den Betriebsratswahlen 1922 errangen die Unionen im Ruhrbergbau 33% und in der Rheinisch-Westfälischen Schwerindustrie 6% der Sitze und 1924 — nach der großen Austrittswelle, in deren Verlauf 50% der Mitglieder die alten Gewerkschaften verlassen hatten — eroberten sie im Ruhrbergbau sogar fast die Hälfte aller Mandate[1]).

Die geschlossenste und theoretisch klarste unter den Richtungen des Unionismus war ohne Zweifel die syndikalistische FAUD. An der Spitze der Organisation stand der alte lokalistische Gewerkschaftsführer *Fritz Kater*, ihr eigentlicher Kopf war der hochbedeutende *Rudolf Rocker*, der auch die programmatische Kundgebung der deutschen Syndikalisten verfaßt hatte[2]). Die Syndikalisten hatten ihr Programm und ihre organisatorischen Vorstellungen unter dem starken Einfluß des französischen Vorbildes entwickelt[3]), und ihre Führer hielten an dieser Linie auch fest, als nach dem Ende des Krieges ein starker Zustrom einsetzte, der sich teils aus bisher unorganisierten Arbeitern, teils aus enttäuschten Gewerkschaftlern zusammensetzte, die alle durch das radikale syndikalistische Programm angezogen wurden. Vor allem im Ruhrgebiet, insbesondere unter den Bergarbeitern des rechtsrheinischen Bezirks zwischen Hamborn und Mülheim erlebte die „Freie Vereinigung" einen erheblichen Aufschwung. Das Verständnis der neuen Mitglieder für die hochentwickelte syndikalistische Theorie war allerdings häufig sehr mangelhaft. Nicht wenige schlossen sich z. B. gleichzeitig der Kommunistischen Partei an, was an sich mit dem syndikalistischen Grundsatz der politischen Abstinenz nicht vereinbar war. Zu Beginn sahen sich die syndikalistischen Führer genötigt, diesen Zustand zu dulden, aber schon der 1920 stattfindende 13. Syndikalistenkongreß erklärte die Mitgliedschaft in

---

[1]) *Brigl-Matthiass*, Das Betriebsräteproblem, Berlin/Leipzig 1926, S. 41, 45. Siehe auch die Vergleichszahlen über Ergebnisse von Betriebsrätewahlen in 40 Jahre Bergbau und Bergarbeiterverband, Bochum 1929, S. 111, und Der Kommunistische Gewerkschafter, Jg. 2/1922, Nr. 20. Nach Jahrbuch 1924 des Verbandes der Bergarbeiter, S. 98, 236 ff., errangen die Unionen und die FAUD im Jahre 1924 bei den Betriebsratswahlen im Ruhrbergbau 42,36% der Mandate und 41,51% der Stimmen.

[2]) *R. Rocker*, Die Prinzipienerklärung des Syndikalismus (I), Berlin 1920, und derselbe, Die Prinzipienerklärung des Syndikalismus (II), Berlin 1924. Vgl. auch die offenbar im wesentlichen von *Rocker* aufgestellte Prinzipienerklärung der internationalen Konferenz im Juni 1922; *Bötcher*, a.a.O., S. 225, Anm. 2. Das theoretische Hauptwerk *Rockers* ist nach dem zweiten Weltkrieg in Deutschland unter dem Titel: Die Entscheidung des Abendlandes, Darmstadt o. J. erschienen. Es ist ein gedankenreiches, freilich mehr philosophisches, als politisches Buch.

[3]) Eine ausgezeichnete Einführung in die Gedankenwelt des französischen Syndikalismus stellt die Gedenkschrift von *Roger Hagnauer* und *Pierre Monatte* zum 50. Jahrestag des CGT-Kongresses von Amiens dar: Le syndicalisme vivant: L'actualité de la Charte d'Amiens. Edition de l'union des Syndicalistes, 1956. Im übrigen sei verwiesen auf die Zeitschrift La Révolution prolétarienne, Révue syndicaliste révolutionnaire. Eine ältere, aber immer noch grundlegende Darstellung ist die von *Paul Louis*, Geschichte der Gewerkschaftsbewegung in Frankreich. Hrsg. und eingeleitet von *G. Eckstein*, Stuttgart 1912.

einer syndikalistischen Organisation und einer politischen Partei für unvereinbar[1]).

Der revolutionäre Syndikalismus (nur dieser kommt hier in Betracht, der sog. „reformistische" Syndikalismus hat in Deutschland nie Fuß fassen können)[2]) steht auf dem Boden des bedingungslosen Klassenkampfes gegen den Kapitalismus. Sein Ziel ist die Errichtung des staats- und klassenlosen „freien Kommunismus"[3]). Zur Erreichung dieses Ziels wendet er sich an die Arbeiter unmittelbar „in ihrer Eigenschaft als Produzenten". Der Politik des Staates und der Parteien stellt der Syndikalismus die Wirtschaftsorganisation der Arbeit gegenüber; nicht die „Eroberung der politischen Macht", sondern „die Ausschaltung jeder staatlichen Funktion aus dem Leben der Gesellschaft" ist sein Ziel. Infolgedessen verwirft er jede parlamentarische Betätigung und jede Mitarbeit in gesetzlichen Körperschaften. Syndikalisten dürfen grundsätzlich keiner politischen Partei angehören[4]). Die vornehmste Waffe des revolutionären Syndikalismus ist die „direkte Aktion" der Arbeiter, als deren Mittel u. a. Streik, Boykott, Sabotage usw. anerkannt werden. „Ihren höchsten Ausdruck findet direkte Aktion im sozialen Generalstreik, in dem die Syndikalisten zur selben Zeit die Einleitung zu der sozialen Revolution erblicken." In der Gegenwart führt der Syndikalismus einerseits den Tageskampf der Arbeiter, „andererseits ist es sein vornehmstes Ziel, die Massen heranzubilden für die selbständige Verwaltung der Produktion und der Verteilung und die Übernahme sämtlicher Zweige des gesellschaftlichen Lebens". Der Syndikalismus ist der Überzeugung, daß der Kommunismus nicht dekretiert, sondern nur durch den Zusammenschluß und die Selbstverwaltung der Produzenten „auf dem Boden eines freien Rätesystems"[5]) verwirklicht werden kann; er lehnt jeden Zentralismus ab und verfolgt den Grundsatz „der föderalistischen Vereinigung", des freiwilligen Zusammenschlusses von unten nach oben. Der Syndikalismus bekämpft den Militarismus und fordert den Militärstreik. Er ist ein grundsätzlicher Feind des Terrors und der Gewaltanwendung, jedoch erkennt er die Gewalt als Verteidigungsmittel der Arbeiter gegen die herrschenden Klassen an. Der Syndikalismus

---

[1]) Vgl. *Rocker*, Prinzipienerklärung (I), S. 6, mit Prinzipienerklärung (II), S. 6. Über die politischen Verhältnisse im Hamborn-Mülheimer Revier, vgl. die — allerdings sehr einseitigen — Schilderungen bei *H. Spethmann*, 12 Jahre Ruhrbergbau, Bd. I, Berlin 1928, bes. S. 132 ff.

[2]) Hingegen in Frankreich und vor allem in Schweden; vgl. hierzu *Evert Arvidsson*, Der Freiheitliche Syndikalismus im Wohlfahrtsstaat, Darmstadt o. J. (1960).

[3]) Alle Zitate dieses Abschnittes sind — falls nicht anders angegeben — der Prinzipienerklärung der internationalen Konferenz im Juni 1922 entnommen. Siehe *Bötcher*, a.a.O., S. 225, Anm. 2.

[4]) In seinem Kommentar zu den syndikalistischen Grundsätzen arbeitet *Rocker*, vgl. Prinzipienerklärung (II), S. 13, 15, den Gegensatz zu den Auffassungen des herkömmlichen Sozialismus noch schärfer heraus.

[5]) Prinzipienerklärung (II), S. 16, bekennt sich *Rocker* ausdrücklich zum Rätesystem als dem vollendeten Ausdruck der sozialistischen Wirtschaftsordnung. Er verwahrt sich jedoch gegen jede Bevormundung der Räte durch politische Parteien oder Berufspolitikergruppen.

verwirft mit Entschiedenheit die Diktatur des Proletariats im Sinne der staatlichen Herrschaft einer Partei.

Es handelt sich bei dem revolutionären Syndikalismus der FAUD ganz offensichtlich um eine als rein proletarisch aufgefaßte Klassenbewegung, die den Rätegedanken bis zu einer äußersten Konsequenz, nämlich der vollkommenen gesellschaftlichen Selbstbestimmung der Arbeiter weiterführt. Die Besonderheiten des Syndikalismus liegen vor allem auf dem Gebiet der Organisation[1]). Die FAUD umfaßte Berufsverbände, die aus Ortsgruppen bestanden und mit den Ortsgruppen der anderen Verbände („Föderationen" genannt) zusammen lokale „Arbeiterbörsen" bildeten. Im Reichsmaßstab waren die verschiedenen Berufsföderationen eines Industriezweiges zu einer Industrieföderation zusammengeschlossen. Der Aufbau der Föderationen war im höchsten Grade dezentralisiert; die Ortsgruppen waren praktisch souverän. Der Zusammenhalt der gesamten Organisation sollte auf freiwilliger Solidarität beruhen. Eine Besonderheit waren die örtlichen „Freien Vereinigungen aller Berufe", welche Mitglieder umfaßten, für die es keine Ortsgruppe ihrer Berufsföderation gab, aber auch in nicht geringer Zahl Angehörige freier Berufe. Da diese „Freien Vereinigungen" stets einen beträchtlichen Teil der FAUD-Vereine ausmachten, spielte das intellektuelle Element im deutschen Syndikalismus keine geringe Rolle.

Die Übernahme der Wirtschaft durch die Arbeiter sollte in zweifacher Weise erfolgen. Die lokalen „Arbeiterbörsen" sollten die Organisation der Verteilung übernehmen, die Industrieföderationen die Organisation der Produktion. Die Kommunen bzw. Industrieorganisationen sollten in größtmöglicher Selbständigkeit tätig sein. Die Grundlage dieses extrem föderalistischen Gesellschaftsaufbaus sind die „sozialrevolutionären Gewerkschaften". Insofern ihre Organe demokratisch gewählt sind und in enger Verbindung mit den Arbeitern tätig werden, kann man diese Organisation auch als „Rätesystem" bezeichnen. Der Unterschied zum Rätesystem ist jedoch deutlich sichtbar. Die Föderation des Industriezweiges und die lokale Arbeiterbörse sind die Keimzellen der neuen Gesellschaft. Der Arbeiterrat im eigentlichen Sinne hat nur im Rahmen der einzelnen Betriebe, als Betriebsrat, eine Funktion im syndikalistischen Wirtschaftsaufbau[2]). Auch der durchaus zentralistische, wenn auch mit breiter demokratischer Selbstverwaltung verbundene Aufbau der Räteorganisation in den Plänen der linken Unabhängigen, der in einem zentralen Rätekongreß gipfelt, steht zu den föderalistischen Ideen des Syndikalismus im Widerspruch.

---

[1]) Vgl. zu diesem und dem folgenden Absatz die Prinzipienerklärung der FAUD, wiedergegeben in den beiden genannten Schriften *Rockers*.

[2]) „Auf diese Weise bilden die Föderation der Arbeiterbörsen und die Föderation der Industrieverbände die beiden Pole, um die sich das ganze gewerkschaftliche Leben dreht ... Organisation der Betriebe und Werkstätten durch die Betriebsräte; Organisation der allgemeinen Produktion durch die industriellen und landwirtschaftlichen Verbände; Organisation des Konsums durch die Arbeiterbörsen", Prinzipienerklärung der FAUD, a.a.O.

Die sozialen Verhältnisse, aus denen der klassische Anarcho-Syndikalismus in seinen romanischen Ursprungsländern hervorgegangen ist, stehen deutlich sichtbar hinter dem syndikalistischen Programm: Eine klein- und mittelbetrieblich strukturierte Industrie; eine Arbeiterbewegung, die vom Geist einer handwerklich-berufsstolzen Facharbeiterschaft bestimmt wird; ein überzentralisierter, aber schwacher, korrupter und unproduktiver Staatsapparat, dessen parlamentarisch-demokratische Fassade ihn nicht anziehender macht. Diese Verhältnisse trafen für Deutschland nicht zu. Infolgedessen übten die beiden anderen Richtungen des Unionismus auf die revolutionär erregten Arbeiter der Nachkriegszeit auf die Dauer eine größere Anziehungskraft aus, als der Syndikalismus. Schon 1920/21 begann die rasch angeschwollene Mitgliederzahl der FAUD wieder zu sinken, während die kommunistischen Unionen der verschiedenen Richtungen weiterhin anwuchsen, wobei allerdings die AAU und die revolutionären Industrieverbände eine ganz verschiedene Entwicklung nahmen[1]).

Die in Entstehung und Programm ausgeprägteste der nicht syndikalistischen revolutionären Verbände war die AAU. Sie entwickelte sich im Anschluß an die Abspaltung des linken Flügels der KPD, der sich nach vergeblichen Versuchen, die Einheit der Partei wiederherzustellen, im April 1920 als KAPD konstituierte. Die linke Opposition war besonders stark im Ruhrgebiet, an der Wasserkante, in Mitteldeutschland, in Ostsachsen und in Berlin. Sie vertrat gegenüber der KPD-Zentrale folgende Linie: Einzige Aufgabe der Kommunisten ist die sofortige Revolution, daher dürfen keinerlei Kompromisse mit der herrschenden Klasse und ihren Parteien und Organisationen geschlossen werden; infolgedessen beteiligen sich die Kommunisten nicht an Wahlen und Parlamenten, verlassen die reaktionären Gewerkschaften und gründen eigene revolutionäre Arbeiterunionen. Die Revolution und die Diktatur des Proletariats sind Aufgaben der Klasse und nicht einer Partei, oder gar einer Parteizentrale[2]). Die Selbsttätigkeit der Masse kann nur auf der Grundlage einer konsequent anti-autoritären und anti-zentralistischen Organisationsform entwickelt werden.

Vor allem auf Grund dieses extremen Demokratismus ergab sich ein rasch anwachsender Konflikt der KAPD mit den Bolschewisten[3]). Besonders bitter war der Streit zwischen den beiden kommunistischen Richtungen deshalb, weil im Grunde die KPD und nicht die KAPD den ursprünglich bei der Gründung des Spartakusbundes eingeschlagenen Weg verlassen hatte. Das wird vor allem

---

[1]) Siehe die kritische Darstellung des französischen Syndikalismus durch *G. Eckstein* in dem Buch von *P. Louis*, a.a.O., S. 39 ff., 57 ff.
[2]) Dazu: *Nestriepke*, a.a.O.; *K. Diehl*, Die Diktatur des Proletariats und das Rätesystem, Jena 1920, S. 72 ff.; *Bötcher*, a.a.O., S. 61 ff., S. 92 ff., 224 ff.; Statistisches Jahrbuch 1921 ff. *Reichenbach*, a.a.O., S. 117 ff.; *Flechtheim*, a.a.O., S. 58 ff. Rosenberg, Bolschewismus, a.a.O., S. 132/3 und Geschichte, S. 76/7, 135/6; Bericht über die Verhandlungen des 2. Parteitags der KPD, Berlin 1920.
[3]) Vgl. *Lenin*, Der Radikalismus, die Kinderkrankheit im Kommunismus, Berlin 1946, und die Antwort von *H. Gorter*, Offener Brief an den Genossen Lenin, Berlin 1920.

bei der Organisationsfrage und bei der Gewerkschaftsfrage deutlich. Auf dem Gründungsparteitag 1918 war noch eine ganz dezentralistisch funktionierende und auf „Gemeinschaften in den Betrieben" aufgebaute Organisationsform erwogen worden[1]). Die Ablehnung der alten Gewerkschaften war allgemein. Noch im Sommer 1919 war die KPD-Zentrale für die Gründung eigener revolutionärer Organisationen eingetreten; und weit über den Kreis der eigentlichen linken Opposition hinaus herrschte in der KPD eine antigewerkschaftliche Tendenz[2]).

Gleichzeitig mit der Gründung der KAPD schlossen sich im April 1920 auch die bereits bestehenden revolutionären Betriebsorganisationen und Arbeiterunionen zur AAU zusammen. Anfangs war die organisatorische Entwicklung nicht ungünstig, zumal laufend Gruppen der FAUD zur AAU übertraten. Doch schon im Juni 1921 spaltete sich die AAUE ab, weil sie die Notwendigkeit einer proletarischen Partei überhaupt verneinte und ihren Kampf gegen *alle* Parteien richten wollte. Bald darauf zerfielen auch KAPD und AAU selbst in die sog. Essener Richtung, die am extremen Antizentralismus festhielt, und die sog. Berliner Richtung, die eine gewisse Zentralisierung für notwendig hielt[3]). Die Entfaltung der AAU wurde ferner dadurch beeinträchtigt, daß sie ebenso wie die FAUD wenigstens anfangs die gesetzlichen Betriebsrätewahlen ablehnte und statt dessen die Wahl revolutionärer Räte propagierte. Außerdem wurden ihre Betriebsorganisationen infolge ihres prinzipiellen Aktivismus immer wieder in schwere politische Auseinandersetzungen hineingezogen und häufig dabei zerschlagen, so z. B. im Verlaufe des März-Putsches 1921, in dem AAU und KAPD die Hauptlast der Kämpfe in Mitteldeutschland zu tragen hatten[4]).

Organisatorisch erfolgreicher und beständiger, wenn auch theoretisch nicht so fest begründet, war die Bewegung der selbständigen kommunistischen Gewerkschaftsverbände. Ihren Kern bildete die „Freie Arbeiterunion Gelsenkirchen" der Bergarbeiter. Die Generalstreikbewegung vom April 1919[5]) hatte den Anstoß gegeben, der nach mancherlei politischen Auseinandersetzungen zur endgültigen Konstituierung der FAU Gelsenkirchen im November 1920 führte[6]). Im März 1921 schloß sie sich mit dem Verband der Hand- und Kopfarbeiter (einer kleineren revolutionären Gruppe in Berlin und Halle) und dem freien Landarbeiterverband zur „Union der Hand- und Kopfarbeiter" zusammen. Die

---

[1]) Vgl. den Organisationsbericht von *Eberlein* auf dem Gründungsparteitag der KPD vom 30. 12. 18 bis 1. 1. 19, Bericht, S. 43/4.

[2]) Vgl. *Reichenbach*, a.a.O.; *R. Fischer*, a.a.O., S. 144 ff.; *Nestriepke*, a.a.O., S. 225 ff. Siehe vor allem unten 9. Kapitel.

[3]) *Bötcher*, a.a.O., S. 71 ff., 214 ff.

[4]) Vgl. die beiden von KAPD-Seite herausgegebenen Broschüren: Der Weg des Dr. Levi, der Weg der VKPD, o. O. o. J. und Das Leunawerk, o. O. 1921.

[5]) Siehe oben S. 117 ff.

[6]) Vgl. die vom parteikommunistischen Standpunkt aus geschriebene, also sehr kritische Darstellung dieser Entwicklung in Der kommunistische Gewerkschafter, Jg. 1/1921, Nr. 3, S. 29/30.

Union trat der Moskauer Gewerkschaftsinternationale bei. Daneben existierten noch weitere Verbände, die sich im wesentlichen aus teils ausgetretenen, teils ausgeschlossenen kommunistischen Gewerkschaftsmitgliedern zusammensetzten. Unter ihnen waren der freie Eisenbahnerverband, der Deutsche Schiffahrtsbund, der Verband der ausgeschlossenen Bauarbeiter und der Verband der ausgeschlossenen Textilarbeiter die stärksten. Viele dieser Verbände vertraten ähnliche organisatorische und politische Gedanken, wie die AAU[1]), legten aber ein größeres Gewicht auf praktische Gewerkschaftsarbeit; außerdem sahen sie ihre politische Vertretung in der KPD, teilten also nicht die schroffen antiparlamentarischen, antizentralistischen und radikal-revolutionären Ansichten der AAU und der KAPD. Da aber die Moskauer Internationale, getreu den *Lenin'schen* Grundsätzen, das Schwergewicht auf die Arbeit innerhalb der großen Gewerkschaftsverbände legte, kam es zu dauernden Spannungen zwischen den Unionen und der Partei[2]). 1924/25 setzte sich die Parole „hinein in die freien Gewerkschaften" in der KPD endgültig durch, die Führer der Unionen, die sich dagegen wehrten, wurden aus der Partei ausgeschlossen, ein erheblicher Teil der Unionen unter recht günstigen Bedingungen in die freien Gewerkschaften übergeführt[3]). Die selbständig bleibenden Gruppen bildeten den „Deutschen Industrieverband (Einheitsorganisation aller Arbeiter und Angestellten)" und den „Bund revolutionärer Industrieverbände", die unabhängig von der KPD wirkten und ihre Tätigkeit bei verhältnismäßig stabiler Mitgliederzahl (zwischen 20 000 und 50 000) bis 1933 fortsetzten. Zum Vergleich sei bemerkt, daß die FAUD bereits 1929 auf 17 000 Mitglieder zurückgegangen war und danach keine Angaben mehr veröffentlichte, und daß auch KAPD, AAU und AAUE in den letzten Jahren der Republik nur mehr einige Tausend Anhänger zählten[4]).

Indessen besaßen KAPD, AAU und AAUE Theoretiker, die das Programm der Bewegung zu durchdenken und klar zu formulieren vermochten. Für die ersteren waren es vor allem *K. Schröder* sowie die Holländer *Gorter* und *Pannekoek*, für die letzteren *Rühle* und *Pfempfert*, der Herausgeber der Zeitschrift „Die Aktion"[5]). Ein Freund und Schüler *Rühles* hat dessen theoretische Konzeption, die — trotz aller Differenzen — den Grundgedanken der gesamten

---

[1]) Daß sich diese Organisationen z. T. an ähnlichen Grundgedanken orientieren, wie die AAU, geht deutlich aus den bei *Böttcher*, a.a.O., S. 233, Anm. 1, wiedergegebenen Dokumenten hervor.

[2]) *Böttcher*, a.a.O., S. 229 ff.

[3]) *Flechtheim*, a.a.O., S. 117, 137.

[4]) Statistisches Jahrbuch des Deutschen Reiches, 1921 ff. Im Jahre 1932 schlossen sich KAPD, AAU und AAUE, die unterdessen alle, infolge ihrer immer mehr abnehmenden Mitgliederzahl, zu bloßen Propagandagesellschaften geworden waren, zur Kommunistischen Arbeiterunion (KAU) zusammen. Persönliche Mitteilung von Herrn *Fritz Kief*, Amsterdam, der diese Entwicklung selbst miterlebt hat.

[5]) Für die nachfolgende Darstellung, *Böttcher*, a.a.O., allerorten. *S. Franck*, Soziologie der Freiheit, *Otto Rühles* Auffassung vom Sozialismus, Ulm 1951, allerorten.

Unionsbewegung zum Ausdruck bringt[1]), mit eigenen Worten folgendermaßen wiedergegeben: „Das Ziel einer Bewegung ist das Kriterium der Zweckmäßigkeit ihrer Mittel. Die dialektische Betrachtungsweise führt zu der Erkenntnis von der Identität von Ziel und Mittel ... Die sozialistische Transformation, die andere Ziele als die bürgerliche Revolution anstrebt, benötigt auch andere Mittel und Ausdrucksformen ... Sobald ... die bürgerliche Gesellschaft in ihre Endkrise eintritt, muß die bürgerliche Form der Politik von der Arbeiterklasse aufgegeben werden. ... Marxistische Politik hat nun ... den Kampf für die sozialistische Lösung zum unmittelbaren Ziel zu machen. Die alten Organisationsformen der Arbeiter ähneln jedoch denen des bürgerlichen Staates und sind an den Möglichkeiten desselben ausgerichtet. Gezwungen, sich innerhalb des Spielfeldes der bürgerlichen Politik zu bewegen, haben sie sich an die Spielregeln der bürgerlichen Gesellschaft gewöhnt. Sie haben die Interessen der Arbeiterklasse vertreten — als Teil der bürgerlichen Gesellschaft.

Diese Organisationen sind ungeeignet, die Ordnung zu überwinden, zu der sie eben noch gehörten. Ihr zentralistisch autoritärer Aufbau entspricht nicht den Anforderungen der Transformationsperiode ... Sozialistische Führung, Propaganda, Agitation müssen darauf ausgehen, die Arbeiterklasse zum Subjekt der gesellschaftlichen Transformation zu machen ... Die sozialistischen Beziehungen müssen sich *in* der Bewegung vorbereiten ... In allen Organisationsformen der Klassengesellschaft werden die menschlichen Beziehungen vorwiegend durch das Vorgesetzten-Untergebenen-Verhältnis bestimmt, überall stehen sich gegenüber Denkende und Befehlende auf der einen, und Gehorchende und Ausführende auf der anderen Seite. Die Bewegung zur klassenlosen Gesellschaft, in der die wahre Demokratie den Staat ersetzt, kann nicht in diesen Formen verharren ...

Unter den Bedingungen der industriellen Produktionsweise kann die wahre Demokratie sich nur verwirklichen, wenn die Einheiten dieser Produktion ihre Exekutivorgane werden. Eine Demokratie, die keine institutionelle Stütze findet, muß formell bleiben; nur wenn die Fabrik zur tragenden Institution des neuen demokratischen Lebens wird, vermag sich wahre Demokratie zu entwickeln. Wenn aber nur auf den Betrieben als Grundzelle ein sozialistisches Leben entstehen kann, so muß die Überwindung der alten Ordnung von hier ausgehen. Die Fabrik ist die natürliche Grundlage der proletarischen Klassenorganisation ... Der große Umwandlungsprozeß der Gesellschaft bedarf der Organe, die die Arbeiterklasse als Ganzes verkörpern ... Die Marxisten können keine Partei im Sinne der bürgerlichen Gesellschaft bilden. Es ist nicht ihre Aufgabe, die Organe der Masse der Produzenten zu ersetzen. Diejenige Partei,

---

[1]) Es ist z. B. ganz deutlich, daß das Festhalten der AAU an der Partei — der eigentliche Gegensatz zu *Rühle* — nur eine taktische Konzession an den Zustand der Übergangszeit, die Diktatur des Proletariats, ist, während *Rühle* den *eigentlichen* Grundgedanken *ohne* solche Kompromisse ausspricht. Vgl. die KAPD-Leitsätze bei *Reichenbach*, a.a.O., S. 127 ff.

die glaubt, daß nur sie berufen ist, die Sache des Proletariats zu vertreten, steht im Widerspruch zur marxistischen Konzeption"[1]).

Der Grundgedanke der revolutionären Unionen ist derselbe, wie der des Syndikalismus: Die Organisation muß die Arbeiterklasse als solche, und zwar in strikter Entgegensetzung zur bürgerlichen Gesellschaft, erfassen, sie muß ihr das Bewußtsein ihrer historischen Aufgabe vermitteln und in sich die Gestalt und den Geist der sozialistischen Gesellschaft vorformen[2]). Der einzige wesentliche Gegensatz zum Syndikalismus liegt darin, daß der Unionismus die moderne einheitliche Arbeiterklasse und die moderne Industriestruktur vor Augen hat und an die Stelle der beruflichen und lokalen Föderationen den Einheitsverband aller Hand- und Kopfarbeiter auf der Grundlage der Betriebsorganisation setzt[3]). Alle übrigen Differenzen sind graduell: Die stärkere Betonung der Gewalt und des politischen Machtkampfes bei den Unionen, die Existenz einer sog. „Partei" als Erziehungs- und Schulungsorganisation für die Übergangsphase bei der AAU-KAPD, die Vernachlässigung der Verteilungsorganisation im unionistischen Rätesystem sind nicht ausschlaggebend. Auch die Syndikalisten greifen in der Abwehr kapitalistischer Gewaltmethoden zur Gewaltanwendung; der Unterschied zwischen der Diktatur des Proletariats „in der Form des Rätesystems" (KAPD) oder „vermöge der Räteorganisation" (AAUE) und der „Verteidigung der Revolution" durch die „Massen selbst und ihre wirtschaftlichen Organisationen" (Syndikalisten) ist gering[4]). Der spanische anarcho-syndikalistische Nationale Arbeits-Bund (CNT) enthält z. B. sogar eine „politische" Organisation, die Iberische Anarchistische Föderation (FAI), in sich[5]).

In einem gewissen Sinne kann man freilich auch noch das syndikalistische Prinzip des „Föderalismus" als ein Moment auffassen, das Syndikalismus und Unionismus wesentlich unterscheidet. In rein organisatorischer Hinsicht waren allerdings die Unionisten nicht weniger antizentralistisch gesonnen, als die Syndikalisten. Aber für diese bedeutete „Föderalismus" noch mehr als bloß einen organisatorischen Grundsatz; Föderalismus war für die Syndikalisten zugleich ein sittliches Prinzip, das in der Verantwortlichkeit des einzelnen Menschen wurzelt. Es ist offensichtlich, daß diese Haltung der im Grunde indi-

---

[1]) *Franck,* a.a.O., S. 34 ff.

[2]) Vor allem dieser letzte Gedanke ist von großer und allgemeiner Bedeutung und verbindet im Grunde *alle* Zweige der Rätebewegung. Neben seiner allgemeinen historisch-soziologischen Begründung — etwa in der oben wiedergegebenen *Rühle'schen* Konzeption — enthält er auch das Element der sittlich-schöpferischen Selbsttätigkeit des Menschen, im Gegensatz zu der Entwicklungsgläubigkeit eines vulgären Marxismus. Vgl. *Rocker,* Prinzipienerklärung (I), S. 15: „Es war ein verhängnisvoller Fehler des Marxismus, jeden Versuch, Pläne und Richtlinien zur Gestaltung einer sozialistischen Gesellschaft zu entwerfen, als utopisch abzutun."

[3]) Vgl. *Rockers* Polemik gegen die Unionisten, Prinzipienerklärung (I), S. 14/5, in der er von seinem Standpunkt aus diesen Gegensatz klar bezeichnet.

[4]) *Reichenbach,* a.a.O., S. 130.; *Böticher,* a.a.O., S. 221, Anm. 1, Punkt 3. S. 225, Anm. 2, Punkt 9.

[5]) *A. Souchy,* Nacht über Spanien, Darmstadt o. J., S. 62.

vidualistischen Theorie des Anarchismus entsprang und insofern auch im Gegensatz zu der marxistisch geprägten Grundhaltung der Unionen stehen mußte¹). Der Aufbau der AAU nahm die Räteorganisation der künftigen kommunistischen Produzentendemokratie vorweg. Auf der Grundlage der zu Ortsgruppen zusammengeschlossenen Betriebsorganisationen erhoben sich die Wirtschaftsbezirke und die allgemeine Union des Reiches. Auf jeder Stufe wurden als Organisationsleitung ausschließlich Räte tätig, die aus ehrenamtlichen, jederzeit abberufbaren Vertrauensmännern der Arbeiter bestanden. Die Grundzelle der Union, die Betriebsorganisation, war praktisch unabhängig. Der Zusammenhang beruhte auf der freiwilligen Solidarität der Genossen. Der Geist der brüderlichen Gleichheit, der einst die herrschafts- und klassenlose kommunistische Gesellschaft tragen würde, sollte die sozialistische Bewegung bereits hier und heute zu erfüllen beginnen. Hier und heute begann auch die Schulung der Arbeiter für ihre zukünftigen Aufgaben als Leiter der Produktion²).

Es wird deutlich, daß die organisatorischen und Ziel-Vorstellungen der revolutionären Unionsbewegung mit den leitenden Gedanken der reinen Rätebewegung im Grundsätzlichen sehr weitgehend übereinstimmen. Die bedeutsamste Abweichung liegt in der stärkeren Betonung der planenden und lenkenden Funktion, die der zentrale Rätekongreß nach den Vorstellungen der Rätetheoretiker zu erfüllen hat. Diese ohne Zweifel realistischere Auffassung der Rätebewegung entsprang offensichtlich dem Bestreben, ein in der Gegenwart verwendbares Programm zu entwickeln, und hierin lag der entscheidende Unterschied zwischen dem Programm der Rätebewegung und dem Rätesystem der Unionen. Dieses war einerseits klarer und folgerichtiger durchdacht, andererseits war es fraglos utopischer. Am deutlichsten wurde dieser Sachverhalt in dem Verhältnis der gegenwärtigen Organisation zur Arbeiterklasse als ganzer. In ihrer lockeren, unsystematischen Form über bzw. neben Parteien und Gewerkschaften umfaßte die reine Rätebewegung als bewußte Tendenz zu Zeiten eine erhebliche Minderheit der Arbeiterschaft; und bei einigen großen Bewegungen in Perioden revolutionärer Erregung (Ruhrstreik, mitteldeutscher Streik, Berlin) vereinigte sich sogar die große Mehrheit der Arbeiter wichtiger Industriebezirke unter der Parole des Rätesystems. Die Unionsbewegung hingegen, die den Ge-

---

¹) Vgl. *Rocker*, Prinzipienerklärung (I), S. 10/11, Föderalismus sei nicht so sehr ein organisatorisches, als vielmehr ein moralisches Prinzip. Man sehe die deutschen Arbeitermassen an, die — bloß auf Befehl ihrer Vertreter — *vor* dem 1. August 1914 gegen den Krieg und *nach* dem 1. August 1914 dafür gewesen seien. „Zentralisation heißt: das Herausschneiden des Gewissens aus dem Gehirn der Menschen, nichts anderes. Es heißt: das Gefühl der Selbständigkeit töten." *Bötcher*, a.a.O., S. 234 ff., stellt sehr richtig fest, daß in der Betonung des Werts der Gemeinschaft bei den Unionen ein Gegensatz zum Syndikalismus und zu seinen anarchistischen Traditionen liege.

²) Vgl. hierzu *Bötcher*, allerorten. Ferner die Broschüren *K. Schröder/Fr. Wendel*, Wesen und Ziele der Revolutionären Betriebsorganisation, Berlin, Januar 1920; *Fr. Wolffheim*, Betriebsorganisation oder Gewerkschaft?, 1919; *H. Gorter*, Die Klassenkampforganisation des Proletariats, o. J. (1921); Die allgemeine Arbeiter-Union, 1923; Die AAU, was sie ist und was sie will, 1927.

danken der reinen revolutionären Klassenaktion der Arbeiterschaft sehr viel konsequenter herausgearbeitet hatte, blieb eben deshalb eine kleine Minderheit und mußte sich als Teil *gegen* die übrige Klasse organisatorisch verselbständigen.

Die kompromißlose Ansteuerung eines klar erkannten Zukunftszieles bedeutete in der Gegenwart zweierlei: einen überlegen weitblickenden Standpunkt für eine gegenüber aller Realpolitik durchschlagende Kritik in der Theorie *und* zugleich den Ausgangspunkt für eine utopisch-sektiererhafte Aktivität in der Praxis. Diese beiden Tendenzen gingen in der Wirklichkeit selbstverständlich ineinander über. Vor allem in der starken Betonung der proletarischen Gemeinschaft, der Klassensolidarität, verschmolzen politisches Prinzip und unmittelbare Erlösungssehnsucht miteinander; dasselbe gilt für die radikale Kritik an Führertum und Zentralismus[1].

In der Tat vereinigte sich in den Unionen, vor allem bei KAPD und AAU, eine kleine klarblickende Elite mit einer utopisch-radikalen Masse[2]. Der revolutionäre Realpolitiker *Rosenberg*[3] hat diesen Radikalismus, als dessen Träger er die „besonders armen, verelendeten und verbitterten Arbeiterschichten" ansah, sehr scharf verurteilt. Tatsächlich hat der utopische Radikalismus, der das erkannte Zukunftsziel sofort, ohne Kompromisse und ohne Umwege, d. h. mit rücksichtsloser Gewalt, verwirklichen will, der Praxis der Unionen und der KAPD einen abenteuerlichen und destruktiven Zug gegeben[4]. In diesem Punkte unterschieden sich übrigens die einfachen Anhänger aller Richtungen nicht voneinander. Trotzdem ist das Urteil *Rosenbergs*, der diese Strömung gelegentlich schlichtweg mit den „lumpenproletarischen Elementen" identifiziert, nicht gerecht. In den revolutionären Unionen ist ohne Zweifel auch eine starke Minderheit schöpferischer Elemente der Arbeiterschaft tätig geworden, die bei Fortführung der Revolution zu produktiven Leistungen fähig gewesen wäre.

---

[1] *Bötcher*, a.a.O., S. 157 ff., hat diesen Zug sehr klar herausgearbeitet. Vgl. auch die in dieselbe Richtung gehende Interpretation von *A. Bessmertny*, Zur Soziologie des Arbeiterrates, Die Parteien und das Rätesystem, Charlottenburg 1919, S. 9 ff.

[2] Diese Tatsache läßt sich natürlich kaum im eigentlichen Sinne quellenmäßig belegen. Man wird aber die kleinen Kader, die nach 1924, also nach dem Abfall des Massenanhanges, in den syndikalistischen und unionistischen Organisationen verblieben, als einen Teil jener Elite ansprechen dürfen. Diesen kleinen Gruppen gehörte eine nicht geringe Anzahl charakterlich und geistig in gleicher Weise bemerkenswerten Menschen aus der Arbeiterschaft an. Wertvolle Informationen über eine dieser Gruppen, den Kreis um *K. Schröder* und seine Zeitschrift Der Rote Kämpfer, sowie über die gesamte Unionsbewegung in VjH. f. Zeitgesch., Jg. 7/1959, S. 438 ff.

[3] *Rosenberg*, Geschichte, S. 29 ff., 76/7, 135/6.

[4] Die Broschüre Los von Moskau, Hamburg, Ortsgruppe der AAUE, o. J. (1924?) der während der Krise 1923/24 aus der KPD ausgetretenen Kommunistin *Ketty Guttmann* gibt jener Haltung, oder besser Stimmung einen frappierenden Ausdruck. Z. B.: „Zeitungen soll man sich schaffen ... Die werden bezahlt und von dem Geld gibt man die neue Nummer heraus. Wenn sie niemand lesen und kaufen will, ist sie nicht mehr wert, als daß sie krepiert. Druckereien brauchen wir nicht; werden uns im Kampf sowieso genommen; nehmen wir uns gegebenenfalls im Kampf. Flugblätter, Betriebshetzereien machen wir selbst. Können ja lesen und schreiben. In Streikfonds sammeln wir nicht; streiken ohnehin ohne Unterstützung... Wir schicken nichts an Zentralkassen ab. Die behalten immer den größten Teil für Gehälter von Leuten, die es nachher für ihre Aufgabe ansehen, uns über den Mund zu fahren. Brauchen wir mündliche Verständigung, rufen wir unsere Genossen zusammen, so viele oder so wenige ihrer sind" — usf. (S. 23).

## 9. Kapitel:

## Die Kommunisten und die Rätebewegung

Wir sind bereits an verschiedenen Stellen auf das theoretische und praktische Verhältnis zwischen Rätegedanken und Kommunismus, zwischen Räteorganisation und Kommunistischer Partei zu sprechen gekommen[1]). Dabei sind vor allem zwei Dinge deutlich geworden, der grundsätzliche Widerspruch zwischen dem bolschewistischen Parteiprinzip und der Räteidee, sowie die Tatsache, daß die KPD auf dem Höhepunkt der Rätebewegung nur einen verhältnismäßig geringen Einfluß auf die sozialistische Arbeiterschaft gehabt hat. Die landläufige Auffassung, die „Räte" und „Bolschewismus" einfach gleichsetzt, ist schon für Rußland mehr als fragwürdig[2]), für Deutschland ist sie schlechthin falsch.

Es ist nicht die Absicht der folgenden Darstellung, die Geschichte der KPD in der deutschen Revolution auch nur in den Umrissen zu schildern[3]). Nur das Verhältnis zur Rätebewegung soll in einigen Stationen seiner Entwicklung und einigen Problemen kurz beleuchtet werden.

Drei Probleme haben in engster Verknüpfung miteinander und mit wechselndem Vorrang die innere Entwicklung der KPD und ihres Verhältnisses zur Rätebewegung bestimmt: 1. Die Frage nach den Bedingungen und dem Zeitpunkt der revolutionären Situation, 2. das Verhältnis zwischen Arbeiterklasse und Partei, zwischen unmittelbarer Klassenaktion und Parteipolitik, und schließlich 3. die Abhängigkeit von Moskau.

Das in der Theorie formulierte letzte Ziel der Kommunisten war dasselbe, wie das der revolutionären Rätebewegung und des marxistischen Sozialismus überhaupt: Aufhebung der Lohnarbeit, der Klassen und des Staats, Beseitigung jeglicher Unterdrückung und Ausbeutung, völlige Selbstbestimmung der Menschen in allen Sphären des gesellschaftlichen und wirtschaftlichen Lebens, radikalste direkte Demokratie durch das Rätesystem, Verwaltung der Wirtschaft durch die Arbeiter und ihre Räte[4]). Die entscheidenden Differenzen lagen in der Beurteilung des Weges zum Ziel und der zu verwendenden Mittel.

---

[1]) Siehe oben z. B. S. 96 ff., 125 ff., 207 ff.

[2]) Siehe *Rosenberg*, Bolschewismus.

[3]) Hierzu die in allen wesentlichen Punkten gültige Darstellung von *O. K. Flechtheim*, Die KPD in der Weimarer Republik, Offenbach 1948. Ferner *R. Fischer*, Stalin und der deutsche Kommunismus, ein in Einzelheiten oftmals nicht zuverlässiges, in der Tendenz parteiisches, nichtsdestoweniger aber außerordentlich materialreiches und interessantes Buch. Außerdem die Protokolle der KPD-Parteitage von 1918 bis 1923 (1. bis 8. Parteitag), alle Berlin.

[4]) Vgl. *Lenin*, Staat und Revolution, und *R. Luxemburg*, Was will der Spartakusbund?

Von dem Zeitpunkt an, in dem während des Krieges die Möglichkeit einer sozialistischen Revolution in das politische Bewußtsein eines Teils der Arbeiterbewegung trat, tobte der Streit um die revolutionäre „Reife" der Massen und der Verhältnisse. Die Utopisten und Putschisten am linken Flügel der USPD, bei den Spartakisten und bei den Syndikalisten glaubten fest daran, daß diese Reife vorhanden sei, wenn eine entschlossene Minderheit sich bereit fände, in den Kampf zu gehen. Für diese Gruppen konnte es keine taktischen Probleme geben. Der nächste Schritt war immer der Aufstand, die Parole: Alle Macht den Räten, das unmittelbare Ziel: Die Enteignung der Kapitalisten, die Zerschlagung des bürgerlichen Staatsapparates und die Verwaltung aller gesellschaftlichen Funktionen durch die Arbeiterräte. Staat, Parlament, Gewerkschaften, ja auch die Parteien gehörten der Vergangenheit an. Organisatorische Arbeit auf lange Sicht war überflüssig, die spontane Aktion alles[1]).

Diese Strömung bestimmte sehr weitgehend die Politik der KPD von der Gründung im Dezember 1918 bis zur endgültigen Trennung vom linken Flügel zwischen dem Herbst 1919 und dem Frühjahr 1920[2]). (Und als eine immer wieder durchschlagende Grundtendenz hat dieser linke Radikalismus die KPD bis 1933 beeinflußt[3]).) Sogar *Rosa Luxemburg* stand unter dem Eindruck dieser Tendenz; sie bekämpfte zwar den Antiparlamentarismus und Putschismus in der Partei, hielt aber z. B. die Gewerkschaften, also die für die Interessen des einzelnen Arbeiters wichtigsten und zahlenmäßig bei weitem stärksten Arbeiterorganisationen, für überlebt und forderte ihre „Liquidierung" durch die Räte[4]). Noch im August 1919 gab die KPD, damals unter Führung eines so gemäßigten Mannes wie *Paul Levi*, die Parole aus: „Die konterrevolutionären Gewerkschaften müssen zerstört werden"[5]).

Unter diesen Umständen genoß die KPD bei der großen Masse der deutschen Arbeiter in dieser Zeit keinen guten Ruf und bildete nur eine kleine Minderheit. Neben ihrem hemmungslosen Radikalismus waren mangelhafte Organisationsarbeit und das Eindringen fragwürdiger Elemente in die Partei die Ursachen[6]). Die sozialdemokratisch gesonnene Mehrheit der Arbeiterschaft und ihre Führung erhoffte sich — wenn sie überhaupt daran glaubte — den Sozialismus nur von einer allmählichen Entwicklung im Rahmen der alten bewährten Organisationen und nur auf friedlichem und gesetzmäßigem Wege. Aber auch die

---

[1]) Siehe oben S. 207 ff., und *A. Rosenberg*, Geschichte, S. 29 ff., Bolschewismus, S. 132 ff.

[2]) Vgl. hierzu vor allem den Bericht vom Gründungsparteitag der KPD. Siehe auch oben S. 207 ff.

[3]) Diese These vertritt und begründet *Flechtheim*, a.a.O., sehr eindrucksvoll, S. 185 ff., bes. S. 220, 222.

[4]) 1. Parteitag der KPD, 30. 12. 18—1. 1. 19, Protokoll, S. 18.

[5]) Kommunistische Rätekorrespondenz, Nr. 15/6, 5. 9. 1919, Bericht über die 2. Reichskonferenz der KPD. Vgl. auch die Diskussion um die Gewerkschaftsfrage, a.a.O., Nr. 9, 11, 12, 13, sowie das Rundschreiben der Zentrale zu diesem Thema vom 28. 8. 1919, a.a.O., Nr. 17.

[6]) Vgl. hierzu vor allem die Diskussionen auf dem 2. Parteitag vom 20.—24. 10. 19 und dem 3. Parteitag vom 25.—26. 2. 20.

radikal sozialistisch denkenden und revolutionär gestimmten Arbeiter, insbesondere in der breiten Rätebewegung, wünschten weder den sofortigen Aufstand, noch die Zerschlagung der Gewerkschaften, noch versprachen sie sich etwas von der ununterbrochenen Produktion radikaler Parolen. Zwar blieb auch dieser Richtung — wie wir an der Auseinandersetzung über die Beziehung zwischen Räten und Gewerkschaften gesehen haben — der Streit um die revolutionäre Reife nicht erspart; aber die Führer der linken USPD und der reinen Rätebewegung haben sich — so sehr auch Teile ihrer Anhängerschaft gelegentlich (etwa bei den Januarunruhen in Berlin) gegen diese Prinzipien verstießen — einen revolutionären Vorstoß im Grunde immer nur als eine Aktion der breiten Masse der Arbeiterschaft vorgestellt. Insbesondere zweifelten sie nicht daran, daß die gewerkschaftlich organisierten Arbeiter den Kern der Arbeiterbewegung darstellten; diesen Kern wollten sie gewinnen und revolutionieren, nicht aber durch Bekämpfung der Gewerkschaften abstoßen oder spalten[1]). Um der Einheit der Gewerkschaften willen waren sie sogar bereit, den Bruch mit den ultralinken Kräften der Rätebewegung in Kauf zu nehmen. So trennte sich die USP-Mehrheit der Berliner Arbeiterräte im Oktober 1919 von den Kommunisten, weil diese sich für die Betriebsorganisation und gegen die Gewerkschaften aussprachen. Die KP-Vertreter verließen den Vollzugsrat[2]). In der Ablehnung des utopischen und putschistischen Radikalismus war sich die große Mehrheit der sozialistischen Arbeiterschaft einig; aber zu Beginn des Jahres 1920 erhob sich eine andere Frage.

Die Rätebewegung des Jahres 1919 war, wie wir gesehen haben, keine Parteisache gewesen und hatte keine feste, dauerhafte Organisation entwickelt. Die USPD hatte zwar den politischen Rahmen der Bewegung dargestellt, aber eine führende und organisierende Rolle weder spielen können, noch — nach dem Willen der Rätebewegung — spielen sollen. Das Ergebnis der nur lose koordinierten spontanen Aktionen war eine Kette von Niederlagen: Die großen Streiks im Frühjahr 1919, der Kampf um das Betriebsrätegesetz und schließlich die gewaltige Kraftanstrengung des Generalstreiks gegen den Kapp-Putsch hatten die Arbeiter auf dem Wege zum Sozialismus und zur Rätedemokratie nicht weiter gebracht. Besonders während der Kapp-Tage hatten die USPD und die Rätebewegung sich als unfähig erwiesen, der Massenbewegung ein realistisches Ziel zu setzen und klare Wege zu weisen. Infolgedessen war es paradoxerweise gerade der konservativste — freilich auch der bedeutendste — der sozialdemokratischen Gewerkschaftsführer, *Carl Legien*, gewesen, der die Führung in die Hand genommen hatte[3]).

Alle revolutionären Möglichkeiten seit 1918 waren ungenutzt geblieben. Die

---

[1]) Siehe oben, vor allem die Kapitel 4 und 5.
[2]) *Kolb*, a.a.O., S. 323.
[3]) Über den Kapp-Putsch und das Projekt einer Arbeiterregierung vgl. *A. Rosenberg*, Geschichte, S. 112 ff., S. 251 ff.

konservativ-bürgerliche Republik hatte sich — zuletzt mit der Niederschlagung der Arbeiteraufstände nach dem Kapp-Putsch — endgültig durchgesetzt. Wann die Gelegenheit zu einem neuen revolutionären Vorstoß kommen würde, war nicht abzusehen. In dieser Situation wurde die Frage dringend, unter welchem Programm und in welcher Form die sozialistische Arbeiterschaft sich sammeln und auf einen neuen Vorstoß vorbereiten sollte. Die Rätebewegung als Organisationsform verlor mit dem Erlahmen der tatsächlichen spontanen Bewegung allmählich ihre Bedeutung. Als Dauerorganisationen des Kampfes innerhalb der bürgerlichen Gesellschaft war ihr auf wirtschaftlichem Gebiet die Gewerkschaft, auf politischem Gebiet die Partei überlegen. Angesichts der inneren Zerrissenheit der USPD gewann in dieser Situation die KPD eine neue Bedeutung.

Im Frühjahr 1920 erlangte die alte, aus der Vorkriegssozialdemokratie hervorgegangene, marxistisch geschulte Führungsgruppe des Spartakusbundes die Kontrolle über die Partei zurück, nachdem sie während des Jahres 1919 mehr oder weniger von ihrem utopisch-radikalen Anhang mitgeschleift worden war. Neben den bürgerlichen Intellektuellen *Ernst Meyer* und *Paul Levi*, die die allgemeine politische Führung innehatten, war es vor allem die Gruppe erfahrener Arbeiterfunktionäre um *Heinrich Brandler*, *Fritz Heckert* und *Jakob Walcher*, die von nun an, unterstützt durch die ebenfalls in der alten Partei groß gewordenen Redakteure und Schriftsteller *August Thalheimer* und *Paul Frölich*, die Linie der KPD bestimmte.

Vor allem *Brandler*, ein hochbefähigter, energischer und erfahrener Politiker, rückte bis 1923 in den Mittelpunkt der KPD. Er hatte auf dem 3. Parteitag im Februar 1920 den organisatorischen Zustand und die bisherige Politik des Partei am schärfsten kritisiert und es für das wichtigste erklärt, in den Gewerkschaften zu arbeiten[1]. Der von ihm und *Heckert* geleitete Chemnitzer Parteibezirk hatte — als einziger — eine organisatorische und politische Stärke erreicht, die ihn zu einem wirklichen Machtfaktor machte. Auf Grund ihres Ansehens bei den Arbeitern, auch bei den nichtkommunistischen, und auf Grund ihrer Schlagkraft hatte die KPD in Chemnitz beim Kapp-Putsch die Führung übernehmen und das geradezu schulmäßige Beispiel einer revolutionären Machtergreifung der Arbeiterräte liefern können[2].

Nun erst begann die KPD mit einer ernsthaften auf lange Frist berechneten politischen Tätigkeit auf allen Gebieten. Sie arbeitete nicht mehr für den unmittelbar bevorstehenden revolutionären Aufstand, sondern sie warb jetzt um das Vertrauen der Arbeiter auch im Tageskampf, sie schulte ihre Funktionäre, sie baute ihre Organisation aus und vor allem, sie verzichtete endlich auf den Kampf gegen die Gewerkschaften und machte sich statt dessen daran, ihren Einfluß innerhalb der Gewerkschaft und unter den Betriebsräten systematisch

---

[1] Protokoll, S. 16/7.
[2] Vgl. hierzu Ill. Gesch., S. 490/1, und *H. Brandler*, Die Aktion gegen den Kapp-Putsch in Westsachsen, Berlin 1920.

auszuweiten. Auf diese Art und Weise vergrößerte die KPD allmählich ihr Ansehen bei den Arbeitern, insbesondere bei der großen Masse derjenigen, die innerhalb der USPD auf dem linken Flügel standen[1]).

Durch diese Entwicklung kamen die Kommunisten einerseits der Rätebewegung näher, indem sie das Vertrauen der bei der USPD stehenden radikalen Arbeiterfunktionäre und Betriebsräte gewannen, andererseits begann damit eine politische Veränderung, die die Rätebewegung in ihrem Kern traf. Die neue Linie der KPD bedeutete nämlich zugleich auch den Beginn ihrer „Bolschewisierung", ihrer Umwandlung aus einer kleinen durch freiwillige Disziplin zusammengehaltenen Gemeinschaft leidenschaftlicher Revolutionäre in eine straff zentralisierte Kampfpartei, in der eine kleine Führungsgruppe mit Hilfe eines sich zunehmend bürokratisierenden Apparats eine große Masse gefühlsmäßig revolutionärer Arbeiter zusammenhielt. Nur mit einer solchen bolschewisierten Massenpartei glaubten die kommunistischen Führer den Aufgaben der kommenden Zeit begegnen zu können: In ruhigeren Zeiten durch tüchtige Tagesarbeit und rührige Agitation das Vertrauen der großen Masse der Arbeiter zu gewinnen, sie weder durch ultraradikale Parolen, noch durch putschistische Abenteuer abzustoßen, und auf der anderen Seite eine schlagfertige Organisation zu schaffen, mit der man jederzeit den Kampf um die Macht aufnehmen konnte.

Diese Konzeption war in mehrfacher Hinsicht problematisch. Die ultraradikale Strömung lebte immer wieder als linker Flügel in der Partei auf und gab ihrer Politik einen demagogischen Zug, auf der anderen Seite aber bestand die Möglichkeit, daß die praktische Mitarbeit im Parlament, in den Gemeinden, in den Gewerkschaften zu einer Haltung führte, die mit revolutionären Veränderungen praktisch gar nicht mehr rechnete, sondern sich nur noch als radikaler Flügel der Sozialdemokratie fühlte. Die Vereinigung der KPD mit dem linken Flügel der USPD im Dezember 1920 verschärfte diese Problematik nur. Radikale Arbeiter und Intellektuelle stärkten den linken Flügel, unabhängige Parlamentarier und Gewerkschaftsfunktionäre, unter ihnen der Kern der ehemaligen reinen Rätebewegung, stärkten den rechten Flügel[2]).

Diese auseinanderstrebenden Tendenzen konnten nur durch eine starre Parteidisziplin zusammengehalten werden, die auf die Dauer das politische Leben, die freie geistige Auseinandersetzung und die selbständige Verantwortlichkeit

---

[1]) Vgl. hierzu vor allem das Protokoll des 4. Parteitages vom 14.—15. April 1920 und die Verhandlungen des ersten Reichskongresses der Betriebsräte Deutschlands vom 5.—7. Oktober 1920, auf dem die Rolle des führenden Sprechers der Opposition nicht mehr dem linken Unabhängigen *Richard Müller*, sondern eindeutig *H. Brandler* zufiel.

[2]) Die linken Unabhängigen *Däumig, Curt Geyer, Brass, Düwell, Richard Müller* und der Kern der Berliner Arbeiterräte mit Männern wie *Wegmann, Maltzahn, Rusch, Paul Neumann* u.a. standen in der Vereinigten KPD am rechten Flügel neben alten Spartakisten wie *Levi, Clara Zetkin, Pieck, Ernst Meyer. Stoecker, Koenen* und viele andere hielten sich in der Mitte. Aber auch der linke Flügel, der sich in der KPD seit 1921 neu entwickelte, stützte sich auf ehemalige USPD-Arbeiter, wie *Thälmann* in Hamburg, und Intellektuelle, wie *Katz, Korsch, Rosenberg, Scholem*. Über die Problematik dieser Vereinigung vgl. *R. Fischer*, a.a.O., S. 170 ff., S. 205 ff.

unter den Arbeitern abtöten mußte. In unheilvoller Weise wurde diese Entwicklung durch die Abhängigkeit der KPD von Moskau verstärkt. Nicht mehr die deutsche Beurteilung der deutschen und der Weltsituation bestimmte die Politik der KPD, sondern die russische. Alle russischen Fraktionskämpfe übertrugen sich früher oder später auf die ausländischen Parteien. Die nationalen Streitfragen der sozialistischen Bewegung wurden nicht mehr offen ausgekämpft, sondern nach den Bedürfnissen der sowjetrussischen Staatspolitik entschieden; jede unverhüllte Kritik an dem „Vaterland der Werktätigen" wurde als Bruch der internationalen Disziplin betrachtet und unmöglich gemacht[1]).

Nach der Vereinigung mit den Arbeitermassen der linken USPD konnte die KPD ihren Einfluß unter der sozialistischen Arbeiterschaft rasch steigern. Der Rückschlag durch den März-Putsch des Jahres 1921 wurde ziemlich schnell überwunden. Das politische Aktionsprogramm der KPD in dieser Zeit war das einer radikalen demokratischen Linkspartei: Kampf für die Tagesinteressen der Arbeiter gegen Inflation und Erwerbslosigkeit, Abwälzung der Reparationslasten auf die Besitzenden durch Erfassung der Sachwerte, Kontrolle der Produktion durch die Betriebsräte, Entwaffnung der Gegenrevolution (Orgesch, Nationalsozialisten etc.) und Bewaffnung der Arbeiter in proletarischen Hundertschaften, Bildung von politischen Arbeiterräten, Einheitsfront aller Arbeiterparteien und aller Gewerkschaften (auch der christlichen), Arbeiterregierung[2]). In den Gewerkschaften wurde eine systematische Fraktionsarbeit organisiert, die zu erheblichen Erfolgen führte. Vor allem um die Betriebsräte wurde geworben, und es wurde versucht, über alle Partei- und Gewerkschaftsgrenzen hinweg eine allgemeine Betriebsrätebewegung zustande zu bringen[3]).

Aber auf Grund der geschilderten politischen Umstände bekam die Politik der KPD — trotz aller Erfolge — einen zweideutigen Zug. Der Geist der ursprünglichen Rätebewegung, der Geist der Selbsttätigkeit und Selbstverant-

---

[1]) Sehr kritisch über die Politik der KPD nach 1921 und ihre russischen Hintergründe *A. Rosenberg*, Geschichte, S. 140 ff., Bolschewismus, S. 138/9, S. 164 ff., S. 180 ff. Dagegen *Flechtheim*, S. 79 ff., der mit Recht auf die äußeren Erfolge der KPD in dieser Zeit verweist. Über die Bürokratisierung der KPD, *R. Fischer*, S. 209 ff., ihr Urteil wird durch die Lektüre der schriftlichen Berichte in den Protokollen des 7. und 8. Parteitages (22.—26. 8. 21 und 28. 1.—1. 2. 23) vollauf bestätigt. Das ganze taktische Konzept der neuen kommunistischen Politik mit der Abgrenzung sowohl gegen Links, als auch gegen Rechts und der Rechtfertigung der bolschewistischen Parteidisziplin ist entwickelt bei *Lenin*, Der linke Radikalismus, die Kinderkrankheit im Kommunismus, erschienen 1920.

[2]) Vgl. zur kommunistischen Betriebsrätepolitik das Referat über Räte auf dem 4. Parteitag, 14.—15. 4. 1920, Protokoll, S. 94 ff. Die 5 Forderungen der Stuttgarter Ortsverwaltung des DMV im Dezember 1920, die die wirtschaftliche Einheitsfrontkampagne eröffneten, in Der Kommunistische Gewerkschafter, Jg. 1/1921, Nr. 1, S. 6. Ferner die Protokolle des Reichsbetriebsrätekongresses, a.a.O., und des 8. Parteitages mit Referaten *Brandlers* und des 7. Parteitages mit einem Referat *J. Walchers*. Ferner *Brandler*, Die politische und ökonomische Lage und der Kampf der Betriebsräte, Berlin 1923 (*Br.s* Referat auf dem kommunistischen Reichsbetriebsrätekongreß vom November 1922), bes. S. 35 ff.

[3]) Vgl. hierüber die sehr ausführlichen Schilderungen bei *Flechtheim*, S. 82/3, S. 90 ff., S. 112/3. Ferner Der Kommunistische Gewerkschafter, Jg. 1 und 2, 1921 und 1922.

wortlichkeit der Arbeiter konnte unter dem Druck der bolschewistischen Parteidisziplin nicht gedeihen. Einer der alten Berliner Obleute, *Paul Wegmann*, hat im Frühjahr 1923 herbe Kritik an der KPD geübt[1]): Die Partei sei in den entscheidenden Arbeiterfragen, z. B. in der Gewerkschaftsfrage, stets zweideutig gewesen. Auch mit ihren jetzigen Parolen, „Kontrolle der Produktion" usw., sei sie es wieder. „In der ersten Zeit der Revolution in Deutschland, wo tatsächlich die Arbeiter- und Betriebsräte die Macht noch in der Hand hatten, und wir ihnen diese Macht erhalten wollten, da versuchten wir eine Gliederung der Räte aller Parteien und Gewerkschaften nach Industrien vorzunehmen. Hierbei begegneten wir heftigtstem Widerstand bei den Gewerkschaftsführern und bei allen politischen Parteien. Auch bei den Führern der KPD, den Genossen *Brandler, Heckert* usw. Was man damals totschlug, wo ein Recht zum Leben bestand, versucht man heute zu galvanisieren unter vollkommen veränderten, ungünstigen wirtschaftlichen und politischen Verhältnissen." Die Wurzel alles Übels aber sei die Abhängigkeit der kommunistischen Politik von der russischen Zentrale.

Diese Kritik, die übrigens vom linken Flügel der KPD mit etwas anderer Tendenz ebenfalls geübt wurde[2]), war berechtigt. Im Jahre 1919 hatten die Kommunisten noch als eine zwar ultraradikale und zu politischen Abenteuern neigende, aber antiautoritäre und antizentralistische Strömung in der Rätebewegung mitgewirkt. Nach der Trennung von dem linksradikalen Flügel[3]), und nach ihrer Mauserung zur *Lenin'schen* Taktik versuchte die KPD, die Räte und die Gewerkschaften allmählich zu Instrumenten der Partei zu machen. Die Betriebsräte wurden den Gewerkschaften, die Gewerkschaften der Partei, und die Parteifunktionäre der Zentrale untergeordnet. Die Fortdauer einer gewissen innerparteilichen Demokratie bis 1925/26 änderte an diesem Prozeß nichts.

Schon seit Ende des Jahres 1919 hatten die Kommunisten begonnen, sich von der reinen Rätebewegung zu distanzieren. Immer deutlicher ließen sie erkennen, daß ihnen an der Unabhängigkeit der Betriebsräteorganisation nicht soviel gelegen war, wie an der Eroberung der Gewerkschaften[4]). Auf dem

---

[1]) Bericht über den Parteitag der USPD vom 30. März bis 2. April 1923 in Berlin, S. 23 ff. *Wegmann* ging 1920 mit zur KPD, schied 1921 wieder aus, ging zu *Paul Levis* Kommunistischer Arbeitsgemeinschaft und mit ihr zur USPD. Er machte die Vereinigung mit der SPD aber nicht mit, sondern blieb bei der Rest-USPD.

[2]) Siehe *R. Fischer*, S. 276, „Für die Linken waren die Betriebsräte eine Bewegung, die ihr Eigengewicht hatte und die man in ihrem Konkurrenzkampf mit dem Gewerkschaftsapparat unterstützen sollte. Für die Rechten waren sie eher ein Hebel, der den Kommunisten die Tore der noch zögernden Gewerkschaften erschließen sollte."

[3]) Siehe oben, S. 212/3.

[4]) Vgl. die Auseinandersetzungen in Der Arbeiter-Rat, Jg. 1/1919, Nr. 36, Nr. 40. Ebenda Jg. 2/1920, Nr. 27, Richtlinien der KPD, in denen die gewerkschaftliche Zusammenfassung der Betriebsräte gebilligt wird. Noch deutlicher in dem Referat *Brandlers* auf dem 5. Parteitag, 1.—3. 11. 1920, Protokoll, S. 129 ff., bes. S. 142, Richtlinien, S. 180 ff. Vgl. auch die Kritik

1. Kongreß der Roten Gewerkschaftsinternationale in Moskau 1920 hatte dann *Heckert* in einem Referat und einer langen Resolution den theoretischen Standpunkt der Kommunisten zur Betriebsrätefrage formuliert. In diesen Darlegungen begriff er zwar die Entwicklung und das Wesen der Betriebsrätebewegung ganz im Sinne der revolutionären Rätetheorie, ordnete aber in den praktischen Folgerungen die Räte dann doch dem Ziel der politischen Machtergreifung unter. Auch für die Periode des sozialistischen Aufbaus nach dem Siege der proletarischen Revolution billigte *Heckert* den Betriebsräten nur eine untergeordnete Rolle zu (er lag damit auf der Linie *Lenins*, der damals in der russischen KP gegen die „anarcho-syndikalistische Abweichung" der sog. Arbeiter-Opposition einen scharfen Kampf führte); die Betriebsräte müßten einheitlich zusammengefaßt werden, und diese Zusammenfassung würde „mittels Unterordnung ... unter die Gewerkschaften" erreicht. Die Gewerkschaften, nicht die Räte, stellten die hauptsächliche Kampf- und Aufbauorganisation der Arbeiterklasse auf wirtschaftlichem Gebiet dar[1]).

In den Gewerkschaften aber herrschen nicht die Mitglieder auf Grund demokratischer Selbstbestimmung, sondern die in den Zellen und Fraktionen zusammengeschlossenen Kommunisten; diese waren nicht ihren Wählern verantwortlich, sondern der Partei. Und diese Unterordnung der kommunistischen Gewerkschaftler unter die Partei wurde von Jahr zu Jahr verstärkt. Der Vereinigungsparteitag vom Dezember 1920 hatte den kommunistischen Gewerkschaftlern wenigstens innerhalb der Partei noch eine gewisse Selbständigkeit gelassen, der Parteitag von 1921 unterwarf sie auf allen Ebenen restlos der Kontrolle der Parteiorganisation[2]). In der Parteiorganisation selbst wurde der von der USPD übernommene Rest einer lebendigen selbständigen Betriebsorganisation beseitigt und das Prinzip des demokratischen Zentralismus verankert[3]).

Solange die Führung der Partei in der Sache eine vernünftige Politik betrieb, und das geschah in gewissen Grenzen bis 1923, wurden die Konsequenzen dieser Entwicklung nicht in aller Deutlichkeit sichtbar. Aber schon damals mußten sich die Kommunisten mit Recht entgegenhalten lassen, daß sie im Grunde nur

---

*Brandlers* an *R. Müller* und den linken Unabhängigen in der Einleitung zu der Broschüre, die seine Rede auf dem 1. Kongreß der Betriebsräte Deutschlands enthält, Leipzig 1920, S. 7/8. Vgl. auch Kommunistische Rätekorrespondenz, Nr. 17, 24, 32.

[1]) *Rosenberg*, Bolschewismus, S. 151 ff.; *A. Kollontai*, Die Arbeiter-Opposition in Rußland, o.O., o.J. *Ziperowitsch/Heckert*, Produktionskontrolle und Betriebsräte, Referate und Resolutionen vom 1. Kongreß der R.G.I., Berlin 1921, S. 15 ff., 24 ff., S. 30.

[2]) Vgl. die Richtlinien von 1920, 6. Parteitag, Protokoll, S. 254 ff., bes. S. 260/1 mit den Richtlinien von 1921, 7. Parteitag, Protokoll, S. 425 ff., dazu auch das Referat von *J. Walcher*, a.a.O., S. 350 ff., bes. 356/7. Sogar der bisherige Name „Reichsgewerkschaftszentrale" der KPD wurde umgeändert in „Gewerkschaftsabteilung" der KPD, um die Unterordnung deutlicher zu machen.

[3]) Siehe oben S. 103 ff. Vgl. ferner Referat *Koenen* und Statut auf dem 6. Parteitag, Protokoll, S. 108 ff., 111/2, 243 ff., und Statut auf dem 7. Parteitag, Protokoll, S. 432 ff.

die Kreaturen einer fernen Zentrale seien und man niemals wissen könne, ob die augenblickliche Parteilinie der loyalen Mitarbeit in den Gewerkschaften, der Einheitsfront, der überparteilichen Betriebsrätebewegung nicht irgendwann auf Kommando geändert werden würde, und die kommunistischen Funktionäre und Betriebsräte dann entweder ihre Gewerkschaft oder ihre Partei verraten müßten[1]).

Aber auch die Befürchtungen des linken Flügels der KPD, der immer vor einer Versumpfung und Bürokratisierung gewarnt hatte, bewahrheiteten sich. Als auf dem Höhepunkt der Inflation, im Sommer 1923, die künstlich genährte kommunistische Betriebsrätebewegung tatsächlich ein eigenes Leben gewann, als ein von Berlin ausgehender Generalstreik die Regierung *Cuno* stürzte und an die Schwelle der Revolution führte, da war die Partei der Revolution nicht zur Stelle. Die Kommunistische Internationale und die Zentrale der KPD konnten sich lange nicht auf eine klare revolutionäre Politik einigen. Als der Beschluß, den Kampf um die Macht wirklich aufzunehmen, schließlich gefaßt wurde, führte ihn die kommunistische Parteiführung nur mit halbem Herzen aus. Sie überließ die spontane Bewegung sich selbst, traf fragwürdige technische „Aufstandsvorbereitungen" und blies beim ersten ernsthaften Konflikt, dem Kampf um die „Arbeiterregierungen" in Sachsen und Thüringen, zu einem ruhmlosen Rückzug. Nur der Hamburger Aufstand vom Oktober 1923 kam durch eine technische Panne zustande; das sinnlose Unternehmen brach nach wenigen Tagen kläglich zusammen. Die Rätebewegung aber war endgültig tot[2]).

---

[1]) Diese Entwicklung ist wenige Jahre später tatsächlich eingetreten, und die besten der KPD-Führer aus den Jahren 1921—23, unter ihnen viele gute Gewerkschaftler, haben die Partei 1929 zusammen mit *Brandler, Thalheimer, Walcher* und *Frölich* verlassen.
[2]) *Rosenberg,* Geschichte der Deutschen Republik, S. 158 ff.; *Flechtheim,* S. 83 ff., *R. Fischer,* S. 310 ff., S. 353 ff. Eine recht aufschlußreiche Spezialstudie über die Massenkämpfe in Sachsen im Frühjahr und Sommer 1923 liefert *R. Wagner* in Z. f. Gesch. Wiss., Jg. 4/1956, Heft 2, S. 246 ff. Zum Hamburger Aufstand die Erinnerungen von *Jan Valtin* (*Richard Krebs*), Tagebuch der Hölle, Köln/Berlin 1957, S. 60 ff.

## 10. Kapitel:

## Marxismus, Sozialisierung und Rätesystem

Unsere Untersuchung gilt in erster Linie der Räte*bewegung;* das heißt, der Rätegedanke und die um ihn geführte theoretische Diskussion gehören nur insoweit in den Rahmen dieser Darstellung, als tatsächliche Vorstellungen und Aktionen der Arbeiterschaft durch sie beeinflußt worden sind. Auf der anderen Seite jedoch läßt sich die Rätebewegung von der allgemeinen geistigen und politischen Entwicklung, insbesondere von der Geschichte der deutschen Arbeiterbewegung nicht einfach abtrennen. Vor allem das — in der Tat zentrale — Problem der Sozialisierung ist in der Revolution 1918/19 sowohl mit den Ideen und der Tätigkeit der Arbeiterräte, als auch mit der allgemeinen theoretischen Auseinandersetzung und praktischen Politik auf das engste verflochten gewesen. Zumindest an dieser Stelle müssen wir daher die sonst geübte Beschränkung auf die tatsächliche Bewegung der Arbeiterräte teilweise aufgeben und einige theoretisch-ideelle Erscheinungen als solche verfolgen.

Zuerst sind einige Bemerkungen über den Zusammenhang zwischen der überkommenen *Marxschen* Lehre und dem Problem der Sozialisierung erforderlich. Dabei können wir den Marxismus nicht allein in der ursprünglichen Form der wissenschaftlichen Werke von *Marx* und *Engels* betrachten, sondern wir müssen auch jene Gestalt berücksichtigen, die er in den kleinen, auf die Schulungsarbeit der Sozialdemokratie zugeschnittenen Schriften seiner Begründer gewonnen hat, vor allem in der berühmt gewordenen *Engels'schen* Broschüre: „Die Entwicklung des Sozialismus von der Utopie zur Wissenschaft"[1]).

Die „Besitzergreifung der Produktionsmittel durch die Gesellschaft"[2]) (in der Sprache der Agitation einfach die „Vergesellschaftung" oder „Sozialisierung") ist nach *Engels* nichts anderes als die von ihm und *Marx* erhoffte „soziale Revolution" selbst, d. h. die Umwandlung der kapitalistischen in die sozialistische Wirtschafts- und Gesellschaftsordnung. Der Kapitalismus ist nach der Lehre des Marxismus durch einen „Grundwiderspruch" gekennzeichnet: Die moderne industrielle Produktion als solche ist wesentlich — durch ausgedehnte Arbeitsteilung und weitverzweigte Kooperation bedingt — *gesellschaftliche* Produktion; Austausch und Aneignung der produzierten Güter hingegen verbleiben — auf der Grundlage des aus der rein handwerklich-bäuerlichen Produktionsstufe übernommenen Privateigentums an den Produktionsmitteln — *individuelle* Akte. Aus diesem Grundwiderspruch entspringen alle übrigen

---
[1]) Berlin 1946.
[2]) A.a.O., S. 54, auch 53.

Widersprüche der kapitalistischen Gesellschaft: Die Klassenspaltung zwischen Besitzern und Nichtbesitzern von Produktionsmitteln (Bourgeoisie und Proletariat), die „gesellschaftliche Anarchie" des Konkurrenzkampfes, der Zyklus der Überproduktionskrisen mit zunehmender Arbeitslosigkeit des Proletariats, und schließlich das sich in Konzernierung und Verstaatlichung andeutende Überflüssigwerden der Kapitalistenklasse. Wenn der Kapitalismus das Stadium der äußersten Zuspitzung dieser Widersprüche erreicht und dadurch seine Lebensunfähigkeit bewiesen hat, kann und — so hoffen die Marxisten — wird das Proletariat die Staatsmacht ergreifen und den Grundwiderspruch der kapitalistischen Gesellschaft aufheben, indem es die Kapitalisten enteignet und die ihrem Inhalt nach schon lange gesellschaftliche Produktion nun auch ihrer wirtschaftlichen und rechtlichen Form nach gesellschaftlich-planmäßig leitet, sie „vergesellschaftet" oder „sozialisiert"[1]. An die Stelle der privatkapitalistischen Aneignung auf dem Weg über den Markt, wo die Güter zu „Waren" verwandelt werden, tritt nun „einerseits direkt gesellschaftliche Aneignung als Mittel zur Erhaltung und Erweiterung der Produktion, andererseits direkt individuelle Aneignung als Lebens- und Genußmittel"[2].

Dieser allgemeine theoretische Begriff der „Sozialisierung" hat, wie man deutlich sieht, zwei Seiten, eine gegen die kapitalistische Gesellschaft gerichtete, kritische „negative": Die Aufhebung des Privateigentums an den Produktionsmitteln, und eine auf die werdende sozialistische Gesellschaft gerichtete, schöpferische „positive": Die „direkte" Leitung und Verwertung der Produktion durch die Menschen. Die erste Seite, die Kritik der kapitalistischen Gesellschaft, ist von den Marxisten ausführlich dargestellt worden und bildet seit jeher den eigentlichen Kern ihrer Lehre. Die zweite Seite hingegen, die den Grundriß eines Programms für den sozialistischen Neuaufbau der Gesellschaft enthalten müßte, ist lange nur in Andeutungen behandelt worden. Aus diesen Andeutungen, noch klarer aber aus den innewohnenden Folgerungen der *Marx'schen* Gedanken ergibt sich, daß die Sozialisierung im marxistischen Sinne nur als der Aufbau eines Systems radikaler demokratischer Selbstverwaltung in der Gesellschaft verstanden werden kann[3]. Vor 1914 ist diese Konsequenz in der marxistisch beeinflußten Arbeiterbewegung jedoch kaum jemals wirklich gezogen worden[4].

Unter dem Gesichtspunkt der politischen Praxis spitzte sich dieser theoretische Begriff der Vergesellschaftung auf die Frage zu, unter welchen konkreten Bedingungen die soziale Revolution eintreten, wann der Kapitalismus zur Umwandlung in den Sozialismus „reif" sein werde. Diese „Reife" muß in marxi-

---

[1] A.a.O., S. 55/6, ausführlich 41 ff.
[2] A.a.O., S. 52.
[3] Den sehr eindrücklichen Versuch, den Beweis dafür aus dem Gesamtsystem des Marxismus zu entwickeln, stellt die schon erwähnte Arbeit von *L. Tschudi* dar. Anderer Meinung z. B. *Anweiler*, a.a.O., S. 17 ff.
[4] Eine der wenigen Ausnahmen bildete der von *Daniel de Leon* und anderen entwickelte sog. „Industrieunionismus", vgl. *Pribićewić*, a.a.O., S. 12 ff., und *Böttcher*, a.a.O.

stischer Sicht sowohl auf der Seite der bestehenden gesellschaftlichen Verhältnisse, als auch auf der Seite der handelnden Menschen, sowohl „objektiv", als auch „subjektiv" gegeben sein. Die objektive Reife besteht darin, daß die inneren Widersprüche des Kapitalismus — Krisen, Konzentration, Verelendung des Proletariats — sich bis zu einem Grade entwickeln, der eine normale Weiterexistenz von Wirtschaft und Gesellschaft ausschließt (die spätere marxistische Theorie des Monopolkapitalismus — *Hilferding, Luxemburg, Lenin* — hat den zur Revolution drängenden Faktoren noch den Imperialismus und den imperialistischen Krieg hinzugefügt)[1]. Von entscheidender Bedeutung ist in diesem Prozeß die Entwicklung des Proletariats, das mit zunehmender Größe und Verelendung durch seine bloße Existenz den Klassenkampf und damit die inneren Widersprüche des Kapitalismus verschärft[2].

Mit dem Proletariat tritt nun aber auch das Problem der subjektiven Reife ins Blickfeld. Denn die Arbeiterklasse ist — gemäß der eigentümlichen dialektischen Verknüpfung von wissenschaftlicher Prognose und politischer Prophetie im Marxismus — in einem gewissen Stadium der kapitalistischen Entwicklung zwar objektiv in der Lage und „berufen", die Revolution zu vollenden, bedarf dazu aber gewisser subjektiver Voraussetzungen. Sie bestehen zum einen in der wissenschaftlichen Erkenntnis des kapitalistischen Entwicklungsprozesses, und damit auch der proletarischen Existenzbedingungen, zum anderen in der Bereitschaft des Proletariats, diese Erkenntnis zu verarbeiten, sich wirtschaftlich und politisch zu organisieren und den revolutionären Klassenkampf entschlossen zu führen.

Die tatsächliche Voraussetzung der proletarischen Revolution und ihres wesentlichen sozialen Inhalts, der Vergesellschaftung der Produktionsmittel, besteht danach — die „objektive" Reife einmal vorausgesetzt — in der historisch-politischen Verknüpfung der theoretisch formulierten sozialistischen Idee (die für die Marxisten mit der Lehre *Marxens* identisch ist), mit der wirklichen Arbeiterklasse oder, wie *Sombart* es ausgedrückt hat, in der Vereinigung von „Sozialismus und sozialer Bewegung"[3].

Dieses Erfordernis bedeutet praktisch, daß der Marxismus in seinem politischen Programm sein allgemeines Ziel, neue höhere Formen des sozialen Lebens für die gesamte Gesellschaft zu schaffen, mit den besonderen wirtschaftlichen, sozialen und politischen Interessen der Arbeiterschaft wirksam verknüpfen

---

[1] Die klassisch gewordene Formulierung dieses Prozesses findet sich bei *Marx* selbst, Das Kapital, Berlin 1953, Bd. 1, 24. Kapitel, 7. Abschnitt: Geschichtliche Tendenz der kapitalistischen Akkumulation.

[2] Vgl. *K. Marx*, Das Elend der Philosophie, Berlin 1952, S. 193, „Von allen Produktionsinstrumenten ist die größte Produktivkraft die revolutionäre Klasse selbst".

[3] Die Systemnotwendigkeit dieser Vereinigung für den Marxismus, zugleich aber auch ihre weitgehende tatsächliche Verwirklichung — zumindest für die Zeit vor 1918 — überzeugend dargelegt zu haben, ist das große Verdienst des gleichnamigen Buches von *Sombart*, 8. Aufl., Jena 1919.

mußte. In der Theorie ließ sich die Identität von Idee und Wirklichkeit leicht postulieren; in der Praxis war sie nur in angestrengter Bemühung herzustellen und zu bewahren. Gelang es dem Sozialismus nicht, sowohl eine den Gesamtinteressen der Gesellschaft entsprechende Neuorganisation der Wirtschaft und des Staates als auch eine Lösung der unmittelbaren „sozialen Frage" für die Arbeiter überzeugend zu entwickeln, dann fielen die Elemente der sozialistischen Bewegung, Arbeiterschaft und sozialistische Idee wieder auseinander. Entweder formulierten sozialistische Politiker und Theoretiker Programme, die die Arbeiterschaft nicht interessierten, oder die Arbeiter kämpften mit den ihnen zur Verfügung stehenden Mitteln um eine direkte Verbesserung ihrer Lage, ohne das theoretisch formulierte Gesamtinteresse der Gesellschaft zu beachten; auf jeden Fall wurde das Ziel des Sozialismus nicht erreicht.

In der deutschen sozialistischen Arbeiterschaft vor 1914 war dem Anschein nach ein hoher Grad der Verschmelzung von sozialistischer (marxistischer) Idee und Arbeiterbewegung erreicht worden. In Wirklichkeit war diese Verschmelzung, wie wir gesehen haben, sehr fragwürdig[1]). Sie wurde erzielt durch den fast vollständigen Verzicht auf jede konkrete sozialistische Programmatik. Der grundlegende Begriff der „Vergesellschaftung der Produktionsmittel" wurde auf seine negativ-kritische Seite beschränkt, in positiver Hinsicht blieb er leer. Die Entwicklung vom Kapitalismus zum Sozialismus auf der einen Seite, die Emanzipationsbewegung der Arbeiterklasse auf der anderen erschienen beide in der Gestalt eines naturgesetzlich ablaufenden Prozesses, dessen zukünftigen Ergebnissen man hoffnungsvoll, aber passiv entgegensah. Konkrete revolutionäre Möglichkeiten lagen außerhalb des Erwartungshorizontes. In der Praxis beschränkte sich die Bewegung darauf, in zwei getrennten Organisationen, Partei und Gewerkschaft, die Interessen der Arbeiter als Staatsbürger und die Interessen der Arbeiter als Lohnempfänger zu vertreten. Der Arbeiter als Produzent, als Leiter und Gestalter der sozialistisch organisierten Gesellschaft hatte in der Vorstellungswelt der sozialdemokratischen deutschen Arbeiterbewegung keinen Platz.

Indessen enthielt das marxistisch geprägte „Klassenbewußtsein", das einen qualitativ entscheidenden Teil der deutschen Arbeiterschaft vor 1914 erfüllte, trotz allem gewisse Voraussetzungen für eine konkrete sozialistische Politik; es hätten sich nur, wie wir gesehen haben, bestimmte politische, soziale und organisatorische Bedingungen ändern müssen[2]). Dieses Klassenbewußtsein hatte seine Wurzeln in der tatsächlichen gesellschaftlichen Lage der Arbeiter.

Grundlage war ihre Stellung als Lohnempfänger von relativ geringem Einkommen, ohne wesentliches Eigentum und ohne echte soziale Sicherheit. Beschränkte Bildungsmöglichkeiten, niedriges Sozialprestige und die aus ihrer ganzen Lebenslage sich ergebende, durch die deutschen konstitutionellen Ver-

---
[1]) Siehe oben, S. 31 ff.
[2]) Siehe oben, S. 28/9, 35/6, 50.

hältnisse besonders ausgeprägte politische Benachteiligung traten hinzu, um die Arbeiter — wenigstens zu einem sehr erheblichen Teil — einen starken Gegensatz zu den übrigen Schichten bzw. Klassen der Gesellschaft empfinden zu lassen[1]). Aber nicht nur in ihrer staatsbürgerlichen Stellung und in ihrer ökonomischen Situation auf dem Arbeitsmarkt, also in ihrer allgemeinen gesellschaftlichen Lebenslage, wurzelte das Klassenbewußtsein der Arbeiter, sondern ebenso sehr in ihrem besonderen Arbeitsverhältnis, in ihrer Stellung im Betrieb. Dort war es die aus dem Charakter der Lohnarbeit als unselbständiger fremdbestimmter Tätigkeit entspringende Unterwerfung unter die Befehlsgewalt des Unternehmers und — mit fortschreitender Technisierung zunehmend — unter die starre Disziplin des mechanisierten Arbeitsprozesses, welche in den Arbeitern das Bewußtsein erzeugten, einer anderen Klasse anzugehören, als die Besitzenden[2]). Vereinfacht ausgedrückt: Arbeitsmarkt und Betrieb waren die „Drehpunkte" des proletarischen Lebensschicksals *(Briefs)*[3]).

Die erste, auf die allgemeine gesellschaftliche Stellung bezogene Seite der proletarischen Klassenlage ist vom Marxismus stets in den Mittelpunkt seiner Theorie und seines politischen Programms gestellt worden, die zweite, auf die Stellung im Betrieb bezogene Seite jedoch wurde fast völlig übergangen (wenn auch *Marx* selbst die objektive Bedeutsamkeit der „Fabrik" und ihrer Organisation für die Lage der Arbeiterklasse keineswegs übersehen hat)[4]). Unter den sozialistischen Strömungen mit Massenanhang bei den Arbeitern der kapitalistischen Welt war es nur der Syndikalismus, der die Stellung des Arbeiters im Betrieb ausdrücklich zum Ansatzpunkt seines sozialrevolutionären Programms gemacht hatte[5]). Sein Einfluß war aber gerade in Deutschland sehr gering. In der gesellschaftlich-politischen Situation vor 1914 und unter dem beherrschenden Einfluß des kautskyanischen Marxismus gelangte die deutsche Arbeiterbewegung nicht zu programmatischen Vorstellungen, die an die betrieblichen Probleme der Arbeiter anknüpften.

Krieg und Umsturz veränderten diese Lage von Grund auf. Die deutsche Arbeiterbewegung mußte versuchen, von einem Tag zum anderen auf die bisher

---

[1]) Eine eindringliche Schilderung der proletarischen Lebenslage vor 1914 unter diesem Gesichtspunkt findet sich bei *Wilbrandt*, a.a.O., S. 11 ff. Vgl. auch die großen Aufsätze von *Götz Briefs*, GdS, Abt. IX, 1. Teil, 1926, S. 142 ff., und *Robert Michels*, ebenda, S. 241 ff.

[2]) Diese gesellschaftliche Situation ist unter den zeitgenössischen wissenschaftlichen Beobachtern besonders von *M. Weber* charakterisiert und als Wurzel des modernen Sozialismus aufgedeckt worden, Ges. Aufsätze zur Soziologie und Sozialpolitik, Tübingen 1924, S. 492 ff., bes. 501. Vgl. ferner *Korsch*, siehe oben, S. 33/4, und *E. Lederer*, Zum Sozialpsychischen Habitus der Gegenwart, Archiv f. Soz. Wiss. und Soz. Pol., Bd. 46, S. 114 ff., bes. 134/5, 139 Anm. 9.

[3]) A.a.O., S. 206 und ff.

[4]) Das Kapital, Berlin 1953, Bd. 1, S. 444 ff.; Bd. 3, S. 418 ff.

[5]) Ich sehe dabei von den besonders gelagerten Fällen des Industrieunionismus in den USA und der Sozialrevolutionäre in Rußland ab. Vgl. zu den letzteren *Anweiler*, a.a.O., S. 111 ff., und das Programm der Sozialrevolutionäre in *Lenin*, Sämtliche Werke, Wien/Berlin 1927 ff., Bd. 7, S. 550 ff.

als „unwissenschaftlich" zurückgewiesene Frage nach der konkreten Gestalt der sozialistischen Gesellschaft eine Antwort zu geben. Diese Notwendigkeit stürzte die deutschen Sozialisten in ein schweres Dilemma. Wie sollte die Verwirklichung des Sozialismus aussehen, wie vor allem ihr Kern: Die Vergesellschaftung oder — wie man nun allgemein sagte — die Sozialisierung der Produktionsmittel? Wie konnte unter der abstrakten Formel der Sozialisierung sowohl der „Grundwiderspruch" des Kapitalismus überwunden, als auch die „soziale Frage" der Arbeiterschaft gelöst werden? Zu dem ersten Ziel bot sich ein Weg an, der sowohl nicht gänzlich unerprobt, als auch mit der marxistischen Tradition in Einklang zu sein schien: Verstaatlichung bzw. Kommunalisierung privater Unternehmungen im Rahmen einer „planmäßigen" Gemeinwirtschaft. Es schien auch nicht unmöglich, durch eine solche Lösung eine gerechtere Verteilung der Güter zu bewirken und die materielle Lage der Arbeiter zu heben. Aber es blieb die Frage, ob durch eine solche „Sozialisierung" die Arbeiterexistenz in allen ihren Bedingungen würde verändert werden können. Würden die Arbeiter damit zufrieden sein, für die „Allgemeinheit", statt für den Unternehmer zu arbeiten und einem staatlichen Beauftragten, statt einem privaten Angestellten zu gehorchen?

Große Teile der deutschen Arbeiter-(und Angestellten-)schaft haben diese Frage in der Revolution durch die Praxis eindeutig beantwortet. Die tatsächliche Möglichkeit tiefer reichender sozialer Veränderungen war durch den Umsturz in ihren Gesichtskreis getreten und hatte sich im Begriff der „Sozialisierung" mit ihren überlieferten politischen Vorstellungen verbunden. Die herkömmliche Trennung von politischer und gewerkschaftlicher Aktion schwand dahin; und die gleichzeitige Minderung der Autorität von Unternehmern *und* Gewerkschaften gab den Raum frei für eine unmittelbare Auflehnung gegen die abhängige Lohnarbeiterexistenz dort, wo sie sich tagtäglich vollzog, in der Werkstatt, im Betrieb, im Unternehmen. Die Organe dieser Auflehnung waren die Räte[1]). Der unmittelbar gewählte und jederzeit abberufbare Vertrauensmann der Kollegen, der Arbeiterrat, sollte die Alleinherrschaft des Unternehmers am Arbeitsplatz selbst brechen; der Zusammenschluß der Räte in Gemeinde, Bezirk und Reich war dazu bestimmt, die Sozialisierung der Gesamtwirtschaft zu kontrollieren und dem drohenden Übergewicht bürgerlicher Fachleute, aber auch der eigenen Funktionäre zu begegnen. So verschmolzen im Bewußtsein eines großen Teils der Arbeiter praktischer Sozialismus und Rätesystem miteinander, wurden Sozialisierungs- und Rätebewegung zwei Seiten eines und desselben Prozesses.

Die der Rätebewegung zugrunde liegende „unmittelbare Auflehnung" der Arbeiter gegen die Herrschaftsgewalt des Unternehmers war nun freilich im Grunde kaum etwas anderes als die von den Syndikalisten seit eh und je verfochtene „action directe". Weit entfernt von der gängigen Überbetonung ge-

---
[1]) Zur Soziologie dieser betrieblichen Bewegungen siehe unten Kapitel 12.

wisser Methoden der direkten Aktion (Sabotage, Generalstreik, Aufruhr usf.) bedeutet dieser vielberufene Begriff tatsächlich nicht mehr, aber auch nicht weniger, als sein wörtlicher Inhalt: „Unmittelbare Tätigkeit". Nicht vermittels der Parteien, des Parlaments, des Staatsapparats, der Gesetzgebung und Verwaltung, sondern „unmittelbar" lehnen sich die Arbeiter gegen den Kapitalismus auf. Nicht als Wähler, Parteimitglieder oder Staatsbürger, nicht vertreten durch Parteisekretäre, Parlamentarier oder Staatsbeamte, sondern als Arbeiter kämpften die Arbeiter um ihre Befreiung, und zwar an dem konkreten Ort ihres Arbeiterdaseins, in der Werkstatt, im Betrieb, im Unternehmen[1]).

Genau jene Haltung der „action directe" beherrschte auch die deutsche Arbeiterrätebewegung. Die meisten zeitgenössischen Beobachter haben diesen Charakter der Bewegung erkannt und mit Recht als „syndikalistisch" bezeichnet, auch wenn die historische Theorie des romanischen Syndikalismus in der Tat so gut wie gar keinen Einfluß auf die Rätebewegung ausgeübt hat. Diese Beobachter sind sich in der Darstellung der faktischen Bestrebungen unter den Arbeitern in hohem Grade einig, unbeschadet der Tatsache, daß sie — ihren politischen Ansichten entsprechend — daraus ganz verschiedene Konsequenzen ziehen.

Von nichtsozialistischen Sozialwissenschaftlern hat sich vor allem *H. Göppert* mit diesem Charakter der sozialen Bewegung in der Revolution beschäftigt. Er untersucht in einem längeren Aufsatz über die Sozialisierungsbestrebungen in Deutschland nach der Revolution die verschiedenen aufgetretenen Richtungen und schildert dabei auch „... die höchst primitive Auffassung der radikalen Arbeiterschaft, die ganz naturgemäß der syndikalistisch-produktivgenossenschaftlichen Richtung zuneigt. Denn was nützt es dem Arbeiter, wenn in den sozialisierten Betrieben ... doch die Lohnarbeit bestehenbleibt, wenn ihm statt des Arbeitgebers ‚Kapital' ein Arbeitgeber in Gestalt irgendeiner ‚gemeinwirtschaftlichen' Organisation gegenübertritt, in deren Betriebe er schließlich nicht mehr Rechte hat, als die neue Gesetzgebung überall einräumt, mögen auch eine Anzahl Genossen in der Zentrale sitzen, wo sie doch nur die Arbeiterinteressen verraten? ... Was nützt es ihm, wenn ihm statt der verheißenen Erlösung von der Arbeitsqual der Satz entgegengehalten wird, daß die Religion des Sozialismus die Arbeit sei? Er will der Herr sein und ihm soll der Betrieb gehören"[2]).

---

[1]) Vgl. *V. Griffuelhes* (Generalsekretär des französischen Gewerkschaftsbundes CGT), L'Action Syndicaliste, Paris 1908, S. 23, „Direkte Aktion heißt Aktion der Arbeiter selbst, eine Aktion, die von den Beteiligten selbst direkt ausgeführt wird. Der Arbeiter selbst ist es, der die Anstrengungen leistet. Er übt sie persönlich gegen die ihn beherrschenden Mächte, um von diesen die verlangten Vorteile zu erhalten. In der direkten Aktion unternimmt der Arbeiter selbst seinen Kampf; er selbst ist es, der ihn durchführt, entschlossen, keinem anderen als sich selbst die Sorge seiner Befreiung zu überlassen." Zitiert nach *Paul Louis*, Geschichte der Gewerkschaftsbewegung in Frankreich, herausgegeben und eingeleitet von *G. Eckstein*, Stuttgart 1912, S. 15/6.

[2]) *Schmollers* Jb., 45. Jg., S. 313 ff., bes. S. 323 ff. Ähnlich auch *Gestaldio*, Die Sozialisierung des Kohlenbergbaus, ebenda, S. 185 ff., bes. S. 201 ff. Ferner *H. von Beckerath*, Probleme industriewirtschaftlicher „Sozialisierung", Annalen für soz. Politik und Gesetzgebung, Bd. 6, S. 487 ff., bes. S. 488/9, 496 ff., 529 ff.

Diejenigen wissenschaftlichen Beobachter der sozialen Bewegung dieser Zeit, die dem Sozialismus nicht ablehnend, sondern mehr oder weniger wohlwollend gegenüberstanden, gelangten — wenn auch freilich mit einer positiveren Bewertung — zu ähnlichen Urteilen. Einer der bedeutendsten unter ihnen war ohne Zweifel *Josef Schumpeter*. In einem langen polemischen, geistreichen, von Anregungen und Einsichten ebenso wie von Paradoxien übervollen Aufsatz hat er im Jahre 1920 „Sozialistische Möglichkeiten von heute" erörtert[1]). Er stellt fest, daß Verstaatlichung oder Kommunalisierung „Wesen und Struktur eines kapitalistischen Betriebes an sich unberührt" ließen[2]). Demgegenüber sei der Syndikalismus „etwas Naheliegendes, etwas, was tief im Volksbewußtsein liegt ... nämlich ... die Tendenz zur Eroberung ‚ihres' Betriebes durch die Arbeiter"[3]). In seiner reinen Form würde der Syndikalismus freilich nur „Gruppenkapitalismus statt Individualkapitalismus" bedeuten; aber eine allmähliche Entwicklung, in der die Beteiligung der Arbeiter an der Unternehmensleitung und Betriebsführung langsam über die konstitutionelle Fabrik zur Alleinherrschaft führe, sei sehr wohl ein Weg zur sozialistischen Vollendung[4]). So seien auch die sog. „wilden" Sozialisierungen „nicht ohne weiteres als vorübergehende, lediglich aus der Verzweiflungsstimmung der Zeit fließende Torheit" zu betrachten[5]). In ähnlicher Form sprach *Emil Lederer* von dem „naiven und impulsiven Ausdruck der Massen, sie müßten die Produktionsmittel in die Hand nehmen", als von einem begründeten und für die Zukunft nicht unfruchtbaren Bestreben[6]). Sogar ein ursprünglich ganz auf die Gemeinschaftsaufgaben des Sozialismus gestimmter Fürsprecher wie *Wilbrandt* ließ sich im Zuge der revolutionären Ereignisse davon überzeugen, daß der Drang der Arbeiter nach unmittelbarer Beteiligung an der sozialistischen Neuordnung durch die Räte einem elementaren und begründeten Streben entsprang[7]).

Alle diese Beobachter — und, wie wir gesehen haben, auch die Theoretiker und Führer der Rätebewegung selbst — wiesen jedoch darauf hin, daß diese „syndikalistische" Grundströmung die Gefahr in sich berge, das Ziel des Sozialismus zu verfehlen. Die revolutionäre Eroberung einzelner Betriebe oder ganzer Industriezweige ausschließlich zum Vorteil der beteiligten Arbeitnehmer müsse zu neuen Ausbeutungsverhältnissen und sozialen Ungerechtigkeiten führen, ganz abgesehen von der Frage, ob die jeweiligen Arbeiterräte fähig sein würden, die

---

[1]) Archiv für Soz. Wiss. und Soz. Pol., Bd. 48, S. 305 ff.
[2]) A.a.O., S. 334/5.
[3]) A.a.O., S. 336.
[4]) A.a.O., S. 336 ff.
[5]) A.a.O., S. 337.
[6]) Archiv f. Soz. Wiss. und Soz. Pol., Bd. 47, 1920, S. 219 ff., S. 259/60. Siehe auch die klarsichtige Voraussage des Verlaufs der revolutionären Bewegung in seinem im September 1918 abgeschlossenen Aufsatz; Zum sozialpsychischen Habitus der Gegenwart, a.a.O., Bd. 46, S. 114 ff., 139 Anm. 9.
[7]) Vgl. sein Buch Sozialismus, S. 183 ff.

Leitungsaufgaben erfolgreich wahrzunehmen; die reformerische Interessenvertretung einzelner Betriebsbelegschaften hingegen verliere das sozialistische Ziel überhaupt völlig aus dem Auge.

Vor allem die offizielle Sozialisierungspolitik der Regierung und der Gewerkschaften und die Sozialisierungstheorie der ihnen nahestehenden Fachleute hoben diese Gefahren hervor. Der urwüchsigen Arbeiterströmung gegenüber betonten sie mit besonderem Nachdruck die andere Seite der Sozialisierung, die Aufhebung des Privateigentums an den Produktionsmitteln zugunsten einer im Dienste der gesamten Gesellschaft stehenden planmäßigen Wirtschaft. Jedoch auch dieser Auffassung wohnte die Gefahr inne, das Ziel des Sozialismus zu verfehlen. Sie neigte dazu, ihren Richtpunkt, das Interesse der „Allgemeinheit", nur ganz abstrakt zu bestimmen, ohne zugleich die Frage zu beantworten, ob und wie die wirklichen Glieder dieser Allgemeinheit — insbesondere die Arbeitnehmer — ihre wirklichen Interessen würden zur Geltung bringen können. Statt dessen wurde nicht selten die technisch-ökonomische Rationalität der neuen Wirtschaftsordnung mit dem wirklichen Allgemeininteresse unkritisch in eins gesetzt und es wurden die leitenden Organe der Gesellschaft mit dieser selbst identifiziert. Die „syndikalistische" Tendenz der Arbeiterschaft auf Änderung ihrer unmittelbaren Arbeitsverhältnisse und unmittelbare Kontrolle der sozialisierten Wirtschaft gewann demgegenüber den Charakter eines bloß partiellen dem „Allgemeininteresse" zuwiderlaufenden Störungsfaktors. Das Ergebnis solcher Grundauffassungen waren dann Sozialisierungsentwürfe, die den ursprünglich von *Marx* gemeinten revolutionären Prozeß der „Vergesellschaftung" zu einem technisch-organisatorischen Eingriff in die Wirtschaft verengten, und deren politische Konsequenzen eher auf eine staatskapitalistische oder technokratisch-bürokratische Verfassung hinausliefen, als auf eine sozialistisch-demokratische „freie Assoziation" (Komm. Manifest)[1].

Der extremste Vertreter einer rein staatlich-organisatorisch gedachten Sozialisierung war *O. Neurath*. Er war ein reiner Technokrat, obwohl er im Verlauf der Entwicklung seiner Gedanken dazu gelangte, den Räten eine wesentliche Rolle in seinem System einzuräumen[2]. Bedeutsamer als die rationalistisch-utopischen Pläne *Neuraths* war der Vorschlag, den einer seiner Mitarbeiter *Hermann Kranold* zusammen mit *Edwin Carpow* für die Sozialisierung des Kohlenbergbaues entwickelt hat[3]. Die darin ausgesprochenen Gedanken sind deswegen so interessant, weil die Verfasser radikale Sozialisten waren, die die Verwirklichung einer Gemeinwirtschaft unter Ausschaltung aller Klassen-

---

[1] Einen guten Überblick über die schier unabsehbare Sozialisierungsdebatte nach 1919 geben die Bücher von *H. Ströbel*, Die Sozialisierung, 4. Aufl., Berlin 1922, und *Felix Weil*, Sozialisierung, Berlin 1921. Von einem orthodox marxistischen Standpunkt aus, aber sehr sachlich, schreibt *W. Greiling*, Marxismus und Sozialisierungstheorie, Berlin 1923.

[2] Siehe *Max Schippel*, Die Sozialisierungsbewegung in Sachsen, Vorträge der Gehe-Stiftung, 10. Bd., Heft 4, 1920, bes. S. 19/20, 23, 28.

[3] Vollsozialisierung des Kohlenbergbaus?, Berlin-Fichtenau 1921.

privilegien ernsthaft forderten und auch den Ansprüchen der Arbeiter mit Verständnis gegenüberstanden.

Der gefährlichste Gegner des Sozialismus ist für sie der „Syndikalismus", worunter sie die Ausbeutung der Konsumenten durch die Produzenten (Arbeiter und Unternehmer) verstehen[1]). Die Verwaltung der Bergwerke ganz oder überwiegend den dort beschäftigten Arbeitern zu übergeben, lehnen sie aus diesem Grunde ab. Überdies vermöchten die Arbeiterräte gar nicht diese Verwaltung zu leisten; ihre Tätigkeit soll auf die sozialpolitische Interessenvertretung und die Kontrolle der Rechnungslegung beschränkt bleiben[2]). Die Verwaltung der enteigneten Bergwerke soll straff zentralisiert, die oberste Kontrolle jedoch nicht dem Staat schlechthin oder irgendwelchen „paritätischen" Organen übertragen werden, zumal der Grundsatz der Parität zwischen den alten Unternehmern und den Arbeitern „für jeden Sozialisten vollständig unannehmbar" ist. Den entscheidenden Einfluß soll vielmehr der Reichswirtschaftsrat ausüben, der nach Kopfzahl der in den jeweiligen Wirtschaftszweigen Beschäftigten zusammengesetzt wird, also eine überwiegende Mehrheit von Arbeitnehmervertretern enthält[3]).

Die Verantwortung für die sozialistische Wirtschaft trug nach diesen Vorschlägen im wesentlichen die Arbeitnehmerschaft selbst. Wenigstens pro forma. Denn die entscheidende Frage blieb offen: Ob die demokratische Kontrolle durch den Reichswirtschaftsrat wirksam und der Zusammenhang zwischen ihm und seinen Wählern eng genug sein würde, um den Arbeitern das begründete Gefühl zu geben, daß sie nun ihr wirtschaftliches Schicksal *selbst* bestimmten. Die *Carpow-Kranold'schen* Pläne gerieten ohne eine Antwort auf diese Fragen in bedenkliche Nähe zu einem bürokratischen „Sozialismus", in dem die Klasse der kapitalistischen Unternehmer zwar beseitigt, zugleich aber durch eine neue Schicht wirtschaftender Funktionäre ersetzt wird, ohne daß die Arbeiterschaft auf die Stellung und die Tätigkeit dieser neuen Führungsschicht wesentlich größeren Einfluß besitzt, als früher gegenüber den alten Unternehmern. Es mußte zweifelhaft erscheinen, ob sich unter solchen Umständen die Lage der Arbeiterschaft als einer beherrschten Klasse wirklich verändern und ob der Arbeiter infolgedessen bereit sein würde, eine derartige Umorganisation der Wirtschaft als Sozialismus anzuerkennen.

Allerdings hat die in dem *Kranold-Carpow'schen* Entwurf zum Ausdruck kommende Richtung sozialistischen Denkens keinen größeren Einfluß auf die tatsächliche Bewegung nach 1918 und somit keine praktische Bedeutung gewonnen. Im Gegensatz dazu besaßen die Vorschläge der 1918 eingesetzten und nach dem Kapp-Putsch 1920 erneut beauftragten sog. „Sozialisierungskommission" eine erhebliche praktische Auswirkung. Sie standen im Mittelpunkt der

---

[1]) A.a.O., S. 25/6, S. 31.
[2]) A.a.O., S. 28/9, 39.
[3]) A.a.O., S. 41 ff.

Diskussionen; und eine tatsächlich durchgeführte Sozialisierung der Grundindustrien hätte sich ohne Zweifel in der Richtung der von der Kommission ausgearbeiteten Pläne bewegt[1]). Kernstück der gesamten Arbeit der Sozialisierungskommission und Grundlage der im Jahre 1920 erneut zur Diskussion gestellten Vorschläge ist der Vorläufige Bericht über die Sozialisierung des Kohlenbergbaus vom 15. Februar 1919 und in ihm der Entwurf der entschieden sozialistisch gesonnenen Kommissionsmehrheit. Er allein ist in unserem Zusammenhang von Interesse. Wir werden uns im folgenden darauf beschränken, die ausgearbeiteten Vorschläge für den Bergbau heranzuziehen. Die dort entwickelten Vorstellungen können ohne weiteres auf die gesamte industrielle Produktion übertragen werden.

Wie versucht der Kommissionsplan unser Problem, die Vereinigung von Allgemeininteresse und Arbeiterinteresse zu lösen? Nehmen wir das Ergebnis vorweg: Durch einen Kompromiß, der entscheidende Fragen offen läßt. Die Verstaatlichung des Bergbaus wird, der drohenden Gefahr des Bürokratismus wegen, scharf abgelehnt[2]). Der Bergbau soll durch eine selbständige Körperschaft, die Reichskohlengemeinschaft übernommen werden. Die Mitwirkung der Arbeiterschaft bei der Sozialisierung wird als berechtigt anerkannt. Das Drängen der Arbeiter berge freilich die „Gefahr" produktivgenossenschaftlicher oder syndikalistischer Lösungen in sich. „Demgegenüber kann die Notwendigkeit einheitlichen Vorgehens nicht scharf genug betont werden"[3]). Die Geschäfte der Leitung des Bergbaus sollen im gemeinwirtschaftlichen Sinne durch „Arbeiterschaft, Betriebsleitungen und Allgemeinheit geführt werden"[4]). Beherrschend sollen „die Grundsätze wirtschaftlicher Demokratie und des Arbeitens für die Gesamtheit" sein.

In der organisatorischen Verwirklichung jener Grundsätze treten in dem Kommissionsplan die Interessen der „Gesamtheit" allerdings stark in den Vordergrund. Die „Demokratie in den Betrieben" bezieht sich nur auf das unmittelbare Arbeitsverhältnis; auf die Betriebsleitung und die Bestellung der leitenden Personen sollen die Arbeiter keinen Einfluß haben. (In diesem begrenzten Rah-

---

[1]) Vgl. Bericht der Sozialisierungskommission über die Frage der Sozialisierung des Kohlenbergbaus vom 31. Juli 1920. Anhang: Vorläufiger Bericht vom 15. Februar 1919, 3. Aufl., Berlin 1921. An jenem vorläufigen Bericht waren neben *E. Lederer*, dem Hauptanreger, beteiligt die Professoren *Ballod*, *Schumpeter* und *Wilbrandt*, die marxistischen Theoretiker *Heinrich Cunow*, *Karl Kautsky* und *Rudolf Hilferding*, ferner die Gewerkschaftler *Umbreit* und *Hué* (Bergarbeiter). *Kautsky* und *Hué* konnten an der endgültigen Abfassung allerdings nicht teilnehmen. 1920 beteiligten sich zusätzlich noch Prof. *Hugo Lindemann*, der sozialistische Statistiker *Kuczynski*, der sozialdemokratische Politiker *Adolf Braun* und die freigewerkschaftlichen Angestelltenvertreter *Heinrich Kaufmann* und *Georg Werner*, letzterer Steiger von Beruf und ein im Bergbau sehr erfahrener Mann. Die Verfasser der verschiedenen nichtsozialistischen Gegenvorschläge interessieren in unserem Zusammenhang nicht.
[2]) Bericht, a.a.O., S. 32/3.
[3]) A.a.O., S. 35, 37.
[4]) A.a.O., S. 35.

men freilich werden den Arbeitervertretungen beträchtliche Rechte zugedacht. Der Einfluß der von der Essener Neunerkommission für die Steigerrevier- und Zechenräte entworfenen Bestimmungen auf die Formulierungen der Sozialisierungskommission ist unverkennbar)[1]. Hingegen wird den Betriebsleitungen eine sehr einflußreiche und unabhängige Stellung neben den Arbeitnehmern eingeräumt, die sich darin ausdrückt, daß sie nicht nur im Betrieb die entscheidende Stellung einnehmen, sondern auch im zentralen Kontrollorgan der Kohlengemeinschaft, dem hundertköpfigen Reichskohlenrat, mit derselben Stärke wie die Arbeiter, nämlich mit 25 Sitzen vertreten sein sollen[2]. Der Kommissionsplan beseitigt also zwar die Klasse der kapitalistischen Eigentümer und Unternehmer, verankert aber gleichzeitig die Sonderstellung einer neuen „sozialistischen" Managerschicht. Überdies sind keinerlei Sicherungen dagegen vorhanden, daß die weiteren je 25 Vertreter des Reiches und der Konsumenten ebenfalls überwiegend aus Wirtschaftsmanagern, Bürokraten und nicht unmittelbar demokratisch gewählten und kontrollierten Fachleuten zusammengesetzt werden.

Alle Einwendungen, die gegen *Kranold-Carpow* gelten, gelten gegen *Lederer* auch; zusätzlich aber muß festgestellt werden, daß in den entscheidenden Organen die Arbeitnehmer sich in einer hoffnungslos unterlegenen Position gegenüber den Vertretern des „Allgemeininteresses" befinden; überdies besteht die Gefahr, daß diese Vertreter zusammen mit den Betriebsleitern den Charakter einer staatskapitalistischen Managerschicht annehmen[3]. Es kann kein Zweifel daran sein, daß es den Mitgliedern der Sozialisierungskommission mit dem Wunsch nach wirklicher Sozialisierung und wirtschaftlicher Demokratie völlig ernst gewesen ist[4]. Aber die starke Betonung des „Allgemeininteresses" und die Scheu vor den „syndikalistischen" Tendenzen der Arbeiterschaft führt sie zu Konsequenzen, die von den ursprünglichen sozialistischen Zielen fortzuführen drohen[5].

Einer besonderen Erwähnung bedürfen noch die Gedanken, die *Georg Werner* über den „Weg zu einer Sozialisierung des Kohlenbergbaus" vorgetragen hat[6].

---

[1] A.a.O., S. 57 ff. Vgl. Broschüre Neunerkommission, S. 32 ff.

[2] A.a.O., S. 39. Im Entwurf von 1920 hat sich das Verhältnis insofern verschoben, als neben 25 Arbeitervertretern und 10 Angestelltenvertretern nur 15 Vertreter der Betriebsleitung fungieren sollen. Die Besonderheit der Angestelltenschaft und ihre Trennung von den Arbeitern im Wahlverfahren machen diese Stärkung der Arbeitnehmerposition aber fragwürdg. Siehe S. 14.

[3] Im *Kranold-Carpow'schen* Entwurf sollten von 160 Mitgliedern des Reichskohlenrats immerhin 56 ausdrücklich Arbeitnehmer sein, und weitere 30 waren von dem überwiegend aus Arbeitnehmern zusammengesetzten Reichswirtschaftsrat zu benennen. Den Betriebsleitern war keine selbständige Vertretung zugebilligt. A.a.O., S. 43.

[4] Vgl. die klaren Feststellungen zum Problem der Verstaatlichung, Bericht, S. 32/3.

[5] Nicht ohne eine gewisse Berechtigung bezeichnet *Göppert* den Kommissionsentwurf als „... ein typisches Beispiel für jene sozialistisch-bürokratische Auffassung, die von der bloßen Form einer Organisation einen sozialistischen Inhalt erwartet", a.a.O., S. 338.

[6] Berlin 1920, als selbständige Broschüre.

*Werner* war Steiger von Beruf, Geschäftsführer des freigewerkschaftlichen Bundes der technischen Angestellten und Beamten *(Butab)* und, wie er von sich selbst sagt, ein alter Betriebsbeamter, „der sich genau darüber klar ist, was gemacht werden kann, und was nicht möglich ist"[1]). Er hat als Mitglied der Sozialisierungskommission im Jahre 1920 für die Kommissionspläne gestimmt, und sein eigener Entwurf schließt sich jenen im allgemeinen an. Interessant sind für uns die Unterschiede. Sie liegen in dem wesentlich höheren Grade der Mitbestimmung auf technisch-wirtschaftlichem Gebiet, die *Werner* den Arbeitervertretern einräumen will.

Für *Werner* stehen die Ansprüche der Arbeitnehmer durchaus im Vordergrund. „Die Sozialisierung des Bergbaus ist der erste Schritt auf ... (dem) ... Wege zur wirtschaftlichen Selbständigmachung der Arbeitnehmer". Er betrachtet diesen Prozeß sehr nüchtern. In der Alltagspraxis des Bergbaus werde sich durch die Sozialisierung wenig ändern. Aber Schutz vor Ungerechtigkeiten, Lust und Liebe zur Arbeit *und* die Möglichkeit zur Mitarbeit am Betriebe für alle könnten geschaffen werden. Dieser letzte Punkt ist entscheidend[2]). Von allen sozialdemokratischen Sozialisierungstheoretikern wird übereinstimmend behauptet, daß es weder sinnvoll, noch praktisch möglich sei, die Arbeiter an der Betriebsleitung zu beteiligen[3]). Ganz anders *Werner*. In einem Katalog der berechtigten Arbeiterforderungen führt er ausdrücklich die Mitarbeit im technischen Betrieb auf[4]).

Mit Schärfe wendet er sich gegen jede Sonderstellung der Betriebsleiter: „Grundsätzlich sind die im Bergbau Tätigen, vom jugendlichen Arbeiter bis zum Generaldirektor, die von der Allgemeinheit eingesetzten Verwalter des Bergwerkseigentums, welches sie im Interesse der Allgemeinheit verwalten müssen". Das Recht der Mitbestimmung durch ihre Vertrauensleute besteht für die Arbeitnehmer „in allen Fragen des Betriebs". Die Betriebsräte sind dem Direktor beigeordnet „und mit diesem in der Art des Kollegialsystems bei der Leitung tätig"[5]). Der Betriebsobmann soll dem Direktor zur dauernden Unterrichtung beigegeben werden[6]). Die technische Leitung müsse dem Direktor und den Beamten verbleiben; aber die Arbeitervertreter sollten an allen Beamtenversammlungen teilnehmen und in alle Betriebsvorgänge Einblick nehmen dürfen[7]). „Werden die umstehend geforderten Vollmachten ...", so stellt *Werner* fest, „ ... nicht gewährt, bekommen wir niemals Ruhe im Bergbau"[8]). Dieser

---

[1]) A.a.O., S. 46.
[2]) A.a.O., S. 44 ff.
[3]) Ganz scharf z. B. *Kranold-Carpow*, a.a.O., S. 35.
[4]) *Werner*, a.a.O., S. 12.
[5]) A.a.O., S. 34/5.
[6]) A.a.O., S. 38.
[7]) A.a.O., S. 36/7.
[8]) A.a.O., S. 37.

sein Standpunkt ist um so bemerkenswerter, als er die radikalen politischen Bewegungen und ihre typischen Vertreter schroff ablehnt[1]).

Es ist ganz deutlich, daß in *Werner's* Überlegungen die Anregungen der Sozialisierungs- und Rätebewegung in sehr viel höherem Grade wirksam geworden sind als bei irgendeinem der anderen Sozialisierungstheoretiker. Und es scheint kein Zufall zu sein, daß sich solche Auswirkungen bei einem Mann gezeigt haben, der als langjähriger aktiver Zechenbeamter der betrieblichen Praxis näherstand als die Professoren, Publizisten oder Gewerkschaftssekretäre, die im übrigen die Sozialisierungsdebatte bestritten.

Den eindringlichsten Versuch, die durch den Umsturz aufgeworfenen theoretischen und praktischen Probleme der sozialistischen Bewegung vom Standpunkt des Marxismus aus zu lösen, hat der schon mehrfach erwähnte *Karl Korsch* unternommen. Schon vor dem Kriege hatte er, wie wir gesehen haben, auf die spezifischen Schwächen des überlieferten marxistischen Denkens hingewiesen[2]). 1918/19 war *Korsch* zuerst noch Mitglied der SPD[3]) und nahm als wissenschaftlicher Assistent von *Robert Wilbrandt* an den Beratungen der Sozialisierungskommission teil[4]). Bald darauf war er bei den Unabhängigen[5]), und 1923 wurde er — unterdessen Mitglied der KPD — Justizminister der kurzlebigen Thüringer Arbeiterregierung[6]). Bereits 1926 wurde er jedoch wegen „linker Opposition" aus der KPD ausgeschlossen[7]). Seitdem vertrat er mit einer kleinen Gruppe von Gleichgesinnten zusammen eine unabhängige revolutionäre Politik und hielt dabei freundschaftlichen Kontakt zu den revolutionären Industrieverbänden, über deren Entstehung und Bedeutung wir bereits gesprochen haben[8]).

Unter Rückgriff auf die ursprünglichen *Marxschen* Lehren und auf seine eigenen Erkenntnisse der Vorkriegszeit hat *Karl Korsch* in den Revolutionsjahren versucht, die Probleme einer aktiven und realistischen sozialistischen Politik theoretisch zu lösen. Im Gegensatz zum Jahre 1912, in dem seine Worte gar nicht bis zu denen gelangten, für die sie geschrieben waren, konnte er jetzt an die tatsächliche politische und wirtschaftliche Praxis der Arbeiter anknüpfen.

---

[1]) A.a.O., S. 30, 46.

[2]) Siehe oben S. 33/4.

[3]) Arbeiter-Rat, Jg. 1, Nr. 19, S. 15.

[4]) Vgl. Protokolle der Sozialisierungskommission, Gruppe 1: Kohle, Bd. 3, Berlin 1921. Siehe auch die Hinweise von *Wilbrandt* auf *Korschs* Auffassungen, die auf eine enge Zusammenarbeit hindeuten, Sozialismus, S. 136, 184, 223, 311.

[5]) Arbeiter-Rat, Jg. 1, Nr. 24.

[6]) *Stampfer*, a.a.O., S. 362.

[7]) *Flechtheim*, a.a.O., S. 134.

[8]) Siehe oben S. 207 ff. Vgl. auch die grundsätzliche Auseinandersetzung mit dem dogmatisierten Bolschewismus in Marxismus und Philosophie, 2. Aufl., Leipzig 1930.

Die Rätebewegung entwickelte von sich aus Formen des Denkens und des Handelns, die seinen theoretischen Einsichten entgegenkamen[1]).

In dem Bestreben, den Sozialismus sowohl theoretisch-wissenschaftlich zu begründen als auch praktisch durchführbar zu machen, weist *Korsch* darauf hin, „daß neben der sog. ‚marxistischen' Auffassung, bei der der Sozialismus als reine Wissenschaft angesehen wird, und neben der sog. ‚revisionistischen' Anschauung, die ganz auf praktische Gegenwartsarbeit, auf lauter Einzelreformen ohne grundsätzliche Umwälzung des bestehenden Gesellschaftszustandes gerichtet ist, noch eine *dritte* Art von Einstellung ... möglich ist", der von ihm so genannte „praktische Sozialismus"[2]). Dieser ruft gegenüber der bisherigen Betonung, daß die Menschen Produkte der Umstände seien, wieder die *Marxsche* Erkenntnis ins Gedächtnis, „daß die Umstände von den Menschen verändert" werden[3]). „In Übereinstimmung mit dem tiefer verstandenen *Marx* betont der praktische Sozialismus die Einsicht, daß das einzige Mittel zur wirklichen Vollziehung des Überganges zur sozialistischen Gesellschaftsordnung und zum sozialistischen Aufbau *bewußte menschliche Tätigkeit* ... ist". „Die äußeren Umstände der hergebrachten Ordnung ändern sich, wenn ihre Stunde gekommen ist, nicht von selber, sondern nur durch menschliche Tätigkeit"[4]).

Gegenüber einer „Wissenschaftlichkeit", die fatalistisch das Schicksal des Sozialismus einer angeblich objektiven Entwicklung überläßt, betont *Korsch*, daß der Sozialismus schöpferischer Wille und Bereitschaft zur Tat sei. Auf der anderen Seite aber, gegenüber einer zwar zum Handeln bereiten, aber „realpolitisch" verengten Politik betont er mit derselben Schärfe, daß der Sozialismus dennoch wissenschaftlich begründet werden müsse. Ein sozialpolitisch veredelter Kapitalismus z. B., wie er von der Mehrheitssozialdemokratie vertreten werde, müsse an den objektiven Tatsachen der wirtschaftlichen Entwicklung scheitern[5]). Die wissenschaftliche Begründung dieser These ist allerdings eine *notwendige* Voraussetzung jeder radikal sozialistischen Politik. Denn wäre die *Bändigung* des Kapitalismus allein durch Sozialpolitik möglich, dann würde das sozialistische Ziel zur reinen „idealen Forderung" verblassen und mit Recht würden

---

[1]) Siehe oben S. 33/4, 102/3. Außer dem dort erwähnten Aufsatz über die Sozialisierungsfrage in Der Arbeiter-Rat, Jg. 1, Nr. 19, S. 15/6, siehe auch den Aufsatz Grundsätzliches über Sozialisierung, Der Arbeiter-Rat, Jg. 2, Nr. 7, S. 6 ff. Ferner: Praktischer Sozialismus, Die Tat, 11. Jg. 1919/20, 2. Bd., S. 735 ff., und Grundsätzliches über Sozialisierung, ebenda, S. 900 ff., sowie Das sozialistische und das syndikalistische Sozialisierungsprogramm, Der Sozialist, Jg. 1919, Nr. 26, S. 402 ff. Grundlegend schließlich: Was ist Sozialisierung?, Hannover o.J. (1919), und Arbeitsrecht für Betriebsräte, Berlin 1922.

[2]) Die Tat, a.a.O., S. 735.

[3]) *K. Marx*, Thesen über Feuerbach, aus Die deutsche Ideologie, Berlin 1953, S. 593 ff.

[4]) *Korsch*, a.a.O., S. 736 und 902.

[5]) A.a.O., S. 739 ff.

die Menschen unter diesen Umständen auf die grundsätzliche gesellschaftliche Umwälzung verzichten[1]).

*Korsch* konzentriert sein ganzes Denken um den Begriff der Sozialisierung. Er nimmt ihn dabei in seinem ursprünglichen vollen Sinne, nämlich als: Verwirklichung des Sozialismus. „Die Sozialisierung ist die sozialistische Revolution, sie ist der durch praktische ... Tätigkeit Fleisch und Wirklichkeit werdende sozialistische Gedanke"[2]). *Korschs* Ziel ist, diesen Prozeß der Sozialisierung geistig zu durchdringen und aus seiner Erkenntnis Anweisungen für das praktische Handeln abzuleiten. Dabei stellt er — in Übereinstimmung mit *Marx* — das Problem in den Mittelpunkt, das in der Tat entscheidend ist. Die sozialistische Bewegung besteht aus zwei verschiedenen, ursprünglich voneinander gänzlich unabhängigen Elementen, die erst durch den geschichtlichen Ablauf miteinander verknüpft sein müssen, wenn der Sozialismus verwirklicht werden soll: Die wissenschaftlich und ethisch begründete sozialistische Idee und die Bewegung der industriellen Arbeitnehmer. Der Schlüssel zur Lösung des dadurch gestellten Problems ist die „marxistische Erkenntnis der Sozialisierung als Identität von historischem Entwicklungsprozeß und umwälzender menschlicher Tätigkeit"[3]).

Von diesem theoretischen Ansatz her versuchte *Korsch* die in der Revolution sichtbar gewordene Haupttriebkraft jener „umwälzenden menschlichen Tätigkeit", die direkte Aktion der Arbeiterschaft mit den objektiven ökonomischen und sozialen Erfordernissen der Sozialisierung zu verbinden. In einer Diskussion mit *Eduard Heimann*, der als wissenschaftlicher Sekretär der Sozialisierungskommission mitten in den Auseinandersetzungen stand, formulierte er noch einmal die grundsätzlichen Probleme. *Heimann* hatte in einem längeren Aufsatz die Sozialisierung als „ein rationales System organisatorischer Maßnahmen" definiert und von den unmittelbaren Interessen der Arbeiterschaft theoretisch abgesondert[4]). Er meinte, daß „die Einführung der Betriebsräte mit der Sozialisierung begrifflich nichts zu tun" habe: „Nicht weil der Sozialismus sozialistisch ist, sondern weil er auch demokratisch ist, weil er die Anteilnahme aller Volksgenossen und die Auslese aus allen Volksgenossen will, braucht er die Betriebsräte"[5]). Der innere Zusammenhang von Arbeiterbewegung und Sozialisierungsprozeß wird also geleugnet. Einen Ausgleich zwischen den Arbeiterinteressen und dem Allgemeininteresse zu suchen, so argumentierte *Heimann* gegen *Korsch*, sei verfehlt, denn das Allgemeininteresse gehe ohne weiteres vor. Der Staat gebe den Ausschlag, denn er sei der Repräsentant „der Gesamtheit, in der in Wahrheit

---

[1]) A.a.O., S. 739.
[2]) A.a.O., S. 901.
[3]) A.a.O., S. 910/11. Daß diese Erkenntnis in der Tat im Zentrum des *Marx*schen Denkens gestanden hat, weist überzeugend nach *I. Fetscher*, Von der Philosophie des Proletariats zur proletarischen Weltanschauung, in Marxismusstudien, Bd. 2, Tübingen 1957, S. 26 ff., bes. 35 ff.
[4]) Sozialisierung, Archiv für Soz. Wiss. und Soz. Pol., Bd. 45, S. 527 ff., 582.
[5]) A.a.O., S. 580 ff.

alle Sonderinteressen zum Ausgleich kommen[1]). Hiergegen erinnerte *Korsch* an die auch den Staat beherrschenden Klassengegensätze und betonte „... die Notwendigkeit der *Räte* für den Aufbau der klassenlosen und staatenlosen sozialistischen Gesellschaft ..."[2]).

Den Versuch, die konkreten Probleme der Sozialisierung in Übereinstimmung mit den theoretischen Einsichten des Marxismus zu lösen, unternahm *Korsch* mit der Unterscheidung von Konsumenten- und Produzentensozialismus[3]). Weder der Allgemeinheit aller konsumierenden Genossen schlechthin, über die Köpfe der unmittelbar produzierenden Arbeiter hinweg, noch den Gruppen der Produzenten, ohne Rücksicht auf die Allgemeinheit, darf die Wirtschaft überantwortet werden. Aber die beiden Formen können einander ergänzen. Es ist eine Organisationsform denkbar, in der die verantwortlichen Leiter der Wirtschaft einerseits der Allgemeinheit verantwortlich sind, andererseits aber auch von den Arbeitnehmern demokratisch kontrolliert werden. Diese Organisationsform nennt *Korsch* „Industrielle Autonomie". Ob diese „als Verstaatlichung (Kommunalisierung usw.) und nachträgliche Einschränkung der auf die öffentlichen Funktionäre der Gesamtheit übergegangenen Herrschaftsrechte zugunsten der unmittelbaren Produktionsbeteiligten vorgestellt wird, oder umgekehrt als Überleitung der Produktionsmittel einer Industrie in den Besitz ihrer Angehörigen und nachträgliche öffentlich-rechtliche Einschränkung des so entstandenen Sondereigentums der Produzentengemeinschaft im Interesse der Gesamtheit der Konsumenten, ist für das Wesen der entstehenden industriellen Autonomie gleichgültig"[4]). Nur eins ist wichtig, daß die „Kontrolle von oben" durch planmäßige Verwaltung von Produktion und Verteilung, und die „Kontrolle von unten" durch die unmittelbare Beteiligung der kopf- und handarbeitenden Massen gemeinsam gesichert sind. Der Weg, auf dem diese beiden Bedingungen der Sozialisierung vereinigt werden können, ist für *Korsch* das *Rätesystem*[5]).

Daß dies von *Korsch* formulierte Programm des „praktischen Sozialismus" nicht die abseitige Stimme eines Einzelgängers war, sondern den wirklichen Bestrebungen eines großen Teils der Arbeiter entsprach, hat unsere Darstellung gezeigt. Zumindest von ihren führenden Kräften ist der Kampf um die Räte stets als Kampf um die Sozialisierung begriffen, die Sozialisierung nie anders als in der Form des Rätesystems vorgestellt worden. Daß die „direkte Aktion" der Arbeiter in den Betrieben das auslösende Moment der Rätebewegung war, lag in der revolutionären Entstehungssituation beschlossen. So sehr aber auch die „syndikalistische" Komponente das Denken der sozialistischen Arbeiterschaft in dieser Zeit bestimmt hat, die Bewegung als Ganzes hat darüber das

---

[1]) A.a.O., S. 586.
[2]) Die Tat, a.a.O., S. 911.
[3]) Was ist Sozialisierung?
[4]) A.a.O., S. 27/8.
[5]) Vgl. Der Arbeiter-Rat, Jg. 1, Nr. 19, S. 15/6. Vgl. auch oben S. 102/3.

sozialistische Ziel nicht aus den Augen verloren. Die Sätze, mit denen *Karski* im Frühjahr 1919 die Ziele der Ruhrbergleute umrissen hatte, drückten den Charakter der ganzen Rätebewegung aus: „Die Gesamtheit übernimmt die Bergwerke in ihren Besitz und gibt sie in die treue Hand der Bergarbeiter ... Im Verein mit dem Staat, der als Vertreter der Gesamtheit auftritt, soll der Bergarbeiter die Produktion in allen Einzelheiten organisieren." Die Allgemeinheit und die Arbeiter bilden eine „freie Arbeitsgemeinschaft" zum Wohle der Gesamtheit[1]).

Diese Auffassung — nicht zufällig von einem erfahrenen revolutionären Marxisten formuliert — drückte aber auch die ursprünglichen Intentionen des marxistischen Denkens aus. Die Frage, ob die *Marxsche* Prognose jemals eintreffen, seine Prophetie sich jemals wirklich erfüllen könne, kann hier nicht beantwortet werden. Die marxistischen Voraussetzungen aber einmal unterstellt — und der in der Rätebewegung wirkende Teil der sozialistischen Arbeiterschaft verstand sich in seiner großen Mehrheit als marxistisch —, müssen die theoretischen und praktischen Aktionen der Räte auf wirtschaftlichem Gebiet als ein in sich folgerichtiger Versuch betrachtet werden, den Sozialismus zu verwirklichen. Nur von daher läßt es sich auch erklären, daß es der Rätebewegung in so großem Umfang möglich war, das in der deutschen Arbeiterschaft eingewurzelte marxistisch geprägte „Klassenbewußtsein" zeitweilig in eine wirklich revolutionäre Tätigkeit umzusetzen. Und es läßt sich gleichfalls nur durch diesen inneren Zusammenhang von Marxismus, Sozialisierung und Rätesystem erklären, daß der Rätegedanke seitdem als die zentrale Idee des authentischen revolutionären Sozialismus lebendig geblieben ist[2]).

---

[1]) Die Sozialisierung des Bergbaus, Essen 1919, S. 15.

[2]) Auch ein flüchtiger Blick auf die sozialistische Bewegung (ich meine damit nicht die Sozialdemokratie im heutigen Sinne dieses Wortes, sondern die oft so genannten „Linkssozialisten" innerhalb oder außerhalb der sozialdemokratischen Parteien) in irgendeinem Lande der Erde, wo zumindest ein Minimum an Diskussions- und Organisationsfreiheit vorhanden ist, bestätigt diese Behauptung so schlagend, daß genauere Nachweisungen sich erübrigen. Daß der Rätegedanke in der Gestalt des „Titoismus" oder „Revisionismus" auch unter der harten Kruste der stalinistischen Apparate lebendig ist, kann nach den Ereignissen in Jugoslawien, Mitteldeutschland, Polen und Ungarn als sicher gelten.

## 11. Kapitel:

## Die Haltung der traditionellen Arbeiterorganisationen gegenüber der Rätebewegung

Die Rätebewegung ist durch ihre Vergangenheit wie durch ihre Gegenwart so eng mit den überkommenen Organisationen der deutschen sozialistischen Arbeiterschaft, mit der Sozialdemokratie und den freien Gewerkschaften also, verbunden gewesen, daß die Darstellung ihres Wirkens unvollständig sein würde, wollten wir nicht wenigstens in groben Umrissen die Haltung dieser traditionellen Organisationen gegenüber der aus ihrem Schoß erwachsenen neuen Bewegung schildern. In dem Spiegel — nicht selten freilich Zerrspiegel — ihres Urteils werden bestimmte Eigenheiten der Rätebewegung hervortreten, die bei dem bloßen Hinblick auf sie selbst allein nicht sichtbar geworden wären. Wir werden dabei, wie schon im vorigen Kapitel, auf Grund ihrer engen wechselseitigen Verflechtung die Sozialisierungs- und die Rätefrage gemeinsam behandeln müssen. Wir können uns dabei in erheblichem Umfang auf die vorausgegangene Darstellung stützen und dürfen uns daher weitgehend damit begnügen, deren Ergebnisse unter unserem Gesichtspunkt zu ordnen und zusammenzufassen[1]).

Die Sozialisierungs- und Rätepolitik der SPD und der sozialdemokratischen Mehrheit in den Gewerkschaften war keineswegs ganz einheitlich und unterlag überdies im Verlaufe der Revolution einem teilweise beträchtlichen Wandel. Im ganzen und unter Vorbehalt wichtiger Unterschiede im einzelnen kann jedoch von einer durchgehenden Grundauffassung gesprochen werden: Die Sozialdemokraten — Politiker wie Gewerkschaftler — standen in ihrer großen Mehrheit einschneidenden Veränderungen der Wirtschafts- und Sozialordnung, wie sie durch Sozialisierung und Rätesystem hervorgerufen worden wären, kritisch, wenn nicht ablehnend gegenüber.

In der Frage der Sozialisierung kam allerdings ein Teil der Sozialdemokraten der radikalen Bewegung unter den Arbeitern näher als bei irgendeinem anderen Problem. Vor allem eine Reihe führender SPD-Gewerkschaftler trat entschieden für die Sozialisierung zumindest der Schlüsselindustrien ein; (der ADGB-Redakteur *Umbreit* und der Bergarbeiterführer *Hué* waren aktive Mitglieder

---

[1]) Da dieses Kapitel eine ergänzende Skizze unter dem Gesichtspunkt des Themas Rätebewegung bleiben soll, und da eine erschöpfende Darstellung der sozialdemokratischen und gewerkschaftlichen Revolutionspolitik nicht möglich und auch nicht beabsichtigt ist, werden sich die Anmerkungen auf die notwendigsten Hinweise beschränken; die wichtigsten Belege für das Folgende finden sich in der vorausgegangenen Darstellung.

der Sozialisierungskommission und Verfechter des sozialistischen Mehrheitsberichts)[1]. Jedoch vermochten auch sie die sozialdemokratische Gesamtpolitik gegenüber den Problemen einer sozialistischen Neuordnung der Wirtschaft nicht nachhaltig zu beeinflussen: Die Führung der SPD hat nach dem Novemberumsturz 1918 zu keiner Zeit aus eigenem Antrieb und zielbewußt die Sozialisierung zum Inhalt ihrer Politik gemacht[2]).

Der Rat der Volksbeauftragten hatte zwar im November 1918 — übrigens auf Drängen der USPD-Vertreter — die Sozialisierungskommission eingesetzt, die sich auch mit großem Eifer um die rasche Ausarbeitung echter Sozialisierungsvorschläge bemühte[3]); aber seine tatsächliche Politik ging nicht in diese Richtung. Der sozialdemokratische Staatssekretär des Reichswirtschaftsamtes, *August Müller*, stand der ganzen Sozialisierung so ablehnend gegenüber und äußerte seinen Standpunkt so unverblümt, daß sogar seine Parteigenossen in der Regierung von ihm abrückten, freilich mehr aus taktischen als aus prinzipiellen Gründen[4]). Die Arbeitsergebnisse der Sozialisierungskommission wurden von Regierung und SPD-Führung trotzdem nicht beachtet; die starken Vorbehalte gegen jeden wirklichen Eingriff in das Privateigentum an den Produktionsmitteln blieben unerschüttert; und der Rücktritt der von *A. Müller* brüskierten Kommission wurde eher mit Erleichterung, als mit Bedauern aufgenommen[5]). Der Nachfolger *Müllers*, der erste Reichswirtschaftsminister *Rudolf Wissell*, war zwar ebenfalls ein Gegner der herkömmlichen marxistisch geprägten Sozialisierungsvorstellungen, die auch die Arbeit der Sozialisierungskommission bestimmt hatten, aber doch zugleich der entscheidende Fürsprecher einer gemeinwirtschaftlichen Neuordnung. Jedoch wurden auch diese Pläne im Reichs-

---

[1]) Näheren Aufschluß über die sozialdemokratische Wirtschaftspolitik in der Revolution 1918/19 gibt die Heidelberger phil. Diss. 1958 von *Hans Schieck*, Der Kampf um die deutsche Wirtschaftspolitik nach dem Novemberumsturz 1918. Sie beruht auf einer gründlichen Auswertung aller in Frage kommenden Quellen einschließlich der Bestände des Deutschen Zentralarchivs in Potsdam und Merseburg. Ich selbst habe die Protokolle des Zentralrats, des Rats der Volksbeauftragten und des ersten Reichskabinetts sowie der Sitzungen der sozialdemokratischen Nationalversammlungsfraktion herangezogen. Eine ausführliche Darlegung des gewerkschaftlichen Standpunkts zur Sozialisierungsfrage findet sich bei *E. Lederer*, Archiv f. Soz. Wiss. und Soz. Pol., Bd. 47, S. 251 ff. Siehe ferner oben Kapitel 6.

[2]) Hierzu *Schieck*, S. 47 ff. und den erwähnte Aufsatz von *Göppert*, a.a.O., sowie die knappe Darstellung bei *Kolb*, a.a.O., S. 176/7.

[3]) Siehe oben S. 238 ff.

[4]) Vgl. *A. Müller*, Sozialisierung oder Sozialismus, Berlin 1919. Prot. RdV, 31. 12. 1918, vormittags und nachmittags. Ferner den von *P. Umbreit* verfaßten Bericht über die Arbeit der Sozialisierungskommission in Protokoll des Kongresses der Gewerkschaften Deutschlands zu Nürnberg 1919, S. 184 ff.

[5]) Siehe Prot. ZR, Sitzung am 11. 1. 1919 vormittags, mit einem ausführlichen Bericht des Vorsitzenden *Leinert* über am Vorabend stattgefundene Beratungen der Volksbeauftragten mit den zuständigen Fachministern des Reichs und Preußens über einen von *Kautsky* vertretenen vorläufigen Sozialisierungsvorschlag der Sozialisierungskommission. Ferner Prot. RdV, 15. 1. 1919 nachmittags. *Umbreit*, a.a.O., und *Schieck*, S. 91 ff.

kabinett und in der SPD-Führung verworfen, und *Wissell* schied aus der Regierung aus¹).

Die von der SPD unter dem Druck der großen März-Streiks hastig eingeleitete sogenannte „Sozialisierungsgesetzgebung" kann nicht als wirkliche Sozialisierung in irgendeinem ernsthaften Sinne betrachtet werden. Bei der durch diese Gesetzgebung eingeleiteten Neuordnung der Kohle- und Kaliwirtschaft handelte es sich, wie *Umbreit* mit Recht feststellte, lediglich um „Zwangssyndikate mit Reichsbeteiligung"²) und damit, wie *Göppert* meinte, um den Versuch, „etwas zu tun, was wie Sozialisierung aussieht, aber niemandem wehe tut"³). Die ökonomischen und sozialen Auswirkungen solcher Zwangssyndizierung wurden von sozialistischen, wie nichtsozialistischen Kritikern in gleicher Weise mit durchschlagenden Argumenten negativ beurteilt⁴).

In der Rätefrage war die Haltung der Sozialdemokraten einheitlicher⁵). Lediglich die einflußlose Minderheit um *Cohen* und *Kaliski* nahm eine grundlegend andere Position ein⁶). In den ersten Monaten nach dem Umsturz verhielten sich SPD und Gewerkschaften der anschwellenden Rätebewegung gegenüber in gleicher Weise ablehnend. Die Verordnung über Arbeiterausschüsse vom 23. Dezember 1918 nahm von den Räten noch keine Notiz. Die große Streikwelle vom Januar bis zum April 1919 bewirkte dann einen Wandel der Auffassungen. Unter den Führern der Sozialdemokraten, insbesondere bei den Gewerkschaftlern, setzte sich die Erkenntnis durch, daß ohne eine erhebliche Änderung der Betriebs- und Wirtschaftsverfassung im Sinne weitergehender Mitbestimmung der Arbeiter die SPD-Politik nicht würde erfolgreich sein können. Die verkündeten programmatischen Erklärungen und praktischen Vorschläge kamen dabei den Forderungen der Rätebewegung recht weit entgegen⁷). Da deren Führer

---

¹) Eine gute Zusammenfassung der von ihm und seinem Staatssekretär *W. von Möllendorf* damals entwickelten Pläne bietet *Möllendorf*, Konservativer Sozialismus, Hamburg 1932. Über seinen Rücktritt und die Kritik der sozialdemokratischen Mehrheit an seinen Plänen siehe vor allem seinen großen Rechenschaftsbericht vor dem SPD-Parteitag zu Weimar im Juni 1919 und die daran anschließende Diskussion, Protokoll, S. 363 ff., sowie Protokolle der sozialdemokratischen Nationalversammlungsfraktion, Sitzungen vom 10. und 11. 7. 1919.

²) A.a.O., S. 185.

³) A.a.O., S. 324, vgl. auch *Göpperts* Urteil über die Absichten der Regierung, a.a.O., S. 326. Ferner *Schieck*, a.a.O.

⁴) Bericht der Sozialisierungskommission über die Frage der Sozialisierung des Kohlenbergbaus, Berlin 1921, S. 6, 11/12; *Gestaldio*, a.a.O., S. 188 ff. Vgl. ferner *Cassau*, a.a.O., S. 312 ff., bes. 319 ff.

⁵) Über die Entwicklung der Rätepolitik bei der SPD im einzelnen siehe oben vor allem S. 110 ff., bes. 153 ff.; für die Gewerkschaften siehe oben S. 187 ff.

⁶) Siehe oben S. 200 ff.

⁷) Siehe Anmerkung 5 oben. Ferner die Verhandlungen der Parteikonferenz der SPD zu Weimar am 22./23. 3. 1919 und des SPD-Parteitages zu Weimar Juni 1919. Dort vor allem die Reden des Arbeitsministers *G. Bauer*, Protokoll, S. 443 ff., und des Arbeitsrechtlers *H. Sinzheimer*, Protokoll, S. 406 ff. Ferner die Rede *Paul Umbreits* auf dem Allgemeinen Kongreß der Gewerkschaften Deutschlands zu Nürnberg 1919, S. 523 ff., bes. 549/50.

sich auf der anderen Seite darum bemühten, die extrem „syndikalistischen" Tendenzen zu überwinden und das gesellschaftliche Gesamtinteresse mit den Arbeiterinteressen in Einklang zu bringen, so näherten sich die konkreten Vorstellungen einander ziemlich weit an.

Das gilt vor allem für die Auseinandersetzung um die Rechte der Betriebsräte. Während die Führer der Rätebewegung die Betriebsleitung keineswegs — wie manche ihrer einfachen Anhänger wünschten — den Räten übertragen wollten, sondern für diese nur die „Kontrolle" und ein begrenztes „Mitbestimmungsrecht" beanspruchten[1]), waren die sozialdemokratischen Vertreter bereit, mit dem Recht der unbegrenzten Einsicht in alle Vorgänge des Werks den Betriebsräten ein praktisch erhebliches „Kontroll"-Recht zuzugestehen[2]). Dort, wo Sozialdemokraten, Unabhängige und Kommunisten mit dem Willen zu wirklicher Einigung zusammenarbeiteten, wie im Ruhrgebiet im Januar/Februar 1919, kamen sogar Kompromißlösungen zustande, denen zeitweilig alle Richtungen der Arbeiterschaft zustimmten[3]).

Diese Übereinstimmungen können freilich nicht über die fortbestehende grundsätzliche Verschiedenheit der Ansichten hinwegtäuschen. Diese wurzelte vor allem in den unterschiedlichen Urteilen über die politischen Konsequenzen des Rätesystems, in den betonten revolutionären Hoffnungen der Rätebewegung, die die SPD nicht zu teilen vermochte, und nicht zuletzt in dem unüberwindlichen Gegensatz zwischen Geist und praktischer Haltung der traditionellen Organisationen und der Räte. In dem Maße, in dem die Rätebewegung sich im Sommer 1919 radikalisierte, während die SPD zur selben Zeit an politischem Einfluß verlor, traten die grundsätzlichen Unterschiede zwischen ihnen wieder offen hervor[4]).

Wenn wir nun im Folgenden die kritische Haltung der traditionellen Arbeiterorganisationen gegenüber der wirtschaftlichen Rätebewegung näher untersuchen, sind wir genötigt, nicht nur die teilweise beträchtlichen Verschiedenheiten der vertretenen Standpunkte zu berücksichtigen, sondern auch die Tatsache, daß nicht allein rationale Argumente vorgebracht wurden, sondern in und hinter diesen Argumenten auch Haltungen oder gefühlsmäßige Einstellungen wirksam waren, die nicht sosehr politisch-logisch als vielmehr psychologisch und soziologisch verstanden werden müssen. Diese beiden Ebenen der Einstellung und Argumentation gegenüber den Räten können freilich niemals gänzlich vonein-

---

[1]) Vgl. z. B. die Rede von *W. Koenen* vor der Nationalversammlung am 21. 7. 1919, Sten. Ber.; Sp. 1778 ff., bes. 1781, 1783, 1792 ff.
[2]) So vor allem *Bauer* und *Umbreit*, a.a.O. Vgl. auch die ernsten Bemühungen von *Scheidemann*; *Bauer* und *David* im Reichskabinett, die den Arbeitern in der Rätefrage gegebenen Zusagen ehrlich einzulösen, Protokoll der Kabinettssitzungen vom 20. 3., 26. 3., 10. 4., 11. 4. 1919.
[3]) Siehe oben S. 110 ff.
[4]) Dieser Prozeß ist oben näher untersucht worden. Siehe oben S. 153 ff.

ander getrennt werden; sie durchdringen und bedingen einander und müssen infolgedessen auch gemeinsam dargestellt werden.

Die Gründe für die kritisch ablehnende Haltung der SPD und der Gewerkschaften können — mit aller Vorsicht — in Gruppen zusammengefaßt werden. Dabei lassen sich drei große Motivkomplexe voneinander unterscheiden: a) die Ablehnung einer wirtschaftlich-sozialen Neuordnung ganz allgemein, b) die Ablehnung des wirtschaftlichen Rätesystems, insofern es beanspruchte, die gültige Form einer solchen Neuordnung zu sein, und c) diejenigen Gründe, mit denen die Gewerkschaften und ihre Interessen gegen die unmittelbare Bedrohung durch die Räte verteidigt werden.

a) *Das Problem einer wirtschaftlich-sozialen Neuordnung*

Es kann nicht ernsthaft bezweifelt werden, daß die SPD im Rat der Volksbeauftragten und auch noch später im ersten Reichskabinett und in der Nationalversammlung wesentlich tiefergreifende Veränderungen der wirtschaftlichen und sozialen Ordnung hätte durchsetzen können, als sie tatsächlich durchgesetzt hat. Das formal zutreffende und oftmals vorgebrachte Argument, die SPD habe auf Grund ihrer demokratischen Überzeugungen den Beschlüssen der Nationalversammlung nicht vorgreifen dürfen, trifft nicht den Kern ihres Verhaltens. Die Volksbeauftragten besaßen de facto und de jure diktatorische Vollmachten und haben sich nicht gescheut, sie auf gewissen Gebieten (z. B. in der Sozialpolitik) auch anzuwenden, ohne die Vertreter des nichtsozialistischen Volksteils eigens zu befragen. Überdies haben diese im ersten halben Jahr nach dem Umsturz solchen Maßnahmen auch gar nicht ernstlich widerstrebt; und auch noch in der Nationalversammlung würden einschneidende Veränderungen der Wirtschafts- und Sozialordnung zumindest bei den bürgerlichen Mittelparteien Zustimmung gefunden haben, wenn die Sozialdemokraten sie nachdrücklich gefordert hätten. Denn, daß Deutschland nur von den Führern der Arbeiterschaft durch die Wirren der Revolutionszeit hindurchgesteuert werden könnte, war eine bis weit in die Reihen vormals konservativer Kreise hinein verbreitete Überzeugung. Sie hätte der SPD in jedem Fall eine taktisch überaus starke Position verliehen, von ihrer tatsächlichen Machtposition einmal ganz abgesehen[1]).

Tatsache ist, daß die Führung der SPD von sich aus darauf verzichtet hat, die Wirtschafts- und Sozialordnung nachhaltig zu verändern. Dies wird vor allem an der Frage der Sozialisierung deutlich: Die Sozialisierungskommission wurde dem Widerstand der ministeriellen Fachleute geopfert; die aus dem Wirtschaftsministerium — unter *Wissell* — hervorgegangenen Pläne hinwiederum wurden unter Hinweis auf die erforderliche „Vollsozialisierung" abgelehnt; die

---

[1]) In bezug auf die Sozialisierung gewisser Schlüsselindustrien hat *Schieck* diesen Handlungsspielraum der SPD überzeugend nachgewiesen, a.a.O.

als einziges durchgeführte Zwangssyndizierung schließlich erwies sich in jeder möglichen Hinsicht als Fehlschlag[1]).

Unter den Gründen für diese Zurückhaltung nehmen die außenpolitischen Überlegungen eine besondere Stellung ein. Man argumentierte, daß die Entente bei ihren Reparationsforderungen eher nach öffentlichem, als nach privatem Eigentum greifen werde. Außerdem meinte man, daß öffentliche Unternehmungen in geringerem Grade als private den erwünschten internationalen Kredit genießen würden. Diese Argumente besaßen aber ihre Wirksamkeit nicht so sehr an sich, als vielmehr im Zusammenhang und zur Verstärkung einer ohnedies vorhandenen ablehnenden Haltung[2]).

Vorherrschend war hingegen die Behauptung, daß überstürzte Eingriffe in die Wirtschaftsordnung zum Sinken der Produktion und angesichts der kritischen allgemeinen Lage zu einem wirtschaftlichen und sozialen Chaos führen müßten, an dessen Ende der „Bolschewismus" stehen würde. Zwei Faktoren wurden dabei besonders betont. Einmal die Unentbehrlichkeit der alten Unternehmer, denen eine von der Öffentlichkeit eingesetzte Wirtschaftsleitung unterlegen sein müsse, zum anderen die Begehrlichkeit und Unvernunft der Arbeiter: die Sozialisierung sei ihnen im Grunde völlig gleichgültig, sie wollten nur höhere Löhne bei weniger Arbeit und würden auch durch Konzessionen nicht zufriedengestellt werden können. Von daher erschien eine den Unternehmern entgegenkommende, gegenüber allzu weitgehenden Arbeiterforderungen aber unnachgiebige Politik als die beste Lösung[3]).

Die Frage, ob diese Argumentation berechtigt gewesen ist, würde mitten in die soziale und politische Sachdiskussion über das Problem der Sozialisierung überhaupt hineinführen und damit den Rahmen unseres Themas sprengen. Mit Sicherheit kann jedoch gesagt werden, daß die sozialdemokratischen Befürchtungen übertrieben waren. Zum Teil wurzelte diese Überschätzung drohender Gefahren freilich in den Verhältnissen selbst. Das Ausmaß der wirtschaftlichen Zerrüttung — objektiv groß genug — mußte angesichts der drängenden Tagessorgen um Demobilmachung, Ernährung, Energieversorgung, Transportwesen, Arbeitsbeschaffung und nicht zuletzt angesichts der bevorstehenden Reparationsleistungen größer, die verbliebene Leistungsfähigkeit der Wirtschaft geringer erscheinen, als sie in Wirklichkeit waren. Auch die radikale Linke unterlag

---

[1]) Siehe oben S. 248/9 und Anmerkungen.

[2]) In der in Prot. ZR, Sitzung vom 11. 1. 1919 vormittags, wiedergegebenen Sitzung waren es vor allem die Demokraten *Schiffer*, *Fischbeck* und *Simons*, die diese Argumente immer aufs neue vorbrachten, offenbar auch, um die Sozialdemokraten zu beeindrucken; von diesen ging allerdings nur *Landsberg* näher darauf ein. Bei den übrigen Sozialdemokraten überwogen andere Überlegungen.

[3]) Eine solche Auffassung vertrat in der genannten Sitzung des Zentralrats vor allem der Vorsitzende *Leinert*, langjähriger Parteisekretär in Hannover und später dort führender Kommunalpolitiker, ein Mann, der in seiner Person die Gestalt des sozialdemokratischen Parteifunktionärs in allen seinen Stärken und Schwächen mit geradezu idealtypischer Reinheit verkörperte.

diesem Eindruck; nur folgerte sie aus denselben Umständen, aus denen die Sozialdemokraten das Erfordernis äußerster Zurückhaltung gegenüber „sozialistischen Experimenten" ableiteten, vorschnell den völligen Zusammenbruch des Kapitalismus[1]).

Nicht zureichend begründet war auch das tiefe Mißtrauen der Sozialdemokraten in die Bestrebungen der Arbeiterschaft. Wir haben diese Verkennung der Sozialisierungs- und Rätebewegung durch die SPD- und Gewerkschaftsführer besonders im Ruhrgebiet ausgeprägt gefunden[2]). Die Gefahr des Bolschewismus wurde erheblich übertrieben, teils auf Grund der abenteuerlichen spartakistischen Politik in subjektiv ehrlicher Überzeugung, teils aber auch in zielbewußter propagandistischer Absicht. Vernunft und Verantwortungsbewußtsein waren hingegen unter der großen Mehrheit auch der radikalen Arbeiterschaft erheblich größer, als die Sozialdemokraten wahrhaben wollten. Wenn wir von der Sachproblematik einer sozialisierten Wirtschaft einmal absehen und nur die massenpsychischen Umstände betrachten, dürfen wir sagen, daß eine entschlossene Sozialisierungspolitik der Regierung — etwa auf der Linie der Essener Pläne oder sogar der Entwürfe der Sozialisierungskommission — vermutlich keine schlechteren Ergebnisse bei der Hebung der Produktion gehabt hätte, als die tatsächlich geführte Politik; die politische Radikalisierung jedoch, die im Laufe der Jahre 1919 und 1920 nun wirklich große Arbeitermassen an die Seite des bislang einflußlosen „Bolschewismus" trieb, wäre unzweifelhaft geringer gewesen[3]).

Die übergroße Scheu der Sozialdemokraten vor „sozialistischen Experimenten", die letzten Endes sogar ihren eigenen unmittelbaren Parteiinteressen zuwiderlief, kann nicht allein aus den für sie vorgebrachten rationalen Argumenten erklärt werden. Hier wurden Einstellungen wirksam, die tief in der sozialdemokratischen Tradition und dem durch sie geprägten politischen und sozialen Habitus wurzelten. Ausschlaggebend war dabei ohne Zweifel die ideelle Überlieferung des *Kautskyanischen* „Marxismus"[4]). Der blinde Glaube an die Macht der „Entwicklung" und die Verwerfung jeder konkreten Zukunftsperspektive

---

[1]) Vgl. die Referate auf dem Allgemeinen Kongreß der Gewerkschaften zu Nürnberg 1919. *A. Cohen* für die Mehrheit: „Die Gesamtsituation auf wirtschaftlichem Gebiet läßt eine sofortige Umgestaltung der Produktion in sozialistischem Sinne nicht zu...", Protokoll, S. 460, dagegen *R. Müller:* „Wir sind ruiniert! Das verarmte deutsche Volk kann sich den Luxus eines Unternehmerprofits nicht mehr gestatten". A.a.O., S. 475. Der sozialisierungsfreundliche Sozialdemokrat *Umbreit* vertrat beide Standpunkte gleichzeitig: „Deutschland muß sozialisieren, ehe es zu spät ist, denn der Sozialismus ist die einzig mögliche Rettung aus dem gegenwärtigen Zustand", a.a.O., S. 531, dagegen aber a.a.O., S. 535 „Die zweite Voraussetzung (einer möglichen Sozialisierung, v.O.) ist die Wiederherstellung unseres Wirtschaftslebens. Auf einem Trümmerhaufen von Scherben kann man kein kunstvolles Gebäude errichten."

[2]) Siehe oben S. 110 ff.

[3]) Hierzu vgl. *Kolb*, a.a.O., S. 167 ff., 169 ff., sowie meinen Aufsatz in VjH. f. Zeitgeschichte, Jg. 6/1958, Heft 3, S. 231 ff.

[4]) Siehe oben S. 31 ff.

hatten die Sozialisten an der Schwelle der Revolution ohne ein brauchbares Aktionsprogramm gelassen. Nur für den Ausbau der Sozialpolitik und vor allem für die Schaffung einer parlamentarischen Demokratie besaß die Sozialdemokratie praktikable Vorstellungen[1]).

Aber auch dieses Programm, das für eine Partei, die sich immer noch als sozialistische verstand, fragmentarisch genug war, wurde durch spezifische Bedingungen eingeengt. Die jahrzehntelange Fixierung des politischen Bewußtseins der Sozialdemokratie auf Wahlkampf und (weitgehend unwirksame) parlamentarische Opposition hatten sie für die gesellschaftlichen und politischen Kräfte außerhalb dieses Rahmens blind gemacht. Die durch das konstitutionelle Regime bedingte ebenso bequeme wie unabänderlich scheinende Daueropposition der Partei hatte überdies politischen Machtwillen, Selbstvertrauen und Risikofreude in ihren Reihen nicht aufkommen lassen; ganz abgesehen davon, daß in jener Position in der Tat hinreichende Erfahrung und Sachkenntnis auf den entscheidenden politischen Gebieten nicht zu erwerben gewesen waren. Unter diesen Umständen mußte den sozialdemokratischen Führern das Risiko eigener Experimente größer erscheinen als das entgegengesetzte Risiko, die alten Fachleute mehr oder weniger ungehindert weiterarbeiten zu lassen. Aber auch die für diese Haltung psychologisch so überaus wichtige auffallende Kleinbürgerlichkeit der sozialdemokratischen Führungsschicht läßt sich ohne die nicht allein politische, sondern auch gesellschaftliche Isolierung der Arbeiterbewegung im Kaiserreich nicht hinreichend erklären[2]). Auf eine weitere wichtige, dem psychologischen Beobachter unmittelbar einleuchtende Komponente des sozialdemokratischen Verhaltens hat *Kolb* hingewiesen: Der Umsturz war der SPD unerwartet *und* unerwünscht gewesen; nach außen hin hatte sie sich der veränderten Situation in meisterhafter Taktik vollkommen angepaßt, aber im Inneren ihrer führenden Vertreter mußten sich fast unvermeidlich Groll und Ressentiment gegenüber den Verfechtern einer wirklich revolutionären Politik bemerkbar machen und ihr Urteil beeinflussen[3]).

Wenn man diese Faktoren zusammennimmt und den oftmals konstatierten „preußischen" Charakter der Arbeiterbürokratie in Partei und Gewerkschaft

---

[1]) *Kolb*, a.a.O., S. 124 ff.

[2]) Von allen zeitgenössischen Beobachtern hat *Max Weber* dieses Phänomen am treffendsten charakterisiert, als er feststellte, daß auf den sozialdemokratischen Parteitagen „nun das behäbige Gastwirtsgesicht, die kleinbürgerliche Physiognomie so schlechthin beherrschend hervortrat: von revolutionärem Enthusiasmus keine Rede, und ein lahmes, phrasenhaft nörgelndes und klagendes Debattieren und Räsonnieren an Stelle jener katilinarischen Energie des Glaubens ...", Ges. Schriften zur Soziologie und Sozialpolitik, Tübingen 1924, S. 408 ff., 410. Siehe auch *R. Luxemburgs* Bemerkung, der sozialdemokratische Parteitag sei eine Versammlung von „Bonzen und Budikern", berichtet von *A. Winnig*, Der weite Weg, Hamburg 1932, S. 278, das Urteil von *G. Mayer*, Erinnerungen, München o.J. (1949), S. 307 ff., über die sozialdemokratischen Führer in der Revolution von 1918/19 sowie die Feststellungen *Cassaus*, a.a.O., S. 128 ff.

[3]) *Kolb*, a.a.O., S. 172.

hinzufügt[1]), dann gewinnt man den Zugang zu einem besonders eigenartigen Aspekt der sozialdemokratischen Haltung: Gemeint ist das großzügige Vertrauen der sozialdemokratischen Führer zu den militärischen und bürokratischen Apparaten des alten Reiches, das so merkwürdig zu dem lebhaften Mißtrauen kontrastiert, das sie den selbständigen Regungen der eigenen „Partei- und Klassengenossen" entgegenbrachten. Über die tieferen Wurzeln des Verhältnisses der SPD- und Gewerkschaftsführer zu den „Massen" wird noch zu reden sein; hier handelt es sich vor allem um das aus innerer Unsicherheit, skrupulösem Verantwortungsbewußtsein und wohl auch einer gewissen sozialen Anpassung „nach oben" geborene Gefühl der Unterlegenheit gegenüber den für vollkommen unersetzbar gehaltenen alten Behörden. Die merkwürdige Passivität der SPD auf dem Gebiet der demokratischen Verwaltungsreform hat *Kolb* überzeugend dargestellt; (auch auf die noch nicht gründlich durchforschte sozialdemokratische Wehrpolitik und ihr folgenreiches Scheitern fällt dabei einiges Licht)[2]).

Aber von der Sachproblematik versäumter politischer Gelegenheiten abgesehen, bedeutete die Anlehnung der verantwortlichen Sozialdemokraten an den alten Militär- und Beamtenapparat ganz allgemein eine unmittelbare Beeinflussung ihrer Politik. Auf die Vorbereitung der sozialdemokratischen Regierungspolitik wirkte der alte Apparat durch die Art seiner Information ein, und die Ausführung dieser Politik hielt er ohnedies in der Hand. Die Bedeutung dieser Faktoren für das Verhalten der SPD gegenüber der Räte- und Sozialisierungsbewegung muß sehr hoch eingeschätzt werden. Die Berichterstattung der militärischen und zivilen Behörden gerade über die Räte war oftmals höchst einseitig, wobei die Spannweite von subjektiv aufrichtiger Verständnislosigkeit bis zu bewußter Verleumdung reichte[3]); die Exekutive war gegenüber Arbeitern, die angeblich oder wirklich rebellierten, in der Regel von besonderer Härte, (die Geschichte der militärischen Befriedungsaktionen in den Jahren 1919 und 1920 liefert darüber reiches Anschauungsmaterial). Nicht zuletzt durch diese Umstände wurde die ohnedies nicht sonderlich phantasievolle und elastische Arbeiterpolitik der SPD zusätzlich belastet.

b) *Die Diskussion um die wirtschaftliche Räteverfassung*

Diese allgemeine Zurückhaltung der sozialdemokratischen Partei- und Gewerkschaftsführer gegenüber „revolutionären" sozialistischen Experimenten er-

---

[1]) Vgl. den Hinweis auf dieses noch nicht genügend durchforschte Problem oben S. 57 und Anmerkung 3.
[2]) *Kolb*, a.a.O., S. 169 ff., bes. 177, 178 Anm. 1 und 2, 179/80, 209 ff., 384 ff.
[3]) Besonders krasse Beispiele einseitiger Parteinahme für die alten Behörden und gegen die eigenen „Genossen" liefert *Noske*. Vgl. seine Erinnerungen Von Kiel bis Kapp, Berlin 1920, und Erlebtes aus Aufstieg und Niedergang einer Demokratie, Offenbach 1947. Zwei Fälle einseitiger und verständnisloser Information der Regierung durch Verwaltungsbehörden und Reichswehr sind oben S. 114, Anm. 2 und S. 115, Anm. 2 erwähnt. Ähnliches berichtet *Kolb*, a.a.O., S. 393 ff., bes. 395, 396, 399/400. Die Akten der Inf.-Stelle der Reichsregierung, DZA Potsdam, enthalten über diesen Sachverhalt viel Material, das näher untersucht werden müßte.

hielt in der Wendung gegen die spezifische Politik der Räte eine außerordentliche Zuspitzung. Die bereits erwähnten Argumente und Einstellungen wurden auch hier wirksam. Es traten jedoch andere hinzu, die noch schwerer wogen; denn die Rätebewegung enthielt ganz unzweifelhaft Ideen und Triebkräfte, die gewichtigen Traditionen der deutschen sozialistischen Arbeiterschaft unmittelbar zuwiderliefen.

Von außerordentlicher Bedeutung war dabei die Überzeugung, daß die Sozialisierung wesentlich vom Interesse der Allgemeinheit her gedacht und verwirklicht werden müsse[1]). Dieser Auffassung gegenüber erschienen die Ansprüche und Aktionen der Räte als Ausfluß eines borniertenn Klassenegoismus, ziellos, unfruchtbar und im Grunde unsozialistisch. Vor allem die örtlich auftretenden Bestrebungen, einzelne Betriebe zu „sozialisieren", wurden — mit Recht — scharf kritisiert; in der Polemik wurden solche Neigungen dann allerdings oft — zu Unrecht — als das eigentliche Wesen der Rätebewegung hingestellt. Aus dieser Sicht wurde dann nicht selten ganz allgemein der traditionelle sozialistische Klassenkampfstandpunkt abgeschwächt: Das auf die Interessen der Allgemeinheit gerichtete Streben aller Volksschichten, auch der Unternehmerschaft, nach Erhaltung und Steigerung der Produktion schien die alten Klassengegensätze weit zu überwiegen[2]).

*Friedrich Ebert* hat der hier charakteristischen Auffassung in einer Anfang Dezember 1918 gehaltenen Rede einen unmißverständlichen Ausdruck gegeben: „Sozialistische Experimente in einzelnen Betrieben können nur zum Schaden und Diskreditierung des Sozialismus ausschlagen. Sozialismus bedeutet die planmäßige Ordnung der Wirtschaft durch die Gesamtheit, zum Nutzen der Allgemeinheit — ... er ist Ordnung auf höchster Basis"[3]). In dieser Vorstellung von Sozialismus besaß das Streben der Arbeiter nach unmittelbarer Einwirkung auf ihre Arbeits- und Produktionsbedingungen gegenüber der „planmäßigen Ordnung" keine selbständige Bedeutung; im Gegenteil, es stand immer in der Gefahr, als Auflehnung gegen die „Ordnung" und damit als unsozialistisch verurteilt zu werden.

Die übrigen Minister und führenden Männer der SPD dachten ähnlich. Das „Allgemeininteresse" stand ihnen über allem anderen. Das „anarchistische Eingreifen der Arbeiter in einen Betrieb"[4]) bedeutete für sie in erster Linie ein Moment der Unordnung; tiefere oder gar sachliche berechtigte Motive erblickten sie in der Regel darin nicht. Die der Gewerkschaftsbewegung besonders ver-

---

[1]) Wir haben die theoretischen Grundlagen und Konsequenzen einer solchen Anschauung im vorigen Kapitel 10 kurz erörtert. Im Folgenden geht es darum, darzustellen, in welchem Umfang und mit welchen praktischen Folgerungen sie in der Sozialdemokratie vertreten wurden.

[2]) Wir haben diese Tendenz sogar bei den entschiedensten Rätefreunden in der Sozialdemokratie, bei *Cohen* und *Kaliski* festgestellt, siehe oben S. 200 ff.

[3]) Rede vom 1. 12. 1918, in Vorwärts vom 2. 12. 1918. Außerdem als Flugblatt verbreitet. Faksimile des Flugblattes bei *R. Müller*, Kaiserreich, Bd. 2, Anhang.

[4]) So der Vorsitzende des Zentralrats *Leinert* in der Sitzung vom 11. 1. 1919 vormittags, Prot. ZR.

bundenen sozialdemokratischen Führer, wie etwa *R. Wissell* und vor allem der Arbeitsminister und spätere Reichskanzler *Gustav Bauer*, waren geneigt, den Arbeitern im Betrieb einen Ausbau der sozialpolitischen Interessenvertretung und den vollen Einblick in die Geschäftsführung zuzubilligen; jede darüber hinaus gehende Forderung lehnten auch sie schroff ab[1]). Bei dieser Abwehr machten sie sich häufig ein Zerrbild ihrer Gegner zurecht und polemisierten gegen Zustände und Forderungen, die die Rätebewegung selbst nicht billigte. So *Bauer* auf dem Weimarer Parteitag der SPD 1919, wo er erst einige grobe Entgleisungen der Räte aufgriff und dann die in Frage stehende Alternative folgendermaßen formulierte: „Die Sozialisierung kann nur durch die Gesetzgebung erfolgen, nur dadurch, daß die Gesamtheit die Betriebe in Besitz nimmt, niemals aber dadurch, daß die Arbeiter, die zufällig in dem Betrieb arbeiten, sich den Betrieb aneignen und nach ihrem Ermessen verwalten"[2]). Daß ein solcher primitiver Syndikalismus weder im Ruhrgebiet noch in Mitteldeutschland oder in Berlin das Programm der Rätebewegung gewesen ist, haben wir gesehen. Um so bemerkenswerter, daß ein maßgebender sozialdemokratischer Arbeiterführer so einseitig urteilen konnte.

Die meisten sozialdemokratischen Gewerkschaftsführer sahen die Dinge genau so; auch ihnen war die Sozialisierung „in erster Linie eine staatspolitische Angelegenheit"[3]). *Paul Umbreit*, der Redakteur des „Correspondenzblattes" der Generalkommission der freien Gewerkschaften entwickelte diesen Standpunkt in seinem Referat auf dem Nürnberger Gewerkschaftskongreß 1919 mit aller Ausführlichkeit. Gegen einen allzuengen Klassenstandpunkt betonte er mit großem Nachdruck: „Sozialismus ist eine Sache der *Volksgemeinschaft*"[4]). Und bei allem Verständnis für die Mitbestimmungswünsche der Arbeiter in ihrem unmittelbaren Arbeitsverhältnis[5]) wies er doch alle produktivgenossenschaftlichen oder syndikalistischen Vorstellungen scharf als unsozialistisch zurück: „... denn das Wesentliche ist nicht die Stellung des Unternehmens zu seinen Arbeitern, sondern zur Allgemeinheit"[6]).

Es kann nicht unsere Aufgabe sein, zu entscheiden, in welchem Umfang diese Auffassung als sozialistisch gelten kann und ob sie realistischer oder weniger realistisch war als die orthodoxen Vorstellungen. Wenn wir sie jedoch mit den tatsächlichen Bestrebungen eines großen Teils der Arbeiterschaft vergleichen, denen in der Tat *ihr* Verhältnis zum Unternehmen bei weitem wichtiger war,

---

[1]) Vgl. vor allem die Verhandlungen zwischen der Reichsregierung und den Vertretern der mitteldeutschen und rheinisch-westfälischen Bergarbeiterräte zu Weimar am 13./14. 2. 1919, Protokoll bei *Curschmann*, a.a.O., S. 22 ff., sowie die Äußerungen *Wissels* und *Bauers* auf dem Weimarer Parteitag der SPD im Juni 1919, Protokoll, a.a.O.

[2]) Protokoll, S. 445/6, 449.

[3]) *O. Hué*, Die Sozialisierung der Kohlenwirtschaft, Berlin 1921, S. 10/11, 20.

[4]) Protokoll, S. 536.

[5]) A.a.O., S. 549/50.

[6]) A.a.O., S. 537.

als das der Allgemeinheit, dann können wir immerhin feststellen, daß die sozialdemokratischen Ansichten von Sozialisierung zumindest politisch-psychologisch nicht so wirklichkeitsnah waren, wie die der Rätetheorie, etwa bei *Korsch*. Wir werden aber auch sagen dürfen, daß die sozialdemokratischen Führer in ihren Sozialisierungsvorstellungen — wie überhaupt in ihrer ganzen Revolutionspolitik — die Schärfe der politischen Gegensätze zwischen den sozialen Klassen und Gruppen über ihrem Streben nach „Volksgemeinschaft" unterschätzt haben[1]). Eine so selbst- und machtbewußte soziale Gruppe wie die deutsche Unternehmerschaft der Schwerindustrie aus ihrer gesellschaftlichen Schlüsselstellung verdrängen zu wollen, war ein Ziel, das nicht ohne harten politischen Kampf — in marxistischer Terminologie: nicht ohne „Klassenkampf" — zu erreichen gewesen wäre, und ganz gewiß nicht allein durch den Appell an die Vernunft und an das Allgemeininteresse. Die rebellierenden Arbeiter, die die soziale Machtstellung der Unternehmer unmittelbar in der Wirtschaft selbst einschränken wollten, hatten — ein beträchtliches Maß an Eigennutz und Kurzsichtigkeit ihrer Tätigkeit zugegeben — für diese Seite des Problems doch den besseren Instinkt. In der sozialdemokratischen Haltung hingegen wirkte ganz offenbar der traditionelle Glaube an die Allmacht der Vernunft und der gesetzmäßigen Entwicklung, der menschlich ebenso achtenswert, wie politisch fragwürdig war.

Im engsten Zusammenhang mit der soeben erörterten wirtschafts- und sozialpolitischen Grundauffassung vom Wesen der Sozialisierung stand eine verfassungspolitische Überzeugung, die die gesamte sozialdemokratische Politik fast unumschränkt beherrscht und ihr Verhalten zu den Räten wesentlich beeinflußt hat: Die Überzeugung, daß einzig und allein die strikt durchgeführte parlamentarische Demokratie die politische Form einer freiheitlichen und gerechten Gesellschaftsordnung sein könne. Von diesem Standpunkt aus verfiel die Diktatur des Proletariats ganz selbstverständlich schroffer Ablehnung. Aber darüber hinaus wurde auch jede außerparlamentarische Politik, welche versuchte, parlamentarische Entscheidungen zu beeinflussen oder gar vorwegzunehmen, prinzipiell abgelehnt. Und schließlich wurde das grundlegende verfassungspolitische Ziel der Rätebewegung, neben der politischen Verfassung eine selbständige, auf dem Rätesystem beruhende Wirtschaftsverfassung zu schaffen, als Verstoß gegen die Souveränität der freigewählten Volksvertretung und damit als „undemokratisch" verworfen.

Dieses parlamentarisch-demokratische Prinzip steht auch heute noch in der Sozialdemokratie — und nicht nur dort — praktisch unbestritten in Geltung[2]);

---

[1]) Über das Ausmaß, in dem die sozialdemokratische Regierung die Gefahr gegenrevolutionärer Bestrebungen verkannte, *Kolb*, a.a.O., bes. S. 178 ff., aber auch 359 ff., 384 ff.

[2]) Vgl. die Argumentation, mit der der sozialdemokratische Wirtschaftspolitiker *H. Deist* den Gedanken eines durchgehenden Rätesystems verwirft, Neue Gesellschaft, Jg. 4/1957, Heft 2, S. 99 ff.

trotzdem ist es nicht überflüssig, seine scheinbare Evidenz auf die unausgesprochenen Voraussetzungen hin zu befragen und die abweichende Auffassung der Rätebewegung dagegenzuhalten. Die sozialphilosophische Grundlage des parlamentarisch-demokratischen Prinzips ist die — klassische bürgerlich liberale — Trennung von Staat und Gesellschaft, wobei der „Staat" mit der öffentlichen, politischen, auf die Allgemeinheit sich beziehenden Sphäre gleichgesetzt wird, und die „Gesellschaft" mit der privaten, individuellen und — in der Sache — mit der wirtschaftlichen Sphäre. In der ersteren wirkt der Mensch als „citoyen", als Staatsbürger, frei, den anderen Bürgern gleichberechtigt und auf das allgemeine öffentliche Wohl bedacht; in der letzteren wirkt der Mensch als „bourgeois", im freien Spiel der Kräfte seine privaten, im wesentlichen wirtschaftlichen Interessen verfolgend. Jedwede politische Organisation, jede Verfassung, die „Demokratie", ihre Normen und Institutionen, sie alle haben nur in der ersten, der öffentlichen Sphäre ihre Stätte, beziehen sich ausschließlich auf den Menschen als Staatsbürger[1]).

Der Marxismus hatte demgegenüber seit jeher eingewandt, daß politische Freiheit und Gleichheit fiktiv seien, solange in der wirtschaftlichen Sphäre, die er ohnedies als die in letzter Instanz entscheidende betrachtete, Unfreiheit und Ungleichheit herrschten. Aber auch die nichtmarxistische Sozialwissenschaft hatte seit Mitte des 19. Jahrhunderts immer klarer die Ansicht ausgesprochen, daß die gesellschaftliche Sphäre nicht ausschließlich als privat und individuell gestaltet begriffen werden könnte, und daß zumindest im Bereich der industriellen Wirtschaft große Gebiete einer eigenen, wenn auch nicht unmittelbar staatlichen, so doch öffentlich geregelten sozialen Ordnung bedürften. Bürgerliche Sozialreform und Sozialpolitik, denen sich vor 1914 zumindest in der Praxis auch die freien Gewerkschaften angenähert hatten, waren der praktische Ausdruck dieser wissenschaftlichen Strömung.

An beide Überlieferungen, die marxistische und die sozialreformerische knüpfte die Rätebewegung an, als sie die Vorstellung einer eigenen Sozial- und Wirtschaftsverfassung neben der im engeren Sinne politischen Verfassung entwickelte. Es steht mit dieser zwiefachen geistigen Herkunft in Zusammenhang, daß es der von Sozialpolitik und Arbeitsrecht zum Sozialismus gekommene *Hugo Sinzheimer* und der ursprünglich am äußersten rechten, „revisionistischen" Flügel der Sozialdemokratie stehende *Max Cohen* waren, die den Gedanken der „Wirtschaftsverfassung" am ausführlichsten von allen Rätetheoretikern begründet haben[2]) (neben dem Marxisten *Korsch*, dessen Vorstellungen freilich

---

[1]) Einzelne Nachweise können hier darüber nicht gegeben werden. Als ein Indiz sei nur vermerkt, daß noch kürzlich *S. Landshut* auf Grund eben dieser Auffassung den Begriff der „Wirtschaftsdemokratie" als unsinnig, als ein „hölzernes Eisen" zurückgewiesen hat. In: Wege zum sozialen Frieden, Hrsg. *H. D. Ortlieb* und *H. Schelsky*, Stuttgart/Düsseldorf 1954, S. 36 ff.

[2]) Zu *Sinzheimer* siehe vor allem sein großes Referat über „Rätesystem und Räteverfassung" auf dem SPD-Parteitag zu Weimar, Protokoll, S. 406 ff., bes. 415, sowie die stark von ihm beeinflußten ersten Entwürfe des Reichsarbeitsministeriums zur gesetzlichen Regelung der

ebenfalls von den Gedanken der bürgerlichen Sozialreform beeinflußt sind, und die der Sozialpolitik einen wichtigen Platz in der gesellschaftlichen Entwicklung einräumen)[1]). Die Rätetheorie geht bei ihren Anschauungen von der Voraussetzung aus, daß in der modernen industriellen Gesellschaft die Wirtschaft, insbesondere die großbetriebliche Produktion, einen eigenen Bereich öffentlicher, politisch bedeutsamer sozialer Organisation darstelle, neben dem im engeren Sinne öffentlich-politischen Bereich und durchaus verschieden von der individuellen oder geselligen Sphäre des privaten Lebens. Oder auf die Probleme der Arbeiterschaft bezogen: Nicht nur der Arbeiter als „Staatsbürger", sondern der „Arbeiter als solcher", der „Arbeiter als Produzent" bedürfe verfassungsmäßig verankerter demokratischer Kontroll- und Mitbestimmungsrechte.

Mit dieser Auffassung wird der Gedanke der homogenen politischen Nation gleichartiger Bürger mit einer einheitlichen, demokratisch legitimierten „souveränen" Staatsgewalt verlassen. An ihre Stelle tritt die Vorstellung eines politischen Körpers, der den tatsächlichen sozialen und ökonomischen Verhältnissen entsprechend gegliedert ist und den Sinn der „Demokratie", nämlich das möglichst umfassende Selbstbestimmungsrecht ihrer Bürger, durch eine Mehrzahl räumlich und sachlich gegliederter demokratischer Organe verwirklicht. Damit wird nun freilich auch der Boden der völligen formalen Gleichheit aller Staatsbürger verlassen oder zumindest eingeschränkt, denn eine Wirtschaftsverfassung muß auf die gegebenen sozialen Verhältnisse Rücksicht nehmen und — ihnen entsprechend — sachlich Verschiedenes verschieden behandeln. Dort, wo dieser Grundsatz mit dem Klassenkampfgedanken verbunden und, wie in der „reinen" Rätebewegung, bis zur Ausschaltung der „Kapitalisten" aus den Räten fortgeführt wurde, geriet er in scharfen Gegensatz zu den traditionellen demokratischen Prinzipien. Wurde das solcherart für eine gewisse Zeit ins Auge gefaßte politische Übergewicht der Arbeiterschaft bis zur „Diktatur des Proletariats" zugespitzt und gar mit den terroristischen Konsequenzen der russischen Entwicklung in eins gesetzt, dann wurde der Gegensatz zwischen der streng formaldemokratischen Sozialdemokratie und der Rätebewegung unüberbrückbar.

Da die Sozialdemokraten auf der anderen Seite, auf Grund ihrer marxistisch geprägten sozialistischen Überlieferung und auf Grund ihrer engen organisatorischen Verbindung mit der Arbeiterschaft, die Wirtschaft als einen entscheidend wichtigen Bereich der Gesellschaft betrachteten, dessen öffentliche Kontrolle und politische Neuordnung notwendig sei, standen sie vor der Aufgabe, ihre parlamentarisch-demokratischen Grundsätze mit ihren sozialistischen zu verknüpfen. Sie erreichten das in erster Linie dadurch, daß sie die Sozialisierung als eine Aufgabe vorwiegend im Dienste der Allgemeinheit verstanden, eine

---

Rätefrage, siehe oben S. 153 ff. Zu *Cohen* siehe oben S. 200 ff. Über die geistige Herkunft des Rätegedankens immer noch vortrefflich *Brigl-Matthiass*, a.a.O., S. 1 ff.

[1]) Arbeitsrecht für Betriebsräte, Berlin 1922, bes. S. 22 ff., 62 ff., 66/7.

Aufgabe, die nach Aufklärung der Staatsbürger und Erringung der parlamentarischen Mehrheit auf dem Wege der staatlichen Gesetzgebung gelöst werden würde. Soweit die sozialdemokratischen Politiker und Gewerkschaftler den Bestrebungen der Rätebewegung entgegenkamen und eine Art von „Räteverfassung" oder „Rätesystem" vorschlugen, ordneten sie — mit der einen Ausnahme *Cohen* — diese sog. „Wirtschaftsverfassung" doch der parlamentarisch-politischen Verfassung strikt unter und gaben den Räten keine entscheidenden Befugnisse.

*G. Bauer* gab in seiner Rede auf dem Weimarer Parteitag 1919 der sozialdemokratischen Auffassung in ihrer charakteristischen Staats- und Vernunftgläubigkeit einen bezeichnenden Ausdruck: Man müsse den rebellierenden Arbeitern sagen, „auf diese wilde Art geht es nicht. Es geht nur in geordnetem Vormarsch durch eine geregelte Organisationstätigkeit. Dadurch, daß wir uns wirtschaftliche und politische Kenntnis aneignen, haben wir im demokratischen Staat die Möglichkeit, auch die wirtschaftliche Macht in die Hand zu nehmen"[1]). *H. Sinzheimer* freilich kam in seinem großen Referat auf demselben Parteitag der Rätetheorie im Grundsätzlichen sehr viel weiter entgegen: „Das Rätesystem ist eine notwendige Ergänzung der politischen Demokratie, um die gesellschaftlichen Interessen neben den politischen Interessen zu voller Geltung zu bringen. Die Arbeiterklasse gewinnt durch das Rätesystem eine Erweiterung ihrer sozialen Lebenssphäre"[2]). Von daher entwickelte er Gedanken über eine „Beteiligung der Arbeiter an der Produktion" und über eine „soziale Kontrolle" der Demokratie „von unten". Nichtsdestoweniger behauptete *Sinzheimer* mit großer Bestimmtheit: „Die Räte können nicht sozialisieren, sozialisieren kann nur der Staat", und verweigerte den Arbeiterräten jede wirksame wirtschaftspolitische Befugnis, weil er die politische Demokratie dadurch beeinträchtigt glaubte[3]), und der gesamte Parteitag folgte ihm mit der abschließenden Feststellung, daß die Ausschaltung des kapitalistischen Unternehmers „nicht durch die Räte, sondern nur durch Gesetzgebungsakt des Staates erfolgen" könne[4]).

Dieser Überzeugung von der Allgemeingültigkeit des parlamentarischen Verfassungsmodells trat die Rätebewegung vor allem mit dem Hinweis auf die tatsächliche gesellschaftliche Verfassung, insbesondere mit dem Hinweis auf die Klassenspaltung entgegen. Darüber hinaus argumentierte sie, daß die parlamentarische Kontrolle schon auf politischem Gebiet „im Laufe der Zeit infolge der Komplizierung der Staatsmaschine vollständig illusorisch geworden" sei[5]), und daß sie gegenüber einer sozialisierten Wirtschaft völlig versagen müsse. Im übrigen, so wurde gesagt, wollten die Arbeiter nicht die Sozialisierung als einen „bürokratisch-parlamentarischen Akt von oben", sondern sie wollten selbst

---

[1]) Protokoll, S. 449.
[2]) Protokoll, S. 419.
[3]) Protokoll, S. 414, 415 ff.
[4]) Protokoll, S. 113/4, 126 ff.
[5]) *J. Karski*, Die Sozialisierung des Kohlenbergbaus, Essen 1919, S. 9.

kontrollieren und mitbestimmen[1]). Man wird im ganzen gesehen der Argumentation der Rätebewegung eine gewisse Berechtigung selbst dann nicht absprechen können, wenn man den sozialdemokratischen Standpunkt für grundsätzlich richtig halten sollte.

Ein dritter Komplex von Argumenten gegenüber einem allzugroßen Einfluß der Räte in der Wirtschaft war nicht so sehr von grundsätzlicher Tragweite, dafür aber von außerordentlicher praktischer Bedeutung: Die Sozialdemokraten betonten, daß die Arbeiter die sozialisierte Wirtschaft nicht würden alleine leiten können. Der Vorsitzende des Holzarbeiterverbandes *Leipart* sagte auf dem Nürnberger Gewerkschaftskongreß in seinem Referat sehr klar, worum es ging: „All die Kenntnisse und Erfahrungen der Unternehmer, der Betriebsleiter, der Beamten können und wollen wir in Zukunft nicht unbenutzt lassen, sie werden gebraucht für das Gemeinwohl ... Die Arbeiter alleine können die Sozialisierung nicht durchführen ..." Die Arbeiterräte sollten „nicht allein bestimmen, sondern sie sollen mitbestimmen". Die einseitige Ausrichtung der Wirtschaft auf die Interessen der Arbeiter widerspreche im übrigen den sozialistischen Grundsätzen[2]). (Wir sehen auch hier in der Argumentation die starke Betonung des Allgemeininteresses.) Der Berichterstatter der Generalkommission *A. Cohen* drückte diese Ansicht noch drastischer aus, als er erklärte: „... daß eine größere Verlegenheit den Arbeitern gar nicht bereitet werden könnte, als wenn die andere Seite nun einfach sagte: Da habt Ihr die ganze Geschichte, macht damit, was Ihr wollt! ..." Die richtige Regelung wirtschaftlicher Fragen müsse genauso gelernt werden wie jeder andere Beruf; „wir kommen dabei vorläufig ohne die Mitwirkung der Unternehmer nicht aus, bevor wir selbst uns geeignete Sachverständige herangebildet haben"[3]). Bei ihren konkreten Vorschlägen brachten die Sozialdemokraten diese Auffassung vor allem in der Forderung zum Ausdruck, daß die vorgesehenen überbetrieblichen Räteorgane — Bezirkswirtschaftsräte und Reichswirtschaftsrat — von Unternehmern und Arbeitnehmern zu gleichen Teilen „paritätisch" besetzt werden sollten.

Daß eine solche Regelung den Kern der „privatkapitalistischen" Machtstellung nicht angetastet haben würde, und daß sie im Grunde auch gar nicht als unmittelbare Einleitung der Sozialisierung gedacht war, haben wir gesehen[4]). Dies wurde selbstverständlich auch von den Vertretern der Rätebewegung gegen den sozialdemokratischen Standpunkt eingewendet. Die Grundlage ihrer Haltung war ein stark betonter revolutionärer Optimismus, der z. B. in der Antwort *R. Müllers* an *A. Cohen* auf dem Nürnberger Kongreß sehr klar hervortritt: „Diese revolutionäre Bewegung wird uns eines Tages vor die Tatsache stellen,

---

[1]) Broschüre Neunerkommission, S. 9; Aufruf An die Bevölkerung des Ruhrkohlengebiets; ferner die Schriften *Korschs* und die Darstellung oben allerorten.
[2]) Protokoll, S. 431/2.
[3]) Protokoll, S. 463/4.
[4]) Siehe oben vor allem S. 187 ff.

die *Cohen* als das größte Unglück für die Arbeiterschaft betrachtet. Damit rechnen wir, darauf haben wir uns vorbereitet"[1]). Darüber hinaus machten die Rätevertreter einen konkreten und sachlich wichtigen Einwand. Sie erklärten, daß sie zwar die Zusammenarbeit mit den alten Unternehmern in der Räteorganisation ablehnten, aber auf die Mitarbeit der technischen und kaufmännischen Intelligenz großen Wert legten[2]). (Die Sozialdemokraten hielten ihnen dabei entgegen, daß gerade diese Schichten für den Sozialismus und die Arbeiterbewegung kaum zu gewinnen sein würden, was — freilich vor allem im Hinblick auf versäumte Möglichkeiten in den ersten Monaten nach dem Umsturz — von den Rätevertretern bestritten wurde[3]).)

Die überbetrieblichen Räteorgane sollten demgemäß nur von den Arbeitnehmern gewählt werden, aber eine angemessene Vertretung der „Kopfarbeiter" enthalten, oder diese als beratende Fachleute hinzuziehen. In den Betrieben und Unternehmungen selbst sollten Betriebsrat und fachkundige Betriebsleitung zusammenwirken. Im Hintergrund dieser Vorschläge stand die Auffassung, daß die Unternehmer und Manager in der kapitalistischen Gesellschaft zwei verschiedene, wenn auch eng verbundene Rollen spielten: Einmal als Glied einer sozialen und politischen Klasse, deren Herrschaft im Klassenkampf gestürzt werden müsse, und zum anderen als Inhaber der technisch-wirtschaftlichen Leitungsfunktion, die von ihnen — unter Kontrolle der Arbeiterräte — durchaus noch weiter ausgeübt werden könnte. Die sozialdemokratischen Vorstellungen hingegen enthielten diese Unterscheidung in der Regel nicht ausdrücklich.

Wenn wir uns die drei behandelten Hauptargumente der Sozialdemokraten gegen eine wirtschaftliche Räteverfassung vor Augen halten: Den Vorrang des Allgemeininteresses bei der Sozialisierung, die Unverbrüchlichkeit des parlamentarisch-demokratischen Prinzips und die Unentbehrlichkeit der Unternehmer, dann gewinnen wir den Eindruck, daß sie eigentlich alle auf derselben Grundauffassung beruhen. Jedes der genannten Argumente führt im Letzten auf die Überzeugung zurück, daß die Zusammengehörigkeit des politisch geeinten Volkes, die „Volksgemeinschaft" (nicht umsonst taucht dieser Ausdruck so häufig auf) weit schwerer wiege, als die aus der ökonomisch-sozialen Struktur sich ergebenden Klassengegensätze. Diese Auffassung steht unzweifelhaft im Gegensatz zum überkommenen Marxismus, der den Klassenkampf in den Mittelpunkt seiner politischen Theorie gestellt hatte. Wir dürfen also in dem Gegen-

---

[1]) Protokoll, S. 470.
[2]) So auf dem Nürnberger Kongreß *R. Müller* sehr nachdrücklich, Protokoll, S. 439/40, 468/9, 470, ferner der Angestelltenvertreter *Lange*, a.a.O., S. 476/7, und der Metallarbeiter und ehemalige revolutionäre Obmann *O. Tost*, a.a.O., S. 480.
[3]) A.a.O., S. 478, 481, 484; siehe auch die Ausführungen der sozialdemokratischen Metallarbeitersekretäre *Ritzert* und *Zernicke* auf dem Stuttgarter Verbandstag des DMV 1919, Protokoll, S. 276, 284/5. *A. Cohen* machte übrigens in Nürnberg noch die sehr richtige Bemerkung, daß die eigentlichen Betriebsleiter (wir würden heute sagen, das obere Management) nicht mit den Angestellten zusammengeworfen werden dürften und auf jeden Fall dem Sozialismus feindlich gegenüberstünden. Protokoll, S. 489.

satz zwischen den traditionellen Arbeiterorganisationen und der Rätebewegung auch zu einem Teil den Gegensatz zwischen nichtmarxistischen und marxistischen Strömungen in der deutschen sozialistischen Arbeiterschaft erblicken. Die hier charakterisierte politische Einstellung der Sozialdemokratie zum wirtschaftlichen Rätesystem beruhte genauso wie ihre allgemeine Haltung gegenüber den Problemen einer wirtschaftlich-sozialen Neuordnung nicht allein auf den offen ausgesprochenen und diskutierten Argumenten. Von dem traditionsbedingten Mangel an politischer Initiative und Phantasie in der sozialdemokratischen Führung, sowie von der merkwürdigen Affinität der Arbeiterorganisationen zum alten Staatsapparat haben wir bereits gesprochen. Diese Momente beeinflußten auch die sozialdemokratische Haltung gegenüber der wirtschaftlichen Rätebewegung in hohem Grade. Jedoch traten noch andere hinzu. Die dem überlieferten Klassenkampfdenken entgegenwirkende politische Grundtendenz der deutschen Sozialdemokratie — zuerst im August 1914 weithin sichtbar geworden — wurzelte ohne Zweifel auch in einem starken, wenn schon oft verdeckten Nationalgefühl[1]). Die eigentümlich „konservative", allen politischen Risiken abgeneigte Färbung des sozialdemokratischen Patriotismus ist damit freilich nicht erklärt. Leidenschaftliches Nationalgefühl und ebenso leidenschaftliche revolutionäre Energie schließen sich nicht grundsätzlich aus, wie die lange Reihe ebenso national wie revolutionär gesonnener Sozialisten von *Marx* und *Engels* selbst über *Liebknecht* und *Bebel* bis zu *Georg Ledebour* beweist. Die offensichtliche Abneigung der deutschen Sozialdemokratie gegen wirklich revolutionäre Bewegungen, insbesondere Bewegungen von der Art der Räte, und ihre starke Sympathie für die — wenn auch parlamentarisch-demokratisch reformierten — herkömmlichen Methoden der staatlichen Gesetzgebung, Regierung und Verwaltung hatten noch andere Wurzeln.

Der *Kautskyanische* „Marxismus" und die ihm entsprechende politische Situation hatten die deutsche sozialistische Arbeiterbewegung nicht nur in ihrer Ideologie und ihrem Programm, sondern auch in ihrer organisatorischen Alltagspraxis bestimmt[2]). Die Folge war eine tief eingewurzelte Scheu vor jeder spontanen Bewegung, verbunden mit einer außerordentlichen Hochschätzung der Organisation als solcher, die schließlich fast als Selbstzweck betrachtet wurde. Die Vorkriegsverhältnisse machen das verständlich: Die gewerkschaftliche und politische Organisation war das einzige wirksame Mittel, um die Lage der Arbeiterschaft zu heben; nur die Arbeit in der Organisation bot die Möglichkeit gesellschaftlich befriedigender Tätigkeit, daher waren ihr Aufblühen und der in der Organisation erzielte Erfolg die einzigen Maßstäbe für den Sinn des

---

[1]) Die Erbarmungslosigkeit (bis hin zu groben antiintellektualistischen und antisemitischen Ausfällen), mit denen fast der gesamte Parteitag zu Weimar 1919 über *Ed. Bernstein* herfiel, als dieser über die Kriegsschuldfrage ein nicht genügend „nationales" Referat gehalten hatte, zeugt von der Tiefe dieses Gefühls in der sozialdemokratischen Führungsschicht.

[2]) Vgl. hierzu oben das Kapitel 2.

politischen Tuns; jede unorganisierte Aktion hingegen barg unter den politischen und sozialen Bedingungen der Vorkriegszeit die Gefahr folgenschwerer Rückschläge für die ganze Bewegung in sich.

So wurde „die Organisation" zum Inbegriff der deutschen Arbeiterbewegung schlechthin[1]). Für einen außerhalb der bewährten Organisationen — und 1918 dann in Analogie dazu: außerhalb des bewährten Staatsapparates — sich vollziehenden „revolutionären" Prozeß der „Emanzipation der Arbeiterklasse" als „Werk der Arbeiterklasse selbst" hatte die deutsche sozialdemokratische Arbeiterbewegung keinen Begriff. Sie kannte nur die zwar demokratisch legitimierte, aber bürokratisch praktizierte Verwaltung der „Masse" durch die „Instanzen". Diese und nur diese führten; und sie hatten dafür zu sorgen, daß die Massen — im Sinne der Organisation — „ihre Schuldigkeit" taten[2]). Der „Unorganisierte" hingegen war nach sozialdemokratischen und noch mehr nach gewerkschaftlichem Verständnis schon allein moralisch von minderen Wert, darüber hinaus war er aber politisch schlechterdings nicht existent, er war zum politischen Handeln weder befähigt noch befugt. Die sozialdemokratischen und gewerkschaftlichen Führer mußten infolgedessen den Arbeitermassen, die 1918/19 ungeschult, unorganisiert, neue Ideen und neue Praktiken entwickelnd in die politische Arena strömten, mit schier unüberwindlichem Mißtrauen gegenüberstehen[3]).

Nur wenige Sozialdemokraten erblickten in der Massenbewegung auch schöpferische Möglichkeiten[4]). Die meisten empfanden nur den Widerspruch zum traditionellen Stil der Arbeiterorganisationen; sie kritisierten die „Unreife" der Massen, das oftmals jugendliche Alter und die geringe Organisationserfahrung ihrer Vertreter, die Herrschaft der revolutionären Phrase und den Mangel an nüchterner Sachlichkeit[5]). Diese Kritik war ohne Zweifel sehr weitgehend be-

---

[1]) Vgl. *E. Matthias*, Kautsky und der Kautskyanismus, bes. S. 196/7; für eine umfassende Analyse des sozialdemokratischen politischen Denkens derselbe, Der Untergang der alten Sozialdemokratie 1933, VfH. f. Zeitgeschichte, Jg. 4/1956, Heft 3, S. 250 ff., bes. 282 ff.

[2]) Siehe oben S. 44, Anm. 1.

[3]) Diese tiefgehende Abneigung gegen die unorganisierten und ungeschulten Massen zieht sich durch die gesamte sozialdemokratische Räte- und Sozialisierungspolitik hindurch. Vgl. die charakteristischen Äußerungen von *Scheidemann* auf dem Weimarer Parteitag über die neu zum Sozialismus geströmten Massen: „... der alte Stand (sic!) der Arbeiterklasse darf sich die Führung nicht entwinden lassen von Elementen, die vom neuen Licht noch geblendet sind und mit unklarem Drang ihre Bahn vorwärts stürmen (Lebhafte Zustimmung)", Protokoll, S. 238. Siehe auch die sehr aufschlußreiche Rede von *H. Müller* auf der SPD-Parteikonferenz zu Weimar am 22./23. 3. 1919, Protokoll, S. 1 ff., bes. S. 5.

[4]) So *Cohen*, siehe oben, und der Metallarbeiterführer *Fr. Kummer*, der überhaupt aus den Reihen der sozialdemokratischen Gewerkschaftler durch ein unabhängiges und originelles Urteil hervorragte, DMV-Verbandstag zu Stuttgart 1919, Protokoll, S. 188 ff., 195; DMV-Verbandstag zu Jena 1921, S. 244 ff.

[5]) Siehe als ein charakteristisches Beispiel die einleitenden Feststellungen des sozialdemokratischen Fraktionssprechers *Haas* auf dem DMV-Verbandstag zu Jena 1921, Protokoll, S. 219, „Wir sind ganz allgemein und wiederum besonders in unserem Verband vom radikalen Wort-

rechtigt; aber die Sozialdemokraten neigten dazu, in der Rätebewegung ausschließlich den Aufstand der Unorganisierten und ihrer „primitiven Ideale" zu erblicken[1]). Auf Grund dieser Einstellung glaubten sie auch nicht an die Ernsthaftigkeit der von den Arbeitern erhobenen Forderungen[2]) und hielten lange die ganze soziale Bewegung nach dem Umsturz für eine vorübergehende Verirrung[3]). Selbst wenn sie sich zu ziemlich weitgehenden Konzessionen an die Rätebewegung entschlossen, verharrten sie in einer teils besorgten, teils verachtungsvollen Distanz zu den rebellierenden Arbeitern. (Die Art, in der einer der relativ verständnisvollsten sozialdemokratischen Arbeiterführer, der Minister *Gustav Bauer*, auf dem Weimarer Parteitag über seine Erfahrungen mit Räten berichtete, beunruhigt, verärgert, und etwas angewidert, ist typisch für diese Haltung[4]).) Von diesem Standpunkt aus bemerkten die sozialdemokratischen Führer nur die oftmals wirren äußeren Umstände der Rätebewegung und betrachteten die Räte als „Ruhestörer", gegen die jedes Mittel recht war, je bewährter es schien, desto besser. Unzweifelhaft bewährt und überdies am nächsten liegend aber waren die Methoden und Instrumente des alten Obrigkeitsstaates. Diese waren freilich nicht geeignet, die Arbeiter auf den „Weg der Vernunft" zu bringen; sie halfen nur, die Kluft zwischen Sozialdemokratie und Rätebewegung zu vertiefen.

### c) *Gewerkschaftliche Argumente gegen die Räte*

Unsere Darstellung der sozialistischen und gewerkschaftlichen Haltung gegenüber den Räten würde unvollständig sein, wenn wir nicht wenigstens in groben Umrissen jene Streitpunkte bezeichnen wollten, die sich aus dem unmittelbaren Zusammenstoß der traditionellen und der neuen Arbeiterorganisationen in der Wirtschaft selbst ergaben, d. h. aus dem Zusammenstoß von Gewerkschaften und Räten. Die hierbei vorgebrachten Argumente hatten in der Regel nicht jenes grundsätzliche Gewicht, wie die bisher behandelten politischen und wirt-

---

schwall, von der Phrase der unwissenden Straßenagitation, der Aufpeitschung der Gefühle und Leidenschaften zurückgekehrt zur Wirklichkeit, auf den Boden der Tatsachen. (Bravo!) Kurz gesagt, wir sind zurückgekehrt vom Wort zur Tat". Vgl. auch DMV-Verbandstag zu Stuttgart 1919, Protokoll, S. 127, 299, über Jugend und mangelnde Erfahrung der oppositionellen Vertreter.

[1]) So der Gewerkschaftstheoretiker *Th. Cassau*, a.a.O., S. 45/6, 272 ff., in seiner für die Sozialdemokraten, besonders aber für die Gewerkschafter unter ihnen repräsentativen Beurteilung.

[2]) Das wird vor allem bei der Sozialisierungsfrage deutlich. Während die USPD-Führer die Sozialisierungsbewegung ernst nahmen, sahen die SPD-Führer vorwiegend nur eine Lohnbewegung darin und schoben die politischen Forderungen auf das Konto „radikaler Agitation". Vgl. Prot. RdV. Sitzungen vom 21. 11. 1918 vormittags, 30. 12. 1918 vormittags, 31. 12. 1918 nachmittags, 2. 1. 1919 nachmittags; Prot. ZR, Sitzung vom 11. 1. 1919.

[3]) So bezeichnete *H. Müller* noch Ende März 1919 die beginnende Abwanderung der SPD-Anhänger zur USPD als nicht weiter beunruhigend, SPD-Parteikonferenz vom 22./23. 3. 1919, Protokoll, S. 5.

[4]) Protokoll, S. 443 ff.

schaftspolitischen Prinzipien. Aber da sie die alltägliche Praxis der entscheidend wichtigen mittleren und unteren Funktionärsschicht der traditionellen Organisationen berührten, waren sie von außerordentlicher Bedeutung. Das gilt auch für die SPD, deren Funktionskörper, zumindest soweit er sich aus der Arbeiterschaft rekrutierte, politisch-ideell, organisatorisch und — nicht zuletzt — persönlich-gesellig aufs engste mit der Gewerkschaftsbewegung verbunden war[1]).

Der am nächsten liegende und schlagkräftigste Einwand gegen die Räte war die ganz allgemeine Behauptung, die Räte beabsichtigten, die Gewerkschaften zu verdrängen. Obwohl die Führer der Rätebewegung, wie wir gesehen haben, die Gewerkschaften keineswegs zerstören wollten, gaben die unter den Räten unzweifelhaft sehr lebendigen gewerkschaftsfeindlichen Strömungen solchen Beschuldigungen doch immer wieder aufs Neue Nahrung[2]). In der Tat würde eine Verwirklichung des wirtschaftlichen Rätesystems beträchtliche Einschränkungen und Veränderungen der herkömmlichen Gewerkschaftsarbeit zur Folge gehabt haben[3]). Daß die sozialdemokratischen Gewerkschafter diese Folgen nicht wollten, ging in erster Linie auf die uns bekannte Tradition der deutschen Arbeiterbewegung zurück, welche grundlegende politische, auch wirtschaftspolitische Aufgaben allein der politischen Partei und dem Staat überließ. Noch bis in den März 1919 hinein versuchte die Generalkommission das Faktum der Räte ganz auf das politische Gebiet hinüberzuschieben und die Vertretung der wirtschaftlichen Arbeiterinteressen ausschließlich den Gewerkschaften vorzubehalten[4]). Als die Gewerkschaften am Ende die Betätigung von Räten auf wirtschaftlichem Gebiet zugestehen mußten, nahmen sie den Gedanken der Betriebsräte als „so alt wie die Gewerkschaften selbst" für sich in Anspruch[5]) und versuchten, die überbetrieblichen Räte möglichst einflußlos zu gestalten[6]). Weitergehenden Forderungen hielten sie vor allem die allgemein sozialdemokratische Warnung vor übertriebenem revolutionärem Optimismus entgegen; denn wenn die Verhältnisse für den Sozialismus noch nicht reif genug waren, die Sozialisierung also erst ganz allmählich verwirklicht werden konnte, dann blieb

---

[1]) So argumentierte z. B. der aus der Gewerkschaftsarbeit kommende Reichswirtschaftsminister *Wissell* bei den Verhandlungen mit den Bergarbeiterräten in Weimar am 13./14. 2. 1919, „das Rätesystem widerspreche gewerkschaftlichen Grundsätzen", Protokoll bei *Curschmann*, a.a.O., S. 22.

[2]) Sehr aufschlußreich ist hierfür das Auftreten des Bremer Arbeiterrats und zeitweiligen DMV-Bevollmächtigten *J. Miller* (KPD) auf dem Stuttgarter DMV-Verbandstag, Protokoll, S. 210 ff., 274/5, 376 ff.

[3]) Eine knappe eindringliche Zusammenfassung der gewerkschaftlichen Argumente gegen die Räte findet sich in dem Bericht der Generalkommission an den Nürnberger Gewerkschaftskongreß, Protokoll, S. 168/9. Siehe auch die Rede des DMV-Führers *Zernicke* auf dem Verbandstag in Stuttgart 1919, Protokoll, S. 285, wo er davor warnte, „die Organisation aufs Spiel zu setzen, für die wir unser Leben lang gekämpft haben".

[4]) Siehe oben S. 189, Anm. 2.

[5]) *Leipart* auf dem Nürnberger Gewerkschaftskongreß, Protokoll, S. 429 und ff.

[6]) Siehe oben S. 187 ff., sowie 153 ff. und 200 ff.

die bisherige gewerkschaftliche Tagesarbeit ohne Einschränkung eine dringende Notwendigkeit.

Dafür, daß die Räte nicht in der Lage seien, die Gewerkschaften in der täglichen Interessenvertretung der Arbeiter zu ersetzen, wurde eine Reihe guter Gründe angeführt. Man sagte, der alle Arbeitnehmer unterschiedslos umfassende Aufbau der Räte vernachlässige die speziellen beruflichen Interessen der Arbeiter, er zersplittere — wie *Legien* es ausdrückte — die Einheit des Berufszweiges[1]). Ferner wurde auf die, unbestreitbare, Tatsache hingewiesen, daß die Rätebewegung ihre Schwerpunkte in den großen Betrieben und in den Großstädten, d. h. vor allem in der Grundstoffindustrie und der Metallverarbeitung hatte, wohingegen auf kleinbetrieblich strukturierte und ökonomisch rückständige Gebiete oder auch Gewerbezweige sich das Rätesystem nur unter Schwierigkeiten anwenden ließ und die Gewerkschaften infolgedessen für den größeren Teil der deutschen Arbeiterschaft unentbehrlich blieben[2]). Außerdem betonten die alten Gewerkschaftler, daß die Räte ohne eine geschlossene, erfahrene, über geschulte Kräfte verfügende, finanzkräftige Organisation als Grundlage nicht leistungsfähig sein würden, und daß die Räte ganz allgemein die politischen und fachlichen Qualitäten für dauerhafte erfolgreiche Arbeit nicht besäßen. „Leuten, die vom Wesen der Gewerkschaften und des Sozialismus noch so gut wie gar nichts wissen, können wir nicht das Wohl und Wehe der gesamten deutschen Arbeiterbewegung übertragen", meinte der erfahrene Vorsitzende eines traditionsreichen kleinen Berufsverbandes auf dem Nürnberger Gewerkschaftskongreß[3]).

Bis zu den grundlegenden Fragen des Verhältnisses von Räten und Gewerkschaften, von sozialisierter Wirtschaft und Arbeiterorganisation stieß die beiderseitige Polemik freilich nur selten vor. Meist verblieb sie im Bereich der praktisch-politischen Auseinandersetzung. Auf dem Nürnberger Gewerkschaftskongreß allerdings erörterten zwei der klügsten sozialdemokratischen Gewerkschaftler, *Leipart* und *Umbreit*, ein Problem, das für die Struktur einer zukünftigen sozialistischen Wirtschaftsordnung von prinzipieller Bedeutung war[4]). Beide erklärten mit Nachdruck, daß auch in einer sozialisierten Wirtschaft eine unabhängige kampfkräftige Interessenvertretung der Arbeiter gegenüber der Betriebsleitung, also eine freie Gewerkschaft, notwendig bleibe und daß daher

---
[1]) Siehe oben S. 189, Anm. 2. Vgl. ferner DMV-Verbandstag zu Stuttgart 1919, Protokoll, S. 183, die Auseinandersetzung *Dissmanns* mit dem schriftlichen Bericht des DMV-Vorstandes.
[2]) Auf dem DMV-Verbandstag zu Stuttgart 1919, Protokoll, S. 273/4, wies ein sozialdemokratischer Delegierter daraufhin, daß die USPD-Mehrheit des Verbandstages sich auf den geschlossenen Block von 110 Delegierten aus 10 Großstädten stütze, während die Delegierten der Provinz demgegenüber 555 Verwaltungsstellen verträten. Für diese rückständigen Gebiete brauche man einzig und allein die bewährte gewerkschaftliche Organisationsarbeit. Genauso argumentierte auch der Bäcker *Hetzschold* auf dem Nürnberger Gewerkschaftskongreß, Protokoll, S. 478.
[3]) Der Bäcker *Hetzschold*, a.a.O. Vgl. auch *Leipart*, a.a.O., S. 432/3.
[4]) Protokoll, S. 437, 449/50.

auch die Gewerkschaften als solche sich nicht an der Verwaltung der sozialisierten Wirtschaft beteiligen dürften. Wenn auch die polemische Stoßrichtung dieser Überlegung gegen die Rätebewegung unverkennbar ist, bleibt doch unbestreitbar, daß hier ein grundlegendes soziales und politisches Problem berührt wurde, das von den Rätetheoretikern nicht mit der genügenden Klarheit erkannt und durchdacht worden ist.

Es ist ganz deutlich, daß gerade bei der Auseinandersetzung zwischen Gewerkschaften und Räten tiefeingewurzelte Haltungen oder Vorurteile die Politik der traditionellen Organisationen bestimmt haben. Nirgendwo waren Organisationsgläubigkeit und -treue, Ablehnung spontaner Bewegungen, Hochschätzung sachlich-nüchterner Arbeit und jahrelanger Erfahrung so stark entwickelt wie bei den Gewerkschaften, besonders in den noch überwiegend beruflich-zünftig orientierten kleinen Verbänden. Hinzu trat, daß an keiner anderen Stelle die Vertreter der alten und der neuen Organisation so unvermittelt aufeinanderprallten wie auf dem gewerkschaftlichen Arbeitsfelde. Dort im Betrieb, wo die Gewerkschaften die Rechtfertigung und die Bestätigung ihrer Wirksamkeit suchen mußten, erwuchs ihren Funktionären in den betrieblichen Arbeiterräten eine unmittelbare Konkurrenz im Kampf um die Führung der Arbeiterschaft. Werdegang, Wirkungsweise und Organisationsform der Räte und der Gewerkschaften waren so verschieden, daß eine harte Auseinandersetzung unvermeidlich wurde[1]).

---

[1]) Näheres hierüber im Kapitel 12.

## 12. Kapitel:
## Zur sozialen Grundlage der betrieblichen und wirtschaftlichen Arbeiterräte

In den Urteilen über die Rätebewegung hat von Anfang an die soziologische Deutung eine entscheidende Stellung eingenommen, meistens mit einer abwertenden Tendenz. Viele Beurteiler, vor allem Gewerkschaftler und Sozialdemokraten, haben die Rätebewegung für das Produkt der ungeschulten, unorganisierten Massen und ihrer „primitiven Ideale" erklärt. An dieser Feststellung ist vieles richtig; in der Tat hat der Kern der altorganisierten, verbandstreuen Arbeiterschaft in seiner Mehrheit sich dem Rätegedanken nicht geöffnet, während die aus den verschiedensten Gründen erst nach der Revolution auf die politische und gesellschaftliche Kampfstätte strömenden Arbeitermassen sich ihm teilweise in leidenschaftlichem Überschwang ergeben haben[1]).

Trotzdem läßt sich ein abschließendes Urteil auf diese Feststellung allein nicht stützen. Weder war der Rätegedanke so „primitiv", wie oft gemeint wurde, noch waren die Tendenzen in den neuorganisierten Arbeiterschichten durchweg destruktiv, noch fehlte der Rätebewegung ein Kern lang organisierter und gut geschulter Arbeiter. Wir werden also in der soziologischen Analyse weiter ausholen müssen.

Wir gehen dabei, wie in der Einleitung dieser Untersuchung bereits kurz skizziert, von der allgemeinen Kennzeichnung der Arbeiterschaft als einer beherrschten „Klasse" aus[2]).

Die konkrete Ausgestaltung dieser Charakteristik im Zusammenhang der Rätebewegung und der gegebenen historisch-sozialen Situation zu Beginn des 20. Jahrhunderts wird erst im folgenden Kapitel vorgenommen werden können, wenn wir versuchen, die Bedeutung des Phänomens der deutschen Arbeiterräte abschließend zu bestimmen. Zuvor sollen die konkreten geschichtlichen und sozialen Bedingungen geschildert werden, unter denen die betriebliche und wirtschaftliche Rätebewegung sich nach dem Novemberumsturz 1918 in Deutschland entfaltet hat. Dabei müssen wir vor allem den umfassenden Prozeß der sozialen Umschmelzung der Arbeiterschaft sichtbar machen, durch den — zusammen mit der allgemeinen Erschütterung der gesellschaftlichen Verhältnisse durch die

---
[1]) Vgl. hierzu auch Kapitel 11 oben. Bemerkenswert ist die — je nach politischem Standort verschiedene — Bewertung derselben Erscheinungen. Siehe z. B. die positive Beurteilung durch *W. Koenen* in der Nationalversammlung am 21. 7. 1919, Sten. Ber., Sp. 1778 ff. Typisch dagegen für die sozialdemokratische Einstellung die Beurteilung des Berliner Vollzugsrats durch das Mitglied desselben *H. Schäfer*, Tagebuchblätter eines rheinischen Sozialisten, Bonn 1919, S. 59/60.
[2]) Siehe oben S. 14 ff.

Revolution — die überkommene Organisations- und Kampfform der Arbeiterbewegung infrage gestellt und den Räten der Weg frei gemacht wurde[1]).

Einige Umstände, die durch die revolutionären Ereignisse geschaffen wurden, aber nicht aus der inneren Entwicklung der Arbeiterschaft selbst unmittelbar hervorgingen, sollen vorweg kurz beleuchtet werden:

1. In revolutionären Epochen pflegen sich bestimmte Teile der Bevölkerung gegen jede Form der Ordnung oder der Herrschaft oder des Zwanges zu erheben. Der antiautoritäre Charakter des Rätegedankens ermöglicht es diesen sozialen Elementen, in der Rätebewegung einen Ausdruck ihrer eigenen Neigungen zu erblicken.

2. Die Revolution hatte, vor allem in den ersten Monaten, nicht unerhebliche Teile des Bürgertums, besonders der Intelligenzschicht angezogen und politisch aktiviert. Diese Kreise hatten vorher gar nicht oder nur in geringem Umfang am politischen Leben Anteil genommen und vor allem der politischen Tätigkeit der sozialistischen Arbeiterbewegung im allgemeinen ferngestanden. In diesen Schichten brach sich nun ein tiefgreifender Protest gegen Geist und Verfassung der bestehenden Gesellschaftsordnung Bahn. Eine Welle sozialistischer, anarchistischer, romantisch-ständischer, utopisch-genossenschaftlicher und anderer, scheinbar oder wirklich revolutionärer Ideen überschwemmte Presse, Publizistik und Büchermarkt. Diese Ideen wurden zu einem erheblichen Teil mit dem Rätegedanken verknüpft. Sie konnten auf die Dauer nicht ganz ohne Wirkung auf die suchenden und aufnahmebereiten Kreise der Arbeiterschaft bleiben. Der Einfluß dieser intellektuellen Neo-Sozialisten auf die Rätebewegung ist eindeutig nachweisbar. Obgleich verständlicherweise wirre Schwärmer, Eigenbrötler und Konjunkturritter in dieser Strömung eine beträchtliche Rolle spielten, haben sich doch eine Reihe sehr ernsthafter bürgerlicher Intellektueller der Arbeiterschaft in dieser Zeit angeschlossen und eine dauernde Wirkung auf sie ausgeübt[2]).

3. Eine ungewöhnlich günstige Bedingung für die Aufnahme neuer Gedanken durch die Arbeitermassen bildete ferner die allgemeine Politisierung. Der Zusammenbruch des alten staatlichen Systems und die darauffolgenden sozialen und politischen Bewegungen zogen die Masse des Volkes, insbesondere aber die Arbeiterschaft in einem einzigartigen zahlenmäßigen Umfang in die gesellschaftlichen Auseinandersetzungen hinein. Zwischen 1918 und 1923 dürften insgesamt mehr als 10 Millionen Arbeiter und Angestellte gewerkschaftlich und mehr als zwei Millionen politisch organisiert gewesen sein, in der überwiegenden Mehrzahl in sozialistisch orientierten Verbänden und Parteien; ein Organisationsgrad, der bis auf den heutigen Tag nie wieder erreicht worden ist[3]).

---

[1]) Vgl. die formulierten Bedingungen für das Aufkommen der Rätebewegungen, oben, S. 28/9, 50.
[2]) Die Zeitschrift Der Arbeiterrat ist ein lebendiges Zeugnis für die Wirksamkeit dieser Intelligenzschicht, vor allem in ihrem Jahrgang 1919.
[3]) Vgl. Protokoll des allgemeinen Gewerkschaftskongresses vom Juni 1922 in Leipzig, S. 4 ff., 95 ff. Zu den sozialistischen Parteien, Flechtheim, a.a.O., S. 235. Über die Unionen siehe oben S. 208, Anm. 1 und 2.

4. Von außerordentlicher und kaum zu überschätzender Wirkung ist ferner, ganz unabhängig von der Tätigkeit des deutschen Parteikommunismus, das Beispiel der Oktober-Revolution und der russischen Räteverfassung gewesen. Dort hatten die Arbeiter die Macht ergriffen und auf die Fragen, die das sozialdemokratische Programm offen ließ, eine Antwort gegeben. Über die Brauchbarkeit dieses Beispiels für die deutschen Verhältnisse begann bald ein heftiger Streit; seine ungeheure Wirkung auf die deutsche Arbeiterbewegung kann jedoch nicht geleugnet werden.

Ein besonderer Umstand, den wir näher beleuchten müssen, liegt in der sozialen Umschichtung und psychischen Veränderung der deutschen Arbeiterschaft durch den Weltkrieg. Dieser Umwälzungsprozeß ist außerordentlich tiefgreifend gewesen[1]).

Ausgangspunkt war die Tatsache, daß sofort mit Kriegsausbruch 1914 der größte Teil der deutschen Industriearbeiter (wir müssen Angestellte und Beamte außerhalb unserer Betrachtungen lassen) zur Armee einberufen wurde und daß auf Grund dessen und im Zusammenhang mit der allgemeinen Wirtschaftslage eine weitgehende Lähmung der industriellen Produktion eintrat. Dieser Zustand wurde nach wenigen Monaten allmählich überwunden; aber die auf Rüstungsproduktion umgestellte Kriegswirtschaft bot ein von der Friedenswirtschaft gänzlich verschiedenes Bild.

Die Zahl der in der Kernindustrie (Betriebe mit über 10 Beschäftigten) tätigen Arbeiter ging von 1913 bis 1918 um fast 10% zurück. Die Zahl der im Kleingewerbe und im nichtindustriellen Wirtschaftsbereich beschäftigten Personen verringerte sich in einem noch wesentlich höheren Grade. Die Anzahl der männlichen Industriearbeiter sank um eineinhalb Millionen, die der weiblichen stieg um dreiviertel Million. In den Reihen der verbliebenen männlichen Arbeiter verschob sich das Schwergewicht auf die nicht militärdienstpflichtigen Altersgruppen unter 19 und über 45 Jahren. Auch in Hinsicht auf die Verteilung innerhalb des industriellen Sektors der Wirtschaft verlagerten sich die Gewichte. Die Zahl der Beschäftigten in der Konsumgüterproduktion und im Bauwesen (Gruppen: Bau, Steine und Erden; Textil usw.) verminderte sich, die in der Rüstungsproduktion (Metallerzeugung und -verarbeitung; Chemie) vermehrte sich. Diese außerordentlichen zahlenmäßigen Verschiebungen zwischen den ver-

---

[1]) Zu dem Folgenden siehe Wirtschafts- und Sozialgeschichte des Weltkriegs, Deutsche Serie: *Umbreit-Lorenz*, Der Krieg und die Arbeitsverhältnisse, Stuttgart 1928; *Meerwarth-Günther-Zimmermann*. Die Einwirkungen des Krieges auf Bevölkerungsbewegung und Lebenshaltung in Deutschland, Stuttgart 1932, bes. S. 350/1, 358 ff., 375, 412/3, 461 ff., 470 ff. Ferner Berufs- und Betriebszählungen der Reichsstatistik, Statistisches Jahrbuch für das Deutsche Reich 1909 ff., bes. wichtig die Zwischenzählung vom Herbst 1916, Stat. Jahrbuch 1919, S. 30 ff. Außerdem Hinweise und Feststellungen bei *Nestriepke*, a.a.O., Band 2, S. 88 ff.; *R. Fischer*, a.a.O., S. 360/1, 466/7; *Ph. A. Koller*, Das Massen- und Führerproblem in den freien Gewerkschaften, 1920, S. 106 ff.

schiedenen Arbeitergruppen und Industriezweigen bedeuteten für einen erheblichen Teil der Beschäftigten Arbeitsplatz- und Berufswechsel.

Schon die bisher genannten Umstände mußten die physische und psychische Mobilität der Arbeiterschaft erhöhen; eine Reihe weiterer Faktoren trat noch hinzu.

Die Umstellung auf die Rüstungsproduktion verschob das Schwergewicht der Industrie vom Klein- und Mittelbetrieb mit handwerklicher Produktionsweise zum Großbetrieb mit mechanisierter Serienproduktion; sie veränderte damit zugleich den vorherrschenden Arbeitertyp: Der ausgelernte Handwerker trat zugunsten des angelernten Industriearbeiters in den Hintergrund. Überdies entstand mit der chemischen Industrie praktisch ein ganz neuer Industriezweig (die Zahl der dort beschäftigten Arbeiter verdreifachte sich zwischen 1913 und 1918 beinahe). Ungeheure Anlagen (Ludwigshafen—Oppau, Merseburg—Leuna) wurden aus dem Boden gestampft; ihre zusammengewürfelten, traditionslosen Riesenbelegschaften bildeten ein vollkommen neuartiges Element in der deutschen Arbeiterschaft. Ein weiteres wichtiges Moment war, daß die neu in die industrielle Produktion strömenden Arbeitskräfte (Frauen und Jugendliche) zu einem erheblichen Teil nicht aus dem sozialen Bereich der Arbeiterschaft kamen und infolgedessen zu deren traditionellen Einstellungen und Verhaltensweisen keine feste Beziehung hatten. Die Auswirkung dieser Faktoren auf die psychische Verfassung der deutschen Abreiterklasse wurde dadurch verstärkt, daß die traditionellen Arbeiterorganisationen ihre Tätigkeit während des Krieges nur mit erheblich verringerten Kräften fortzusetzen vermochten.

Die Gewerkschaften erlitten durch die Einberufungen und die allgemeinen Kriegsumstände schwere Mitgliedereinbußen. Die freien Gewerkschaften gingen von 2 500 000 Mitgliedern zu Kriegsbeginn auf 950 000 Ende 1916 zurück; bis Kriegsende stieg ihre Mitgliederzahl dann wieder auf 1 400 000. Bei diesem Zuwachs handelte es sich aber vorwiegend um Frauen und Jugendliche, also um bisher ungeschulte Arbeiter, die unter den Kriegsumständen auch kaum mehr zu „Gewerkschaftlern" im traditionellen Sinne heranwachsen konnten.

Die Zahl der über 1 400 000 zur Armee eingezogenen Gewerkschaftsmitgliedern wurde durch die Kriegsverluste erheblich verringert. Mindestens 200 000 sind gefallen oder gestorben; die Anzahl derjenigen, die wegen Krankheit oder Invalidität nicht in den Produktionsprozeß zurückkehrten, ist kaum festzustellen[1]). Aber auch die heimkehrenden alten Mitglieder waren, durch vier Jahre Krieg der gewerkschaftlichen Praxis entwöhnt, nicht mehr dieselben.

Sofort nach Kriegsende setzte dann ein Zustrom zu den Gewerkschaften ein, der ihre Mitgliederzahl binnen sechs Monaten auf das Doppelte des Vorkriegsstandes vergrößerte und schließlich nach einem weiteren Jahr, bis Ende 1920

---

[1]) Zusammenfassende Untersuchungen hierüber fehlen. Aber die Angaben einzelner Gewerkschaften erlauben Schätzungen. Siehe Correspondenzblatt, Jg. 1919, S. 277, 279, 291, 332, 345, 588, 590. Ferner Verbandstag der Holzarbeiter vom Juni 1919 in Berlin, Protokoll, S. 16.

verdreifacht hatte. Das heißt also, daß — wenn wir die natürliche Fluktuation mit einrechnen — auf einen altorganisierten, geschulten, erfahrenen Gewerkschaftler bis zu zehn neue kamen, denen die traditionellen gewerkschaftlichen Denk- und Verhaltensweisen mehr oder weniger fremd waren.

In diesem Zustrom ist freilich die Arbeiterschaft mehrerer wichtiger Industrie- und Gewerbezweige enthalten, die vor dem Kriege wenig oder überhaupt nicht gewerkschaftlich erfaßt gewesen waren, weil die politischen oder gesellschaftlichen Verhältnisse es nicht erlaubt hatten. (Das trifft für einen Teil der Bergarbeiter zu, ferner für Hüttenarbeiter, Staatsarbeiter, Eisenbahner, Landarbeiter, sowie über die Arbeiterschaft hinaus, für einen großen Teil der Angestellten aller Berufe.)

Die bloße Darlegung der wichtigsten ökonomischen und sozialen Tatsachen hat uns den 1918/19 vollendeten Umschmelzungsprozeß der deutschen Arbeiterklasse im allgemeinen und ihres organisierten Kerns im besonderen bereits in den Umrissen vor Augen gestellt. Wenn wir außerdem berücksichtigen, daß der Krieg zusammen mit seinen Begleiterscheinungen die Menschen ganz allgemein abgestumpft und verroht, die materielle Lebenslage der breiten Masse gedrückt und die Mehrheit des Volkes gegen die verantwortlichen Kreise aufs äußerste verbittert hatte, dann haben wir ein Bild von der sozialen und psychischen Verfassung der deutschen Arbeiterschaft an der Schwelle der Revolution:

Der Typ des durch Großstadt, Großbetrieb und mechanisierte Massenfertigung geprägten Industrieproletariers hat den durch alte Gesellentraditionen beeinflußten berufsstolzen Industriehandwerker in den Hintergrund treten lassen. Lokale und berufliche Verwurzelung, zünftiges Zusammengehörigkeitsgefühl und Verbandstreue, Bindung an herkömmliche Praktiken und Autoritäten sind gelockert oder sogar gelöst. Im Verhältnis der Gewerkschaften zueinander drängen die modernen Industriezweige und großstädtischen Organisationen die anderen zurück; der Kern der altorganisierten, in der Erfahrung regelmäßiger und bewährter Gewerkschaftsarbeit aufgewachsenen, nüchternen und verbandsstolzen Arbeiter handwerklicher Prägung befindet sich in seinen eigenen Organisationen in der Minderheit und wird selbst durch die um ihn herum sich vollziehenden sozialen Prozesse verändert. Der alte Gewerkschaftlertyp behält seinen Stützpunkt vor allem in der Schicht der Verbandsbeamten und — damit zusammenhängend — hauptsächlich in den klein- und mittelbetrieblich strukturierenden Branchen und den klein- und mittelstädtischen Organisationen[1]).

Auf Grund des gewonnenen sozialen Gesamtbildes können wir nun versuchen, einzelne Züge der Rätebewegung soziologisch zu deuten. Zu Beginn wollen wir

---

[1]) Von einem konservativ-berufsständisch begründeten, betont unternehmerfreundlichen Standpunkt aus schildert *A. Dissinger*, Das freigewerkschaftliche Organisationsproblem, Jena 1929, bes. S. 83 ff., diese Entwicklung.

sie nach Schichten und Industriezweigen gliedern und die verschiedenen Strömungen mit der Räteidee in Beziehung setzen[1]).
Über eine bestimmte dieser Strömungen ist nicht viel zu sagen. Es gibt überall eine Unterschicht teils besonders verbitterter und verelendeter, teils besonders primitiver oder psychisch labiler oder rebellischer Arbeiter. Diese Schicht war der hauptsächliche Träger utopisch-radikaler, anarchischer und terroristischer Tendenzen. Vor allem für die Unionen und die KPD wird ihre Wirksamkeit bezeugt. Der Rätegedanke war dieser Schicht nur eine äußerliche Ausdrucksform für ihren Radikalismus[2]).

Eine außerordentlich bedeutsame Rolle spielten in der Rätebewegung jene Schichten, die erst durch den Ausgang des Krieges und durch die Revolution politisiert und in die gewerkschaftlichen Organisationen gezogen worden waren. Sie unterlagen naturgemäß den Wirkungen der allgemeinen sozialen Entwicklung in besonders hohem Grade, da bei ihnen die Hemmungen der eingewurzelten gewerkschaftlichen Disziplin und die Erfahrungen langwierigen mühsamen

---

[1]) Wirklich eingehende Untersuchungen über unseren Gegenstand liegen — zum mindesten in der deutschen soziologischen Literatur und über die deutsche Arbeiterbewegung — nicht vor. Vor allem eine konkrete, die betrieblichen, beruflichen, regionalen und geschichtlichen Besonderheiten berücksichtigende politische Soziologie der Arbeiterbewegung fehlt völlig. Auf der einen Seite stehen die allgemeinen sozialgeschichtlichen, ökonomischen und soziologischen Abhandlungen über die Arbeiterklasse (in der neueren Zeit ergänzt durch die reiche betriebssoziologische Literatur), auf der anderen Seite die ebenfalls meist sehr allgemeinen historischen oder soziologischen Untersuchungen der Partei- und Gewerkschaftsorganisationen. Die Verknüpfung beider Gesichtspunkte in Hinblick auf konkrete geschichtliche Situationen, etwa auf die Novemberrevolution, ist nicht vorgenommen worden. Fast ausschließlich in der Broschüren- und Zeitschriftenliteratur der Rätebewegung selbst, hier insbesondere bei den revolutionären Unionen und — mit Abstand — in der reinen Rätebewegung, wurden diese Probleme aufgeworfen, freilich weniger mit wissenschaftlichen, als mit agitatorischen Intentionen. Die klassischen Abhandlungen von *G. Briefs*, Das gewerbliche Proletariat, GdS IX, 1, S. 142 ff., und *R. Michels*, Psychologie der antikapitalistischen Massenbewegungen, ebenda, S. 241 ff., geben für unsere Fragestellung nichts her, die Arbeiten *Sombarts* ebenfalls nicht. Die ersten deutschen Versuche einer empirischen Soziologie der Arbeiterschaft, die Studien des Vereins für Sozialpolitik über „Auslese und Anpassung", Schriften des V.f.S., Bde. 133, 134, 135, enthalten sich leider einer Erörterung der Fragen der politischen und gewerkschaftlichen Organisationen so gut wie völlig. Die schon erwähnten Bücher von *Nestriepke, Cassau, Brigl-Matthiass, Opel,* enthalten einige Andeutungen. Ebenso *Th. Geiger,* Die Masse und ihre Aktion, Stuttgart 1926; *C. Brinkmann,* Soziologische Theorie der Revolution, Göttingen 1948; *K. Zwing,* Soziologie der Gewerkschaftsbewegung, Jena 1925; *F. Bielick* u. a., Die Organisation im Klassenkampf, Berlin 1931; *C. Geyer,* Der Radikalismus in der deutschen Arbeiterbewegung, Jena 1923; *A. R. Gurland,* Das Heute der proletarischen Aktion, Berlin 1931; sowie die schon mehrfach angezogenen Beiträge *E. Lederers* in der sozialpolitischen Chronik des Archivs für Sozialwissenschaft und Sozialpolitik zwischen 1914 und 1920. Da eine monographische Durchforschung des gesamten verfügbaren Quellenmaterials über soziale Lage, Psyche und organisatorische Betätigung der Arbeiterschaft sich im Rahmen dieser Arbeit von selbst verbot, hat der folgende Versuch einer konkreten Soziologie der Rätebewegung durchaus vorläufigen Charakter.

[2]) Die Existenz dieser Schicht ist offensichtlich. Sie nach Charakter, Umfang und sozialem Ort genauer zu bestimmen, ist sehr schwierig. Den besten Aufschluß geben noch literarische Zeugnisse dokumentarischer Prägung, so der Roman von *E. Reger,* Union der festen Hand, Neuauflg. der Originalausgabe aus dem Jahre 1930, Berlin 1946, und *J. Valtin,* Tagebuch der Hölle, Köln 1957.

Tageskampfes nicht vorhanden waren. Die Stimmungen der revolutionären Ungeduld und die Ideen der direkten Aktion konnten bei ihnen ohne weiteres Widerhall finden.

Der Zusammenhang zwischen diesen Schichten und der Rätebewegung kann eindeutig nachgewiesen werden. Handlungsgehilfen, Staatsarbeiter und Eisenbahner, die vor 1914 kaum oder gar nicht gewerkschaftlich organisiert gewesen waren und nun große Verbände bildeten, traten zugleich als entschiedene Vertreter des Rätegedankens auf. Von den alten Verbänden wiesen Bergarbeiter, Textilarbeiter und Metallarbeiter einen besonders starken Mitgliederzustrom auf und zeigten zugleich einen überdurchschnittlich großen Einfluß radikaler und rätefreundlicher Strömungen. Das typische Beispiel einer extrem rätedemokratischen Neuarbeiterschaft boten die Zentren der jungen chemischen Industrie: Leuna und Ludwigshafen-Oppau waren jahrelang Hochburgen der AAU. Die gemäßigten und traditionsbewußten Verbände der Buchdrucker, Buchbinder, Bauarbeiter und Holzarbeiter hingegen verzeichneten nach 1918 einen verhältnismäßig geringeren Mitgliederzuwachs[1]).

Diese hier aufgezeichneten Zusammenhänge bedürfen freilich einer weiteren differenzierenden Betrachtung. Die Rätebewegung nahm bei jeder der genannten Arbeiterschichten einen anderen Charakter an, und dieser war zum Teil ganz offensichtlich durch bestimmte branchengebundene soziale Verhältnisse bedingt. Der Hinweis auf große Massen bisher unorganisierter Arbeiter kann infolgedessen zwar als soziologische Erklärung für den Hang zur Radikalität und den oft ungeordneten, aber starken Drang zur Selbsttätigkeit bei diesen Schichten gelten; er reicht aber nicht aus, um die Aufnahme des Rätegedankens restlos verständlich zu machen.

Mindestens ebenso bedeutsam wie die allgemeine Mobilisierung und Radikalisierung der Arbeiterschaft — deren Ausdruck der Mitgliederzustrom zu den Gewerkschaften war — scheinen uns Berufstyp und Betriebsstruktur gewesen zu sein.

Die Textilarbeiter z. B., die 1919 die Kriegspolitik der Gewerkschaften mit erdrückender Mehrheit verwarfen und später eine starke kommunistische Minderheit in ihren Reihen hatten, die also unverkennbar zum Radikalismus tendierten, zeigten trotzdem keine besonders starke Neigung zum Rätegedanken. Es ist offensichtlich, daß der starke Anteil minder qualifizierter, insbesondere weiblicher Arbeitskräfte und die klein- und mittelbetriebliche Struktur der Branche einen Einfluß auf diese Haltung ausgeübt haben; denn unter den ge-

---

[1]) Zu den Mitgliederzahlen vgl. die Protokolle der allgemeinen Gewerkschaftskongresse in München 1914, S. 4 ff., in Nürnberg 1919, S. 4 ff. und in Leipzig 1922, S. 4 ff., S. 95 ff. miteinander. Über Oppau war mir kein Quellenmaterial zugänglich. Über Leuna siehe oben S. 171/2.

nannten Voraussetzungen waren die personellen Bedingungen für eine wirksame Mitbestimmung nur sehr schwer zu erfüllen[1]).

Auch bei den Bergarbeitern bestand — wie unsere Untersuchung der Sozialisierungsbewegung gezeigt hat — ganz offensichtlich ein enger Zusammenhang zwischen dem Rätegedanken und der überlieferten hierarchischen und autoritären Betriebsverfassung des Bergbaus. Auf der anderen Seite lieferten die Kerngebiete der rheinisch-westfälischen Schwerindustrie aber auch besonders einprägsame Beispiele für die politische Reaktion einer neu auf das soziale Kampffeld getretenen Arbeiterschaft. Die gewerkschaftliche Organisation der Berg- und Hüttenarbeiter des Ruhrgebietes war, wie wir gesehen haben, vor dem Weltkrieg ziemlich schwach, die soziale Herrenstellung der Unternehmer unerschüttert[2]). Dementsprechend war auch der Stand der politischen Organisation noch nicht sehr entwickelt. Die eigentliche Politisierung der Ruhrarbeiterschaft ist erst im Laufe — nicht einmal sofort mit dem Beginn — der November-Revolution erfolgt; die Mitglieder- und Wählerzahlen der sozialistischen Parteien aus diesem Gebiet zeigen es ganz deutlich[3]).

Die fehlende politische und gewerkschaftliche Schulung dieser Arbeiterschichten, ihre geringe Bindung an die überlieferte Autorität der Organisation, die große Rolle, die unter den genannten Umständen spontan in den Betrieben gewählte Wortführer an Stelle alterfahrener Partei- oder Gewerkschaftsfunk-

---

[1]) Siehe die oben S. 191, Anm. 1, angegebenen Quellen. Über den kommunistischen Einfluß im Textilarbeiterverband *Flechtheim*, a.a.O., S. 91, 115. Eine Fülle von soziologisch sehr aufschlußreichen Einzelheiten enthält das Tagebuch eines Betriebsrats. Herausgegeben vom Deutschen Textilarbeiterverband, Berlin 1925.

[2]) Siehe oben S. 40. Die Ursache dafür ist ohne Zweifel in der stürmischen Entwicklung der deutschen Schwerindustrie und im großen Zustrom noch nicht durch die industrielle Gesellschaft geprägter Arbeiter, vor allem aus den Ostprovinzen, zu suchen. Hierzu *O. Neuloh*, Die deutsche Betriebsverfassung, Tübingen 1956, bes. S. 121 ff.; *M. Koch*, Die Bergarbeiterbewegung im Ruhrgebiet z. Z. Wilhelms II., Düsseldorf 1954, bes. S. 9 ff., 19 ff. Eine Einzelstudie liefern *Croon/Utermann*, Zeche und Gemeinde, Tübingen 1958.

[3]) In dem Wahlbezirk Westfalen Süd, der den Reg.-Bez. Arnsberg, das heißt das westfälische Kerngebiet der Ruhrindustrie umfaßte, erzielte die USPD 1919 nur 5,1% der Stimmen gegenüber 41,3% für die SPD; und sogar auf dem Höhepunkt des USPD-Einflusses im Juli 1920 erreichte sie nur 19,7% (zusammen mit der KPD 21,2%) gegen 20,8% der SPD; die KPD überflügelte auf ihrem ersten Höhepunkt im Mai 1924 dann allerdings mit 23,5% die SPD mit 16,0% sehr deutlich; 1928 fiel sie mit nur 11,9% gegen 29,5% der SPD wieder weit zurück und überholte im Juli 1932 mit 20,6% die SPD mit 18,7% abermals. Diese Zahlen zeigen den gegenüber den übrigen deutschen Industriegebieten später einsetzenden Prozeß der Politisierung und Radikalisierung ganz deutlich. Daß die KPD 1924 und 1932 das Ergebnis der USPD von 1920 zahlenmäßig übertrifft und prozentual erreicht, steht durchaus einzig da. Ebenso außergewöhnlich ist die Tatsache, daß in dem Parteibezirk westliches Westfalen, der dem Wahlbezirk Westfalen Süd ungefähr entsprach, im Jahr 1919 sowohl USPD als auch SPD beträchtliche Mitgliedergewinne verzeichnen konnten, während in allen anderen Industriebezirken die USPD zwar gewann, die SPD aber verlor. Siehe Protokoll des SPD-Parteitages vom Juni 1919 in Weimar, S. 56, sowie Protokoll des Bezirksparteitages der USPD des Niederrheins vom 26./27. April 1919 in Elberfeld, S. 8. Über die politischen Wahlen der Weimarer Zeit unterrichtet sehr gut die soziographische Studie von *H. Striefler*, Deutsche Wahlen, Düsseldorf 1946.

tionäre spielen mußten, dies alles erklärt ganz allgemein die Radikalität der sozialen Bewegung im Ruhrgebiet; es erklärt darüber hinaus im gewissen Grade auch ihre Affinität zu den spezifischen Ideen und Organisationsformen der Rätebewegung, insofern diese Ideen die Rebellion gegen die überkommenen Organisationen und Autoritäten zum Inhalt haben. Auf der anderen Seite aber war die mangelnde Organisation selbst eine Folge der hierarchisch-patriarchalischen Betriebsverfassung der westdeutschen Schwerindustrie, so daß in der Rätebewegung der Ruhrarbeiter der Radikalismus der neu politisierten Massen und der Aufstand gegen die überlieferte Betriebsverfassung untrennbar miteinander verknüpft erscheinen[1]).

Auch für die Zentren der rasch emporgeschossenen chemischen Industrie darf man eine solche Verknüpfung vermuten. Die stark ausgeprägten betriebsdemokratischen Tendenzen der Arbeiter von Oppau oder Leuna standen offensichtlich ebenso mit der fehlenden organisatorischen Bindung, wie mit der Struktur der neu entstandenen Riesenbetriebe im Zusammenhang. Die spezifische berufliche Traditionslosigkeit der Chemiearbeiter erklärt zusätzlich den extremen Radikalismus dieser Belegschaften[2]).

Offen zutage liegt die Beziehung zwischen Rätebewegung, Betriebsstruktur und Berufstyp bei den Staatsarbeitern und bei den Angestellten. Auch bei diesen lag freilich die erste Voraussetzung für die Übernahme des Rätegedankens in dem Fehlen der gewerkschaftlichen Organisation und des durch sie gewährten Schutzes; nach der Revolution reagierten jene Arbeitnehmerschichten auf den bisherigen Zustand der Schwäche heftig und unmittelbar. Aber noch klarer als im Bergbau und in der chemischen Industrie wird hier sichtbar, daß dieser bisherige Zustand durch die besondere Verfassung der Staatsbetriebe bzw. des Bürobetriebs mit begründet war. In verschiedener Form und verschiedenem Grade waren es die patriarchalisch gefärbte Betriebshierarchie und die durch sie bedingte persönliche Abhängigkeit, die die Koalitionsfreiheit einschränkten und den Geist gewerkschaftlicher Interessenvertretung nicht aufkommen ließen[3]).

---

[1]) Zu diesem Problem enthält das erwähnte Buch von *E. Reger* — ein auf intensiver eigener Kenntnis des Verfassers beruhender Schlüsselroman über die soziale und politische Entwicklung des Ruhrgebiets seit 1918 — eine Reihe wertvoller Beobachtungen. Das Gesamtproblem des Zusammenhangs von Rätebewegung und Radikalismus wird unten noch gesondert behandelt werden.

[2]) Einige aufschlußreiche Bemerkungen über die Leuna-Arbeiter finden sich in *W. Koenens* Diskussionsbeitrag auf dem 2. Rätekongreß vom April 1919 in Berlin, Protokoll S. 232 ff., bes. 238; ferner derselbe in der Nationalversammlung a.a.O.

[3]) Zu den Staatsbetrieben siehe oben S. 169 ff., über die sozialen Verhältnisse dort vgl. auch *W. Zimmermann*, Zur sozialen Lage der Eisenbahner in Preußen, in Schriften des Vereins für Sozialpolitik, Bd. 99, 1902, S. 3 ff., bes. S. 7 ff., 166 ff., 264 ff., ferner *E. Fraenkel*, Die Lage der Arbeiter in den Werkstätten der Bayerischen Staatsbahnen, Archiv für Soz. Wiss. u. Soz. Pol., Bd. 37, S. 808 ff. Bemerkenswert auch der Aufsatz von *A. Weber*, Die Bürokratisierung und die gelbe Arbeiterbewegung, ebenda, S. 361 ff., der interessante Feststellungen über Zusammenhänge zwischen der bürokratischen Organisationsform des modernen

Zugleich aber wird deutlich, daß jene besondere betriebliche Verfassung das Streben nach Demokratisierung unmittelbar herausgefordert hat. Bei den Angestellten ließ die traditionelle, sozial stark akzentuierte, oftmals persönlich drückende Über- und Unterordnung im Büro die unmittelbare Einwirkung auf die Geschäftsleitung als besonders wünschenswert erscheinen; die Sorge der Angestellten um ihre stets prekäre Position in der betrieblichen Hierarchie kam vor allem darin zum Ausdruck, daß sie sehr großes Gewicht auf die Mitbestimmung bei Einstellung, Beförderung und Entlassung legten.

Ebenso einsichtig ist das Drängen der Staatsarbeiter auf Mitbestimmung. Die zentralistische, hierarchische und hoch bürokratisierte Organisation der staatlichen Betriebe, insbesondere des Riesenkomplexes der Eisenbahnverwaltung, ließ die Bedeutung der Betriebsverfassung für die Lage der Arbeiter mit ungleich größerer Schärfe hervortreten, als die vergleichsweise simple Organisation des kleineren oder mittleren Privatbetriebes. Die Bindung an den Betrieb war durch weitgehende Verbeamtung, soziale Einrichtungen und nicht zuletzt — speziell bei der Eisenbahn — durch die Monopolstellung des Arbeitgebers viel stärker als in der freien Wirtschaft; je geringer die Freiheit des Arbeitsplatzwechsels, desto größer aber das Bedürfnis der Arbeitnehmer, ihren Status institutionell zu sichern. Weiterhin erschienen die staatlichen Betriebe durch die Art ihrer Organisation und durch ihre enge Bindung an den Staat selbst als ein Stück politischer Macht- und Herrschaftsausübung, und sie verhielten sich auch gegenüber ihren Arbeitnehmern dementsprechend. Die Art und Weise ihrer Leitung stand der öffentlichen Verwaltung näher als der freien Unternehmerwirtschaft. Schließlich wurzelte die Autorität der Leitung nicht in dem privaten Rechtstitel des Eigentums, sondern besaß öffentlichen Charakter. Dies alles legte die Anwendung von Kategorien der politischen Ordnung, die Anwendung des Begriffs der „wirtschaftlichen Demokratie" näher als irgendwoanders. Zufolge der spezifischen Einheitlichkeit, Übersichtlichkeit und Rationalität des Eisenbahnbetriebes schien überdies eine Demokratisierung dort eher durchführbar zu sein, als in der freien Wirtschaft.

Bei den hier infrage kommenden Arbeitnehmerschichten, vor allem bei Angestellten und Eisenbahnern, hat außerdem ganz offensichtlich die relativ hohe berufliche Qualifikation sie in ihren Forderungen bestärkt, da sie es möglich erscheinen ließ und tatsächlich auch möglich machte, ziemlich rasch die erforderliche Anzahl befähigter Betriebsräte hervorzubringen.

---

Großbetriebs und den Organisationsformen der Arbeitnehmer enthält. Zur Angestelltenfrage siehe oben S. 159/60, ferner Correspondenzblatt Jg. 1919, S. 38, mit dem Hinweis auf die Rolle spontan gebildeter „Betriebsausschüsse", in den sozialen Bewegungen der Angestellten 1918/19, und den Aufsatz von *B. Marx*, Zum Kampf der Bankbeamten, Der Sozialist, Jg. 1919, Nr. 8, S. 116 ff. Allgemein: *O. H. v. d. Gablentz*, Industriebürokratie, Schmollers Jahrbuch, Bd. 50, S. 539 ff.; *H. P. Bahrdt*, Industriebürokratie, Stuttgart 1958.

Über die „neuen" Gruppen hinaus haben jedoch ohne Zweifel auch breite altorganisierte, politisch und gewerkschaftlich geschulte Arbeiterschichten an der Rätebewegung teilgenommen. Die weitreichende Wirkung des Rätegedankens, die vor allem in der eigentlichen Betriebsrätebewegung den Einfluß der radikalen politischen Parteien bei weitem überstiegen hat, ist gar nicht anders zu erklären. Außerdem bildeten sich auch in den ausgesprochen konservativen Gewerkschaften, z. B. bei Bauarbeitern und Holzarbeitern starke oppositionelle Minderheiten. Sie hatten ihre Zentren vor allem in den Großstädten, sowie in jenen mittleren und kleineren Städten, die im Zusammenhang größerer Industriegebiete standen (vor allem in Thüringen und Sachsen). Das ist kein Zufall. Die städtische Arbeiterschaft bildete den hauptsächlichen Träger des allgemeinen Radikalisierungsprozesses in und nach dem Kriege und infolgedessen (wenn auch nicht ausschließlich aus diesem Grunde) den Kern der Rätebewegung. Die Mitgliederentwicklung der SPD zeigt diesen Vorgang mit großer Deutlichkeit. Im Jahre 1919 hatte die Partei gegenüber 1914, bei gleichgebliebener Gesamtmitgliederzahl, in den Industriezentren (vom Ruhrgebiet abgesehen, in dem, wie wir sahen, besondere Verhältnisse herrschten) rund 300 000 Mitglieder verloren; selbst wenn wir berücksichtigen, daß sicherlich nicht bei allen ein politisch motivierter Austritt vorlag, können wir doch annehmen, daß in diesen Gebieten (Berlin, Hamburg, Bremen, Braunschweig, Thüringen-Sachsen-Mitteldeutschland, Nordbayern, Niederrhein) Hunderttausende von politisch und gewerkschaftlich geschulten Arbeitern zur USPD und damit großenteils zur Rätebewegung übergegangen sind[1]).

In welchem Umfang die größeren Städte das Rückgrat der Rätebewegung dargestellt haben, wird besonders deutlich am Beispiel der Metallarbeiterschaft sichtbar. (Die Metallarbeiter und ihre Organisation, der DMV, haben in der gesamten revolutionären Bewegung eine so entscheidende Rolle gespielt, daß wir noch mehrfach auf sie zurückkommen müssen.) Die allgemeine Radikalisierungstendenz war zwar 1918/19 auch im DMV unverkennbar wirksam; aber die rätefreundliche Opposition, die im Herbst 1919 die Mehrheit im Verband eroberte, stützte sich keineswegs nur auf die neu hinzugeströmten Massen. Sie hatte ihre Schwerpunkte auch nicht sosehr in den rasch angeschwollenen Organisationen des rheinisch-westfälischen Industriegebiets, sondern vielmehr in den alten Zentren der verarbeitenden Industrie (Berlin, Hamburg, Bremen, Mitteldeutschland, Nordbayern, Südwestdeutschland) und dem dortigen Kern der alten Organisation[2]). Freilich setzten sich auch dort radikale Opposition und Räteidee

---

[1]) Protokoll des SPD-Parteitages vom Juni 1919 in Weimar, S. 56, Die überwiegend agrarischen Bezirke hatten etwa dieselbe Mitgliederzahl hinzugewonnen. Die entsprechende Verschiebung *innerhalb* der Bezirke (d. h. Austritt von Arbeitern, Eintritt von Nichtarbeitern) ist dabei noch nicht einmal mit erfaßt.

[2]) Vgl. hierzu die Delegationsstärken der einzelnen Bezirke nach den Anwesenheitslisten in den Protokollen der ordentlichen Generalversammlungen des DMV von 1913, 1915, 1917, 1919, 1921, 1924. Bemerkenswert ist, daß 1921 wo die SPD wieder eine knappe Mehrheit im Verband

nicht ohne weiteres durch; die gesellschaftlichen und politischen Umschichtungen der Kriegszeit schufen die allgemeinen Voraussetzungen[1]); über die besonderen historischen, sozialen und organisatorischen Umstände wird noch einiges gesagt werden müssen. Auf der anderen Seite steht außer Zweifel, daß diese Teile der deutschen Arbeiterschaft schon vor dem Krieg eine Entwicklung genommen hatten, die über die bisherige Praxis der Partei und der Gewerkschaft hinauswies[2]).

Der Zusammenhang zwischen der Rätebewegung und einer hochqualifizierten, traditionsreichen Arbeiterschaft tritt in der Berliner Arbeiterrätebewegung, die übrigens fast ausschließlich von Metallarbeitern getragen wurde, mit idealtypischer Klarheit hervor[3]). So sehr auch dort der Massenzustrom „neuer" Arbeiterschichten den Erfolg der Opposition begünstigte, so handelte es sich doch bei dem Kern der revolutionären Obleute und späteren Arbeiterräte fast ausschließlich um lange organisierte, geschulte und erfahrene Gewerkschaftsfunktionäre. Unsere Aussage wird noch dadurch bekräftigt, daß in Berlin — wie in der oppositionellen Metallarbeiterschaft überhaupt — die geschultesten und fachlich am höchsten qualifizierten Arbeiter, insbesondere die Dreher, von überragendem Einfluß gewesen sind[4]).

Besonders befähigte Persönlichkeiten aus diesen Arbeiterschichten und Intellektuelle haben sodann in einem Prozeß gegenseitiger Anregung jene kleinen Führungsgruppen gebildet, die den Rätegedanken ausformuliert, theoretisch begründet und weitergetragen haben. Auch dafür liefert die Berliner Arbeiterrätebewegung das hervorragende Beispiel. Sowenig sich diese Gruppen ohne umfängliche monographische Studien im einzelnen genau beschreiben lassen, so unbestreitbar ist ihre Existenz und ihre Wirksamkeit.

---

errang, der Anteil der 1919 radikal beherrschten mittel- und großstädtischen Ortsverwaltungen an der Gesamtzahl der Delegierten von 48,9% auf 40,2% zurückging; das heißt der Mitgliederzustrom in den kleineren Orten wirkte sich nicht mehr eindeutig im Sinne weiterer Radikalisierung aus.

[1]) Vgl. hierzu den sehr klugen Artikel des sozialdemokratischen Gewerkschaftsführers *Fritz Kummer*, Der Verbandstag der Klärung, in Deutsche Metallarbeiterzeitung 1919, Nr. 41 S. 159.

[2]) Siehe oben S. 47.

[3]) Die SPD warf im August 1919 dem Berliner Vollzugsrat in einem Flugblatt „An die werktätige Bevölkerung Berlins" vor, er wäre nur „eine Filiale des DMV". Siehe oben S. 203, Anm. 1 und *Opel*, a.a.O., S. 81.

[4]) Wenn wir die berufliche Zusammensetzung der sozialistischen Fraktionen auf dem zweiten Rätekongreß vom April 1919 in Berlin vergleichen, kommen wir zu folgendem Ergebnis: SPD-Fraktion: 23,2% Gewerkschafts- oder Parteisekretäre, 40,8% Arbeiter, darunter 12,7% Metallarbeiter, wovon weniger als ¼ Dreher; USPD-Fraktion: 12,7% Sekretäre, 49,1% Arbeiter, darunter 23,8% Metallarbeiter, wovon ²/₃ Dreher. Archiv des Zentralrats, a.a.O., B-42, Bd. 1. Auf dem DMV-Verbandstag vom Oktober 1919 in Stuttgart, Protokoll S. 3 ff., waren unter 329 Delegierten 42 Dreher, davon gehörten 38 zur Opposition. Von den 106 delegierten Gewerkschaftsangestellten zählten hingegen nur 26 zur Opposition. Eine sehr feine psycho-soziologische Studie über den Typ des Drehers findet sich bei *Popitz / Bahrdt / Jüres / Kesting*, Technik und Industriearbeit, Tübingen 1957, S. 135 ff.

Wir haben die Rätebewegung bisher ganz allgemein nach ihren wesentlichen geschichtlichen Voraussetzungen und strukturellen Momenten soziologisch skizziert. Diese Darstellung kann und muß aber noch konkretisiert werden. Von besonderer Bedeutung ist dabei die Problematik des Verhältnisses von Rätebewegung und herkömmlicher (gewerkschaftlicher) Arbeiterbewegung.

Die alte Konzeption der Gewerkschaftsarbeit beruhte auf der scharfen Trennung von politischer und wirtschaftlicher Arbeiterorganisation. Den Gewerkschaften fiel dabei die nicht politische ökonomische Vertretung, das heißt die soziale und berufliche Vertretung der Arbeiterschaft zu. Die allgemeine Politik und die grundsätzliche Wirtschaftspolitik waren Sache der Partei. Die Rätebewegung hingegen war als wirtschaftliche zugleich politische Bewegung, insofern sie die gesellschaftlichen Verhältnisse durch die von ihr erstrebte Mitbestimmung revolutionieren wollte[1]). Das setzte in der Arbeiterschaft die Entwicklung eines einheitlichen, das heißt sowohl wirtschaftlichen, als auch politischen Klassenbewußtseins voraus. Auf der Grundlage der handwerklich-zünftigen Berufstradition konnte es nicht gedeihen. In den Industriezentren aber und vor allem in den Reihen der Metallarbeiterschaft bildete sich allmählich der Typ des selbstbewußten und technisch hochqualifizierten, radikal verstädterten und aus allen kleinbürgerlichen Bindungen gelösten klassenbewußten Proletariers heraus[2]). Er kam vor dem Kriege in den Gewerkschaften und in der Sozialdemokratie nicht mehr zur Geltung; unter den besonderen Bedingungen der Revolution jedoch und auf Grund der allgemeinen sozialen und psychischen Veränderungen der deutschen Arbeiterklasse gewann er entscheidenden Einfluß.

[1]) Dieser prinzipielle Gegensatz kommt mit aller wünschenswerten Klarheit in einer Polemik zum Ausdruck, die noch während des letzten Kriegsjahres vom Correspondenzblatt 1918, Nr. 10, S. 98, gegen die Versuche der Stuttgarter USPD, eine politisch-gewerkschaftliche Einheitsorganisation zu bilden, gerichtet wurde: „... unsere Gewerkschaften sind keine ‚politisch-gewerkschaftlichen Einheitsorganisationen' und sollen es weder sein noch werden. Die parteipolitische Interessenvertretung der Arbeiter müssen sie nach wie vor der Sozialdemokratie überlassen und sich auf die Wahrung der wirtschaftlichen Arbeiterinteressen beschränken. Wer die politisch-gewerkschaftliche Einheitsorganisation will, hat sich für den Syndikalismus entschieden..."
[2]) Siehe auch oben S. 47. Ferner *Gertrud Hermes*, a.a.O., bes. S. 83 ff., 94 ff., 113 ff. und *Curt Geyer*, a.a.O., bes. S. 58 ff., deren Analysen ausschließlich der gemeinte Typ zugrunde liegt. Wesentliches, wenn auch soziologisch nur sehr unvollkommen verarbeitetes empirisches Material über die ökonomische, berufliche, soziale und psychische Verfassung der deutschen Industriearbeiterschaft, insbesondere in der Berliner Metallindustrie, enthalten die schon erwähnten Schriften des Vereins für Sozialpolitik: Bd. 134, 1910, besonders aufschlußreich *H. Hinkes* Untersuchung der Mechanisierung im Buchdruckergewerbe, bes. S. 74 ff., 105 ff.; *Cl. Heiss* über die Berliner Feinmechanische Industrie, bes. S. 161 ff., 228 ff.; *Dora Lande* über die Berliner Maschinenindustrie, bes. S. 321 ff., 477 ff., Bd. 135, 1. Teil, 1911, *F. Schumann* über die Arbeiterschaft der Daimler-Werke in Stuttgart-Untertürkheim, der vor allem deshalb interessant ist, weil diese Belegschaft ein wichtiger Teil der während des Krieges und bis 1933 stets besonders radikalen Stuttgarter Metallarbeiterschaft gewesen ist, während *Schumann* wenige Jahre vorher das Gegenteil klassenkämpferischer Haltung, wenn auch hohe Intelligenz, fachliche Qualifizierung und Selbstbewußtsein glaubt feststellen zu können, a.a.O., S. 8, 69 ff., 145 ff. Vgl. ferner Ill. Gesch., S. 182 ff., Protokolle der Generalversammlungen des DMV 1921 und ff.

Diese Arbeitergruppen und die mit ihnen verbundenen radikalisierten Massen schufen sich in der Rätebewegung eine neue organisatorische und geistige Ausdrucksform, eine Ausdrucksform, die ihnen demokratischer, proletarischer, betriebsnäher und zugleich politischer, vor allem aber ihrem starken Selbstgefühl entsprechender zu sein schien, als die überkommenen Formen der Partei und der Gewerkschaft[1]).

In diesem Bestreben mußte die Rätebewegung freilich, ganz gleich, ob sie sich in den Verbänden, neben den Verbänden oder gegen die Verbände entfaltete, mit der alten gewerkschaftlichen Führung in Konflikt geraten; und sie mußte in Konkurrenz zu ihr versuchen, sich eine neue Führung zu schaffen. Das ist der Rätebewegung aufs Ganze gesehen nicht gelungen, und es konnte ihr auch nicht gelingen.

Jahrzehntelang, von den ersten Anfängen der organisierten Arbeiterbewegung an, hatte die Arbeiterschaft alle ihre Kräfte in den Gewerkschaften und in der Sozialdemokratie zusammengefaßt, hatte sie ihr Vertrauen in den „Verband", in die „Partei" gesetzt und die mutigsten, klügsten und geschultesten Kollegen in die Führerstellen dieser Organisationen entsandt. Und diese Führerschaft hatte sich in großen Streiks und Wahlkämpfen, ebenso wie im täglichen Kleinkrieg gegen Unternehmerschaft, Staat und bürgerliche Parteien bewährt. Daß sie trotzdem auf die Aufgaben einer revolutionären Veränderung der Gesellschaftsordnung weder geistig noch organisatorisch eingerichtet war, stellte sich erst während des Krieges und der Revolution heraus und führte zu einer schweren Vertrauenskrise[2]). Die Bewegung der Arbeiter geriet teilweise in Gegensatz zu den alten Organisationen.

---

[1]) Einen gewissen Hinweis auf den Umschichtungsprozeß, der sich im Laufe der Revolution in den Arbeiterorganisationen vollzogen hat, gibt ein Vergleich zwischen der beruflichen Zusammensetzung der Reichstagsfraktionen der SPD und USPD von 1920 und der KPD-Fraktion vom Mai 1924 (nach Reichstagshandbuch der ersten und der zweiten Wahlperiode). Die beiden sozialdemokratischen Fraktionen von 1920 bestehen — wir sehen hier von den weiblichen Mitgliedern ab — zu rd. ¾ aus ehemaligen Arbeitern. Dabei stammen aber in der SPD 65,8% aus traditionellen Handwerksberufen (Buchdrucker, Holzhandwerker, Bauhandwerker usf.) und 21,0% waren Metallarbeiter, bei der USPD ist das Verhältnis 43,3% zu 34,0%; von den 14 im Oktober 1920 zur KPD übergetretenen unabhängigen Abgeordneten, die aus der Arbeiterschaft stammten, waren sogar 57% Metallarbeiter. Ihrer beruflichen Stellung bei der Wahl nach waren es bei der SPD nur 5,3% Betriebsarbeiter, bei der USPD immerhin 11,3%, außerdem 18,9%, die erst nach 1919 Partei- und Gewerkschaftssekretäre geworden waren; bei der SPD gab es keinen einzigen dieser Art. Hingegen waren in der SPD-Fraktion 36,8% bereits vor der Revolution tätige Gewerkschaftssekretäre, in der USPD-Fraktion nur 24,5%. Die KPD-Fraktion von 1924 zeigt dieselbe Verschiebung ins Extrem getrieben. Von den männlichen Arbeitern waren 41,4% Metallarbeiter und nur noch 31,6% Handwerker der bezeichneten Art. Ihrer beruflichen Stellung nach waren 41,5% Betriebsarbeiter und 51,2% nach 1919 neu tätig gewordene Sekretäre. Von der SPD-Fraktion des Jahres 1924 waren 75% schon 1920 und früher Abgeordnete gewesen, von der KPD-Fraktion nur 12,9%. Daß die USPD-Fraktion 1920 relativ mehr junge Mitglieder enthielt als die SPD-Fraktion und daß die KPD-Fraktion 1924 einfach eine ganze Generation jünger war als die SPD-Fraktion, sei nur am Rande vermerkt.

[2]) Einige feine Bemerkungen darüber finden sich in bezug auf die Bergarbeiterschaft bei *H. Teuber*, in seinem schon erwähnten Aufsatz, Sozialistische Politik und Wirtschaft, Jg. 1926, Nr. 39.

Da aber fast alles, was die Arbeiterschaft bisher an Erfahrungen, Kenntnissen und Fähigkeiten hervorgebracht hatte, in jene alten Organisationen eingegangen war, blieben die neuen Organisationen mit Notwendigkeit schwach. Revolutionäre Leidenschaft konnte nicht langjährige Erfahrung, Instinkt nicht systematisch erworbene Kenntnisse, guter Wille nicht die in erprobter Auslese entwickelte Führungsfähigkeit ersetzen. Auch — oder besser gerade — Selbstverwaltung und Selbstregierung wollen gelernt sein, bedürfen einer Tradition und einer geschulten Führer- und Unterführerschaft. Die auf Spontaneität, unmittelbarer Demokratie und Dezentralisation beruhende Rätebewegung hätte eine solche Schicht in besonders hohem Grade gebraucht; aber sie fehlte ihr und mußte ihr fehlen.

Am deutlichsten sichtbar wird die Schwäche der Führerschicht in der Rätebewegung, wenn wir das Auftreten der radikalen Opposition in den einzelnen Gewerkschaftsverbänden betrachten (wobei der Unterschied zwischen Rätebewegung und Radikalismus hier vernachlässigt werden soll). Bei Eisenbahnern und Bauarbeitern (wo die Opposition in *Brandler* und *Heckert* hervorragende Führer besaß) in geringerem Grade, bei Bergarbeitern, Holzarbeitern, Textilarbeitern, Transportarbeitern, Gemeinde- und Staatsarbeitern in höherem Grade wurde die Opposition durch ihre formale Unterlegenheit behindert. Die gewerkschaftliche Beamtenschaft, also die Auslese der Arbeiter, stand durchweg fast geschlossen hinter den alten Führern; in kritischen Situationen bewahrte sie ihre Position nicht zuletzt dadurch, daß sie auf ihre Unersetzlichkeit pochte und so die technische Notwendigkeit der Führung schlechthin gegen die Opposition ausspielte[1]). Die Wortführer der Opposition hingegen (vor allem später die der KPD) rangen oft vergeblich mit ihren Mängeln an Wissen, Erfahrung und Routine; sie mußten den Vorwurf, für verantwortliche Gewerkschaftsstellungen nicht reif zu sein, auf sich sitzen lassen; und sie beschworen durch ihre Abhängigkeit von außenstehenden politischen Einpeitschern nicht selten geradezu tragikomische Situationen herauf[2]).

Eigentlich nur im Metallarbeiterverband, und dort in den großstädtischen Verwaltungsstellen, gelang es der Rätebewegung und der radikalen Opposition ganz allgemein eine zwar nicht sehr große, aber ausreichende und qualifizierte neue Führungsschicht zu bilden. Im Gegensatz zu allen übrigen Verbänden (Männer, wie der Chemnitzer Bauarbeitersekretär *Fritz Heckert* und der Bochumer

---

[1]) Besonders deutlich im Bergarbeiterverband, wo im Mai 1919 alle 69 Sekretäre mit ihrem Rücktritt drohten. Siehe auch *Teuber*, a.a.O., Nr. 40.

[2]) Belege hierfür finden sich in den Protokollen fast aller Verbandstage dieser Jahre. Besonders aufschlußreich sind aber die der Generalversammlungen des Verbandes der Bergarbeiter. So vom Juni 1919 in Bielefeld, bes. S. 167 ff., 358 ff., 363/4, man könne nicht „plötzlich aus der Tiefe Leute emporheben und ins Vordertreffen der Organisationen stellen"; vom Mai/Juni 1921 in Gießen, bes. S. 290/1, 300/1; vom Juni 1924 in Dresden, vom Juli 1926 in Saarbrücken, bes. S. 80, 81, 168/9, 224 ff., vom Juli 1928 in Magdeburg, bes. S. 130/1, 143/4. Ferner allgemeiner Gewerkschaftskongreß vom September 1928 in Hamburg, Protokoll S. 303.

Bergarbeitersekretär *Heinrich Teuber* waren Ausnahmen) zählten im DMV schon vor dem Kriege einige Sekretäre zum radikalen Flügel der Arbeiterbewegung, so vor allem der bedeutende *Robert Dissmann*[1]). Hinzu trat ein Reservoir von gut geschulten ehrenamtlichen Vertrauensleuten, aus dem nach 1918 zahlreiche Parteiführer und Abgeordnete der USPD und KPD, Gewerkschaftsangestellte und aktive Betriebsräte hervorgegangen sind. Im Gegensatz zu allen übrigen Verbänden hat im DMV auch nach der Spaltung der radikalen Opposition die KPD immer eine große Anzahl von befähigten Wortführern besessen, die zum Teil bis 1933 wichtige Gewerkschaftsstellungen behaupten konnten. Bezeichnend ist aber auch, daß gerade diese Arbeiterfunktionäre in erheblichem Umfang zu irgendeinem Zeitpunkt mit dem Parteikommunismus in Konflikt geraten und aus der KPD ausgeschieden sind[2]).

Soziologisch bedeutsam ist die Rolle, die Großbetrieb und Großstadt bei der Herausbildung jener ehrenamtlichen Vertrauensleuteschicht gespielt haben. Als gewerkschaftliche Obleute größerer Betriebe und in den vielfältigen Selbstverwaltungsämtern der großen örtlichen Gewerkschaftsorganisationen konnten geeignete Betriebsarbeiter zu verantwortlichen Positionen aufsteigen, ohne die Laufbahn des fast angestellten Sekretärs ergreifen und in die eigentliche Verbandsbürokratie eintreten zu müssen. Das heißt, sie konnten in einer scharfen Auslese ihre Fähigkeiten entwickeln, ihren Horizont erweitern, die unentbehrliche Geschäftsgewandtheit bei der Leitung größerer Organisationen erwerben und sich — über den Kreis der unmittelbaren Arbeitskollegen hinaus — unter der örtlichen Arbeiterschaft ein persönliches und politisches Ansehen schaffen, ohne aus dem Betrieb auszuscheiden und in das Verbandsbüro überzusiedeln. Die Berliner Arbeiterrätebewegung ist aus der Vereinigung eben solcher ehrenamtlicher Vertrauensleute („Obleute") hervorgegangen; und es ist kein Zufall, daß drei ihrer fähigsten Führer Leiter von Fachbranchen des Berliner DMV gewesen sind.

---

[1]) Über *Dissmann* siehe *Opel*, a.a.O., S. 101/2. Ferner waren vor dem Kriege schon im DMV tätig und zählten 1919 zu den Wortführern der Oppositionen: *J. Ernst* (Hagen), *H. Liebmann* und *E. Schäfer* (Leipzig), *W. Leopold* (Kiel), *H. Schliestedt* (Remscheid), *A. Brandes* (Magdeburg), vgl. Protokolle der Generalversammlungen des DMV von 1911 und 1913 und des Allgemeinen Gewerkschaftskongresses von 1914 in München. Auf der Generalversammlung des DMV vom Juni 1917 in Köln, auf der die Opposition zum erstenmal geschlossen auftrat, waren allerdings unter 43 delegierten Sekretären nur 6 oppositionelle. Aus jenem Kreis rekrutierte sich dann die im Oktober 1919 neu gewählte radikale Vorstandsmehrheit. Neben *Dissmann*, *Brandes*, *E. Schäfer* und *Schliestedt* traten noch *O. Tost* von den revolutionären Obleuten Berlins und der Dreher *F. Sickert* aus Hamburg. Der letztere ging übrigens bezeichnenderweise als einziger von diesen bei der Spaltung der USPD zu den Kommunisten.

[2]) Besonders markant *O. Brass*, *P. Wegmann*, *H. Maltzahn*, *P. Neumann*, *P. Eckert*, *O. Rusch*, die im Laufe der *Levi*-Krise 1921/2 aus der KPD ausschieden. Ferner *J. Walcher*, *A. Enderle*, *S. Krauss*, *E. Hausen*, *G. König*, die 1929 mit *Brandler* die Kommunistische Partei-Opposition (KPO) bildeten. Vgl. Protokolle des Allgemeinen Gewerkschaftskongresses vom Juni 1922 in Leipzig, ferner der Generalversammlungen des DMV von 1921, 1924, 1926, 1928, 1930, 1932. Wichtige Aufschlüsse über den politischen Weg einzelner Funktionäre geben manchmal auch die Berichte des Gewerkschaftsausschusses, die den Protokollen beigegeben sind, sowie die Verhandlungsprotokolle über die Ausschlüsse aus dem Verband.

(*Richard Müller* — Dreher, *Paul Eckert* — Maschinenschlosser, *Oskar Rusch* — Drücker)¹).

Im Verlauf der Rätebewegung ist dann eine ganze Schicht von Arbeiterfunktionären — wenn auch in der Regel auf einem sehr viel niedrigeren Niveau als in Berlin und infolgedessen weniger erfolgreich — zur Gewerkschaftsbürokratie in Führerkonkurrenz getreten. Dies ist der soziale Hintergrund der Betriebsrätebewegung²). Daß eine solche Konkurrenz überhaupt möglich wurde, und daß die auf die Betriebe gestützte Rätebewegung eine Zeitlang die überkommene Führung der Gewerkschaften ernsthaft bedrohen konnte, hat seinen Grund in der besonderen Bedeutung, die der Betrieb als soziale Organisationsform in revolutionären Perioden gewinnen kann.

Dieser Sachverhalt ist von den historischen und Sozialwissenschaften bisher fast vollständig vernachlässigt worden. Die außerordentliche Bedeutung, welche die Aktionen großer Betriebsbelegschaften bei politischen Massenbewegungen gewinnen können, ist freilich oft gesehen und bezeichnet worden, aber eine systematische wissenschaftliche Behandlung hat sie nicht gefunden³). In der Regel wird das politische Handeln der Arbeiterschaft nur als Unterfall der Phänomene „Organisation" oder „Masse" betrachtet, die spezifische soziale Situation des Arbeiters in all ihren konkreten Formen aber nicht berücksichtigt⁴). In der modernen politischen Soziologie wird die Frage nach den schichtspezifischen politischen Verhaltens- und Organisationsformen im allgemeinen gar nicht erst gestellt⁵). Die verschiedenen Zweige der Sozialwissenschaft hingegen, die sich mit der Industrie und speziell mit dem industriellen Betrieb beschäftigen, verfolgen zwar die technischen, ökonomischen, sozialen oder psychischen Beziehungen der wirtschaftenden Menschen bis in die feinsten Verästelungen hinein, setzen aber die soziale Sphäre des Betriebes zur Sphäre der politischen Auseinandersetzungen entweder überhaupt nicht oder nur ganz äußerlich in Beziehung. Lediglich das Verhältnis des Unternehmens zur politischen Gemeinde ist näher untersucht worden, freilich mehr im Hinblick auf den Einfluß des Unter-

---

¹) Über die Probleme der großstädtischen Verwaltungsstellen *Cassau*, a.a.O., S. 70/1. Über *Müller*, *Eckert* und *Rusch* siehe die von der Bezirksleitung der SED Groß-Berlin im Oktober 1957 herausgegebene Broschüre: Berlin 1917—1918, S. 31, 53, 75.

²) Sehr richtig *Brigl—Matthiass*, a.a.O., S. 24, 58 ff.

³) Abgesehen von der natürlich mehr agitatorischen, als wissenschaftlichen Behandlung in der Rätebewegung selbst. Eine Ausnahme bildet nur *Gutmann*, Das Rätesystem, München 1922, S. 56 ff. Die Aktionen der Petersburger Putilow-Arbeiter in der russischen Revolution, der Henningsdorfer Stahlarbeiter am 17. Juni in Berlin, der Posener Cegielski-Arbeiter und der Automobilarbeiter von Warschau-Zeran in Polen 1956, der Hüttenarbeiter von Csepel im ungarischen Aufstand sind überall gewürdigt und z. T. auch — mit Recht — mit dem Rätegedanken verknüpft worden.

⁴) So z. B. bei *C. Brinkmann*, Soziologische Theorie der Revolution, Göttingen 1948, S. 46/7 und bei *Th. Geiger*, Die Masse und ihre Aktion, Stuttgart 1926, bes. S. 38 ff.

⁵) Nur als ein Beispiel: *O. Stammer*, Politische Soziologie, in Soziologie, Hrsg. *Gehlen/Schelsky*, Düsseldorf 1955, S. 256 ff.

nehmers als im Hinblick auf politische Organisation und Willensbildung der Arbeitnehmer[1]).

Dieses eingeschränkte Blickfeld der Sozialwissenschaften hat seinen Grund freilich in den tatsächlichen gesellschaftlichen Verhältnissen. Zwar bildet der Betrieb objektiv die festeste, dauerhafteste und intensivste Vergesellschaftungsform des Industriearbeiters (sehr viel fester, dauerhafter und intensiver als die Gewerkschaft oder der Parteiverein); aber im Normalfall sind die sozialen Integrationsprozesse innerhalb des Betriebes ausschließlich auf den wirtschaftlichen Betriebszweck bezogen, von der innerbetrieblichen Befehlsordnung geregelt, und an dem technischen Produktionsablauf orientiert. Die informellen menschlichen Beziehungen knüpfen entweder an den formellen Produktionsablauf an oder beschränken sich als quasi ganz private — wenn schon nicht bedeutungslose — auf den engeren Bereich der Werkstatt, Abteilung oder Arbeitsgruppe. Eine den gesamten Betrieb umfassende Vergesellschaftung der Arbeiter als Arbeiter findet nicht statt.

Dieser ganz unbestreitbare Sachverhalt hat sogar einen so kenntnisreichen und für unser Problem aufgeschlossenen Beurteiler wie *Theodor Geiger* dazu bewogen, der Betriebsbelegschaft den Charakter einer eigenständigen „proletarischen Teilgruppe" abzuerkennen und sie lediglich „als ein Gebilde vom Typus der Menge" zu betrachten. Nur bei besonderen Gelegenheiten, z. B. im Betriebsstreik, stelle sich die Belegschaft vorübergehend als eine geschlossene Gruppe dar. Hierbei aber sehe sie sich und ihren Unternehmer durchaus als beliebigen Einzelfall des allgemeinen Klassenantagonismus[2]). Nun ist die Behauptung *Geigers* ganz unbestreitbar, daß bloße betriebliche Solidarität, bloße „Werk-Kameradschaft", nicht nur keinen proletarischen Klassenzusammenhang konstituiert, sondern ihm geradezu entgegensteht. In der Tat, nur wenn ein allgemeines Arbeiterklassenbewußtsein bereits existiert, kann die Betriebsbelegschaft als proletarische Teilgruppe in Aktion treten; aber wenn sie es unter diesen Umständen tut, ist sie nicht mehr nur ein „beliebiger Einzelfall", sondern für die Aktion der gesamten Klasse konstitutiv. *Geiger* kennt, genauso wie die übrige herkömmliche politische und Industriesoziologie, nur die Arbeitnehmerschaft als ein Element der Wirtschaft auf der einen Seite und die „Arbeiterklasse", die entweder in den allgemeinen Klassenorganisationen der Gewerkschaft und der Partei oder als revolutionäre proletarische Masse in Aktion tritt, auf der anderen Seite. Es ist ganz deutlich, daß dieser Anschauung — bewußt oder unbewußt — das uns bekannte Schema von der Trennung zwischen der wirtschaftlichen und der politischen Funktion der Arbeiterbewegung zugrunde liegt.

---

[1]) *R. Dahrendorf*, Industrie- und Betriebssoziologie, Sammlung Göschen, Bd. 103, Berlin 1956; *Miller/Form*, Unternehmung, Betrieb und Umwelt, Köln/Opladen 1957; *Croon/Utermann*, Zeche und Gemeinde, Tübingen 1958.

[2]) *Geiger*, Die Masse und ihre Aktion, S. 70 und Zur Soziologie der Industriearbeit und des Betriebes, Die Arbeit, Jg. 6/1929, S. 673 ff., 766 ff., 781.

Jene Anschauung übergeht aber ein ganz bestimmtes wichtiges Phänomen: Der Klassengegensatz wird — wenn überhaupt — im Betrieb am deutlichsten empfunden[1]; und es ist eine jedem politischen Praktiker geläufige Erfahrung, daß die Virulenz radikal klassenkämpferischer Zellen im Rahmen des Betriebes bei weitem größer ist, als im Rahmen der Gewerkschaft oder der politischen Lokalorganisation. Zusammen mit dem Faktum der auf die Betriebe gestützten Rätebewegung legt uns dies die Annahme nahe, daß hinter der in den alltäglichen Produktionsprozeß eingegliederten Menge „Belegschaft" auch noch die Belegschaft als eine politische Vergesellschaftungsform zum mindesten latent existiert.

Wenn der wirtschaftliche Betriebszweck im Bewußtsein der Arbeiter hinter allgemeineren politischen Zielsetzungen zurücktritt und die Autorität des Unternehmers erschüttert ist, in revolutionären Zeiten also, dann beginnt jene latente Vergesellschaftungsform sich zu aktualisieren. Der bisher ausschließlich oder vorwiegend an der wirtschaftlichen Institution „Betrieb" orientierte Integrationsprozeß innerhalb der Arbeiter gelangt dazu, sich gewissermaßen zu verselbständigen[2].

In sachlicher Hinsicht durch den gemeinsamen, sich rasch politisierenden Kampf mit dem Unternehmer, persönlich durch betriebliche Arbeiterführer, „Räte" oder „Obleute", und funktionell durch Diskussionen und Betriebsversammlungen, Wahlen und Demonstrationen, Streiks und Betriebsbesetzungen integriert, wird die Belegschaft zu einem politischen Willensverband. Sosehr auch die allgemeine revolutionäre Situation diesen Prozeß bedingt haben mag, die Belegschaft ist jetzt nicht mehr ein bloßer „Unterfall" der Klassenkampffront oder der Massenaktion; sie ist eine selbständige Gestalt der Arbeiterbewegung. Denn im Gegensatz zur gewerkschaftlichen Aktion oder zur Straßendemonstration bleibt das Handeln der politisierten Belegschaft auf die ursprüngliche objektive wirtschaftliche Institution „Betrieb" bezogen. Die Produktion geht weiter, die Belegschaft im wirtschaftlichen Sinne existiert fort. Aber ihre Struktur ist nicht mehr dieselbe; die Formierung der Belegschaft zu einem politischen Willensverband hat unmittelbar auch die wirtschaftliche Betriebsverfassung verändert.

Während der Revolution von 1918 hat dieser Prozeß in vielen Fällen nur in einer mehr oder weniger rasch vorübergehenden Erschütterung der Unternehmerautorität seinen Ausdruck gefunden. Dort aber, wo er als eine dauerhafte Möglichkeit erfahren und ins Bewußtsein der Arbeiter gehoben wurde, schlugen die Gedanken der Arbeiterkontrolle, der Mitbestimmung, oder der Arbeiterselbstverwaltung Wurzeln. Einmal formuliert wirkten sie dann als bestärkendes Moment auf den betrieblichen Integrationsprozeß zurück. Auf diese Weise konnte der politische Verband des Betriebes zeitweilig Partei und Gewerkschaft

---

[1]) Sehr überzeugend *Geiger*, Zur Soziologie der Industriearbeit, a.a.O., S. 766 ff.
[2]) Der Begriff der Integration hier im Sinn von *R. Smend*, Verfassung und Verfassungsrecht, in Staatsrechtliche Abhandlungen, Berlin 1955, S. 119 ff., bes. 136 ff.

an bindender Kraft erreichen oder sogar übertreffen: Die politische Willensbildung der Arbeiter vollzog sich in den Betriebsversammlungen; ihre Aktionen wurden von den Belegschaften getragen; ihre neuen Führer wuchsen aus den Betrieben hervor; ihre oberste Autorität war die Vereinigung der betrieblichen Räte. Ist der hier skizzierte Idealtyp in der Wirklichkeit auch kaum je erreicht worden, so hat sich doch eine breite Strömung in der deutschen Arbeiterschaft ihm zeitweilig angenähert und auf diese Weise zu einem wesentlichen Teil die Grundlage für Entstehung und Entwicklung der Rätebewegung gebildet.

*Exkurs: Radikalismus und Rätebewegung*

Das Problem, das in den Beziehungen der Rätebewegung zu dem Phänomen des politischen und sozialen „Radikalismus" liegt, ist nicht leicht zu lösen. („Radikal" soll hier ganz allgemein und dem landläufigen Sprachgebrauch entsprechend eine Verhaltensweise heißen, die bestehende politische oder soziale Verhältnisse in der Theorie mit einem Höchstmaß an prinzipieller Strenge verneint und in der Praxis mit den schärfsten jeweils möglichen Mitteln bekämpft.) Es ist uns schon mehrfach, vor allem bei der Verflechtung von politischer Opposition und Rätebewegung in den Gewerkschaften, begegnet. Die beiden Parteien, mit denen die Rätebewegung weitgehend gemeinsam gewirkt hat, USPD und KPD, waren beide im spezifischen Sinne „radikale" Parteien; aber ganz offensichtlich deckte sich die Rätebewegung nach Ideengehalt und Wirkungsweise mit keiner von ihnen gänzlich; und ebenso offensichtlich waren jene, obwohl im Spiegel der Wahlziffern die KPD weitgehend als Nachfolgerin der USPD erscheint, nach ihrem politischen Programm, ihrem sozialen Einzugsbereich und ihrem eigentümlichen Radikalismus *nicht* miteinander identisch.

Wir können hier den Radikalismus in der Arbeiterbewegung nicht bis ins einzelne analysieren; trotzdem wollen wir sein Bild wenigstens mit einigen groben Strichen umreißen[1]). Zu diesem Zweck muß die eingangs gegebene formale Beschreibung konkretisiert werden. Der Radikalismus wird oft zu uniform gesehen. In Wirklichkeit lassen sich in der deutschen Arbeiterbewegung mindestens zwei recht verschiedene Spielarten unterscheiden, die man als „passiven" und als „aktiven" Radikalismus bezeichnen könnte. Der passive Radikalismus verwirft zwar die bestehenden politischen und gesellschaftlichen Verhältnisse mit äußerster Schärfe und entwickelt die Arbeiterorganisationen in strenger prinzipieller Distanz zum Klassengegner; aber er verharrt in dieser Attitüde, richtet sich in dem gegenwärtigen Zustand ein, vertraut auf die Entwicklung, nicht auf das eigene Handeln, und bleibt so, trotz seiner Negation, selbst ein tragendes

---

[1]) An ernsthaften Untersuchungen sind eigentlich nur *C. Geyer*, Der Radikalismus in der deutschen Arbeiterbewegung, Jena 1923, sowie die ideologische und soziologische Analyse der KPD durch *Flechtheim*, a.a.O., S. 185 ff. zu nennen. Zu einem wesentlichen Teil stütze ich mich in der nachfolgenden Skizze auf das bisher verwertete Quellenmaterial, ohne aber immer im einzelnen Nachweisungen zu geben.

Element der bestehenden Verhältnisse. Der aktive Radikalismus hingegen ist stets im Angriff auf die gegenwärtige Ordnung; seine Spannweite reicht von der friedlichen Betriebsbesetzung bis zum bewaffneten Aufstand, von der systematischen Vorbereitung der Revolution bis zum spontanen Ausbruch; aber immer zielt seine Aktion unmittelbar auf Sturz und Überwindung der herrschenden Klasse. (Daß beide Spielarten des Radikalismus in der Wirklichkeit kaum je rein vorgekommen und oft genug ineinander übergegangen sind, muß bei dieser Unterscheidung natürlich im Auge behalten werden.) Das typische Programm des passiven Radikalismus war der *Kautskysche* Marxismus, typische Gestalten des aktiven Radikalismus waren Syndikalismus, Unionismus und Bolschewismus. Es wäre jedoch falsch, den ersteren nur der SPD und USPD den letzteren allein den Kommunisten und Syndikalisten zuzuschreiben. Zum mindesten in USPD und KPD gab es beide Strömungen nebeneinander[1]).

Die bedingenden Momente des Arbeiterradikalismus herauszuarbeiten, ist noch schwieriger als eine zutreffende Darstellung des Phämomens zu liefern, selbst wenn wir uns auf die beiden großen Parteien USPD und KPD beschränken. Die USPD war ein so widersprüchliches und außerdem so kurzlebiges Gebilde, daß ihr Charakter nur sehr schwer zu bestimmen ist[2]). Die KPD ist einfacher zu charakterisieren; *Flechtheim* hat einen solchen Versuch unternommen[3]). Er interpretiert den Parteikommunismus mit Recht als eine im spezifischen Sinne „radikale" Strömung. Aber die psychischen, sozialen und historischen Wurzeln des kommunistischen Radikalismus restlos aufzudecken oder ihn gar soziologisch eindeutig zuzuordnen, ist ihm nicht möglich. Die unter Beobachtern aller Richtungen verbreitete Theorie von dem besonderen Radikalismus schlechter gestellter Arbeiterschichten im Gegensatz zur „Arbeiteraristokratie" hält nicht Stich. Ohne Zweifel ist ein starker Einfluß ehemals unorganisierter, gedrückter und — vor allem — erwerbsloser Arbeiterschichten in der KPD zu erkennen. Andererseits zeigen auch hochqualifizierte und gut bezahlte Arbeitergruppen einen starken kommunistischen Einfluß. Bei gewissen Gruppen, z. B. den Solinger Schleifwarenarbeitern und den Berliner Rohrlegern, ist der Radikalismus offensichtlich traditionell und reicht mit seinen Wurzeln weit in die Vergangenheit zurück. Wie denn überhaupt Geschichte und Tradition, politische und soziale Entwicklung und nicht bloß der gegenwärtige sozial-ökonomische Zustand, einen entscheidenden Einfluß auf den besonderen politischen Charakter einer Arbeiter-

---

[1]) Über den passiven Radikalismus in der KPD siehe *A. Rosenberg*, Bolschewismus, S. 138/9, 182/3. Über den aktiven Radikalismus in der USPD finden sich wertvolle Angaben in dem Buch von *Colm*, Zur Geschichte und Soziologie des Ruhraufstandes, Essen 1921.

[2]) Es gibt noch keine zulängliche Untersuchung der USPD. Gewisse Ansätze für ihre Entstehungszeit liefert *E. Schorske*, German Social Democracy 1905—1917, Cambridge (USA) 1955; Ferner *W. Dittmann*, Die USPD, in Handbuch der Politik, III. Bd., Berlin/Leipzig 1921, S. 115 ff.; *E. Prager*, Geschichte der USPD, Berlin, 2. Aufl. 1922; *E. Lorentz*, 5 Jahre Dresdener USPD, Dresden o. J. (1922).

[3]) A.a.O., S. 185 ff.

gruppe auszuüben scheinen. Das sieht *Flechtheim* sehr klar[1]), ohne freilich diesen Gesichtspunkt weiter zu verfolgen. Auch die bereits angedeutete teilweise sehr verschiedene Färbung des Radikalismus sowohl in der USPD wie in der KPD wird nicht berücksichtigt. Sie schlug sich vor allem in der Bildung „rechter" oder „linker" Flügel nieder. Für deren Entstehung sind oftmals scharfsinnige theoretische und praktische Erklärungen gegeben worden[2]); aber die Frage, *warum* z. B. in der KPD gewisse Bezirke traditionell „rechts", andere ebenso beständig „links" waren, bleibt im allgemeinen unbeantwortet[3]).

Wenn wir versuchen, die verschiedenen möglichen Bedingungen des Arbeiterradikalismus wenigstens oberflächlich zu charakterisieren, ergeben sich mehrere deutlich voneinander abweichende Gestalten. Wir erkennen den utopischen Aktivismus lumpenproletarischer oder durch allgemeine Umstände (Erwerbslosigkeit) aus dem Produktionsprozeß ausgestoßener Schichten. Wir erkennen den vorübergehenden oder dauerhaften Stimmungsradikalismus, der in drückenden materiellen Umständen, aber auch im Fehlen organisatorischer Traditionen oder einer generationsbedingten Sonderlage (Krieg) oder einer sehr exponierten Arbeitssituation (Werft- und Hafenarbeiter, Seeleute) seine Ursache haben kann. Wir erkennen den politisch geprägten Radikalismus geschulter und qualifizierter Arbeiterschichten in den alten Industriezentren, wobei sich aber zwischen den Großstädten mit dem überwiegenden Einfluß riesiger Betriebe (Berlin) und Mittel- oder Kleinstädten (Teile Sachsens, Thüringen) spezifische Differenzen zeigen. Kaum abzuwägen ist dabei der Einfluß der jeweils geringer oder stärker ausgeprägten radikalen kleinbürgerlich-demokratischen Traditionen. Ganz und gar der politischen und beruflichen Überlieferung scheint der Radikalismus hochqualifizierter Handwerkerschichten wie der Solinger Messerschmiede oder der Berliner Rohrleger zu entspringen.

Die gemeinsame Grundbedingung dieser verschiedenen politisch gesellschaftlichen Lagen ist offensichtlich die besonders ausgeprägte Situation fehlender oder gestörter Integration in die allgemeine gesellschaftliche Ordnung (wenn wir von dem nicht geklärten Problem des vorwiegend historisch bedingten Radikalismus absehen). Der Umstand, ob diese Situation vorwiegend durch Erwerbslosigkeit oder durch fehlende Organisation oder durch berufliche Absonderung oder durch tiefgreifende Verstädterung bedingt ist, bestimmt die abweichende Färbung des aus ihr entspringenden Radikalismus. Je stärker die eigenen politischen,

---

[1]) A.a.O., S. 213/4.
[2]) So z. B. von *A. Rosenberg*, Bolschewismus, S. 183/4 für die Flügelbildung im Parteikommunismus nach 1921.
[3]) Für die KPD deutet *R. Fischer*, a.a.O., S. 261/2, 271, 274, 356, 466/7 eine soziologische Erklärung an, indem sie für den traditionell „linken" Charakter Berlins, der Wasserkante, des Ruhrgebiets auf deren großstädtisch-großindustriellen Charakter verweist und die linken Strömungen in der KPD ferner ganz allgemein mit dem Gegensatz der jüngeren Kriegsgeneration zur älteren, mit den Traditionen der Vorkriegssozialdemokratie belasteten Arbeitergeneration in Zusammenhang bringt.

sozialen, kulturellen und ökonomischen Organisationen in Konkurrenz zu den Institutionen der herrschenden bürgerlichen Ordnung entwickelt werden und je erfolgreicher sie sich behaupten, desto ausgeprägter ist z. B. in der Regel die Neigung zum passiven Radikalismus. Je vollständiger und umfassender die gesellschaftliche Desintegration auch des einzelnen ist, z. B. in der Erwerbslosigkeit, desto stärker ist die Neigung zu ziellosem Utopismus und hemmungsloser Aktivität.

Diese ganz groben Andeutungen können natürlich nicht den Anspruch erheben, eine zulängliche Deutung des Arbeiterradikalismus darzustellen. Trotzdem scheint uns der Zusammenhang zwischen Desintegration und Radikalismus unübersehbar zu sein. Das typische Phänomen der besonderen Radikalität sozial Deklassierter spricht ebenso dafür, wie die auffällige Neigung der Arbeiter zur KPD in katholischen und in völkisch gemischten Gebieten (besonders deutlich sichtbar in Oberschlesien, dann im Rheinland und im Saargebiet)[1]). Die geringe Integration völkischer Minderheiten liegt auf der Hand; aber auch die verhältnismäßig starke Spannung gerade des sozialistisch gewordenen und der Kirche entfremdeten Katholiken zu einer überwiegend katholisch gebliebenen Umgebung ist offensichtlich.

Wenn wir diese Skizze des Arbeiterradikalismus und das gewonnene Bild der Rätebewegung gegeneinander halten, dann wird deutlich, daß beide sich 1918 bis 1923 zwar sehr weitgehend gedeckt haben, aber daß sie ihrem Erscheinungsbild und ihrem sozialen Charakter nach nicht miteinander identisch gewesen sind.

Die ideellen Differenzen sind am leichtesten zu bestimmen. Es gibt typisch „radikale" Praktiken und Vorstellungen, die mit dem Rätegedanken nicht notwendigerweise verbunden sind, ja ihm teilweise sogar widersprechen, wie z. B. der militärische Putsch oder die Minderheitsdiktatur. Und es gibt Gestalten des Rätegedankens, die nicht als im politischen Sinne „radikal" angesehen werden können, wie vor allem die Untersuchung der Rätebewegung in den Gewerkschaften und der verschiedenen Kompromißlösungen zwischen Rätesystem und Parlamentarismus gezeigt hat. Ein wesentlicher qualitativer Unterschied zwischen Radikalismus und Rätebewegung ist der folgende: Die spezifisch radikale politische Verhaltensweise schließt nicht ohne weiteres ein konkretes positives Programm mit ein; sie erschöpft sich vielmehr sogar sehr häufig in der bloßen abstrakten Verwerfung des Bestehenden. Die Rätebewegung hingegen war gewiß insofern radikal, als sie die gesellschaftlichen Verhältnisse von Grund auf, von der „Wurzel" her verändern wollte; aber sie war notwendigerweise — wenn sie den Rätegedanken ernst nahm — immer zugleich auf die konkrete Umgestaltung,

---

[1]) Vgl. hierzu *Striefler*, a.a.O., S. 49 ff., bes. 55. Über die spezifische Instabilität der proletarischen Existenz siehe auch *E. Lederer*, Zum sozialpsychischen Habitus der Gegenwart, Arch. f. Soz. Wiss. u. Soz. Pol., Bd. 46, S. 114 ff. bes. S. 134/5, 139, Anm. 9, mit dem deutlichen Hinweis auf die „syndikalistischen" Konsequenzen. Über den sozialen Standort der Erwerbslosen siehe *Th. Geiger*, Die soziale Schichtung des deutschen Volkes, Stuttgart 1932, 96/7.

auf den schöpferischen Neubau der negierten Verhältnisse gerichtet. Oder von einer anderen Seite her betrachtet: Die zentrale Figur des Radikalismus ist der Agitator und Massenführer, der Demagoge; er kann sich auf die bloße negative Parole des Kampfes „gegen" beschränken und doch wirksam sein, das heißt Massen in den Kampf führen. Die zentrale Figur der Rätebewegung ist der Betriebsrat; er wird stets mit bestimmten sachlichen Aufgaben konfrontiert, die er nicht gänzlich übergehen kann, denn der Sinn seiner Wirksamkeit wird von seinen Wählern und Anhängern — das ist in der Sphäre des Betriebes unvermeidlich — gerade in der Erfüllung jener Aufgaben gesehen. Es ist unbestreitbar, daß in der Wirklichkeit die Arbeiterräte fast immer auch Demagogen und oftmals kaum mehr als das gewesen sind; aber das ändert nichts an der prinzipiellen Bedeutung der getroffenen Unterscheidung[1].

Neben den ideellen werden auch die sozialen Unterschiede deutlich sichtbar. Die Rätebewegung wurzelte in den Betrieben, vor allem in den größeren Betrieben. Der Radikalismus der Deklassierten und der Erwerbslosen, aber auch die radikale Haltung des traditionsbewußten Handwerkers oder städtischen Industriearbeiters haben mit dem Rätegedanken offensichtlich keine gemeinsamen Wurzeln. Hingegen erfaßte die Rätebewegung in den industriellen Zentren auch Arbeiterschichten, die in politischer Hinsicht nicht ohne weiteres als radikal charakterisiert werden können. Die *allgemeinen* Bedingungen der proletarischen Existenz, Eigentumslosigkeit und Abhängigkeit, lagen freilich dem Rätegedanken genauso gut zugrunde wie dem Arbeiterradikalismus; und insofern die spezifischen sozialen Bedingungen der Rätebewegung, Verstädterung und Großbetrieb, auch eine bestimmte Form des Radikalismus zur Folge hatten, deckten sich Radikalismus und Rätebewegung sogar in gewisser Hinsicht; ganz davon abgesehen, daß aktives vorwärtstreibendes Handeln in einem Prozeß der sozialen Revolution, als welchen sich die Rätebewegung begriff, notwendigerweise ein Mindestmaß an Radikalismus voraussetzt. So kann man abschließend vielleicht sagen, daß der Arbeiterradikalismus zwar eine notwendige, aber nicht die hinreichende Bedingung der Rätebewegung gewesen sei. Ihre eigentlichen Wurzeln reichten tiefer, und ihre Grundlage war breiter.

Ein kurzer abschließender Blick auf den Parteikommunismus bestätigt dieses Urteil. Die politischen und organisatorischen Prinzipien des Bolschewismus stehen, wie wir gesehen haben, zum Rätegedanken in striktem Widerspruch. Trotzdem geriet nach der Spaltung der USPD ein erheblicher Teil der Rätebewegung in das Fahrwasser der KPD. Aber diese enge Verbindung währte nicht lange. Nicht wenige der in der revolutionären Rätebewegung führend gewesenen Arbeiter verließen — von dem dort herrschenden dogmatisierten und institutionalisierten Radikalismus abgestoßen — die KPD bald wieder. Von der Ent-

---

[1] Sehr nachdrücklich betont *Geyer*, a.a.O., S. 54/5 den hier bezeichneten Unterschied. *Geyers* Urteil wiegt um so schwerer, als sein gesamtes Buch eine einzige kritische Auseinandersetzung mit seiner eigenen Wirksamkeit als USPD- und KPD-Führer zwischen 1917 und 1921 ist.

täuschung bei einem Teil der linken Unabhängigen ist schon gesprochen worden; aber auch viele Vorkämpfer der Bewegung im Ruhrgebiet sind später aus der KPD ausgeschieden[1]).

Ein weiteres Indiz ist auch die Tatsache, daß die KPD in späteren Jahren teilweise in den Betrieben, besonders in den Großbetrieben, nicht sehr einflußreich war, während dort die Schwerpunkte der Rätebewegung gelegen hatten. Allerdings muß dabei berücksichtigt werden, daß die aktiven Kommunisten in den Betrieben — und z. T. auch in den Gewerkschaften — stets harten Repressalien ausgesetzt waren, wenn sie sich betätigten, so daß kommunistische Gruppen häufig nach kurzer Aktivität zerschlagen wurden[2]).

In dieselbe Richtung deutet allerdings auch die Tatsache, daß es der KPD — vor allem in den alten Industriezentren, mit Ausnahme des Ruhrgebiets — niemals gelungen ist, bei den politischen Wahlen den Stimmenanteil der USPD vom Jahre 1920 wieder zu erreichen. Die USPD repräsentierte offensichtlich einen wesentlich größeren Teil der Arbeiterschaft, als die KPD jemals erfassen konnte. Man könnte versucht sein, den Teil der alten USPD, der nicht mit der KPD ging, schlechthin als nicht eigentlich zur Rätebewegung gehörig anzusehen. Zu einem Teil ist diese Überlegung sicherlich auch richtig. Aber aufs Ganze gesehen wäre eine solche Erklärung doch zu einfach. Gerade in den Zentren der radikalen Rätebewegung, in Mitteldeutschland und in Berlin, hat die KPD niemals dieselbe überwältigende Mehrheit der Arbeiterstimmen auf sich vereinigt, wie die USPD im Jahre 1920. Ein erheblicher Teil der Rätebewegung ist eben offensichtlich nicht in das Fahrwasser des Parteikommunismus eingeschwenkt.

Die nach dem Ende der Revolution endgültig institutionalisierte Spaltung der sozialistischen Arbeiterbewegung hat auch die Rätebewegung gespalten und noch stärker in den Hintergrund gedrängt, als es das Ende der revolutionären Epoche ohnehin getan haben würde. Der Rätegedanke wurde gewissermaßen „eingekapselt", teils in das Parteiinteresse der KPD, teils in das Organisationsinteresse der Gewerkschaften. Beide betrachteten die Räte nicht mehr als unabhängige Organe der gesamten Klasse, sondern als Instrumente einer außerhalb der Betriebe stehenden Organisation, in deren Interesse sie die „Transmission" zur Gesamtklasse darzustellen hatten. Der Ort, an dem — soziologisch betrachtet — sich beide Interessen trafen und wo sie zugleich dem noch übriggebliebenen Drang der Rätebewegung nach Unabhängigkeit begegneten, war die Schicht der Betriebsräte. In ihr lebte fort, was von der Rätebewegung noch übriggeblieben war[3]).

---

[1]) Das Namenverzeichnis der Ill. Gesch. enthält auch die Parteizugehörigkeit der erwähnten Personen in zeitlicher Abfolge und gestattet auf diese Weise Rückschlüsse auf ihre politische Entwicklung.

[2]) *Flechtheim*, a.a.O., S. 140 ff.

[3]) Diese Entwicklung analysiert sehr eingehend *Brigl—Matthiass*, a.a.O., S. 36 ff., 241 ff.

## 13. Kapitel:

## Die Struktur der Rätebewegung und die Idee des Rätesystems

Zum Abschluß dieser Untersuchung wollen wir versuchen, die in ihren historischen und sozialen Einzelzügen geschilderte Erscheinung der betrieblichen und wirtschaftlichen Rätebewegung in ihren wesentlichen Zusammenhängen darzustellen und zugleich jene Strukturen herauszuarbeiten, deren Erkenntnis die Voraussetzung für ein Urteil über die Bedeutung der Rätebewegung ist[1]).

### a) *Die Grundgedanken des Rätesystems*

Unsere in der Einleitung der Untersuchung gegebene knappe hypothetische Bestimmung des Begriffs der Räte hat sich im Laufe der Darstellung als zutreffend erwiesen[2]). Die deutsche Rätebewegung hat sich aus einer revolutionären Situation heraus, getragen von einer gesellschaftlich unterprivilegierten Klasse, der Arbeiterschaft, und in der Form der direkten Demokratie entwickelt. Unter den gegebenen geschichtlichen Voraussetzungen verschmolz die Idee der Arbeiterräte mit dem traditionellen marxistischen Klassenbewußtsein und dem überlieferten sozialistischen Zielgedanken (der „Sozialisierung") in der deutschen Arbeiterbewegung zur Idee der sozialistischen oder proletarischen Demokratie. Ihr Inhalt war die — trotz der vielfältigen verschiedenen konkreten Organisationsformen überall grundlegende — Vorstellung einer unmittelbaren, die gesamte Klasse umfassenden Selbstregierung der Arbeiter „als solcher": Mit dieser Voraussetzung war zugleich der enge Zusammenhang zwischen wirtschaftlichem und politischem Rätesystem gegeben (sofern das letztere überhaupt verfochten wurde, was — wie wir wissen — in den gemäßigten Strömungen der Rätebewegung nicht der Fall war). Beide sollten in der Wirklichkeit der proletarischen Existenz, vorzüglich in ihrer untersten Zelle, dem Betrieb verankert werden.

---

[1]) Da dieses Kapitel sich weitgehend auf die vorangegangene Darstellung stützt, wird auf eingehende Nachweise verzichtet. Abhandlungen über den Rätegedanken, die sich auf die revolutionären Ereignisse in Deutschland 1918/19 (und Rußland 1917/21) beziehen, finden sich vorwiegend in der älteren Literatur, vor allem unter Dissertationen der 20er Jahre. Sie sind durchweg überholt. Angaben darüber finden sich in den ausführlichen Literaturverzeichnissen bei *Tormin* und *Anweiler*, a.a.O. Nur die Studien von *F. Gutmann*, Das Rätesystem, München 1922; *D. F. Möhle*, Das Rätesystem als neue Staatsidee, Marburg, jur. Diss. 1929 und die überaus wertvolle Arbeit von *Brigl/Matthiass* haben mir Anregungen vermittelt.

[2]) Vgl. oben S. 7 ff.

In seiner konkreten politischen Gestalt entfaltete sich der Gedanke der proletarischen Demokratie (der Rätegedanke, wie wir im folgenden abkürzend sagen wollen), in mehreren Richtungen. Entsprechend seiner „revolutionären" Grundtendenz nimmt diese Entfaltung die Form der polemischen Frontstellung gegenüber den tragenden Institutionen und Ideen der bestehenden Wirtschafts- und Staatsordnung an. Diese polemische Richtung des Rätegedankens ist zwar in seinen verschiedenen politischen und organisatorischen Strömungen auch verschieden stark ausgeprägt, liegt ihnen jedoch allen zugrunde.

1. Der Rätegedanke richtet sich gegen die überkommene Verfassung des industriellen Betriebes und Unternehmens. Er zielt dabei in erster Linie auf die betriebliche „Hierarchie", auf den „alten Betriebsabsolutismus", d. h. auf die überspitzte innerbetriebliche Disziplin, auf die Abhängigkeit der Arbeiter von ihren Vorgesetzten und ganz allgemein auf die Unterordnung der arbeitenden Menschen unter die technischen und wirtschaftlichen Zwecke. Oder positiv ausgedrückt: Der Rätegedanke fordert menschliche Behandlung, soziale Sicherheit und letztlich die Möglichkeit von Selbsttätigkeit und Selbstverantwortung für die Arbeiter. Hinter dieser Forderung wird zugleich der Protest gegen den mechanischen Charakter der spezialisierten und technisierten modernen Industriearbeit überhaupt sichtbar. Ein weiteres wesentliches Moment dieser Zielsetzung ist der Wunsch, die politische und die ökonomische Machtstellung des Unternehmers in ihren Wurzeln im Betrieb zu treffen, insbesondere die lebhaft befürchtete Sabotage des wirtschaftlichen Aufbaus und der Sozialisierung durch Arbeiterkontrolle in den Grundzellen der Volkswirtschaft zu verhindern.

2. Der Rätegedanke richtet sich gegen eine nur vom Staat oder von der Gesamtheit, also „von oben" her gedachte Sozialisierung. Hauptmotiv ist die Überzeugung, daß eine solche Sozialisierung die Probleme der Betriebsverfassung vernachlässigt und daß sie ganz allgemein dem Drang der Arbeiter nach Selbsttätigkeit und Selbstverantwortung keinen Raum gibt. Außerdem wird hierin ein lebendiges Mißtrauen gegen den Staatsapparat und gegen das zentralistische Prinzip schlechthin sichtbar. Die Bürokraten, seien es nun die alten „Geheimräte" oder die neuen „Bonzen", stehen, so fürchtet man, dem Streben der Arbeiter nach Selbstbefreiung kaum weniger feindselig gegenüber, als die privaten Unternehmer. Überdies sei wirklich gesicherte Freiheit auch in der Wirtschaft nur im Rahmen einer föderativen und auf Selbstverwaltung gegründeten Ordnung tatsächlich möglich.

3. Der Rätegedanke richtet sich, unmittelbar oder mittelbar, gegen die Gewerkschaften. Die Gewerkschaften sind darauf eingestellt, im Kapitalismus zu wirken, die Rätebewegung hingegen strebt über die kapitalistische Ordnung hinaus; dieser Gegensatz kommt darin zum Ausdruck, daß die Gewerkschaften sich herkömmlicherweise auf Sozial- und Tarifpolitik beschränken und nicht wie die Räte sich um die Produktionsleitung kümmern wollen. Außerdem organisieren die Gewerkschaften die Arbeiter nicht als Klasse, sondern nach dem Beruf, und stützen

sich auf den lokalen Verein und nicht auf den unmittelbaren Zusammenschluß der Arbeiter im Betrieb; überdies erfassen sie nicht die ganze Klasse, sondern immer nur Teile. Wichtig ist auch die Tatsache, daß die Gewerkschaften eine von den Betriebsarbeitern sich absondernde Berufsführerschaft entwickeln, die dazu neigt, konservativ-bürokratische Züge anzunehmen und die Organisation als Selbstzweck zu betrachten.

4. Der Rätegedanke richtet sich gegen die politischen Parteien. Diese Frontstellung hängt mit der gegen eine Sozialisierung „von oben" zusammen, insofern die Parteien über den Staatsapparat und nicht unmittelbar in der Wirtschaft tätig werden. Überdies vertritt die einzelne Partei niemals nur Arbeiter und niemals alle Arbeiter. Die Parteibildung gefährdet vielmehr die Einheit der Arbeiterklasse. Die Partei spaltet schon an sich die Arbeiterbewegung auf, indem sie die Parteidisziplin über die Klassensolidarität stellt; unter den besonderen Verhältnissen der parteipolitischen Zerrissenheit nach 1918 gewinnt diese Tendenz noch eine erhöhte Bedeutung. Verschärfend wirkt die Frontstellung gegen die Parteibürokratie und die nicht unmittelbar mit der Arbeiterschaft, wohl aber mit der Partei verbundenen Parlamentarier. Hierzu kommt — genauso wie bei den Gewerkschaften, nur auf Grund der nicht unmittelbar wirtschaftlichen Zielsetzung der Partei noch stärker ausgeprägt — die Tatsache, daß die überlieferte, nach dem Territorium sich gliedernde politische Vereinsorganisation die betriebliche Strukturierung und die betrieblichen Interessen der Arbeiter nicht genügend berücksichtigt[1]).

5. Der Rätegedanke richtet sich schließlich gegen die „formale" parlamentarische Demokratie. Diese Frontstellung ist an der Haltung gegenüber der Sozialisierung „von oben" und gegenüber den politischen Parteien bereits sichtbar geworden. Sie kann den Staat schlechthin betreffen; er wird dann entweder als eine Unterdrückungsorganisation überhaupt verneint oder er wird als bürgerlicher Klassenstaat bekämpft oder er wird einfach umgangen, indem die Arbeiterbewegung ihren Kampf bewußt außerhalb des Staates führt. Die Frontstellung kann sich auch gegen ein zeitweiliges „Versagen" des Staates oder der Politik richten. (Das ist offensichtlich die Haltung derer, die gegen Regierung und Parlament die Sozialisierung oder die Mitbestimmung der Betriebsräte erzwingen wollen.) Die Frontstellung kann sich schließlich gegen gewisse Entartungserscheinungen des Staates richten; hierher gehört der in der Rätebewegung weit

---

[1]) Diese Feststellung gilt uneingeschränkt für die SPD und die ursprüngliche KPD nach 1919. In der USPD, die in diesem Zusammenhang besonders interessiert, gab es heftige Auseinandersetzungen um den Aufbau der Organisation. Trotzdem ist die Partei über das, der alten Sozialdemokratie nachgebildete provisorische Organisationsstatut des Gründungsparteitages von 1917 nicht hinausgekommen. Bei der Spaltung im Oktober 1920 galt es — mit einigen Veränderungen — immer noch. Vgl. die Protokolle der Parteitage zu Gotha 1917, zu Berlin 1919 und zu Leipzig 1919. Über die Umstellung der KPD-Organisation vom Wohnbezirk auf den Betrieb und über die fragwürdigen Hintergründe und Ergebnisse dieser Maßnahme vgl. *Flechtheim*, a.a.O., S. 139 ff. und *R. Fischer*, a.a.O., S. 614 ff.

verbreitete Protest gegen den Obrigkeitsstaat, gegen die Lebensfremdheit und Korruption des Parlaments, der Bürokratie usf. Die gedanklichen Grundlagen dieser Stoßrichtung gegen den parlamentarisch-demokratischen Staat sind deutlich sichtbar: Im modernen „bürgerlichen" Staat seien politische und wirtschaftliche Sphäre getrennt. Freiheit und Selbstbestimmung in der ersteren hießen nicht auch Freiheit und Selbstbestimmung in der letzteren; die Filterung des Volkswillens durch Parteien, Parlamente und Staatsapparat schließe unmittelbare Demokratie aus; die formale Gleichheit der Staatsbürger verwische die Klassenfronten und die wirtschaftlich-soziale Ungleichheit; der Staatsapparat neige dazu, zusammen mit den Parlamentariern und den Parteiführern eine selbständige „politische Klasse" gegenüber dem Volk zu bilden[1]).

b) *Die politische Prägung der Rätebewegung*

Auf Grund der Einschmelzung des Rätegedankens in die sozialistische Gedankenwelt und — dementsprechend — auf Grund der Einbettung der Rätebewegung in die politischen Auseinandersetzungen der Revolution von 1918 hat der Rätegedanke in seinen konkreten Erscheinungsformen eine politische Prägung erfahren. Diese erfordert es, einige spezifisch politische Probleme der Revolution zu streifen, und sie erfordert weiterhin, in der Rätebewegung die spontane Aktion der Arbeiter von den verschiedenen politischen Richtungen und diese voneinander zu sondern.

Folgende wichtige Fragen, die sowohl mit der wirtschaftlichen Rätebewegung zusammenhängen, als auch untereinander in enger Beziehung stehen, treten in der revolutionären Bewegung zwischen 1918 und 1923 hervor:

1. Vor allen anderen steht die allgemeine, bei jeder politischen Umwälzung in irgendeiner Weise auftauchende Frage, ob es richtiger sei, tabula rasa zu machen, das Bestehende ohne Rücksichten niederzureißen und die neue Ordnung auf den Trümmern der alten zu errichten, oder ob es richtiger sei, das Bestehende erst einmal zu schonen, um nicht mit der alten Ordnung auch die Fundamente der neuen zu zerstören. In keiner Sphäre aber ist diese Frage so dringend wie in der Wirtschaft, von deren Gang die materielle Existenz der Menschen unmittelbar abhängt. Sozialisierung und wirtschaftliche Mitbestimmung der Arbeitnehmer wären Eingriffe gewesen, die die Leistungsfähigkeit der ohnedies überforderten deutschen Wirtschaft nach 1918 in gefährlicher Weise hätten verringern können; das fürchteten — freilich in einem weit über die wirkliche Gefahr hinausreichenden Ausmaß — die SPD- und Gewerkschaftsführer. Solche Eingriffe zu unterlassen aber hätte bedeuten können, dem Gegner Zeit zur Sammlung seiner Kräfte zu geben, den Schwung der Revolution zu bremsen, ihre Anhänger zu enttäuschen und Streit zwischen ihnen zu stiften;

---

[1]) Vgl. hierzu oben S. 258 ff.

das fürchteten die Führer der Rätebewegung, und die geschichtliche Entwicklung hat ihre Befürchtungen teilweise bestätigt.

Die Frage nach den Gründen, aus denen heraus jemand das Risiko des Umsturzes dem Risiko, erst einmal alles beim alten zu lassen, vorzieht, ist mindestens ebensosehr eine Frage der politischen Psychologie, wie der politischen Soziologie. Die revolutionäre Ungeduld ist eine psychische Haltung; und da das Programm der Rätebewegung objektiv ein Programm der Ungeduld war, hat jene Haltung Sprache und Gedanken, Führung und Organisation, Taktik und Strategie der Rätebewegung im guten und im schlimmen geprägt[1]).

2. Mit dem Problem der „revolutionären Ungeduld" steht in engem Zusammenhang die Frage nach der revolutionären „Reife" der Verhältnisse und der Menschen. Das Urteil über die „Reife" bestimmt Taktik und damit auch Organisation einer Bewegung, es bestimmt ihr Verhältnis zu anderen Organisationen, zum Staat, zur Demokratie[2]). Die Rätebewegung befand sich in dieser Hinsicht in einem kaum zu überwindenden Dilemma. Ihr Ziel war im eigentlichen Sinne revolutionär, d. h. die gesellschaftlichen Verhältnisse von Grund auf umwälzend. Auf der anderen Seite setzte die Verwirklichung des Rätegedankens notwendigerweise die freie, selbstverantwortliche Tätigkeit großer Arbeitermassen voraus, erforderte also breiteste Demokratie, Spontaneität, systematische Erziehungsarbeit und somit eine organische Entwicklung. Auf die demokratische Entfaltung der Massenkräfte vertrauen, hieß aber vielleicht eine nie wiederkehrende revolutionäre Chance zu versäumen. Diese Chance durch eine zentralistisch aufgebaute, militärisch disziplinierte Partei mit der Methode des Aufstands und dem Ziel der Diktatur rücksichtslos ergreifen zu wollen, hieß hingegen das Wesen der Rätebewegung zu vergewaltigen, die revolutionäre Vorhut von der Masse zu isolieren und sie möglicherweise in sinnlose Putsche zu treiben.

Dasselbe Dilemma wird in dem Verhältnis der Rätebewegung zu den Gewerkschaften sichtbar. Je nach der Beurteilung der revolutionären „Reife" sollen die Räte die Gewerkschaften sofort ersetzen, gleichberechtigt neben sie treten oder in einer gewissen Selbständigkeit sich ihnen unterordnen. Und in gleicher Weise werden auch die Vorstellungen der Rätebewegung über das Verhältnis zwischen Staatsverfassung und Wirtschaftsverfassung von diesem Problem beeinflußt. An sich müßte eine demokratische Wirtschaftsverfassung, d. h. ein wirtschaftliches Rätesystem, in einer radikalen unmittelbaren proletarischen Demokratie, d. h. in einem politischen Rätesystem ihre Ergänzung finden. Er-

---

[1]) Siehe oben S. 247 ff, bes. 251 ff.

[2]) Vgl. *O. Jensen*, in Der Sozialist, Jg. 1919, Nr. 47, S. 734 ff. Gewerkschaften, Betriebsorganisation, Betriebsräte; derselbe ebenda, Nr. 51, S. 795 ff., Was ist Diktatur?, bes. S. 799 „Die Diktatur rechnet mit der stürmischen revolutionären Entwicklung, die dazu drängt, die Staatsgewalt rücksichtslos auszunutzen und Widerstand niederzuschlagen, um tiefgreifende soziale Maßnahmen schnell durchzuführen, während die Anhänger der Demokratie zwar wissen, daß Revolution nicht nur im Parlament gemacht wird, aber vor allem Wert darauf legen, daß die Schulung der Massen durch den politischen Kampf mit dem Klassengegner erfolgt."

scheinen die Verhältnisse nicht so, als ob der Gedanke der politischen Räteverfassung in die Köpfe der Arbeiter eindringen, die Mehrheit ergreifen und somit eine umfassende politische Bewegung sofort möglich machen würde, dann treten die verschiedenen Pläne, parlamentarische Demokratie und wirtschaftliches Rätesystem zu vereinigen, in ihr Recht.

3. Auch dann bleiben freilich die Fragen nach dem Verhältnis von politischer und wirtschaftlicher Umwälzung und nach der Rolle der Staatsmacht in der sozialistischen Revolution unbeantwortet. Sie sind von allen diesen Fragen die wichtigsten. Behauptet man den unbedingten Vorrang der politischen Revolution, wie es der Parteikommunismus tat, dann müssen sich Programm, Organisation und Taktik der Bewegung diesem Gesichtspunkt möglichst widerspruchslos unterordnen.

Seit ihrer Loslösung vom utopischen Radikalismus der Gründungsperiode hat die KPD immer die politische Machtergreifung durch politische Arbeiterräte der wirtschaftlichen Mitbestimmung durch wirtschaftliche Arbeiterräte (die überdies noch unter der Kontrolle der Gewerkschaften stehen sollten), übergeordnet. Beide aber, politische und wirtschaftliche Arbeiterräte bzw. Gewerkschaften hatten die führende Rolle der „demokratisch-zentralistisch" organisierten leninistischen Partei anzuerkennen. Dem folgerichtigen parteikommunistischen Denken (und in einer eigentümlichen Parallelität auch dem folgerichtigen sozialdemokratischen Denken) mußten Kompromisse zwischen Parlamentarismus und Rätesystem, Vertrauen zur Spontaneität der Masse, Antizentralismus und das Selbständigkeitsstreben der Arbeitenden als Halbheit, Romantik und „anarcho-syndikalistische" Abweichung erscheinen.

In der Praxis der Rätebewegung haben sich die verschiedenen politischen Vorstellungen mit den verschiedenen Rätetheorien zu mehr oder weniger klar umgrenzten Richtungen verschmolzen, die in unserer Darstellung teilweise bereits sichtbar geworden sind, hier aber noch einmal zusammenfassend kurz charakterisiert und von der spontanen Bewegung der Arbeiter abgehoben werden sollen.

Eine solche „spontane Bewegung" ist allerdings in gewisser Hinsicht eine nachträgliche Abstraktion, insofern als die Rätebewegung immer — und je bewußter, desto ausgeprägter — in irgendeiner politischen Gestalt in Erscheinung getreten ist. Trotzdem hat es diese spontane Bewegung gegeben; sie ist die Grundlage und Voraussetzung der gesamten Rätebewegung, und ihre Motive, ihre Zielrichtung und ihre Formen sind vor und außer aller politischen Prägung aufweisbar. Am deutlichsten und elementarsten begegnet sie uns bei den Aktionen der wenig oder gar nicht organisierten und geschulten Arbeiter nach 1918 (z. B. bei Bergarbeitern und Eisenbahnern), wobei wir uns freilich hüten müssen, in dem Auftreten dieser Arbeiterschichten die „eigentliche" Spontaneität zu erblicken, der gegenüber das Handeln der politisch und organisatorisch bereits geformten Arbeiterschichten nur im „uneigentlichen Sinne" spontan gewesen wäre. Die Beziehungen zwischen Ursprung und Ziel, Inhalt und Form einer sozialen Bewegung sind nicht die einer linearen Nach- oder Nebenordnung isolierter Faktoren, sondern die des dialektischen Zusammenhangs schon jeweils aufeinander bezogener Momente eines Ganzen. Die spontane Bewegung tritt nicht so sehr *neben*, als *in* den politisch geprägten Richtungen in Erscheinung. Ihr wesentlicher Inhalt war die von *Brigl-Matthiass* mit Recht so genannte „Führerrevolution", die „Auflehnung der Masse gegen den Zustand des Beherrschtseins"[1]). Ihre Ausdrucksformen waren: Der wilde Streik, der sich sowohl gegen die Unternehmer, als auch gegen die Gewerkschaftsführer richtet; die spontane Betriebsbesetzung und die, oft gewalttätige Kontrolle oder Entfernung der alten Betriebsleitung; der rücksichtslose Sturz der „Bonzen" in den eigenen Organisationen; und im Extremfall schließlich die Zertrümmerung dieser Organisationen selbst. Die „Führerrevolution" war im doppelten Sinne Aufstand, Aufstand gegen die überkommenen Autoritäten schlechthin und Aufstand gegen die proletarische Lebenslage im besonderen. Dieses Element der „Führerrevolution" ist wie gesagt in jeder der ausgeprägten politischen Richtungen vorhanden und fast immer selbst durch einen politischen Gedanken geprägt. Dort wo diese Prägung so gut wie ganz fehlte, nahm die Bewegung häufig einen chaotisch-terroristischen Charakter an und glitt nicht selten über hemmungslose Gewaltanwendung, Sabotage, Plünderung usf. in den Bereich des nurmehr kriminellen Aufruhrs ab[2]).

Unter den in der Rätebewegung auftretenden politischen Richtungen enthielten die stärksten Einflüsse radikalen proletarischen Aktivismus die *Syndikalisten* und die *unionistischen Kommunisten*. Beide verkörpern in extremer Weise die psychische Haltung und die Taktik der revolutionären Ungeduld; sie stellten in ihrem Programm und in ihrer Praxis die radikalste Verneinung des Bestehenden (der Gewerkschaften, der Parteien, des Parlaments, des zentralistischen Staatsapparats und der überlieferten Betriebsverfassung) dar und lieferten zugleich in ihrer Theorie die folgerichtigste Schilderung des Kommenden.

Über die *leninistischen Kommunisten* der KPD nach 1920 haben wir ausführlich gesprochen. Sie hielten zwar am Rätegedanken als ihrem Ziel fest, betrachteten ihn aber in der Gegenwart nur als untergeordnetes Mittel ihrer Revolutionspolitik. Breiter, nicht so geschlossen und deshalb auch schwerer faßbar ist jene Richtung, die die „reine" Rätebewegung, d. h. also den linken Flügel der USPD, beherrschte, aber auch in der KPD vor allem an deren linken antileninistischen Flügel von Einfluß war. Als ihre theoretischen Repräsentanten kann man Männer wie *Däumig, Korsch*, aber auch *Karski* und *Rosa Luxemburg*

---

[1]) A.a.O., S. 3 und ff.
[2]) In einer mit der Lage Deutschlands im Jahre 1918/19 vergleichbaren, annähernd „revolutionären" Situation geriet in Polen 1956 die Arbeiterschaft — besonders im Bergbau — in eine ganz ähnliche Bewegung. Siehe eine Rede *Gomulkas* über polnische Bergarbeiterunruhen im Herbst 1956, Arbeiterstimme, Sozialpolitische Tageszeitung, Wroclaw, 7. 12. 1956.

betrachten. Man könnte sie als *freiheitlichen Marxismus* oder *Kommunismus* bezeichnen. Diese Richtung ging von einem nicht mechanistisch verengten Marxismus aus (wie wir ihn an den theoretischen Gedanken *Korschs* sichtbar gemacht haben), und versuchte, die einander widerstrebenden politischen und gedanklichen Elemente der revolutionären Bewegung in einer Synthese zu vereinigen. Zu einer geschlossenen Organisation und einheitlichen Politik ist sie nicht gelangt; sie hat aber in einzelnen Aktionen (im Ruhrgebiet, in Mitteldeutschland, in Berlin) eine große Wirksamkeit entfaltet und zur Theorie des Rätesystems wesentlich beigetragen.

In diese Richtung geht noch eine andere Tendenz ein, die sich vor allem durch ihre nicht primär marxistische geistige Herkunft von der vorher bezeichneten abhebt. In ihr ist vor allem ein starker *idealistisch-demokratischer* Protest gegen die Unmenschlichkeit der proletarischen Existenz und ganz allgemein gegen die inhumanen Züge der kapitalistischen Zivilisation lebendig. Sie wurde besonders von aus dem Bürgertum stammenden Intellektuellen getragen. Typisch für diese Richtung sind Männer wie *Kurt Eisner* oder der Essener USPD-Soldatenrat *Baade*, der Verfasser des Aufrufs „An die Bevölkerung des Ruhrkohlengebiets"[1]); aber auch bei *Korsch* und *Däumig* sind solche Einflüsse spürbar.

Diejenigen Richtungen, die von vornherein ein Kompromiß mit der parlamentarischen Demokratie ins Auge faßten, haben deswegen eine weniger fest umrissene Gestalt, als die vorher genannten. Eine Ausnahme bilden lediglich die *Cohen-Kaliskischen Pläne*. Sie waren aber ganz und gar auf die Verwirklichung innerhalb der sozialdemokratischen Politik zugeschnitten und wurden nicht eigentlich Ausdruck einer eigenständigen Bewegung unter den Arbeitern. Die Vorstellungen der *nicht-kommunistischen Unabhängigen* hingegen beherrschten zwar eine breite Strömung innerhalb der Arbeiterbewegung, gewannen aber kein rechtes eigenes Profil. Die Andeutungen bei *Haase* und *Breitscheid*, bei *Ströbel* und *Dissmann* können als geschlossenes Programm nicht angesehen werden. Ihren praktisch bedeutsamsten Ausdruck hat diese Richtung in der nichtkommunistischen oppositionellen Betriebsrätebewegung 1920—1922 gefunden. Die *sozialreformerischen* Vorschläge *Sinzheimers*, der SPD-Führung und der Gewerkschaften schließlich sind mehr ein taktisches Eingehen auf das Drängen der Rätebewegung, als ein Teil dieser Bewegung selbst gewesen.

---

[1]) *Wilbrandt*, a.a.O., S. 249. Ein beredtes Zeugnis dieser dem Anarchismus nicht ferne stehenden intellektuellen Strömung ist das mehrfach zitierte unabhängige sozialistische Jahrbuch „Revolution" aus dem Jahre 1920. Eine große Anzahl von Literaten und Künstlern der Jahre nach 1918 muß dieser Strömung zugerechnet werden, mehr als jemals die KPD um sich zu sammeln vermochte (von der SPD ganz zu schweigen). Auch *Kurt Tucholsky* z. B. gehörte von 1918 bis 1922 der USPD an, jedoch weder der KPD, noch gar der SPD. Siehe *K. P. Schulz*, Kurt Tucholsky, Hamburg 1959, Rowohlts Monografien Nr. 31, S. 80.

### c) *Die konkreten Gestaltungen des wirtschaftlichen Rätesystems*

Die nach 1918 entwickelten konkreten Vorstellungen über Aufbau und Tätigkeitsweise eines wirtschaftlichen Rätesystems wurden durch die allgemeinen politischen Verhältnisse wesentlich mit beeinflußt. Dem Charakter der Novemberrevolution entsprechend legten sie ihr Schwergewicht auf die politischen Auswirkungen der wirtschaftlichen Mitbestimmung. Und da die Möglichkeit, praktische Erfahrungen zu sammeln, sehr gering war, blieb vieles an diesen Vorstellungen abstraktes Programm oder bloße Parole. Auch die breite Praxis der Betriebsräte konnte daran nichts ändern; sie erstreckte sich nicht über einen Zeitraum, der lang genug gewesen wäre, wirklich grundsätzliche Erfahrungen zu erwerben; ihr Spielraum war überdies zu eng und wurde in zunehmendem Umfang eingeschränkt.

Wir wollen in der folgenden kurzen Übersicht *überbetriebliche* und *betriebliche* Räte gesondert betrachten sowie bei den ersteren die *zentrale* und die *regionale* Wirtschaftsorganisation und bei den letzteren die Organisation des *Unternehmens* und die des *Betriebes* unterscheiden. Diese Aufgliederung entspricht nicht nur den Erfordernissen der Sache, sondern im großen ganzen auch den Auffassungen der Rätebewegung selbst.

Bei dem Aufbau der zentralen Räteorgane treten als wichtigste Probleme das Verhältnis der Wirtschaftsverfassung zur Staatsverfassung und die Sozialisierung hervor. Alle ernsthaft auf dem Rätesystem aufgebauten Entwürfe einer Wirtschaftsverfassung gehen darin einig, daß von der untersten Ebene bis zur Spitze die Arbeitnehmer unmittelbar, als Produzenten und nicht als Staatsbürger, an der Planung und Lenkung des Produktionsprozesses beteiligt sein müssen[1]). Sie sehen alle in irgendeiner Form als das oberste, mit den entscheidenden wirtschaftspolitischen Machtbefugnissen ausgestattete Verfassungsorgan einen zentralen Wirtschaftsrat vor. Unterschiedlich sind lediglich der politische Charakter und der politische Rahmen dieses Organs. (Wir wollen von den unterschiedlichen wirtschaftlichen Funktionen, die diesem zentralen Wirtschaftsrat in den verschiedenen Entwürfen zugedacht werden, absehen. Sie bewegen sich — mit Ausnahme des, in einer ökonomisch recht unbestimmten Weise, „freiheitlichen" Anarchosyndikalismus — alle im Rahmen der am Beispiel der

---

[1]) Daß die heutige jugoslawische Wirtschaftsverfassung bis zur Spitze des Staates hinauf die Produzentenräte neben die politischen Vertretungskörperschaften stellt, ist bekannt. Weniger bekannt ist, daß die rätefreundlichen Linken der polnischen Kommunistischen Partei 1956/7 energisch, wenn auch vergeblich versucht haben, den Ausbau der betrieblichen Arbeiterräte zu einem „Rätesystem" durchzusetzen. Die Argumente, mit denen *Gomulka* diese Forderungen ablehnte, ähneln übrigens in verblüffender Weise denen, mit denen die Sozialdemokraten ein selbständiges Rätesystem abgelehnt haben und ablehnen. Siehe oben S. 255 ff. Vgl. *Babeau*, a.a.O. Ferner *O. Anweiler*, Die Arbeiterselbstverwaltung in Polen, Osteuropa, Jg. 1958, Heft 4, S. 224 ff., ferner derselbe, Die Räte in der ungarischen Revolution, ebenda, Heft 6, S. 393 ff.

Kriegswirtschaft entwickelten und ökonomisch-theoretisch noch recht ungenügend durchgebildeten „planwirtschaftlichen" Vorstellungen[1]).)

Die auf dem Boden des entschiedenen Klassenkampfes stehenden Rätetheoretiker billigen das Wahlrecht zu den Räten nur den (bisherigen) Arbeitnehmern zu; allenfalls als Sachverständige können Vertreter der (bisherigen) Unternehmerschaft zugelassen werden. Die einer mehr volks- oder produktionsgemeinschaftlichen Auffassung anhängenden Theoretiker wünschen die Unternehmer unmittelbar, entweder als Minderheit oder paritätisch zu beteiligen. Ähnlich stufen sich die politischen Verfassungspläne ab. Die Anhänger des radikalen Klassenkampfes (mit Ausnahme der Syndikalisten, die jede politische Gewalt und damit jede politische Verfassung überhaupt abschaffen wollen) verlangen für eine Übergangszeit die Diktatur des Proletariats, wobei die Unionisten die politische Gewalt durch die Wirtschaftsräte selbst ausüben lassen wollen, während die „reine" Rätetheorie ein politisches Rätesystem neben das wirtschaftliche setzt; jenes soll freilich nach denselben Grundsätzen — Wahl nur durch Arbeitnehmer auf der Grundlage der Betriebe und Berufe — gebildet werden, wie dieses. Die Anhänger der parlamentarischen Demokratie hingegen stellen dem Wirtschaftsrat ein normales politisches Abgeordnetenhaus an die Seite.

In der Behandlung der Sozialisierungsfrage reicht die grundsätzliche Übereinstimmung zwischen den verschiedenen Richtungen beinahe noch weiter. In der gesamten Rätebewegung lebt entweder die klare Überzeugung oder zum mindesten die unbestimmte Vorstellung, daß Sozialisierung und Demokratisierung der Wirtschaft nicht zwei verschiedene Vorgänge, sondern nur zwei verschiedene Aspekte eines und desselben Prozesses seien. Für Syndikalisten und Unionisten sind sie von vornherein gleichbedeutend. Die freiheitlichen Marxisten trennen die Sozialisierung als den Akt der Enteignung der Privatunternehmer von dem Prozeß der Demokratisierung, der in der Form der Produktionskontrolle durch die Arbeiter dem Akt der Enteignung vorhergehen kann. Im Ziel sind vollendete Sozialisierung und vollendetes Rätesystem auch bei ihnen identisch. Allerdings ist für sie die Übereinstimmung des partikularen mit dem allgemeinen Interesse nicht selbstverständlich; infolgedessen müssen sich bei der Sozialisierung der Produktionsmittel unmittelbare „Kontrolle von unten" und — natürlich ebenfalls demokratisch organisiert — „Kontrolle von oben" *(Korsch)* miteinander verbinden.

Bei den gemäßigten Rätetheoretikern rücken — entsprechend ihrem Ver-

---

[1]) Über die seitherige Entwicklung der sozialistischen planwirtschaftlichen Theorie bis zum Ende des zweiten Weltkrieges gibt einen guten Überblick *E. Heimann*, Sozialistische Wirtschafts- und Arbeitsordnung, Offenbach 1948, S. 62 ff. Organisatorische Unterschiede zwischen den einzelnen Entwürfen lagen vor allem in der Art, die Konsumenten in die Wirtschaftsverfassung einzubauen. Vgl. hierzu Deutsche Metallarbeiterzeitung, Jg. 1920, S. 62/3, für das Beispiel einer Auffassung, die eine gesonderte Konsumentenvertretung in der Wirtschaftsverfassung ablehnt.

fassungskompromiß zwischen parlamentarischer Demokratie und wirtschaftlichem Rätesystem — Sozialisierung und Rätesystem weiter auseinander. Aber sogar in den der Rätebewegung nicht unmittelbar nahestehenden Vorschlägen der Sozialisierungskommission ist der vergesellschaftete Industriezweig in der Form eines Gemeinwirtschaftskörpers gedacht, dessen oberstes Organ nicht nur den Namen „Wirtschaftsrat" führt, sondern auch (wenn schon in einem relativ geringen Umfang) auf der Mitbestimmung der Arbeitnehmer beruht, und das ohne organisatorische Schwierigkeiten bei nur ganz geringer Änderung der Vertretungsstärken in ein wirtschaftliches Rätesystem eingefügt werden könnte.

Das Problem der regionalen Wirtschaftsorganisation ist in der Rätebewegung zum mindesten in abstrakter Form angepackt und gelöst worden. Die Pläne aller Richtungen sehen in gleicher Weise vor, das Wirtschaftsgebiet des Reiches in organisch zusammenhängende Wirtschaftsbezirke zu gliedern und diese durch Bezirkswirtschaftsräte leiten zu lassen. Die Organisation dieser Bezirkswirtschaftsräte bei den verschiedenen Richtungen entspricht den bei der Organisation des zentralen Wirtschaftsrates erörterten unterschiedlichen Prinzipien.

In allen Entwürfen werden den regionalen Räten wichtige Aufgaben zugedacht. Vor allem die gemäßigten Theoretiker, die — wie *Cohen/Kaliski* — den Betriebsarbeiterräten keine wirtschaftliche Mitbestimmung von Bedeutung zugestehen wollen, konzentrieren die Mitbestimmungsrechte der Arbeitnehmerschaft auf die mittlere Ebene. Aber auch das „reine" Rätesystem gibt den bezirklichen Räten entscheidende Befugnisse, so das Recht, bei Streitigkeiten zwischen Betriebsräten und Betriebsleitungen zu entscheiden, und — nach vollzogener Sozialisierung — das Recht, die Betriebsleitungen ein- und abzusetzen.

Bemerkenswert ist ferner, daß in den am meisten durchgearbeiteten Plänen das regionale Rätesystem noch untergegliedert ist. *Cohen* läßt seine Produktionsräte und Kammern der Arbeit bereits auf der Kreisebene beginnen. Das „reine" Rätesystem sieht zwischen Betriebs- und Bezirksräten die Schaffung von Orts- und Revierräten für bestimmte Industriegruppen vor, denen die Bezirksvertretungen der einzelnen betreffenden Industriegruppe, die Bezirksgruppenräte, einen Teil ihrer Befugnisse übertragen können. Diese Regelung entspringt der Einsicht in die unterschiedliche organische Gliederung der verschiedenen Industriegruppen; so werden die Reviere des Bergbaus als eigene Stufe zwischen Zeche und Wirtschaftsbezirk anerkannt; und so werden für kleinbetrieblich strukturierte Industriegruppen und für Kleingewerbetreibende die überbetrieblichen Ortsräte eingeführt, da die kleinbetrieblichen Arbeiterräte größeren wirtschaftspolitischen Aufgaben offensichtlich nicht gerecht werden können. An dieser letzten Regelung ist vor allem bedeutsam, daß dabei unverkennbar eine Trennung zwischen betrieblichen und unternehmerischen Funktionen erstrebt wird.

Damit sind wir bereits bei den Problemen der betrieblichen Räteorganisation angelangt. Daß und aus welchem Grunde die Vorstellungen der Rätebewegung in dieser Hinsicht fragmentarisch gewesen sind, ist schon erörtert worden. Wir können uns daher auf einige prinzipielle Feststellungen beschränken.

Für die gesamte Rätebewegung — ausgenommen die im engeren Sinne sozialdemokratischen Richtungen *Cohen—Kaliski* und *Sinzheimer* — ist der Betrieb, „die kleinste gesellschaftlich produktive Einheit des Wirtschaftslebens", die Grundlage der Räteverfassung. Hierin drückt sich die Einsicht der Rätetheorie in einen gesellschaftlichen Sachverhalt aus, den wir bereits oben erörtert haben, die Einsicht in die zentrale Bedeutung des Betriebes für die soziale Existenz der Arbeiterschaft und in die entscheidende Rolle der Betriebsräte für die wirtschaftliche Rätebewegung. So wie der Betrieb in der wirklichen Bewegung im Mittelpunkt stand, so steht der Begriff des Betriebes in der Rätetheorie gleichfalls im Mittelpunkt: Auf der Demokratisierung der Betriebe (und Unternehmungen) baut die Demokratisierung der Wirtschaft auf. In den Betrieben und Berufsgruppen finden die Wahlen zu den Räten statt. Die Betriebsräte sind die Wahlmänner für die indirekt gewählten oberen Räte; ihre Verwurzelung in der sozialen Welt der Arbeiterklasse garantiert den direkten und unverfälscht proletarischen Charakter der Rätedemokratie.

In der konkreten Ausgestaltung der „Betriebsdemokratie" werden im allgemeinen unternehmerische und im engeren Sinne betriebliche Sphäre nicht streng geschieden. Das Bewußtsein der verschiedenen Seiten der wirtschaftlichen Leitungsfunktion auf der unteren Ebene hat sich jedoch im Verlauf der Rätebewegung zunehmend entwickelt. Allerdings nicht sosehr bei Syndikalisten und Unionisten, die an dem Gedanken der unvermittelten und uneingeschränkten Übernahme des Betriebes durch die Arbeiter festhielten, als vielmehr bei den freiheitlichen Marxisten, besonders in der „reinen" Rätebewegung.

Der Prozeß, in dessen Verlauf sich allmählich realistische Vorstellungen über die Funktion einer selbständigen Betriebs- und Unternehmensleitung und über ihr Verhältnis zu den Arbeiterräten gebildet haben, ist ausführlich dargestellt worden[1]). Neben diese funktionelle Aufgliederung der Leitungsfunktion trat auch, wie wir gesehen haben, in den Entwürfen der Rätebewegung eine sachliche, die ihrerseits wieder nicht selten mit der Verteilung der Funktionen auf verschiedene Organe verbunden wurde[2]).

Die im engeren Sinne sozialen Fragen des betrieblichen Lebens (Verwaltung von Wohlfahrtseinrichtungen usf.) sowie diejenigen organisatorischen Aufgaben der Betriebsleitung, die vorwiegend die Arbeiterschaft betreffen (wie z. B. Arbeits- und Disziplinarordnung), werden der vollständigen Mitbestimmung, gelegentlich sogar weitergehender Selbstbestimmung der Betriebsräte bzw. -belegschaften unterworfen. In den mehr technisch-organisatorischen und den

---

[1]) Siehe oben vor allem 5. Kapitel.
[2]) Vgl. zu dem funktionellen Aspekt der innerbetrieblichen Mitbestimmung und zur Tätigkeit der Betriebsräte den instruktiven Aufsatz von *M. Lohmann*, Wirtschaftsordnung, Unternehmungen und Mitbestimmung, in Wege zum sozialen Frieden, S. 97 ff.

die Arbeiterschaft unmittelbar berührenden wirtschaftlichen Fragen (Arbeitsorganisation allgemein, Ernennung der mittleren und unteren Betriebsvorgesetzten, Einstellung und Entlassung, Lohnfindung) wird in der Regel ebenfalls volle Mitbestimmung gefordert. Die kaufmännisch-finanzielle Leitung des Unternehmens soll hingegen nur in den Grundsatzfragen der Mitbestimmung, in den laufenden Angelegenheiten lediglich scharfer Kontrolle unterworfen werden, die durch den vollen Einblick des Betriebsrats in alle Vorgänge und durch den Sitz von Arbeitervertretern in Aufsichtsrat und Vorstand erstrebt wird. Weiterreichende Mitbestimmungsbefugnisse auf dem im engeren Sinne wirtschaftlichen Gebiet werden außerdem noch den als fachlich höher qualifiziert angenommenen regionalen Räten zugedacht[1]).

Die Fragen der technischen und technisch-organisatorischen Leitung werden meist nur abstrakt behandelt, etwa in der Form der Hoffnung auf Fortschritt und steigende Produktivität durch interessierte Beteiligung aller Arbeiter. Die spärlichen uns bekannt gewordenen praktischen Beispiele lassen vermuten, daß diese Hoffnung nicht ganz unbegründet gewesen ist. Bedeutsam ist das allseitige Bestreben, dem Betriebsrat vor allem in größeren Betrieben durch Werkstattvertrauensleute, Vertrauensleutezusammenkünfte, Abteilungsversammlungen, Betriebsversammlungen usf. einen lebendigen demokratischen und zugleich am organischen Aufbau des Betriebes orientierten Unterbau zu schaffen. Ebenso bemerkenswert sind die Ansätze dazu, die Aufgabe der Teilnahme *in* der Betriebsleitung und die Aufgabe der Vertretung der Arbeitnehmer *gegenüber* der Betriebsleitung auch funktionell auf verschiedene Organe (z. B. Betriebsrat und Arbeiterausschuß usw.) zu verteilen. Über das Zusammenwirken von Räten und Gewerkschaften im Betrieb sind von der Rätebewegung freilich keine zusammenhängenden Vorstellungen entwickelt worden[2]).

Wichtig ist vor allem, daß sich die Rätebewegung dort, wo sie zu konkreten Lösungen nicht gelangte, doch der Problematik des Rätesystems bewußt blieb und vor allem, daß sie über der entschiedenen Vertretung des proletarischen

---

[1]) Zu den verwendeten Begriffen muß bemerkt werden, daß in der in Deutschland üblichen und in der Revolution von 1918/19 geprägten Terminologie von der „Kontrolle" über die „Mitbestimmung" bis zur „Selbstbestimmung" eine Linie verläuft, die den steigenden Einfluß der Arbeitnehmer ausdrückt. Im Englischen hingegen deckt „control" alle Formen der Einflußnahme vom bloßen Ratschlag bis zur beherrschenden Einwirkung, und die letztere Bedeutung wiegt dabei eher vor. Die Unterscheidung von „joint control" und „complete control" deckt nicht ganz den Unterschied von „Mitbestimmung" und „Selbstbestimmung", da in dem englischen Ausdruck vorwiegend die Frage beantwortet wird, ob in den betreffenden „control"-Organen Arbeitnehmer *und* Arbeitgeber oder Arbeitnehmer allein vertreten sind, während über den Umfang der sachlichen Kompetenz des „control"-Organs damit nicht unbedingt etwas ausgesagt ist. Da der englische Ausdruck „workers control" aber auch in die deutsche Literatur eingedrungen ist, und da überdies die spätere KPD-Forderung der „Arbeiterkontrolle" immer auch auf die völlige Entmachtung der Unternehmer zielte, steht der deutsche Ausdruck „Kontrolle" in einem gewissen Zwielicht. Er ist hier stets im Sinne von Aufsicht und Überwachung *ohne* entscheidende Eingriffsrechte gebraucht.

[2]) Siehe oben 11. S. 268/9.

Klassenstandpunkts ihre gemeinwirtschaftliche Verantwortung nicht aus den Augen verlor. Dies kommt vor allem in der starken Betonung des Problems der Bildung und in der leidenschaftlichen Bemühung um die Einbeziehung der Angestellten (also der in der Regel fachlich für Leitungsaufgaben besser qualifizierten Arbeitnehmer) zum Ausdruck. Wenn auch die Rätebewegung in revolutionärer Ungeduld die Aufgabe, die Arbeiterschaft für die großen Anforderungen der Mitbestimmung zu schulen und zu erziehen, sicherlich oftmals zu leicht genommen hat, so hat sie doch z. B. mit dem „Arbeiter-Rat", mit der „Betriebsrätezeitung" des DMV, mit der Groß-Berliner Betriebsräteschule und vielen anderen Bemühungen für die Bildung der Arbeiterbewegung eine bemerkenswerte Anstrengung unternommen[1]). Von Interesse ist übrigens, daß gerade über die Publizistik und die Bildungseinrichtungen Kräfte aus der radikalen unionistischen und kommunistischen Richtung Einfluß auf die breite Rätebewegung genommen haben, zwar nicht auf Taktik und Organisation, wohl aber in den grundsätzlichen Fragen[2]).

### d) *Die gesellschaftlichen Wurzeln der Rätebewegung*

Wir haben jetzt in unserer Darstellung den Punkt erreicht, an dem wir versuchen können, die bisher gewonnenen Teilergebnisse der Untersuchung zusammenzufassen und zu deuten. Das heißt, es wird zu prüfen sein, in welchem Umfang und in welcher Hinsicht sich die zu Beginn gegebene hypothetische Formulierung des Räteproblems in der Anwendung auf unseren Gegenstand als fruchtbar erwiesen hat. Nachdem wir im Anschluß an die historische Darstellung der deutschen Arbeiterrätebewegung ihr ideelles Verhältnis zum Sozialismus, ihre Beziehungen zu den traditionellen Arbeiterorganisationen, ihre allgemeinen sozialen Grundlagen und ihre politisch-programmatischen Gestaltungen untersucht haben, müssen wir noch einmal zur soziologischen Fragestellung zurückkehren, nunmehr freilich nicht so sehr schildernd, als vielmehr deutend und vergleichend.

Unsere Absicht ist dabei „theoretisch" in dem Sinne, den *Dahrendorf* diesem Begriff für die Soziologie (und damit auch für die Politische Wissenschaft) gegeben hat. Wir wollen jenen spezifischen Klassenkonflikt, als dessen Ausdruck die Rätebewegung der Arbeiter sich darstellt, nicht nur „erkennen" und „beschreiben", sondern wir wollen zugleich auch die Voraussetzungen darstellen, die es — vielleicht — gestatten, die zukünftigen Möglichkeiten solchen Konflikts

---

[1]) *Brigl—Matthiass*, a.a.O., S. 60 ff.; *Cassau*, a.a.O., S. 79, 119, 141; *R. Woldt*, Betriebswirtschaft und Rätesystem, Duisburg o. J. Ferner Betriebsrätezeitung des DMV, 1920 ff.

[2]) Die Berliner KAPD-Führer *Schröder* und *Schwab* z. B. waren führend in den Bildungseinrichtungen der Berliner Rätebewegung. Vgl. Der Arbeiterrat, Jg. 1919, Heft 15, S. 20 ff. und Heft 16, S. 16. Im Grunde gilt die Feststellung des Textes auch für den linken Kommunisten *Korsch*.

— und damit die zukünftigen Möglichkeiten von Räten — zu „konstruieren"[1]); oder wie *Dahrendorf* es an anderer Stelle noch schärfer zugespitzt ausgedrückt hat, wir wollen die Voraussetzungen dafür schaffen, das Phänomen der betrieblichen und wirtschaftlichen Arbeiterräte „mit prognostischer Verbindlichkeit zu erklären". Das ist nur möglich durch den „Nachweis, daß dieser Konflikt (der Kampf der Räte, v. O.) auf bestimmten sozialen Strukturarrangements beruht und daher mit Notwendigkeit überall dort auftritt, wo diese Strukturarrangements gegeben sind", und zwar „unabhängig von historischen dei ex machina"[2]).

Das bedeutet, daß wir die betriebliche und wirtschaftliche Rätebewegung in der deutschen Revolution 1918/19 — und ganz besonders ihre organisatorische und soziale Struktur — daraufhin untersuchen müssen, in welchem Umfang sie in den besonderen geschichtlichen Bedingungen des Krieges und Umsturzes der Jahre zwischen 1914 und 1919 wurzelt und in welchem Grade in den allgemeinen Bedingungen der industriellen Gesellschaft unserer Epoche. Abschließend könnte diese Frage freilich nur durch eine vergleichende historische, soziologische und politikwissenschaftliche Strukturanalyse unserer gesamten industriellen Welt beantwortet werden[3]). Aber einen gewissen Grad der Allgemeinheit vermag unsere Untersuchung der Struktur der Rätebewegung angesichts der Breite unseres Gegenstandes doch zu erreichen, zumal wir die günstige Gelegenheit haben, unsere Ergebnisse mit denen einer anderen Darstellung zu vergleichen, die fast das gleiche Phänomen, zur selben Zeit und in einem strukturell Deutschland nicht allzufernen Land zum Gegenstand hat. Ich meine die Untersuchung von *Branko Pribićević* über die Shop Stewards Bewegung und die Idee der Arbeiterkontrolle in Großbritannien 1910 bis 1922. Der Vergleichung ihrer Ergebnisse mit den unseren wird der folgende Abschnitt weitgehend gewidmet sein.

Die Rätebewegung ist eine spezifische, und zwar eine „revolutionäre" Gestalt des „Klassenkonflikts" zwischen Unternehmern bzw. Managern und Arbeitnehmern, zwischen Herrschenden und Beherrschten in der industriellen Wirtschaft. Die gesellschaftlichen Bedingungen ihrer Entstehung müssen, zusammenfassend und allgemein ausgedrückt, in einer tiefgehenden Erschütterung der überkommenen sozialen Verfassung der Industrie gesucht werden: Die traditionellen Organisations- und Kampfformen des industriellen Klassenkonflikts

---

[1]) *Dahrendorf*, Klassen, S. 206.
[2]) *Dahrendorf*, Theorie, S. 78. Ich lasse hierbei unberücksichtigt, daß *D.* — vgl. ebenda, S. 78/9 — allzu schroff „besondere historische Bedingungen" und „allgemeine Strukturzüge", das „Zufällige" und das „Notwendige" einanander gegenübergestellt; *(D.* räumt das übrigens selber halb und halb ein, ohne freilich seine zugespitzten Formulierungen zu mildern.) Nichts „Zufälliges" ist nicht auch „strukturiert", kein „allgemeiner Strukturzug" ist nicht auch „historisch bedingt" und „besonders".
[3]) Siehe oben S. 15.

werden in Frage gestellt, die überlieferten politischen und gesellschaftlichen Autoritätsverhältnisse bezweifelt oder angefochten. Diese Erschütterung war einerseits ohne Frage das Ergebnis der besonderen geschichtlichen Bedingungen des Krieges und des darauffolgenden politischen Umsturzes. Die ethischen und sozialen Bindungen schlechthin wurden gelockert; Frauen, Jugendliche und bisher unorganisierte Elemente veränderten die Zusammensetzung der Arbeiterbewegung; die bewährten alten Organisationen wurden geschwächt; den neu sich formierenden, ohnedies durch Krieg und Umsturz radikalisierten Arbeitermassen fehlten infolgedessen Erziehung, Schulung und Erfahrung. Daß sie nach den relativ einfach scheinenden Methoden und Organisationsformen der Räte griffen und sich überschwenglichen politischen oder sozialen Hoffnungen hingaben, ist ebenso verständlich wie das Abschwellen der Rätebewegung, als die ökonomischen, sozialen und politischen Verhältnisse sich allmählich „normalisierten" und damit auch die zeitweilig zurückgedrängten alten Organisationen und Programme wieder an Lebenskraft gewannen[1]). So unbestreitbar die Bedeutung dieser Umstände auch ist, so läßt sich andererseits doch deutlich erkennen, daß gewisse Veränderungen im sozialen und politischen Habitus der deutschen Arbeiterschaft sich schon vor 1914 angekündigt hatten und durch den Krieg zwar beschleunigt, vertieft und verbreitet, aber nicht hervorgerufen worden waren. Die wachsende Rolle des Großbetriebs und die Umschmelzung des alten Industriehandwerkertyps zum Industrie-„proletarier" durch maschinelle Serienfabrikation, Vordringen angelernter Arbeit und radikale Verstädterung sind offensichtlich allgemeine strukturelle Momente der industriellen Entwicklung und nicht speziell durch den Krieg bedingt. Und ihr Einfluß auf die Rätebewegung ist unleugbar[2]).

Im folgenden wollen wir an einer Reihe von soziologisch bedeutsamen Problemen der Rätebewegung und in dauerndem Hinblick auf die parallelen englischen Erscheinungen versuchen, jeweils die strukturell bedingten von den historisch besonderen Momenten zu trennen. Dabei werden sich übrigens gewisse Rückgriffe und Wiederholungen nicht vermeiden lassen, denn wir müssen die in Wirklichkeit zu einer lebendigen Einheit verbundenen Elemente der Rätebewegung voneinander sondern und in einer Weise nacheinander behandeln, die ihrem tatsächlichen engen Zusammenhang nicht ganz gerecht wird.

Wir hatten bereits weiter oben auf die offensichtlichen schicht- und branchengebundenen Unterschiede in den Gestalten der Rätebewegung hin-

---

[1]) Ausschließlich als „Hungerromantik" der Ungelernten und Unorganisierten betrachtet *Cassau* die Räteidee. Durch das Beispiel Rußlands, wo im Gegensatz zu Deutschland andere Organisationen fehlten, angeregt, durch den Zusammenbruch der alten Autoritäten begünstigt und durch der Enttäuschung über die Nichterfüllung des alten sozialistischen Programms angestachelt, sei die Rätebewegung nichts anderes gewesen als der „Kampf der politisch Ungelernten gegen das historisch Gewordene". A.a.O., S. 45/6, 272 ff.

[2]) Es wird — ohne weitere Hinweise — hier wie auch im folgenden auf die eingehende Darstellung des 12. Kapitels zurückgegriffen.

gewiesen. Der Vergleich mit der englischen Shop Stewards Bewegung erbringt nun das außerordentlich wichtige Ergebnis, daß es sich hierbei nicht um zufällige situationsgebundene Verschiedenheiten, sondern offenbar um strukturell bedingte typische Ausprägungen handelt.

Eine besonders eindrückliche, aber für unser Thema nicht zentrale Übereinstimmung englischer und deutscher Verhältnisse sei nur am Rande erwähnt: Die Bewegung der Arbeiterproduktivgenossenschaften im Baugewerbe zwischen 1919 und 1922[1]). Sie wurde durch die hohe Arbeitsintensität und den relativ geringen Kapitalbedarf, die für Bauunternehmungen spezifisch sind, begünstigt, geriet aber in England wie in Deutschland gleicherweise im Zuge der sich verschlechternden wirtschaftlichen Lage 1922/23 durch Kapitalmangel und strukturelle Schwächen in eine schwere Krise.

Von großer Bedeutung ist hingegen die Tatsache, daß in beiden Ländern die Rätebewegung (wir verwenden diesen Ausdruck von nun an auch für die englische Shop Stewards Bewegung und ihre Forderung nach „Arbeiterkontrolle") ihre hauptsächlichen Schwerpunkte in der metallverarbeitenden Industrie, im Bergbau und im Eisenbahnwesen hatte. Besonders schlagend sind die Parallelen im Bergbau. In beiden Ländern stand nach 1918 die Forderung auf Sozialisierung des Bergbaus im Mittelpunkt der Bergarbeiterbewegung. In beiden Ländern wurde die bloße Verstaatlichung als Form der Sozialisierung zurückgewiesen, und es wurde vorgeschlagen, daß Vertreter des Staates und Vertreter der Arbeiter gemeinsam die sozialisierten Bergwerke verwalten sollten („joint control")[2]). Die deutschen und die englischen Organisationsschemata gleichen sich in ihrem Aufbau von Zechenrat, Bezirks- oder Revierrat und nationalem Kohlenrat bis in die Einzelheiten. Genau wie in Deutschland wurden aber auch in England die offiziellen, von Gewerkschaftlern und Experten entwickelten Pläne von den Räten kritisiert, weil sie dem Staat und den Gewerkschaften zuviel und den Betriebsräten zuwenig Einfluß einräumten. Als charakteristische Unterschiede fallen ins Auge, daß in England ganz allgemein die gemeinwirtschaftliche Ordnung des Bergbaus stärker, die Arbeiterkontrolle im Betrieb aber schwächer betont zu sein worden scheint, ein Phänomen, das in der hochgradigen privatwirtschaftlichen Zersplitterung und Rückständigkeit des englischen Bergbaus im Gegensatz zur starken Konzentration des deutschen eine einleuchtende Erklärung finden würde.

Erheblicher waren die Unterschiede zwischen deutschen und englischen Verhältnissen bei den Eisenbahnarbeitern[3]). Im Gegensatz zu den deutschen Staatsbahnen befanden sich die englischen Eisenbahngesellschaften in Privatbesitz; infolgedessen erhoben die englischen Eisenbahnergewerkschaften schon lange vor dem Kriege die Forderung nach Sozialisierung, während das Problem der

---
[1]) *Pribićević*, S. 3, 9/10, 157.
[2]) A.a.O., S. 7 ff., 140, 171, 174.
[3]) A.a.O., S. 4 ff., 171, 174.

Beseitigung des privaten Eigentums in Deutschland nicht zur Diskussion stand. Dementsprechend rückten in Deutschland die Fragen der Verwaltung und damit der Arbeiterkontrolle durch die Räte in den Vordergrund. Da aber auch die englischen Eisenbahnergewerkschaften die Sozialisierung, wie *Pribićević* feststellt, vorwiegend aus der unmittelbaren sozialen Interessenvertretung der Arbeiter heraus forderten[1]), ist es nicht verwunderlich, daß sie sehr früh den Gedanken der Arbeiterkontrolle in der sozialisierten Eisenbahn aufgriffen und Vorstellungen von „joint control" entwickelten, die den Plänen der deutschen Eisenbahnräte sehr nahekamen. Freilich legten sie, wie die englischen Bergarbeiter, größeres Gewicht auf die zentralen Kontrollorgane. Gemessen an den anderen Zweigen der Rätebewegung zeichneten sich die Pläne der Bergarbeiter und der Eisenbahner übrigens sowohl in Deutschland als auch in England dadurch aus, daß sie die Probleme der zentralen Organisation ihrer Industriezweige besonders nachdrücklich behandelten. Die Ursache hierfür muß in der relativen Einheitlichkeit beider Industriezweige gesucht werden, die — bei den Eisenbahnen besonders deutlich — eine zentrale Organisation als ganz offensichtlich ebenso nötig, wie möglich erscheinen ließ.

Bemerkenswert ist übrigens, daß es sich bei Bergbau und Eisenbahn in England um „offene" Industrien handelte, d. h. um Industrien mit relativer Mobilität zwischen den einzelnen Berufsgruppen, geringen Spannungen zwischen gelernten und angelernten Arbeitern, sowie guten Aufstiegschancen für die letzteren. Die führenden Gewerkschaften der beiden Branchen waren demgemäß für englische Verhältnisse „modern", d. h. sie standen dem Typ der Industriegewerkschaft näher als dem der konservativen Berufsgewerkschaft („craft union"). Infolgedessen war die Verbindung zwischen Rätebewegung und Gewerkschaft ziemlich eng, und die Gewerkschaftsorganisationen übernahmen die Gedanken der Arbeiterkontrolle in einem höheren Grade als die Gewerkschaften anderer Industriezweige, eine Feststellung, die übrigens — wie wir wissen — auch für den deutschen Bergarbeiter- und den Eisenbahnerverband zutrifft[2]).

Wesentlich schwieriger ist es, die Parallelen und Unterschiede zwischen deutscher und englischer Metallarbeiterbewegung genau zu bezeichnen. In beiden Ländern stellten die Metallarbeiter den Kern der breiten Rätebewegung auf der untersten Ebene und in den Betrieben dar, in England freilich in noch höherem Grade, als in Deutschland, wo die Bergarbeiterbewegung mindestens ebenso bedeutsam war[3]). In beiden Ländern spielte die Sozialisierungsforderung unter den Metallarbeitern und in ihren Gewerkschaften keine große Rolle; die spezifische Vielfältigkeit, Dynamik und — auf kaufmännischem Gebiet — Exportgebundenheit der Metallindustrie ließ eine sofortige umfassende Sozialisierung

---

[1]) A.a.O., S. 4, „as a remedy for poor working conditions and bad industrial relations."
[2]) A.a.O., S. 26 ff.
[3]) Vgl. hierzu *Pribićević* allerorten, dessen Buch sich vorwiegend mit der Shop Stewards Bewegung in der Metallindustrie beschäftigt.

als überaus schwierig und daher nicht wünschenswert erscheinen[1]). Um so mehr trat der Rätegedanke in den Vordergrund, und zwar — da das Problem einer regionalen oder nationalen Organisation der Industrie nicht so dringend erschien wie im Bergbau und bei der Eisenbahn — mit dem Schwergewicht in den Betrieben und bei den betrieblichen Arbeitervertretern, den Betriebsräten bzw. Shop Stewards.

Ein entscheidender Unterschied zwischen der englischen und der deutschen Metallarbeiter-Rätebewegung lag in ihrem Verhältnis zu den Gewerkschaften. Der DMV war nicht nur die größte und leistungsfähigste deutsche Gewerkschaft, sondern er war auch ein ausgesprochen „moderner" Verband, d. h. er hatte das berufsgewerkschaftliche Prinzip weitgehend hinter sich gelassen und sich dem Typ des Industrieverbandes genähert. Überdies zeigten sich gerade in seinen Reihen schon vor 1914 die ersten Anzeichen eines neuen gewerkschaftlich-politischen Aktivismus. Auf Grund dessen ist es nicht verwunderlich, daß der DMV nach 1918 auch die einzige große Gewerkschaft war, in der der radikalen Opposition, und damit in gewissem Sinne auch der Rätebewegung — wenigstens ihrem gemäßigten Flügel — eine wirkliche Eroberung des gewerkschaftlichen Apparats gelang. Die englischen Metallarbeitergewerkschaften hingegen hielten zur Zeit des Ersten Weltkriegs noch ganz streng am Berufsprinzip fest und organisierten nur gelernte Arbeiter („craft unions"). Ihr hauptsächlicher Verband, die Amalgamated Society of Engineers-ASE (ab 1920 nach Vereinigung mit einigen kleineren Verbänden Amalgamated Engineering Union-AEU) galt als ausgesprochen konservativ und hatte vor 1914 infolge unzweckmäßiger Organisation und innerer Spannungen seine ehemals führende Stellung in der englischen Gewerkschaftsbewegung eingebüßt. Die Shop Stewards Bewegung konnte keinen dauerhaften Einfluß auf den Apparat der Metallarbeitergewerkschaften erringen, obwohl in Urwahl der Mitglieder einer der Hauptpropagandisten der Arbeiterkontrolle, *Tom Mann*, im Jahre 1919 zum Generalsekretär der ASE gewählt wurde. Seine Befugnisse in dieser Stellung waren jedoch gering, und seine Tätigkeit blieb hauptsächlich propagandistischer Art; die Gewerkschaftsorganisation selbst wurde von der Rätebewegung nur oberflächlich berührt[2]).

Die zuletzt festgestellte auffällige Verschiedenheit der gewerkschaftlichen Verhältnisse bei großer Ähnlichkeit der Rätetendenzen gibt uns die Möglichkeit, die oft vorgebrachte Behauptung, daß die Rätebewegung nur ein Aufstand der

---

[1]) Vgl. für Deutschland die Metallarbeiterzeitung, Jg. 1919 und 1920. Nur die Sozialisierung der eisenschaffenden Industrie wurde im Zusammenhang mit der geplanten Sozialisierung des Bergbaus gefordert, aber ohne viel Nachdruck, a.a.O., Jg. 1920. Nr.50, S. 205. Für England *Pribićević*, S. 25, 41/2, 174 ff.

[2]) *Pribićević*, bes. S. 25 ff., 41 ff., 174 ff. Über die charakteristischen Unterschiede des traditionellen englischen „craft-unionism", und des von Anfang an auch den Angelernten und Ungelernten offenstehenden deutschen Gewerkschaftswesens, wie auch über die verschiedenen Organisationsformen vgl. *Cassau*, S. 66 ff., 92/3, 95 ff.

Ungeschulten und Unorganisierten gewesen sei, näher zu prüfen. Zwar haben auch die englischen Metallarbeitergewerkschaften in und nach dem Kriege einen beträchtlichen Mitgliederzuwachs zu verzeichnen gehabt, dessen Ausmaße fast dem Anwachsen des DMV nach 1918 entsprechen[1]). Aber es handelte sich bei den neuen Mitgliedern ausschließlich um gelernte Arbeiter; und der Charakter der Gewerkschaften als reiner, im Grunde immer noch konservativ gestimmter Berufsgewerkschaften wurde durch den Mitgliederzustrom nicht wesentlich berührt (ganz abgesehen davon, daß das Schrumpfen der Mitgliederzahl im Kriege und das Anschwellen nach Kriegsende in England doch nicht derart radikale Formen annahm wie in Deutschland). Wenn trotzdem die englische Rätebewegung vorwiegend von Metallarbeitern, und zwar gewerkschaftlich organisierten Metallarbeitern getragen wurde, dann dürfen wir annehmen, daß nicht sosehr das historisch zufällige Einströmen ungeformter Arbeiterschichten in die Arena der sozialen Kämpfe die Haupttriebkraft der Rätebewegung gewesen ist, als vielmehr eine strukturelle Veränderung in der traditionellen Arbeiterbewegung selbst. Wie denn überhaupt — auch bei Bergarbeitern und Eisenbahnern — in der englischen Arbeiterbewegung durch Krieg und Nachkriegszeit keine derart einschneidenden sozialen Veränderungen hervorgerufen wurden wie in Deutschland durch Krieg und Revolution (z. B. dadurch, daß die Eisenbahner praktisch erst durch die Revolution das Koalitionsrecht erhielten). Wenn trotzdem die Rätebewegung in beiden Ländern eine so weitgehende Übereinstimmung zeigt, dann dürfen wir die Ursachen eher in übereinstimmenden strukturellen Prozessen als in der — unterschiedlichen — historisch-politischen Entwicklung erblicken.

Von besonderer Bedeutung ist dabei — wie in Deutschland, so auch in England — der soziale und psychische Umschmelzungsprozeß der Arbeiterschaft gewesen, der sich vor allem in der dynamischen Metallindustrie auswirkte, die immer wieder das Schwergewicht ihrer Entwicklung von Branche zu Branche verschob, neue Werkzeuge, Maschinen, Fertigungsverfahren und Arbeitsvorgänge entwickelte. Diese Tendenz führte in zunehmendem Maße zur Mechanisierung und Rationalisierung der Produktion und zur fortschreitenden Ersetzung gelernter durch angelernte Arbeiter, in England „Dilution" genannt[2]). Dieser Prozeß wurde zwar nicht durch den Krieg geschaffen, aber doch erheblich beschleunigt, denn die Metallindustrie, als Kern der Rüstungswirtschaft, dehnte sich sehr stark aus, die gelernten Arbeitskräfte wurden knapp und mußten

---

[1]) Die ASE wuchs von 1913 bis 1920 von rd. 160 000 auf rd. 400 000 Mitglieder, und die neue AEU zählte 450 000. Der DMV vermehrte seinen Mitgliederbestand zwischen 1914 und 1922 von rd. 550 000 auf rd. 1 600 000. Vgl. *Pribićević*, S. 29, 38, 40.

[2]) A.a.O. bes. S. 32 ff., 42 ff., 53 ff., bes. 62, 110 ff. *G. D. H. Cole* definiert „Dilution" als: „The introduction of the less skilled workers to undertake the whole or a part of the work previously done by workers of greater skill or experience, often but not always accompanied by simplification of machinery or breaking up of a job into a number of simpler operations", a.a.O., S. 33, Anm. 1.

durch angelernte ersetzt werden, der Zwang zur größtmöglichen Produktion förderte die maschinelle Serienfertigung, und die allgemeine patriotische Stimmung machte es den Gewerkschaften unmöglich, sich dieser Entwicklung nachhaltig zu widersetzen, wenn sie nicht als Saboteure der Vaterlandsverteidigung abgestempelt werden wollten.

Das Problem der „Dilution" traf die englischen Metallarbeitergewerkschaften an den Wurzeln ihrer sozialen Position (ganz im Gegensatz zum DMV, der durch die vergleichbare Entwicklung in Deutschland nicht wesentlich berührt wurde, da er immer schon auch die Interessen der angelernten Arbeiter vertreten hatte). Sie hatten sich als reine „craft unions" in den langen Jahrzehnten ihres Bestehens — die ASE war als ein Zusammenschluß bereits existierender Gewerkschaften 1851 gegründet worden — ausschließlich für die Interessen der gelernten Arbeiter eingesetzt und dabei beträchtliche Erfolge erzielt. Außer in Tarifverträgen und Schlichtungsvereinbarungen bestanden sie vor allem in der Absicherung der beruflichen Position ihrer Mitglieder (der „trade rights or privileges"). D. h. die Gewerkschaften hatten sich eine Art von negativer Mitbestimmung gesichert, ein halboffizielles Vetorecht gegen alle betrieblichen Veränderungen, die den Lohn- oder Prestigestatus ihrer Mitglieder zu mindern drohten („craft control")[1]. Insbesondere das Privileg, daß gewisse Arbeiten nur durch gelernte Arbeiter und nicht durch Angelernte oder auch durch Gelernte aus einer anderen Branche verrichtet werden durften, wurde sorgfältig gehütet. Es entsprang der Monopolstellung der gelernten Arbeitergruppen in der Produktion und diente seinerseits dazu, diese Monopolstellung zu bewahren. Diese Politik der „craft control" wurde durch die Praxis der „Dilution" naturgemäß von Grund auf erschüttert; völlig neue gewerkschaftliche und betriebliche Probleme erhoben sich.

Obwohl das spezielle Problem der „craft control" in Deutschland in dieser Schärfe nicht bestand, wurden Organisation und Wirksamkeit der alten Berufsgewerkschaften doch auch hier durch neue technisch-wirtschaftliche Entwicklungen erschüttert[2]. Die Stärke der relativ kleinen, aus qualifizierten Industriehandwerkern bestehenden Berufsverbände beruhte auf der Schlüsselstellung, die ihre Mitglieder: Maler, Zimmerer, Kupferschmiede, Maschinisten, Buchdrucker usf. in der Produktion einnahmen. Diese Berufsgruppen und viele andere, die formell in großen „Industrieverbänden" zusammengeschlossen waren, in Wirklichkeit aber als Berufsgewerkschaften dachten und handelten (so die Holzarbeiter), stützten sich auf die Unentbehrlichkeit ihrer speziellen Fertigkeiten und zugleich auf deren universelle Verwendbarkeit, die es ihnen

---

[1] A.a.O., bes. S. 28/9, 61/2.
[2] Vgl. hierzu die aufschlußreiche Debatte über das Organisationsproblem auf dem Allgemeinen Kongreß der Gewerkschaften Deutschlands zu Leipzig 1922, Protokoll, S. 503 ff., sowie auch die Studie von *B. Lutz*, Gewerkschaft im technischen Fortschritt, Atomzeitalter, Jg. 1961, Heft 6, S. 126 ff.

gestattete, den Arbeitsplatz und den Betrieb zu wechseln. Auf dieser Mobilität der Facharbeiter, verbunden mit der in einem starken beruflichen Solidaritätsgefühl wurzelnden festen Organisation beruhte die Kampfkraft der Berufsgewerkschaft. Ihre ganze gewerkschaftliche Taktik, die Unternehmer Betrieb nach Betrieb, Branche nach Branche durch Einzelbewegungen mit strenger Streikdisziplin, Verrufserklärung und Zuzugssperre zum Abschluß erst lokaler, dann regionaler Tarifverträge zu nötigen, fußte auf jenen Voraussetzungen. Das Vordringen angelernter Arbeiter, das sowohl den Gelernten ersetzbar zu machen, als auch durch betriebliche Spezialisierung den Arbeitsplatzwechsel zu erschweren begann, erschütterte die Grundlage der Berufsgewerkschaft. Die wachsende Macht der Arbeitgeberverbände und der großen Konzerne trat hinzu. Der Arbeiter der Groß- und Riesenbetriebe in den modernen Schlüsselindustrien konnte mit der Möglichkeit des Betriebswechsels und dem Schutz durch die Gewerkschaft allein seinen sozialen Status nicht mehr ausreichend verteidigen. Er bedurfte einer unmittelbaren Vertretung seiner an die betriebliche Position geknüpften Interessen mindestens ebensosehr, wenn nicht mehr, als der überkommenen gewerkschaftlichen Vertretung seiner beruflichen Interessen.

Damit sind wir bei dem zentralen Problem der ganzen Rätebewegung, der Rolle der Betriebe. *Daß* diese Rolle entscheidend war und wie sie sich in organisatorischer, sozialer und politischer Hinsicht entfaltete, haben wir bereits geschildert[1]); welches Fundament sie in der technisch-ökonomischen Umstrukturierung der Industrie besaß, wird nun deutlich. *Pribićević* hat die Folgen dieser Umstrukturierung in England sehr genau bezeichnet: „Die Ergebnisse der ‚Dilution' und anderer Veränderungen in den überkommenen Regeln und Praktiken waren vielfältig und tiefgreifend. Das Auftauchen einer machtvollen auf den Shop Stewards beruhenden betrieblichen Bewegung (workshop movement) war vielleicht das Bedeutendste. Die ‚Dilution' schuf eine außerordentliche Anzahl von betrieblichen (workshop) Problemen, die wirksam nur auf der betrieblichen (workshop) Ebene behandelt werden konnten. Die Berufsgewerkschaften der Metallarbeiter konnten diese Aufgabe nicht erfüllen, da sie in lokalen Abteilungen (branches) organisiert waren und keine wirkliche betriebliche (workshop) Vertretung besaßen (Anm.: einige hatten Shop Stewards, aber ihre hauptsächliche oder sogar einzige Aufgabe war es, Beiträge zu kassieren), und da diese Probleme alle gelernten Arbeiter betrafen und in dem engen zünftlerischen Rahmen der Berufsgewerkschaft nicht erfolgreich gelöst werden konnten[2])." Außerdem wurde die bisher unbestrittene Vorherrschaft der gelernten Arbeiter gegenüber allen anderen Arbeitergruppen nachhaltig und dauernd erschüttert.

Durch die im Zuge dieser Entwicklung aufkommende soziale Unruhe er-

---

[1]) Siehe oben S. 286 ff.
[2]) *Pribićević*, S. 35.

griffen, von der starken gildensozialistischen und z. T. auch syndikalistischen und industrieunionistischen Agitation kleiner Arbeiter- und Intellektuellengruppen zunehmend beeinflußt und — vor allem — in dem Bestreben, ihren alten sozialen Status auch unter den sich unaufhaltsam verändernden technisch-ökonomischen Verhältnissen zu bewahren, entwickelten die aktivsten Kreise der englischen Metallarbeiter die Idee der „Arbeiterkontrolle". Ihr Kern war — und blieb — die Forderung der Arbeiter, eine wirksame Kontrolle über ihre unmittelbaren Arbeitsbedingungen zu gewinnen; diese Vorstellung wurde dann mit dem fernen Ziel des Sozialismus verknüpft und zu einem politisch-sozialen Programm verschmolzen, in dem die Arbeiterkontrolle als die einzige Organisationsform erschien, unter der Kapitalistenherrschaft und Lohnarbeit wirklich abgeschafft und die Betriebe dem Gemeinwohl dienstbar gemacht sein würden. Die reale Grundlage der Shop Stewards Bewegung für Arbeiterkontrolle aber waren der Betrieb (the workshop) und die radikal demokratische Organisation der „Arbeiterkomitees", die aus den gewählten betrieblichen Vertrauensleuten bestanden[1]).

Von einem ganz anderen historischen und politischen Ausgangspunkt her und unter grundverschiedenen aktuellen Bedingungen nahm die deutsche Rätebewegung eine verblüffend ähnliche Entwicklung. Als nach dem Umsturz allmählich die Bewegungen in den Betrieben einsetzten, richteten sie sich, wie wir gesehen haben, in erster Linie gegen den „alten Betriebsabsolutismus" und auf die Kontrolle der unmittelbaren Arbeitsbedingungen durch die Räte: Einstellung und Entlassung, die Entlohnungsmodalitäten, die Sicherheitsvorkehrungen, die Arbeitsordnung, die Ernennung und die Tätigkeit der nächsten Vorgesetzten. Sie sollten der Mitbestimmung oder sogar der Selbstverwaltung der Arbeiter unterworfen sein[2]). Hinzu trat der Wunsch nach „Kontrolle" (im deutschen Sinn des Wortes) der Unternehmensleitung, d. h. nach dem vollen Einblick in alle betrieblichen Vorgänge, auch die kaufmännischen. Diese Forderungen wurden dann mit dem Sozialisierungsgedanken verknüpft und zur Idee des wirtschaftlichen Rätesystems ausgebaut.

Ehe wir nun in unserer Untersuchung der Struktur der Rätebewegung fortfahren und uns dabei ihren besonderen Bedingungen und Umständen zuwenden können, müssen wir ein allgemeines soziologisches Problem behandeln, das von jeder „revolutionären" geschichtlichen Strömung aufgeworfen wird und das auch für die Rätebewegung von Bedeutung ist. Es handelt sich um die Frage, was mit dem Begriff „Bewegung" ausgesagt wird und in welchem Verhältnis in solchen Bewegungen aktive Führung und passive Massengefolgschaft zueinander stehen.

Es gibt eine Vorstellung von dem sozialen Charakter revolutionärer Bewegungen, die — sehr vereinfacht — etwa so aussieht: Ein Teil der breiten Volks-

---

[1]) A.a.O., bes. S. 84/5, 95/6, 124/5, 174/5.
[2]) Siehe oben vor allem S. 78 ff. und 110 ff., 133 ff.

masse ist aus irgendwelchen, oft kraß materiellen Gründen (z. B. Hunger oder Kriegsnot) oder auch auf Grund eines allgemeinen Verfalls der sozialen Ordnung, unzufrieden und in latenter Erregung. Eine kleine Schar zielbewußter Agitatoren macht sich diese massenpsychische Lage zunutze, putscht die Unzufriedenen auf und führt sie in den Kampf gegen die bestehende Ordnung. Daß an der Spitze solcher revolutionärer „Bewegungen" Plakate mit den Aufschriften „Freiheit; Gleichheit; Brüderlichkeit" oder „klassenlose Gesellschaft" oder „alle Macht den Räten" getragen werden, hat mit den „wahren Motiven" der revoltierenden Massen nichts zu tun; sie wollen nur Brot oder daß der Krieg aufhört oder ganz ziellos-dumpf irgendeine Veränderung. Überdies stellen die aktiv revoltierenden Massen immer nur eine Minderheit der Bevölkerung dar. Die Mehrheit will im Grunde gar keine Revolution; sie steht entweder abseits oder wird durch Terror zum Mitmachen gezwungen. Mehr oder weniger deutlich ausgesprochen wird mit dieser Vorstellung das Werturteil verbunden, daß solche, durch bloße „Verhetzung" hervorgerufenen Bewegungen höchst fraglich, historisch illegitim oder gar verwerflich seien.

Das solcherart gezeichnete — und von mir polemisch zugespitzte — Bild revolutionärer Bewegungen wird freilich selten ganz klar vorgestellt und noch seltener offen als Urteilsmaßstab verwendet. Aber die Urteile von Beobachtern historischer Ereignisse, die dem Sozialismus und der Arbeiterbewegung kritisch gegenüberstehen oder ganz allgemein konservativ eingestellt sind, tendieren doch oftmals ganz deutlich in diese Richtung. So wird z. B. die radikale und Rätebewegung nach 1918 zweifelnd gefragt, ob die Arbeiter in ihrer Masse sich wirklich mit den Räten identifiziert und aktiv an ihrer Arbeit teilgenommen hätten und ob die Bewegung nicht nur dem vorübergehenden Einfluß kleiner radikaler Funktionärskreise zuzuschreiben gewesen sei[1]).

Was also ist eine „Bewegung" und wie verhalten sich in ihr Führung und Masse? Ohne daß hier der unübersehbaren Literatur zur Soziologie der Massen ein neues Kapitel hinzugefügt werden könnte, müssen doch einige grundsätzliche Feststellungen getroffen werden. Die oben skizzierte konservative Vorstellung revolutionärer Bewegungen geht von einem falschen Idealbild „wirklicher" Revolutionen aus. Sie setzt voraus, daß eine Revolution nur dann echt und legitim sei, wenn die große Mehrheit des Volkes geschlossen hinter der revolutionären Führung stehe und die proklamierten neuen Ideen entschlossen und bewußt verfechte. Diese Vorstellung ist gänzlich unhistorisch; sie wird auch dadurch nicht gerechtfertigt, daß die Parteigänger und Ideologen der Revolution in der Regel ebenfalls den Anspruch erheben, ein ganzes vom Feuer des revolutionären Idealismus ergriffenes Volk hinter sich zu haben.

In der Tat aber werden soziale oder politische Bewegungen in der Regel von

---

[1]) Diese Tendenz ist z. B. deutlich spürbar in der Rezension des Buches von *Tormin* durch G. *Rhode*, Hist. Z. 181, S. 378 ff., bes. 380/1 und der Rezension des Buches von *Opel* durch H. J. *Varain*, Neue Pol. Lit., Jg. 1958, Heft 2, Sp. 155 ff., 156/7.

wortlichkeit der Arbeiter konnte unter dem Druck der bolschewistischen Parteidisziplin nicht gedeihen. Einer der alten Berliner Obleute, *Paul Wegmann*, hat im Frühjahr 1923 herbe Kritik an der KPD geübt[1]): Die Partei sei in den entscheidenden Arbeiterfragen, z. B. in der Gewerkschaftsfrage, stets zweideutig gewesen. Auch mit ihren jetzigen Parolen, „Kontrolle der Produktion" usw., sei sie es wieder. „In der ersten Zeit der Revolution in Deutschland, wo tatsächlich die Arbeiter- und Betriebsräte die Macht noch in der Hand hatten, und wir ihnen diese Macht erhalten wollten, da versuchten wir eine Gliederung der Räte aller Parteien und Gewerkschaften nach Industrien vorzunehmen. Hierbei begegneten wir heftigtstem Widerstand bei den Gewerkschaftsführern und bei allen politischen Parteien. Auch bei den Führern der KPD, den Genossen *Brandler*, *Heckert* usw. Was man damals totschlug, wo ein Recht zum Leben bestand, versucht man heute zu galvanisieren unter vollkommen veränderten, ungünstigen wirtschaftlichen und politischen Verhältnissen." Die Wurzel alles Übels aber sei die Abhängigkeit der kommunistischen Politik von der russischen Zentrale.

Diese Kritik, die übrigens vom linken Flügel der KPD mit etwas anderer Tendenz ebenfalls geübt wurde[2]), war berechtigt. Im Jahre 1919 hatten die Kommunisten noch als eine zwar ultraradikale und zu politischen Abenteuern neigende, aber antiautoritäre und antizentralistische Strömung in der Rätebewegung mitgewirkt. Nach der Trennung von dem linksradikalen Flügel[3]), und nach ihrer Mauserung zur *Lenin'schen* Taktik versuchte die KPD, die Räte und die Gewerkschaften allmählich zu Instrumenten der Partei zu machen. Die Betriebsräte wurden den Gewerkschaften, die Gewerkschaften der Partei, und die Parteifunktionäre der Zentrale untergeordnet. Die Fortdauer einer gewissen innerparteilichen Demokratie bis 1925/26 änderte an diesem Prozeß nichts.

Schon seit Ende des Jahres 1919 hatten die Kommunisten begonnen, sich von der reinen Rätebewegung zu distanzieren. Immer deutlicher ließen sie erkennen, daß ihnen an der Unabhängigkeit der Betriebsräteorganisation nicht soviel gelegen war, wie an der Eroberung der Gewerkschaften[4]). Auf dem

---

[1]) Bericht über den Parteitag der USPD vom 30. März bis 2. April 1923 in Berlin, S. 23 ff. *Wegmann* ging 1920 mit zur KPD, schied 1921 wieder aus, ging zu *Paul Levis* Kommunistischer Arbeitsgemeinschaft und mit ihr zur USPD. Er machte die Vereinigung mit der SPD aber nicht mit, sondern blieb bei der Rest-USPD.

[2]) Siehe *R. Fischer*, S. 276, „Für die Linken waren die Betriebsräte eine Bewegung, die ihr Eigengewicht hatte und die man in ihrem Konkurrenzkampf mit dem Gewerkschaftsapparat unterstützen sollte. Für die Rechten waren sie eher ein Hebel, der den Kommunisten die Tore der noch zögernden Gewerkschaften erschließen sollte."

[3]) Siehe oben, S. 212/3.

[4]) Vgl. die Auseinandersetzungen in Der Arbeiter-Rat, Jg. 1/1919, Nr. 36, Nr. 40. Ebenda Jg. 2/ 1920, Nr. 27, Richtlinien der KPD, in denen die gewerkschaftliche Zusammenfassung der Betriebsräte gebilligt wird. Noch deutlicher in dem Referat *Brandlers* auf dem 5. Parteitag, 1.—3. 11. 1920, Protokoll, S. 129 ff., bes. S. 142, Richtlinien, S. 180 ff. Vgl. auch die Kritik

1. Kongreß der Roten Gewerkschaftsinternationale in Moskau 1920 hatte dann *Heckert* in einem Referat und einer langen Resolution den theoretischen Standpunkt der Kommunisten zur Betriebsrätefrage formuliert. In diesen Darlegungen begriff er zwar die Entwicklung und das Wesen der Betriebsrätebewegung ganz im Sinne der revolutionären Rätetheorie, ordnete aber in den praktischen Folgerungen die Räte dann doch dem Ziel der politischen Machtergreifung unter. Auch für die Periode des sozialistischen Aufbaus nach dem Siege der proletarischen Revolution billigte *Heckert* den Betriebsräten nur eine untergeordnete Rolle zu (er lag damit auf der Linie *Lenins*, der damals in der russischen KP gegen die „anarcho-syndikalistische Abweichung" der sog. Arbeiter-Opposition einen scharfen Kampf führte); die Betriebsräte müßten einheitlich zusammengefaßt werden, und diese Zusammenfassung würde „mittels Unterordnung ... unter die Gewerkschaften" erreicht. Die Gewerkschaften, nicht die Räte, stellten die hauptsächliche Kampf- und Aufbauorganisation der Arbeiterklasse auf wirtschaftlichem Gebiet dar[1]).

In den Gewerkschaften aber herrschen nicht die Mitglieder auf Grund demokratischer Selbstbestimmung, sondern die in den Zellen und Fraktionen zusammengeschlossenen Kommunisten; diese waren nicht ihren Wählern verantwortlich, sondern der Partei. Und diese Unterordnung der kommunistischen Gewerkschaftler unter die Partei wurde von Jahr zu Jahr verstärkt. Der Vereinigungsparteitag vom Dezember 1920 hatte den kommunistischen Gewerkschaftlern wenigstens innerhalb der Partei noch eine gewisse Selbständigkeit gelassen, der Parteitag von 1921 unterwarf sie auf allen Ebenen restlos der Kontrolle der Parteiorganisation[2]). In der Parteiorganisation selbst wurde der von der USPD übernommene Rest einer lebendigen selbständigen Betriebsorganisation beseitigt und das Prinzip des demokratischen Zentralismus verankert[3]).

Solange die Führung der Partei in der Sache eine vernünftige Politik betrieb, und das geschah in gewissen Grenzen bis 1923, wurden die Konsequenzen dieser Entwicklung nicht in aller Deutlichkeit sichtbar. Aber schon damals mußten sich die Kommunisten mit Recht entgegenhalten lassen, daß sie im Grunde nur

---

*Brandlers* an *R. Müller* und den linken Unabhängigen in der Einleitung zu der Broschüre, die seine Rede auf dem 1. Kongreß der Betriebsräte Deutschlands enthält, Leipzig 1920, S. 7/8. Vgl. auch Kommunistische Rätekorrespondenz, Nr. 17, 24, 32.

[1]) *Rosenberg*, Bolschewismus, S. 151 ff.; *A. Kollontai*, Die Arbeiter-Opposition in Rußland, o.O., o.J. *Ziperowitsch/Heckert*, Produktionskontrolle und Betriebsräte, Referate und Resolutionen vom 1. Kongreß der R.G.I., Berlin 1921, S. 15 ff., 24 ff., S. 30.

[2]) Vgl. die Richtlinien von 1920, 6. Parteitag, Protokoll, S. 254 ff., bes. S. 260/1 mit den Richtlinien von 1921, 7. Parteitag, Protokoll, S. 425 ff., dazu auch das Referat von *J. Walcher*, a.a.O., S. 350 ff., bes. 356/7. Sogar der bisherige Name „Reichsgewerkschaftszentrale" der KPD wurde umgeändert in „Gewerkschaftsabteilung" der KPD, um die Unterordnung deutlicher zu machen.

[3]) Siehe oben S. 103 ff. Vgl. ferner Referat *Koenen* und Statut auf dem 6. Parteitag, Protokoll, S. 108 ff., 111/2, 243 ff., und Statut auf dem 7. Parteitag, Protokoll, S. 432 ff.

die Kreaturen einer fernen Zentrale seien und man niemals wissen könne, ob die augenblickliche Parteilinie der loyalen Mitarbeit in den Gewerkschaften, der Einheitsfront, der überparteilichen Betriebsrätebewegung nicht irgendwann auf Kommando geändert werden würde, und die kommunistischen Funktionäre und Betriebsräte dann entweder ihre Gewerkschaft oder ihre Partei verraten müßten[1]).

Aber auch die Befürchtungen des linken Flügels der KPD, der immer vor einer Versumpfung und Bürokratisierung gewarnt hatte, bewahrheiteten sich. Als auf dem Höhepunkt der Inflation, im Sommer 1923, die künstlich genährte kommunistische Betriebsrätebewegung tatsächlich ein eigenes Leben gewann, als ein von Berlin ausgehender Generalstreik die Regierung *Cuno* stürzte und an die Schwelle der Revolution führte, da war die Partei der Revolution nicht zur Stelle. Die Kommunistische Internationale und die Zentrale der KPD konnten sich lange nicht auf eine klare revolutionäre Politik einigen. Als der Beschluß, den Kampf um die Macht wirklich aufzunehmen, schließlich gefaßt wurde, führte ihn die kommunistische Parteiführung nur mit halbem Herzen aus. Sie überließ die spontane Bewegung sich selbst, traf fragwürdige technische „Aufstandsvorbereitungen" und blies beim ersten ernsthaften Konflikt, dem Kampf um die „Arbeiterregierungen" in Sachsen und Thüringen, zu einem ruhmlosen Rückzug. Nur der Hamburger Aufstand vom Oktober 1923 kam durch eine technische Panne zustande; das sinnlose Unternehmen brach nach wenigen Tagen kläglich zusammen. Die Rätebewegung aber war endgültig tot[2]).

---

[1]) Diese Entwicklung ist wenige Jahre später tatsächlich eingetreten, und die besten der KPD-Führer aus den Jahren 1921—23, unter ihnen viele gute Gewerkschaftler, haben die Partei 1929 zusammen mit *Brandler, Thalheimer, Walcher* und *Frölich* verlassen.

[2]) *Rosenberg*, Geschichte der Deutschen Republik, S. 158 ff.; *Flechtheim*, S. 83 ff., *R. Fischer*, S. 310 ff., S. 353 ff. Eine recht aufschlußreiche Spezialstudie über die Massenkämpfe in Sachsen im Frühjahr und Sommer 1923 liefert *R. Wagner* in Z. f. Gesch. Wiss., Jg. 4/1956, Heft 2, S. 246 ff. Zum Hamburger Aufstand die Erinnerungen von *Jan Valtin* (*Richard Krebs*), Tagebuch der Hölle, Köln/Berlin 1957, S. 60 ff.

## 10. Kapitel:

## Marxismus, Sozialisierung und Rätesystem

Unsere Untersuchung gilt in erster Linie der Räte*bewegung;* das heißt, der Rätegedanke und die um ihn geführte theoretische Diskussion gehören nur insoweit in den Rahmen dieser Darstellung, als tatsächliche Vorstellungen und Aktionen der Arbeiterschaft durch sie beeinflußt worden sind. Auf der anderen Seite jedoch läßt sich die Rätebewegung von der allgemeinen geistigen und politischen Entwicklung, insbesondere von der Geschichte der deutschen Arbeiterbewegung nicht einfach abtrennen. Vor allem das — in der Tat zentrale — Problem der Sozialisierung ist in der Revolution 1918/19 sowohl mit den Ideen und der Tätigkeit der Arbeiterräte, als auch mit der allgemeinen theoretischen Auseinandersetzung und praktischen Politik auf das engste verflochten gewesen. Zumindest an dieser Stelle müssen wir daher die sonst geübte Beschränkung auf die tatsächliche Bewegung der Arbeiterräte teilweise aufgeben und einige theoretisch-ideelle Erscheinungen als solche verfolgen.

Zuerst sind einige Bemerkungen über den Zusammenhang zwischen der überkommenen *Marxschen* Lehre und dem Problem der Sozialisierung erforderlich. Dabei können wir den Marxismus nicht allein in der ursprünglichen Form der wissenschaftlichen Werke von *Marx* und *Engels* betrachten, sondern wir müssen auch jene Gestalt berücksichtigen, die er in den kleinen, auf die Schulungsarbeit der Sozialdemokratie zugeschnittenen Schriften seiner Begründer gewonnen hat, vor allem in der berühmt gewordenen *Engels'schen* Broschüre: „Die Entwicklung des Sozialismus von der Utopie zur Wissenschaft"[1]).

Die „Besitzergreifung der Produktionsmittel durch die Gesellschaft"[2]) (in der Sprache der Agitation einfach die „Vergesellschaftung" oder „Sozialisierung") ist nach *Engels* nichts anderes als die von ihm und *Marx* erhoffte „soziale Revolution" selbst, d. h. die Umwandlung der kapitalistischen in die sozialistische Wirtschafts- und Gesellschaftsordnung. Der Kapitalismus ist nach der Lehre des Marxismus durch einen „Grundwiderspruch" gekennzeichnet: Die moderne industrielle Produktion als solche ist wesentlich — durch ausgedehnte Arbeitsteilung und weitverzweigte Kooperation bedingt — *gesellschaftliche* Produktion; Austausch und Aneignung der produzierten Güter hingegen verbleiben — auf der Grundlage des aus der rein handwerklich-bäuerlichen Produktionsstufe übernommenen Privateigentums an den Produktionsmitteln — *individuelle* Akte. Aus diesem Grundwiderspruch entspringen alle übrigen

---
[1]) Berlin 1946.
[2]) A.a.O., S. 54, auch 53.

Widersprüche der kapitalistischen Gesellschaft: Die Klassenspaltung zwischen Besitzern und Nichtbesitzern von Produktionsmitteln (Bourgeoisie und Proletariat), die „gesellschaftliche Anarchie" des Konkurrenzkampfes, der Zyklus der Überproduktionskrisen mit zunehmender Arbeitslosigkeit des Proletariats, und schließlich das sich in Konzernierung und Verstaatlichung andeutende Überflüssigwerden der Kapitalistenklasse. Wenn der Kapitalismus das Stadium der äußersten Zuspitzung dieser Widersprüche erreicht und dadurch seine Lebensunfähigkeit bewiesen hat, kann und — so hoffen die Marxisten — wird das Proletariat die Staatsmacht ergreifen und den Grundwiderspruch der kapitalistischen Gesellschaft aufheben, indem es die Kapitalisten enteignet und die ihrem Inhalt nach schon lange gesellschaftliche Produktion nun auch ihrer wirtschaftlichen und rechtlichen Form nach gesellschaftlich-planmäßig leitet, sie „vergesellschaftet" oder „sozialisiert"[1]). An die Stelle der privatkapitalistischen Aneignung auf dem Weg über den Markt, wo die Güter zu „Waren" verwandelt werden, tritt nun „einerseits direkt gesellschaftliche Aneignung als Mittel zur Erhaltung und Erweiterung der Produktion, andererseits direkt individuelle Aneignung als Lebens- und Genußmittel"[2]).

Dieser allgemeine theoretische Begriff der „Sozialisierung" hat, wie man deutlich sieht, zwei Seiten, eine gegen die kapitalistische Gesellschaft gerichtete, kritische „negative": Die Aufhebung des Privateigentums an den Produktionsmitteln, und eine auf die werdende sozialistische Gesellschaft gerichtete, schöpferische „positive": Die „direkte" Leitung und Verwertung der Produktion durch die Menschen. Die erste Seite, die Kritik der kapitalistischen Gesellschaft, ist von den Marxisten ausführlich dargestellt worden und bildet seit jeher den eigentlichen Kern ihrer Lehre. Die zweite Seite hingegen, die den Grundriß eines Programms für den sozialistischen Neuaufbau der Gesellschaft enthalten müßte, ist lange nur in Andeutungen behandelt worden. Aus diesen Andeutungen, noch klarer aber aus den innewohnenden Folgerungen der *Marx'schen* Gedanken ergibt sich, daß die Sozialisierung im marxistischen Sinne nur als der Aufbau eines Systems radikaler demokratischer Selbstverwaltung in der Gesellschaft verstanden werden kann[3]). Vor 1914 ist diese Konsequenz in der marxistisch beeinflußten Arbeiterbewegung jedoch kaum jemals wirklich gezogen worden[4]).

Unter dem Gesichtspunkt der politischen Praxis spitzte sich dieser theoretische Begriff der Vergesellschaftung auf die Frage zu, unter welchen konkreten Bedingungen die soziale Revolution eintreten, wann der Kapitalismus zur Umwandlung in den Sozialismus „reif" sein werde. Diese „Reife" muß in marxi-

---

[1]) A.a.O., S. 55/6, ausführlich 41 ff.
[2]) A.a.O., S. 52.
[3]) Den sehr eindrücklichen Versuch, den Beweis dafür aus dem Gesamtsystem des Marxismus zu entwickeln, stellt die schon erwähnte Arbeit von *L. Tschudi* dar. Anderer Meinung z. B. *Anweiler*, a.a.O., S. 17 ff.
[4]) Eine der wenigen Ausnahmen bildete der von *Daniel de Leon* und anderen entwickelte sog. „Industrieunionismus", vgl. *Pribićević*, a.a.O., S. 12 ff., und *Bötcher*, a.a.O.

stischer Sicht sowohl auf der Seite der bestehenden gesellschaftlichen Verhältnisse, als auch auf der Seite der handelnden Menschen, sowohl „objektiv", als auch „subjektiv" gegeben sein. Die objektive Reife besteht darin, daß die inneren Widersprüche des Kapitalismus — Krisen, Konzentration, Verelendung des Proletariats — sich bis zu einem Grade entwickeln, der eine normale Weiterexistenz von Wirtschaft und Gesellschaft ausschließt (die spätere marxistische Theorie des Monopolkapitalismus — *Hilferding, Luxemburg, Lenin* — hat den zur Revolution drängenden Faktoren noch den Imperialismus und den imperialistischen Krieg hinzugefügt)[1]). Von entscheidender Bedeutung ist in diesem Prozeß die Entwicklung des Proletariats, das mit zunehmender Größe und Verelendung durch seine bloße Existenz den Klassenkampf und damit die inneren Widersprüche des Kapitalismus verschärft[2]).

Mit dem Proletariat tritt nun aber auch das Problem der subjektiven Reife ins Blickfeld. Denn die Arbeiterklasse ist — gemäß der eigentümlichen dialektischen Verknüpfung von wissenschaftlicher Prognose und politischer Prophetie im Marxismus — in einem gewissen Stadium der kapitalistischen Entwicklung zwar objektiv in der Lage und „berufen", die Revolution zu vollenden, bedarf dazu aber gewisser subjektiver Voraussetzungen. Sie bestehen zum einen in der wissenschaftlichen Erkenntnis des kapitalistischen Entwicklungsprozesses, und damit auch der proletarischen Existenzbedingungen, zum anderen in der Bereitschaft des Proletariats, diese Erkenntnis zu verarbeiten, sich wirtschaftlich und politisch zu organisieren und den revolutionären Klassenkampf entschlossen zu führen.

Die tatsächliche Voraussetzung der proletarischen Revolution und ihres wesentlichen sozialen Inhalts, der Vergesellschaftung der Produktionsmittel, besteht danach — die „objektive" Reife einmal vorausgesetzt — in der historisch-politischen Verknüpfung der theoretisch formulierten sozialistischen Idee (die für die Marxisten mit der Lehre *Marxens* identisch ist), mit der wirklichen Arbeiterklasse oder, wie *Sombart* es ausgedrückt hat, in der Vereinigung von „Sozialismus und sozialer Bewegung"[3]).

Dieses Erfordernis bedeutet praktisch, daß der Marxismus in seinem politischen Programm sein allgemeines Ziel, neue höhere Formen des sozialen Lebens für die gesamte Gesellschaft zu schaffen, mit den besonderen wirtschaftlichen, sozialen und politischen Interessen der Arbeiterschaft wirksam verknüpfen

---

[1]) Die klassisch gewordene Formulierung dieses Prozesses findet sich bei *Marx* selbst, Das Kapital, Berlin 1953, Bd. 1, 24. Kapitel, 7. Abschnitt: Geschichtliche Tendenz der kapitalistischen Akkumulation.

[2]) Vgl. *K. Marx*, Das Elend der Philosophie, Berlin 1952, S. 193, „Von allen Produktionsinstrumenten ist die größte Produktivkraft die revolutionäre Klasse selbst".

[3]) Die Systemnotwendigkeit dieser Vereinigung für den Marxismus, zugleich aber auch ihre weitgehende tatsächliche Verwirklichung — zumindest für die Zeit vor 1918 — überzeugend dargelegt zu haben, ist das große Verdienst des gleichnamigen Buches von *Sombart*, 8. Aufl., Jena 1919.

mußte. In der Theorie ließ sich die Identität von Idee und Wirklichkeit leicht postulieren; in der Praxis war sie nur in angestrengter Bemühung herzustellen und zu bewahren. Gelang es dem Sozialismus nicht, sowohl eine den Gesamtinteressen der Gesellschaft entsprechende Neuorganisation der Wirtschaft und des Staates als auch eine Lösung der unmittelbaren „sozialen Frage" für die Arbeiter überzeugend zu entwickeln, dann fielen die Elemente der sozialistischen Bewegung, Arbeiterschaft und sozialistische Idee wieder auseinander. Entweder formulierten sozialistische Politiker und Theoretiker Programme, die die Arbeiterschaft nicht interessierten, oder die Arbeiter kämpften mit den ihnen zur Verfügung stehenden Mitteln um eine direkte Verbesserung ihrer Lage, ohne das theoretisch formulierte Gesamtinteresse der Gesellschaft zu beachten; auf jeden Fall wurde das Ziel des Sozialismus nicht erreicht.

In der deutschen sozialistischen Arbeiterschaft vor 1914 war dem Anschein nach ein hoher Grad der Verschmelzung von sozialistischer (marxistischer) Idee und Arbeiterbewegung erreicht worden. In Wirklichkeit war diese Verschmelzung, wie wir gesehen haben, sehr fragwürdig[1]). Sie wurde erzielt durch den fast vollständigen Verzicht auf jede konkrete sozialistische Programmatik. Der grundlegende Begriff der „Vergesellschaftung der Produktionsmittel" wurde auf seine negativ-kritische Seite beschränkt, in positiver Hinsicht blieb er leer. Die Entwicklung vom Kapitalismus zum Sozialismus auf der einen Seite, die Emanzipationsbewegung der Arbeiterklasse auf der anderen erschienen beide in der Gestalt eines naturgesetzlich ablaufenden Prozesses, dessen zukünftigen Ergebnissen man hoffnungsvoll, aber passiv entgegensah. Konkrete revolutionäre Möglichkeiten lagen außerhalb des Erwartungshorizontes. In der Praxis beschränkte sich die Bewegung darauf, in zwei getrennten Organisationen, Partei und Gewerkschaft, die Interessen der Arbeiter als Staatsbürger und die Interessen der Arbeiter als Lohnempfänger zu vertreten. Der Arbeiter als Produzent, als Leiter und Gestalter der sozialistisch organisierten Gesellschaft hatte in der Vorstellungswelt der sozialdemokratischen deutschen Arbeiterbewegung keinen Platz.

Indessen enthielt das marxistisch geprägte „Klassenbewußtsein", das einen qualitativ entscheidenden Teil der deutschen Arbeiterschaft vor 1914 erfüllte, trotz allem gewisse Voraussetzungen für eine konkrete sozialistische Politik; es hätten sich nur, wie wir gesehen haben, bestimmte politische, soziale und organisatorische Bedingungen ändern müssen[2]). Dieses Klassenbewußtsein hatte seine Wurzeln in der tatsächlichen gesellschaftlichen Lage der Arbeiter.

Grundlage war ihre Stellung als Lohnempfänger von relativ geringem Einkommen, ohne wesentliches Eigentum und ohne echte soziale Sicherheit. Beschränkte Bildungsmöglichkeiten, niedriges Sozialprestige und die aus ihrer ganzen Lebenslage sich ergebende, durch die deutschen konstitutionellen Ver-

---
[1]) Siehe oben, S. 31 ff.
[2]) Siehe oben, S. 28/9, 35/6, 50.

hältnisse besonders ausgeprägte politische Benachteiligung traten hinzu, um die Arbeiter — wenigstens zu einem sehr erheblichen Teil — einen starken Gegensatz zu den übrigen Schichten bzw. Klassen der Gesellschaft empfinden zu lassen[1]). Aber nicht nur in ihrer staatsbürgerlichen Stellung und in ihrer ökonomischen Situation auf dem Arbeitsmarkt, also in ihrer allgemeinen gesellschaftlichen Lebenslage, wurzelte das Klassenbewußtsein der Arbeiter, sondern ebenso sehr in ihrem besonderen Arbeitsverhältnis, in ihrer Stellung im Betrieb. Dort war es die aus dem Charakter der Lohnarbeit als unselbständiger fremdbestimmter Tätigkeit entspringende Unterwerfung unter die Befehlsgewalt des Unternehmers und — mit fortschreitender Technisierung zunehmend — unter die starre Disziplin des mechanisierten Arbeitsprozesses, welche in den Arbeitern das Bewußtsein erzeugten, einer anderen Klasse anzugehören, als die Besitzenden[2]). Vereinfacht ausgedrückt: Arbeitsmarkt und Betrieb waren die „Drehpunkte" des proletarischen Lebensschicksals *(Briefs)*[3]).

Die erste, auf die allgemeine gesellschaftliche Stellung bezogene Seite der proletarischen Klassenlage ist vom Marxismus stets in den Mittelpunkt seiner Theorie und seines politischen Programms gestellt worden, die zweite, auf die Stellung im Betrieb bezogene Seite jedoch wurde fast völlig übergangen (wenn auch *Marx* selbst die objektive Bedeutsamkeit der „Fabrik" und ihrer Organisation für die Lage der Arbeiterklasse keineswegs übersehen hat)[4]). Unter den sozialistischen Strömungen mit Massenanhang bei den Arbeitern der kapitalistischen Welt war es nur der Syndikalismus, der die Stellung des Arbeiters im Betrieb ausdrücklich zum Ansatzpunkt seines sozialrevolutionären Programms gemacht hatte[5]). Sein Einfluß war aber gerade in Deutschland sehr gering. In der gesellschaftlich-politischen Situation vor 1914 und unter dem beherrschenden Einfluß des kautskyanischen Marxismus gelangte die deutsche Arbeiterbewegung nicht zu programmatischen Vorstellungen, die an die betrieblichen Probleme der Arbeiter anknüpften.

Krieg und Umsturz veränderten diese Lage von Grund auf. Die deutsche Arbeiterbewegung mußte versuchen, von einem Tag zum anderen auf die bisher

---

[1]) Eine eindringliche Schilderung der proletarischen Lebenslage vor 1914 unter diesem Gesichtspunkt findet sich bei *Wilbrandt*, a.a.O., S. 11 ff. Vgl. auch die großen Aufsätze von *Götz Briefs*, GdS, Abt. IX, 1. Teil, 1926, S. 142 ff., und *Robert Michels*, ebenda, S. 241 ff.

[2]) Diese gesellschaftliche Situation ist unter den zeitgenössischen wissenschaftlichen Beobachtern besonders von *M. Weber* charakterisiert und als Wurzel des modernen Sozialismus aufgedeckt worden, Ges. Aufsätze zur Soziologie und Sozialpolitik, Tübingen 1924, S. 492 ff., bes. 501. Vgl. ferner *Korsch*, siehe oben, S. 33/4, und *E. Lederer*, Zum Sozialpsychischen Habitus der Gegenwart, Archiv f. Soz. Wiss. und Soz. Pol., Bd. 46, S. 114 ff., bes. 134/5, 139 Anm. 9.

[3]) A.a.O., S. 206 und ff.

[4]) Das Kapital, Berlin 1953, Bd. 1, S. 444 ff.; Bd. 3, S. 418 ff.

[5]) Ich sehe dabei von den besonders gelagerten Fällen des Industrieunionismus in den USA und der Sozialrevolutionäre in Rußland ab. Vgl. zu den letzteren *Anweiler*, a.a.O., S. 111 ff., und das Programm der Sozialrevolutionäre in *Lenin*, Sämtliche Werke, Wien/Berlin 1927 ff., Bd. 7, S. 550 ff.

als „unwissenschaftlich" zurückgewiesene Frage nach der konkreten Gestalt der sozialistischen Gesellschaft eine Antwort zu geben. Diese Notwendigkeit stürzte die deutschen Sozialisten in ein schweres Dilemma. Wie sollte die Verwirklichung des Sozialismus aussehen, wie vor allem ihr Kern: Die Vergesellschaftung oder — wie man nun allgemein sagte — die Sozialisierung der Produktionsmittel? Wie konnte unter der abstrakten Formel der Sozialisierung sowohl der „Grundwiderspruch" des Kapitalismus überwunden, als auch die „soziale Frage" der Arbeiterschaft gelöst werden? Zu dem ersten Ziel bot sich ein Weg an, der sowohl nicht gänzlich unerprobt, als auch mit der marxistischen Tradition in Einklang zu sein schien: Verstaatlichung bzw. Kommunalisierung privater Unternehmungen im Rahmen einer „planmäßigen" Gemeinwirtschaft. Es schien auch nicht unmöglich, durch eine solche Lösung eine gerechtere Verteilung der Güter zu bewirken und die materielle Lage der Arbeiter zu heben. Aber es blieb die Frage, ob durch eine solche „Sozialisierung" die Arbeiterexistenz in allen ihren Bedingungen würde verändert werden können. Würden die Arbeiter damit zufrieden sein, für die „Allgemeinheit", statt für den Unternehmer zu arbeiten und einem staatlichen Beauftragten, statt einem privaten Angestellten zu gehorchen?

Große Teile der deutschen Arbeiter-(und Angestellten-)schaft haben diese Frage in der Revolution durch die Praxis eindeutig beantwortet. Die tatsächliche Möglichkeit tiefer reichender sozialer Veränderungen war durch den Umsturz in ihren Gesichtskreis getreten und hatte sich im Begriff der „Sozialisierung" mit ihren überlieferten politischen Vorstellungen verbunden. Die herkömmliche Trennung von politischer und gewerkschaftlicher Aktion schwand dahin; und die gleichzeitige Minderung der Autorität von Unternehmern *und* Gewerkschaften gab den Raum frei für eine unmittelbare Auflehnung gegen die abhängige Lohnarbeiterexistenz dort, wo sie sich tagtäglich vollzog, in der Werkstatt, im Betrieb, im Unternehmen. Die Organe dieser Auflehnung waren die Räte[1]). Der unmittelbar gewählte und jederzeit abberufbare Vertrauensmann der Kollegen, der Arbeiterrat, sollte die Alleinherrschaft des Unternehmers am Arbeitsplatz selbst brechen; der Zusammenschluß der Räte in Gemeinde, Bezirk und Reich war dazu bestimmt, die Sozialisierung der Gesamtwirtschaft zu kontrollieren und dem drohenden Übergewicht bürgerlicher Fachleute, aber auch der eigenen Funktionäre zu begegnen. So verschmolzen im Bewußtsein eines großen Teils der Arbeiter praktischer Sozialismus und Rätesystem miteinander, wurden Sozialisierungs- und Rätebewegung zwei Seiten eines und desselben Prozesses.

Die der Rätebewegung zugrunde liegende „unmittelbare Auflehnung" der Arbeiter gegen die Herrschaftsgewalt des Unternehmers war nun freilich im Grunde kaum etwas anderes als die von den Syndikalisten seit eh und je verfochtene „action directe". Weit entfernt von der gängigen Überbetonung ge-

---

[1]) Zur Soziologie dieser betrieblichen Bewegungen siehe unten Kapitel 12.

wisser Methoden der direkten Aktion (Sabotage, Generalstreik, Aufruhr usf.) bedeutet dieser vielberufene Begriff tatsächlich nicht mehr, aber auch nicht weniger, als sein wörtlicher Inhalt: „Unmittelbare Tätigkeit". Nicht vermittels der Parteien, des Parlaments, des Staatsapparats, der Gesetzgebung und Verwaltung, sondern „unmittelbar" lehnen sich die Arbeiter gegen den Kapitalismus auf. Nicht als Wähler, Parteimitglieder oder Staatsbürger, nicht vertreten durch Parteisekretäre, Parlamentarier oder Staatsbeamte, sondern als Arbeiter kämpften die Arbeiter um ihre Befreiung, und zwar an dem konkreten Ort ihres Arbeiterdaseins, in der Werkstatt, im Betrieb, im Unternehmen[1]).

Genau jene Haltung der „action directe" beherrschte auch die deutsche Arbeiterrätebewegung. Die meisten zeitgenössischen Beobachter haben diesen Charakter der Bewegung erkannt und mit Recht als „syndikalistisch" bezeichnet, auch wenn die historische Theorie des romanischen Syndikalismus in der Tat so gut wie gar keinen Einfluß auf die Rätebewegung ausgeübt hat. Diese Beobachter sind sich in der Darstellung der faktischen Bestrebungen unter den Arbeitern in hohem Grade einig, unbeschadet der Tatsache, daß sie — ihren politischen Ansichten entsprechend — daraus ganz verschiedene Konsequenzen ziehen.

Von nichtsozialistischen Sozialwissenschaftlern hat sich vor allem *H. Göppert* mit diesem Charakter der sozialen Bewegung in der Revolution beschäftigt. Er untersucht in einem längeren Aufsatz über die Sozialisierungsbestrebungen in Deutschland nach der Revolution die verschiedenen aufgetretenen Richtungen und schildert dabei auch „... die höchst primitive Auffassung der radikalen Arbeiterschaft, die ganz naturgemäß der syndikalistisch-produktivgenossenschaftlichen Richtung zuneigt. Denn was nützt es dem Arbeiter, wenn in den sozialisierten Betrieben ... doch die Lohnarbeit bestehenbleibt, wenn ihm statt des Arbeitgebers ‚Kapital' ein Arbeitgeber in Gestalt irgendeiner ‚gemeinwirtschaftlichen' Organisation gegenübertritt, in deren Betriebe er schließlich nicht mehr Rechte hat, als die neue Gesetzgebung überall einräumt, mögen auch eine Anzahl Genossen in der Zentrale sitzen, wo sie doch nur die Arbeiterinteressen verraten? ... Was nützt es ihm, wenn ihm statt der verheißenen Erlösung von der Arbeitsqual der Satz entgegengehalten wird, daß die Religion des Sozialismus die Arbeit sei? Er will der Herr sein und ihm soll der Betrieb gehören"[2]).

---

[1]) Vgl. *V. Griffuelhes* (Generalsekretär des französischen Gewerkschaftsbundes CGT), L'Action Syndicaliste, Paris 1908, S. 23, „Direkte Aktion heißt Aktion der Arbeiter selbst, eine Aktion, die von den Beteiligten selbst direkt ausgeführt wird. Der Arbeiter selbst ist es, der die Anstrengungen leistet. Er übt sie persönlich gegen die ihn beherrschenden Mächte, um von diesen die verlangten Vorteile zu erhalten. In der direkten Aktion unternimmt der Arbeiter selbst seinen Kampf; er selbst ist es, der ihn durchführt, entschlossen, keinem anderen als sich selbst die Sorge seiner Befreiung zu überlassen." Zitiert nach *Paul Louis*, Geschichte der Gewerkschaftsbewegung in Frankreich, herausgegeben und eingeleitet von *G. Eckstein*, Stuttgart 1912, S. 15/6.

[2]) Schmollers Jb., 45. Jg., S. 313 ff., bes. S. 323 ff. Ähnlich auch *Gestaldio*, Die Sozialisierung des Kohlenbergbaus, ebenda, S. 185 ff., bes. S. 201 ff. Ferner *H. von Beckerath*, Probleme industriewirtschaftlicher „Sozialisierung", Annalen für soz. Politik und Gesetzgebung, Bd. 6, S. 487 ff., bes. S. 488/9, 496 ff., 529 ff.

Diejenigen wissenschaftlichen Beobachter der sozialen Bewegung dieser Zeit, die dem Sozialismus nicht ablehnend, sondern mehr oder weniger wohlwollend gegenüberstanden, gelangten — wenn auch freilich mit einer positiveren Bewertung — zu ähnlichen Urteilen. Einer der bedeutendsten unter ihnen war ohne Zweifel *Josef Schumpeter*. In einem langen polemischen, geistreichen, von Anregungen und Einsichten ebenso wie von Paradoxien übervollen Aufsatz hat er im Jahre 1920 „Sozialistische Möglichkeiten von heute" erörtert[1]. Er stellt fest, daß Verstaatlichung oder Kommunalisierung „Wesen und Struktur eines kapitalistischen Betriebes an sich unberührt" ließen[2]. Demgegenüber sei der Syndikalismus „etwas Naheliegendes, etwas, was tief im Volksbewußtsein liegt ... nämlich ... die Tendenz zur Eroberung ‚ihres' Betriebes durch die Arbeiter"[3]. In seiner reinen Form würde der Syndikalismus freilich nur „Gruppenkapitalismus statt Individualkapitalismus" bedeuten; aber eine allmähliche Entwicklung, in der die Beteiligung der Arbeiter an der Unternehmensleitung und Betriebsführung langsam über die konstitutionelle Fabrik zur Alleinherrschaft führe, sei sehr wohl ein Weg zur sozialistischen Vollendung[4]. So seien auch die sog. „wilden" Sozialisierungen „nicht ohne weiteres als vorübergehende, lediglich aus der Verzweiflungsstimmung der Zeit fließende Torheit" zu betrachten[5]. In ähnlicher Form sprach *Emil Lederer* von dem „naiven und impulsiven Ausdruck der Massen, sie müßten die Produktionsmittel in die Hand nehmen", als von einem begründeten und für die Zukunft nicht unfruchtbaren Bestreben[6]. Sogar ein ursprünglich ganz auf die Gemeinschaftsaufgaben des Sozialismus gestimmter Fürsprecher wie *Wilbrandt* ließ sich im Zuge der revolutionären Ereignisse davon überzeugen, daß der Drang der Arbeiter nach unmittelbarer Beteiligung an der sozialistischen Neuordnung durch die Räte einem elementaren und begründeten Streben entsprang[7].

Alle diese Beobachter — und, wie wir gesehen haben, auch die Theoretiker und Führer der Rätebewegung selbst — wiesen jedoch darauf hin, daß diese „syndikalistische" Grundströmung die Gefahr in sich berge, das Ziel des Sozialismus zu verfehlen. Die revolutionäre Eroberung einzelner Betriebe oder ganzer Industriezweige ausschließlich zum Vorteil der beteiligten Arbeitnehmer müsse zu neuen Ausbeutungsverhältnissen und sozialen Ungerechtigkeiten führen, ganz abgesehen von der Frage, ob die jeweiligen Arbeiterräte fähig sein würden, die

---

[1] Archiv für Soz. Wiss. und Soz. Pol., Bd. 48, S. 305 ff.
[2] A.a.O., S. 334/5.
[3] A.a.O., S. 336.
[4] A.a.O., S. 336 ff.
[5] A.a.O., S. 337.
[6] Archiv f. Soz. Wiss. und Soz. Pol., Bd. 47, 1920, S. 219 ff., S. 259/60. Siehe auch die klarsichtige Voraussage des Verlaufs der revolutionären Bewegung in seinem im September 1918 abgeschlossenen Aufsatz; Zum sozialpsychischen Habitus der Gegenwart, a.a.O., Bd. 46, S. 114 ff., 139 Anm. 9.
[7] Vgl. sein Buch Sozialismus, S. 183 ff.

Leitungsaufgaben erfolgreich wahrzunehmen; die reformerische Interessenvertretung einzelner Betriebsbelegschaften hingegen verliere das sozialistische Ziel überhaupt völlig aus dem Auge. Vor allem die offizielle Sozialisierungspolitik der Regierung und der Gewerkschaften und die Sozialisierungstheorie der ihnen nahestehenden Fachleute hoben diese Gefahren hervor. Der urwüchsigen Arbeiterströmung gegenüber betonten sie mit besonderem Nachdruck die andere Seite der Sozialisierung, die Aufhebung des Privateigentums an den Produktionsmitteln zugunsten einer im Dienste der gesamten Gesellschaft stehenden planmäßigen Wirtschaft. Jedoch auch dieser Auffassung wohnte die Gefahr inne, das Ziel des Sozialismus zu verfehlen. Sie neigte dazu, ihren Richtpunkt, das Interesse der „Allgemeinheit", nur ganz abstrakt zu bestimmen, ohne zugleich die Frage zu beantworten, ob und wie die wirklichen Glieder dieser Allgemeinheit — insbesondere die Arbeitnehmer — ihre wirklichen Interessen würden zur Geltung bringen können. Statt dessen wurde nicht selten die technisch-ökonomische Rationalität der neuen Wirtschaftsordnung mit dem wirklichen Allgemeininteresse unkritisch in eins gesetzt und es wurden die leitenden Organe der Gesellschaft mit dieser selbst identifiziert. Die „syndikalistische" Tendenz der Arbeiterschaft auf Änderung ihrer unmittelbaren Arbeitsverhältnisse und unmittelbare Kontrolle der sozialisierten Wirtschaft gewann demgegenüber den Charakter eines bloß partiellen dem „Allgemeininteresse" zuwiderlaufenden Störungsfaktors. Das Ergebnis solcher Grundauffassungen waren dann Sozialisierungsentwürfe, die den ursprünglich von *Marx* gemeinten revolutionären Prozeß der „Vergesellschaftung" zu einem technisch-organisatorischen Eingriff in die Wirtschaft verengten, und deren politische Konsequenzen eher auf eine staatskapitalistische oder technokratisch-bürokratische Verfassung hinausliefen, als auf eine sozialistisch-demokratische „freie Assoziation" (Komm. Manifest)[1]).

Der extremste Vertreter einer rein staatlich-organisatorisch gedachten Sozialisierung war *O. Neurath*. Er war ein reiner Technokrat, obwohl er im Verlauf der Entwicklung seiner Gedanken dazu gelangte, den Räten eine wesentliche Rolle in seinem System einzuräumen[2]). Bedeutsamer als die rationalistisch-utopischen Pläne *Neuraths* war der Vorschlag, den einer seiner Mitarbeiter *Hermann Kranold* zusammen mit *Edwin Carpow* für die Sozialisierung des Kohlenbergbaues entwickelt hat[3]). Die darin ausgesprochenen Gedanken sind deswegen so interessant, weil die Verfasser radikale Sozialisten waren, die die Verwirklichung einer Gemeinwirtschaft unter Ausschaltung aller Klassen-

---

[1]) Einen guten Überblick über die schier unabsehbare Sozialisierungsdebatte nach 1919 geben die Bücher von *H. Ströbel*, Die Sozialisierung, 4. Aufl., Berlin 1922, und *Felix Weil*, Sozialisierung, Berlin 1921. Von einem orthodox marxistischen Standpunkt aus, aber sehr sachlich, schreibt *W. Greiling*, Marxismus und Sozialisierungstheorie, Berlin 1923.

[2]) Siehe *Max Schippel*, Die Sozialisierungsbewegung in Sachsen, Vorträge der Gehe-Stiftung, 10. Bd., Heft 4, 1920, bes. S. 19/20, 23, 28.

[3]) Vollsozialisierung des Kohlenbergbaus?, Berlin-Fichtenau 1921.

privilegien ernsthaft forderten und auch den Ansprüchen der Arbeiter mit Verständnis gegenüberstanden.

Der gefährlichste Gegner des Sozialismus ist für sie der „Syndikalismus", worunter sie die Ausbeutung der Konsumenten durch die Produzenten (Arbeiter und Unternehmer) verstehen[1]). Die Verwaltung der Bergwerke ganz oder überwiegend den dort beschäftigten Arbeitern zu übergeben, lehnen sie aus diesem Grunde ab. Überdies vermöchten die Arbeiterräte gar nicht diese Verwaltung zu leisten; ihre Tätigkeit soll auf die sozialpolitische Interessenvertretung und die Kontrolle der Rechnungslegung beschränkt bleiben[2]). Die Verwaltung der enteigneten Bergwerke soll straff zentralisiert, die oberste Kontrolle jedoch nicht dem Staat schlechthin oder irgendwelchen „paritätischen" Organen übertragen werden, zumal der Grundsatz der Parität zwischen den alten Unternehmern und den Arbeitern „für jeden Sozialisten vollständig unannehmbar" ist. Den entscheidenden Einfluß soll vielmehr der Reichswirtschaftsrat ausüben, der nach Kopfzahl der in den jeweiligen Wirtschaftszweigen Beschäftigten zusammengesetzt wird, also eine überwiegende Mehrheit von Arbeitnehmervertretern enthält[3]).

Die Verantwortung für die sozialistische Wirtschaft trug nach diesen Vorschlägen im wesentlichen die Arbeitnehmerschaft selbst. Wenigstens pro forma. Denn die entscheidende Frage blieb offen: Ob die demokratische Kontrolle durch den Reichswirtschaftsrat wirksam und der Zusammenhang zwischen ihm und seinen Wählern eng genug sein würde, um den Arbeitern das begründete Gefühl zu geben, daß sie nun ihr wirtschaftliches Schicksal *selbst* bestimmten. Die *Carpow-Kranold'schen* Pläne gerieten ohne eine Antwort auf diese Fragen in bedenkliche Nähe zu einem bürokratischen „Sozialismus", in dem die Klasse der kapitalistischen Unternehmer zwar beseitigt, zugleich aber durch eine neue Schicht wirtschaftender Funktionäre ersetzt wird, ohne daß die Arbeiterschaft auf die Stellung und die Tätigkeit dieser neuen Führungsschicht wesentlich größeren Einfluß besitzt, als früher gegenüber den alten Unternehmern. Es mußte zweifelhaft erscheinen, ob sich unter solchen Umständen die Lage der Arbeiterschaft als einer beherrschten Klasse wirklich verändern und ob der Arbeiter infolgedessen bereit sein würde, eine derartige Umorganisation der Wirtschaft als Sozialismus anzuerkennen.

Allerdings hat die in dem *Kranold-Carpow'schen* Entwurf zum Ausdruck kommende Richtung sozialistischen Denkens keinen größeren Einfluß auf die tatsächliche Bewegung nach 1918 und somit keine praktische Bedeutung gewonnen. Im Gegensatz dazu besaßen die Vorschläge der 1918 eingesetzten und nach dem Kapp-Putsch 1920 erneut beauftragten sog. „Sozialisierungskommission" eine erhebliche praktische Auswirkung. Sie standen im Mittelpunkt der

---

[1]) A.a.O., S. 25/6, S. 31.
[2]) A.a.O., S. 28/9, 39.
[3]) A.a.O., S. 41 ff.

Diskussionen; und eine tatsächlich durchgeführte Sozialisierung der Grundindustrien hätte sich ohne Zweifel in der Richtung der von der Kommission ausgearbeiteten Pläne bewegt[1]). Kernstück der gesamten Arbeit der Sozialisierungskommission und Grundlage der im Jahre 1920 erneut zur Diskussion gestellten Vorschläge ist der Vorläufige Bericht über die Sozialisierung des Kohlenbergbaus vom 15. Februar 1919 und in ihm der Entwurf der entschieden sozialistisch gesonnenen Kommissionsmehrheit. Er allein ist in unserem Zusammenhang von Interesse. Wir werden uns im folgenden darauf beschränken, die ausgearbeiteten Vorschläge für den Bergbau heranzuziehen. Die dort entwickelten Vorstellungen können ohne weiteres auf die gesamte industrielle Produktion übertragen werden.

Wie versucht der Kommissionsplan unser Problem, die Vereinigung von Allgemeininteresse und Arbeiterinteresse zu lösen? Nehmen wir das Ergebnis vorweg: Durch einen Kompromiß, der entscheidende Fragen offen läßt. Die Verstaatlichung des Bergbaus wird, der drohenden Gefahr des Bürokratismus wegen, scharf abgelehnt[2]). Der Bergbau soll durch eine selbständige Körperschaft, die Reichskohlengemeinschaft übernommen werden. Die Mitwirkung der Arbeiterschaft bei der Sozialisierung wird als berechtigt anerkannt. Das Drängen der Arbeiter berge freilich die „Gefahr" produktivgenossenschaftlicher oder syndikalistischer Lösungen in sich. „Demgegenüber kann die Notwendigkeit einheitlichen Vorgehens nicht scharf genug betont werden"[3]). Die Geschäfte der Leitung des Bergbaus sollen im gemeinwirtschaftlichen Sinne durch „Arbeiterschaft, Betriebsleitungen und Allgemeinheit geführt werden"[4]). Beherrschend sollen „die Grundsätze wirtschaftlicher Demokratie und des Arbeitens für die Gesamtheit" sein.

In der organisatorischen Verwirklichung jener Grundsätze treten in dem Kommissionsplan die Interessen der „Gesamtheit" allerdings stark in den Vordergrund. Die „Demokratie in den Betrieben" bezieht sich nur auf das unmittelbare Arbeitsverhältnis; auf die Betriebsleitung und die Bestellung der leitenden Personen sollen die Arbeiter keinen Einfluß haben. (In diesem begrenzten Rah-

---

[1]) Vgl. Bericht der Sozialisierungskommission über die Frage der Sozialisierung des Kohlenbergbaus vom 31. Juli 1920. Anhang: Vorläufiger Bericht vom 15. Februar 1919, 3. Aufl., Berlin 1921. An jenem vorläufigen Bericht waren neben *E. Lederer*, dem Hauptanreger, beteiligt die Professoren *Ballod, Schumpeter* und *Wilbrandt*, die marxistischen Theoretiker *Heinrich Cunow, Karl Kautsky* und *Rudolf Hilferding*, ferner die Gewerkschaftler *Umbreit* und *Hué* (Bergarbeiter). *Kautsky* und *Hué* konnten an der endgültigen Abfassung allerdings nicht teilnehmen. 1920 beteiligten sich zusätzlich noch Prof. *Hugo Lindemann*, der sozialistische Statistiker *Kuczynski*, der sozialdemokratische Politiker *Adolf Braun* und die freigewerkschaftlichen Angestelltenvertreter *Heinrich Kaufmann* und *Georg Werner*, letzterer Steiger von Beruf und ein im Bergbau sehr erfahrener Mann. Die Verfasser der verschiedenen nichtsozialistischen Gegenvorschläge interessieren in unserem Zusammenhang nicht.
[2]) Bericht, a.a.O., S. 32/3.
[3]) A.a.O., S. 35, 37.
[4]) A.a.O., S. 35.

men freilich werden den Arbeitervertretungen beträchtliche Rechte zugedacht. Der Einfluß der von der Essener Neunerkommission für die Steigerrevier- und Zechenräte entworfenen Bestimmungen auf die Formulierungen der Sozialisierungskommission ist unverkennbar)[1]. Hingegen wird den Betriebsleitungen eine sehr einflußreiche und unabhängige Stellung neben den Arbeitnehmern eingeräumt, die sich darin ausdrückt, daß sie nicht nur im Betrieb die entscheidende Stellung einnehmen, sondern auch im zentralen Kontrollorgan der Kohlengemeinschaft, dem hundertköpfigen Reichskohlenrat, mit derselben Stärke wie die Arbeiter, nämlich mit 25 Sitzen vertreten sein sollen[2]). Der Kommissionsplan beseitigt also zwar die Klasse der kapitalistischen Eigentümer und Unternehmer, verankert aber gleichzeitig die Sonderstellung einer neuen „sozialistischen" Managerschicht. Überdies sind keinerlei Sicherungen dagegen vorhanden, daß die weiteren je 25 Vertreter des Reiches und der Konsumenten ebenfalls überwiegend aus Wirtschaftsmanagern, Bürokraten und nicht unmittelbar demokratisch gewählten und kontrollierten Fachleuten zusammengesetzt werden.

Alle Einwendungen, die gegen *Kranold-Carpow* gelten, gelten gegen *Lederer* auch; zusätzlich aber muß festgestellt werden, daß in den entscheidenden Organen die Arbeitnehmer sich in einer hoffnungslos unterlegenen Position gegenüber den Vertretern des „Allgemeininteresses" befinden; überdies besteht die Gefahr, daß diese Vertreter zusammen mit den Betriebsleitern den Charakter einer staatskapitalistischen Managerschicht annehmen[3]). Es kann kein Zweifel daran sein, daß es den Mitgliedern der Sozialisierungskommission mit dem Wunsch nach wirklicher Sozialisierung und wirtschaftlicher Demokratie völlig ernst gewesen ist[4]). Aber die starke Betonung des „Allgemeininteresses" und die Scheu vor den „syndikalistischen" Tendenzen der Arbeiterschaft führt sie zu Konsequenzen, die von den ursprünglichen sozialistischen Zielen fortzuführen drohen[5]).

Einer besonderen Erwähnung bedürfen noch die Gedanken, die *Georg Werner* über den „Weg zu einer Sozialisierung des Kohlenbergbaus" vorgetragen hat[6]).

---

[1]) A.a.O., S. 57 ff. Vgl. Broschüre Neunerkommission, S. 32 ff.

[2]) A.a.O., S. 39. Im Entwurf von 1920 hat sich das Verhältnis insofern verschoben, als neben 25 Arbeitervertretern und 10 Angestelltenvertretern nur 15 Vertreter der Betriebsleitung fungieren sollen. Die Besonderheit der Angestelltenschaft und ihre Trennung von den Arbeitern im Wahlverfahren machen diese Stärkung der Arbeitnehmerposition aber fragwürdg. Siehe S. 14.

[3]) Im *Kranold-Carpow'schen* Entwurf sollten von 160 Mitgliedern des Reichskohlenrats immerhin 56 ausdrücklich Arbeitnehmer sein, und weitere 30 waren von dem überwiegend aus Arbeitnehmern zusammengesetzten Reichswirtschaftsrat zu benennen. Den Betriebsleitern war keine selbständige Vertretung zugebilligt. A.a.O., S. 43.

[4]) Vgl. die klaren Feststellungen zum Problem der Verstaatlichung, Bericht, S. 32/3.

[5]) Nicht ohne eine gewisse Berechtigung bezeichnet *Göppert* den Kommissionsentwurf als „... ein typisches Beispiel für jene sozialistisch-bürokratische Auffassung, die von der bloßen Form einer Organisation einen sozialistischen Inhalt erwartet", a.a.O., S. 338.

[6]) Berlin 1920, als selbständige Broschüre.

konservatives Argument zur Verteidigung bestehender Herrschaftspositionen gewesen, deren völlige sachliche Notwendigkeit und Übereinstimmung mit dem — wie man sagt, auch von den Beherrschten im Grunde anerkannten — allgemeinen Besten zu behaupten[1]), und in der Konsequenz jeden Interessengegensatz von Herrschenden und Beherrschten, damit also auch jeden Klassenkampf als unbegründet und unberechtigt zurückzuweisen. Solche Argumentation hat sicherlich bis auf den heutigen Tag auch eine ideologische, bestehende Herrschaftsverhältnisse verhüllende Funktion besessen[2]); aber die Möglichkeit, daß „Herrschaft" und „Leitung" zusammenfielen oder sich doch zumindest einander annäherten, so daß sozialer Konflikt und der aus ihm entspringende soziale Wandel die zentrale Bedeutung, die sie in der ganzen bisherigen Geschichte besessen haben, nicht mehr besitzen würden, kann deswegen allein nicht ausgeschlossen werden.

Es ist jenes durch die gesellschaftlichen Notwendigkeiten nicht gerechtfertigte „Mehr" der Herrschaft gegenüber der Leitung, das die Beherrschten in Gegensatz zu den Herrschenden setzt, den Kampf der Klassen hervorruft und den evolutionären oder revolutionären Wandel der Herrschaftsstruktur bewirkt, jenes „Mehr", das stets der Angriffspunkt der Revolutionäre gewesen ist: Die aus der Herrschaftsstruktur fließende Schichtung der Gesellschaft nach Prestige und Einkommen („Ungleichheit"), die Abschließung der herrschenden Klassen von den Beherrschten, die Tendenz zur Erblichkeit der Herrschaftspositionen und ihrer daran haftenden Schichtprivilegien, der höhere Grad der Freiheit bei den Herrschenden, der Mißbrauch ihrer Befugnisse im Interesse der eigenen Schicht oder Klasse und schließlich — wichtig für „offene" Gesellschaften mit mehreren einander durchkreuzenden Herrschaftsverbänden — der Vorzug, den die Herrschaftsposition in dem einen auch für die Position in einem anderen Herrschaftsverband bedeutet (wie es heute im wechselseitigen Verhältnis von Wirtschaft und Politik augenfällig ist).

Welche Bedingungen müssen nun gegeben sein, damit der Interessengegensatz zwischen Herrschenden und Beherrschten sich bis zu jenen Formen des sozialen Konflikts und des sozialen Wandels verschärft, die wir „revolutionär" nennen und denen die Räte zuzurechnen sind? Aufs äußerste vereinfacht sind es diejenigen Bedingungen, die der einfache Zeitgenosse in die Worte zu fassen pflegt: „So *darf* es nicht mehr weitergehen und so *kann* es nicht mehr weitergehen!", und die der Berufsrevolutionär *Lenin* folgendermaßen formuliert hat: „Erst dann, wenn die ‚unteren Schichten' die alte Ordnung nicht mehr *wollen* und

---

[1]) So die berühmt gewordene Fabel des Patriziers Menenius Agrippa vom Aufstand der Glieder gegen den Magen bei der ersten „secessio plebis in montem sacrum", mit der er die ausgewanderten Plebejer zur Rückkehr in die römische Volksgemeinschaft und zur Aufgabe ihrer klassenkämpferischen Attitüde bewogen haben soll.

[2]) *Dahrendorf* nimmt unter diesem Gesichtspunkt gewisse Lieblingsthesen der modernen Soziologie mit Recht kritisch unter die Lupe, z. B. Gesellschaft und Freiheit, S. 13 ff., 85 ff.

die ‚Oberschichten' nicht mehr in der alten Weise leben *können* — erst dann kann die Revolution siegen"[1]). Oder anders ausgedrückt: Die alte Ordnung muß für die Beherrschten (und für die selbstkritischen Elemente unter den Herrschenden) unerträglich geworden sein, sie muß ihren Ideen und Interessen radikal widersprechen; zum anderen aber müssen die Herrschenden ihre Unfähigkeit bewiesen haben, die Gesellschaft zu lenken (nicht zuletzt auch die Unfähigkeit, die elementaren Bedürfnisse der Beherrschten zu befriedigen), ihre bisherige Position muß in Widerspruch zu den geistigen und materiellen Möglichkeiten der Gesellschaft geraten sein. Diese beiden Momente: die subjektive „Unerträglichkeit" und die objektiv-sachliche „Unstimmigkeit" der bisherigen Herrschaftsordnung machen ihre „Reife" für die Revolution aus[2]).

Auf die Frage nach der Möglichkeit der Rätebewegung angewendet, heißt diese Feststellung, daß die Räte nur siegen und ihre eigenen Ideen nur verwirklichen können, wenn sie es vermögen, das „Unerträgliche" und zugleich das „Unstimmige" der bisherigen, auf Klassenherrschaft aufgebauten Gesellschaftsordnung zu beseitigen, d. h. wenn sie es vermögen, das Aufkommen einer neuen Klassengesellschaft zu verhindern und eben dadurch die sachlichen Aufgaben des gesellschaftlichen Lebens besser zu lösen, die geistigen und materiellen Potenzen der Gesellschaft besser zu nutzen, als jede herrschende Klasse es vermöchte.

Befragen wir unter diesen Gesichtspunkten das historische Schicksal der Räte[3]). Alle Rätebewegungen der bisherigen Geschichte sind gescheitert. Die Räte blieben entweder vorübergehende Kampforgane der Beherrschten gegenüber den Herrschenden und gelangten äußerstenfalls dazu, sich zu begrenzten Interessen-

---

[1]) Der „Radikalismus", die Kinderkrankheit im Kommunismus, Berlin 1946, S. 63.

[2]) Es ist derselbe Sachverhalt, den *Marx* mit den dunklen und oft mißverstandenen Worten von der „Rebellion" der „Produktivkräfte" gegen die „Produktionsverhältnisse" bezeichnet hat.

[3]) Hierzu einige wenige einführende Literaturangaben. Über die englische Revolution: *Lenz*, a.a.O.; *Ed. Bernstein*, Sozialismus und Demokratie in der großen englischen Revolution, 3. Aufl., Stuttgart 1919; *W. Kottler*, Der Rätegedanke als Staatsgedanke. I. Teil: Demokratie und Rätegedanke in der großen englischen Revolution, Leipziger rechtswissenschaftliche Studien, Heft 15, 1925; *E. B. Paschukanis*, Cromwells Soldatenräte, Aus der historischen Wissenschaft der Sowjetunion, Hrsg. *O. Hoetzsch*, Berlin 1929, S. 128 ff. Französische Revolution 1789: *Markov/Soboul*, a.a.O.; *Peter Kropotkin*, Die Französische Revolution, Leipzig 1909; *D. Guérin*, La Lutte des Classes sous la Première République, 2 Bände, Paris 1946. Pariser Kommune 1871: *B. Becker*, Geschichte der Revolutionären Pariser Kommune, Braunschweig 1875; *Lissagaray*, Geschichte der Kommune von 1871, 6. Aufl., Stuttgart 1920; Pariser Kommune 1871, Berlin 1931. Über die moderne Arbeiterrätebewegung seit der russischen Revolution neben den bereits genannten Schriften von *Anweiler, Babeau, Clegg, V. Meier, Pribićević, Sarel* sei noch einmal auf die Zeitschrift „Études", Hrsg. Institut Imre Nagy de Sciences Politiques, Brüssel, hingewiesen. Dort besonders von Interesse, *P. Brouet*, Parlement, conseils et partis, Nr. 3/1960, S. 49 ff., und *A. Falkiewicz*, A propos de l'autogestion des entreprises, Nr. 5/1960, S. 63 ff. Über die hochinteressante Betriebsrätebewegung in Italien nach 1918 vgl. *R. Michels*, Über die Versuche einer Besetzung der Betriebe durch die Arbeiter in Italien. (September 1920), Archiv f. Soz. Wiss. und Soz. Pol., Bd. 48, S. 469 ff.; *A. Gramsci*, Oeuvres choisies, Paris 1959, S. 309 ff. Auf Einzelnachweise wird im Folgenden verzichtet.

vertretungen zu formieren, deren spätere Wirksamkeit — wie bei den Betriebsräten — nur noch in sehr beschränktem Umfang den ursprünglichen Zielen entsprach. Dort aber, wo die Räte dem Anschein nach siegten und eine ganze Gesellschafts- und Staatsverfassung nach ihren Vorstellungen schufen, diente das errichtete Rätesystem sehr bald nur noch als Fassade für eine neuentstandene Klassenherrschaft. Wie denn überhaupt die historische Rätebewegung bisher zwar stets dazu beigetragen hat, herrschende Klassen zu stürzen, aber immer nur, um im Endergebnis eine neue Klassenherrschaft an Stelle der gestürzten errichtet zu haben.

Ehe wir uns nun der geschichtlichen Rolle der Räte näher zuwenden, müssen wir noch eine kurze Reflexion auf die Strukturmerkmale des Herrschaftsverbandes und der gesellschaftlichen Klassenspaltung einschalten. Klassenherrschaft, d. h. die Existenz einer fest abgegrenzten herrschenden Klasse ist unter den Bedingungen der neuzeitlichen bürgerlichen und industriellen Gesellschaft nur dann möglich, wenn die Herrschafts-„positionen" der Gesellschaft auf Dauerhaftigkeit angelegt und zentral organisiert sind. Die moderne („bürokratische") Form der Herrschaft vermittels hauptamtlicher Verwaltungsstäbe bringt dieses Erfordernis zwingend zum Ausdruck. Die gesellschaftliche Grundlage bürokratischer Herrschaft ist die weit ausgebildete Arbeitsteilung. Sie verwirklicht sich auf politischen Gebiet im modernen Territorialstaat mit stehendem Heer und einem gegenüber den Bürgern verselbständigten Verwaltungsapparat und auf sozialem Gebiet in der modernen technisierten und rationalisierten Wirtschaft. Gegen die im modernen Staat und in der modernen Wirtschaft entwickelten Herrschaftsformen richtet sich die Rätebewegung.

Die entscheidenden praktischen Probleme einer auf dem Rätesystem aufgebauten Form der politischen oder wirtschaftlichen Autoritätsausübung erheben sich im Zusammenhang mit diesen grundlegenden Strukturmerkmalen des Herrschaftsverbandes in der modernen Gesellschaft: Wie kann die Dauerhaftigkeit der Autoritätspositionen gesichert werden, ohne daß ihre Innehabung zu neuer Klassenbildung führt, und wie kann die notwendige Zentralisation der Autoritätspositionen aufrechterhalten werden, ohne die weitgehenden und für das Funktionieren des ganzen Systems wesentlichen Selbstbestimmungsrechte, die einzelne und Gruppen in der direkten Demokratie genießen, aufzuheben? Die zuletzt genannte Frage führt zu den Problemen von Zentralismus und Dezentralisation bzw. Föderalismus; jede nicht zentralistische Lösung hängt in ihrer Brauchbarkeit jedoch entscheidend von der Lösung des erstgenannten Problems ab, eine erneute Klassenbildung in den gegebenen und notwendigen Autoritätspositionen zu verhindern. Ausschlaggebend dafür ist offensichtlich der Grad, in dem die Beherrschten, die einfachen Bürger, ihre ihnen durch die Räteverfassung verliehenen Kontroll- und Mitbestimmungsbefugnisse tatsächlich wirksam wahrnehmen. Oder anders ausgedrückt: Die praktische Möglichkeit der direkten Demokratie hängt von der andauernden, nie erlahmenden, sich stets erneuernden lebendigen politischen Willensbildung in den Grundzellen der Räteverfassung, den Urwahlkörpern ab. Es ist dies nichts anderes als das bereits zu Beginn dieser Untersuchung skizzierte Problem der „Permanenz", das zusammen mit dem Problem der „Zentralisation" wesentliche Möglichkeitsbedingungen des Rätesystems enthält[1]). In der Unlösbarkeit dieser beiden Probleme für alle bisherigen Rätebewegungen ist ein entscheidender Grund ihres Scheiterns zu suchen.

Wir müssen bei der nun folgenden kurzen Musterung der historischen Räte zwei große Gruppen unterscheiden: 1. Die vorproletarischen (pebejisch-bäuerlichen) und frühproletarischen Bewegungen (zu denen auch noch die Pariser Kommune von 1871 zu rechnen ist), und 2. die modernen Arbeiterrätebewegungen.

In welchem Umfang waren die frühen Rätebewegungen imstande, die revolutionäre Aufgabe einer gesellschaftlichen Umwälzung entsprechend ihren Idealen zu lösen, und wie setzten sie sich mit den Problemen von „Permanenz" und „Zentralisation" auseinander? Die Antwort muß, kurz zusammengefaßt, lauten: Die in der Soldatenrätebewegung der Cromwellschen Armee und in den revolutionären Pariser Kommunen von 1789 und 1871 in Aktion getretenen Klassen der kleinen Grundbesitzer, des städtischen Kleinbürgertums und der frühindustriellen Arbeiterschaft waren ihrer gesellschaftlichen Position sowie ihren geistigen und organisatorischen Möglichkeiten nach nicht in der Lage, die von ihnen proklamierten politischen und sozialrevolutionären Ideale in die Wirklichkeit umzusetzen.

Die Gründe dafür waren — in Stichworten formuliert — diese: Die in den Räten und revolutionären Kommunen wirkenden aktiven Elemente jener Klassen stellten nur eine geringe Minderheit der Gesamtbevölkerung dar. Die geistig, politisch und ökonomisch führenden Klassen der englischen bzw. französischen Gesellschaft der großen Revolutionen hatten die Höhe ihrer gesellschaftlichen Leistungsfähigkeit noch nicht einmal erreicht, während die rebellierenden und die bürgerliche Revolution vorantreibenden Teile der unteren Klassen nicht nur an Zahl gering waren, sondern auch sachlich nicht imstande, an die Stelle des modernen Staates und der sich entfaltenden kapitalistischen Ökonomie bessere gesellschaftliche Organisations- und Wirtschaftsformen zu setzen. Gentry, Bourgeoisie und bürgerliche Intelligenz, Parlament, Bürokratie und stehendes Heer waren — so grundverschieden die historisch-politischen Umstände der großen Revolutionen im übrigen auch gewesen sein mögen — in den Jahren 1647—1649, 1789—1795 und 1871 unentbehrlich und repräsentierten wirklich die schöpferischen Kräfte der Gesellschaft.

Daß die unteren Klassen nichtsdestoweniger, wenigstens für kurze Zeit, sich von den führenden Klassen der bürgerlichen Revolution loslösen und ihnen gegenüber eigene Ideen und Organisationsformen entwickeln konnten, drückt

---

[1]) Vgl. oben S. 12/3.

ihre trotz allen Einschränkungen beträchtlichen subjektiven und objektiven Möglichkeiten aus. Zusammen mit der Rationalisierung und Verfestigung der Klassenherrschaft im modernen Staat hatte die Entwicklung der gesellschaftlichen Verhältnisse nämlich auch gewisse bisher nicht gegebene objektive Bedingungen für die organisatorische und geistige Verselbständigung der Beherrschten geschaffen: Armee und Großkommune bildeten für die rebellierenden Unterklassen, die bis dahin mehr oder weniger (Vorläufer der Soldatenräte und der Kommune lassen sich freilich bis weit ins Mittelalter zurückverfolgen) bewußtlos, zersplittert und politisch-sozial nicht handlungsfähig, als schlechthin Unterworfene gesellschaftlich existiert hatten, einen vorgegebenen organisatorischen Rahmen; innerhalb dessen konnten sie sich politisch und geistig entfalten und Formen des Selbstbewußtseins und der Selbstregierung entwickeln. (Der Großbetrieb spielt in der modernen Arbeiterrätebewegung eine analoge Rolle.) Trotzdem scheiterte die frühe Rätebewegung an den Problemen der Zentralisation und der Permanenz.

Die Agitatoren der Cromwellschen Armee waren lediglich Kampforgane, um im Interesse der ländlichen und städtischen Unterklassen an die Stelle des oligarchischen Parlamentarismus einen demokratischen zu setzen. Aber es gelang ihnen nicht einmal, ihr ureigenes Wirkungsfeld und Machtinstrument, die Armee, fest in die Hand zu bekommen. Auf dem Höhepunkt der Bewegung, im November 1647, verhinderten die Generale eine Gesamtzusammenkunft der englischen Armee und dadurch die mögliche Entmachtung der Offiziere durch die Agitatoren. Zugleich spielten die Offiziere während der ganzen Bewegung die militärische Disziplin gegen die radikale Agitation aus, indem sie sich bemühten, Versammlungen der Soldaten und Kontakte von Vertretern verschiedener Regimenter, d. h. eine umfassende politische Willensbildung unter den Soldaten zu verhindern. Die Agitatoren versuchten sich demgegenüber mit geheimen Zusammenkünften und der Entsendung von Delegierten zwischen den getrennten Truppenteilen und zu den sympathisierenden Stadtbürgern zu helfen. Dieses System der „Delegationen" oder „Sendboten" mit dem Ziel der „Verbrüderung" zwischen den Grundeinheiten der Bewegung (Regimentern, Kommunen, Sektionen, Betriebe) ist eine organisatorische Grundform aller Rätebewegungen, ein primitiver Versuch, spontane Massenaktion und einheitliche Handlungsfähigkeit der Gesamtbewegung miteinander zu verbinden.

Auch die „Sansculotten" der Jahre nach 1789 gelangten nicht zu einer geschlossenen und handlungsfähigen Gesamtbewegung. Idee und Wirklichkeit der revolutionären Kommune wurden — trotz zeitweilig außerordentlicher Bedeutung — zwischen der Jakobinerdiktatur auf der einen und der Gegenrevolution auf der anderen Seite zerrieben. Die Anteilnahme der radikalen Massen an der Tätigkeit der Sektionen — die Grundlage der Kommune — starb ab; und als die Jakobinerdiktatur selbst gestürzt wurde, war die revolutionäre Kommune schon nicht mehr aktionsfähig. Der Pariser Kommune von 1871 gelang es zwar, die kleinbürgerlichen und proletarischen Massen der Hauptstadt selbst zu einer ungewöhnlichen Kraftanstrengung zusammenzufassen; aber die mangelhafte Koordinierung, um nicht zu sagen Planlosigkeit ihrer Tätigkeiten schwächte ihre Stellung von Anfang an; und die Bewegung über Paris hinaus auszudehnen, mißlang völlig.

Die gesellschaftlichen Bedingungen, unter denen die moderne Arbeiterrätebewegung um die Verwirklichung ihrer Ziele gekämpft hat und kämpft, sind wesentlich günstiger. In der voll entwickelten industriellen Gesellschaft stellt die Arbeitnehmerschaft die große Mehrheit der Bevölkerung dar und ihr aktiver, selbstbewußter Teil eine beträchtliche, qualitativ entscheidende Minderheit. Daß dieser Teil der Arbeitnehmerschaft von der Rätebewegung ergriffen wird, liegt nicht außerhalb des Bereichs der Möglichkeit. Die geistigen und organisatorischen Potenzen der modernen Arbeiterbewegung im Vergleich zu denen der Herrschenden sind verhältnismäßig sehr viel größer als die der frühen Rätebewegungen. Von ausschlaggebender Bedeutung aber ist, daß das Problem der „Permanenz" sich für die moderne Rätebewegung ganz anders stellt, als für die frühe. Früher mußte die funktionsfähige Organisation der Urwahlkörper, der Grundzellen des Rätesystems, durch Agitation und Versammlung in angestrengter, immer wieder erlahmender Bemühung gewissermaßen künstlich geschaffen werden, und zwar gegen die immanenten Tendenzen der Herrschaftsstruktur in Armee und Staat. Der modernen Rätebewegung hingegen steht in der industriellen Groß- und Riesenbelegschaft eine Grundzelle zur Verfügung, deren „Permanenz" durch den Produktionsprozeß selbst geschaffen worden ist und täglich erneuert wird. Die Möglichkeit direkter demokratischer Willensbildung muß hier nicht erst künstlich erzeugt werden, sie ist vorhanden und bedarf nur der Freisetzung[1]). Nicht nur ist die Belegschaft als handlungsfähiger Körper räumlich gegenwärtig, ihre sachliche Kooperation und ihr unmittelbares Interesse an den Zielen und Mitteln dieser Kooperation rufen ihre kollektive Tätigkeit auch immer aufs neue gegen alle Widerstände hervor. Die im Vergleich zur frühen Rätebewegung reifere Programmatik und größere politische Durchschlagskraft, welche die moderne Arbeiterrätebewegung in der neueren Geschichte entwickelt hat, zeugt von dieser Veränderung der Voraussetzungen.

Trotzdem sind auch die modernen Rätebewegungen bisher ohne Ausnahme gescheitert. Die russische stand noch auf der Grenze zwischen früher und später Bewegung. Ihre schöpferischen Möglichkeiten waren objektiv zu begrenzt, um die Entstehung einer neuen herrschenden Klasse überflüssig, das heißt unmöglich zu machen. Im Kampf um die Organisierung der zentralen Herrschaftspositionen unterlag sie der zentralisierten Kampfpartei der Bolschewiki. Im Sieg des Leninismus hat das Problem der „Zentralisation" eine neue Form angenommen, die früher schon einmal von der Jakobinerdiktatur angedeutet

---

[1]) Über die zentrale Rolle der „Fabrik" für die Rätebewegung siehe auch den unionistischen Theoretiker *O. Rühle*, vgl. *S. Franck*, Soziologie der Freiheit, Ulm 1951, S. 34 ff., 40/1.

worden war. Sie besteht darin, daß der demokratisch-föderativen Zentralisierung der gesellschaftlichen Funktionen — die unzureichend erscheinen mag — der bürokratische Zentralismus einer „führenden" politischen Organisation („Partei") substituiert wird, ein Vorgang, der direkte Demokratie und Rätesystem praktisch aufhebt.

Die deutsche Rätebewegung, und gleich ihr die englische und die italienische nach 1918[1]), scheiterte sowohl an dem praktischen Problem, in der Gegenwart die zentralisierte Staatsmacht zu erobern, als auch an dem theoretischen Problem, wie in Zukunft das politische und wirtschaftliche Leben der Gesellschaft zentral zu organisieren sei. Außerdem war es ihnen nicht gelungen, die Arbeiterbewegung geschlossen in ihren Reihen zu vereinigen, was vor allem in dem ungebrochenen Widerstand der traditionellen Arbeiterorganisationen zum Ausdruck kam. Wir haben weiter oben gewisse soziale und ökonomische Strukturveränderungen aufgewiesen, die der Entstehung der industriellen Arbeiterrätebewegung zugrunde lagen. Man kann jedoch sagen, daß sie nach dem Ersten Weltkrieg noch nicht allgemein genug waren, um der gesamten Arbeiterschaft den Anschluß an die Rätebewegung nahezulegen. Schließlich enthielten jene Bewegungen die politischen, organisatorischen, technischen und wissenschaftlichen Potenzen für eine völlige Neuordnung der Gesellschaft nicht in genügendem Umfang. Vor allem die deutsche Rätebewegung hat sich zwar um das Bündnis mit denjenigen Schichten, die diese Potenzen in erster Linie darstellen, mit Intelligenz und Angestelltenschaft also, nachdrücklich bemüht, aber dabei doch keine hinlänglichen Erfolge erzielt.

Wie kann man nun auf Grund dieser — zugegebenermaßen höchst skizzenhaften — Überlegungen die Möglichkeitsbedingungen der modernen Rätebewegung formulieren? Diese Bedingungen sind dann gegeben, wenn es der Räteidee gelingt, die große Mehrheit der Arbeitnehmerschaft zu ergreifen, und wenn das Rätesystem in Staat und Wirtschaft sowohl humaner, als auch produktiver zu sein verspricht, als die bisherige — bürokratische — Herrschaftsstruktur. Das heißt im einzelnen: Die Rätebewegung müßte einsichtig machen können, daß der Arbeitnehmer in einem demokratisch-kooperativ organisierten Betrieb nicht nur freier ist, sondern auch ergiebiger produziert, als in einem bürokratisch-hierarchisch organisierten, daß mehr politische Selbstregierung nicht nur zufriedenere, sondern auch aktivere Bürger als bisher hervorbringt, daß eine demokratisch-föderative Zentralisierung der gesellschaftlichen Funktionen nicht nur freiheitlicher, sondern auch effektiver ist, als eine bürokratisch-zentralistische. Mit diesen Einsichten müßte die Rätebewegung aber nicht nur die Arbeiterschaft, sondern auch wesentliche Teile der Angestellten, der Beamten und der Intelligenz durchdringen.

---

[1]) Sie war in ihrer einseitig wirtschaftlich-sozialen und auf den Betrieb bezogenen Zielsetzung der englischen sehr ähnlich, zeigte in ihrer Forderung nach „Kontrolle" der Unternehmensleitungen aber auch Anklänge an die deutsche.

Der große utopische Sozialist *Martin Buber* hat die Aufgabe, die wir hier der Rätebewegung zuschreiben, „die Restrukturierung der Gesellschaft" genannt[1]) und er hat dabei — wie mir scheint, mit Recht — betont, daß sie nur verwirklicht werden könne, wenn sie dem Gedanken der politischen Machteroberung vor- und übergeordnet werde, und wenn man die Vorstellung der gesellschaftlichen Organisation von der Idee der „Herrschaft" reinige[2]). In der Tat bleibt als letztes und schwerstes Problem der Rätebewegung das Problem der Machteroberung und Machtbehauptung mit allen Gefahren neuer Klassen- und Herrschaftsbildung, das nur gelöst werden könnte, wenn es der Rätebewegung in all seiner Schwere von voneherein bewußt wäre und bliebe.

Man kann mit gutem Grund diese Möglichkeitsbedingungen als unerfüllbar ansehen und damit zum Ende aller Erwägungen das Rätesystem doch in das Reich der Utopie verweisen. Immerhin scheint es, daß unter dem Regime des Parteikommunismus bei einer breiten Mehrheit der Arbeitnehmerschaft und der Intelligenz die Bereitschaft besteht, im Rätesystem eine humanere *und* produktivere Organisationsform der Gesellschaft zu sehen, als es die bürokratische Parteidiktatur mit ihrer Unmenschlichkeit und ihren „Engpässen" je sein könnte. Und das Beispiel Jugoslawiens gibt, so unvollkommen das Rätesystem dort auch verwirklicht ist, solchen Auffassungen eine gewisse empirische Bekräftigung.

Es könnte freilich als völlig abwegig betrachtet werden, das Rätesystem dem westlichen System der parlamentarischen Demokratie und der Marktwirtschaft auf der Grundlage des Privateigentums vorziehen zu wollen; scheint dieses System doch unzweifelhaft humaner und produktiver als jedes mögliche andere zu sein. Aber auch hier gibt es fortdauernde politische und industrielle Konflikte, die den Charakter von Klassenauseinandersetzungen haben, und ihre Intensität scheint nicht in ganz eindeutiger Weise abzunehmen (die immer erneuten Wellen „wilder" Streiks in der ganzen westlichen Welt sind dafür ein Indiz). Bürokratisch-technokratische Tendenzen in Staat und Wirtschaft drohen, den gesellschaftlichen Freiheitsspielraum des einzelnen, und damit auf die Dauer auch seine schöpferischen Möglichkeiten einzuschränken, statt daß, wie bisher, die gesellschaftliche Entwicklung dahin ginge, ihn auszudehnen. Der soziale, ökonomische und politische Fortschritt könnte in Wirklichkeit so unaufhaltsam nicht sein, wie er zu sein scheint.

Unter solchen Umständen müßte der soziale Konflikt in Gestalt der Rätebewegung wieder akut werden, wenn die folgenden Bedingungen erfüllt würden:

---

[1]) Pfade in Utopia, Heidelberg 1950.
[2]) *Buber* spricht, a.a.O., S. 177, von der „Aufgabe ... alle Funktionen des Leitens in so weitgehendem Maße als jeweils tunlich zu entpolitisieren, d. h. ihnen die Möglichkeit zu nehmen, zur Machtakkumulation auszuarten. Nicht darauf kommt es an, daß es nur Leiter und keine Geleiteten mehr gebe — das ist utopischer als irgendeine Utopie —, sondern darauf, daß Leitung Leitung bleibe und nicht Herrschaft werde ..."

Die gesellschaftlichen Führungsschichten können eine soziale, ökonomisch oder politische Krise nicht verhindern; die Autorität der traditionellen Parteien und Gewerkschaften wird im Zuge dieser Entwicklung noch stärker erschüttert, als sie es ohnehin schon ist; die aufkommende oppositionelle Bewegung entwickelt eine umfassende Räteprogrammatik; diese Programmatik ist so überzeugend, daß sich in ihrem Zeichen wesentliche Teile der Intelligenz mit der Mehrheit der Arbeitnehmerschaft zu einer einheitlichen Rätebewegung verbünden. Das sind die abstrakten Möglichkeiten. Ob die hier vorausgesetzten Tatsachenbedingungen in Wirklichkeit eintreten können oder werden, das zu erfragen, ist nicht mehr Aufgabe dieser Untersuchung.

# Quellen- und Literaturverzeichnis

**Vorbemerkung:** Dieses Verzeichnis enthält nur die benutzten Archive und ungedruckten Quellen vollständig. Gedruckte Quellen und Literatur werden nur angeführt, sofern sie in den Anmerkungen erwähnt worden sind und sofern sie m. E. wesentliche Beiträge zum Thema darstellen. Die zahlreiche benutzte Broschürenliteratur wurde nur in Ausnahmefällen in das Verzeichnis aufgenommen. Hingegen sind einige wichtige Zeitschriftenaufsätze darin enthalten. Im übrigen verweise ich auf die reichhaltigen Literaturangaben in den Büchern von *Anweiler, Kolb, Schürer, Tormin* und *Weil*. Auf die bibliografische Vollständigkeit der z. T. sehr weitläufigen Titel — vor allem bei den Berichten und Protokollen — wurde verzichtet. Die Titelangaben sind so gehalten, daß die genannten Schriften einwandfrei identifiziert werden können.

## I. Archive

Archiv des Zentralrats der deutschen Republik, im Internationalen Institut für Sozialgeschichte, Amsterdam.
DZA Potsdam, Deutsches Zentralarchiv Potsdam.
DZA Merseburg, Deutsches Zentralarchiv, Abteilung Merseburg.
LHA S-A, Landeshauptarchiv Sachsen-Anhalt, Magdeburg.
IML, Archiv des Instituts für Marxismus-Leninismus beim Zentralkommitee der SED, Berlin.

## II. Ungedruckte Protokolle

Prot. RdV, Protokolle des Rats der Volksbeauftragten, Bd. 1 und 2 (Nov./Dez. 1918), im Int. Inst. f. Soz. gesch. Amsterdam, Bd. 3 (3. 1. 1919—8. 2. 1919) in Abschrift bei der Kommission für Geschichte des Parlamentarismus und der politischen Parteien, Bonn.
Protokolle der Sitzungen des ersten Reichskabinetts, in Bonn a.a.O.
Protokolle der Sitzungen der Sozialdemokratischen Fraktion der Deutschen Nationalversammlung, in Bonn a.a.O.
Prot. ZR, Protokolle des Zentralrats der deutschen Republik, 3 Bde. (8. 1. 1919—11. 2. 1920), im Int. Inst. f. Soz. gesch., Amsterdam.
Prot. Halle, Protokoll der Sitzung der 15er Kommission der Hamburger Betriebsräte am 27. 8. 1919, in Prot. ZR.
Prot. VR, Protokolle des Vollzugsrats der Berliner Arbeiter- und Soldatenräte, 10 Bde. (11. 11. 1918—18. 8. 1919), im IML.
Prot. VV, Protokolle der Vollversammlungen der Berliner Arbeiter- und Soldatenräte, 4 Bde. (19. 11. 1918—6. 6. 1919), im IML.

## III. Gedruckte Berichte, Protokolle und Jahrbücher

Bericht des Untersuchungsausschusses der Verfassunggebenden Preußischen Landesversammlung über die Ursachen und den Verlauf der Unruhen im Rheinland und in Westfalen in der Zeit vom 1. 1. 1919 bis 19. 3. 1919. Nr. 3228, Drucksachen Bd. 10, S. 5585—5673.
Allgemeiner Kongreß der Arbeiter- und Soldatenräte in Deutschland vom 16. bis 21. Dezember 1918. Stenografischer Bericht. Berlin o. J. (1919).
II. Kongreß der Arbeiter-, Bauern- und Soldatenräte Deutschlands vom 8.—14. April 1919. Stenografischer Bericht. Berlin o. J. (1919).
Protokolle der Parteitage der Sozialdemokratischen Partei Deutschlands zu Dresden 1903, zu Bremen 1904 und zu Weimar 1919.

Protokoll der Parteikonferenz der SPD zu Weimar am 22./23. 3. 1919.
Protokolle der ordentlichen und außerordentlichen Parteitage der USPD zu Gotha 1917, zu Berlin 1919, zu Leipzig 1919, zu Halle 1920, zu Berlin 1923.
Protokoll des Bezirksparteitages der USPD des Niederrheins am 26./27. 4. 1919 in Elberfeld.
Berichte über die Verhandlungen der Parteitage der KPD, (1.) Dezember/Januar 1918/19, (2.) Oktober 1919, (3.) Februar 1920, (4.) April 1920, (5.) November 1920, (6., Vereinigungsparteitag mit der linken USPD) Dezember 1920, (7.) September 1921, (8.) Januar 1923.
Protokolle der Kongresse der Gewerkschaften Deutschlands zu München 1914, zu Nürnberg 1919, zu Leipzig 1922.
Protokolle der Generalversammlungen des Deutschen Metallarbeiterverbandes 1911, 1913, 1913 (außerordentliche), 1915, 1917, 1919 (zu Stuttgart), 1921, 1924, 1926, 1928, 1930, 1932.
Protokolle der Generalversammlungen des Verbandes der Bergarbeiter Deutschlands, 1919 (zu Bielefeld), 1920 (außerordentliche zu Bochum), 1921, 1924, 1926, 1928, 1930.
Protokolle der 15. ordentlichen Generalversammlung des Gewerkschaftsvereins christlicher Bergarbeiter Deutschlands, 24.—27. 8. 1919 zu Essen und der außerordentlichen Generalversammlung vom 22./23. 2. 1920 zu Essen.
Jahrbuch des Verbandes der Bergarbeiter Deutschlands für die Jahre 1919, 1920, 1922, 1923, 1924, 1925.
Bericht des Hauptvorstandes des Gewerkvereins christlicher Bergarbeiter Deutschlands über die Jahre 1919/1920, (zit.: Ber. chr.).
Protokolle der Verbandstage des Deutschen Bauarbeiterverbandes, 1918, 1919 (außerordentlicher zu Weimar) 1920, 1922.
Protokolle der Generalversammlungen des Deutschen Eisenbahnerverbandes, 1919, 1920, 1922.
Protokolle der Verbandstage des Verbandes der Fabrikarbeiter Deutschlands, 1920, 1922.
Protokoll des Verbandstages des Verbandes der Gemeinde- und Staatsarbeiter 1919.
Protokolle der Verbandstage des Deutschen Holzarbeiterverbandes, 1919, 1920 (außerordentlicher zu Berlin), 1921, 1923.
Protokolle der Verbandstage des Deutschen Transportarbeiterverbandes, 1919, 1922.
Protokoll des ersten Reichskongresses der Betriebsräte Deutschlands vom Oktober 1920 zu Berlin.
Protokoll des ersten Reichsbetriebsrätekongresses für die Metallindustrie vom Dezember 1921 zu Leipzig.
Protokolle des Reichsbeirats der Betriebsräte und Vertreter größerer Konzerne der Metallindustrie, 1924—1931.

## IV. Periodische Druckschriften

Vorwärts (Tageszeitung der SPD).
Die Freiheit (Tageszeitung der USPD).
Der Arbeiter-Rat, Organ der Arbeiterräte Deutschlands, 2 Jahrgänge 1919 und 1920.
Kommunistische Rätekorrespondenz, 2 Jahrgänge 1919 und 1920.
Der Kommunistische Gewerkschaftler, 1921, 1922.
Der Sozialist. Sozialistische Auslandspolitik (Wochenschrift der USPD).
Kommunistische Rundschau (Organ der linken USPD während der Spaltung), Oktober—Dezember 1920.
Die Neue Zeit (Theoretisches Organ der Sozialdemokratischen Partei Deutschlands).
Sozialistische Monatshefte (SPD, revisionistisch).
Sozialistische Politik und Wirtschaft (Hrsg. *Paul Levi*, SPD, linker Flügel).
Die Tat.
Correspondenzblatt der Generalkommission der Gewerkschaften Deutschlands.
Deutsche Metallarbeiterzeitung.
Betriebsrätezeitung des Deutschen Metallarbeiterverbandes.
Der Deutsche Eisenbahner (Organ des Deutschen Eisenbahnerverbandes).
Archiv für Sozialwissenschaft und Sozialpolitik.
Études, Hrsg. Institut Imre Nagy de Sciences Politiques, Brüssel.

## V. Literatur

*O. Anweiler*, Die Rätebewegung in Rußland 1905—1921, Leiden 1958.
*E. Arvidsson*, Der Freiheitliche Syndikalismus im Wohlfahrtsstaat, Darmstadt o. J. (1960).
*A. Babeau*, Les Conseils Ouvriers en Pologne, Paris 1960.
*H. P. Bahrdt*, Industriebürokratie, Stuttgart 1958.
*P. Barthel*, Handbuch der deutschen Gewerkschaftskongresse, Dresden 1916.
*F. Bauer*, Französischer Syndikalismus und deutsche Gewerkschaften, Heidelberg rer. pol. Diss. 1948 (Maschinenschrift).
*E. Bernstein*, Die Voraussetzungen des Sozialismus und die Aufgaben der Sozialdemokratie, 3. Auflage, Berlin 1923.
*E. Bernstein*, Sozialismus und Demokratie in der großen englischen Revolution, 3. Auflage, Stuttgart 1919.
*E. Bernstein*, Geschichte der Berliner Arbeiterbewegung, 3 Bde., Berlin 1907 ff.
*M. Berthelot*, Die Betriebsräte in Deutschland, Mannheim 1926.
*W. Besson*, Württemberg und die deutsche Staatskrise 1928—1933, Stuttgart 1959.
*F. Bieligk* u. a., Die Organisation im Klassenkampf, Berlin 1931.
*H. Böttcher*, Zur revolutionären Gewerkschaftsbewegung in Amerika, Deutschland und England, Jena 1922.
*K. D. Bracher*, Die Auflösung der Weimarer Republik, Stuttgart/Düsseldorf 1955.
*H. Brandler*, Die Aktion gegen den Kapp-Putsch in Westsachsen, Berlin 1920.
*Ad. Braun*, Die Gewerkschaften vor dem Kriege, 3. Auflage, Berlin 1925.
*G. Briefs*, Das gewerbliche Proletariat, GdS IX, 1, S. 142 ff.
*Brigl-Matthiass*, Das Betriebsräteproblem, Berlin—Leipzig 1926.
*C. Brinkmann*, Soziologische Theorie der Revolution, Göttingen 1948.
*K. F. Brockschmidt*, Die deutsche Sozialdemokratie bis zum Fall des Sozialistengesetzes, Frankfurt phil. Diss., Stuttgart 1929.
*D. Bronder*, Organisation und Führung der sozialistischen Arbeiterbewegung vor dem Weltkrieg, Göttingen phil. Diss. 1952 (Maschinenschrift).
*M. Buber*, Pfade in Utopia, Heidelberg 1950.
*F. Büchel*, Das Räteproblem, o. O., o. J. (Berlin 1919).
*Th. Cassau*, Die Gewerkschaftsbewegung, Halberstadt 1925.
*H. A. Clegg*, A new Approach to Industrial Democracy, Oxford 1960.
*G. Colm*, Beitrag zur Geschichte und Soziologie des Ruhraufstandes vom März/April 1920, Essen 1921.
*Croon/Utermann*, Zeche und Gemeinde, Tübingen 1958.
*F. Curschmann*, Die Entstehungsgeschichte des mitteldeutschen Vorläufers des Betriebsrätegesetzes, o. O. o. J.
*R. Dahrendorf*, Industrie- und Betriebssoziologie, Sammlung Göschen Bd. 103, Berlin 1956 (zit.: Industriesoziologie).
*R. Dahrendorf*, Soziale Klassen und Klassenkonflikt, Stuttgart 1957 (zit.: Klassen).
*R. Dahrendorf*, Zu einer Theorie des sozialen Konflikts, in Hamburger Jb. für Wirtschafts- und Gesellschaftspolitik, 3. Jahr/1958, S. 76 ff. (zit.: Theorie).
*R. Dahrendorf*, Gesellschaft und Freiheit, München 1961.
*R. Dahrendorf*, Über den Ursprung der Ungleichheit unter den Menschen, Tübingen 1961 (zit.: Ungleichheit).
*E. Däumig*, Der Rätegedanke und seine Verwirklichung in Revolution. Unabhängiges sozialdemokratisches Jahrbuch, Berlin 1920, S. 84 ff.
*K. Diehl*, Die Diktatur des Proletariats und das Rätesystem, Jena 1920.
*A. Dissinger*, Das freigewerkschaftliche Organisationsproblem, Jena 1929.
*A. Ellinger*, Sozialisierungsströmungen im Baugewerbe, Dresden 1920.
*F. Engels*, Die Entwicklung des Sozialismus von der Utopie zur Wissenschaft, Berlin 1946.
*K. D. Erdmann*, Die Geschichte der Weimarer Republik als Problem der Wissenschaft, VjH. f. Zeitgeschichte, 3. Jg./1955, Heft 1, S. 1. ff.
*H. Farwig*, Der Kampf um die Gewerkschaften, Berlin 1929.

*I. Fetscher*, Von der Philosophie des Proletariats zur proletarischen Weltanschauung, in Marxismusstudien, 2. Folge, Tübingen 1957, S. 26 ff.
*R. Fischer*, Stalin und der deutsche Kommunismus, 2. Auflage, Frankfurt o. J.
*O. K. Flechtheim*, Die KPD in der Weimarer Republik, Offenbach 1948.
*O. K. Flechtheim*, Grundlegung der Politischen Wissenschaft, Meisenheim a. Gl. 1958.
*E. Fraenkel/K. D. Bracher* (Hrsg.), Staat und Politik, Fischer-Lexikon, Bd. 2, Frankfurt/M. 1957.
*S. Franck*, Soziologie der Freiheit. Otto Rühles Auffassung vom Sozialismus, Ulm 1951.
*F. Friedensburg*, Die Weimarer Republik, Berlin 1946.
*G. Friedmann*, Der Mensch in der mechanisierten Produktion, Köln 1952.
*P. Frölich*, Rosa Luxemburg, Hamburg 1949.
*F. J. Furtwängler*, ÖTV. Die Geschichte einer Gewerkschaft, Stuttgart 1955.
*O. H. v. d. Gablentz*, Industriebürokratie, Schmollers Jb., Bd. 50, S. 539 ff.
*Th. Geiger*, Die Masse und ihre Aktion, Stuttgart 1926.
*Th. Geiger*, Die soziale Schichtung des deutschen Volkes, Stuttgart 1932.
*E. Gerlach*, Syndikalismus, HDSW, Bd. 10, S. 271 ff.
*C. Geyer u. a.*, Für die dritte Internationale. Die USPD am Scheideweg, Berlin 1920.
*C. Geyer*, Sozialismus und Rätesystem, Leipzig 1919.
*C. Geyer*, Der Radikalismus in der deutschen Arbeiterbewegung, Jena 1923.
*P. Göhre*, Drei Monate als Fabrikarbeiter, Leipzig 1891.
*H. Göppert*, Die Sozialisierungsbewegung in Deutschland nach der Revolution, Schmollers Jb., Bd. 45, S. 313 ff.
*B. Goldenberg*, Beiträge zur Soziologie der Vorkriegssozialdemokratie, Heidelberg, phil. Diss. 1932.
*D. Guérin*, La Lutte de Classes sous la Première République, 2 Bde., Paris 1946.
*E. J. Gumbel*, Vier Jahre politischer Mord, Berlin 1922.
*E. J. Gumbel*, Denkschrift des Justizministeriums zu „Vier Jahre politischer Mord", Berlin 1924.
*A. R. Gurland*, Das Heute der proletarischen Aktion, Berlin 1931.
*F. Gutmann*, Das Rätesystem, München 1922.
*E. Heimann*, Sozialistische Wirtschafts- und Arbeitsordnung, Offenbach 1948.
*G. Hermes*, Die geistige Gestalt des marxistischen Arbeiters, Tübingen 1926.
*W. Hirsch-Weber*, Gewerkschaften in der Politik, Köln/Opladen 1959.
*O. Hué*, Die Sozialisierung der Kohlenwirtschaft, Berlin 1921.
*C. Jantke*, Bergmann und Zeche, Tübingen 1953.
*J. Karski*, Die Sozialisierung des Bergbaus, Essen 1919.
*M. Koch*, Die Bergarbeiterbewegung im Ruhrgebiet zur Zeit Wilhelms II., Düsseldorf 1954.
*E. Kolb*, Die Arbeiterräte in der deutschen Innenpolitik 1918/19, Düsseldorf 1962.
*Th. A. Koller*, Das Massen- und Führerproblem in den freien Gewerkschaften, Tübingen 1920.
*K. Korsch*, Was ist Sozialisierung?, Hannover 1919.
*K. Korsch*, Arbeitsrecht für Betriebsräte, Berlin 1922.
*K. Korsch*, Die materialistische Geschichtsauffassung, Leipzig 1929.
*K. Korsch*, Marxismus und Philisophie, 2. Auflage, Leipzig 1930.
*W. Kottler*, Der Rätegedanke als Staatsidee, Teil I: Demokratie und Rätegedanke in der großen englischen Revolution, Leipziger rechtswissenschaftliche Studien, Bd. 15, Leipzig 1925.
*Kranold/Carpow*, Vollsozialisierung des Kohlenbergbaus?, Berlin/Fichtenau 1921.
*P. Kropotkin*, Die Französische Revolution, Leipzig 1909.
*J. Kuczynski*, Geschichte der Lage der Arbeiter in Deutschland, 1. Bd., Berlin 1947.
*H. Laufenberg*, Der politische Streik, Hamburg 1914.
*H. Laufenberg*, Das Rätesystem in der Praxis des Hamburger Arbeiterrats, Archiv f. Soz. Wiss. und Soz. Pol., Bd. 45, S. 591 ff.
*G. Ledebour*, Der Ledebourprozeß, Berlin 1919.
*E. Lederer*, Zum sozialpsychischen Habitus der Gegenwart, Archiv f. Soz. Wiss. und Soz. Pol., Bd. 46, S. 114 ff.
*E. Lederer*, Die Gewerkschaftsbewegung 1918/19 und die Entfaltung der wirtschaftlichen Ideologien in der Arbeiterklasse, Archiv f. Soz. Wiss. und Soz. Pol., Bd. 47, S. 218 ff.
*W. I. Lenin*, Sämtliche Werke, Wien/Berlin 1927 ff.
*W. I. Lenin*, Der Radikalismus, die Kinderkrankheit im Kommunismus, Berlin 1946.

*G. Lenz*, Demokratie und Diktatur in der englischen Revolution 1640—1660, München/Berlin 1933.
*P. Levi*, Unser Weg. Wider den Putschismus, Berlin 1921.
*P. Levi*, Was ist das Verbrechen?, Berlin 1921.
*P. Lissagaray*, Geschichte der Kommune von 1871, 6. Auflage, Stuttgart 1920.
*E. Lorentz*, 5 Jahre Dresdener USPD, Dresden o. J. (1922).
*P. Louis*, Geschichte der Gewerkschaftsbewegung in Frankreich. Hrsg. und eingeleitet von *G. Eckstein*, Stuttgart 1912.
*R. Luxemburg*, Massenstreik, Partei und Gewerkschaften, Hamburg 1906.
*R. Luxemburg*, Die russische Revolution. Hrsg. von *B. Krauss*, Hameln 1957.
*W. Markov/A. Soboul*, Die Sansculotten von Paris, Berlin 1957.
*H. Marr*, Die Massenwelt im Kampf um ihre Form, Hamburg 1932 (1934).
*K. Marx*, Das Kapital, 3 Bde., Berlin 1953
*K. Marx*, Das Elend der Philosophie, Berlin 1952.
*K. Marx*, Die deutsche Ideologie, Berlin 1953.
*E. Matthias*, Der Untergang der alten Sozialdemokratie 1933, VjH. f. Zeitgeschichte, Jg. 4/1956, Heft 3, S. 250 ff.
*E. Matthias*, Kautsky und der Kautskyanismus, in Marxismusstudien, 2. Folge, Tübingen 1957.
*G. Mayer*, Erinnerungen, München o. J. (1949).
*Meerwarth/Günther/Zimmermann*, Die Einwirkungen des Krieges auf Bevölkerungsbewegung und Lebenshaltung in Deutschland, Stuttgart 1932.
*V. Meier*, Das neue jugoslawische Wirtschaftssystem, Zürich 1956.
*R. Michels*, Die deutsche Sozialdemokratie. I. Parteimitgliedschaft und soziale Zusammensetzung, Archiv f. Soz. Wiss. und Soz. Pol., Bd. 23, S. 471 ff.
*R. Michels*, Eine syndikalistisch gerichtete Unterströmung im deutschen Sozialismus (1903—1907). In Festschrift für *C. Grünberg* zum 70. Geburtstag, Leipzig 1932.
*R. Michels*, Psychologie der antikapitalistischen Massenbewegungen, GdS IX, 1, S. 241 ff.
*R. Michels*, Zur Soziologie des Parteiwesens in der modernen Demokratie, Neudruck der zweiten Auflage, Hrsg. *W. Conze*, Stuttgart o. J.
*Müller/Form*, Unternehmen, Betrieb und Umwelt, Köln/Opladen 1957.
*D. F. Möhle*, Das Rätesystem als neue Staatsidee, Marburg jur. Diss. 1929.
*W. von Möllendorf*, Konservativer Sozialismus, Hamburg 1932.
*A. Müller*, Sozialisierung oder Sozialismus, Berlin 1919.
*H. Müller*, Die Novemberrevolution, Berlin 1928.
*Rich. Müller*, Vom Kaiserreich zur Republik, 2 Bde., Wien 1924/25 (zit.: Kaiserreich).
*Rich. Müller*, Bürgerkrieg in Deutschland, Berlin 1925 (zit.: Bürgerkrieg).
*Rich. Müller*, Das Rätesystem in Deutschland, in Die Befreiung der Menschheit, Berlin/Leipzig/Wien/Stuttgart 1921, S. 168 ff.
*S. Nestriepke*, Die Gewerkschaftsbewegung, 3 Bde., Stuttgart 1919 ff.
*O. Neuloh*, Die deutsche Betriebsverfassung, Tübingen 1956.
*W. Neumann*, Die Gewerkschaften im Ruhrgebiet, Köln 1951.
*Th. Nipperdey*, Die Organisation der deutschen Parteien vor 1918, Düsseldorf 1961.
*G. Noske*, Von Kiel bis Kapp, Berlin 1920.
*F. Opel*, Der deutsche Metallarbeiterverband, Hannover/Frankfurt/M. 1957.
*H. D. Ortlieb/H. Schelsky* (Hrsg.), Wege zum sozialen Frieden, Stuttgart/Düsseldorf 1954.
*E. B. Paschukanis*, Cromwells Soldatenräte, in Aus der historischen Wissenschaft der Sowjetunion. Hrsg. *O. Hoetzsch*, Berlin/Königsberg 1929, S. 128 ff.
*Popitz/Bahrdt/Jüres/Kesting*, Technik und Industriearbeit, Tübingen 1957.
*Popitz/Bahrdt/Jüres/Kesting*, Das Gesellschaftsbild des Arbeiters, Tübingen 1957.
*E. Potthoff*, Der Kampf um die Montanmitbestimmung, Köln 1957.
*E. Prager*, Geschichte der USPD, Berlin 1921.
*B. Pribićević*, The Shop Stewards' Movement and Workers' Control 1910—1922, Oxford 1959.
*E. Reger*, Union der festen Hand, Berlin 1946.
*B. Reichenbach*, Zur Geschichte der KAPD, Grünbergs Archiv, 13. Jg., S. 117 ff.
*G. A. Ritter*, Die Arbeiterbewegung im Wilhelminischen Reich, Berlin 1959.
*R. Rocker*, Die Prinzipienerklärung des Syndikalismus, Berlin 1920.

R. *Rocker*, Die Prinzipienerklärung des Syndikalismus, Berlin 1924.
A. *Rosenberg*, Die Entstehung der Deutschen Republik, Berlin 1928 (zit.: Entstehung).
A. *Rosenberg*, Geschichte des Bolschewismus, Berlin 1932 (zit.: Bolschewismus).
A. *Rosenberg*, Geschichte der Deutschen Republik, Karlsbad 1935 (zit.: Geschichte).
A. *Rosenberg*, Demokratie und Sozialismus, Amsterdam 1938.
B. *Sarel*, La classe ouvrière d'Allemagne Orientale. Essai de chronique (1945—1958), Paris 1958.
H. *Schäfer*, Tagebuchblätter eines rheinischen Sozialisten, Bonn 1919.
H. *Schieck*, Der Kampf um die deutsche Wirtschaftspolitik nach dem Novemberumsturz 1918, Heidelberg phil. Diss. 1958.
Th. *Schieder*, Staat und Gesellschaft im Wandel unserer Zeit, München 1958.
M. *Schippel*, Die Sozialisierungsbewegung in Sachsen. Vorträge der Gehe-Stiftung, 10. Bd., Heft 4, 1920.
C. E. *Schorske*, German Social Democracy 1905—1917, Cambridge (Mass.) 1955.
A. *Schreiner* (Hrsg.), Revolutionäre Ereignisse und Probleme in Deutschland während der Periode der Großen Sozialistischen Oktoberrevolution 1917/18, Berlin 1957.
A. *Schreiner* (Hrsg.), Die Oktoberrevolution und Deutschland, Berlin 1958.
H. *Schürer*, Die politische Arbeiterbewegung Deutschlands in der Nachkriegszeit 1918—1923, Leipzig phil. Diss. 1933 (mit sehr wertvollem Literaturverzeichnis vor allem der seltenen Broschürenliteratur).
J. *Schumpeter*, Sozialistische Möglichkeiten von heute, Archiv f. Soz. Wiss. und Soz. Pol., Bd. 48, S. 305 ff.
S. *Schwartz*, Handbuch der Gewerkschaftskongresse, Berlin 1930.
R. *Seidel*, Die Gewerkschaftsbewegung und das Rätesystem, Berlin 1919.
R. *Seidel*, Die Gewerkschaften in der Revolution, Berlin 1920.
H. *Sennholz*, Gewerkschaften und Räte nach dem ersten Weltkrieg, Köln rer. pol. Diss. 1949 (Maschinenschrift).
C. *Severing*, 1919/20 im Wetter- und Watterwinkel, Bielefeld 1927.
J. *Siemann*, Der sozialdemokratische Arbeiterführer in der Weimarer Republik, Göttingen phil. Diss. 1956 (Maschinenschrift).
R. *Smend*, Staatsrechtliche Abhandlungen, Berlin 1955.
W. *Sombart*, Sozialismus und soziale Bewegung, 8. Auflage, Jena 1919.
A. *Souchy*, Nacht über Spanien, Darmstadt o. J.
H. *Spethmann*, 12 Jahre Ruhrbergbau, 5 Bde., Berlin 1928 ff.
Fr. *Stampfer*, Die ersten 14 Jahre der deutschen Republik, Offenbach 1947.
H. *Striefler*, Deutsche Wahlen, Düsseldorf 1946.
H. *Ströbel*, Die deutsche Revolution, 3. Auflage, Berlin 1922.
H. *Ströbel*, Die Sozialisierung, 4. Auflage, Berlin 1922.
W. *Strzelewicz*, Industrialisierung und Demokratisierung der modernen Gesellschaft, Hannover 1958.
W. *Tormin*, Zwischen Rätediktatur und sozialer Demokratie, Düsseldorf 1954.
L. *Tschudi*, Kritische Grundlegung der Idee der direkten Rätedemokratie im Marxismus, Basel rer. pol. Diss. 1950 (1952).
*Umbreit/Lorenz*, Der Krieg und die Arbeitsverhältnisse, Stuttgart 1928.
J. *Valtin*, Tagebuch der Hölle, Köln/Berlin 1957.
H. J. *Varain*, Freie Gewerkschaften, Sozialdemokratie und Staat, Düsseldorf 1956.
E. *Waldman*, The Spartacist Uprising of 1919, Milwaukee (Wisconsin) 1958.
M. *Weber*, Wirtschaft und Gesellschaft, Tübingen 1947.
M. *Weber*, Gesammelte Politische Schriften, 2. Auflage, Tübingen 1958.
M. *Weber*, Gesammelte Aufsätze zur Soziologie und Sozialpolitik, Tübingen 1924.
M. *Weber*, Gesammelte Aufsätze zur Wissenschaftslehre, 2. Auflage, Tübingen 1951.
F. *Weil*, Sozialisierung, Berlin 1921.
G. *Werner*, Weg zu einer Sozialisierung des Kohlenbergbaus, Berlin 1920.
R. *Wilbrandt*, Sozialismus, Jena 1919.
R. *Woldt*, Betriebswirtschaft und Rätesystem, Duisburg o. J.
*Ziperowitsch/Heckert*, Produktionskontrolle und Betriebsräte. Referate und Resolutionen vom 1. Kongreß der Roten Gewerkschaftsinternationale, Berlin 1921.

*E. Zschimmer*, Die Sozialisierung der optischen Industrie Deutschlands, Jena 1919.
*E. Zschimmer*, Die Überwindung des Kapitalismus, Jena 1922.
Bericht der Sozialisierungskommission über die Frage der Sozialisierung des Kohlenbergbaus vom 31. Juli 1920. Anhang: Vorläufiger Bericht vom 15. Februar 1919, 3. Auflage, Berlin 1921.
Dokumente und Materialien zur Geschichte der deutschen Arbeiterbewegung, Reihe II (1914 bis 1945), 3 Bde., (Juli 1914—Mai 1919), Berlin 1957/58 (zit.: Dok. u. Mat.).
1918 — Erinnerungen von Veteranen der deutschen Gewerkschaftsbewegung an die Novemberrevolution (1914—1920). Beiträge zur Geschichte der deutschen Gewerkschaftsbewegung, 1. Bd., 2. Halbband, Berlin 1958.
Illustrierte Geschichte der Deutschen Revolution, Berlin o. J. (1929) (zit.: III. Gesch.).
40 Jahre Bergbau und Bergarbeiterverband, Hrsg. vom Bergarbeiterverband, Bochum 1929.
Pariser Kommune 1871. Berichte und Dokumente von Zeitgenossen, Berlin 1931.
Die Parteien und das Rätesystem, Charlottenburg 1919.
Schriften des Vereins für Sozialpolitik, Bde. 99, 133, 134, 135.
Die Sozialisierung des Bergbaus und der Generalstreik im rheinisch-westfälischen Industriegebiet, Hrsg. von der Neunerkommission für die Vorbereitung der Sozialisierung des Bergbaus im rheinisch-westfälischen Industriegebiet, Essen o. J. (1919) (zit.: Broschüre Neunerkommission).
Tagebuch eines Betriebsrats. Hrsg. Deutscher Textilarbeiterverband, Berlin 1925.
Vorwärts und nicht vergessen. Erlebnisberichte aktiver Teilnehmer der Novemberrevolution 1918/19, Berlin 1958.

# Verzeichnis der Abkürzungen

| | |
|---|---|
| AAU | Allgemeine Arbeiterunion |
| AAU (E) | Allgemeine Arbeiterunion (Einheitsorganisation) |
| AEU | Amalgamated Engineering Union |
| ASE | Amalgamated Society of Engineers |
| Bez. B.-Rat | Bezirks-Bergarbeiterrat |
| DEV | Deutscher Eisenbahnerverband |
| DMV | Deutscher Metallarbeiterverband |
| KAG | Kommunistische Arbeitsgemeinschaft |
| KAPD | Kommunistische Arbeiterpartei Deutschlands |
| KPD | Kommunistische Partei Deutschlands |
| ObgA | Oberbergamt |
| SAP | Sozialistische Arbeiterpartei Deutschlands |
| SPD | Sozialdemokratische Partei Deutschlands |
| USPD | Unabhängige Sozialdemokratische Partei Deutschlands |

# Dokumentarischer Anhang

1. Karl Korsch: Die Sozialisierungsfrage vor und nach der Revolution
2. Aufruf: An die Bevölkerung des Ruhrkohlengebietes!
3. Bestimmungen über die Tätigkeit der Steigerrevierräte
4. Bestimmungen über die Tätigkeit der Zechenräte
5. Entschließung der Essener Konferenz der A.- u. S.-Räte am 6. 2. 1919
6. Vorläufige Dienstanweisung für die Betriebsräte. Halle 13. 2. 1919
7. Richtlinien der Opposition über die Rätefrage auf dem zehnten Kongreß der Gewerkschaften Deutschlands zu Nürnberg 1919
8. Gegenvorschläge der Betriebsräte zum § 15 des Entwurfes eines Betriebsrätegesetzes bei den Verhandlungen mit dem Arbeitsministerium und dem Zentralrat vom 8. bis 10. 7. 1919
9. Die Aufgaben der Betriebsräte. Beschlossen auf der ersten Konferenz der revolutionären Betriebsräte zu Halle am 27. 7. 1919
10. Richtlinien über das Rätesystem bei den Preußisch-Hessischen Staatseisenbahnen
11. Resolution des Verbandstages der Gemeinde- und Staatsarbeiter vom September 1919 in Nürnberg
12. Resolution Dißmann vom ersten Kongreß der Betriebsräte Deutschlands 1920 (Auszug)
13. Resolution Schmitz, Breunig und Genossen. Beschlossen auf dem Bundeskongreß des ADGB zu Leipzig im Juni 1922

## Nr. 1

### Die Sozialisierungsfrage vor und nach der Revolution

#### von Karl Korsch

Man kann behaupten, daß die Deutsche Sozialdemokratie bis zu der Stunde, da sie die politische Macht erlangte, sich um die Auffindung einer positiven Formel für die sozialistische Organisation der Volkswirtschaft, also um die praktische Lösung der Sozialisierungsfrage, herzlich wenig gekümmert hat. Es war der Stolz der Partei des „wissenschaftlichen Sozialismus", daß sie jegliches Bemühen um die Klärung der Frage, wie denn die künftige sozialistische Welt in der Wirklichkeit aussehen sollte, als ein „utopisches" Beginnen von vorneherein ablehnte; die Weiterentwicklung der Produktionsverhältnisse vom Privateigentum zur „Vergesellschaftung" mußte ja nach der (mißverstandenen) Lehre des Meisters ohne unser Zutun von selber kommen! Die Gegner des Sozialismus aber waren natürlich erst recht nicht in der Lage, sich mit den konstruktiven Problemen des sozialistischen Zukunftsstaates in wissenschaftlicher Weise auseinanderzusetzen; denn ihnen allen erschien ja die vorgefundene Welt der Privatwirtschaft in ihren Grundzügen als etwas so unabänderlich Gegebenes, daß sie bis zum heutigen Tage an die vor ihren Augen geschehene Zertrümmerung dieser alten Welt noch nicht zu glauben vermögen und sie eher wie ein schreckliches, glücklicherweise aber bald vorübergehendes Traumbild betrachten.

So ist es denn ganz natürlich, daß bis in die jüngste Gegenwart hinein in der sozialistischen und antisozialistischen Theorie irgendwelche klare Begriffe über das, was mit dem Ausdruck „Vergesellschaftung der Produktionsmittel" (Sozialisierung) positiv gemeint ist, fast gänzlich fehlen. Die große Menge behalf sich mit der negativen Erkenntnis, daß die Sozialisierung die Abschaffung, Beseitigung, Überwindung des „Privateigentums" oder des „Kapitalismus" sei, und kümmerte sich wenig darum, welches andere Verhältnis denn an die Stelle des abgeschafften Privateigentums treten sollte. Nur wenige Theoretiker und Praktiker des Sozialismus bemühten sich, entgegen dem akzeptierten Dogma, auch um eine positive Erkenntnis der erstrebten sozialistischen Gesellschaftsformen und gelangten dabei zu so verschiedenen Ergebnissen, daß es schwer ist, so widerstreitende Ansichten überhaupt noch als Äußerungen einer und derselben politischen Grundgesinnung aufzufassen. Die Mehrzahl von ihnen setzte „Vergesellschaftung" gleich „Verstaatlichung", mit dem mehr oder weniger deutlich dazugedachten Gedanken, daß „natürlich" der die gesamte Produktion und Konsumtion einheitlich regelnde „Staat" der sozialistischen Epoche ein ganz anderer Staat sein würde, als der bisherige „Klassenstaat". Ganz entgegengesetzt dieser „staatssozialistischen Auffassung" (die bekanntlich bis weit in sozialdemokratische Kreise hinein vertreten wurde) stand die genossenschaftliche, welche die wahre „Vergesellschaftung" einzig und allein in dem freien Zusammenschluß der Gesamtheit zur genossenschaftlichen Bedarfswirtschaft erblickt und die Staats- und Gemeindebetriebe nur unter der Bedingung als eine wenigstens annähernde Erfüllung ihres Ideals gelten läßt, daß diese Betriebe ihrerseits genossenschaftliche, das heißt bedarfswirtschaftliche Formen annehmen und zugleich den ihnen heute anhaftenden Charakter der Zwangsorganisation mehr und mehr abstreifen.

Heute, da die Stunde des Sozialismus gekommen ist, offenbart sich, daß keine dieser Formen ohne weitgehende Umgestaltung dazu taugt, die von der Masse der werktätigen Bevölkerung unwiderstehlich geforderte schleunige „Sozialisierung" des gesamten wirtschaftlichen Lebens in befriedigender Weise zustande zu bringen. Daß die „Genossenschaft" hierfür nicht in Frage kommt, versteht sich von selbst; wahrer genossenschaftlicher Geist kann nur allmählich wachsen, die große Masse der von diesem Geist noch nicht beseelten Arbeiter ist für die Übernahme der Fabriken und sonstigen industriellen und landwirtschaftlichen Betriebe in genossenschaftliche Verwaltung noch nicht reif; sie würden in der neuen Organisation nicht mit gleicher Ergiebigkeit produzieren, und sie würden die neuen Arbeitsbedingungen dieser Organisation nicht einmal so angenehm finden, wie das altgewohnte Verhältnis der Lohnarbeit. Gegen eine umfassende und schleunige Verstaatlichung oder Vergemeindung erheben sich gleich zwei gewichtige Gegenargumente: „Staatsbetrieb" bedeutet heute, wo die alten Staatsformen eben noch nicht „zerschlagen", die seelischen Grundlagen der neuen Ordnung noch nicht geschaffen sind, Bürokratismus, Schematismus, Ertötung der Initiative und der Verantwortungsfreudigkeit, Vielregiererei, Lähmung und Erstarrung; diesem Mechanismus die bisher (bis zum Kriege wenigstens) blühenden Schöpfungen der freien und kartellierten Wirtschaft auszuliefern, hieße nicht den

Sozialismus verwirklichen, sondern die ökonomischen Voraussetzungen beseitigen, unter denen der Übergang zur sozialistischen Gemeinwirtschaft allein möglich ist; es hieße auf die kranke Wirtschaft eine Eisenbartkur anwenden, welche mit der Krankheit zugleich den ganzen erkrankten Wirtschaftskörper beseitigen würde.

Aber selbst, wenn dieses nicht so wäre, spräche ein noch viel grundsätzlicherer Einwand gegen die Verstaatlichung. Auch wenn „Verstaatlichung" ohne Lahmlegung der Produktivkräfte möglich wäre, so brächte sie uns doch unter den heutigen Verhältnissen niemals *den* Sozialismus, nach dem das Volk der Werktätigen begehrt. Dem Drängen der Masse nach irgendeinem seelischen Ausgleich gegen die ungeheure Unfreiheit des einzelnen großbetrieblichen Arbeiters unter modernen großindustriellen Produktionsverhältnissen kann nicht durch einen bloßen Wechsel des Arbeitgebers Genüge getan werden; die Klasse der werktätigen Arbeiter wird als solche nicht freier, ihre Lebens- und Arbeitsweise nicht menschenwürdiger dadurch, daß an die Stelle des von den Besitzern des privaten Kapitals eingesetzten Betriebsleiters ein von der Staatsregierung unter der Gemeindeverwaltung eingesetzter Beamter tritt. So wurde im Bewußtsein weiter Kreise der Arbeiterschaft die frühere sozialistische Lehre, welche zunächst mit dem Stimmzettel die „politische Macht" im Staat erobern und dann den „Übergang der Produktionsmittel auf die Gesamtheit" durch gesetzliche Mittel, also im wesentlichen doch wohl in der Form der Verstaatlichung und Kommunalisierung, dekretieren wollte, mehr und mehr beiseite gedrängt von einer anderen Vorstellung über das Wesen der vom modernen Sozialismus geforderten „Vergesellschaftung".

Man darf sagen, daß heute kein Sozialisierungsplan, mag er sonst aussehen wie er wolle, als eine befriedigende Erfüllung der Vergesellschaftungsidee anerkannt werden wird, der nicht in der einen oder anderen Form dem Gedanken der „industriellen Demokratie" in weitem Umfange Rechnung trägt, also dem Gedanken der direkten Kontrolle und Mitbestimmung jedes Industriezweiges, wo nicht jedes einzelnen Betriebes, durch die Gemeinschaft der arbeitenden Betriebsbeteiligten und durch ihre von ihr selbst bestimmten Organe. Wenn heute die „Sozialisierung" gefordert wird, so steckt hinter diesem Worte nicht mehr bloß die Forderung nach der Überführung der Produktionsmittel in den Besitz der Gesamtheit oder der „Kontrolle von oben". Vielmehr muß neben diese Kontrolle von oben, in welcher Form immer sie durchgeführt werde, eine ebenso effektive „Kontrolle *von unten*" treten, indem überall die Masse der Arbeitenden (Hand- und Kopfarbeiter) selber an der Verwaltung der Betriebe, oder doch an der Kontrolle dieser Verwaltung maßgebend beteiligt wird.

So enthält also die Forderung der „Sozialisierung" heute *zwei* einander organisch ergänzende Forderungen, die beide auf eine Einschränkung der bisherigen „freien Wirtschaft" (die „frei" nur für die kapitalistischen Privateigentümer, die Besitzer der Produktionsmittel, für die überwiegende Mehrheit der Besitzlosen aber nur eine besonders drückende Unfreiheit war) abzielen: An die Stelle der Gütererzeugung durch die freie Willkür einer mehr oder weniger großen Anzahl von kapitalistischen Unternehmern soll nach und nach eine planmäßige Verwaltung der Produktion und Verteilung durch die Gesellschaft treten. Das ist das eine.

Außerdem aber soll in jedem Industriezweige, innerhalb gewisser Schranken sogar in jedem einzelnen Betriebe, gleich heute, schon vor der vollständigen Durchführung der Kontrolle von oben, die Alleinherrschaft der kapitalistischen Arbeitgeberklasse beseitigt werden. Die bisher nur sich selbst und vielleicht ihren Geldgebern verantwortlichen Herren der Betriebe sollen die ersten Diener ihrer Betriebe werden, die für ihre Betriebsführung der Gesamtheit aller im Betriebe mittätigen Arbeiter und Angestellten Rechenschaft schulden. Durch die sofortige allgemeine Durchführung einer derartigen „Kontrolle von unten" wird zwar nicht, wie manche Leute heute annehmen, eine wirkliche vollgültige Sozialisierung des Wirtschaftslebens, eine „sozialistische" Gesellschaftsordnung herbeigeführt, da für diese die Aufstellung und Durchführung eines Gesamtwirtschaftsplanes unerläßlich ist. Wohl aber wird durch die sofortige Einführung dieser Kontrolle von unten die gesamte Produktion aus der privaten Angelegenheit einzelner Produktionsausbeuter in die gemeinsame Angelegenheit sämtlicher Produktionsteilnehmer und damit der „Lohnsklave" des alten Systems mit einem Schlage in den mitbestimmenden „Arbeitsbürger" des sozialen Rechtsstaates umgewandelt.

Der *Weg* aber, auf welchem diese *beiden*, in dem Ruf nach Sozialisierung heute enthaltenen Forderungen, die Kontrolle von oben (durch die Gesamtheit) und die Kontrolle von unten (durch die unmittelbaren Beteiligten), mit Sicherheit und Schnelligkeit nebeneinander verwirklicht werden können, ist das heute so viel genannte und so wenig verstandene „Rätesystem". Nur durch dieses und nur unter der Voraussetzung, daß es auch wirklich gemäß den durch diese seine doppelte Aufgabe bestimmten Grundsätzen ausgestattet wird, kann es erreicht werden, daß die Kontrolle von unten und die Kontrolle von oben nicht in einen Gegensatz zueinander geraten und dann von dem jede Kontrolle scheuenden Unternehmertum gegeneinander ausgespielt werden können, sondern sich zur Bekämpfung und sukzessiven Ersetzung des gemeinsamen Gegners und zum organischen Aufbau einer geregelten Gesamtwirtschaft harmonisch zusammenfügen. Die Konsequenzen, die sich hieraus für die Struktur einer ihrer wirtschaftlichen und politischen Aufgaben voll angepaßten Räteverfassung ergeben, sollen an dieser Stelle ein andermal erörtert werden.

(Aus: Der Arbeiter-Rat, Jg. 1/1919, Nr. 19, S. 15/16.)

### Nr. 2

#### An die Bevölkerung des Ruhrkohlengebietes!

Die Konferenz der A.- und S.-Räte des Ruhrkohlengebietes, die am 14. Januar unter Teilnahme von Vertretern aller gewerkschaftlichen Bergarbeiterorganisationen in Essen tagte, beschloß, die sofortige Sozialisierung des Kohlenbergbaues selbst in die Hand zu nehmen. In diesen kurzen Worten liegt eine Tatsache von ungeheurer Bedeutung. Damit ist die Revolution von der politischen zur sozialen, zur wirtschaftlichen Revolution geworden. Sozialisierung das ist ein Wort, unter dem sich nicht jeder etwas vorstellen kann. Es bedeutet, daß die Ausbeutung des Arbeiters durch den Unternehmer ein Ende haben soll, daß die großen Betriebe dem Kapitalisten genommen und Eigentum des Volkes werden sollen. Niemand soll sich mehr mühelos an der Arbeit anderer bereichern können, allen Arbeitenden sollen die Früchte ihrer Arbeit selbst zugute kommen. Der Anfang soll gemacht werden bei den Bergwerken, bei den Bodenschätzen, die noch mehr als alles andere von Rechts wegen dem ganzen Volke und nicht einzelnen Bevorzugten gehören.

Zur Durchführung der Sozialisierung ist von der Konferenz ein Volkskommissar, Landrichter *Ruben*, eingesetzt worden; ihm sind von jeder sozialistischen Partei, von der Mehrheitspartei, den Unabhängigen und der Spartakusgruppe je drei Beisitzer zur Seite gegeben worden, die gemeinsam an die Aufgaben der Sozialisierung herangehen werden.

Dieses selbe Bild, die gemeinsame ernsthafte Arbeit aller sozialistischen Gruppen an den praktischen Aufgaben der Sozialisierung, zeigte die ganze Konferenz, und es ist dringend notwendig, daß sich die ganze sozialistische Arbeiterschaft des Industriegebietes und darüber hinaus zusammenfindet, um gemeinsam an diesem großen Ziel des Sozialismus zu arbeiten.

Der Volkskommissar und seine Beisitzer sollen aber nicht wie die alten Behörden von oben herab alles anordnen, sondern sie sollen getragen sein von dem Vertrauen der ganzen Arbeiterschaft. Deshalb ist beschlossen worden, das Werk der Sozialisierung auf dem Rätesystem aufzubauen. Man braucht über dies Wort nicht zu erschrecken und dabei an Bolschewismus oder andere grauliche Sachen zu denken. Das Beschlossene bedeutet nichts anderes als die Erfüllung dessen, was die Bergarbeiter seit Jahrzehnten für ihre Vertretungen auf den Zechen gefordert haben. Ob man die Vertretung Ausschuß oder Rat nennt, ist gleichgültig. In jedem Steigerrevier soll ein Vertrauensmann der Arbeiterschaft gewählt werden, der die Angelegenheiten des Reviers, insbesondere die Festsetzung der Gedinge und die Überwachung der Arbeiterschutzvorschriften zu überwachen hat. Sämtliche Reviervertrauensleute einer Schachtanlage wählen den Zechenrat, der mit der Betriebsleitung zusammen sämtliche Angelegenheiten der Schachtanlage regelt. Der Zechenrat soll bestehen aus einem technischen Beamten, einem kaufmännischen Beamten und bis zu drei Belegschaftsmitgliedern. Für jedes Bergrevier wird ein Bergrevierrat gewählt. Die 20 Bergrevierräte des Kohlengebietes wählen den Zentralzechenrat, der die Tätigkeit des Volkskommissars und seiner Beigeordneten überwacht. Durch diesen Ausbau der Arbeitervertretung ist die Mitbestimmung der Arbeiterschaft in den kleinsten wie in den größten Fragen gesichert. Eine der ersten Aufgaben des Volkskommissars wird es sein, in Gemeinschaft mit den Berufsverbänden der Bergleute tarifmäßig geregelte Lohnverhältnisse für das ganze Gebiet zu schaffen. Das kann natürlich nicht im Handumdrehen geschehen. Neben der Regelung der Lohnfrage muß auch auf eine Senkung der Preise für Lebensmittel Bedacht genommen werden, da ja Lohnsteigerungen zwecklos sind, wenn sie wie bisher von einem anhaltenden Steigen der Lebensmittelpreise begleitet sind.

In eigenem Interesse muß die Arbeiterschaft Disziplin und Solidarität beweisen, auch dann wenn in der ersten Zeit nach dem ungeheuren Zusammenbruch des Krieges sich die Verhältnisse nicht so glänzend entwickeln, wie wir alle das wünschen möchten. Wir haben nunmehr die Gewißheit, daß wir nicht mehr für die Kapitalisten, sondern für uns und für die Volksgesamtheit arbeiten, und daß nach gewissenhafter Prüfung der Verhältnisse durch die Beauftragten der Arbeiter selbst der Arbeiterschaft jede Verbesserung ihres Loses zuteil wird, die praktisch möglich ist.

Unserem ganzen Volke geht es wie dem einzelnen kleinen Geschäftsmann, der aus dem Kriege zurückgekehrt nun sein Geschäft neu aufbauen muß. Unser Land steht vor einem ungeheuren wirtschaftlichen Trümmerhaufen und nur ernste Arbeit und gewissenhafte Selbstzucht kann es aus dem Elend hinausführen.

Wir treten nun an Euch mit der Aufforderung heran, sofort überall dem Streik ein Ende zu machen. Die allergrößte und wichtigste Forderung ist erreicht: Die Bergwerke sind Volkseigentum geworden. Es gilt jetzt, das Erreichte auszubauen, damit jedem einzelnen Arbeiter die Früchte der Sozialisierung zugute kommen. Dieser Ausbau kann nur gelingen, wenn das Wirtschaftsleben im Gang bleibt. Wer heute nach erfolgter Sozialisierung noch streikt, schädigt sich selber und seine Arbeitskollegen. Er fällt uns in den Arm in dem Augenblick, wo wir endgültig aufräumen wollen mit dem Kapitalismus, er unterstützt den Kapitalismus und schädigt den Sozialismus.

Arbeiter, haltet die Augen offen.

Der Kapitalismus hat nur noch eine Hoffnung, daß das Werk der Sozialisierung an Eurer Uneinigkeit zusammenbricht. Er wird bestochene Agenten unter Euch schicken, die Euch klarmachen sollen, mit der Sozialisierung sei Euch nicht gedient, die Euch unüberlegte Forderungen einblasen und Euch zu wilden Streiks aufhetzen. Seht Euch die Leute an, die jetzt noch nach der Sozialisierung zum Streik auffordern!

Sie können nicht Euer Gutes wollen. Alle Eure Organisationen: die freien Gewerkschaften, die syndikalistischen Gewerkschaften und die christlichen Gewerkschaften, die Hirsch-Dunkerschen und die polnischen, sind nach den Erklärungen ihrer Vertreter auf der Essener Konferenz für die Sozialisierung und gegen den Streik. Alle sozialistischen Parteien: die Sozialdemokratische Mehrheitspartei, die Unabhängigen und der Spartakusbund fordern Euch auf, die Arbeit aufzunehmen. Wer jetzt noch zum Streik auffordert, ist entweder ein gefährlicher Wirrkopf oder ein bestochener Agent des Kapitalismus.

Nehmt Euch in acht vor diesen Leuten und weist sie mit allem Nachdruck zurück. Laßt Euch nicht terrorisieren von einer unaufgeklärten Minderheit, von unreifen Burschen, Wirrköpfen und Kapitalsknechten. Besinnt Euch, daß Ihr Männer seid, die wissen, was sie wollen.

Verteidigt selbst Eure neuerrungene sozialistische Freiheit.

Wo es not tut, werden die Arbeiter- und Soldatenräte Euch Schutz und Hilfe gewähren. Wir wollen keinen Militarismus; Eure eigenen Volkswehren sind stark genug, den Sozialismus zu verteidigen. Geht unverzüglich an die Wahl der Betriebsräte. Die Wahlordnung wird in den Zeitungen bekanntgegeben. Die Betriebsräte sichern Euch die Durchsetzung aller vernünftigen Forderungen. Der Streik wird dadurch zu einem veralteten Hilfsmittel. Rätesystem ist besser als Streik.

Eine der ersten Aufgaben des Rätesystems wird eine gleichmäßige gerechte Lohnregelung für das ganze Gebiet sein. Habt Vertrauen zu Euren selbstgewählten Führern!

Einigkeit, Entschlossenheit und Einsicht tut not. Es ist uns gleich, zu welcher gewerkschaftlichen Organisation, zu welcher politischen Gruppe Ihr gehört. Jeden klassenbewußten, jeden sozialistisch aufgeklärten Volksgenossen rufen wir auf zu gemeinsamer Arbeit. Wir wollen uns hindurchringen durch diese schwere Zeit. Wir wollen uns herausarbeiten aus dem Elend, in das der Kapitalismus und der Militarismus uns gestürzt haben. Wirkliche Freiheit, Wohlstand des ganzen Volkes, dauernder Völkerfriede, das sind die Ziele unserer gemeinsamen Arbeit.

Die Arbeiter- und Soldatenräte des Industriegebietes
I. A.: Arbeiter- und Soldatenrat, Essen.
Baade (Unabh.Soz.)     Limbertz (Soz. Dem. Partei)
König (Spartakusbund)

(Aus: Richard Müller, Bürgerkrieg in Deutschland, Berlin 1925, S. 242 ff.)

Nr. 3

**Bestimmungen über die Tätigkeit der Steigerrevierräte**
(Entwurf auf Grund der Verhandlungen mit der Reichsregierung)

§ 1. Dem Steigerrevierrat obliegt es, gemeinschaftlich mit dem Steiger auf die Durchführung der geltenden bergpolizeilichen Bestimmungen, a) seitens der Zechenverwaltung, b) seitens der Belegschaftsmitglieder zu achten.

§ 2. Stellt der Steigerrevierrat Verstöße gegen die bergpolizeilichen Bestimmungen, durch welche Leben und Gesundheit der Bergarbeiter gefährdet sind, fest, so kann auf seine Veranlassung im Einvernehmen mit dem verantwortlichen Betriebsleiter des Reviers dieser Betriebspunkt sofort gestundet werden. Die Wiederaufnahme der Arbeit in einem gestundeten Betriebspunkt kann nur im Einvernehmen mit dem Steigerrevierrat erfolgen.

§ 3. Der Steigerrevierrat hat neben dem leitenden Beamten des Reviers für einen tunlichst reinen und vollständigen Abbau der Kohle zu sorgen.

§ 4. Die Festsetzung der Gedinge und Schichtlöhne erfolgt auf Anruf durch den zuständigen Beamten des Reviers im Einvernehmen mit dem Steigerrevierrat.

§ 5. Streitfragen über die Bestimmungen der §§ 1—4 zwischen a) dem Steigerrevierrat und Beamten und b) Belegschaft des Reviers und beiden Vorgenannten entscheidet auf Anruf eines der vorgenannten Beteiligten der Zechenrat im Einvernehmen mit der Betriebsleitung.

§ 6. Versäumung der Arbeitszeit durch die Tätigkeit als Steigerrevierrat darf eine Minderentlohnung nicht zur Folge haben.

§ 7. Jedes Steigerrevier ist durch den Steigerrevierrat monatlich zweimal zu befahren.
Aus besonderen auf bestimmte Tatsachen und Wahrnehmungen sich stützenden Gründen kann eine Kameradschaft des Reviers eine außerordentliche Befahrung verlangen. Im Falle einer Erkrankung oder sonstigen Verhinderung eines Steigerrevierrats sind durch den Zechenrat die Befahrungen des fraglichen Reviers durch einen anderen Steigerrevierrat zu veranlassen.

§ 8. Für die durch Tod oder Abkehr aus dem Arbeitsverhältnis ausscheidenden Steigerrevierräte sind durch den Zechenrat (Verwaltung) innerhalb vierzehn Tagen nach dem Tage des Ausscheidens Neuwahlen zu veranlassen.

§ 9. Wahlperiode ein Jahr. Wiederwahl ist zulässig.

§ 10. Neben den aus den vorstehenden Bestimmungen sich ergebenden Aufgaben hat der Steigerrevierrat auch die Aufgaben zu erfüllen, die den Sicherheitsmännern nach Maßgabe des Berggesetzes obliegen.

Nr. 4

**Bestimmungen über die Tätigkeit der Zechenräte**
(Entwurf auf Grund der Verhandlungen mit der Reichsregierung)

§ 1. Der Zechenrat ist die Beschwerdestelle für alle auf der Zeche zwischen der Belegschaft und Verwaltung einerseits und zwischen den einzelnen Revierräten und Belegschaften bzw. Verwaltungen andererseits entstehenden Streitigkeiten nach Maßgabe des § 5 der Bestimmungen für die Steigerrevierräte.

§ 2. Die Festsetzung der wegen Übertretung der Arbeitsordnung und der bergpolizeilichen Bestimmungen gegen Belegschaftsmitglieder oder gegen Angestellte zu verhängenden Strafen kann die Betriebsleitung nur im Einvernehmen mit dem Zechenrat vornehmen.

§ 3. Wesentliche Änderungen im Betriebe, als da sind: Seilfahrtsordnung (Arbeitsordnung), Preise für das von der Zeche zu liefernde Material, Gezähe usw. darf die Betriebsleitung nur im Einvernehmen mit dem Zechenrat vornehmen. Dasselbe gilt von der Entlassung von Arbeitern aus Gründen, die nicht mit dem Arbeitsverhältnis zusammenhängen. (Politische und gewerkschaftliche Betätigung usw.)

§ 4. Der Ankauf von Lebensmitteln, Gebrauchsartikeln usw. durch die Zeche zum Zwecke der Abgabe an die Belegschaft unterliegt der Kontrolle des Zechenrates. Ebenso sind die Verkaufspreise durch den Zechenrat im Einvernehmen mit der Betriebsleitung zu regeln.

§ 5. Zur Ausübung einer wirksamen Kontrolle der einzelnen Schachtanlagen sollen bei einer Belegschaft bis zu 1000 Mann die beiden gewählten Beamten und ein Arbeitervertreter des Zechenrats von der Berufsarbeit entbunden sein. Für jedes weitere angefangene Tausend an Belegschaftsmitgliedern ist ein weiterer Arbeitervertreter des Zechenrats freizugeben. (§ 5 vertagt bis nach Stellungnahme der Bergwerksbesitzer!)

§ 6. Dem vom Zechenrat bestimmten Mitgliede soll Einblick in alle betrieblichen, wirtschaftlichen und kaufmännischen Vorgänge des Werkes auf Verlangen gegeben werden.

§ 7. Die Entschädigung für die von der Berufsarbeit entbundenen Zechenräte regelt sich wie folgt:

Der freigestellte technische und kaufmännische Beamte bleiben im Genusse ihres bis dahin bezogenen Gehalts. Der in seiner Eigenschaft als Zechenrat von der Berufsarbeit entbundene Bergmann erhält den Hauerdurchschnittslohn der Schachtanlage, von welcher er als Zechenrat gewählt ist. (§ 7 vertagt bis nach Stellungnahme der Bergwerksbesitzer.)

Nr. 5

**Entschließung der Essener Konferenz der A.- u. S.-Räte am 6. 2. 1919**

Die Konferenz fordert von der Regierung:

1. Anerkennung der Neunerkommission. Deckung ihrer notwendigen Geldausgaben durch Angliederung an eine staatliche Bergbehörde (z. B. an das Oberbergamt Halle a. S.).

2. Übertragung folgender Aufgaben an die Neunerkommission:

a) Durchführung des Betriebsrätesystems nach der in Essen beschlossenen Wahlordnung;
b) Kontrolle der Bergwerke und der Verkaufsgesellschaften durch von ihr einzusetzende Unterausschüsse. Gesetzesbestimmungen, die eine solche Kontrolle privater Gesellschaften verbieten, müssen entsprechend abgeändert werden.

Die USP und die kommunistische Partei machen es von der Annahme dieser Mindestforderung abhängig, ob sie weiter wie bisher zur Beruhigung der Bergarbeiter und zur Verhütung von Streiks beitragen können.

Der Neunerkommission wird der Genosse Karski als volkswirtschaftlicher und journalistischer Beirat zur Seite gestellt.

Die anwesenden A.- und S.-Räte verpflichten sich, die Arbeit der von ihnen selbst eingesetzten Neunerkommission in jeder Weise zu unterstützen, dadurch

1. daß sie jedem Versuch, die Arbeiter oder Angestellten in den Streik zu treiben, nötigenfalls durch Festsetzung der Rädelsführer entgegentreten,
2. daß sie in der ihrem Einfluß zugänglichen Presse Artikel lügnerischer Natur über die Sozialisierung überwachen und Berichtigungen einsetzen,
3. daß sie in diese Presse die ihr von der Neunerkommission zur Verfügung gestellten volkswirtschaftlichen Artikel lanzieren.

Um der Neunerkommission die Sammlung des gesamten Materials zur Sozialisierung des Bergbaus zu ermöglichen, ist ihr durch ein Gesetz das Recht zuzusprechen, Direktoren, Betriebsleiter, Bankdirektoren und andere Personen, die Auskunft über technische, wirtschaftliche und finanzielle Fragen geben können, zu vernehmen, und zwar müssen die Befragten gezwungen sein, die gewünschten Auskünfte wahrheitsgemäß zu erteilen.

Die Bergarbeiter aus Mitteldeutschland wählen eine Kommission von drei Mitgliedern, die mit der Neunerkommission in engste Verbindung tritt.

Der Volkskommissar wird von der Kommission vorgeschlagen und von der Vollversammlung der A.- und S.-Räte gewählt.

Über die Tätigkeit der Zechenräte laut §§ 5 und 6 soll die Neunerkommission das weitere verfolgen.

Im Interesse der Einheitlichkeit der Arbeiter ist es erforderlich, daß die unorganisierten Elemente den Organisationen zugeführt werden zur Stärkung der gewerkschaftlichen und politischen Organisationen.

Es wird beschlossen, erneut an die Regierung mit der Forderung heranzutreten, den Lohnausfall durch Streiks bis einschließlich 13. Januar 1919 zu ersetzen.

Die Konferenz der A.- und S.-Räte des rheinisch-westfälischen Industriegebietes beschließt in der heutigen Konferenz, die Regierung zu ersuchen, bis zum 15. Februar die Neunerkommission mit allen ihr von der Konferenz zugewiesenen Rechten anzuerkennen und demgemäße Vollmachten auszustellen, anderenfalls die Arbeiter gezwungen sind, in den Generalstreik einzutreten.

Die heutige Konferenz protestiert gegen die erneute weitere Zusammenziehung von Militär zum Industriegebiet, sie erblickt darin eine Gefährdung der öffentlichen Ruhe und Ordnung.

(Dokumente Nr. 3, 4 und 5 aus: Die Sozialisierung des Bergbaus und der Generalstreik im rheinisch-westfälischen Industriegebiet. Herausgegeben von der Neunerkommission zur Vorbereitung der Sozialisierung des Bergbaus im rheinisch-westfälischen Industriegebiet, Essen o. J. (1919), S. 32 ff.)

Nr. 6

**Vorläufige Dienstanweisung für die Betriebsräte**
Veröffentlicht im Halleschen Volksblatt, Nr. 37 vom 13. 2. 1919

1. Der Betriebsrat ist die Vertretung aller Beamten, Angestellten und Arbeiter des Werkes und bildet als solcher ihre höchste Instanz.
2. Vornehmste Aufgabe des Betriebsrates ist es, den Betrieb schleunigst und ohne Störungen zu demokratisieren und für die Sozialisierung vorzubereiten.
3. Der Betriebsrat kontrolliert die Werksleitung und die Belegschaft und sorgt für einen möglichst hohen Stand des Betriebes zum Zwecke der Produktionssteigerung.
4. Der Betriebsrat kontrolliert die peinlichste Durchführung der bergpolizeilichen und gesundheitlichen Bestimmungen.
5. Drei vom Betriebsrat bestimmten Personen ist auf Wunsch Einblick in alle betrieblichen, wirtschaftlichen und kaufmännischen Vorgänge des Werks zu geben.
6. Bei Gehalts- und Lohnstreitigkeiten entscheiden Betriebsrat und Werksleitung gemeinsam.
7. Kein Angestellter und Arbeiter darf außer auf sein Verlangen ohne Genehmigung des Betriebsrats entlassen werden.
8. Der Betriebsrat erhält von der Werksleitung ein Zimmer zur Verfügung, in welchem der Betriebsrat jederzeit zusammenkommen kann. Zweckmäßig sind gemeinsame, in festen Abständen stattfindende Besprechungen des Betriebsrates mit der Werksleitung, in denen das Arbeitsprogramm des Werkes vorgetragen und die Kontrolltätigkeit der Mitglieder des Betriebsrates besprochen wird.

9. Um den Betriebsrat instand zu setzen, die kontrollierende Tätigkeit praktisch auszuüben und die Interessen der Belegschaft aus eigener Kenntnis vertreten zu können, dürfen die Mitglieder des Betriebsrates ihrer Berufstätigkeit möglichst wenig entzogen werden.

10. Die Mitglieder des Betriebsrates erhalten für die Dauer ihrer Tätigkeit im Betriebsrat ihren vollen Lohn (bzw. Gehalt). Über die Schichtdauer hinaus ausgeübte Betriebsratstätigkeit wird vom Werk nach vollem Lohnsatz vergütet; die durch Teilnahme an Sitzungen und Konferenzen entstandenen Lohnausfälle, Reisekosten 3. Klasse und eine angemessene Aufwandsentschädigung trägt das Werk.

11. Die Wahlperiode des Betriebsrates beträgt ein Jahr. Spricht jedoch in einer Belegschaftsversammlung die Mehrheit dem Betriebsrat oder einzelnen Mitgliedern ein Mißtrauensvotum aus, kann auf Antrag sofort zur Neuwahl geschritten werden. Wiederwahl ist zulässig.

12. Streitigkeiten zwischen Werksleitung und Betriebsrat entscheidet der Bergrevierrat. Wird von einer Seite Berufung eingelegt, entscheidet der Bezirksbergarbeiterrat beim Oberbergamt Halle endgültig.

Bezirksbergarbeiterrat beim Oberbergamt Halle
Peters    Könen    Rausch    Marx

(Aus: Prof. Dr. *F. Curschmann*, Die Entstehungsgeschichte des mitteldeutschen Vorläufers des Betriebsrätegesetzes, o. O., o. J., S. 190/1.)

Nr. 7

**Richtlinien der Opposition über die Rätefrage auf dem Zehnten Kongreß der Gewerkschaften Deutschlands zu Nürnberg 1919**

Die planmäßige Organisation der Produktion erfordert den Aufbau einer wirtschaftlichen Räteorganisation. Durch sie soll die Selbstverwaltung aller Berufsarten, Industrie-, Gewerbe-, Handels- und Verkehrszweige gewährleistet werden. Die Grundlage dieser Organisation sind die Betriebsstätten, die kleinsten gesellschaftlich produktiven Einheiten des Wirtschaftslebens. Aus den Betrieben werden die Vertrauensleute des werktätigen Volkes gewählt. Diese Räteorganisation erfaßt alle arbeitenden Kräfte des Volkes. Sie ist organisch auszubauen zu einer das ganze Volks- und Wirtschaftsleben zusammenfassenden Zentralorganisation:

1. Die deutsche Republik bildet eine Wirtschaftseinheit, die zentral verwaltet wird.
2. Deutschland wird in Wirtschaftsbezirke eingeteilt, in denen die produktiv Tätigen in Bezirksorganisationen zusammengefaßt werden.
3. Die gesamte Produktion gliedert sich nach Industrie-, Handels- und Verkehrszweigen und selbständigen Berufsgruppen.
4. Diese Gliederung ergibt folgende Gruppen:
   1. Landwirtschaft, Gärtnerei, Tierzucht, Forstwirtschaft und Fischerei.
   2. Bergbau, Hütten- und Salinenwesen, Torfgräberei.
   3. Industrie der Steine und Erden, Baugewerbe.
   4. Metallindustrie.
   5. Chemische Industrie.
   6. Spinnstoffgewerbe, Konfektion.
   7. Papierindustrie, Graphisches Gewerbe.
   8. Leder- und Schuhindustrie, Industrie lederartiger Stoffe.
   9. Holz- und Schnitzstoffgewerbe.
   10. Nahrungs- und Genußmittelgewerbe.
   11. Bank-, Versicherungs- und Handelsgewerbe.
   12. Verkehrsgewerbe.
   13. Freie Berufe.

## Die Organisation der Arbeit

1. Innerhalb jeder vorstehend aufgeführten Gruppe baut sich die Organisation der Arbeit auf den Betriebsräten auf, bis zu einer Reichsgruppenorganisation.
2. In jedem selbständigen Betrieb wird ein Betriebsrat gewählt, wobei die Gruppen der Angestellten und Arbeiter berücksichtigt werden müssen. Der Betriebsrat beaufsichtigt und regelt gemeinsam mit der Betriebsleitung alle Angelegenheiten des Unternehmens.
3. Wo ein Unternehmen mehrere Betriebe oder selbständige Abteilungen umfaßt, wird für jeden Betrieb ein Betriebsrat gewählt. Diese Betriebsräte treten zusammen zu dem Gesamtbetriebsrat, der aus seiner Mitte den Aufsichtsrat bei der Leitung des Gesamtunternehmens wählt.
4. Für selbständige Klein- und Mittelbetriebe mit gleicher Produktion erfolgt eine Zusammenfassung der Einzelbetriebsräte räumlich in Ortsbetriebs- oder Revierräte. In ihnen können auch die Betriebsräte gleicher Produktionsart durch den Bezirksgruppenrat zusammengeschlossen werden.
5. Selbständige Kleingewerbetreibende und andere Berufsgruppen, die nicht in Betrieben erfaßt werden können, wählen in der Gemeinde, in Kreis- oder Großstädten bezirksweise einen gemeinschaftlichen Betriebsrat (Berufsrat).
6. Die Betriebsräte, Ortsbetriebsräte, Revierräte oder gemeinschaftlichen Betriebsräte einer jeden unter 4. aufgeführten Gruppe innerhalb eines Wirtschaftsbezirks schließen sich zu einem Bezirksgruppenrat zusammen und wählen einen geschäftsführenden Ausschuß. Der Bezirksgruppenrat überwacht und regelt die Produktion im Bezirk nach den vom Reichsgruppenrat zu erlassenden Bestimmungen. Innerhalb des Bezirkes ist der Bezirksgruppenrat die höchste Instanz zur Entscheidung aller sich aus dem Produktionsverhältnisse seiner Gruppen ergebenden Fragen.
7. Der Bezirksgruppenrat einer jeden unter 4. aufgeführten Gruppe wählt aus seiner Mitte die Delegierten zum Bezirkswirtschaftsrat. Dieser entscheidet über Kompetenzstreitigkeiten unter den vorhandenen Gruppen innerhalb des Bezirks; auch Produktions- und Wirtschaftsfragen, die nur innerhalb des Bezirkes geregelt werden können, unterliegen der Entscheidung des Bezirkswirtschaftsrates.
8. Der Bezirksgruppenrat einer jeden unter 4. aufgeführten Gruppe wählt aus seiner Mitte Delegierte zu einem Reichsgruppenrat, welcher gebildet wird aus Vertretern der gleichen Gruppen aller Bezirke.
9. Der Reichsgruppenrat ist die Zentralinstanz der Gruppe. Er hat nach dem allgemeinen Wirtschaftsplan des Reichswirtschaftsrates Art und Umfang der Produktion, Beschaffung und Verteilung der Rohmaterialien, den Absatz der Produktion, sowie alle die Gruppe betreffenden Fragen zu regeln. Er kann zur Erledigung aller ihm obliegenden Fragen besondere Kommissionen bilden, die durch Sachverständige ergänzt werden können.
10. Die Reichsgruppenräte der unter 4. aufgeführten Industrie-, Gewerbe-, Handelszweige usw. wählen aus ihrer Mitte Vertreter in den Reichswirtschaftsrat.
11. Die Vertretung der Reichsgruppenräte im Reichswirtschaftsrat regelt sich nach dem Verhältnis der Gesamtzahlen der in den einzelnen Gruppen Beschäftigten.
12. Der Reichswirtschaftsrat setzt sich zu gleichen Teilen zusammen aus den Vertretern der angeführten dreizehn Wirtschaftsgruppen und aus den Vertretern der Organisation des Konsums. Die Leitung des Reichswirtschaftsrats führen die dazu Beauftragten des Zentralrats.
13. Bei Konflikten zwischen dem Reichswirtschaftsrat und den Beauftragten des Zentralrats fällt der Zentralrat die endgültige Entscheidung.

## Wahl und Zusammensetzung der Betriebsräte

1. In dem Betriebsrat eines jeden Betriebes sollen nach Möglichkeit die einzelnen Abteilungen des Betriebes vertreten sein.
2. Die Wahl wird von den in den Betrieben beschäftigten wahlberechtigten Pesonen vorgenommen, ist geheim und erfolgt auf jederzeitigen Widerruf.

3. Wahlberechtigt sind ohne Unterschied des Geschlechts alle über 18 Jahre alten Hand- und Kopfarbeiter, die ohne Ausbeutung fremder Arbeitskraft gesellschaftlich notwendige und nützliche Arbeit leisten und dadurch ihren Lebensunterhalt erwerben. Diejenigen Personen, die zum Erwerb ihres Lebensunterhaltes eine beschränkte Anzahl von Hilfspersonen gebrauchen — wie Aerzte, Assistenzärzte, Apotheker, Schriftsteller, Juristen, Künstler usw. —, sind wahlberechtigt. Desgleichen auch Kleingewerbetreibende und Handwerker, soweit sie nicht ständig fremde Arbeitskräfte beschäftigen.

4. Vom Wahlrecht ausgeschlossen sind Personen, die im Besitze von Produktionsmitteln sind, diese im eigenen Interesse ausnutzen und ständig durch fremde Arbeitskräfte bedienen lassen. Ferner Personen, die einen privatkapitalistischen Betrieb oder eine Anstalt pachtweise aufrechterhalten und ständig fremde Arbeitskräfte beschäftigen. Desgleichen auch solche, die von Grundrente oder arbeitslosem Kapitalaufkommen leben, sowie die durch Tantiemen und dergleichen am Unternehmergewinn beteiligten Direktoren, Prokuristen usw.

Richard Müller.

(Aus: Protokoll, S. 33 ff.).

Nr. 8

**Gegenvorschlag der Betriebsräte zum § 15 des Entwurfs eines Betriebsrätegesetzes bei den Verhandlungen mit dem Arbeitsministerium und dem Zentralrat vom 8.—10. 7. 1919**

Dem Betriebsrat steht das volle Kontroll- und Mitbestimmungsrecht über alle Angelegenheiten des Betriebes und der Verwaltung des Unternehmens zu.

Der Betriebsrat hat ferner die Aufgabe, die wirtschaftlichen, sozialen und kulturellen Interessen der Arbeitnehmer des Unternehmens wahrzunehmen.

Er hat

1. darüber zu wachen, daß in dem Unternehmen die zu Gunsten der Arbeitnehmer gegebenen gesetzlichen Vorschriften, die maßgebenden Tarifverträge und die von den Beteiligten anerkannten Schiedssprüche durchgeführt werden,

2. soweit eine tarifliche Regelung nicht besteht, im Einvernehmen mit den beteiligten wirtschaftlichen Vereinigungen der Arbeitnehmer bei der Regelung der Löhne und Gehälter und sonstigen Arbeitsverhältnisse, namentlich auch der Festlegung der Akkord- und Stücklohnsätze, bei der Einführung neuer Löhnungsmethoden, bei der Festsetzung der Arbeitszeit, bei der Regelung des Erholungsurlaubs der Arbeitnehmer und Lehrlinge und bei der des Lehrlingswesens im Unternehmen mitzubestimmen,

3. die Arbeitsordnung oder sonstigen Dienstvorschriften für die Arbeitnehmer und Änderungen derselben im Rahmen der geltenden Tarifverträge nach Maßgabe des § 19 mit dem Arbeitgeber zu entwerfen und der Betriebsversammlung zur endgültigen Beschlußfassung vorzulegen,

4. bei allen Einstellungen und Entlassungen mitzubestimmen (die §§ 20, 21, 23, 24 und 38 sind entsprechend abzuändern oder fallen zu lassen, § 22 ist zu streichen),

5. das Einvernehmen innerhalb der Arbeitnehmerschaft, sowie zwischen ihr und der Betriebsleitung zu fördern und für die Wahrung der Koalitionsfreiheit der Arbeitnehmerschaft einzutreten,

6. bei Streitigkeiten des Betriebsrats, der Arbeitnehmerschaft oder einer ihrer Gruppen mit dem Arbeitgeber, wenn durch Verhandlungen keine Einigung zu erzielen ist, die zuständige Schlichtungsstelle anzurufen,

7. auf die Bekämpfung der Unfall- und Gesundheitsgefahren im Betrieb zu achten und die Gewerbeaufsichtsbeamten, Bergbehörden und deren Vertreter durch Anregungen, Beratung und Auskunft zu unterstützen sowie die peinlichste Durchführung der berg- und gewerbepolizeilichen Bestimmungen und der Unfallverhütungsvorschriften zu kontrollieren. Anträge eines Betriebsrats zwecks Abänderung oder Erweiterung der bestehenden berg- und gewerbepolizeilichen Bestimmungen und der Unfallverhütungsvorschriften müssen von den zuständigen Behörden unter Hinzuziehung des betreffenden Betriebsrats und Bezirkswirtschaftsrates gewissenhaft geprüft werden,

8. alle sozialen Einrichtungen der Betriebe, insbesondere Konsumanstalten, Wirtschaftsbetriebe, Pensionskassen, Krankenkassen, Bibliotheken und Werkswohnungen mitzuverwalten,

9. in Betrieben mit wirtschaftlichen Zwecken für einen möglichst hohen Stand und für möglichste Wirtschaftlichkeit der Betriebsleistungen zu sorgen, sowie bei der Einführung neuer Arbeitsmethoden mitzubestimmen,

10. in Unternehmungen, welche in der Rechtsform der Aktiengesellschaft gebildet sind, und Unternehmungen, für die ein Aufsichtsrat besteht, je 2 Vertreter in die Direktion bzw. Vorstand und den Aufsichtsrat zu entsenden. Diesen stehen die gleichen Rechte und Pflichten dieser Organe, jedoch keine Vertretungs- und Zeichnungsbefugnis und *keine* Tantieme zu. In Einzelunternehmen oder Unternehmen anderer Rechtsformen werden 2 Vertreter in die Leitung des Unternehmens entsandt,

11. in die vergesellschafteten Unternehmungen Vertreter in die zur Leitung oder Überwachung der Bewirtschaftung eingesetzten Körperschaften zu entsenden.

(Aus: Archiv des Zentralrats der Deutschen Republik, Int. Inst. für Sozialgeschichte, Amsterdam.)

## Nr. 9

### Die Aufgaben der Betriebsräte

(Beschlossen auf der ersten Konferenz der revolutionären Betriebsräte zu Halle am 27. 7. 1919)

1. Der Betriebsrat ist die Vertretung aller Angestellten und Arbeiter des Betriebes.
2. Über die Gehalts- und Lohnangelegenheiten, die Arbeitsbedingungen, Arbeitsordnung, über Einstellung, Versetzung, Beurlaubung, Kündigung und Entlassung von Arbeitern und Angestellten entscheiden nach den für den Erwerbszweig von den Reichsgruppenräten aufgestellten Grundsätzen Betriebsleitung und Betriebsrat in jedem Fall gemeinsam.
3. Der Betriebsrat hat für weitestgehenden Schutz der menschlichen Arbeitskraft ständig Sorge zu tragen. Er überwacht die peinliche Durchführung der berg- und gewerbepolizeilichen Bestimmungen und der Unfallverhütungsvorschriften. Er wird bei Unfalluntersuchungen von der Betriebsleitung hinzugezogen. Auf die Hebung der Betriebssicherheit und Gesundheit ist ständig gemeinsam mit der Betriebsleitung durch technische Verbesserungen hinzuwirken.
4. Die Durchführung der sozialistischen Produktionsweise macht es den Betriebsräten zur Pflicht, für die Verbesserung der Arbeitsmethoden und Werkzeuge, für die technische Hebung und organisatorische Vereinfachung der Betriebsführung Sorge zu tragen.
5. Der Betriebsrat muß in alle Angelegenheiten des Unternehmens Einsicht nehmen. Dabei kann er seinen einzelnen Mitgliedern bestimmte Arbeitsgebiete zuweisen, jedoch erfolgt jede Stellungnahme zu irgendwelchen Vorgängen gegenüber der Betriebsleitung stets gemeinsam.
6. Die Ausführung der gemeinsam gefaßten Beschlüsse erfolgt durch die Betriebsleitung, die dem Betriebsrat dafür verantwortlich ist. Eigenmächtige selbständige Eingriffe in die Betriebsführung stehen dem Betriebsrat nicht zu.
7. Bei Streitigkeiten zwischen Betriebsleitung und Betriebsrat ist der Bezirksgruppenrat[1]) anzurufen, führt seine Vermittlung nicht zu einer beiderseitigen anerkannten Lösung des Konflikts, so entscheidet auf Anruf der Bezirkswirtschaftsrat endgültig.
8. Die Wahl oder die Abberufung und Versetzung von Betriebsleitern erfolgt durch den Bezirksgruppenrat, in dem alle Betriebsräte vertreten sind. Der Bezirksgruppenrat ist berechtigt, die Regelung betrieblicher Angelegenheiten Revierräten zu übertragen.
9. Für jeden Industrie- oder Gewerbezweig werden zu diesen allgemeinen Anmeldungen durch den Reichsfachgruppenrat Ausführungsbestimmungen erlassen, für deren Beachtung die Betriebsräte Sorge zu tragen haben.

(Aus: Protokolle des Zentralrats der Deutschen Republik, Sitzung der 15er Kommission am 27. 8. 1919, S. 5, Int. Inst. für Sozialgeschichte, Amsterdam.)

[1]) Im Original irrtümlich: „Betriebsgruppenrat".

Nr. 10

**Richtlinien über das Rätesystem bei den Preußisch-Hessischen Staatseisenbahnen**

(Beschlossen auf der General-Versammlung des Deutschen Eisenbahner-Verbandes vom Mai 1919 in Jena)

### 1. Allgemeines

Der Zentralrat und der Zentralvorstand des Deutschen Eisenbahner-Verbandes fordern das volle Kontroll- und Mitbestimmungsrecht in allen Verwaltungsgebieten. Um diese Forderung zu verwirklichen, bedarf es einer Räteorganisation. Bis zur Schaffung der Reichseisenbahnen muß das Rätesystem für die Preußisch-Hessischen Staatseisenbahnen auf folgender Grundlage aufgebaut werden:

a) Je ein Betriebsrat im Bereiche der Betriebs-, Maschinen-, Verkehrs- und Werkstättenämter mit dem Sitz beim Amt und im Bereiche der verschiedenen Direktionsbureaus nebst angegliederten Bauabteilungen. (Die übrigen Bauabteilungen der Bezirke wählen zusammen mit den Betriebsämtern, in deren Bezirk sie ihre Tätigkeit ausüben.) Bei den Abteilungen des Ministeriums und den Bureaus des Zentralamtes wird sinngemäß verfahren. Bei den einzelnen Dienststellen sind Vertrauensmänner zu wählen, die den Betriebsrat informieren und als dessen Ausführungsorgane tätig sind.

b) Je ein Bezirksrat mit dem Sitze bei den Direktionen. (Die Abteilungen des Ministeriums und des Zentralamtes sind je einem Direktionsbezirk gleich zu achten.)

c) Ein Zentral-Eisenbahnerrat mit dem Sitze bei dem Ministerium der öffentlichen Arbeiten.

d) Ein Schlichtungsausschuß mit dem Sitze in Berlin.

### 2. Betriebsräte

Die Wahlen zum Betriebsrat finden nach dem Verhältniswahlsystem statt. Als Wahlbezirk gilt der Amtsbezirk. Auf je volle 100 Beschäftigte ist ein Mitglied zum Betriebsrat zu wählen.

Die Wahl erfolgt nicht auf eine bestimmte Zeit, sondern ist jederzeit, sofern es die Mehrzahl der Wähler fordert, erneut vorzunehmen.

Diese Bestimmung findet sinngemäß Anwendung auf alle Körperschaften der Räte. Nähere Bestimmungen werden in der Wahlordnung gegeben.

Wahlberechtigt und wählbar zum Betriebsrat sind alle mindestens 18jährigen männlichen und weiblichen Arbeiter und Beamte, die in dem Amtsbezirk beschäftigt sind, für welchen der Betriebsrat zu wählen ist; mit Ausnahme der Amtsvorstände und des ständigen Stellvertreters.

Arbeiter und Hilfsbeamte stellen gemeinsame Vorschlagslisten auf. Die Beamten und Arbeiter können eine gemeinsame Vorschlagsliste aufstellen. Der Betriebsrat wählt aus seiner Mitte einen geschäftsführenden Ausschuß von drei Personen, und zwar einen Beamten und zwei Arbeiter. Der geschäftsführende Ausschuß ist den Amtsvorständen zur ständigen gleichberechtigten Mitarbeit beigeordnet.

Dienststellen mit weniger als 100 Mann, aber mindestens 20 Beschäftigten, die keinen Betriebsrat haben, müssen einen Vertrauensmann nebst Ersatzmann wählen. Die Wahl erfolgt durch die auf der Dienststelle Beschäftigten mit einfacher Stimmenmehrheit.

### 3. Bezirksräte

Die Wahlen zum Bezirksrat finden in einem besonderen Wahlgang nach dem Verhältniswahlsystem statt. Wahlberechtigt und wählbar zum Bezirksrat sind alle mindestens 18jährigen männlichen und weiblichen Beamten und Arbeiter des Direktionsbezirks, mit Ausnahme des Direktionspräsidenten und der ständigen Direktionsmitglieder. Die Wahlbezirke sind dieselben wie bei den Wahlen zum Betriebsrat. Auf je volle 500 Beschäftigte wird ein Vertreter zum Bezirksrat gewählt mit der Maßgabe, daß jeder Wahlbezirk mindestens drei Vertreter (Arbeiter und Beamte zusammen) entsendet. Die Beamten müssen nach dem Verhältnis der Kopfzahl der Beschäftigten des Amtsbezirks im Bezirksrat vertreten sein, jedoch mindestens einen Vertreter von der Mindestvertreterzahl 3 erhalten. Die Beamten und Arbeiter können eine gemeinsame Vorschlagsliste aufstellen. Der Bezirksrat wählt aus seiner Mitte einen geschäftsführenden Ausschuß von sieben Personen, und zwar einen technischen Beamten, je einen Beamten des Außen- und Innendienstes und vier Arbeiter. Dieser Ausschuß ist der Direktion zur ständigen gleichberechtigten Mitarbeit beigeordnet. In sinngemäßer Weise bilden sich die Bezirksräte bei den Abteilungen des Ministeriums und des Zentralamtes mit der Bestimmung, daß dort Arbeiter und Hilfsbeamte entsprechend ihrer Kopfstärke vertreten sind.

### 4. Zentralrat

a) Der Bezirksrat wählt aus seiner Mitte die dem Bezirk zustehenden Vertreter zum Zentral-Eisenbahnrat. Der Zentralrat im Gebiet der Preußisch-Hessischen Staatseisenbahn besteht aus 65 Mitgliedern, und zwar 41 Arbeitern und 24 Beamten, davon entfallen auf

|  | Arbeiter | Beamte |
|---|---|---|
| Ministerium Berlin | — | 1 |
| Zentralamt Berlin | — | 1 |
| Direkt.-Bezirk Berlin | 3 | 2 |
| „ Altona | 2 | 1 |
| „ Breslau | 2 | 1 |
| „ Bromberg | 2 | 1 |
| „ Cassel | 2 | 1 |
| „ Cöln | 2 | 1 |
| „ Danzig | 2 | 1 |
| „ Elberfeld | 2 | 1 |
| „ Erfurt | 2 | 1 |
| „ Essen | 2 | 1 |
| „ Frankfurt a. M. | 2 | 1 |
| „ Halle a. S. | 2 | 1 |
| „ Hannover | 2 | 1 |
| „ Kattowitz | 2 | 1 |
| „ Königsberg | 2 | 1 |
| „ Magdeburg | 2 | 1 |
| „ Mainz | 2 | 1 |
| „ Münster | 2 | 1 |
| „ Posen | 1 | 1 |
| „ Saarbrücken | 1 | 1 |
| „ Stettin | 2 | 1 |
|  | 41 | 24 |

b) Der Zentralrat wählt aus seiner Mitte einen geschäftsführenden Ausschuß von 15 Mitgliedern, und zwar 8 Arbeiter, 4 Beamte und 3 Gewerkschaftsbeamte, wovon mindestens 2 den Arbeiterorganisationen angehören müssen. Der geschäftsführende Ausschuß ist dem Ministerium zur ständigen gleichberechtigten Mitarbeit beigeordnet.

c) Die geschäftsführenden Ausschüsse der Räte (Betriebs-, Bezirks- und Zentralrat) wählen aus ihrer Mitte in geheimer, direkter Wahl mit einfacher Stimmenmehrheit einen Obmann, einen Obmannstellvertreter und einen Schriftführer. Bei Stimmengleichheit entscheidet das Los.

### 5. Schlichtungsausschuß

Der Schlichtungsausschuß besteht aus 7 Personen, und zwar einem unparteiischen Vorsitzenden, 3 Vertretern der Staatseisenbahnverwaltung und 3 Vertretern der Arbeitnehmer, wovon 2 den Arbeitern angehören müssen. Für jedes Mitglied des Schlichtungsausschusses ist ein Ersatzmann zu stellen bzw. zu wählen. Den unparteiischen Vorsitzenden stellt das Reichsarbeitsamt. Die Vertreter der Staatseisenbahnverwaltung werden vom Minister der öffentlichen Arbeiten ernannt. Die Vertreter der Arbeitnehmer wählt der gesamte Zentralrat, jedoch nicht unbedingt aus seiner Mitte. Die Mitglieder des Schlichtungsausschusses dürfen keinem geschäftsführenden Ausschuß der Räte (Betriebs-, Bezirks- oder Zentralrat) angehören.

## 6. Aufgaben und Tätigkeitsgebiet der Räte

a) Die Betriebsräte sind zur Regelung aller das Arbeits- und Angestelltenverhältnis betreffenden Fragen heranzuziehen. Ihnen liegt es ob, den Fortgang und die Steigerung der Produktion im Betriebe zu sichern und für die Beseitigung aller eintretenden Hemmungen Sorge zu tragen. Sie haben die Durchführung der von dem Ministerium und Zentralrat bzw. Direktionen und Bezirksräten erlassenen Verordnungen und Verfügungen zu überwachen. Der geschäftsführende Ausschuß des Betriebsrates überwacht und kontrolliert die kaufmännischen und technischen Geschäfte des Amtes. Er hat das Recht, mit Zustimmung des Bezirksrates geeignete Personen (Fachleute oder Organisationsvertreter) zur Kontrolle des Betriebes heranzuziehen. Die Vollversammlungen des Betriebsrates finden nach Bedarf, jedoch mindestens einmal im Monat statt. Der Ausschuß hat für eine dem allgemeinen Wohl dienende Arbeitsleistung Sorge zu tragen und den Betrieb nach den vom Zentralrat und Ministerium bzw. Bezirksrat und Direktion getroffenen Bestimmungen in Gemeinschaft mit dem Amtsvorstand zu regeln. Eintretende Produktionsstörungen sind dem Bezirksrat sofort zu melden. Auf dessen Verlangen ist ein schriftlicher Bericht über den Stand der Produktion einzusenden.

b) Die Bezirksräte regeln und überwachen gemeinsam mit den Direktionen die Arbeitsleistung im Bezirk, ebenso die Verteilung der Rohmaterialien. Sie haben das Recht, gemeinsam mit den Direktionen für den Bezirk Verordnungen und Verfügungen zu erlassen und geben die Ausführungsbestimmungen für die von dem Ministerium und Zentralrat erlassenen Verordnungen. Dem geschäftsführenden Ausschuß steht das Recht zu, Sachverständige und Vertreter der Gewerkschaften zu den Sitzungen heranzuziehen. Die Vollversammlungen der Bezirksräte finden nach Bedarf, jedoch mindestens einmal im Vierteljahr statt.

c) Der Zentralrat überwacht das gesamte Wirtschaftsleben im Gebiete der Preußisch-Hessischen Staatseisenbahn und erläßt gemeinsam mit dem Ministerium die erforderlichen Verordnungen zur Aufrechterhaltung des Verkehrs und der Produktion. Die Vollversammlung des Zentralrates findet nach Bedarf, jedoch mindestens halbjährlich einmal statt. Entscheidungen des Zentralrats in Übereinstimmung mit dem Ministerium sind endgültig.

d) Die Einberufung der Vollversammlung der Räte erfolgt durch den Obmann:
zu selbständigen Sitzungen
zu gemeinsamen Sitzungen im Einvernehmen mit dem Vertreter der Verwaltung.

Auf Verlangen der Verwaltung oder eines Drittels der Räte muß eine Sitzung anberaumt und der bezeichnete Beratungsgegenstand auf die Tagesordnung gesetzt werden.

Den Vorsitz in allen Sitzungen führt der Obmann, im Behinderungsfall sein Stellvertreter.

Der Obmann ist verpflichtet, die Tagesordnung für alle Sitzungen den Beteiligten vorher bekannt zu geben.

Ein gültiger Beschluß kann nur gefaßt werden, wenn alle Mitglieder und nötigenfalls die erforderlichen Ersatzmänner geladen und mindestens die Hälfte der Geladenen erschienen ist. Die Beschlüsse werden durch Stimmenmehrheit der Erschienenen gefaßt; bei Stimmengleichheit gilt der Antrag als abgelehnt. Über jede Beratung der Räte ist eine Niederschrift aufzunehmen, die vom Obmann und dem Schriftführer zu unterzeichnen ist. Die Niederschriften werden verlesen und gelten als genehmigt, wenn von den Mitgliedern kein Widerspruch erfolgt. Je eine Abschrift der Niederschrift jeder Sitzung ist den Beteiligten bekannt zu geben.

Die Sitzungen finden in der Regel während der Arbeitszeit unter Fortzahlung des Lohnes statt.

Der Schlichtungsausschuß tritt zusammen auf Antrag des Zentralrats oder des Ministeriums.

Mitglieder der Räte dürfen aus Gründen, die aus ihrer Tätigkeit herrühren, nur mit der ausdrücklichen Zustimmung ihrer Wähler versetzt oder entlassen werden.

(Aus: Protokoll, S. 244 ff., einstimmige Annahme S. 272.)

## Nr. 11

### Resolution des Verbandstages der Gemeinde- und Staatsarbeiter vom September 1919 in Nürnberg

Der achte Verbandstag des Verbandes der Gemeinde- und Staatsarbeiter Deutschlands fordert die entscheidende Mitwirkung der Räte bei der Gesetzgebung, Staat und Gemeindeverwaltung und in den Betrieben.

Die Vergesellschaftung der kapitalistischen Unternehmungen ist sofort zu beginnen. Sie ist unverzüglich durchzuführen auf den Gebieten des Bergbaues und der Energie-Erzeugung (Kohle, Wasser, Kraft, Elektrizität), der konzentrierten Eisen- und Stahlproduktion und des Bank- und Versicherungswesens. Großgrundbesitz und große Forste sind sofort in gesellschaftliches Eigentum zu überführen. Die Gesellschaft hat die Aufgabe, die gesamten wirtschaftlichen Betriebe durch Bereitstellung aller technischen und wirtschaftlichen Hilfsmittel, sowie durch Förderung der Genossenschaft zur höchsten Leistungsfähigkeit zu bringen. In den Städten ist Großbesitz an Grund und Boden in Gemeindeeigentum zu überführen und ausreichende Wohnungen sind von der Gemeinde auf eigene Rechnung des Reiches und der Gemeinden herzustellen. In der Erkenntnis, daß das vom Verfassungsausschuß ausgearbeitete Betriebsrätegesetz Flickwerk ist, und nicht dazu dient, einen Einfluß der Betriebsräte in den Verwaltungen der Staats- und Gemeindebetriebe zu sichern, und die noch bestehende Bureaukratie zu beseitigen, fordert die in den Gemeinde- und Staatsbetrieben organisierte Arbeiterschaft das unbedingte Kontrollrecht der Betriebsräte über die Betriebsvorgänge kaufmännischer und gewerblicher Natur.

(Aus: Protokoll, S. 131, mit 76 gegen 56 Stimmen angenommen.)

## Nr. 12

### Resolution Dißmann (Auszug) vom ersten Kongreß der Betriebsräte Deutschlands 1920

In seinem Kern legt das Betriebsrätegesetz nur die Aufgaben der bisherigen Arbeiter- und Angestelltenausschüsse gesetzlich fest. Aber selbst in diesem Aufgabenkreis werden den Betriebsräten durch das Gesetz viele Erschwernisse in den Weg gelegt, um ihre Tätigkeit selbst auf diesem Gebiete notwendiger engerer Tagesaufgaben unwirksam zu machen. Die Betriebsräte wie die gesamte Arbeiterschaft aber müssen sich weit über den engen Rahmen des Gesetzes hinausgehende Ziele stecken und ihre gesamte Tätigkeit dementsprechend einstellen. Die Betriebsräte haben als Organe des proletarischen Klassenkampfes mitzuhelfen an dem großen Ringen um den Aufbau eines sozialistischen Gemeinwesens. Soll das Ziel — die Vergesellschaftung der Produktionsmittel — erreicht werden, so müssen die Träger der Produktion, die Hand- und Kopfarbeiter, gemeinsam sich geistig und organisatorisch darauf einstellen. Dies ist die zwingende Pflicht aller wirtschaftlichen Kampforganisationen der Arbeiterklasse, der Gewerkschaften und der aus ihrer Mitte delegierten Vertreter im Produktionsprozeß, der Betriebsräte. Die Betriebsräte müssen sich mit allen Fragen beschäftigen, die für den Produktionsprozeß in Frage kommen.

Wir fordern daher das Kontroll- und Mitbestimmungsrecht für die Betriebsorganisation, Produktion, Preisbildung, den Warenabsatz usw. als Vorstufe des zu erkämpfenden alleinigen Bestimmungsrechtes der Schaffenden.

Diese Forderungen mit allem Nachdruck zu vertreten und die ganze Macht der Organisation dahinter zu setzen, macht uns die gegenwärtige, die Klassengegensätze immer mehr verschärfende Wirtschaftskrise zu einer gebieterischen Pflicht. Jeder Tag gibt weitere Arbeitermassen der Arbeitslosigkeit preis, die Arbeitszeit wird reduziert, Betriebe eingeschränkt und stillgelegt. Dem rücksichtslosen Unternehmertum und seiner zerstörenden Produktionssabotage müssen wir die Forderung der Produktionskontrolle entgegenstellen. Den Betriebsräten muß nicht nur die volle Einsicht in alle die Weiterführung der Produktion (Rohstoffbezug, Warenabsatz, Preisbildung und Auftragbeschaffung usw.) betreffenden Maßnahmen gewährt werden, sondern ein weitgehendes Mitbestimmungsrecht.

Die von den Betriebsräten auszuübende Produktionskontrolle darf sich nicht auf die einzelnen Betriebe beschränken, sondern sie muß in planmäßigem Aufbau und organischer Fortentwicklung zu einer Gesamtkontrolle über die einzelnen Industriezweige (Rohmaterial, Aufträge, Produktivität, Verkauf, Statistik usw.) wie der Gesamtindustrie ausgebaut werden.

Diese Forderungen aufzustellen und den Betriebsräten diese Aufgaben zuzuweisen, heißt den revolutionären Kampf des Proletariats erkennen. Die Unternehmer denken ebensowenig daran, ihre wirtschaftliche Macht preiszugeben, wie den Arbeitern (Betriebsräten) ein wirtschaftliches Kontroll- und Mitbestimmungsrecht im Produktionsprozeß einzuräumen. Diese Tatsachen zwingen die Gewerkschaften, in das Zentrum ihrer Tätigkeit diesen revolutionären Kampf um die Beseitigung der kapitalistischen Wirtschaftsanarchie zu setzen, der organisierten Macht des fest und zentral organisierten, über den Staatsapparat und dessen Machtmittel verfügenden Unternehmertums als einer herrschenden Minderheit entgegenzustellen die geschlossene Macht und den entschlossenen Willen der organisierten, kampfbereiten Hand- und Kopfarbeiter als der ausgebeuteten überwiegenden Mehrheit. Nur wenn in diesem Geiste auf der ganzen Linie die Einstellung und Vorbereitung durchgeführt wird, werden die Gewerkschaften vor ihrer historischen Mission bestehen: Als einzige geschlossene Organisation des klassenbewußten Proletariats Kämpfer, Wegbereiter und Träger der proletarischen Wirtschaftsordnung zu sein!
(Aus: Erster Reichskongreß der Betriebsräte Deutschlands im Oktober 1920 in Berlin, Protokoll S. 67 ff.)

Nr. 13

### Resolution Schmitz, Breunig und Genossen

(Beschlossen auf dem Bundeskongreß des ADGB zu Leipzig im Juni 1922)

Der Kongreß beauftragt den Bundesvorstand, dahin zu wirken, daß
1. Das Mitbestimmungsrecht der Arbeitnehmer in den Betrieben auf alle Betriebsangelegenheiten ausgedehnt wird;
2. insbesondere den Betriebsvertretungen weitgehende Kontrollrechte eingeräumt,
3. den Betriebsvertretungen auf Antrag über alle Betriebsvorgänge Auskunft zu erteilen ist und alle erforderlichen Unterlagen zugänglich gemacht,
4. alle arbeitsrechtlichen Sondergesetze und Verordnungen für die Reichs-, Staats- und Gemeindebetriebe beseitigt,
5. die Kosten für die volkswirtschaftliche, betriebs- und verwaltungstechnische, sowie kaufmännische Schulung und Ausbildung der Betriebsvertretungsmitglieder auf die Reichskasse übernommen werden.

gez. Jacob Schmitz, Deutscher Eisenbahnverband.
L. Breunig, Deutscher Eisenbahnverband.
Müntner, Verband der Gemeinde- und Staatsarbeiter.
Husemann, Bergarbeiterverband.
J. Denig, Deutscher Transportarbeiterverband.

(Aus: Protokoll, S. 422, 435.)

## Personenregister

Adler, Victor 35
Anweiler, Oskar 20 f., 23
Apelt, Willibald 92
Aufhäuser, Siegfried 158, 194

Baade, Fritz 111, 304
Ballod, Carl 239
Barth, Emil 127
Bauer, Gustav 140, 146, 158, 160, 163, 249 f., 257, 261, 266
Bebel, August 33, 264
Bendix, Ludwig 90
Bernstein, Eduard 48 f., 172, 264
Blunk, Jakob 180
Brandes, Alwin 286
Brandler, Heinrich 126, 183, 185, 192, 194, 222 ff., 285 f.
Brass, Otto 125, 223, 286
Braun, Adolf 24, 239
Breitscheid, Rudolf 304
Breunig, Lorenz 179, 193
Briefs, Götz 233
Brigl-Matthiass, Kurt 156, 303
Brunner, Louis 178, 180
Buber, Martin 344
Büchel, Franz 202 f.
Burciczak (Berliner SPD-Arbeiterrat) 83, 140

Carpow, Edwin 237 f., 240
Casper, Cläre, siehe Derfert-Casper
Cohen, Adolf 253, 262 f., 265
Cohen, Max 82 f., 157, 161, 167, 200 ff., 249, 256, 259 ff., 304, 307 f.
Cromwell, Oliver 9, 340
Cuno, Wilhelm 227
Cunow, Heinrich 239
Curschmann, F. 137, 144 ff.

Dahrendorf, Ralf 15 f., 310 f., 330 ff.
Däumig, Ernst 69, 71 f., 77 ff., 82, 85 ff., 91 ff., 95 ff., 99 f., 103 ff., 107, 125, 163, 223, 303 f.
David, Eduard 250
Derfert-Casper, Cläre 73, 75
Dissmann, Robert 186, 194, 196, 268, 286, 304
Düwell, Bernhard 134, 223

Eberlein, Hugo 213
Ebert, Friedrich 43, 79, 256
Eckert, Paul 74, 89, 286 f.
Eisner, Kurt 199, 304
Eissnert, Leonhard 38
Enderle, August 286

Engels, Friedrich 32, 229, 264
Erdmann, Karl-Dietrich 52, 67
Ernst, Josef 127, 286

Faass, Fritz 201
Fischbeck, Otto 252
Flechtheim, Ossip K. 291 f.
Franke, Otto 73
Fricke, Fritz 100
Friedeberg, Raphael 31
Frölich, Paul 52, 222, 227

Geiger, Theodor 288
Geyer, Curt 69, 90, 96, 103, 106 f., 125, 162 f., 223, 294
Giesberts, Johannes 123
Göppert, Heinrich 235, 249
Gorter, Hermann 214
Griffuelhes, Victor 235
Grundmann (Zechenrat Viktoria Lünen) 132
Guttmann, Ketty 218

Haas, August 265
Haase, Hugo 72 f., 82, 199, 304
Hausen, Erich 286
Heckert, Fritz 183, 222, 225 f., 285
Heimann, Eduard 244
Heinzelmann (Mitglied des Bez. B.-Rat Halle) 136
Hendrichs, Franz 176
Hertel (Frankfurt, Mitglied des Zentralrats der Eisenbahner) 179, 193
Hetzschold, Otto 268
Hilferding, Rudolf 182, 231, 239
Hirsch, Paul 200
Hoff (Preußischer Minister für öffentliche Arbeiten) 180
Hué, Otto 114, 123, 188, 239, 247
Husemann, Friedrich 116

Jäckel, Hermann 191
Jogiches, Leo 73, 75, 79, 129

Kahmann, Hermann 178 ff.
Kaliski, Julius 82 f., 200 ff., 249, 256, 304, 307 f.
Karski (Marchlewski), Julius 115 ff., 124 f., 129 ff., 246, 303
Kater, Fritz 209
Katz, Iwan 223
Kaufmann, Heinrich 239
Kautsky, Karl 31, 33, 35, 42, 44 f., 47 ff., 172, 239, 253, 264, 291

Koenen, Bernhard  136, 142 f., 171 f.
Koenen, Wilhelm  69, 96, 106, 125, 133 ff., 139, 142, 146 ff., 151, 162 ff., 167, 223, 226, 250
Koeth, Josef  176
Kolb, Eberhard  20 ff., 25 f., 179, 254 f.
König, Georg  286
König, Max  122 f.
Korsch, Karl  33, 49, 102, 130, 200, 223, 242 ff., 258 f., 262, 303 f., 306, 327
Kranold, Hermann  237 f., 240
Krauss, Simon  286
Kreft, Artur  79, 90
Kuczynski, René  239
Kummer, Fritz  265

Lahrsen (Hamburger Betriebsrat)  96
Landauer, Gustav  30
Landsberg, Otto  252
Lange, Paul  158, 263
Lassalle, Ferdinand  31
Laufenberg, Heinrich  48, 198 f.
Laukant, Gustav  89
Ledebour, Georg  71 ff., 82, 89, 93, 264
Lederer, Emil  236, 239 f.
Legien, Carl  36, 182, 184 f., 189, 221, 268
Leinert, Robert  252, 256
Leipart, Theodor  191, 262, 268
Lenin, Wladimir Iljitsch  98, 105, 225 f., 231, 337
de Leon, Daniel  230
Leopold, Wilhelm  286
Levi, Paul  88 f., 92, 105, 220, 222 f.
Liebknecht, Karl  65, 72 f., 75, 79, 82
Liebknecht, Theodor  89
Liebknecht, Wilhelm  264
Liebmann, Hermann  286
Limbertz, Heinrich  116
Lindemann, Hugo  239
Losowski, A.  194
Luxemburg, Rosa  48, 65, 72, 77, 79, 88, 92, 105, 129, 220, 231, 254, 303

Maercker, Georg  144
Maltzahn, Heinrich  89, 223, 286
Mann, Tom  315
Marx, Karl  32, 36, 41 f., 47, 49, 90, 229 ff., 233, 242, 246, 264
Marx (Mitglied des Bez. B.-Rat Halle)  136
Meyer, Ernst  222 f.
Meinberg, Adolf  113
Michel (Frankfurt, Eisenbahner, Arbeiterrat)  179
Michels, Robert  31
Miller, Josef  167, 267
Minck, Friedrich  99

Mühsam, Erich  30
Müller, August  123, 176, 248
Müller, Hermann  109, 265 f.
Müller, Richard  25, 71, 78 ff., 85 f., 88 ff., 96, 99, 101 f., 106 f., 125, 147, 163, 181, 190, 194, 223, 226, 253, 262 f., 287

Neumann, Paul (Berlin)  89, 223, 286
Neumann, Paul (Kiel)  174
Neurath, Otto  237
Noske, Gustav  55, 79, 120, 154, 174, 176, 180

Obuch, H.  89

Paeplow, Fritz  185, 188, 191
Pannekoek, Anton  48 f., 214
Peters, Bruno  73
Peters, Otto  136 f., 143, 162
Pfempfert, Franz  214
Pieck, Wilhelm  223
Pribićević, Branko  20, 24, 311, 314, 318, 323, 328

Radek, Karl  129
Rausch, G.  136, 142
Reichert, J. W.  188
Rhode, Gotthold  67
Ritzert, Jean  263
Rocker, Rudolf  209 ff., 216
Röhrig (Geh. Bergrat)  114
Romberg (Geheimrat, Leiter des Waffen- und Munitionsbeschaffungsamtes — WuMBA)  176
Rosenberg, Arthur  25, 32, 53 ff., 59 f., 64, 79, 104, 154, 218, 223
Rosenfeld, Kurt  172
Ruben (Essen, Landrichter, Volkskommissar für Sozialisierung)  113, 115, 121 f., 131
Rühle, Otto  214 ff.
Rusch, Oskar  89, 223, 286 f.

Sachse, Hermann  123
Schäfer, Ernst  286
Schäfer, Heinrich  157
Scheidemann, Philipp  79, 203, 250, 265
Schiffer, Eugen  176, 252
Schlicke, Alexander  161 f.
Schliestedt, Heinrich  112, 286
Scholem, Werner  223
Scholze, Paul  73
Schröder, Karl  214, 218, 310
Schulz, Paul  179 f.
Schumpeter, Josef  236, 239
Schürken (Steiger auf Zeche Viktoria Lünen)  132, 172

Schwab, Max 310
Seidel, Richard 192
Severing, Carl 117
Sickert, Fritz 193, 286
Sievers, Max 98
Simons, Walter 252
Sinowjew, Grigorij 103, 106
Sinzheimer, Hugo 203 ff., 249, 259, 261, 304, 308
Sombart, Werner 33, 231
Stampfer, Friedrich 58, 109
Steger (Christlicher Bergarbeiterführer) 128
Stein (Steiger, Mitglied der Essener Neunerkommission) 123
Steinitz, Kurt 162
Stoecker, Walter 103, 106 f., 125, 223
Ströbel, Heinrich 53, 200, 304
Strzelewicz, Willy 335

Tarnow, Fritz 183, 191 f.
Teuber, Heinrich 110, 286
Thalheimer, August 222, 227
Thälmann, Ernst 105, 183, 223
Timm, Johannes 46
Tormin, Walter 20 f., 23, 25, 67, 74
Tost, Otto 88, 263, 286

Trotzkij, Leo 105
Tucholsky, Kurt 304

Umbreit, Paul 182, 188, 239, 247, 249, 253, 257, 268

Vögler, Albert 114

Walcher, Jacob 222, 224, 226 f., 286
Watter, Oskar Freiherr von 115
Weber, Max 31, 335
Wegmann, Paul 89, 223, 225, 286
Werner, Georg 239 ff.
Wiedenbeck (Berginspektor) 138
Wilbrandt, Robert 236, 239, 242
Will (Mitglied der Essener Neunerkommission) 140
Winnig, August 46, 185
Wissell, Rudolf 140, 155, 248 f., 251, 257, 267
Wolffheim, Fritz 48

Zeising (Bergarbeiter, Mitglied des Bez. B.-Rates, Halle) 136
Zernicke, Hermann 263, 267
Zetkin, Clara 223
Zschimmer, Eberhard 167 f.

# Neuer Anhang

# Auszüge aus dem Gutachten: Die Probleme der wirtschaftlichen Neuordnung und der Mitbestimmung in der Revolution von 1918

# Inhaltsverzeichnis *

|  | Seite | Seite im Original |
|---|---|---|

**5. Kapitel**
Sozialisierungspolitik und Sozialisierungsgesetzgebung . . . . [381] 64
a) Die Entwicklung von Politik und Gesetzgebung . . . . . [381] 64
b) Die Sozialisierungsgesetzgebung in ihrer Auswirkung. . . . [384] 67

*III. Teil: Programme und Theorien* . . . . . . . . . . . [389] 73

**6. Kapitel**
Sozialisierung und Mitbestimmung im Licht der sozialistischen
Tradition . . . , . . . . . . . . . . . . . . . . [391] 75

**7. Kapitel**
Sozialisierungsentwürfe . . . . . . . . . . . . . . . [399] 83
a) Die Entwürfe der Sozialisierungskommission . . . . . . [399] 83
b) Einzelvorschläge zum Kohlenbergbau . . . . . . . . . [403] 87
c) Sozialisierung der Planwirtschaft . . . . . . . . . [407] 91

**8. Kapitel**
Rätesystem und Wirtschaftsverfassung . . . . . . . . . . [412] 96
a) Das ‚reine' Rätesystem . . . . . . . . . . . . . [412] 96
b) Entwürfe für Kompromisse zwischen Rätesystemen und
parlamentarischer Demokratie . . . . . . . . . . . [416] 100
c) Der Cohen/Kaliskische Räteplan . . . . . . . . . . [418] 102

* Auszug aus dem Gutachten: Die Probleme der wirtschaftlichen Neuordnung und der Mitbestimmung in der Revolution von 1918.
Das Gutachten wird in diesem Anhang nur mit den Kapiteln 5 bis 11 wiedergegeben, weil die ersten Kapitel dem Text im vorliegenden Buch entsprechen.
Aus Gründen einer einheitlichen Zitierweise wurden bei dieser photomechanischen Wiedergabe Seitenzahlen und Fußnoten des Originals beibehalten. Um einen zweifachen Abdruck einiger Dokumente dieses Gutachtens zu vermeiden, wird auf die entsprechende Dok. Nr. im dokumentarischen Anhang dieses Buches S. 355 ff. verwiesen.

|   | Seite | Seite im Original |
|---|---|---|

d) Die offiziellen gewerkschaftlichen und sozialdemokratischen Räutepläne . . . . . . . . . . . . . . . [421]  105

**9. Kapitel**
Karl Korsch – Versuch einer Synthese . . . . . . . . . . [428]  112

**IV. Teil: Ergebnisse und Probleme** . . . . . . . . . . . [437]  121

**10. Kapitel**
Mitbestimmung . . . . . . . . . . . . . . . . . . [439]  123
a) Die Bewegung der Arbeitnehmer . . . . . . . . . . [439]  123
b) Einzelprobleme betrieblicher Mitbestimmung . . . . . . [445]  129

**11. Kapitel**
Sozialisierung und sozialistische Wirtschaftsverfassung . . . . [449]  133

*Dokumente* . . . . . . . . . . . . . . . . . . . [459]

1. Entspricht Dokument Nr. 1 auf S. 356
2. Entspricht Dokument Nr. 2 auf S. 358
3. Entspricht Dokument Nr. 3 und Nr. 4 auf S. 360
4. Entspricht Dokument Nr. 6 auf S. 362
5. Mitteldeutsche Vereinbarung vom 12. März 1919 . . . . [461]  153
6. Vorläufige Dienstanweisung für die Betriebsräte im Bergbau vom 26. Mai 1919 . . . . . . . . . . . . . . . [463]  155
7. Richtlinien über die künftige Wirksamkeit der Gewerkschaften und Bestimmungen über die Aufgaben der Betriebsräte vom Nürnberger Gewerkschaftskongreß 1919 . . . . . [465]  157
8. Entspricht Dokument Nr. 7 auf S. 363
9. Leitsätze des SPD-Parteitages zu Weimar 1919 über die Rätefrage . . . . . . . . . . . . . . . . . . . [470]  165
10. Entspricht Dokument Nr. 8 auf S. 365
11. Entspricht Dokument Nr. 9 auf S. 366
12. Entspricht Dokument Nr. 10 auf S. 367
13. Artikel 165 der Weimarer Reichsverfassung . . . . . . [474]  176
14. Entspricht Dokument Nr. 11 auf S. 370
15. Resolutionen des Verbandstages der Transportarbeiter im Juni 1919 . . . . . . . . . . . . . . . . . . [475]  178

                                                                Seite   Seite
                                                                  im
                                                                Original

16. Entspricht Dokument Nr. 12 auf S. 370
17. Entspricht Dokument Nr. 13 auf S. 371
18. R. Wilbrandt: Denkschrift betreffend Sozialisierung des
    Kohlenbergbaus . . . . . . . . . . . . . . . . .  [477]    183
19. Wirtschaftspolitisches Wahlprogramm der deutsch-österreich-
    ischen Sozialdemokratie 1919 . . . . . . . . . . .  [480]   186

## 5. KAPITEL

## Sozialisierungspolitik und Sozialisierungsgesetzgebung[1]

Genauso wie in der Rätefrage, verfolgten auch in der Frage der Sozialisierung die SPD und die von ihr beherrschte Reichsregierung keine eindeutige und konsequente Politik. Es wurden zwar – mehr oder weniger unter dem Zwang der Verhältnisse – politische und gesetzgeberische Schritte unternommen, aber im großen und ganzen standen die Sozialdemokraten – Politiker wie Gewerkschaftler – in ihrer Mehrheit einschneidenden Veränderungen der Wirtschafts- und Sozialordnung – zumindest unter den gegebenen Umständen – eher ablehnend als zustimmend gegenüber. Das wird vor allem bei der Rätegesetzgebung sichtbar, wo die SPD ursprünglich über die Einrichtung von Arbeiter- und Angestelltenausschüssen sowie von regionalen Arbeitskammern mit sozialpolitischen Funktionen nicht hinausgehen wollte und erst durch die Bewegung der Arbeiter zu weiter gehenden Projekten genötigt wurde.

In der Frage der Sozialisierung freilich, die nun allerdings in der überkommenen sozialistischen Ideenwelt eine zentrale Stellung einnahm, strebte eine Reihe von führenden Sozialdemokraten – abgesehen von den sozialdemokratischen Theoretikern waren es vor allem Gewerkschaftler – über die engen Grenzen der zögernden Regierungspolitik hinaus. Der ADGB-Redakteur *Umbreit* und der Bergarbeiterführer *Hué* zum Beispiel waren aktive Mitglieder der Sozialisierungskommission und Verfechter der Pläne, die von dem entschieden sozialistischen Flügel der Kommission ausgearbeitet wurden. Der von den Gewerkschaften herkommende Wirtschaftsminister *Wissell* verfocht, mit einer anderen Zielrichtung, aber ebenfalls sehr entschieden, bestimmte Sozialisierungspläne. Aber diese und andere Bemühungen vermochten der sozialdemokratischen Gesamtpolitik gegenüber den Problemen einer sozialistischen Neuordnung der Wirtschaft keine eindeutige Richtung zu geben. Die Regierung hat nach dem Umsturz 1918 zu keiner Zeit wirklich zielbewußt die Sozialisierung zum Inhalt ihrer Politik gemacht[2].

### a) *Die Entwicklung von Politik und Gesetzgebung*

Wir wollen im folgenden kurz den Gang der Sozialisierungspolitik und Gesetzgebung der ersten Reichsregierungen skizzieren und im Anschluß daran ihre Pläne einer knappen sachlichen Betrachtung unterziehen. Nachdem die ersten dringenden politischen und Verwaltungsmaßnahmen getroffen worden waren, setzte der Rat der Volksbeauftragten – übrigens auf Drängen des USPD-Vertreters *Haase* – Mitte November 1918 eine sogenannte »Sozialisierungskommission« ein. Sie bestand aus einigen sozialistischen Theoretikern (*Kautsky, Cunow, Hilferding*), mehreren dem Sozialismus nahestehenden Professoren (*Ballod, Lederer, Schumpeter, Wilbrandt*), den schon genannten Gewerkschaftlern *Hué* und *Umbreit* und den nichtsozialistischen Wirtschaftspolitikern Prof. *Francke*, der einen Ruf als fortschrittlicher Sozialpolitiker genoß, und *Dr. Vogelstein*.

[381]

Die Kommission machte sich mit großer Energie an die Erarbeitung echter Sozialisierungsmaßnahmen, aber die tatsächliche Politik der Volksbeauftragten ging in eine ganz andere Richtung als die Arbeit der Kommission, vor allem nach dem Ausscheiden der USPD aus der Regierung im Dezember 1918. Der sozialdemokratische Staatssekretär des Reichswirtschaftsamtes, *August Müller*, stand der ganzen Sozialisierung so ablehnend gegenüber und äußerte seinen Standpunkt so unverblümt, daß sogar seine Parteigenossen in der Regierung von ihm abrückten, freilich mehr aus taktischen als aus prinzipiellen Gründen. Ein Zusammenarbeit zwischen Ministerium und Kommission kam nicht zustande, vielmehr herrschten andauernd starke Spannungen. Auch als am 13. Februar 1919 die erste parlamentarische Reichsregierung gebildet wurde und *R. Wissell* das in Reichswirtschaftsministerium umbenannte Amt übernahm, änderte sich nichts. Die Sozialisierungskommission wurde vom Ministerium derart geringschätzig behandelt, daß sie schließlich Mitte März 1919 einmütig ihre Arbeit niederlegte. Dieser Rücktritt wurde von der Regierung eher mit Erleichterung als mit Bedauern aufgenommen[3]. Ein Mitglied der neuen Reichsregierung, der ehemalige Volksbeauftragte und nunmehrige Justizminister *Landsberg*, scheute sogar nicht einmal davor zurück, die Nationalversammlung über das Verhältnis der Regierung zur Sozialisierungskommission in öffentlicher Sitzung anzulügen. Am 1. März erklärte er, die Kommission habe der Regierung noch keine ausgearbeiteten Pläne vorgelegt, obwohl die Kommission der Regierung bereits 14 Tage vorher, am 15. Februar 1919, einen durchgearbeiteten, 30 Druckseiten umfassenden »Vorläufigen Bericht« über die Sozialisierung des Kohlenbergbaus mit ganz konkreten Vorschlägen unterbreitet hatte, was *Landsberg* als Kabinettsmitglied wissen mußte[4].

Der neue Reichswirtschaftsminister *Wissell* und sein einflußreicher Staatssekretär *W. von Möllendorf* waren nun zwar keine Anhänger der herkömmlichen, marxistisch geprägten Sozialisierungsvorstellungen, die die Arbeit der Sozialisierungskommission sehr weitgehend bestimmt hatten, aber zugleich doch sehr entschiedene Verfechter einer planmäßigen gemeinwirtschaftlichen Neuordnung. Als die Sozialdemokratie unter dem Druck der großen Streikbewegung im Februar/März neben dem Ausbau der Arbeiterräte auch Sozialisierungsmaßnahmen ankündigte, griff die Regierung aus den in der Ausarbeitung befindlichen Plänen *Möllendorf/Wissells* ein Stück heraus und brachte es in Form von Gesetzentwürfen vor die Nationalversammlung. Am 7. März 1919 wurden die Entwürfe für ein Sozialisierungsgesetz und für ein Gesetz zur Regelung der Kohlenwirtschaft eingebracht und von *Wissell* mündlich begründet. Nach kurzer Beratung, schon am 13. März 1919, wurden beide Entwürfe – nur unwesentlich verändert – verabschiedet. Im April folgte noch auf derselben wirtschaftspolitischen Grundlage ein Gesetz zur Regelung der Kaliwirtschaft. (Das Gesetz zur Sozialisierung der Elektrizitätswirtschaft vom Dezember 1919 kann in diesem Zusammenhang vernachlässigt werden, da es aus praktischen finanz- und wirtschaftspolitischen Gründen ein Reichsmonopol anstrebte, ohne sich dabei eine grundlegende wirtschaftlich-soziale Neuordnung zum Ziel zu setzen.)

Mit ihren weiter reichenden Plänen zur Errichtung einer »Deutschen Gemeinwirtschaft« stießen *Möllendorf* und *Wissell* jedoch bald auf heftigen Widerstand im

Reichskabinett und in den Parteien, bei den Gewerkschaften und bei den Unternehmerverbänden. In einer Art Flucht an die Öffentlichkeit entwickelten sie ihre Vorstellungen im Mai in einer umfangreichen Denkschrift[5]. Auf dem Parteitag der SPD im Juni 1919 kam es zwischen *Wissell* und seinen Ministerkollegen zu heftigen Auseinandersetzungen. Immerhin nahm der Parteitag eine von *Wissell* vorgeschlagene Entschließung an und dankte ihm für seine Rede mit stürmischem Beifall[6]. Bald darauf lehnte das Reichskabinett jedoch die Vorschläge einmütig ab. Daraufhin legte *Wissell* im Juli – trotz lebhafter Bemühungen der sozialdemokratischen Fraktion der Nationalversammlung um einen Ausgleich – sein Amt als Minister nieder und kehrte zur Gewerkschaftsarbeit zurück, von der er hergekommen war. Zuerst als Sekretär, ab 1920 als gewähltes Mitglied des Vorstandes des Allgemeinen Deutschen Gewerkschaftsbundes widmete er sich bis 1933 der Sozialpolitik[7].

Die beschlossenen Gesetze über die Regelung der Kohlen- und der Kaliwirtschaft blieben jedoch in Kraft. Die im Juli und August 1919 erlassenen Ausführungsverordnungen entsprachen durchaus noch den ursprünglichen Plänen. Seit November 1919 wurde die »gemeinwirtschaftliche« Regelung im Kohlen- und Kalibergbau wirksam. Eine darüber hinausreichende Initiative – von dem erwähnten Elektrizitätsgesetz abgesehen – ergriff die Regierung in der Sozialisierungsfrage nicht mehr. Aber die politische Entwicklung setzte das Problem noch einmal auf die Tagesordnung.

Nach dem Ende des Kapp-Putsches im März 1920, an dessen Niederschlagung die Aktion der Gewerkschaften einen entscheidenden Anteil gehabt hatte, stellte die Führung der freien Gewerkschaften der Regierung eine Reihe politischer Bedingungen, zu denen auch die »sofortige Inangriffnahme der Sozialisierung« und die Wiedereinberufung der Sozialisierungskommission gehörten. Schon im April 1920 nahm die Kommission ihre Arbeit wieder auf. Sie war durch Wissenschaftler, Gewerkschaftler und Unternehmervertreter erweitert worden. Unter den letzteren war die herausragende Erscheinung, die den ganzen Verhandlungen ihr Gepräge gab, *Walther Rathenau*.

Obwohl sich die Kommission in Fortführung der 1918/19 begonnenen Arbeit auch noch mit einer Reihe anderer Probleme beschäftigte (unter anderem Kaliwirtschaft, Kommunalisierungsfrage, Eisenbahn; 1919 waren es noch die Hochseefischerei und die Hypothekenbanken gewesen), stand auch diesmal die Sozialisierung des Kohlenbergbaus im Mittelpunkt. Am 31. Juli 1920 wurde ein Bericht veröffentlicht[8], der zwei verschiedene Vorschläge enthielt. Der eine, im wesentlichen von *E. Lederer* formuliert, nahm den Plan des »Vorläufigen Berichtes« vom 15. Februar 1919 wieder auf und beruhte auf der völligen Enteignung der alten Bergwerksbesitzer. Der andere, aus der Feder *Rathenaus*, entwickelte eine geistvolle Kombination von Privateigentum und öffentlicher Wirtschaftsführung.

Aber im Sommer hatten sich die allgemeinen politischen Verhältnisse derart entwickelt, daß für eine Sozialisierung, welcher Art auch immer, kaum mehr Möglichkeiten der Verwirklichung bestanden. In den Reichstagswahlen vom 6. Juni 1920 hatte die SPD eine katastrophale Niederlage erlitten. Ihre Wählerschaft war gegenüber den Wahlen zur Nationalversammlung im Januar 1919 auf die Hälfte zusammengeschrumpft. Die USPD hingegen hatte ihre Stimmenzahl mehr als verdoppelt. Da auch die Demokraten zugunsten der Rechtsparteien schwere Verluste erlitten hatten, besaß die Weimarer Koalition der demokratischen Mittelparteien mit der SPD keine parlamentarische Grundlage mehr. Mit der Wahl des Zentrumsmannes *Fehrenbach* zum Reichskanzler begann eine lange Reihe von Regierungen ohne sozialdemokratische Teilnahme, dafür aber mit Unterstützung der Rechtsparteien, insbesondere der Deutschen und der Bayerischen Volkspartei. Hatten schon Demokraten und Zentrum nur notgedrungen den bescheidenen sozialdemokratischen Sozialisierungsplänen zugestimmt, so war von den Rechtsparteien nur schroffe Ablehnung zu erwarten.

Unter diesen Umständen fielen die Vorschläge der erweiterten Sozialisierungskommission ins Leere. Sie wurden zwar von der Regierung nicht direkt abgelehnt, aber zur weiteren Beratung an den unterdessen am 4. Mai 1920 durch Verordnung gebildeten vorläufigen Reichswirtschaftsrat überwiesen. In diesem – aus Arbeitgeber- und Arbeitnehmervertretern, Vertretern der Verbraucher, Beamten und freien Berufe sowie aus ernannten Sachverständigen zusammengesetzt – nahmen die Unternehmervertreter sehr rasch die Sozialisierungsdiskussion in die Hand. Ein Unterausschuß von sieben Personen, darunter die Unternehmervertreter *Silverberg*, *Stinnes* und *Vögler*, entwarf das sogenannte Essener Gutachten, das von den ursprünglichen Sozialisierungsplänen nichts mehr übrigließ, sondern auf die Bildung von riesigen vertikal durchorganisierten kapitalistischen Konzernen hinauslief. Zur Befriedigung der Arbeitnehmer wurde die Ausgabe von Kleinaktien in Auge gefaßt. Das Essener Gutachten fand freilich keine Zustimmung im Reichswirtschaftsrat. Eine Verständigungskommission wurde eingesetzt, die freilich zu abschließenden Ergebnissen nicht mehr gelangt ist[9]. Die außenpolitischen Auseinandersetzungen um die deutschen Reparationsleistungen und der zunehmende Währungsverfall stürzten das Reich in eine Dauerkrise, die keinen Raum mehr für eine planmäßige Neuordnung der wirtschaftlichen und sozialen Verhältnisse ließ.

b) *Die Sozialisierungsgesetzgebung in ihrer Auswirkung*

Im vorangegangenen Abschnitt ist lediglich der äußere Gang der Ereignisse in Sozialisierungspolitik und -gesetzgebung seit der Revolution skizziert worden. Auf den Inhalt der vielfältigen Pläne und Entwürfe wurde nicht eingegangen. Die meisten unter ihnen sind Theorie geblieben. Sie werden zusammen mit den verschiedenen Räteprogrammen im folgenden Kapitel einer gesonderten Betrachtung unterworfen werden. Ein kleiner Teil jener Entwürfe, die aus den *Wissell/Möllendorf*schen Plänen herausgegriffene gemeinwirtschaftliche Regelung des Kohlen- und des Kalibergbaus, ist jedoch für eine kurze Zeit Wirklichkeit geworden, das heißt er konnte und kann auf Grund praktischer Erfahrungen diskutiert werden.

Auf Grund seiner wirtschaftlichen Bedeutung stand der Kohlenbergbau im Mittelpunkt der Auseinandersetzung um die Zweckmäßigkeit der gesamten Gemeinwirtschaftsgesetzgebung. Besonders ausführlich hat sich der Kohlenausschuß der zweiten Sozialisierungskommission mit ihr beschäftigt. Seine Verhandlungen und Sachverständigenbefragungen bilden eine überaus wertvolle Quelle der Beurteilung[10]. Wenn auch die zeitgenössische Diskussion der gemeinwirtschaftlichen Regelungen im Bergbau sich nur auf eine verhältnismäßig kurze Erfahrung stützen konnte, so sind dabei doch trotzdem offensichtliche strukturelle Merkmale jener Wirtschaftsordnung ans Licht getreten, die auch unter anderen äußeren Umständen und über längere Zeit hinweg unvermeidlich gewesen sein würden.

Die gemeinwirtschaftliche Regelung des Kohlenbergbaus erstrebte keine »Sozialisierung« der Produktion, sondern nur der Verteilung. Zu diesem Zweck faßte sie alle bergbaulichen Unternehmen in den einzelnen Bezirken zu Syndikaten zusammen. Als Zentral- und Dachorganisation, gewissermaßen als das »Syndikat der Syndikate« wurde ein als AG konstruierter »Reichskohlenverband« geschaffen. Diesem oblag, zusammen mit den Syndikaten, die einheitliche Regelung von Selbstverbrauch, Verkauf und Preisbildung der Kohle. Zur Vertretung der allgemeinen Interessen wurde ein öffentlich-rechtliches Organ, der »Reichskohlenrat« eingerichtet, der aus 60 Vertretern der Arbeitgeber, der Arbeitnehmer, der Verbraucher, des Handels und einigen Sachverständigen bestand. Er sollte die gesamte Brennstoffwirtschaft leiten und ihr allgemeine Richtlinien geben. Die Oberaufsicht erhielt das Reich, vertreten durch den Reichswirtschaftsminister. Dieser konnte Beschlüsse der anderen Organe beanstanden und hatte das letzte Wort bei der Preisfestsetzung.

Der theoretische Grundgedanke der ganzen Regelung war der einer zentralisierten wirtschaftlichen »Selbstverwaltung«[11]. Die eigentlich handelnden und entscheidenden Organe waren infolgedessen die Zusammenfassungen der Unternehmungen, die Syndikate. In ihre Aufsichtsräte und geschäftsführenden Organe mußten zwar auch Arbeitnehmervertreter berufen werden, aber das Schwergewicht lag doch ohne Zweifel bei den sachkundigen, über alle Informations- und Einflußmöglichkeiten verfügenden Vertretern der Unternehmungen. Die ganze »gemeinwirtschaftliche« Neuordnung lief im Grunde – wie der Redakteur des Allgemeinen Deutschen Gewerkschaftsbundes, *Umbreit*, feststellte – auf »Zwangssyndikate mit Reichsbeteiligung« hinaus[12]. Der bürgerliche Nationalökonom *Göppert* kommt in seiner Darstellung der Sozialisierungsbestrebungen zu demselben Urteil. Die »sogenannte gemeinwirtschaftliche Regelung des Kohlenbergbaus« ist ihm »nichts weiter ... als ein schematischer Ausbau des in dieser Industrie ja zu großer Höhe entwickelten Kartellgedankens«[13]. Und mit leichter Ironie stellt er fest, daß »die Einzelheiten des wohldurchdachten Aufbaus« »die rege Mitarbeit der erfahrenen Syndikatsmänner« verrieten. Denn merkwürdigerweise habe in der Kommission, die über die Ausführungsbestimmungen beriet, zwischen Arbeitnehmern und Arbeitgebern »die schönste Einigkeit« geherrscht, obwohl in der Nationalversammlung das Gesetz von industrieller Seite auf das heftigste bekämpft worden sei. »Man hatte eben hinter den großen Worten vom Regierungstisch wirklich etwas vermutet. Jetzt zeigte sich, daß es gar nicht so schlimm gemeint war[14].«

Die tatsächlichen Erfahrungen bestätigten diesen ersten Eindruck. Weit entfernt davon, die Bedeutung des kapitalistischen Gewinnstrebens zu mindern und gemeinwirtschaftlichen Gesichtspunkten zum Siege zu verhelfen, stärkte die neue Organisation die Position der Unternehmer im Bergbau und damit in der mit dem Bergbau eng verflochtenen Schwerindustrie und gab ihnen Gelegenheit, nun mit öffentlicher

Sanktion zu tun, was sie früher nur unter privatem Rechtstitel hatten tun können: nämlich riesige Gewinne zu erzielen und ihre wirtschaftliche Machtstellung stärker als je zuvor auszubauen.
Die Methode hierzu war sehr einfach. Im Zuge der unaufhaltsamen Geldentwertung (zu der übrigens die Politik der Großindustrie wesentlich mit beigetragen hat [15]) wurden immer wieder sowohl Preis- als auch Lohnerhöhungen notwendig. Die Unternehmer, im »Syndikat der Syndikate«, dem Reichskohlenverband, wirkungsvoll organisiert, erhöhten die Preise weit über das sachlich erforderliche Maß hinaus. Der mögliche Widerstand der Arbeitnehmervertreter in den Syndikaten wurde durch gleichzeitig gewährte Lohnerhöhungen gelähmt. Das Reichswirtschaftsministerium stemmte sich zwar dieser Entwicklung mit aller Kraft entgegen. Aber zum einen hatte es keinen Einblick in die Selbstkostenrechnungen der Unternehmungen und zum anderen war es gegenüber der sich immer aufs neue herstellenden Einheitsfront von Arbeitgebern und Arbeitnehmern politisch machtlos. Der Reichskohlenrat erwies sich als eindeutig vom Interesse der Produzenten beherrscht. Die Verbraucherinteressen wurden nur schwach und ohne Nachdruck vertreten [16].

Die Machtposition der Unternehmer beruhte auf zwei Pfeilern: Der eine war die unbeschränkte Kontrolle der Betriebsleitungen, die es jedem anderen unmöglich machte, die tatsächliche Ertragslage und damit die tatsächlich erzielten Gewinne der einzelnen Unternehmungen zu durchschauen. Der andere war die Möglichkeit, die Arbeitnehmervertreter durch Lohnerhöhungen auf ihre Seite zu ziehen. *Walther Rathenau*, bei aller Aufgeschlossenheit für das Problem einer wirtschaftlich-sozialen Neuordnung doch ein überzeugter Verfechter der Unternehmerwirtschaft, hat aus seiner intimen Kenntnis der Verhältnisse heraus die Unternehmerpolitik sehr deutlich gekennzeichnet: »Wie ist es denn heute? Heute wird zwischen dem Unternehmer und dem Kohlenverband ein Verkaufspreis arrangiert, bei dem der Unternehmer bestimmend ist, weil der Reichskohlenverband und der Reichskohlenrat ja doch... heute reine Farcen sind.... es wird irgendein Kohlenpreis vereinbart, der natürlich nicht nur eine gewöhnliche Unternehmerrente enthält, sondern eine Unternehmerrente, die so dick ist, daß die Unternehmer selbst anfangen, sich zu genieren [17].«

Der sozialdemokratische Gewerkschaftsführer *Werner*, an sich ein entschiedener Anhänger der Sozialisierung, hat das Dilemma der Arbeitnehmervertreter mit nicht weniger drastischen Wendungen geschildert: »Den Vertretern der Arbeiter und Angestellten, die im Reichskohlenverband sitzen, kann kein Mensch zumuten, daß sie bei den heutigen politischen Verhältnissen gegen die durch Lohnerhöhungen begründeten Preiserhöhungen stimmen. Wir sind Angestellte vom Verband der Grubenbeamten oder der Arbeiter. Uns ist das Hemd näher als der Rock. Wir müssen, wenn wir draußen nicht unter die Räder kommen wollen, die Kohlenpreise bewilligen.« »Das Interesse der Unternehmer und der Arbeiter geht leider bei der gesamten heutigen Entwicklung in der Preisfrage in gleicher Richtung [18].« Die Selbstkostenrechnung aber, die notwendige Voraussetzung für jede sinnvolle gemeinwirtschaftliche Preispolitik, blieb angesichts der unangetasteten Position der Unternehmer, nach den Worten *Rathenaus*, im Endergebnis »ein kontradiktorisches Verfahren, bei dem der eine das ganze Material in den Händen hat und der andere nichts« [19].

Mit diesen Tatsachen vor Augen gelangte die entschieden für vollständige Sozialisierung eintretende Hälfte der Sozialisierungskommission zu einem abschließenden Urteil über die sogenannte gemeinwirtschaftliche Regelung des Bergbaus, das von grundsätzlicher Bedeutung ist: »Die Erfahrungen des letzten Jahres zeigen auf das deutlichste, daß die Organisationen, welche das Kohlenwirtschaftsgesetz... geschaffen hat, keine Sozialisierung in sich schließen. Der Reichskohlenverband wirkt lediglich als eine Geschäftsstelle der Syndikate.« Selbst wenn die öffentliche Kontrolle die wirklichen Selbstkosten der einzelnen Unternehmungen feststellen könne (was sie in der Regel nicht kann), habe sie immer noch keine Möglichkeit, in eine sachlich überteuerte Produktion einzugreifen [20]. In den »paritätischen« Wirtschaftkörpern der heutigen Organisationen werde die Machtposition der privaten Unternehmungen immer ausschlaggebend sein. »Wenn der privatwirtschaftliche Betrieb unter heutigen Verhältnissen bestehen bleibt, so wird in dem Selbstverwaltungskörper immer die Gegensätzlichkeit der Interessen vorhanden sein. Die Sozialisierung kann nur von Erfolg begleitet sein, wenn sie den Gegensatz des privaten zum Allgemeininteresse aufhebt, nicht indem sie die Vertreter beider Interessen zwingt, zusammenzuarbeiten. Wenn man das privatkapitalistische System erhalten und lediglich einer scharfen Kontrolle unterwerfen will, so würde man .. die private Initiative an ihrem Nerv treffen, ohne gleichzeitig die Vorteile des gemeinwirtschaftlichen Gedankens zu erreichen [21].«

## Anmerkungen zu Kapitel 5

[1] Näheren Aufschluß über die sozialdemokratische Wirtschaftspolitik in der Revolution 1918/19 gibt die Heidelberger phil. Diss. von *Hans Schieck*, Der Kampf um die deutsche Wirtschaftspolitik nach dem Novembersturz 1918. Sie beruht auf einer gründlichen Auswertung aller in Frage kommenden Quellen einschließlich der Bestände des Deutschen Zentralarchivs in Potsdam und Merseburg. Für uns ist vor allem Kap. III, Abschnitt A, Die Behandlung der Sozialisierungsfrage, bedeutsam. Eine gute Übersicht über die Sozialisierungsgesetzgebung und -politik geben zwei Aufsätze in Schmollers Jahrbuch, Bd. 45, 1921, von *Gestaldio*, S. 185 ff., und *H. Göppert*, S. 313 ff.

[2] Hierzu *Schieck* und *Göppert*, a. a. O.

[3] Siehe Protokolle des Rats der Volksbeauftragten, Sitzungen 18. November, 31. Dezember 1918 vormittags und nachmittags. Vgl. *A. Müller*, Sozialisierung oder Sozialismus, Berlin 1919. Siehe ferner den von *P. Umbreit* verfaßten Bericht über die Arbeit der Sozialisierungskommission im Protokoll des Kongresses der Gewerkschaften Deutschlands zu Nürnberg 1919, S. 184 ff.

[4] Die Deutsche Nationalversammlung, Hrsg. *Ad. Heilfron*, 2. Bd., S. 1099. Bericht der Sozialisierungskommission über die Frage der Sozialisierung des Kohlenbergbaus vom 31. Juli 1920. Anhang: Vorläufiger Bericht vom 15. Februar 1919, 3. Aufl., Berlin 1921, S. 31 ff. (zit.: Bericht SK).

[5] Abgedruckt in *W. v. Möllendorf*, Konservativer Sozialismus, Hamburg 1932, S. 109 ff., 233 ff.

[6] Protokoll, S. 363 ff.

[387]

[7] Protokolle der sozialdemokratischen Nationalversammlungsfraktion, Sitzung vom 10. und 11. Juli 1919.
[8] Siehe oben Anm. 4.
[9] Vgl. hierzu vor allem H. Ströbel, Die Sozialisierung, 4. Aufl., Berlin 1922, S. 185 ff., ferner Gestaldio, a. a. O. S. 203 ff.; Göppert, a. a. O. S. 343 ff.
[10] Stenografische Sitzungsprotokolle des Kohlen-Ausschusses der Sozialisierungskommission von 1920, 2 Bd., Berlin 1920.
[11] Vgl. die Begründung der Gesetzentwürfe durch den Minister *Wissell* vor der Nationalversammlung, 3. Bde., S. 1338 ff.
[12] Allgemeiner Kongreß der Gewerkschaften Deutschlands zu Nürnberg 1919, Protokoll S. 185. Zur Sache selbst siehe *Ströbel*, a. a. O. S. 150 ff.; *Gestaldio*, S. 188 ff.; *Göppert*, S. 328 ff.
[13] A. a. O. S. 329.
[14] A. a. O. S. 330.
[15] Vgl. die scharfe Polemik *E. Heimanns*, in »Die sittliche Idee des Klassenkampfes«. Neuauflage, Hamburg 1947, S. 35 ff.
[16] Eingehende Darstellung unter Bezugnahme auf die Verhandlungen der Sozialisierungskommission bei *Ströbel*, a. a. O. S. 153 ff.
[17] A. a. O. S. 159.
[18] A. a. O. S. 162/63.
[19] A. a. O. S. 162.
[20] Bericht SK, S. 11.
[21] A. a. O. S. 12.

## III. TEIL

Programme und Theorien

Als eine Bewegung zur Neuordnung der wirtschaftlich-sozialen Verhältnisse in Deutschland ist die Novemberrevolution gescheitert. Der Artikel 165 der Weimarer Reichsverfassung, das Betriebsrätegesetz und die sogenannte Sozialisierungsgesetzgebung waren, wie wir gesehen haben, nur bescheidene Überreste viel umfassenderer Pläne und in ihrer praktischen Auswirkung recht beschränkt, wenn nicht gar fragwürdig.

Die meisten der zu den Problemen von Sozialisierung und Mitbestimmung entwickelten Vorstellungen sind nicht Wirklichkeit geworden, sondern Entwürfe und Pläne geblieben. Nichtsdestoweniger enthalten diese niemals realisierten Programme und theoretischen Konzeptionen die eigentliche geistig-politische Leistung der Novemberrevolution, die wir zur Kenntnis nehmen und mit der wir uns auseinandersetzen müssen.

## 6. KAPITEL

## Sozialisierung und Mitbestimmung im Licht der sozialistischen Tradition

Wie wir bereits in unserer einleitenden Darstellung der deutschen Arbeiterbewegung in der Revolution gezeigt haben, sind die Beiträge der revolutionären Epoche zu unseren Problemen sowohl aus der Weiterentwicklung der sozialistischen Theorie als auch aus der spontanen Bewegung der Arbeiterschaft selbst – der Rätebewegung – hervorgewachsen. Beide Quellen können jedoch in ihrer Bedeutung nur auf dem Hintergrund der sozialistischen Überlieferung zutreffend beurteilt werden. Insbesondere der enge und in der Novemberrevolution ganz bewußt betonte Zusammenhang von Sozialisierungsforderung und Mitbestimmungs- beziehungsweise Räteidee wird nur vor jenem Hintergrund verständlich.

Die ideelle Überlieferung der deutschen sozialistischen Arbeiterbewegung war die des Marxismus. Zur Einleitung ist eine kurze Betrachtung des Zusammenhangs zwischen der überkommenen *Marx*schen Lehre und den Problemen der Sozialisierung erforderlich. Dabei können wir den Marxismus nicht allein in der ursprünglichen Form der wissenschaftlichen Werke von *Marx* und *Engels* betrachten, sondern wir müssen auch jene Gestalt berücksichtigen, die er in den kleinen, in die Breite wirkenden, auf die Schulungsarbeit der Sozialdemokratie zugeschnittenen Schriften seiner Begründer gewonnen hat, vor allem in der berühmt gewordenen *Engels*schen Broschüre: »Die Entwicklung des Sozialismus von der Utopie zur Wissenschaft«[1].

Die »Besitzergreifung der Produktionsmittel durch die Gesellschaft«[2] (in der Sprache der Agitation einfach die »Vergesellschaftung« oder »Sozialisierung«) ist nach *Engels* nichts anderes als die von ihm und *Marx* erhoffte »soziale Revolution« selbst, das heißt die Umwandlung der kapitalistischen in die sozialistische Wirtschafts- und Gesellschaftsordnung. Der Kapitalismus ist nach der Lehre des Marxismus durch einen »Grundwiderspruch« gekennzeichnet: Die moderne industrielle Produktion als solche ist wesentlich – durch ausgedehnte Arbeitsteilung und weitverzweigte Kooperation bedingt – *gesellschaftliche* Produktion. Austausch und Aneignung der produzierten Güter hingegen verbleiben – auf der Grundlage des aus der rein handwerklich-bäuerlichen Produktionsstufe übernommenen Privateigentums an den Produktionsmitteln – *individuelle* Akte. Aus diesem Grundwiderspruch entspringen alle übrigen Widersprüche der kapitalistischen Gesellschaft: die Klassenspaltung zwischen Besitzern und Nichtbesitzern von Produktionsmitteln (Bourgeoisie und Proletariat), die »gesellschaftliche Anarchie« des Konkurrenzkampfes, der Zyklus der Überproduktionskrisen mit zunehmender Arbeitslosigkeit des Proletariats, und schließlich das sich in Konzernierung und Verstaatlichung andeutende Überflüssigwerden der Kapitalistenklasse. Wenn der Kapitalismus das Stadium der äußersten Zuspitzung dieser Widersprüche erreicht und dadurch seine Lebensunfähigkeit bewiesen hat, kann und – so hoffen die Marxisten – wird das Proletariat die Staatsmacht ergreifen und den Grundwiderspruch der kapitalistischen Gesellschaft aufheben, indem es die Kapitalisten enteignet und die ihrem Inhalt nach schon lange gesellschaftliche Produktion nun auch ihrer wirtschaftlichen und rechtlichen Form nach gesellschaftlich-planmäßig leitet, sie »vergesellschaftet« oder »sozialisiert«[3]. An die Stelle der privatkapitalistischen Aneignung auf dem Weg über den Markt, wo die Güter in »Waren« verwandelt werden, tritt nun »einerseits direkt gesellschaftliche Aneignung als Mittel zur Erhaltung und Erweiterung der Produktion, andererseits direkt individuelle Aneignung als Lebens- und Genußmittel«[4].

Dieser allgemeine theoretische Begriff der »Sozialisierung« hat, wie man deutlich sieht, zwei Seiten: eine gegen die kapitalistische Gesellschaft gerichtete, kritische »negative«, die Aufhebung des Privateigentums an den Produktionsmitteln, und eine auf die werdende sozialistische Gesellschaft gerichtete, schöpferische »positive«, die »direkte« Leitung und Verwertung der Produktion durch die Menschen. Die erste Seite, die Kritik der kapitalistischen Gesellschaft, ist von den Marxisten ausführlich dargestellt worden und bildet seit jeher den eigentlichen Kern ihrer Lehre. Die zweite Seite hingegen, die den Grundriß eines Programms für den sozialistischen Neuaufbau der Gesellschaft enthalten müßte, ist lange nur in Andeutungen behandelt worden. Aus diesen Andeutungen, noch klarer aber aus den innewohnenden Folgerungen der *Marx*schen Gedanken ergibt sich, daß die Sozialisierung im marxistischen Sinne nur als der Aufbau eines Systems radikaler demokratischer Selbstverwaltung in der Gesellschaft verstanden werden kann[5]. Vor 1914 ist diese Konsequenz in der marxistisch beeinflußten Arbeiterbewegung jedoch kaum jemals wirklich gezogen worden[6].

Unter dem Gesichtspunkt der politischen Praxis spitzte sich dieser theoretische Begriff der Vergesellschaftung auf die Frage zu, unter welchen konkreten Bedingungen die soziale Revolution eintreten, wann der Kapitalismus zur Umwandlung in den Sozialismus »reif« sein werde. Diese »Reife« muß in marxistischer Sicht sowohl auf der Seite der bestehenden gesellschaftlichen Verhältnisse als auch auf der Seite der handelnden Menschen, sowohl »objektiv« als auch »subjektiv« gegeben sein. Die objektive Reife besteht darin, daß die inneren Widersprüche des Kapitalismus – Krisen, Konzentration, Verelendung des Proletariats – sich bis zu einem Grade entwickeln, der eine normale Weiterexistenz von Wirtschaft und Gesellschaft ausschließt (die spätere marxistische Theorie des Monopolkapitalismus – Hilferding, Luxemburg, Lenin – hat den zur Revolution drängenden Faktoren noch den Imperialismus und den imperialistischen Krieg hinzugefügt)[7]. Von entscheidender Bedeutung ist in diesem Prozeß die Entwicklung des Proletariats, das mit zunehmender Größe und Verelendung durch seine bloße Existenz den Klassenkampf und damit die inneren Widersprüche des Kapitalismus verschärft[8].

Mit dem Proletariat tritt nun aber auch das Problem der subjektiven Reife ins Blickfeld. Denn die Arbeiterklasse ist – gemäß der eigentümlichen dialektischen Verknüpfung von wissenschaftlicher Prognose und politischer Prophetie im Marxismus – in einem gewissen Stadium der kapitalistischen Entwicklung zwar objektiv in der Lage und »berufen«, die Revolution zu vollenden, bedarf dazu aber gewisser subjektiver Voraussetzungen. Sie bestehen zum einen in der wissenschaftlichen Erkenntnis des kapitalistischen Entwicklungsprozesses, und damit auch der proletarischen Existenzbedingungen, zum anderen in der Bereitschaft des Proletariats, diese Erkenntnis zu verarbeiten, sich wirtschaftlich und politisch zu organisieren und den revolutionären Klassenkampf entschlossen zu führen.

Die tatsächliche Voraussetzung der proletarischen Revolution und ihres wesentlichen sozialen Inhalts, der Vergesellschaftung der Produktionsmittel, besteht danach – die »objektive« Reife einmal vorausgesetzt – in der historisch-politischen Verknüpfung der theoretisch formulierten sozialistischen Idee (die für die Marxisten mit der Lehre *Marx*ens identisch ist), mit der wirklichen Arbeiterklasse oder, wie *Sombart* es ausgedrückt hat, in der Vereinigung von »Sozialismus und sozialer Bewegung« [9].

Dieses Erfordernis bedeutet praktisch, daß der Marxismus in seinem politischen Programm sein allgemeines Ziel, neue höhere Formen des sozialen Lebens für die gesamte Gesellschaft zu schaffen, mit den besonderen wirtschaftlichen, sozialen und politischen Interessen der Arbeiterschaft wirksam verknüpfen mußte. In der Theorie ließ sich die Identität von Idee und Wirklichkeit leicht postulieren. In der Praxis war sie nur in angestrengter Bemühung herzustellen und zu bewahren. Gelang es dem Sozialismus nicht, sowohl eine den Gesamtinteressen der Gesellschaft entsprechende Neuorganisation der Wirtschaft und des Staates als auch eine Lösung der unmittelbaren »sozialen Frage« für die Arbeiter überzeugend zu entwickeln, dann fielen die Elemente der sozialistischen Bewegung, Arbeiterschaft und sozialistische Idee, wieder auseinander. Entweder formulierten sozialistische Politiker und Theoretiker Programme, die die Arbeiterschaft nicht interessierten, oder die Arbeiter kämpften mit den ihnen zur Verfügung stehenden Mitteln um eine direkte Verbesserung ihrer Lage, ohne das theoretisch formulierte Gesamtinteresse der Gesellschaft zu beachten. Auf jeden Fall wurde das Ziel des Sozialismus nicht erreicht.

In der deutschen sozialistischen Arbeiterschaft vor 1914 war dem Anschein nach ein hoher Grad der Verschmelzung von sozialistischer (marxistischer) Idee und Arbeiterbewegung erreicht worden. In Wirklichkeit war diese Verschmelzung, wie wir gesehen haben, sehr fragwürdig [10]. Sie wurde erzielt durch den fast vollständigen Verzicht auf jede konkrete sozialistische Programmatik. Der grundlegende Begriff der »Vergesellschaftung der Produktionsmittel« wurde auf seine negativ-kritische Seite beschränkt, in positiver Hinsicht blieb er leer. Die Entwicklung vom Kapitalismus zum Sozialismus auf der einen Seite, die Emanzipationsbewegung der Arbeiterklasse auf der anderen, erschienen beide in der Gestalt eines naturgesetzlich ablaufenden Prozesses, dessen zukünftigen Ergebnissen man hoffnungsvoll, aber passiv entgegensah. Konkrete revolutionäre Möglichkeiten lagen außerhalb des Erwartungshorizontes. In der Praxis beschränkte sich die Bewegung darauf, in zwei getrennten Organisationen, Partei und Gewerkschaft, die Interessen der Arbeiter als Staatsbürger und die Interessen der Arbeiter als Lohnempfänger zu vertreten. Der Arbeiter als Produzent, als Leiter und Gestalter der sozialistisch organisierten Gesellschaft hatte in der Vorstellungswelt der sozialdemokratischen deutschen Arbeiterbewegung keinen Platz.

Indessen enthielt das marxistisch geprägte »Klassenbewußtsein«, das einen qualitativ entscheidenden Teil der deutschen Arbeiterschaft vor 1914 erfüllte, trotz allem gewisse Voraussetzungen für eine konkrete sozialistische Politik. Dieses

Klassenbewußtsein hatte seine Wurzeln in der tatsächlichen gesellschaftlichen Lage der Arbeiter. Grundlage war ihre Stellung als Lohnempfänger von relativ geringem Einkommen, ohne wesentliches Eigentum und ohne echte soziale Sicherheit. Beschränkte Bildungsmöglichkeiten, niedriges Sozialprestige und die aus ihrer ganzen Lebenslage sich ergebende, durch die deutschen konstitutionellen Verhältnisse besonders ausgeprägte politische Benachteiligung traten hinzu, um die Arbeiter – wenigstens zu einem erheblichen Teil – einen starken Gegensatz zu den übrigen Schichten beziehungsweise Klassen der Gesellschaft empfinden zu lassen [11]. Aber nicht nur in ihrer staatsbürgerlichen Stellung und in ihrer ökonomischen Situation auf dem Arbeitsmarkt, also in ihrer allgemeinen gesellschaftlichen Lebenslage, wurzelte das Klassenbewußtsein der Arbeiter, sondern ebensosehr in ihrem besonderen Arbeitsverhältnis, in ihrer Stellung im Betrieb. Dort war es die aus dem Charakter der Lohnarbeit als unselbständiger fremdbestimmter Tätigkeit entspringende Unterwerfung unter die Befehlsgewalt des Unternehmers und – mit fortschreitender Technisierung zunehmend – unter die starre Disziplin des mechanisierten Arbeitsprozesses, welche in den Arbeitern das Bewußtsein erzeugte, einer anderen Klasse anzugehören als die Besitzenden [12]. Vereinfacht ausgedrückt: Arbeitsmarkt und Betrieb waren die »Drehpunkte« des proletarischen Lebensschicksals (*Briefs*) [13].

Die erste, auf die allgemeine gesellschaftliche Stellung bezogene Seite der proletarischen Klassenlage ist vom Marxismus stets in den Mittelpunkt seiner Theorie und seines politischen Programms gestellt worden, die zweite, auf die Stellung im Betrieb bezogene Seite jedoch wurde fast völlig übergangen (wenn auch *Marx* selbst die objektive Bedeutsamkeit der »Fabrik« und ihrer Organisation für die Lage der Arbeiterklasse keineswegs übersehen hat) [14]. Unter den sozialistischen Strömungen mit Massenanhang bei den Arbeitern der kapitalistischen Welt war es nur der Syndikalismus, der die Stellung des Arbeiters im Betrieb ausdrücklich zum Ansatzpunkt seines sozialrevolutionären Programms gemacht hatte. Sein Einfluß war aber gerade in Deutschland sehr gering. In der gesellschaftlich-politischen Situation vor 1914 und unter dem beherrschenden Einfluß des kautskyanischen Marxismus gelangte die deutsche Arbeiterbewegung nicht zu programmatischen Vorstellungen, die an die betrieblichen Probleme der Arbeiter anknüpften.

Krieg und Umsturz veränderten diese Lage von Grund auf. Die deutsche Arbeiterbewegung mußte versuchen, von einem Tag zum anderen auf die bisher als »unwissenschaftlich« zurückgewiesene Frage nach der konkreten Gestalt der sozialistischen Gesellschaft eine Antwort zu geben. Diese Notwendigkeit stürzte die deutschen Sozialisten in ein schweres Dilemma. Wie sollte die Verwirklichung des Sozialismus aussehen, wie vor allem ihr Kern: die Vergesellschaftung oder – wie man nun allgemein sagte – die Sozialisierung der Produktionsmittel? Wie konnte unter der abstrakten Formel der Sozialisierung sowohl der »Grundwiderspruch« des Kapitalismus überwunden als auch die »soziale Frage« der Arbeiterschaft gelöst werden? Zu dem ersten Ziel bot sich ein Weg an, der sowohl nicht gänzlich unerprobt als auch mit der marxistischen Tradition in Einklang zu sein schien: Verstaatlichung beziehungsweise Kommunalisierung privater Unternehmungen im Rahmen einer »planmäßigen« Gemeinwirtschaft. Es schien auch nicht unmöglich, durch eine solche Lösung eine gerechtere Verteilung der Güter zu bewirken und die materielle Lage der Arbeiter zu heben. Aber es blieb die Frage, ob durch eine solche »Sozialisierung« die Arbeiterexistenz in allen ihren Bedingungen würde verändert werden können. Würden die Arbeiter damit zufrieden sein, für die »Allgemeinheit« statt für den Unternehmer zu arbeiten und einem staatlichen Beauftragten statt einem privaten Angestellten zu gehorchen?

Große Teile der deutschen Arbeiter-(und Angestellten-)schaft haben diese Frage in der Revolution durch die Praxis eindeutig beantwortet. Die tatsächliche Möglichkeit tiefer reichender sozialer Veränderungen war durch den Umsturz in ihren Gesichtskreis getreten und hatte sich im Begriff der »Sozikierung« mit ihren überlieferten politischen Vorstellungen verbunden. Die herkömmliche Trennung von politischer und gewerkschaftlicher Aktion schwand dahin, und die gleichzeitige Minderung der Autorität von Unternehmern *und* Gewerkschaften gab den Raum frei für eine unmittelbare Auflehnung gegen die abhängige Lohnarbeiterexistenz dort, wo sie sich tagtäglich vollzog, in der Werkstatt, im Betrieb, im Unternehmen. Die Organe dieser Auflehnung waren die Räte. Der unmittelbar gewählte und jederzeit abberufbare Vertrauensmann der Kollegen, der Arbeiterrat, sollte die Alleinherrschaft des Unternehmers am Arbeitsplatz selbst brechen. Der Zusammenschluß der Räte in Gemeinde, Bezirk und Reich war dazu bestimmt, die Sozialisierung der Gesamtwirtschaft zu kontrollieren und dem drohenden Übergewicht bürgerlicher Fachleute, aber auch der eigenen Funktionäre zu begegnen. So verschmolzen im Bewußtsein eines großen Teils der Arbeiter praktischer Sozialismus und Rätesystem miteinander, wurden Sozialisierungs- und Rätebewegung zwei Seiten eines und desselben Prozesses.

Die meisten zeitgenössischen Beobachter – und zwar Nichtsozialisten genauso wie Sozialisten – haben diesen eigentümlichen Charakter der sozialen Bewegung in der Novemberrevolution genau erkannt und nicht zu Unrecht mit dem »Syndikalismus« und seiner zentralen Idee der »direkten Aktion« in Verbindung gebracht [15]. Von nichtsozialistischen Sozialwissenschaftlern hat sich vor allem *H. Göppert* mit diesem Charakter der Arbeiterbewegung in der Revolution beschäftigt. Er untersucht in einem längeren Aufsatz über die Sozialisierungsbestrebungen in Deutschland die verschiedenen aufgetretenen Richtungen und schildert dabei auch ».... die höchst primitive Auffassung der radikalen Arbeiterschaft, die ganz naturgemäß der syndikalistisch-produktivgenossenschaftlichen Richtung zuneigt. Denn was nützt es dem Arbeiter, wenn in den sozialisierten Betrieben ... doch die Lohnarbeit bestehen bleibt, wenn ihm statt des Arbeitgebers ›Kapital‹ ein Arbeitgeber in Gestalt irgendeiner ›gemeinwirtschaftlichen‹ Organisation gegenübertritt, in deren Betrieben er schließlich nicht mehr Recht hat, als die neue Gesetzgebung überall einräumt, mögen auch eine Anzahl Genossen in der Zentrale sitzen, wo sie doch nur die Arbeiterinteressen verraten? ... Was nützt es ihm, wenn ihm statt der verheißenen Erlösung von der Arbeitsqual der Satz entgegengehalten wird, daß die Religion des Sozialismus die Arbeit sei? Er will der Herr sein und ihm soll der Betrieb gehören [16].«

Diejenigen wissenschaftlichen Beobachter der sozialen Bewegung dieser Zeit, die dem Sozialismus nicht ablehnend, sondern mehr oder weniger wohlwollend gegenüberstanden, gelangten – wenn auch freilich mit einer positiveren Bewertung – zu ähnlichen Urteilen. Einer der bedeutendsten unter ihnen war ohne Zweifel *Josef Schumpeter*. In einem langen Aufsatz hat er im Jahre 1920 »Sozialistische Möglichkeiten von heute« erörtert [17]. Er stellt fest, daß Verstaatlichung oder Kommunalisierung »Wesen und Struktur eines kapitalistischen Betriebes an sich unberührt« ließen [18]. Demgegenüber sei der Syndikalismus »etwas Naheliegendes, etwas, was tief im Volksbewußtsein liegt... nämlich... die Tendenz zur Eroberung ›ihres‹ Betriebes durch die Arbeiter« [19]. In seiner reinen Form würde der Syndikalismus freilich nur »Gruppenkapitalismus statt Individualkapitalismus« bedeuten. Aber eine allmähliche Entwicklung, in der die Beteiligung der Arbeiter an der Unternehmensleitung und Betriebsführung langsam über die konstitutionelle Fabrik zur Alleinherrschaft führe, sei sehr wohl ein Weg zur sozialistischen Vollendung [20]. So seien auch die sogenannten »wilden« Sozialisierungen »nicht ohne weiteres als vorübergehende, lediglich aus der Verzweiflungsstimmung der Zeit fließende Torheit« zu betrachten [21]. In ähnlicher Form sprach *Emil Lederer* von dem »naiven und impulsiven Ausdruck der Massen, sie müßten die Produktionsmittel in die Hand nehmen«, als von einem begründeten und für die Zukunft nicht unfruchtbaren Bestreben [22]. Sogar ein ursprünglich ganz auf die Gemeinschaftsaufgaben des Sozialismus gestimmter Fürsprecher wie *Wilbrandt* ließ sich im Zuge der revolutionären Ereignisse davon überzeugen, daß der Drang der Arbeiter nach unmittelbarer Beteiligung an der sozialistischen Neuordnung durch die Räte einem elementaren und begründeten Streben entsprang [23].

Alle diese Beobachter – und, wie wir noch sehen werden, auch die Theoretiker und Führer der Rätebewegung selbst – wiesen jedoch darauf hin, daß diese »syndikalistische« Grundströmung die Gefahr in sich berge, das Ziel des Sozialismus zu verfehlen. Die revolutionäre Eroberung einzelner Betriebe oder ganzer Industriezweige ausschließlich zum Vorteil der beteiligten Arbeitnehmer müsse zu neuen Ausbeutungsverhältnissen und sozialen Ungerechtigkeiten führen, ganz abgesehen von der Frage, ob die jeweiligen Arbeiterräte fähig sein würden, die Leitungsaufgaben erfolgreich wahrzunehmen.

Vor allem die offizielle Sozialisierungspolitik der Regierung und der Gewerkschaften und die Sozialisierungstheorie der ihnen nahestehenden Fachleute hoben diese Gefahren hervor. Der urwüchsigen Arbeiterströmung gegenüber betonten sie mit besonderem Nachdruck die andere Seite der Sozialisierung, die Aufhebung des Privateigentums an den Produktionsmitteln zugunsten einer im Dienste der gesamten Gesellschaft stehenden planmäßigen Wirtschaft. Jedoch auch dieser Auffassung wohnte die Gefahr inne, das Ziel des Sozialismus zu verfehlen. Sie neigte dazu, ihren Richtpunkt, das Interesse der »Allgemeinheit«, nur ganz abstrakt zu bestimmen, ohne zugleich die Frage zu beantworten, ob und wie die wirklichen Glieder dieser Allgemeinheit – insbesondere die Arbeitnehmer – ihre wirklichen Interessen würden zur Geltung bringen können. Statt dessen wurde nicht selten die technisch-ökonomische Rationalität der neuen Wirtschaftsordnung mit dem wirklichen Allgemeininteresse unkritisch in eines gesetzt, und es wurden die leitenden Organe der Gesellschaft mit dieser selbst identifiziert. Die »syndikalistische« Tendenz der Arbeitnehmerschaft auf Änderung ihrer unmittelbaren Arbeitsverhältnisse und unmittelbare Kontrolle der sozialisierten Wirtschaft gewann demgegenüber den Charakter eines bloß partiellen, dem »Allgemeininteresse« zuwiderlaufenden Störungsfaktors. Das Ergebnis solcher Grundauffassungen waren dann Sozialisierungsentwürfe, die den ursprünglich von *Marx* gemeinten revolutionären Prozeß der »Vergesellschaftung« zu einem technisch-organisatorischen Eingriff in die Wirtschaft verengten, und deren politische Konsequenzen eher auf eine staatskapitalistische oder technokratisch-bürokratische Verfassung hinausliefen als auf eine sozialistisch-demokratische »freie Assoziation« (Kommunistisches Manifest)[24].

In dieser Spannung zwischen gesellschaftlichem Allgemeininteresse und Arbeiterinteresse, zwischen zentraler Staatsverwaltung und Selbstverwaltung und damit zwischen parlamentarisch kontrollierter Bürokratie und unmittelbarer Arbeiterdemokratie bewegen sich alle Entwürfe und Pläne zu einer wirtschaftlich-sozialen Neuordnung. Die marxistisch-sozialistische Überlieferung gab ihnen, wie wir gesehen haben, nur einen allgemeinen Rahmen, aber keine konkreten Anweisungen. So erklärt sich die große Spannweite zwischen den verschiedenen Programmen und Theorien.

## Anmerkungen zu Kapitel 6

[1] Berlin 1946.
[2] A. a. O. S. 54, auch 53.
[3] A. a. O. S. 55/6, ausführlich 41 ff.
[4] A. a. O. S. 52.
[5] Den sehr eindringlichen Versuch, den Beweis dafür aus dem Gesamtsystem des Marxismus zu entwickeln, stellt eine Arbeit von *L. Tschudi* dar, Kritische Grundlegung der Idee der direkten Rätedemokratie im Marxismus, Basel rer. pol. Diss. 1950 (1952).
[6] Eine Ausnahme bildet der vom US-amerikanischen Theoretiker *D. de Leon* entwickelte sogenannte »Industrie-Unionismus«.
[7] Die klassisch gewordene Formulierung dieses Prozesses findet sich bei *Marx* selbst, Das Kapital, Berlin 1953, Bd. 1, 24. Kapitel, 7. Abschnitt: Geschichtliche Tendenz der kapitalistischen Akkumulation.
[8] Vgl. *K. Marx*, Das Elend der Philosophie, Berlin 1952, S. 193: »Von allen Produktionsinstrumenten ist die größte Produktivkraft die revolutionäre Klasse selbst.«
[9] Die Systemnotwendigkeit dieser Vereinigung für den Marxismus, zugleich aber auch ihre weitgehende tatsächliche Verwirklichung — zumindest für die Zeit vor 1918 — überzeugend dargestellt zu haben, ist das große Verdienst des gleichnamigen Buches von *Sombart*, 8. Aufl., Jena 1919.
[10] Siehe oben das 1. Kapitel.
[11] Vgl. hierzu die Zusammenfassung bei *R. Wilbrandt*, Sozialismus, Jena 1919, S. 11 ff. Sowie auch die großen Aufsätze von *Götz Briefs*, GdS, Abt. IX, 1. Teil, 1926, S. 142 ff., und *Robert Michels*, ebenda, S. 241 ff.
[12] Diese gesellschaftliche Situation ist unter den zeitgenössischen wissenschaftlichen Beobachtern besonders von *M. Weber* charakterisiert und als Wurzel des modernen Sozialismus aufgedeckt worden, Ges. Aufsätze zur Soziologie und Sozialpolitik, Tübingen 1924,

S. 492 ff., bes. 501. Vgl. ferner *E. Lederer,* Zum sozialpsychischen Habitus der Gegenwart, Archiv f. Soz. Wiss. und Soz. Pol., Bd. 46, S. 114 ff., bes. 134/5, 139 Anm. 9.
[13] A. a. O., S. 206 ff.
[14] Das Kapital, Berlin 1953, Bd. 1, S. 444 ff.; Bd. 3, S. 418 ff.
[15] Vgl. *V. Griffuelhes* (Generalsekretär des französischen Gewerkschaftsbundes CGT), L'Action Syndicaliste, Paris 1908, S. 23, »Direkte Aktion heißt Aktion der Arbeiter selbst, eine Aktion, die von den Beteiligten selbst direkt ausgeführt wird. Der Arbeiter selbst ist es, der die Anstrengung leistet. Er übt sie persönlich gegen die ihn beherrschenden Mächte, um von diesen die verlangten Vorteile zu erhalten. In der direkten Aktion unternimmt der Arbeiter selbst seinen Kampf; er selbst ist es, der ihn durchführt, entschlossen, keinem anderen als sich selbst seine Sorge seiner Befreiung zu überlassen.« Zitiert nach *Paul Louis,* Geschichte der Gewerkschaftsbewegung in Frankreich, herausgegeben und eingeleitet von *G. Eckstein,* Stuttgart 1912, S. 15/6.
[16] *Schmollers* Jb., 45. Jg., S. 313 ff., bes. S. 323 ff. Ähnlich auch *Gestaldio,* Die Sozialisierung des Kohlenbergbaus, ebenda, S. 185 ff., bes. S. 201 ff. Ferner *H. von Beckerath,* Probleme industriewirtschaftlicher »Sozialisierung«, Annalen für soz. Politik und Gesetzgebung, Bd. 6, S. 487 ff., bes. S. 488/9, 496 ff., 529 ff.
[17] Archiv f. Soz. Wiss. und Soz. Pol., Bd. 48, S. 305 ff.
[18] A. a. O. S. 334/5.
[19] A. a. O. S. 336.
[20] A. a. O. S. 336 ff.
[21] A. a. O. S. 337.
[22] Archiv f. Soz. Wiss. und Soz. Pol., Bd. 47, 1920, S. 219 ff., S. 259/60. Siehe auch die klarsichtige Voraussage des Verlaufs der revolutionären Bewegung in seinem im September 1918 abgeschlossenen Aufsatz; Zum sozialpsychischen Habitus der Gegenwart, a. a. O., Bd. 46, S. 114 ff., 139 Anm. 9.
[23] Vgl. sein Buch Sozialismus, S. 183 ff.
[24] Einen guten Überblick über die schier unabsehbare Sozialisierungsdebatte nach 1919 geben die Bücher von *H. Ströbel,* Die Sozialisierung, 4. Aufl., Berlin 1922, und *Felix Weil,* Sozialisierung, Berlin 1921. Von einem orthodox marxistischen Standpunkt aus, aber sehr sachlich, schreibt *W. Greiling,* Marxismus und Sozialisierungstheorie, Berlin 1923.

# 7. KAPITEL

# Sozialisierungsentwurfe

Es ist nicht leicht, die Fülle der in der Revolution gemachten Sozialisierungsvorschläge zu ordnen und die wesentlichen unter ihnen herauszuheben. Dies ist zum einen der Fall, weil alle Sozialisierungsvorschläge mehr oder weniger stark mit den Vorstellungen einer Räteorganisation der Wirtschaft verflochten sind, diese aber dennoch eine gesonderte Darstellung verlangt, zum anderen aber, weil die hauptsächlichen Entwürfe und Programme untereinander in Polemik, Zustimmung und teilweiser Entlehnung der Grundgedanken voneinander so eng zusammenhängen, daß sie kaum gesondert zu schildern sind. Folgende Komplexe zeichnen sich dabei ab: Die Vorschläge der Sozialisierungskommission (SK), die planwirtschaftlichen Vorstellungen *Wissell/Möllendorfs* und ihre Auseinandersetzung mit der Idee der sogenannten »Vollsozialisierung«, der Sozialisierungsplan der österreichischen Sozialdemokratie, dessen Verfasser O. *Bauer* war und der eine enge Berührung mit den Vorstellungen des sogenannten »Gildensozialismus« aufweist, gesonderte Vorschläge, wie die von *Cranold/Carpow, G. Werner, A. Horten,* die in Einzelfragen bemerkenswerte Lösungsvorschläge zum Problem der Sozialisierung enthalten.

## a) Die Entwürfe der Sozialisierungskommission [1]

Im Unterschied zu sehr vielen der nach 1918 vorgelegten Sozialisierungspläne besaßen die Vorschläge der 1918 eingesetzten und nach dem Kapp-Putsch 1920 erneut beauftragten SK eine erhebliche praktische Auswirkung. Sie standen im Mittelpunkt der Diskussionen, und eine tatsächlich durchgeführte Sozialisierung der Großindustrie hätte sich ohne Zweifel in der Richtung der von der Kommission ausgearbeiteten Pläne bewegt. Kernstück der gesamten Arbeit der SK und Grundlage der im Jahre 1920 erneut zur Diskussion gestellten Vorschläge ist der Vorläufige Bericht über die Sozialisierung des Kohlenbergbaus vom 15. Februar 1919 und in ihm der Entwurf der entschieden sozialistisch gesonnenen Kommissionsmehrheit. Er vor allem ist in unserem Zusammenhang von Interesse. Wir werden uns im folgenden darauf beschränken, die ausgearbeiteten Vorschläge für den Bergbau heranzuziehen. Die dort entwickelten Vorstellungen können ohne weiteres auf die gesamte industrielle Produktion übertragen werden.

Bei der Darstellung der Kommissionspläne wollen wir besonderes Gewicht auf die Frage legen, auf welche Weise das zentrale Problem, die Vereinigung von Allgemeininteresse und Arbeiterinteresse, gelöst wurde. Einzelfragen, wie die nach der Stellung eines sozialisierten Industriezweiges in einer nicht sozialisierten Gesamtwirtschaft, nach dem Modus der Enteignung und Entschädigung der Privateigentümer und nach der Notwendigkeit von Unternehmer- (beziehungsweise Betriebsleiter-)initiative und Unternehmergewinn werden im Anschluß daran besonders bei der Erörterung des von *Rathenau* ausgearbeiteten Alternativvorschlages der SK behandelt werden.

Entscheidend für die Lösung jenes Zentralproblems ist die Wahl der Organisationsform der jeweils sozialisierten Industriezweige. Hierbei lehnte die SK die an sich naheliegende Verstaatlichung ab. Diese Grundsatzentscheidung ist von fast allen anderen Sozialisierungsplänen übernommen worden. Auch die verantwortlichen Politiker haben die reine Verstaatlichung als Mittel der wirtschaftlich-sozialen Neuordnung nach 1918 nicht mehr ernsthaft vertreten. Nichtsdestoweniger war die Vorstellung, die Wirtschaft durch unmittelbare Übernahme in die öffentliche Hand zu »sozialisieren«, vor allem im Denken der sozialdemokratischen Führer nach wie vor tief verwurzelt. So erklärte der SPD-Fraktionssprecher, der Bergarbeiterfunktionär *Osterroth*, in der Sozialisierungsdebatte vor der Nationalversammlung am 13. März 1919 in Abgrenzung von den Plänen der SK: »Ich muß sagen: Wir stehen nach wie vor auf dem Boden der Verstaatlichung«[2]. Und im Sommer 1920 schrieb der sozialdemokratische Wirtschaftsminister *R. Schmidt* in einem programmatischen Aufsatz, »der staatliche Betrieb, das Unternehmen in Verwaltung der Kommune« sei »die vollkommenste Form der Umgestaltung der privatkapitalistischen Produktionsweise«[3]. Es mag sein, daß der zwischen diesen eingewurzelten sozialdemokratischen Vorstellungen und den Kommissionsplänen bestehende Gegensatz zu den Spannungen beigetragen hat, die eine fruchtbare Zusammenarbeit von SK und sozialdemokratisch beherrschter Reichsregierung verhindert haben.

Von grundsätzlicher Bedeutung sind die Argumente, mit denen die SK die Verstaatlichung ablehnte. Sie war »einstimmig der Auffassung, daß die ganze Behördenorganisation, die Anstellungs-, Avancements- und Gehaltsverhältnisse, das Etats- und Rechnungswesen, kurz, die gesamte Einordnung in den normalen Staatsbetrieb mit seiner bürokratischen Auffassung schwere Hindernisse für eine wirtschaftliche Ausnützung der Bergwerke bedeutet«. Am schwersten wiegt dabei der Mangel an Initiative: »... Kontrolle über Kontrolle statt Vertrauen und Anreiz zum selbständigen Handeln, das sind die Kennzeichen dieser Organisation...« »Ganz abgesehen davon ist die Kommission der Ansicht, daß eine isolierte Verstaatlichung des Bergbaus beim Weiterbestehen der kapitalistischen Wirtschaft in anderen Wirtschaftszweigen nicht als eine Sozialisierung betrachtet werden kann, sondern nur die Ersetzung eines Arbeitgebers durch einen anderen bedeuten würde[4].«

Um die Gefahren der Verstaatlichung zu vermeiden und das Allgemeininteresse mit dem Arbeiterinteresse auszugleichen, entwarf die SK eine gänzlich neue Organisationsform. Der Bergbau soll durch eine selbständige Körperschaft, die Reichskohlengemeinschaft, übernommen werden. Die Mitwirkung der Arbeiterschaft bei der Sozialisierung wird als berechtigt anerkannt. Das Drängen der Arbeiter berge freilich die »Gefahr« produktivgenossenschaftlicher oder syndikalistischer Lösungen in sich. »Demgegenüber kann die Notwendigkeit einheitlichen Vorgehens nicht scharf genug betont werden[5].« Die Geschäfte der Leitung des Bergbaus sollen im gemeinwirtschaftlichen Sinne durch »Arbeiterschaft, Betriebsleitungen und Allgemeinheit geführt werden«[6]. Beherrschend sollen »die Grundsätze wirtschaftlicher Demokratie und des Arbeitens für die Gesamtheit« sein.

In der organisatorischen Verwirklichung jener Grundsätze treten in dem Kommissionsplan die Interessen der »Gesamtheit« allerdings stark in den Vordergrund.

Die »Demokratie in den Betrieben« bezieht sich nur auf das unmittelbare Arbeitsverhältnis; auf die Betriebsleitung und die Bestellung der leitenden Personen sollen die Arbeiter direkt keinen Einfluß haben. (In diesem begrenzten Rahmen freilich werden den Arbeitervertretungen beträchtliche Rechte zugedacht. Der Einfluß der von der Essener Neunerkommission für die Steigerrevier- und Zechenräte entworfenen Bestimmungen auf die Formulierungen der Sozialisierungskommission ist unverkennbar [7].) Hingegen wird den Betriebsleitungen eine sehr einflußreiche und unabhängige Stellung neben den Arbeitnehmern eingeräumt, die sich darin ausdrückt, daß sie nicht nur im Betrieb die entscheidende Stellung einnehmen, sondern auch im zentralen Kontrollorgan der Kohlengemeinschaft, dem hundertköpfigen Reichskohlenrat, mit derselben Stärke wie die Arbeiter, nämlich mit 25 Sitzen, vertreten sein sollen [8]. Außerdem sind je 25 Vertreter der Verbraucher (Industrie, Kommunen, sonstige Konsumentenorganisationen) und des Reiches vorgesehen.

Wenn wir diesen Organisationsplan unter politisch-soziologischen Gesichtspunkten betrachten, ergeben sich gewisse Probleme. Der Plan entfernt zwar die Schicht der alten kapitalistischen Eigentümer und Direktoren aus ihren bisherigen Machtpositionen, sichert aber zugleich den neuen »sozialistischen« Direktoren – wir würden heute »Manager« sagen – eine beträchtliche Sonderstellung. Überdies sind die Bestimmungen über die Vertreter der Verbraucher und des Reiches so gehalten, daß im wesentlichen Wirtschaftsleiter, das heißt Manager, Beamte und sonstige Fachleute für diese Vertretung in Frage kommen. Der Reichskohlenrat soll also zu zweidrittel bis dreiviertel aus Personen zusammengesetzt werden, die soziologisch und sozialpsychologisch als »Manager« oder ihnen im Typ nahestehend zu betrachten sind und die nicht unmittelbar demokratisch gewählt, sondern auf verschiedene Weise mittelbar gewählt oder ernannt werden.

Angesichts dieser Konstellation bleibt die Frage offen, ob die auf den verschiedenen Wegen über die Mitglieder des Reichskohlenrats ausgeübte demokratische Kontrolle wirkungsvoll genug hätte sein können, um den Arbeitern das begründete Gefühl zu geben, daß sie nun ihr wirtschaftliches Schicksal selbst bestimmten. Ohne eine Antwort auf diese Frage gerieten die Pläne der SK in eine gewisse Nähe zu jenem bürokratischen »Sozialismus«, in dem die kapitalistischen Unternehmer zwar beseitigt, zugleich aber durch eine neue Schicht wirtschaftender Funktionäre ersetzt werden, ohne daß die Arbeiterschaft auf die Stellung und die Tätigkeit dieser neuen Führungsschicht wesentlich größeren Einfluß besitzt als früher gegenüber den alten Unternehmern. Es konnte zweifelhaft erscheinen, ob sich unter solchen Umständen die Lage der Arbeiterschaft als Klasse wirklich verändern und ob sie infolgedessen bereit sein würde, eine derartige Umorganisation der Wirtschaft als Sozialismus anzuerkennen.

Daß derartige Konsequenzen von der SK nicht gewollt wurden und daß es ihr mit der Ausschaltung der kapitalistischen Erwerbswirtschaft und der Errichtung einer demokratischen gemeinwirtschaftlichen Ordnung völlig ernst war, steht außer Zweifel und geht aus allen ihren grundsätzlichen Ausführungen klar hervor. Aber die – durch die turbulenten Ereignisse im Ruhrgebiet Anfang des Jahres 1919 mitbestimmte – Scheu vor den »syndikalistischen« Tendenzen in der Arbeiterschaft führte die Kommission dazu, den Einfluß der »Fachleute« und der Vertreter des

»Allgemeininteresses« so zu stärken, daß die unmittelbare Arbeitnehmervertretung demgegenüber in eine deutlich schwächere Position geriet.

Im übrigen waren die Vorschläge der SK sorgfältig durchdacht und sowohl maßvoll als auch entschieden. Ohne daß die Kommission zu dem Entwurf der Gesamtverfassung einer sozialistischen Wirtschaft gelangt wäre, ließ sie doch erkennen, daß sie einer schrittweisen Sozialisierung der Wirtschaft, beginnend mit den ausschlaggebenden Industrie- und Gewerbezweigen, anhing. (Wir sprechen hier von der entschieden sozialistischen Gruppe in der SK, die 1919 die große Mehrheit und 1920 die Hälfte der Kommission stellte.) Dabei wurde unter Sozialisierung die sogenannte »Vollsozialisierung« verstanden, das heißt die vollständige Ausschaltung der kapitalistischen Eigentümer und Unternehmer. Trotz dieser entschiedenen Haltung vertrat die SK den Standpunkt, daß die entschädigungslose Enteignung der Eigentümer eines einzelnen Wirtschaftszweiges aus moralischen und aus wirtschaftspolitischen Gründen nicht in Frage kommen könne, da die Grundlagen des Fortbestehens der nicht sozialisierten Wirtschaft dadurch zerstört werden würden. Sie sah infolgedessen eine Entschädigung der alten Eigentümer durch Ausgabe festverzinslicher Obligationen vor [9], eine Lösung, die wegen der in ihr zum Ausdruck kommenden »Sorgfalt« auch die Anerkennung von prinzipiellen Gegnern der Sozialisierung gefunden hat [10].

Das zentrale Thema der Auseinandersetzungen in der SK über die Durchführung der Sozialisierung war die Frage, wie nach Fortfall des bisherigen kapitalistischen Profitmotivs für die Unternehmensleitungen eine bewegliche, einfallsreiche, vorwärtsstrebende Wirtschaftsführung garantiert werden könne. Die SK hat von Anfang an die Notwendigkeit einer derartigen Wirtschaftsführung mit solchem Nachdruck betont, daß von nichtsozialistischer Seite mit leisem Spott über diese »Entdeckung des privaten Unternehmers« durch den Sozialismus gesprochen worden ist [11]. An der Spitze der einzelnen Werke sollten Direktoren, an der Spitze der einzurichtenden regionalen Bezirke sollten Generaldirektoren stehen. Die Gesamtleitung des deutschen Bergbaus wurde einem fünfköpfigen, vom Reichskohlenrat zu bestellenden Direktorium mit weitreichenden Befugnissen zugedacht. »Die Generaldirektoren und die Direktoren ... werden durch Privatdienstvertrag auf Zeit angestellt. Sie erhalten feste Bezüge und Sondervergütungen nach Maßgabe der Betriebsergebnisse unter Berücksichtigung der in der Privatindustrie üblichen Sätze [12].« Das heißt also, die SK wollte den sozialistischen Bergbau im Bemühen um die fähigsten Manager konkurrenzfähig halten und das Erwerbsmotiv als Antrieb der unternehmerischen Leistung gewahrt wissen.

Diesem Bestreben gegenüber betonten die nicht auf dem Boden der Vollsozialisierung stehenden Mitglieder der SK, daß die sozialisierte Industrie unter diesen Bedingungen fähige Männer nicht würde gewinnen können [13]. Die Abhängigkeit des Angestelltenverhältnisses und der Verzicht auf die Eigentümerposition würden »gerade die hervorragendsten Männer des Wirtschaftslebens« davon abhalten, eine Direktorenstellung zu übernehmen [14]. Aus diesem Grunde sei es notwendig, das Privateigentum – wenigstens für eine Übergangszeit bis zur Entfaltung einer neuen gemeinwirtschaftlichen Gesinnung – vorläufig beizubehalten und lediglich einer schärferen öffentlichen Kontrolle zu unterwerfen.

Das Minderheitsvotum von 1919 erstrebt dieses Ergebnis durch eine Wegsteuerung der Differentialrenten und durch eine gemeinwirtschaftliche Dachorganisation, die – ähnlich der Gesetzgebung im März 1919 – weitgehend die Funktionen eines staatlichen Zwangssyndikats ausübt. Der Vorschlag *Rathenaus* von 1920 geht noch weiter. Er will den Versuch machen, »zwar den Unternehmer als verantwortlichen Aufseher und Beteiligten der Wirtschaft zu erhalten, ihm aber alle Monopolrechte und Aussichten auf Differentialrenten, die Bestimmung des Preises und Gewinnes, die Leitung der gewerblichen Politik zu entziehen, seine Wirtschaft durchsichtig und kontrollierbar zu machen und seinen Besitz im Verlauf eines gesetzlich festgelegten Zeitraumes zugunsten der Gemeinschaft zu enteignen [15].« Dieser erstaunliche Effekt soll dadurch erreicht werden, daß die gesamte wirtschaftspolitische Seite der Erzeugung vom Reichskohlenrat, der als Zentralsyndikat fungiert, übernommen wird. Die Zechen leisten nur die technische Produktion, liefern das Förderergebnis zum Selbstkostenpreis und erhalten die Unkosten sowie eine angemessene Kapitalverzinsung vergütet. Die Enteignung soll im Laufe einer dreißigjährigen Tilgung aus den Gewinnen, die der Reichskohlenrat erzielt, erfolgen.

Gegen alle diese Pläne haben die Vertreter der Vollsozialisierung immer wieder eingewendet, daß der Versuch, das privatkapitalistische System zu erhalten, es aber einer scharfen Kontrolle zu unterwerfen, nur die private Initiative abtöten würde, ohne gemeinwirtschaftlich bedingte Antriebskräfte zu entbinden [16]. In der Tat hatte sich ja in der Schwerindustrie die Funktion des Kapitaleigentums von der Funktion der Wirtschaftsleitung weitgehend gelöst. Entweder diese Lösung war vollständig, dann mußte es auch gelingen, die Manager für die verantwortungsvolle Arbeit in der sozialisierten Industrie zu gewinnen, oder aber die Manager dachten und handelten als Kapitalisten, dann war es ganz unrealistisch, ihnen – wie *Rathenau* es wollte – alle echten Privatunternehmerfunktionen zu entziehen und trotzdem privatwirtschaftlich inspirierte Leistungen von ihnen zu verlangen. In diesem Fall gab es nur die Alternative, auf die Sozialisierung ganz zu verzichten oder aber das Risiko der Vollsozialisierung einzugehen [17].

Diese Fragen werden im Schlußkapitel noch einmal aufgegriffen werden, aber als Ergebnis der – im 5. Kapitel dargelegten – praktischen Erfahrungen mit einer privatwirtschaftlich-gemeinwirtschaftlichen Mischform und als Ergebnis der theoretischen Diskussion kann doch bereits gesagt werden, daß von den drei denkbaren reinen Formen: mehr oder weniger unkontrollierter Privatkapitalismus, Privateigentum unter gemeinwirtschaftlicher Oberleitung beziehungsweise Kontrolle und Vollsozialisierung, die zweite am wenigsten sinnvoll zu sein scheint.

b) *Einzelvorschläge zum Kohlenbergbau*

Es hat im Laufe der Sozialisierungsdiskussion eine ganze Reihe von einzelnen Entwürfen – besonders über den im Brennpunkt des Interesses stehenden Kohlenbergbau – gegeben, die zwar nicht dieselbe wissenschaftliche Beachtung gefunden und dieselbe politische Bedeutung besessen haben wie die Pläne der SK, die aber trotzdem zumindest zu einzelnen Fragen bemerkenswerte Gesichtspunkte enthalten.

[403]

Ende 1920 veröffentlichten die Sozialdemokraten *Hermann Kranold* und *Edwin Carpow* einen Vorschlag zur Sozialisierung des Kohlenbergbaus. Die Verfasser und ihre Ideen verdienen deshalb besonderes Interesse, weil *Kranold* einer der engsten Mitarbeiter *Otto Neuraths* gewesen ist, den man wohl als den radikalsten und politisch aktivsten Sozialisierungstheoretiker der Revolutionszeit betrachten kann. Wir werden uns mit seinen Auffassungen nicht näher auseinandersetzen, weil sie schon damals ihrer Einseitigkeit wegen heftig umstritten waren und heute als gänzlich indiskutabel gelten müssen. *Neurath* vertrat eine extrem zentralistisch und staatlichorganisatorisch gedachte Sozialisierung der gesamten Wirtschaft. In ihrer ökonomischen Seite stellten seine Pläne ziemlich genau das dar, was die heutige Wirtschaftstheorie als »Zentralverwaltungswirtschaft« bezeichnet. Im Grunde war *Neurath* ein reiner Technokrat, obwohl er im Verlauf der Entwicklung seiner Gedanken dazu gelangte, den Räten eine wesentliche Rolle in seinem System einzuräumen[18].

Der *Kranold/Carpow*sche Entwurf ist weniger einseitig und nimmt die von den Arbeiten der SK ausgegangenen Anregungen positiv auf[19]. Die in ihm ausgesprochenen Gedanken sind nicht zuletzt deswegen so interessant, weil die Verfasser radikale Sozialisten waren, die die Verwirklichung einer Gemeinwirtschaft unter Ausschaltung aller Klassenprivilegien ernsthaft forderten und auch den Ansprüchen der Arbeiter mit Verständnis gegenüberstanden.

Der gefährlichste Gegner des Sozialismus ist für *Kranold/Carpow* der »Syndikalismus«, worunter sie die Ausbeutung der Konsumenten durch die Produzenten (Arbeiter und Unternehmer) verstehen[20]. Die Verwaltung der Bergwerke ganz oder überwiegend den dort beschäftigten Arbeitern zu übergeben, lehnen sie aus diesem Grunde ab. Überdies vermöchten die Arbeiterräte gar nicht, diese Verwaltung zu leiten. Ihre Tätigkeit soll auf die sozialpolitische Interessenvertretung und die Kontrolle der Rechnungslegung beschränkt bleiben[21]. Die Verwaltung der enteigneten Bergwerke soll straff zentralisiert, die oberste Kontrolle jedoch nicht dem Staat schlechthin oder irgendwelchen »paritätischen« Organen übertragen werden, zumal der Grundsatz der Parität zwischen den alten Unternehmern und den Arbeitern »für jeden Sozialisten vollständig unannehmbar ist«. Den entscheidenden Einfluß soll vielmehr der Reichswirtschaftsrat ausüben, der nach Kopfzahl der in den jeweiligen Wirtschaftszweigen Beschäftigten zusammengesetzt wird, also eine überwiegende Mehrheit von Arbeitnehmervertretern enthält[22].

Die Verantwortung für die sozialistische Wirtschaft trug nach diesen Vorschlägen im wesentlichen die Arbeitnehmerschaft selbst, wenigstens dem Buchstaben nach[23]. Trotzdem gelten auch für sie die gegen die Pläne der SK gemachten Einwendungen. Die entscheidende Frage blieb offen, ob – gerade bei dem straff zentralisierten Aufbau der Kohlenwirtschaft im *Kranold/Carpow*schen Entwurf – die demokratische Kontrolle durch den Reichswirtschaftsrat wirksam und der Zusammenhang zwischen ihm und seinen Wählern eng genug sein würde, um eine bürokratisch-technokratische oder staatskapitalistische Tendenz in Schranken zu halten. Oder um es in den Begriffen unserer theoretischen Überlegungen zu sagen: Bei *Kranold/Carpow* überwog das Allgemeininteresse das Arbeiterinteresse in einem bedenklichen Grade.

Einer besonderen Erwähnung bedürfen gerade in diesem Zusammenhang die Gedanken, die *Georg Werner* über den »Weg zu einer Sozialisierung des Kohlenbergbaus« vorgetragen hat [24]. *Werner* war Steiger von Beruf, Geschäftsführer des freigewerkschaftlichen Bundes der technischen Angestellten und Beamten *(Butab)* und, wie er von sich selbst sagt, ein alter Betriebsbeamter, »der sich genau darüber klar ist, was gemacht werden kann, und was nicht möglich ist« [25]. Er hat als Mitglied der Sozialisierungskommission im Jahre 1920 für die Pläne der entschieden sozialistischen Gruppe gestimmt, und sein eigener Entwurf schließt sich jenen im allgemeinen an. Interessant sind für uns die Unterschiede. Sie liegen in dem wesentlich höheren Grade der Mitbestimmung auf technisch-wirtschaftlichem Gebiet, die *Werner* den Arbeitervertretern einräumen will.

Für *Werner* stehen die Ansprüche der Arbeitnehmer durchaus im Vordergrund. »Die Sozialisierung des Bergbaus ist der erste Schritt auf ... (dem) ... Wege zur wirtschaftlichen Selbständigkeit der Arbeitnehmer.« Er betrachtet diesen Prozeß sehr nüchtern. In der Alltagspraxis des Bergbaus werde sich durch die Sozialisierung wenig ändern. Aber Schutz vor Ungerechtigkeiten, Lust und Liebe zur Arbeit *und* die Möglichkeit der Mitarbeit am Betriebe für alle könnten geschaffen werden. Dieser letzte Punkt ist entscheidend [26]. Von allen sozialdemokratischen Sozialisierungstheoretikern wird übereinstimmend behauptet, daß es weder sinnvoll noch praktisch möglich sei, die Arbeiter an der Betriebsleitung zu beteiligen [27]. Ganz anders *Werner*. In einem Katalog der berechtigten Arbeiterforderungen führt er ausdrücklich die Mitarbeit im technischen Betrieb auf [28].

Mit Schärfe wendet er sich gegen jede Sonderstellung der Betriebsleiter: »Grundsätzlich sind die im Bergbau Tätigen, vom jugendlichen Arbeiter bis zum Generaldirektor, die von der Allgemeinheit eingesetzten Verwalter des Bergwerkseigentums, welches sie im Interesse der Allgemeinheit verwalten müssen.« Das Recht der Mitbestimmung durch ihre Vertrauensleute besteht für die Arbeitnehmer »in allen Fragen des Betriebes«. Die Betriebsräte sind dem Direktor beigeordnet »und mit diesem in der Art des Kollegialsystems bei der Leitung tätig« [29]. Der Betriebsobmann soll dem Direktor zur dauernden Unterrichtung beigegeben werden [30]. Die technische Leitung müsse dem Direktor und den Beamten verbleiben. Aber die Arbeitervertreter sollten an allen Beamtenversammlungen teilnehmen und in alle Betriebsvorgänge Einblick nehmen dürfen [31]. »Werden die umstehend geforderten Vollmachten ...«, so stellt *Werner* fest, »... nicht gewährt, bekommen wir niemals Ruhe im Bergbau [32].« Dieser sein Standpunkt ist um so bemerkenswerter, als er die radikalen politischen Bewegungen und ihre typischen Vertreter schroff ablehnt [33].

Es ist ganz deutlich, daß in *Werners* Überlegungen die Anregungen der Sozialisierungs- und Rätebewegung in sehr viel höherem Grade wirksam geworden sind als bei irgendeinem der anderen Sozialisierungstheoretiker. Und es scheint kein Zufall zu sein, daß sich solche Auswirkungen bei einem Mann gezeigt haben, der als langjähriger aktiver Zechenbeamter der betrieblichen Praxis näher stand als die Professoren, Publizisten oder Gewerkschaftssekretäre, die im übrigen die Sozialisierungsdebatte bestritten.

Eine Sonderstellung nehmen die Überlegungen ein, die *Alfons Horten* über das Sozialisierungsproblem angestellt hat. Zum einen wegen sich von den meisten anderen Plänen unterscheidenden sachlichen Richtung, zum anderen wegen der

Originalität und Sachkunde des Verfassers [34]. *Horten* war ursprünglich Bergassessor und als solcher sowohl im staatlichen als auch im privaten Bergbau tätig gewesen; später arbeitete er in der Kriegswirtschaft des Reiches und nach dem Kriege als Stadtbaurat in Berlin. Er kam also nicht von der sozialistischen Arbeiterbewegung her, sondern war – änlich wie der Ingenieur *von Möllendorf* – ein Vertreter der damals noch sehr kleinen Schicht des nicht kapitalgebundenen Managements. Seine sozialistischen Vorschläge erwuchsen aber nicht sosehr aus einer eingewurzelten politischen Überzeugung als vielmehr aus langjähriger praktischer Erfahrung und allmählich erworbener theoretischer Erkenntnis.

*Hortens* Beitrag liegt auf zwei verschiedenen Gebieten: Erstens in der scharfen, auf intensiver eigener Kenntnis der Verhältnisse beruhenden Kritik an der privatkapitalistischen Unternehmerwirtschaft, zweitens in der Überlegtheit, Selbständigkeit und – von heute aus gesehen – Modernität seiner positiven Vorschläge. Seine Kritik an der Wirtschaftspolitik der deutschen Unternehmerschaft, vor allem in und nach dem Kriege, ist von schneidender Schärfe und von einer Drastik, die *Rathenaus* oben zitierte Äußerungen durchaus erreicht. Die verantwortungslose, ausbeuterische, profitgierige Preispolitik der deutschen Kohlenindustrie, noch mehr aber der deutschen Eisen- und Stahlindustrie, habe wesentlich zu dem katastrophalen (1920 immerhin noch in den Anfängen steckenden) Währungsverfall beigetragen. Diese Haltung der Unternehmer vor Augen, zweifelt *Horten* an dem Sinn sogenannter »gemeinwirtschaftlicher« Regelungen, wie denen vom März/April 1919: »Wie kann Gemeinwirtschaft in einem Wirtschaftszweig geführt werden über Gegenstände, zum Beispiel Kohlen-, Kali- und Eisenwerke, die nicht der Allgemeinheit, sondern Privaten gehören? Entweder überwiegen die Interessen der Allgemeinheit in dem betreffenden Wirtschaftskörper oder die diesen meist entgegenstehenden Privatinteressen der Privatbesitzer. Ein billiger Ausgleich zwischen diesen beiden Interessen ist *Utopie*[35].«

Auf Grund dieses harten Urteils über den volkswirtschaftlichen Nutzen des Privatkapitalismus weist *Horten* die Kritik an der öffentlichen Wirtschaft zurück. Bei der auch von Sozialisten viel berufenen unentbehrlichen »Initiative des Privatunternehmers« handele es sich um ein Schlagwort, das angesichts der Erfahrungen seit 1914 wertlos geworden sei. Über diese Feststellung hinaus bemüht sich *Horten*, den Begriff des »Unternehmers« kritisch zu analysieren und ein sicheres Kriterium für die »Sozialisierungsreife« von Industriezweigen zu finden. Er unterscheidet dabei dynamische, im Vormarsch befindliche Industriezweige und »Industrien der Massenfabrikation«, die durch einen hohen Grad der Mechanisierung und Normalisierung ausgezeichnet sind. Die ersteren benötigten ohne Zweifel die schöpferischen Energien des bahnbrechenden Erfinder-Organisator-Unternehmers. Bei der zweiten Gruppe hingegen sei ohnedies die Trennung von Kapitaleigentum und Wirtschaftsleitung bereits weitgehend eingetreten. Die Handlungsfreiheit der letzteren solle erhalten bleiben. Der bloße Kapitaleigentümer aber könne und müsse sogar beseitigt werden, wenn die Wirtschaft gesunden solle.

In seinen praktischen Sozialisierungsvorschlägen spricht sich *Horten* gegen die üblicherweise geforderte »horizontale Vollsozialisierung« und für eine »vertikale Teilsozialisierung« als ersten Schritt der Sozialisierung aus. Er verspricht sich nichts von der vollständigen Sozialisierung *eines* Produktionszweiges, hier vor allem des Bergbaus, wegen dessen enger Verflechtung mit anderen Zweigen, insbesondere der Eisen- und Stahlindustrie. Die auf einmal durchgeführte Vollsozialisierung von Kohle *und* Eisen aber erscheint ihm als eine unter den gegebenen Umständen zu riskante Maßnahme. *Horten* schlägt deshalb vor, 10 bis 15 Prozent der Kohlen- und Eisenwerke zu sozialisieren und ein großes, wohlausgestattetes gemischtes Werk zu schaffen, mit dessen Hilfe die öffentliche Hand auf das Preisgebaren der Privatwirtschaft drücken könne.

Gegen dieses Projekt lassen sich gewiß wirtschaftspolitische Einwendungen erheben. Das eigentlich Interessante an den Plänen *Hortens* ist aber auch nicht die Idee der »vertikalen Teilsozialisierung« (obwohl sie ernsthafte Erwägungen verdient), sondern die Organisationsform des sozialisierten Werkes selbst. Die Unternehmensverfassung soll die einer AG in Staatseigentum sein, deren Organe selbständig handeln. Der Aufsichtsrat soll aus je sechs Arbeitnehmer- und Regierungsvertretern zusammengesetzt werden, der Vorsitz jedoch der Regierung zustehen. Eine konsumentenfeindliche Politik befürchtet *Horten* hierbei nicht, zumal das Werk regelmäßig über Löhne, Selbstkosten und Preise öffentlich berichten solle und somit einer dauernden und eingehenden Kontrolle der Öffentlichkeit unterliege.

Noch origineller ist die Gestaltung der Betriebsverfassung entworfen. Die gesamte Betriebsleitung soll in drei Zweige gegliedert werden, einen kaufmännischen, einen technischen und einen sozialen. Der letztere umfaßt neben allen Einrichtungen betrieblicher Sozialpolitik die Lohngestaltung, die Arbeitszeitregelung und die Frage von Einstellung und Entlassung, also den gesamten Bereich der Arbeitskraft im Betrieb. Die Verwaltung der sozialen Referate der Betriebsleitung sollen die Arbeiter *selbst* übernehmen, während sie in technischen und kaufmännischen Fragen *keine* entscheidende Mitwirkung, sondern nur den vollen Einblick in alle Betriebsverhältnisse erhalten. Dieser Einblick wird durch ihre gleichberechtigte Vertretung im Aufsichtsrat und durch den – wenn man so will – »Sozial- beziehungsweise Arbeitsdirektor« eigener Wahl in der Betriebsleitung garantiert. Die Betriebsorganisation soll im übrigen in Werksabteilungen von mehreren tausend und Betriebsabteilungen von einigen hundert Arbeitern untergliedert werden, und die soziale Selbstverwaltung der Arbeitnehmer soll auch auf diesen unteren Stufen voll verwirklicht werden. Von dieser sorgfältig durchdachten Kombination öffentlichen Eigentums und funktional abgestufter Mitbestimmung der Arbeitnehmer erwartet sich *Horten* gute technisch-wirtschaftliche Leistungen von seiten der Betriebsleitung und ein Steigen von Arbeitslust und Arbeitsintensität bei den Arbeitern.

c) *Sozialisierung und Planwirtschaft*

Einer besonderen Erörterung bedarf das Verhältnis zwischen den herkömmlichen – von den sozialistischen Parteien und von der SK vertretenen – Sozialisierungsvorstellungen und den Entwürfen *Wissells* und *von Möllendorfs* über eine »Deutsche Gemeinwirtschaft«[36]. Wir haben oben gesehen, daß zwar ein Teil der *Wissell*schen Pläne in den »gemeinwirtschaftlichen Regelungen« für Kohle und Kali im März/

April 1919 verwirklicht worden war, daß aber der Versuch, den ursprünglichen Gesamtplan durchzuführen, keinen Erfolg gehabt und mit *Wissells* Rücktritt geendet hatte.

Es steht wohl außer Zweifel, daß die Abneigung der sozialdemokratischen Minister und Parteiführer, *Wissell/Möllendorfs* umfassende Pläne zu verwirklichen, mit ihrer Scheu vor *jedem* tiefer reichenden Eingriff in die bestehende Wirtschafts- und Sozialordnung zusammenhing. Andererseits wurden auch nicht wenige grundsätzliche und unzweifelhaft ernstgemeinte Einwendungen gegen die »Deutsche Gemeinwirtschaft« oder »Planwirtschaft« erhoben. Reichsministerpräsident G. *Bauer* legte am 10. Juli 1919 vor der SPD-Fraktion der Nationalversammlung dar, »wie die Regierung eine weitgehende *Vollsozialisierung* einzelner Industriezweige beabsichtige, daß also die Parteigenossen im Kabinett keineswegs Gegner einer Sozialisierung sind und die Privatwirtschaft stärken wollen«[37]. Und so wie er spielten viele andere Sozialdemokraten »Vollsozialisierung« gegen »Planwirtschaft« aus. Aber nicht nur von den Sozialdemokraten, sondern auch und gerade von seiten der USPD, deren fester Wille zu sozialisieren unbestreitbar war, wurden schwerwiegende Einwendungen erhoben[38].

Die »Planwirtschaft« (wie wir im folgenden abkürzend sagen wollen) geht von der Voraussetzung aus, daß die ungeheuren wirtschaftlichen und sozialen Probleme des besiegten, ausgebluteten, verarmten deutschen Volkes durch privatwirtschaftliche Mittel nicht mehr bewältigt werden können. Nötig ist eine sozialistische Wirtschaft, oder wie man lieber sagt, eine »Gemeinwirtschaft«. Darunter wird verstanden »die zugunsten der Volksgemeinschaft planmäßig betriebene gesellschaftlich kontrollierte Volkswirtschaft[39]«. Eine solche Planwirtschaft ist »das Grundprinzip jeder sozialistischen ... Wirtschafts-, Finanz- und Sozialpolitik«[40]. Die sogenannte »Vollsozialisierung«, das heißt Enteignung, wird als nicht schädlich, aber auch nicht entscheidend wichtig in die zweite Linie der notwendigen Maßnahmen verwiesen, denn die entscheidenden Eingriffe: Einfluß auf Preisbildung und Gewinnverteilung ließen sich auch ohne Eigentumsübertragung erreichen. Als entscheidendes Mittel für die planwirtschaftliche Einflußnahme wird die schon von Kohle- und Kaliwirtschaft her bekannte »gemeinwirtschaftliche Selbstverwaltung unter Reichsaufsicht« betrachtet. Eingriffe in die bisherige Verteilung des Produktionsmitteleigentums werden dadurch nicht ausgeschlossen[41].

Grundlegend ist der Begriff der »wirtschaftlichen Selbstverwaltung«. Er meint »eine Eingliederung der ökonomischen in die politische Verantwortung« derart, daß der Politik die grundsätzlichen Entscheidungen, der Ökonomie die Ausführungsbestimmungen und die Wirtschaftsverwaltung obliegen[42]. Die hier ins Auge gefaßte Wirtschaftsverfassung steht aber nicht etwa selbständig und gleichberechtigt *neben* der politischen Verfassung, sondern ist ihr als dienendes, wenn auch sich selbst verwaltendes Glied eingeordnet. Die Organisation dieser Selbstverwaltung ist nun überaus vielschichtig[43]. Neben »räumlich gegliederten Selbstverwaltungskörpern« stehen »fachlich gegliederte Selbstverwaltungskörper«.

Die ersteren steigen vom Betriebsarbeiterrat über den Bezirksarbeiterrat und den Bezirksunternehmerrat (die zum Bezirkswirtschaftsrat zusammentreten) zum Reichsarbeiter- und Reichsunternehmerrat auf. Die letzteren gliedern die großen

Produktionszweige (Landwirtschaft, Chemie, Eisen usw.) in Wirtschaftsbünde und deren einzelne Branchen in Wirtschaftsfachverbände. Räumliche und fachliche Körper zusammen bilden den Reichswirtschaftsrat. Überall herrscht strenge Parität zwischen Unternehmern und Arbeitnehmern. In den Wirtschaftsräten und den Fachverbänden beziehungsweise -bünden treten Vertreter des Handels und der Verbraucher hinzu.

Vor allem dieses kunstvolle, etwas perfektionistisch anmutende Organisationsschema hat der »Planwirtschaft« herbe Kritik eingetragen. Man vermutete nicht ganz zu Unrecht, daß die verschiedenen Selbstverwaltungskörper eine ungeheure, wuchernde Bürokratie, ähnlich der verhaßten Kriegswirtschaftsverwaltung, hervorbringen würden. Die prinzipientreuen Sozialisten kritisierten darüber hinaus die Belassung der alten Eigentümer und sahen in der «Planwirtschaft» nur »ein gesetzmäßig erleichtertes kapitalistisches Kartell«[44]. Als sich 1919/20 die unbestreitbar üblen Erfahrungen mit der »gemeinwirtschaftlichen Regelung« des Kohlen- und Kalibergbaus abzeichneten, wurde die Kritik noch schärfer und spitzte sich auf die – dem Unbefangenen einigermaßen grotesk klingende – Parole zu: Sozialismus gegen Planwirtschaft!

Ohne Zweifel bot die komplizierte Organisation große Angriffsflächen, und auch die Einwendungen gegen das Zusammenspannen von Privatinteresse und Allgemeininteresse in paritätischen Organen hatten gute Gründe. Trotzdem war die Alternative: »Sozialismus oder Planwirtschaft« ganz unsinnig[45].

1. *Jede* sozialistische Wirtschaft muß planmäßig gelenkt werden. Im übrigen schlossen *Wissell/Möllendorf* die Enteignung eines Teils der alten Eigentümer gar nicht aus[46].
2. Auch für die Vertreter der »Vollsozialisierung« einzelner Wirtschaftszweige stellt sich das Problem des Verhältnisses zu dem kapitalistisch bleibenden Teil der Wirtschaft.
3. Für jeden, der keine sofortige Totalsozialisierung will, besteht in der Übergangsperiode das Problem der Zusammenarbeit von alten Unternehmern, Arbeitnehmern und Konsumenten.
4. Die bei den isolierten »Gemeinwirtschaftskörpern« bestehende Gefahr einer Ausbeutung der Konsumenten durch die vereinigten Produzenten fällt bei einer Ausdehnung der »Gemeinwirtschaft« auf die gesamte Volkswirtschaft fort.
5. Die Gefahr der Bürokratisierung und des Überzentralismus besteht in jeder Planwirtschaft.
6. Die an die Wand gemalte Gefahr der Vertrustung ist eine kapitalistische Wirklichkeit. Gemeinwirtschaftlich organisierte »Kartelle« sind immer noch besser als rein kapitalistisch beherrschte.

Im übrigen aber lief jeder von irgendeinem der Kritiker *Wissell/Möllendorfs* gemachte Gesamtentwurf einer sozialistischen Wirtschaftsordnung auf Formen hinaus, die denen der »Planwirtschaft« nahekamen. Die verschiedenen »Rätesysteme« werden wir unten noch näher untersuchen. Aber auch der vollständigste und durchdachteste von allen Sozialisierungsentwürfen, der österreichische *Otto Bauers*, bedeutet im Grunde nichts anderes als Planwirtschaft[47].

Wir brauchen diesen großartigen, geschlossenen und wohldurchdachten Entwurf hier nicht näher zu erläutern. Er spricht für sich selbst. Nur so viel zur Kennzeichnung: Die Schlüsselindustrien werden danach enteignet und in einer Form sozialisiert, die den Vorschlägen der SK sehr nahekommt. Für den nichtsozialisierten Teil werden jedoch Formen geschaffen, die den »Gemeinwirtschaftskörpern« der »Planwirtschaft« durchaus verwandt sind. Das Ganze der so durchorganisierten Volkswirtschaft aber unterliegt unzweifelhaft einer planmäßigen Lenkung. Nicht geklärt, ja kaum tiefer diskutiert worden ist freilich in allen Sozialisierungsentwürfen das rein ökonomische Problem von Markt- und Planwirtschaft. Hierzu erhalten wir aus der Revolutionszeit 1918/19 kaum wirklichen Aufschluß [48]. Immerhin ist in dem *Bauer*schen Plan der grundlegende Gedanke der zentralen Kredit- und Investitionspolitik bereits klar entwickelt.

*Anmerkungen zu Kapitel 7*

[1] Siehe den Bericht SK.
[2] Die Deutsche Nationalversammlung, Hrsg. *Ed. Heilfron*, 3. Bd., S. 1862.
[3] Nach *Ströbel*, a. a. O. S. 143.
[4] Bericht SK, S. 32, 33.
[5] A. a. O. S. 35, 37.
[6] A. a. O. S. 35.
[7] Vgl. a. a. O. S. 57 ff. mit den Texten im Dok. Anhang Nr. 3.
[8] A. a. O. S. 39. Im Entwurf von 1920 hat sich das Verhältnis insofern verschoben, als neben 25 Arbeitervertretern und 10 Angestelltenvertretern nur 15 Vertreter der Betriebsleitung fungieren sollen. Die Besonderheit der Angestelltenschaft und ihre Trennung von den Arbeitern im Wahlverfahren machen diese Stärkung der Arbeitnehmerposition aber fragwürdig. Siehe a. a. O. S. 14. Vgl. hierzu auch das Minderheitsvotum in dem vorläufigen Bericht vom 15. Februar 1919, a. a. O. S. 47 ff.
[9] A. a. O. S. 42/3.
[10] *Göppert*, a. a. O. S. 336, Anm. 2.
[11] A. a. O. S. 340.
[12] Bericht SK, S. 15, vgl. auch S. 40.
[13] Siehe das Votum *Francke* und *Vogelstein* von 1919, a. a. O. S. 45 ff. und den Vorschlag II (*Rathenau*) von 1920, a. a. O. S. 17 ff.
[14] A. a. O. S. 55.
[15] A. a. O. S. 18
[16] A. a. O. S. 12, 36. Vgl. auch die ausführliche Diskussion bei *Ströbel*, S. 171 ff.
[17] Der *Rathenau*sche Plan hat denn auch von allen Seiten scharfe Ablehnung erfahren. *Ströbel* a. a. O. S. 182 ff.; *Göppert* a. a. O. S. 341/2.
[18] Vgl. die zusammenfassende Darstellung von *Max Schippel*, Die Sozialisierungsbewegung in Sachsen, Vorträge der Gehe-Stiftung, 10. Bd., Heft 4, 1920.
[19] Vollsozialisierung des Kohlebergbaus? Berlin-Fichtenau 1921.
[20] A. a. O. S. 25/26, 31.
[21] A. a. O. 28/9, 39.
[22] A. a. O. S. 41 ff.
[23] Im *Kranold-Carpow*schen Entwurf sollten von 160 Mitgliedern des Reichskohlenrats immerhin 56 ausdrücklich Arbeitnehmer sein, und weitere 30 waren von dem überwiegend aus Arbeitnehmern zusammengesetzten Reichswirtschaftsrat zu benennen. Den Be-

triebsleitern wurde — im Gegensatz zur SK — *keine* selbständige Vertretung im Reichskohlenrat zugebilligt.
[24] Berlin 1920, als selbständige Broschüre.
[25] A. a. O. S. 46.
[26] A. a. O. S. 44 ff.
[27] Ganz scharf z. B. *Kranold-Carpow*, a. a. O. S. 35.
[28] *Werner*, a. a. O. S. 12.
[29] A. a. O. S. 34/5.
[30] A. a. O. S. 38.
[31] A. a. O. S. 36/7.
[32] A. a. O. S. 37.
[33] A. a. O. S. 30, 46.
[34] *A. Horten*, Sozialisierung und Wiederaufbau, Berlin 1920. Vgl. auch den ausführlichen Bericht bei *Ströbel*, a. a. O. S. 191 ff.
[35] Nach *Ströbel* a. a. O. S. 194.
[36] Siehe oben das 5. Kapitel, Anm. 5.
[37] Ungedruckte Protokolle vom 10. Juli 1919, 21 Uhr.
[38] Vgl. hierzu *Ströbel*, a. a. O., S. 136 ff.
[39] *Möllendorf*, Konservativer Sozialismus, S. 119.
[40] A. a. O. S. 122.
[41] A. a. O. S. 124/5.
[42] A. a. O. S. 181.
[43] A. a. O. S. 233/4, 240 ff.
[44] *Hilferding*, nach *Ströbel*, a. a. O. S. 141 ff.
[45] Vgl. zu dem Folgenden *Ströbel*, a. a. O. S. 146 ff.
[46] Vgl. die grundsätzlichen und gedankenreichen Bemerkungen über das notwendige Verhältnis von »Disponenten« und »Exekutoren« in jeder Wirtschaftsordnung bei *Möllendorf*, a. a. O. S. 183/4.
[47] Siehe Dok. Anhang Nr. 19. Vgl. ferner *O. Bauer*, Der Weg zum Sozialismus, Berlin 1919. In ähnlicher Richtung gehen nach 1918 auch *K. Kautskys* Überlegungen. Vgl. Was ist Sozialisierung?, Berlin 1919, und Die proletarische Revolution und ihr Programm, 2. Aufl., Berlin 1922, bes. S. 227 ff. Siehe aber auch seine ganz schiefe Darstellung des Problems Planwirtschaft und Sozialismus, a. a. O. S. 192 ff.
[48] Vgl. hierzu den Aufsatz von *Ed. Heimann*, Die Sozialisierung, Archiv f. Soz. Wiss. und Soz. Pol., Bd. 45, S. 527 ff. und seine dogmengeschichtliche Abhandlung in Sozialistische Wirtschafts- und Arbeitsordnung, Neuauflage, Offenbach 1948, S. 62 ff.

# 8. KAPITEL

# Rätesystem und Wirtschaftsverfassung

Diejenigen Programme und Theorien über eine wirtschaftlich-soziale Neuordnung, die das Rätesystem in den Mittelpunkt rückten, waren in der Regel unmittelbar aus der Rätebewegung der Revolutionszeit oder zumindest aus der unmittelbaren Auseinandersetzung mit ihr erwachsen. Infolgedessen spiegelten sie in wesentlich höherem Grade als die – überwiegend von Theoretikern, Parlamentariern und Funktionären entworfenen – Sozialisierungspläne die Beweggründe der sozialen Bewegung der Arbeitnehmerschaft wider und rückten demgemäß das »Arbeiterinteresse« gegenüber dem »Allgemeininteresse« in den Vordergrund. Trotzdem stehen die Räteprogramme in engem Zusammenhang mit den Sozialisierungsentwürfen und können nur in Verbindung mit ihnen gewürdigt werden.

## a) Das »reine« Rätesystem

Wir sind bereits mehrmals auf jene radikale Strömung in der Rätebewegung zu sprechen gekommen, die das sogenannte »reine« Rätesystem entwickelt hat[1]. Dieser theoretische Entwurf einer ganz auf der Grundlage der Arbeiterräte errichteten sozialistischen Staats- und Wirtschaftsverfassung kann hier nicht in allen Einzelheiten und in seiner umfassenden soziologisch-politischen Begründung, sondern nur in einer Skizze seiner politischen und organisatorischen Grundgedanken dargestellt werden[2].

Die Theorie des reinen Rätesystems verstand sich als die Verwirklichung eines konsequenten klassenkämpferischen Sozialismus. Ihr Kern war die Idee einer in Staat und Wirtschaft gleicherweise durchgeführten, radikalen, von den breiten Massen des arbeitenden Volkes getragenen Demokratie, der Rätedemokratie. Sie richtete sich ebensosehr gegen die kapitalistische Produktionsweise wie gegen die »formale« bürgerliche Demokratie und gegen den Staatsbürokratismus. Auf allen Gebieten des gesellschaftlichen Lebens sollte die Klassenherrschaft der Unternehmer, bürgerlichen Politiker und Bürokraten durch die Selbstregierung der Arbeiterklasse ersetzt werden.

Für die Übergangs- und Kampfzeit, in der das Rätesystem als Mittel und Organisationsform der proletarischen Befreiungsbewegung fungiert, ist es freilich identisch mit der vielberufenen »Diktatur des Proletariats«. Der Kopf der Berliner Arbeiterräte, *Ernst Däumig*, umreißt die Bedeutung dieses Begriffs folgendermaßen: »Das Rätesystem als Kampforganisation gegen die kapitalistische Produktionsweise und den bürokratischen Obrigkeitsstaat sowie als organisatorische Ausdrucksform aller Bestrebungen des praktischen Sozialismus kann in seinen ersten Anfängen in die Tat umgesetzt werden nur durch *die* Menschen, denen der Druck kapitalistischer Ausbeutung und politischer Entrechtung so unerträglich geworden ist, daß sie ihn nicht länger zu dulden gewillt sind, das heißt durch die Masse des revolutionär empfindenden Proletariats[3].« Das bedeutet also: Wenn die Arbeiter in unmittelbarer Aktion als Klasse ihre Freiheit erkämpfen, können sie in *ihren* Organisationen, den Räten, nicht ihre Klassengegner, die Unternehmer, dulden: Insofern üben sie eine Diktatur aus. Zugleich aber kann diese Diktatur nicht die Herrschaft einer kleinen Minderheit, sondern nur die Herrschaft der großen Mehrheit der Arbeiterklasse sein, die die überwiegende Mehrheit des Volkes darstellt. Die Diktatur des Proletariats ist in der Sicht der reinen Rätetheorie gleichbedeutend mit der proletarischen Demokratie[4]. Mit diesen Überlegungen rechtfertigen die Vertreter des reinen Rätesystems auch jenen Teil ihres Programms, der – gerade unter dem Gesichtspunkt der Demokratie – den meisten Widerspruch erregte: die Einschränkung des Wahlrechts zu den Räten. In allen Vorschlägen einer politischen oder wirtschaftlichen Räteorganisation wurden nur Arbeitnehmer und kleine Selbständige, die keine bezahlten Arbeitskräfte beschäftigten, zur Wahl zugelassen[5]. Mit aller Schärfe wandten sich die Verfechter des Rätegedankens jedoch gegen jede Minderheitsdiktatur, gegen jeden Putschismus und Terrorismus. »Die proletarische Revolution ist kein verzweifelter Versuch einer Minderheit, die Welt mit Gewalt nach ihren Idealen zu modeln, sondern die Aktion der großen Millionenmasse des Volkes[6].«

Die Grundprinzipien der Rätedemokratie, durch deren Verwirklichung die Arbeitnehmerschaft die bisherige Klassenherrschaft brechen und allmählich die von *Marx* als Ziel des Sozialismus proklamierte »klassenlose Gesellschaft« errichten wollte, waren die folgenden: Übergabe aller politischen und wirtschaftlichen Leitungsfunktionen in die Hände demokratisch gewählter, kontrollierter und jederzeit abberufbarer Beauftragter (der »Räte«); Aufhebung der Trennung von Gesetzgebung und Regierung beziehungsweise Verwaltung; das heißt, die gewählten Vertreter erlassen die Gesetze und leiten oder kontrollieren zumindest die Verwaltung; Wahl der Räte auf Grundlage der Betriebe und Berufe, um dadurch wirklich zuverlässige, aus der Alltagspraxis bekannte, erprobte und kontrollierbare Vertreter des arbeitenden Volkes zu gewinnen. Alle genannten Grundsätze der Rätedemokratie zielen darauf ab, zu verhindern, daß die Inhaber leitender Funktionen in der sozialistischen Gesellschaft sich in eine privilegierte, vom Volk abgesonderte, das Volk wie in allen bisherigen Gesellschaftsordnungen beherrschende »neue Klasse« verwandeln.

Vor allem für die Übergangszeit bis zur vollständigen Sozialisierung der Produktion, aber auch ganz grundsätzlich, warf das solcherart entworfene Rätesystem natürlich die Frage auf, wie die radikale demokratische Selbstregierung der Massen mit der – unumgänglichen – Funktion sachkundiger organisatorischer oder technischer Leitung in Staat und Wirtschaft zu vereinbaren sein würde. Dieses Problem müssen wir bei der Skizzierung der geplanten reinen Räteverfassung besonders berücksichtigen. Die organisatorischen Prinzipien des Rätesystems sind sehr einfach: Die Wahl erfolgt in den Betrieben oder – wo nicht vorhanden – in Berufsgruppen. Wahlberechtigt sind nur Arbeitnehmer, kleine Selbständige und freiberuflich Tätige mit wenigen Hilfskräften. Nur zu den unteren Rätekörperschaften, den kommunalen und den betrieblichen Arbeiterräten erfolgt die Wahl direkt, die höheren werden von den jeweils unteren indirekt gewählt. Jeder Arbeiterrat kann von seinem Wahlkörper jederzeit abberufen werden.

Auf politischem Gebiet sollten sich über den kommunalen Arbeiterräten der Bezirksarbeiterrat (eventuell ein Landes- oder Provinzialarbeiterrat) und der Reichsrätekongreß erheben, der als oberste politische Instanz den Zentralrat zu wählen hatte, der seinerseits die Exekutive, den Rat der Volksbeauftragten wählen und überwachen sollte. Das politische Rätesystem ist freilich im Jahre 1919 nach der Wahl der Nationalversammlung und dem Scheitern aller weitergehenden Revolutionsversuche allmählich in den Hintergrund der Diskussion getreten; ausschlaggebend wurde das wirtschaftliche Rätesystem.

Über seine Grundlage sagt der Antrag der radikalen Opposition auf dem Nürnberger Gewerkschaftskongreß [7]: »Die planmäßige Organisation der Produktion erfordert den Aufbau einer wirtschaftlichen Räteorganisation. Durch sie soll die Selbstverwaltung aller Berufsarten, Industrie-, Gewerbe-, Handels- und Verkehrszweige gewährleistet werden. Die Grundlage dieser Organisation sind die Betriebsstätten, die kleinsten gesellschaftlich produktiven Einheiten des Wirtschaftslebens.« Im einzelnen ist folgender Aufbau vorgesehen: Das Reich wird in zusammenhängende Wirtschaftsbezirke und die Produktion fachlich in 13 (später 14) Industriegruppen aufgegliedert (die übrigens ziemlich genau den heutigen Industriegewerkschaften im DGB entsprechen). In jeder Industriegruppe werden Betriebsräte gewählt; Selbständige wählen Ortsräte; für Klein- und für Riesenbetriebe sind Sonderregelungen vorgesehen. Die Betriebs- beziehungsweise Ortsräte einer Industriegruppe wählen im Bereich des Wirtschaftsbezirks einen Bezirksgruppenrat, die Bezirksgruppenräte einen Reichsgruppenrat. Die letzteren regeln regional und zentral die Produktion eines bestimmten Industriezweiges. Im Bezirk bilden die Gruppenräte aller Industriezweige den Bezirkswirtschaftsrat; im Reich die Reichsgruppenräte die eine Hälfte des Reichswirtschaftsrates, die andere Hälfte stellen die Vertreter der Organisation des Konsums. Der Reichswirtschaftsrat leitet die gesamte Volkswirtschaft, das letzte Wort hat jedoch die politische Zentralinstanz, der Zentralrat.

Die Ähnlichkeit dieses Organisationsschemas mit der »Deutschen Gemeinwirtschaft« *Wissell/Möllendorf*s ist auffällig. Der Fortfall der Parität von Unternehmer und Arbeitnehmer vereinfacht es freilich (trotzdem ist auch dem »Kästchensystem«, wie man – nach einer weitverbreiteten grafischen Darstellung seines Organisationsaufbaus – das Rätesystem spöttisch nannte, seine Umständlichkeit vorgehalten worden [8]). Auch im Rätesystem stand der Gedanke der »Selbstverwaltung« der Wirtschaft im Vordergrund. Die Stellung der Wirtschaftsverfassung zur politischen Verfassung ist zwar im reinen Rätesystem nicht ganz geklärt worden, aber der Vorrang der politischen Instanzen wird doch deutlich. Man muß dabei freilich berücksichtigen, daß auch die politische Verfassung auf den Grundsätzen der proletarischen Demokratie beruhte und die vollzogene Machtergreifung der Arbeiterklasse zur Voraussetzung hatte. Das Problem wurde dort heikler, wo ein labiles Miteinander von Arbeiterklasse und bürgerlichen Klassen ins Auge gefaßt wurde [9].

Allerdings leugnete die Theorie des reinen Rätesystems keineswegs, daß die Arbeitnehmer als solche, und insbesondere die Arbeiter im engeren Sinne, nicht ohne weiteres in der Lage seien, Gesellschaft und Wirtschaft von sich aus zu leiten.

Die reine Rätebewegung unterschied in der bisherigen herrschenden Klasse sehr nachdrücklich zwischen den Kapitaleigentümern und eigentlichen Unternehmern auf der einen und den Fachleuten, den Technikern, Kaufleuten und Wissenschaftlern auf der anderen Seite. Die letzteren hoffte sie für sich gewinnen und mit ihrer Hilfe die sozialistische Produktion organisieren zu können. Die Angehörigen der intellektuellen Berufe waren schon als solche in der Räteorganisation vertreten, außerdem sollten sie als Sachverständige in den regionalen und zentralen Räteorganen mitwirken. Eine paritätische Besetzung der Räteorgane mit Vertretern der Arbeitnehmer und der alten Unternehmerschaft lehnte die reine Rätetheorie jedoch entschieden ab; sie würde ihren Auffassungen vom Wesen der proletarischen Demokratie widersprochen haben. Das Rätesystem setzte in ihren Augen die Entmachtung der Unternehmer als Klasse und die unbestrittene Herrschaft der Arbeiterklasse voraus. »Parität« würde bei den gegebenen sozialen und ökonomischen Verhältnissen immer das Übergewicht der Unternehmer über die Arbeitnehmer bedeuten [10]. Hingegen wünschte die reine Rätebewegung die Unternehmer nicht ohne weiteres aus ihrer Hauptposition, der Leitung in den Unternehmungen und Betrieben, zu verdrängen. Eine unmittelbare Übernahme der Betriebe durch die Belegschaft beziehungsweise die Betriebsräte lehnte sie ebenso strikt ab wie den Anspruch der Betriebsräte, die Unternehmens- oder Betriebsleitung ein- und abzusetzen. Die von der Rätebewegung geforderte »Demokratisierung« oder »Kontrolle« der Produktion besagte vielmehr vor allem die Überwachung der Unternehmertätigkeit durch den Betriebsrat auf Grund der Einsichtnahme in sämtliche technischen, betriebswirtschaftlichen und finanziellen Vorgänge des Unternehmens. Zugleich wurde für die wichtigsten Entscheidungen die gleichberechtigte *Mitbestimmung* des Betriebsrats gefordert. Das Recht der Unternehmens- beziehungsweise Betriebsleitung, die laufenden Geschäfte selbständig zu führen und der Belegschaft die erforderlichen Anweisungen zu erteilen, sollte dadurch *nicht* angetastet werden.

Bei Streitfragen zwischen Werksleitung und Betriebsrat wurde die Entscheidung dem nächsthöheren Arbeiterrat zugedacht. Damit wäre letzten Endes – trotz des Weiterbestehens der alten Unternehmens- und Betriebsleitungen – der ausschlaggebende wirtschaftliche Einfluß von der Seite der Unternehmer auf die Seite der Arbeiter verlagert worden. Dieser Erfolg war auch beabsichtigt, denn die Kontrolle der Produktion durch die Arbeiter sollte den ersten Schritt zur Sozialisierung der Wirtschaft darstellen. Die Produktionskontrolle im Rahmen des Rätesystems bereitete – so war es gedacht – die Sozialisierung vor, indem sie 1. die Unternehmer ihrer bisherigen Machtstellung im Betrieb entkleidete, 2. die Arbeiter für die Aufgaben der Wirtschaftsleitung schulte und 3. im Rätesystem eine Organisation für gesamtwirtschaftliche Planung und Lenkung schuf. Es galt also, wie der organisatorische Leiter der Berliner Arbeiterräte, *R. Müller*, sich in einer Betriebsräteversammlung ausdrückte, in der Gegenwart gemeinsam mit der Betriebsleitung die Produktion zu beaufsichtigen und zu regeln, zugleich aber auch die Aufgaben festzulegen, »wenn es einmal gilt, die Produktion ohne die Unternehmer weiterzuführen« [11].

Für die Gegenwart freilich wurde die vollständige Sozialisierung von der Rätetheorie nur für einige Schlüsselindustrien in Aussicht genommen, das Schwergewicht aber auf die Gesamtorganisation der Wirtschaft durch das Rätesystem gelegt. Auch hierin zeigt sich also eine überraschende Parallele zwischen der »Deutschen Gemeinwirtschaft« der eher konservativ gestimmten *Wissell* und *von Möllendorf* und dem radikal sozialistischen »reinen Rätesystem«.

b) *Entwürfe für Kompromisse
zwischen Rätesystem und parlamentarischer Demokratie*

Es hat im Verlauf der Revolution eine ganze Reihe von zum Teil sehr gewichtigen Stimmen gegeben, die zwar ein reines Rätesystem ablehnten, aber den Einbau der Räte in die parlamentarische Demokratie befürworteten. Diese Vorschläge entsprangen durchweg der Ansicht, daß die sozialistische Arbeiterbewegung sich weder auf politischem noch auf wirtschaftlichem Gebiet sofort durchsetzen könne. Die Arbeiterschaft müsse noch auf lange Zeit mit dem Bürgertum in Staat und Wirtschaft zusammenarbeiten, wenn sie nicht zu dem Mittel der terroristischen Diktatur greifen und das Land in ein politisches und wirtschaftliches Chaos stürzen wolle. Infolgedessen müsse die parlamentarische Demokratie aufrechterhalten bleiben, und die Unternehmer müßten – mit gewissen Ausnahmen – die Wirtschaft weiterhin leiten können. Andererseits kam in diesen Stimmen die Überzeugung zum Ausdruck, daß die Arbeiterschaft einen ersten sichtbaren Schritt zum Sozialismus hin tun solle und daß die Räte die geeigneten Institutionen seien, um das Ergebnis dieses ersten Anfangs zu sichern und weiter auszubauen.

So sehr die Argumente für die verschiedenen Vorschläge dieser Art auch im einzelnen voneinander abwichen, in einem wesentlichen Punkte waren sie sich einig: Die neue gesellschaftliche und wirtschaftliche Ordnung könne nicht mit den alten Methoden und Institutionen errichtet werden, neue Organe müßten entstehen, die der Entwicklung zum Sozialismus Ausdruck gäben. Vor allem der grundlegend veränderten Stellung der Arbeiterschaft in der neuen Gesellschaft müsse Rechnung getragen werden. In den Räten solle sie als eine selbstbewußte, gleichberechtigt mitbestimmende oder gar führende Kraft tätig werden. Dort solle sie die Sozialisierung vorwärtstreiben und zugleich die ihr noch fehlenden technischen und wirtschaftlichen Fähigkeiten erwerben.

Solche Vorschläge sind nicht allein – wie man vielleicht vermuten könnte – von sozialdemokratischer, sondern auch und vor allem von unabhängiger, ja sogar von kommunistischer Seite gemacht worden. Die ihnen – auf Grund ihres Kompromißcharakters – notwendigerweise innewohnenden Schwächen verringerten freilich ihre Wirksamkeit. Unter dem Druck der großen Massenbewegungen im Frühjahr 1919 wurde zwar das Rätesystem in einer sehr abgeschwächten Form in die Verfassung aufgenommen (das Ergebnis war der erwähnte Artikel 165 der Weimarer Reichsverfassung), aber dieser Kompromiß war nur formal. In der Praxis sind alle Versuche, Parlamentarismus und Rätesystem wirklich miteinander zu verbinden, restlos gescheitert. Es blieb nur das im Februar 1920 verabschiedete Betriebsrätegesetz.

Trotzdem ist die Beschäftigung mit diesen Kompromißvorschlägen von großem

Interesse. Vor allem deswegen, weil durch sie mit geringerer oder größerer Klarheit das uns von der »Deutschen Gemeinwirtschaft« und vom »reinen Rätesystem« her bereits bekannte Problem einer selbständigen Wirtschaftsverfassung und ihrer Beziehung zur politischen Verfassung aufgeworfen wird.

Von sehr bemerkenswertem Charakter war die Tätigkeit, die der Kommunist *H. Laufenberg* 1918/19 in Hamburg als Vorsitzender des dortigen Arbeiterrates ausgeübt hat[12]. *Laufenberg* stand im Prinzip voll und ganz auf dem Boden der Rätedemokratie: Die bürgerliche Demokratie habe sich auf dem Territorium als Grundlage aufgebaut, die sozialistische Demokratie müsse aus den Zellen des Berufs und des Betriebes hervorwachsen. Aber unter den gegebenen Verhältnissen des Jahres 1918 wandte er sich scharf gegen eine proletarische Diktatur im russischen Sinn. Ohne eine Zusammenarbeit zwischen der siegreichen Arbeiterschaft und dem Bürgertum werde die Republik im Kampf zwischen einer linksradikalen, in den Putschismus abgleitenden Minderheit und der Gegenrevolution zerrieben werden. Aus diesem Grunde wollte *Laufenberg* zwar die revolutionäre Räteorganisation bestehen lassen, da sie die neuerrungene politische Macht der Arbeiterklasse verkörperte, aber daneben ein aus allgemeinen Wahlen hervorgegangenes Parlament setzen. Er wandte sich jedoch *gegen* die Wahl einer verfassunggebenden Nationalversammlung, da er den konstituierenden Charakter der Revolution und damit der revolutionären Räte nicht eingeschränkt sehen wollte. Das heißt, er wollte ein Parlament neben den Räten auf Grund der verfassunggebenden Gewalt der Räte, nicht eine Räteorganisation neben dem Parlament auf Grund der verfassunggebenden Gewalt der Nationalversammlung, wie es zum Beispiel die gemäßigten Unabhängigen wünschten. Nach diesen Grundsätzen verfuhr er auch in Hamburg, wo er versuchte, eine Zusammenarbeit zwischen dem Arbeiterrat und dem weiterbestehenden bürgerlichen Senat zu ermöglichen. Diese Bemühungen scheiterten an den Verhältnissen.

In größerem Rahmen und mit weiter reichender Wirkung unternahm *K. Eisner* als Ministerpräsident in Bayern einen ähnlichen Versuch[13]. Er trat für die Errichtung eines Landesparlamentes ein, wollte jedoch die Arbeiter-, Bauern- und Soldatenräte erhalten, »die die Richtung des neuen Staates ... anzeigen müssen«. Neben die Räte sollten im Laufe der Zeit Vertretungen aller Verbände und Berufe treten. Das Ziel war offensichtlich eine berufsständisch-rätedemokratisch organisierte zweite Kammer. Die Beibehaltung und der geplante Ausbau der Räte sollten einem doppelten Zweck dienen: die »sofortige Demokratisierung des öffentlichen Geistes und der öffentlichen Einrichtungen« zu erreichen und in Zukunft »eine nicht nur formelle, sondern lebendig tätige Demokratie« zu errichten.

Im Reichsmaßstab verfolgte der rechte Flügel der USPD eine ähnliche Politik. Auf dem März-Parteitag 1919 trat der Vorsitzende der Partei, *H. Haase,* mit großem Nachdruck gegen die Alternative: Nationalversammlung *oder* Rätesystem auf und stellte ihr die Forderung: Nationalversammlung *und* Rätesystem gegenüber[14]. Er wollte den Arbeiterräten nicht nur begrenzte wirtschaftliche Rechte einräumen, sondern erklärte: »... sie sind notwendig zur Kontrolle der Betriebsführung und zur Mitwirkung bei der Betriebsleitung. Sie sind unentbehrlich für die Durchführung der Sozialisierung.« Auf politischem Gebiet sollten die Räte gleichberechtigt neben dem Parlament stehen. Eine eingehende Begründung dieser Lösung hat der ebenfalls zum rechten Flügel der USPD zählende Schriftsteller und Politiker *Heinrich Ströbel* gegeben: »Wir brauchen in Deutschland die Räteorganisation, um der Produktion durch Sozialisierung neue Lebenssäfte einzuflößen, ... um das Proletariat wieder mit Arbeitsfreudigkeit und Vertrauen zum Staat und zur Gesellschaft zu erfüllen. Und ... als unentbehrliches Mittel, um die unheilvoll zerklüfteten proletarischen Massen wieder ... zusammenzuschweißen.« Zugleich aber wandte er sich mit aller Schärfe gegen jede Diktatur, da diese mit Sicherheit zu Terror und wirtschaftlichem Chaos führen werde. Das Rätesystem solle sich in der Praxis bewähren dürfen, müsse aber durch ein gewähltes Parlament kontrolliert und in Schranken gehalten werden[15]. Auch bei *Ströbel* flossen offensichtlich taktische und grundsätzliche Erwägungen ineinander. Er warf den Rechtssozialisten vor, nicht durch »soziale Reformen« und »entschlossene Demokratisierung der ... Staatseinrichtungen« die enttäuschten und verbitterten radikalen Arbeiter wieder zurückgewonnen zu haben. Zugleich betonte er mit Nachdruck: »Der Proletarier will nun einmal nicht länger bloßes Werkzeug des Unternehmers sein, sondern mitbestimmender und ausschlaggebender Faktor im Produktionsprozeß.« In der Folge dieser Einsicht gelangte er zu Sozialisierungsvorstellungen, die sich dem englischen Gildensozialismus und den Plänen *Korschs* näherten[16].

### c) *Der Cohen/Kaliskische Räteplan*

Von besonderer Bedeutung sind die Pläne zum Aufbau eines Rätesystems in der Demokratie, die von *M. Cohen* und *J. Kaliski* im Rahmen der SPD entwickelt wurden. Sie enthielten einerseits die organisatorisch am weitesten durchgebildeten Vorschläge und übten andererseits auch die größte praktische Wirkung aus, da *Cohen*, als Vorsitzender des Zentralrates der deutschen Republik und als anerkannter Sprecher der sozialdemokratischen Arbeiterräte, zeitweilig einen großen politischen Einfluß besaß. Auf dem zweiten Rätekongreß im April 1919 stellte sich – wohl auch unter dem Eindruck der großen Streiks – die SPD-Mehrheit hinter die *Cohen*schen Entwürfe. Auf dem Parteitag in Weimar im Juni desselben Jahres erhielt *Cohen* für seine Resolution allerdings nur noch eine Stimme.

Der Kern seines Räteplanes bestand darin, von der Gemeinde an aufwärts auf allen Ebenen für jedes Gewerbe einen »Produktionsrat« zu schaffen, der aus Unternehmern *und* Arbeitnehmern zusammengesetzt werden sollte. Diese Produktionsräte sollten Vertreter in sogenannte »Kammern der Arbeit« entsenden, die ihrerseits, ebenfalls auf allen Ebenen des Staates, als gleichberechtigte zweite Kammer neben die Parlamente treten sollten. Der Grundgedanke war der, neben die Vertretung der Bevölkerung nach ihrer Zahl die Vertretung der »Produktivkraft und der Leistung des Volkes, des Volksorganismus selber« zu setzen. Diese Forderung entsprang »der Erkenntnis, daß die formale Demokratie noch nicht den Aufbau des Sozialismus gewährleistet«[17].

Keine der verschiedenen Richtungen der gemäßigten Rätebewegung, ja nicht einmal immer die reine Rätebewegung, hat die qualitative Andersartigkeit der Produktionssphäre gegenüber der politischen Sphäre, der »Arbeiter in ihrer Stellung als Produzenten« gegenüber den Arbeitern als Wähler und Staatsbürger, so klar und so genau bezeichnet. Die Kritik an der Politik der Gewerkschaften und der SPD war infolgedessen von grundsätzlicher Schärfe. Sie hätten »das Werden des Produktionsgedankens in der Arbeiterklasse nur unvollkommen erfaßt« und die Bedeutung der Rätebewegung nicht erkannt [18]. Auch bei *Cohen* und seinen Freunden spielte der taktische Gesichtspunkt, den Radikalen den Wind aus den Segeln zu nehmen, eine große Rolle, aber die grundsätzliche Überzeugung überwog doch bei weitem [19]. Die politische Hauptschwäche der *Cohen/Kaliski*schen Vorschläge lag in der Art, in der sie die geplante gleichberechtigte Zusammenarbeit von Arbeitnehmern *und* Unternehmern in den Räteorganen begründeten. Sehr überzeugend hoben sie zwar die sachliche Unentbehrlichkeit der bürgerlichen Wirtschaftsfachleute hervor, vernachlässigten demgegenüber aber den gesellschaftlichen Hintergrund des Arbeitsverhältnisses, den Klassengegensatz. Die Tatsache, daß die Arbeiter in ihrer Mehrheit sich als eigentumslose und abhängige Lohnempfänger betrachteten und ein entsprechendes Klassenbewußtsein entwickelt hatten, fand in der *Cohen*schen Argumentation nur ungenügende Beachtung. Das soziale Herrschaftsverhältnis zwischen Unternehmern und Arbeitern wurde nicht näher analysiert. Statt dessen herrschte ein abstrakter Begriff der »Produktion«, der alle Klassen völlig unterschiedslos umfaßte. Die Sozialisierung war für *Cohen* »im Grunde doch nichts anderes ... als Arbeitsleistung im Interesse der Gesamtheit, im Sinne einer Produktionshebung und -vermehrung« [20]. An die Stelle der Forderung nach durchgreifender Demokratisierung der Wirtschaft und der Betriebe trat infolgedessen zuweilen ein etwas fades Pathos der Pflichterfüllung und der Arbeitsfreude [21], das bei der Mehrzahl der Arbeiter auf die Dauer keinen Widerhall finden konnte.

Die sozialdemokratischen Arbeiterräte selber kehrten zwar – in einem gewissen Gegensatz zu ihren intellektuellen Wortführern – den proletarischen Klassenstandpunkt kräftiger hervor, gelangten jedoch nicht zu einer selbständigen eigenen Auffassung. Einer ihrer Sprecher im Berliner Vollzugsrat, *Franz Büchel*, hat in einer kleinen Schrift seinen grundsätzlichen Standpunkt in einer Art entwickelt, die sich von den Anschauungen der USPD nur wenig unterscheidet: »Wer der Auffassung ist, wie der Schreiber dieser Zeilen, daß die Befreiung der Arbeiterklasse nur durch die Überwindung der kapitalistischen Wirtschaftsform durch die Arbeiter stattfinden kann, der mußte diese Entwicklung der Arbeiterräte (sich um Betriebs- und Wirtschaftsfragen zu kümmern, v. O.) natürlicherweise begrüßen. Es war das instinktive Gefühl, welches die Arbeiterräte leitete, daß der Wirtschafts- und Produktionsprozeß in die Hände der Arbeiter kommen muß, wenn das Proletariat zur völligen Herrschaft kommen will [22].«

Große Unterschiede der Grundanschauung gegenüber den Verfechtern des reinen Rätesystems bestehen hier offenbar nicht, infolgedessen ist die Polemik gegen die Unabhängigen und ihren Zentralbegriff der »Kontrolle« der Produktion auch etwas mühsam: »Wir als Arbeiter müssen ... das Ansinnen ablehnen, nur als Kontrolleure ausgebildet zu werden, wir wollen in der Produktion mitbestimmen und auch mit-

verantworten[23].« Daß es sich hier um eine Verkennung des Inhalts der unabhängigen Rätepläne handelt, ist ganz offensichtlich. In seinen zusammenfassenden Schlußfolgerungen gelangt *Büchel* dann auch nicht über die etwas unbefriedigende Feststellung hinaus: »Sozialismus heißt höchste Produktivität[24].«
Das faktische Ziel dieser Pläne war, den Ausgleich mit der Unternehmerschaft und wirksame Rechte für die Arbeiterräte zu vereinigen. Vor allem auf der Ebene der Unternehmens- und Betriebsleitung wollen *Cohen/Kaliski* die Stellung der Unternehmer im wesentlichen unverändert lassen. Der Betriebsrat sollte lediglich sozialpolitische Rechte besitzen. Zum Ausgleich dafür sollten die Arbeitnehmer in den überbetrieblichen Räten stark vertreten sein (es war keine unbedingte Parität für die Unternehmer vorgesehen), und diese Räte sollten entscheidende wirtschaftliche *und* politische Befugnisse erhalten. Parlamentarisch-politische Verfassung und auf dem Rätesystem aufgebaute Wirtschaftsverfassung standen in Form eines durchlaufenden Zweikammersystems fast gleichberechtigt nebeneinander. Nur bei der Gesetzgebung hatte das politische Parlament – über ein für drei Jahre aufschiebendes Veto der Kammer der Arbeit – eindeutig das letzte Wort zu sagen.

Aber auf dem SPD-Parteitag zu Weimar im Juni 1919, der die Rätefrage leidenschaftlich diskutierte, wurde gerade diese Seite der *Cohen/Kaliskischen* Rätepläne am heftigsten kritisiert. Vergebens betonte *Cohen:* »Wenn Hunderttausende von Arbeitern davonlaufen, so liegt das nicht allein an Schlagwörtern, sondern dann hat es seinen guten Sinn. Jede Massenbewegung wird von einem berechtigten Kern getragen und diesen Kern müssen wir herausschälen und unsere Anschauung danach revidieren.« Und gegen den offiziellen Rätefachmann der SPD, *Hugo Sinzheimer,* und die von ihm entworfenen Richtlinien gewendet: »Mit Ratschlägen kann man nichts aufhalten, man muß Rechte haben. Nach diesen Richtlinien aber haben die Arbeiterräte keine Rechte, sondern immer nur die Möglichkeit, Ratschläge zu geben[25].«

Der Parteitag jedoch verwarf den Grundgedanken *Cohens*, die zweite Kammer, als »undemokratisch« und als zu »kompliziert«. Das letzte Argument kennen wir aus der Diskussion um die *Wissell/Möllendorff*schen Pläne und um das reine Rätesystem. Freilich wurde bei *Cohen* der komplizierte Aufbau seines wirtschaftlichen Rätesystems dadurch besonders belastet, daß die Räte in vollem Umfang und gleichberechtigt bei Gesetzgebung, Regierung und Verwaltung mitwirken sollten und dadurch in der Tat den normalen Gang der politischen Verfassung außerordentlich umständlich und langwierig zu machen drohten. Das erstgenannte Argument zielt auf denselben Sachverhalt, ist aber von grundsätzlicher Bedeutung. Der Vorwurf, *Cohens* Zweikammersystem sei »undemokratisch«, richtet sich unmittelbar gegen seine sozialphilosophische Grundthese, daß der Mensch als »Produzent« gleichberechtigt neben dem Menschen als »Staatsbürger« stehe und daß infolgedessen eine selbständige Wirtschaftsverfassung *neben* der politischen Verfassung notwendig sei. Das Problem der Wirtschaftsverfassung ist hier mit aller Schärfe gestellt.

### d) *Die offiziellen gewerkschaftlichen und sozialdemokratischen Rätepläne*

Obwohl die sozialdemokratische Mehrheit der freien Gewerkschaftsbewegung und die SPD selbst die hier skizzierten Pläne einer auf dem Rätesystem aufgebauten Wirtschaftsverfassung ablehnten, kamen sie doch nicht umhin, angesichts der tiefreichenden sozialen Bewegung in der Arbeitnehmerschaft ihrerseits den Mitbestimmungs- und Rätegedanken aufzugreifen und Programme zu entwickeln, die mit ihren grundlegenden politischen Vorstellungen einigermaßen übereinstimmten. Die praktischen Ergebnisse dieser Versuche waren das Betriebsrätegesetz und der Artikel 165 der Weimarer Reichsverfassung sowie der »vorläufige Reichswirtschaftsrat«[26]. Aber diesen begrenzten verfassungsrechtlichen und gesetzlichen Errungenschaften gegenüber waren die ursprünglichen Entwürfe doch bei weitem umfassender gewesen, und die ihnen zugrunde liegenden Ideen sind teilweise sehr bemerkenswert.

Am zurückhaltendsten gegenüber der Vorstellung einer eigenen, auf dem Rätesystem beruhenden Wirtschaftsverfassung waren anfangs die sozialdemokratischen Gewerkschaftler. (Daß der Räte- und Mitbestimmungsgedanke im Laufe des Jahres 1919 auch in den Gewerkschaften tiefe Wurzeln faßte, hatten wir bereits gezeigt[27].) Ihre Politik in der Revolutionszeit war die der »Arbeitsgemeinschaft« zwischen Gewerkschaften und Unternehmern[28].

Als sich das Kriegsende abzeichnete, hatten die Unternehmer, die einen revolutionären Angriff auf ihre Positionen fürchteten, ihre bisherige ablehnende Haltung gegenüber den Gewerkschaften aufgegeben. Wenige Tage nach der Revolution, am 15. November 1918, wurde zwischen den Spitzenverbänden aller Gewerkschaftsrichtungen und den Arbeitgeberverbänden einschließlich denen der Schwerindustrie eine Vereinbarung abgeschlossen, die unter anderem auch die Errichtung einer zentralen Arbeitsgemeinschaft zwischen Arbeitgebern und Arbeitnehmern vorsah. Diese Arbeitsgemeinschaft sollte für eine ordnungsgemäße Demobilisierung, für die Aufrechterhaltung der Wirtschaft und für die Regelung der Lohn- und Arbeitsverhältnisse zuständig sein. Mit dieser Vereinbarung wurden die Gewerkschaften als die berufenen Vertreter der Arbeiterschaft und als gleichberechtigte Kontrahenten der Arbeitgeber anerkannt, es wurden ihnen wichtige sozialpolitische Forderungen, zum Beispiel die des 8-Stunden-Tages und der obligatorischen Errichtung von Arbeiterausschüssen erfüllt und die paritätische Mitwirkung bei der Gestaltung der Wirtschaftspolitik zugestanden.

Gemessen an den Verhältnissen vor dem Kriege, war die Arbeitsgemeinschaft ein außerordentlicher Fortschritt. Auf der anderen Seite bedeutete sie die Bereitschaft der Gewerkschaften, sofern ihnen nur die »Parität« mit den Unternehmern zugestanden wurde, die Stellung der Unternehmer in der Wirtschaft grundsätzlich unangetastet zu lassen. Das heißt: Die Arbeitsgemeinschaft bedeutete den Verzicht auf die sofortige Sozialisierung, wenn darunter die Beseitigung des Privateigentums an den Produktionsmitteln verstanden wurde[29]. Darüber hinaus galten gegen die Arbeitsgemeinschaften in erhöhtem Grade alle die Einwendungen, die auch gegen die paritätisch aufgebauten »Gemeinwirtschaftskörper« vorgebracht wurden. Ein nüchterner und wohlwollender Betrachter, der Gewerkschaftstheoretiker *Theodor Cassau*, hat die wirtschaftspolitischen Schwächen der Arbeitsgemeinschaft sorgfältig analysiert und auf die knappe Formel gebracht: »Man kann ... nicht die Wirtschaft durch paritätische Ausschüsse kontra Profitrate positiv dirigieren ³⁰.«

Entsprechend der in der Arbeitsgemeinschaft zum Ausdruck kommenden Auffassung war ein wesentlicher Teil der Gewerkschaftsführung in den ersten Revolutionsmonaten noch ausgesprochen ablehnend gegenüber den Räten. Am 1. Februar 1919 hatte der Vorsitzende der Generalkommission, *C. Legien*, erklärt, das Rätesystem sei überhaupt keine und jedenfalls keine leistungsfähige Organisation, ferner zersplittere es die Einheit des Berufszweiges, ein Bedürfnis für das Rätesystem liege nicht vor, und auch eine organisatorische Eingliederung in den bisherigen Aufbau der Organisationen und Vertretungen der Arbeiter sei kaum denkbar. Und sogar noch Anfang März 1919, als SPD und Reichsregierung auf Grund der allgemeinen Streikbewegung den Arbeitern die »Verankerung« der Räte in der Verfassung zusagten, verwahrte sich die Generalkommission mit scharfen Worten dagegen, den Räten, Kontroll- und Mitbestimmungsfunktionen in der Wirtschaft zu übertragen. Das sei die gemeinsame Aufgabe der Arbeitgeber- und Arbeitnehmerverbände, die diese Aufgabe auch bereits durch die Gründung von Arbeitsgemeinschaften in die Hand genommen hätten ³¹.

Auf die Dauer konnten sich freilich auch die Gewerkschaften nicht dem Einfluß der allgemeinen sozialen Bewegung entziehen. Im April 1919 wurden programmatische Richtlinien für die Gewerkschaftsarbeit entworfen, die auf dem Nürnberger Gewerkschaftskongreß im Juni/Juli 1919 die Zustimmung der sozialdemokratischen Mehrheit fanden ³². Diese neuen Richtlinien und Bestimmungen müssen als ein unmittelbares Eingehen auf die anschwellende Rätebewegung in den Gewerkschaften betrachtet werden. In der Sache freilich war der Unterschied der neuen Pläne zur Politik der Arbeitsgemeinschaft nicht erheblich. Die alten Fabrikausschüsse sollten als »Betriebsräte« mit vermehrten Rechten »in Gemeinschaft mit den Betriebsleitern die Betriebsdemokratie durchführen«. Oberhalb der Betriebe sollte die Wirtschaft auf der Grundlage der Kollektivverträge und mittels paritätischer Wirtschaftsräte oder -kammern demokratisiert werden. Diese als »Mitbestimmungsrecht« bezeichneten Einwirkungsmöglichkeiten der Arbeiter umfaßten zwar der Absicht nach auch Vorbereitung und Durchführung der Sozialisierung, tasteten aber im Grunde das Eigentumsrecht und die wirtschaftliche Verfügungsgewalt der Unternehmer nicht an. Sie sollten es auch nicht, denn das zu tun war Sache der Gesetzgebung.

Die Gewerkschaften hingegen »können nach ihrem Charakter als Vertretung reiner Arbeiterinteressen nicht selber Träger der Produktion sein, als welche die Wirtschaftskammern zu gelten haben. Ihnen fällt aber die Führung einer zielbewußten Arbeiterpolitik innerhalb der Wirtschaftskammern zu.« Da logischerweise, wenn die Gewerkschaften es nicht sein wollten, nur die Unternehmer als »Träger der Produktion« in den Kammern in Frage kamen, so waren diese im Grunde nichts anderes als die Institutionalisierung des alten klassischen Verhältnisses zwischen Kapital und Arbeit, das heißt eine andere Form der Arbeitsgemeinschaft. Die Kammern hatten infolgedessen weder mit dem Sozialismus noch mit der »Vorbereitung« darauf viel zu tun. Von wirklicher Mitbestimmung kann in diesen Plänen ebenfalls kaum gesprochen werden; dazu waren sowohl die

Rechte der Betriebsräte als auch die Einwirkungsmöglichkeiten der Wirtschaftskammern zu beschränkt. Immerhin war die Verwendung von solchen Worten wie »Betriebsdemokratie«, »Mitbestimmung«, »Vorbereitung der Sozialisierung«, so wenig inhaltsreich sie auch sein mochten, ein Zeichen dafür, daß starke Kräfte in der Arbeiterschaft sich mit einer Beschränkung der Gewerkschaften auf ihre alten Funktionen der bloßen Interessenvertretung der Arbeiter nicht zufriedengeben wollten.

Eine weitere Annäherung an die Gedanken des Rätesystems kam, außer in den erweiterten Befugnissen der Betriebsvertretungen auch noch darin zum Ausdruck, daß die Vertreter zu den Arbeitskammern und damit zu den paritätischen Wirtschaftsräten nicht mehr wie in der eigentlichen Arbeitsgemeinschaft durch die Verbände benannt wurden, sondern »auf Grund von Urwahlen nach dem Verhältniswahlsystem zu berufen« waren. Damit waren die Räte, wenigstens pro forma, als unmittelbare Vertretung der Arbeiterschaft neben den Gewerkschaften anerkannt. Aufs Ganze gesehen bedeuteten die Vorschläge der Gewerkschaften jedoch mehr den Ausbau ihrer eigentlichen tarif- und sozialpolitischen Stellung im Stile der Arbeitsgemeinschaft als einen selbständigen Entwurf einer neuen Wirtschaftsverfassung. Das war, vom gewerkschaftlichen Standpunkt aus betrachtet, auch durchaus verständlich, und mit Recht betonten die Nürnberger Richtlinien (Punkte 5, 6 und 11) die Notwendigkeit einer unabhängigen Interessenvertretung der Arbeitnehmer auch innerhalb gemeinwirtschaftlich organisierter oder sozialisierter Industriezweige.

Die SPD griff das Problem der Wirtschaftsverfassung, einmal durch die Entwicklung dazu gedrängt, in einer mehr grundsätzlichen Weise auf. Die treibende Kraft hierbei war ohne Zweifel der geistvolle Arbeitsrechtler und Sozialpolitiker *Hugo Sinzheimer*, aus dessen Entwürfen der Artikel 165 der Weimarer Reichsverfassung hervorgegangen ist (darüber hinaus hat *Sinzheimer* auf die gesamte sozialpolitische und arbeitsrechtliche Gesetzgebung der Weimarer Republik einen tiefreichenden geistigen Einfluß ausgeübt).

*Sinzheimer* hatte seine Vorschläge schon auf der Tagung des SPD-Parteiausschusses am 22. und 23. März 1919 in Weimar in einem längeren Diskussionsbeitrag entwickelt[33]. Eine ausführliche Darstellung und Begründung gab er ihnen in seinem großen Referat vor dem SPD-Parteitag im Juni 1919[34]. Einleitend spricht sich *Sinzheimer* nachdrücklich gegen jede Form der Diktatur und für die Demokratie aus. Freilich dürfe man »nicht unkritisch in bezug auf die Leistungsfähigkeit der reinen politischen Demokratie sein«. Auch in der vollkommensten Demokratie sei »immer noch die Möglichkeit einer gefährlichen Spannung zwischen der Entwicklung der sozialen Verhältnisse und der politischen Ordnung vorhanden«. »Die ganze Art des gesellschaftlichen Lebens, besonders des wirtschaftlichen Lebens, entzieht sich der nur staatlichen Behandlung[35].« Hierzu komme in der Gegenwart ein starker Trieb nach sozialer »Selbstbetätigung«. »Es genügt dem Menschen von heute nicht mehr, daß er zum Parlament wählen und in Versammlungen Kritik üben darf. Er will alle Kreise seines Lebens, die sein persönliches Geschick bestimmen, unmittelbar beeinflussen.« Außerdem werden gesellschaftliche Interessen oft von politischen Tendenzen durchkreuzt. »Daraus ergibt sich, daß die politische Demokratie notwendigerweise einer Ergänzung bedarf.« Die erforderlichen neuen Formen dafür »werden geschaffen, wenn in dem Staat neben der politischen Verfassung eine eigene Wirtschaftsverfassung begründet wird ...[36]«

Scheint dieser Ansatz ganz in der Nähe der *Cohen*schen Unterscheidung zwischen dem Menschen als Staatsbürger und dem Menschen als Produzenten zu liegen, so weist *Sinzheimer* doch die verfassungsrechtlichen Konsequenzen *Cohens* scharf zurück. Zwar: »Es tritt eine Arbeitsteilung zwischen politischer und wirtschaftlicher Demokratie ein« und: »Die Räte sind die Organe der wirtschaftlichen Demokratie«, aber: »Das Parlament ist und bleibt das Organ der politischen Demokratie, in der die höchste Herrschaft (ausgeübt) und die letzte Entscheidung im Staat getroffen wird«[37]. Die *Cohen*sche Auffassung ist undemokratisch und unpraktisch. Es ist ihr »Grundfehler«, »daß sie die Wirtschaftsorgane in den Staat einbauen will, statt sie von ihm zu trennen«. Nicht um die Regierungs- und Gesetzgebungsmaschinerie zu komplizieren und die politischen Entscheidungen der demokratischen Wahl zu verfälschen wird die Wirtschaftsverfassung geschaffen, sondern um den Staat zu entlasten[38]. Der Staat gibt staatliche Macht an die sich neu bildenden Wirtschaftskörper ab. Ähnlich wie in der Dezentralisierung des Staates die politische Selbstverwaltung, verwirklicht sich in der neuen Wirtschaftsverfassung »die Idee der sozialen Selbstverwaltung«[39].

In der konkreten Ausgestaltung hält sich *Sinzheimer* an den Rahmen des Artikels 165 der (damals noch nicht verabschiedeten) Weimarer Reichsverfassung[40]. Zwei Grundinteressen müssen berücksichtigt werden: Das Arbeiterinteresse gegenüber dem Kapital und das gemeinschaftliche Produktionsinteresse. Das erstere vertreten die »Arbeiterräte«: Betriebsarbeiterrat, Bezirksarbeiterrat und Reichsarbeiterrat, das letztere Bezirks- und Reichswirtschaftsrat, in denen neben Arbeitnehmern und Arbeitgebern auch die übrigen an der Produktion beteiligten Kreise vertreten sein sollen; außerdem können fachliche Selbstverwaltungskörper geschaffen werden. Durch diese Wirtschaftsräte werden »die Arbeiter an der Leitung der Produktion beteiligt«. »In ihnen hört der Arbeiter auf, nur als Lohnempfänger zu existieren. Er tritt aus der Arbeitersphäre und wird Mitleiter der Produktion als Produzent«. Das Verhältnis der neuen Wirtschaftsverfassung zum Sozialismus ist sehr eng: Sie »kann erst dann als vollendet angesehen werden, wenn durch Ausschaltung des kapitalistischen Unternehmers das Interesse der Wirtschaftsgemeinschaft als leitendes Prinzip gesichert ist«[41]. Nichtsdestoweniger ist die Errichtung einer derartigen Wirtschaftsverfassung nicht mit der Sozialisierung identisch: »Die Sozialisierung muß neben der Schaffung eines Rätesystems selbständig einhergehen«, denn: »Sozialisierung ist die Aufhebung des Privateigentums an den Produktionsmitteln zugunsten eines Gemeineigentums, ... ist ... eine Änderung der Eigentumsordnung.« Eine solche Änderung können die Räte nicht bewirken. »Sozialisieren kann nur der Staat.« Die Übernahme der Betriebe durch die Räte würde nicht Sozialismus, sondern nur Arbeiterkapitalismus bedeuten. Immerhin können die Räte durch Kontrolle der Unternehmer und Schulung der Arbeiter den Sozialismus vorbereiten, und in gewissem Sinne bereiten sich in den Räten auch die »Ausführungs- und Verwaltungsorgane« der künftigen Sozialisierung vor[42].

Ganz ohne politische Rechte will *Sinzheimer* die Räte freilich auch nicht lassen. Auf dem Gebiete der Gesetzgebung sollen sie das Recht der Initiative besitzen (im

März hatte er noch das Vetorecht gegen Beschlüsse des Parlaments verlangt)⁴³. Besonders wichtig aber ist ihm die Mitarbeit der Räte bei der Demokratisierung der Verwaltung⁴⁴. Sehr nachdrücklich bezweifelt *Sinzheimer* die Wirksamkeit der parlamentarischen Kontrolle des Staatsapparats, zumal wenn die Mehrheit die von ihr getragene Regierung und deren Beamte decke, statt sie zu überwachen. Überdies sei auch das Parlament nicht gegen Bürokratisierungstendenzen gefeit. »Dieser Gefahr können wir nur begegnen, wenn wir der Kontrolle von oben eine Kontrolle von unten entgegensetzen. Die Räte sind die Organe einer solchen Kontrolle von unten.« Daher müssen die Räte gegenüber der Verwaltung das Recht haben, sich zu informieren, Einsicht zu nehmen und an besondere, neu zu errichtende Stellen Beschwerde zu führen.

Wir werden das Problem der Wirtschaftsverfassung zum Schluß noch einmal aufgreifen müssen. Daher zu den *Sinzheimer*schen Plänen nur so viel: Sie bemühen sich offenbar, die wesentlichen Gesichtspunkte des in der Rätebewegung wirksam gewordenen Mitbestimmungsgedankens aufzunehmen, trotzdem aber die Grundlage der parlamentarischen Demokratie nicht zu verlassen. Diese Zwischenstellung gibt ihnen einen schillernden Charakter. Im Grunde stellten sie niemanden zufrieden. Die Anhänger der uneingeschränkten parlamentarischen Demokratie kritisierten *Sinzheimers* weitreichende Grundidee, so *Scheidemann* im März 1919 vor dem SPD-Parteiausschuß, wo *Sinzheimer* seinen Entwurf zum ersten Mal vorgetragen hatte: »Die Rede *Sinzheimers* war gewiß außerordentlich geistreich, aber zum großen Teil war sie nur eine geistreiche Wortspielerei. Was er über Demokratie gesagt hat, ist ernsthaft gar nicht aufrechtzuerhalten⁴⁵.« Die Anhänger des Rätesystems aber kritisierten die – bei aller Großzügigkeit des *Sinzheimer*schen Entwurfs – doch nur sehr geringen tatsächlichen Befugnisse der Räte. Nicht ohne Grund meinte *Cohen* auf dem Weimarer Parteitag gegen die offiziellen Richtlinien, daß es nicht genüge, bloß Ratschläge geben zu können, man müsse Rechte haben⁴⁶.

## Anmerkungen zu Kapitel 8

¹ Siehe oben 4. Kapitel, S. 32 ff., und 5. Kapitel, Abschnitt b), S. 59 ff.
² Da die Quellen hierzu, wie schon beim 4. und 5. Kapitel angeführt, weit verstreut, vielfältig und schwer zugänglich sind, soll in der Regel auf Einzelnachweisungen verzichtet werden. Ich verweise auf meine Darstellung der Rätebewegung in: Betriebliche und wirtschaftliche Arbeiterräte in der Novemberrevolution, besonders in dem dortigen 4. Kapitel. Die wichtigste gedruckte Quelle ist die 1919 und 1920 in Berlin erschienene Zeitschrift Der Arbeiter-Rat. Das Schema der Wirtschaftsverfassung des »reinen Rätesystems« ist im Dok. Anhang Nr. 8 wiedergegeben.
³ Der Arbeiter-Rat, Jg. 1, Nr. 20, S. 3.
⁴ *Däumig*, a. a. O. Nr. 2, S. 14/5.
⁵ Statt vieler Belege, Arbeiter-Rat Jg. 1, Nr. 25, S. 3 ff. Der Aufbau des deutschen Rätesystems. Diese Schichten stellten übrigens in der Tat die große Mehrheit des Volkes dar: Bei der Volks- und Berufszählung 1925 umfaßten Arbeitnehmer und kleine Selbständige

(sogenannte »Tagewerker für eigene Rechnung«) rd. 81,3 Prozent des gesamten Volkes. Vgl. *Theodor Geiger,* Die soziale Schichtung des deutschen Volkes, Stuttgart 1932, S. 22/3.
[6] *Däumig,* Arbeiter-Rat, Jg. 1, Nr. 5, S. 3. Siehe auch derselbe in Revolution, Unabhängiges sozialdemokratisches Jahrbuch, Berlin 1920, S. 94. »Eine Diktatur, die sich nicht auf proletarische Massen, sondern nur auf eine proletarische Minderheit aufbaut und die ihre Herrschaft nur mit militärischen Gewaltmethoden aufrechterhalten kann, trägt den Keim des Verfalls in sich.«
[7] Siehe Dok. Anhang Nr. 8.
[8] Vgl. z. B. *Stampfer,* a. a. O. S. 153/4.
[9] Siehe die Abschnitte b), c) und d) dieses Kapitels.
[10] Vgl. zu dem Vorstehenden die Diskussionsbeiträge der oppositionellen Vertreter auf dem Allgemeinen Kongreß der Gewerkschaften Deutschlands zu Nürnberg 1919, Protokoll S. 439/40, 467 ff., 477, 480. Siehe ferner oben 5. Kapitel, Abschnitt b).
[11] Vgl. Anm. 10 sowie das gesamte Referat *R. Müllers,* Arbeiter-Rat, Jg. 1, Nr. 27, S. 7 ff.
[12] *H. Laufenberg,* Das Rätesystem in der Praxis des Hamburger Arbeiterrates, Archiv f. Soz. Wiss. und Soz. Pol., Bd. 45, S. 591 ff., bes. 609 ff. Ferner Illustrierte Geschichte der Deutschen Revolution, Berlin o. J. (1929), S. 347 ff.; sowie *E. Kolb,* Die Arbeiterräte in der deutschen Innenpolitik, Göttingen, phil. Diss. 1950 (Maschinenschrift), S. 115, Anm. 547.
[13] *Tormin,* a. a. O. S. 65 ff.; *Rosenberg,* Geschichte, S. 77 ff.; *R. Müller,* Kaiserreich, Bd. 2, S. 240 ff.; *Kolb,* a. a. O. S. 267 ff.
[14] Siehe das Protokoll des Parteitages, S. 78 ff., bes. S. 86 ff., 237 ff. Vgl. ferner *Kolb,* a. a. O. S. 121 ff.
[15] Die Parteien und das Rätesystem, Charlottenburg 1919, S. 34 ff.
[16] *H. Ströbel,* Die Deutsche Revolution, Berlin, 3. Aufl. 1922, S. 177, 201; Die Sozialisierung, Berlin, 4. Aufl. 1922, S. 227 ff., 238 ff. Vgl. ferner unten das 9. Kapitel.
[17] *Kalinski,* Sozialistische Monatshefte, Bd. 52, S. 229 ff. Vgl. ferner den Dok. Anhang Nr. 9.
[18] *M. Cohen,* Der Aufbau Deutschlands und der Rätegedanke (*Cohens* Referat auf dem zweiten Rätekongreß), Berlin 1919, S. 8 ff.; *Kalinski,* a. a. O.
[19] Vgl. die sehr taktisch gehaltenen Ausführungen des Zentralratsmitgliedes *Faass* auf der SPD-Parteikonferenz am 22./23. März 1919, Protokoll S. 30/1; dagegen *Cohen,* Sozialistische Monatshefte, Bd. 52, S. 523.
[20] *Cohen,* ebenda.
[21] Sehr deutlich bei *Kaliski* in Die Parteien und das Rätesystem, S. 39 ff., bes. S. 50.
[22] Das Räteproblem, o. O., o. J. (Berlin 1919), S. 10/1; über *Büchel* selbst vgl. *H. Müller,* Die Novemberrevolution, Berlin 1928, S. 104.
[23] A. a. O. S. 17.
[24] A. a. O. S. 24.
[25] Protokoll, S. 450, 451.
[26] Siehe oben 4. Kapitel, Abschnitt a); ferner Dok. Anhang Nr. 13.
[27] Siehe oben 4. Kapitel, Abschnitt b).
[28] Zur Vorgeschichte und Entstehung der Arbeitsgemeinschaft, Bericht der Generalkommission an den Nürnberger Gewerkschaftskongreß, Protokoll S. 171 ff. Der genaue Text der getroffenen Vereinbarungen ebenda.
[29] Das betont sehr richtig *E. Lederer,* Die Gewerkschaftsbewegung 1918/19, Archiv f. Soz. Wiss. und Soz. Pol., Bd. 47, S. 219 ff., der an sich diese Politik sehr nüchtern abwägend gegen unberechtigte Vorwürfe verteidigt. Siehe sein zusammenfassendes Urteil, a. a. O. S. 237 und Anm. 49, sodann S. 242: »Jedenfalls liegt die Arbeitsgemeinschaft nicht auf dem Wege der Sozialisierung, sondern bedeutet im Gegenteil einen Versuch, den unternehmungsweisen Betrieb durch Schaffung paritätischer Organisation zu sichern.« Eine ausführliche Darlegung des gewerkschaftlichen Standpunkts zur Sozialisierungsfrage, ebenda, S. 251 ff.
[30] *Th. Cassau,* Die Gewerkschaftsbewegung, Halberstadt 1925, S. 312 ff., 313.
[31] Correspondenzblatt, Jg. 28/1918, S. 456 ff.; Jg. 29/1919, S. 47/8, 81 ff. SPD-Parteikon-

ferenz vom 22./23. März 1919 in Weimar, Protokoll, S. 29 ff.; SPD-Parteitag vom Juni 1919 in Weimar, Protokoll, S. 45.
[32] Siehe Dok. Anhang Nr. 7.
[33] Protokoll, S. 33 ff.
[34] Protokoll, S. 406 ff. Vgl. Dok. Anhang Nr. 9.
[35] A. a. O. S. 407.
[36] A. a. O. S. 408.
[37] A. a. O. S. 408.
[38] A. a. O. S. 415 ff.
[39] A. a. O. S. 418.
[40] A. a. O. S. 410 ff.
[41] A. a. O. S. 114 u. Dok. Anhang Nr. 9.
[42] A. a. O. S. 414/5.
[43] A. a. O. S. 417.
[44] A. a. O. S. 417/8, 452/3.
[45] Protokoll, S. 38.
[46] Protokoll, S. 451.

## 9. KAPITEL
## Karl Korsch · Versuch einer Synthese

Wenn wir uns die im 6. Kapitel angestellten theoretischen und historischen Erörterungen über das Wesen der Sozialisierung in die Erinnerung rufen und ihr Ergebnis mit den in den beiden folgenden Kapiteln dargelegten Programmen und Entwürfen vergleichen, dann finden wir, daß sie im Grunde alle in geringerem oder größerem Grade von den formulierten Bedingungen einer wirklichen Sozialisierung im *Marx*schen Sinne abweichen. Nirgendwo findet sich eine Lösung, die in befriedigender Weise die sozialistische Idee mit der Bewegung der Arbeiter, das Allgemeininteresse mit dem Arbeiterinteresse, die sozialistische Gemeinwirtschaft mit der demokratischen Selbstregierung der arbeitenden Menschen, der Mitbestimmung oder dem Rätesystem verknüpft. Nicht als ob die erwähnten Vorschläge das sozialistische Ziel alle verfehlten, im Gegenteil, ein großer Teil von ihnen enthält wesentliche Beiträge zu einer Lösung des zitierten Problems. Aber keiner bietet eine umfassende, theoretisch und praktisch in gleicher Weise durchdachte Gesamtlösung.

Den einzigen wirklichen Versuch einer solchen geschlossenen Gesamtlösung hat, wie ich meine, der sozialistische Schriftsteller *Karl Korsch* unternommen. Schon vor dem Kriege hatte er, wie wir gesehen haben, auf die spezifischen Schwächen des überlieferten marxistischen Denkens hingewiesen[1]. 1918/19 war *Korsch* zuerst noch Mitglied der SPD[2] und nahm als wissenschaftlicher Assistent von *Robert Wilbrandt* an den Beratungen der Sozialisierungskommission teil[3]. Bald darauf war er bei der USPD[4], und 1923 wurde er – unterdessen Mitglied der KPD – Justizminister der kurzlebigen Thüringer Arbeiterregierung[5]. Bereits 1926 wurde er jedoch wegen »linker Opposition« aus der KPD ausgeschlossen[6]. Seitdem vertrat er mit einer kleinen Gruppe von Gleichgesinnten zusammen eine unabhängige revolutionäre Politik[7].

Unter Rückgriff auf die ursprünglichen *Marx*schen Lehren und auf seine eigenen Erkenntnisse der Vorkriegszeit hat *Karl Korsch* in den Revolutionsjahren versucht, die Probleme einer aktiven und realistischen sozialistischen Politik theoretisch zu lösen. Im Gegensatz zum Jahre 1912, in dem seine Worte gar nicht bis zu denen gelangten, für die sie geschrieben waren, konnte er jetzt an die tatsächliche politische und wirtschaftliche Praxis der Arbeiter anknüpfen. Die Rätebewegung entwickelte von sich aus Formen des Denkens und des Handelns, die seinen theoretischen Einsichten entgegenkamen[8].

In dem Bestreben, den Sozialismus sowohl theoretisch-wissenschaftlich zu begründen als auch praktisch durchführbar zu machen, weist *Korsch* darauf hin, »daß neben der sogenannten ›marxistischen‹ Auffassung, bei der der Sozialismus als reine Wissenschaft angesehen wird, neben der sogenannten ›revisionistischen‹ Anschauung, die ganz auf praktische Gegenwartsarbeit, auf lauter Einzelreformen ohne grundsätzliche Umwälzung des bestehenden Gesellschaftszustandes gerichtet ist«, noch eine *dritte* Art von Einstellung ... möglich ist«, der von ihm so genannte »praktische Sozialismus«[9]. Dieser ruft gegenüber der bisherigen Betonung, daß die Menschen Produkte der Umstände seien, wieder die *Marx*sche Erkenntnis ins Gedächtnis, »daß die Umstände von den Menschen verändert« werden[10]. »In Übereinstimmung mit dem tiefer verstandenen *Marx* betont der praktische Sozialismus die Einsicht, daß das einzige Mittel zur wirklichen Vollziehung des Überganges zur sozialistischen Gesellschaftsordnung und zum sozialistischen Aufbau *bewußte menschliche Tätigkeit*... ist.« »Die äußeren Umstände der hergebrachten Ordnung ändern sich, wenn ihre Stunde gekommen ist, nicht von selber, sondern nur durch menschliche Tätigkeit[11].«

Gegenüber einer »Wissenschaftlichkeit«, die fatalistisch das Schicksal des Sozialismus einer angeblich objektiven Entwicklung überläßt, betont *Korsch*, daß der Sozialismus schöpferischer Wille und Bereitschaft zur Tat sei. Auf der anderen Seite aber, gegenüber einer zwar zum Handeln bereiten, aber »realpolitisch« verengten Politik betont er mit derselben Schärfe, daß der Sozialismus dennoch wissenschaftlich begründet werden müsse. Ein sozialpolitisch veredelter Kapitalismus zum Beispiel, wie er von der Mehrheitssozialdemokratie vertreten werde, müsse an den objektiven Tatsachen der wirtschaftlichen Entwicklung scheitern[12]. Die wissenschaftliche Begründung dieser These ist allerdings eine *notwendige* Voraussetzung jeder radikal sozialistischen Politik. Denn, wäre die *Bändigung* des Kapitalismus allein durch Sozialpolitik möglich, dann würde das sozialistische Ziel zur reinen »idealen Forderung« verblassen, und mit Recht würden die Menschen unter diesen Umständen auf die grundsätzliche gesellschaftliche Umwälzung verzichten[13].

*Korsch* konzentriert sein ganzes Denken um den Begriff der Sozialisierung. Er nimmt ihn dabei in seinem ursprünglichen vollen Sinne, nämlich als: Verwirklichung des Sozialismus. »Die Sozialisierung ist die sozialistische Revolution, sie ist der durch praktische... Tätigkeit Fleisch und Wirklichkeit werdende sozialistische Gedanke[14].« *Korschs* Ziel ist, diesen Prozeß der Sozialisierung geistig zu durchdringen und aus seiner Erkenntnis Anweisungen für das praktische Handeln abzuleiten. Dabei stellt er – in Übereinstimmung mit *Marx* – *das* Problem in den Mittelpunkt, das in der Tat entscheidend ist. Die sozialistische Bewegung besteht aus zwei verschiedenen, ursprünglich voneinander gänzlich unabhängigen Elementen, die erst durch den geschichtlichen Ablauf miteinander verknüpft sein müssen, wenn der Sozialismus verwirklicht werden soll: Die wissenschaftlich und ethisch begründete sozialistische Idee und die Bewegung der industriellen Arbeitnehmer. Der Schlüssel zur Lösung des dadurch gestellten Problems ist die »marxistische Erkenntnis der Sozialisierung als Identität von historischem Entwicklungsprozeß und umwälzender menschlicher Tätigkeit«[15].

Von diesem theoretischen Ansatz her versuchte *Korsch* die in der Revolution sichtbar gewordene Haupttriebkraft jener »umwälzenden menschlichen Tätigkeit«, die direkte Aktion der Arbeiterschaft, mit den objektiven ökonomischen und sozialen Erfordernissen der Sozialisierung zu verbinden. In einem kurzen Aufsatz: »Die Sozialisierungsfrage vor und nach der Revolution«, der 1919 im »Arbeiter-Rat« erschien (und den wir seiner grundsätzlichen Bedeutung wegen zu Beginn unseres Dokumentarischen Anhangs in vollem Wortlaut abdrucken), verknüpft *Korsch* die sozialistische Idee mit den in der Rätebewegung zutage tretenden Bestrebungen der Arbeitnehmerschaft zu einer Einheit.

Der Aufsatz beginnt mit der Feststellung, daß die Sozialdemokratie niemals irgendeinen klaren Begriff über das, was mit der vom Marxismus geforderten »Vergesellschaftung« der Produktionsmittel (Sozialisierung) gemeint sei, entwickelt habe. Nur unklare Vorstellungen von »Verstaatlichung« einerseits, »Vergesellschaftung« im Sinne genossenschaftlicher Bedarfswirtschaft andererseits seien vorhanden gewesen. Beide Möglichkeiten kämen in der gegenwärtigen Lage nicht in Frage. Zur »Genossenschaft« seien die Arbeiter noch nicht reif; »wahrer genossenschaftlicher Geist kann nur allmählich wachsen«. Umfassende »Verstaatlichung« hingegen bedeute unter den gegebenen Bedingungen Bürokratismus, Ertötung der Initiative, Lähmung und Erstarrung. Überdies bringe Verstaatlichung nicht *den* Sozialismus, den die Arbeiter begehrten. »Die Klasse der werktätigen Arbeiter wird als solche nicht freier, ihre Lebens- und Arbeitsweise nicht menschenwürdiger dadurch, daß an die Stelle des von den Besitzern des privaten Kapitals eingesetzten Betriebsleiters ein von der Staatsregierung ... eingesetzter Beamter tritt.« Diese Einsicht ist in die Arbeiterschaft eingedrungen. Infolgedessen ist keine Sozialisierung mehr möglich, die nicht in irgendeiner Form dem Gedanken der »industriellen Demokratie« Rechnung trägt, »also dem Gedanken der direkten Kontrolle und Mitbestimmung jedes Industriezweiges, wo nicht jedes einzelnen Betriebes, durch die Gemeinschaft der arbeitenden Betriebsbeteiligten und durch ihre von ihr selbst bestimmten Organe«. Die Forderung der »Sozialisierung« enthält heute also *zwei* einander organisch ergänzende Forderungen: die der »Kontrolle von oben« durch planmäßige Verwaltung von Produktion und Verteilung und die der »Kontrolle von unten« durch die unmittelbare Beteiligung der kopf- und handarbeitenden Massen. »Der *Weg* aber, auf welchem diese *beiden* in dem Ruf nach Sozialisierung heute enthaltenen Forderungen ... mit Sicherheit und Schnelligkeit nebeneinander verwirklicht werden können, ist das heute so viel genannte und so wenig verstandene *Rätesystem*.«

Den Versuch, auf dem hier angedeuteten Wege eine Lösung für die konkreten Probleme der Sozialisierung zu finden, unternahm *Korsch* mit der Unterscheidung von Konsumenten- und Produzentensozialismus [16]. Weder der Allgemeinheit aller konsumierenden Genossen schlechthin, über die Köpfe der unmittelbar produzierenden Arbeiter hinweg, noch den Gruppen der Produzenten, ohne Rücksicht auf die Allgemeinheit, darf die Wirtschaft überantwortet werden. Aber die beiden Formen können einander ergänzen. Es ist eine Organisationsform denkbar, in der die verantwortlichen Leiter der Wirtschaft einerseits der Allgemeinheit verantwortlich sind, andererseits aber auch von den Arbeitnehmern demokratisch kontrolliert werden. Diese Organisationsform nennt *Korsch* »Industrielle Autonomie«. Ob diese »als Verstaatlichung (Kommunalisierung usw.) und nachträgliche Einschränkung der auf die öffentlichen Funktionäre der Gesamtheit übergegangenen Herrschaftsrechte zugunsten der unmittelbaren Produktionsbeteiligten vorgestellt wird, oder umgekehrt als Überleitung der Produktionsmittel einer Industrie in den Besitz ihrer Angehörigen und nachträgliche öffentlich-rechtliche Einschränkung des so entstandenen Sondereigentums der Produzentengemeinschaft im Interesse der Gesamtheit der Konsumenten, ist für das Wesen der entstehenden industriellen Autonomie gleichgültig«. Nur eins ist wichtig, daß die »Kontrolle von oben« durch planmäßige Verwaltung von Produktion und Verteilung und die »Kontrolle von unten« durch die unmittelbare Beteiligung der kopf- und handarbeitenden Massen gemeinsam gesichert sind. Der Weg, auf dem diese beiden Bedingungen der Sozialisierung vereinigt werden können, ist für *Korsch*, wie wir gesehen haben, das »Rätesystem« oder, anders ausgedrückt, die Demokratisierung der Wirtschaftsverfassung, die wirksame Mitbestimmung des »Arbeiters als solchen« bei der Regelung der wirtschaftlichen und sozialen Verhältnisse [17].

Dieser Versuch *Korschs*, die in der Räte- und Sozialisierungstheorie der Revolutionszeit nebeneinander herlaufenden oder sogar auseinanderstrebenden gedanklichen Elemente zu einer Synthese zu bringen, ist heftig angefochten worden. Weniger von seiten der Rätebewegung, deren Bestrebungen *Korsch* ja mit großem Verständnis gewürdigt hatte, als von seiten der strengen wissenschaftlichen Sozialisierungstheorie. Freilich unterschieden sich die organisatorischen Folgerungen des *Korsch*schen Entwurfs nicht wesentlich von der herrschenden Auffassung der Sozialisierungstheorie: Zur Verwirklichung der »industriellen Autonomie« hatte *Korsch* wirtschaftliche Selbstverwaltungskörper in der Art vor Augen, wie sie der Bericht der Sozialisierungskommission oder der Sozialisierungsplan O. *Bauers* vorgesehen hatten. Aber seine theoretische Grundauffassung erregte Widerstand.

Daß der Alt-Marxist *Kautsky* Gedankengänge wie die von *Korsch* zurückwies, ist wenig erstaunlich. Obwohl auch er die praktischen Vorschläge der Sozialisierungskommission und *Bauers* unterstützte und gelegentlich (auf dem Höhepunkt der Rätebewegung, im April 1919) die Bedeutung der Arbeiterräte hervorhob [18], setzte er doch im Grunde das Allgemeininteresse, das er als das Gesamtinteresse der Konsumenten verstand, eindeutig an die erste Stelle [19]. Mit ausdrücklicher Beziehung auf *Korschs* Sozialisierungsschrift – und wesentlich prinzipieller als *Kautsky* – hat der damalige wissenschaftliche Sekretär der Sozialisierungskommission, *Eduard Heimann*, die von *Korsch* vertretene Auffassung kritisiert und dabei die in Frage stehenden Grundprobleme in aller Schärfe zur Diskussion gestellt.

In einer umfangreichen theoretischen Abhandlung – vielleicht dem klarsten und scharfsinnigsten Beitrag zu den ökonomischen Problemen des Sozialismus, der in der Novemberrevolution geleistet wurde – entwickelt *Heimann* ein umfassendes Programm der Sozialisierung [20]. Wir können seine Einzelheiten hier nicht ausbreiten und geben nur, in *Heimanns* eigenen Worten, eine kurze Zusammenfassung des Ergebnisses seiner Überlegungen. Die Sozialisierung ist für ihn »ein rationales System organisatorischer Maßnahmen«. Es erfordert: »Ausschaltung allen privaten Eigentums an Produktionsmitteln und allen Profits, Organisation der Wirtschaft von unten herauf bis zu einer alles regierenden Spitze, Ersetzung des freien Marktes durch organisatorische Verbindung aller Verkäufer- und Käuferschichten [21].«

Die in der ganzen revolutionären Bewegung 1918/19 zutage tretende Verknüpfung von Sozialisierungsidee und Räteidee ist für *Heimann* hingegen prinzipiell bedeutungslos, ja geradezu nachteilig. Die Einführung von Betriebsräten zum Beispiel hat »mit der Sozialisierung begrifflich nichts zu tun«. »Nicht weil der Sozialismus sozialistisch ist, sondern weil er auch demokratisch ist, weil er die Anteilnahme aller Volksgenossen und die Auslese aus allen Volksgenossen will, braucht er die Betriebsräte«. Von der Sozialisierung als solche ließe »sich sehr wohl vorstellen, daß sie in durchaus reiner Form auf absolutistischem Wege dekretiert und durchgeführt würde«. An psychologischer Bedeutung stehe freilich die Demokratisierung der Sozialisierung um so mehr voran, »je weniger die Lebenslage des einzelnen Arbeiters zunächst durch die Sozialisierung verändert« werde [22].

So scharf *Heimann* hier Sozialisierung und Demokratisierung trennt und so entschieden er den, wie er es nennt, »asketischen Charakter der Sozialisierung« betont, so wenig übersieht er doch die tiefen Wurzeln und die grundsätzliche Bedeutung der mächtigen »syndikalistischen« Grundströmung in der Arbeitnehmerschaft: Diese Strömung ist zwar überaus gefährlich, weil sie »in ihrer konsequenten Auswirkung nichts Geringeres bedeuten würde als die Auflösung der einheitlichen Produktionsmittelbasis, auf der die Sozialisierung ruhen soll«[23], aber sie bringt nichtsdestoweniger eine in den objektiven gesellschaftlichen Verhältnissen wurzelnde, verständliche seelische Haltung der Arbeitnehmer zum Ausdruck. Sie entspringt der Mechanisierung des Lebens, die in erster Linie »eine zunehmende Loslösung des Menschen von seiner Produktionsmittelbasis bedeutet«. Dadurch wird das elementare, emotionale Bedürfnis nach einem seelischen Verhältnis zum Werk und zum Werkzeug vergewaltigt. Gegen diese Vergewaltigung richtet sich der spontane »syndikalistische« Aufstand der Arbeitnehmer. Diesen Sachverhalt habe, führt *Heimann* weiter aus, der klassische Marxismus – »eine Lehre von strenger Askese« – verkannt. Will er »doch die Entäußerung des einzelnen von den Arbeitsmitteln perpetuieren, ohne fürs erste seine Lebenslage entscheidend zu ändern. Insofern die Räte berufen sind, den verlorenen Kontakt zwischen dem einzelnen und dem Ganzen des Produktionsprozesses wieder herzustellen, zwar nicht im physischen Schaffen, aber durch das Surrogat einer Heranziehung zur Verwaltung, stellen sie den Versuch dar, die Gefahr zu beschwichtigen [24].«

Die »kluge und konzentrierte Schrift« von *Karl Korsch* stelle den Versuch dar, das syndikalistische und das sozialistische Gedankenelement theoretisch miteinander zu verknüpfen. Die von *Korsch* vollzogene Gleichstellung des Produzenten- mit dem Konsumenteninteresse ist für *Heimann* aber grundsätzlich verfehlt: Sie »widerspricht der zentralen Idee des Sozialismus und gefährdet eine folgerichtige Sozialisierung«. Der letzte Zweck der sozialistischen Wirtschaft ist die Befriedigung des Konsums. Den Staat und das durch ihn vertretene Interesse der Gesamtheit dem Interesse der Produzenten gegenüberzustellen ist unzulässig, weil die »Gesamtheit doch die beteiligte Produzentengruppe zusammen mit allen anderen Produzentengruppen umschließt, so daß in ihr in Wahrheit alle Sonderinteressen zum Ausgleich kommen ...«
Und zusammenfassend formuliert *Heimann*: »Insofern der Staat die Konsumenten ganz umfassend organisiert, ist alle Sozialisierung ihrer sozialen Idee nach ... Verstaatlichung [25].«

Hier setzt *Korsch* bei seiner Antikritik ein: Bei *Heimann* fehlt die Einsicht in die auch den Staat beherrschenden Klassengegensätze und infolgedessen die »Überwindung der bürgerlich-mechanistischen Staatsideologie«. Erst wenn die letzten Reste des formal-demokratischen Staatsdenkens überwunden sind, »kann die Notwendigkeit der Räte für den Aufbau der klassenlosen und staatenlosen sozialistischen Gesellschaft in ihrem innersten Wesen begriffen werden«[26].

Das scheint mir in der Tat ein zentraler Einwand gegen *Heimann* zu sein und zugleich der Punkt, an dem die Bedeutung der von *Korsch* vollzogenen gedanklichen Synthese besonders klar sichtbar wird.

Die Verwirklichung des Sozialismus, die Sozialisierung, besteht nach der Lehre des Marxismus, auf die sich ja *Heimann* und *Korsch* beide beziehen, in der »Besitzergreifung der Produktionsmittel durch die Gesellschaft«[27]. Diese sozialistische Gesellschaft nun soll keineswegs den einzelnen zugunsten eines übermächtigen Ganzen aufopfern; sie soll vielmehr eine »Assoziation« sein, »worin die freie Entwicklung eines jeden die Bedingung für die freie Entwicklung aller ist« (Kommunistisches Manifest). Und das neugeschaffene sozialistische Eigentum bedeutet durchaus nicht die alleinige Verfügungsmacht einer abstrakten »Gesamtheit«, sondern – nach *Marx* – »das *individuelle* (von mir hervorgehoben v. O.) Eigentum auf Grundlage ... der Kooperation und des Gemeinbesitzes der Erde und der durch die Arbeit selbst produzierten Produktionsmittel«[28]. Das heißt, in der sozialistischen Gesellschaft soll und muß der einzelne ein so großes Maß an individueller Verfügung über seine sozialen Lebensbedingungen erlangen, als es irgend mit der notwendigen zentralen Regelung der gesellschaftlichen Funktionen vereinbar ist. (Eine andere Auffassung würde übrigens dem grundlegenden sittlichen Ziel des Marxismus, der Aufhebung der Selbstentfremdung des Menschen, widersprechen.)

Wenn nun die zentrale Regelung aller gesellschaftlichen Funktionen durch den Staat, durch die »Gesamtheit«, zugleich den jeweiligen individuellen Interessen in höchstmöglichem Grade gerecht werden würde, wäre der *Heimann*sche Ansatz richtig. In der gesellschaftlich-geschichtlichen Wirklichkeit ist dies aber nicht so. Die im Staat wirkenden Klasseninteressen, besonders das soziale Eigengewicht der Bürokratie, der lange unkontrollierbare Weg vom einzelnen Bürger nach oben und wieder zurück und schließlich der unvermeidliche Schematismus jeder zentralen Regelung bewirken, daß das vom Staat verfochtene »Gesamtinteresse« *nicht* ohne weiteres dasselbe ist wie das wirkliche Interesse der Gesamtheit der einzelnen lebenden Menschen, ja, daß es sogar zu diesem in schroffen Gegensatz geraten kann. Da *Heimann* diese Tatsache ganz vernachlässigt, kann er in den »syndikalistischen« Tendenzen der Arbeitnehmer auch nur einen »Gedanken- und Stimmungskomplex« erblicken, ein emotionales Aufbegehren gegen ihre Lebenslage, das man nur durch demokratische »Surrogate« »beschwichtigen« kann, da sich die Lebenslage selbst fürs erste nicht entscheidend ändern läßt.

Es ist sicherlich richtig, daß in der Bewegung der Arbeitnehmer auch ein mehr oder weniger gefühlsbedingter ohnmächtiger Protest gegen vorläufig unabänderliche technische und wirtschaftliche Gegebenheiten der modernen Gesellschaft zum Ausdruck gekommen ist, aber beherrschend war doch das Bestreben, durch wirksame direkte Mit- und Selbstbestimmung in der Wirtschaft eine reelle Demokratisierung und Dezentralisierung der Gesellschaft zu erreichen. Die rebellierenden Arbeiter vertraten sehr nachdrücklich die Ansicht, daß ein Sozialismus nicht ernst genommen werden könne, der ihre Lebenslage nicht entscheidend ändere und ihr individuelles Bestimmungsrecht in ihrer unmittelbaren sozialen Lebenssphäre nicht erweitere. Und *Korsch* hat das objektive Recht dieser Ansicht begründet. Mit der Entgegensetzung von »Produzenten-« und »Konsumenten«-Interesse bedient er sich einer Formulierung, die nicht ganz so einprägsam und überzeugend ist, wie jene, in der er davon spricht, daß in der sozialisierten Wirtschaft neben die »Kontrolle von oben« durch die Gesamtheit gleichberechtigt die »Kontrolle von unten« durch die Arbeitenden selbst treten müsse. Diese Kontrolle von unten, die unmittelbare demokratische Mitbestimmung der Arbeitenden in der Wirtschaft, sowohl wirksam zu machen als auch mit der erforderlichen sozialistischen Zentralisation der Wirtschaft zu verknüpfen ist für *Korsch* die Aufgabe der Räte in ihrer umfassenden Organisation als Rätesystem.

## Anmerkungen zu Kapitel 9

1 Siehe oben 1. Kapitel.
2 Arbeiter-Rat, Jg. 1, Nr. 19, S. 15.
3 Vgl. Protokolle der Sozialisierungskommission, Gruppe 1: Kohle, Bd. 3, Berlin 1921. Siehe auch die Hinweise von *Wilbrandt* auf *Korschs* Auffassungen, die auf eine enge Zusammenarbeit hindeuten, Sozialismus, S. 136, 184, 223, 311.
4 Arbeiter-Rat, Jg. 1, Nr. 24.
5 *Stampfer*, a. a. O. S. 362.
6 O. K. *Flechtheim*, Die KPD, Offenbach 1948, S. 134.
7 Vgl. vor allem sein theoretisches Hauptwerk Marxismus und Philosophie, 2. Aufl., Leipzig 1930.
8 Siehe vor allem seinen Aufsatz Die Sozialisierungsfrage vor und nach der Revolution, Arbeiter-Rat, Jg. 1, Nr. 19, S. 15/6, siehe Dok. Anhang Nr. 1. Ferner Grundsätzliches über Sozialisierung, der Arbeiter-Rat, Jg. 2, Nr. 7, S. 6 ff. Ferner: Praktischer Sozialismus, Die Tat, 11. Jg. 1919/20, 2. Bd., S. 735 ff., und Grundsätzliches über Sozialisierung, ebenda, S. 900 ff., sowie Das sozialistische und das syndikalistische Sozialisierungsprogramm, Der Sozialist, Jg. 1919, Nr. 26, S. 402 ff. Grundlegend schließlich: Was ist Sozialisierung?, Hannover, o. Jg. (1919), und Arbeitsrecht für Betriebsräte, Berlin 1922.
9 Die Tat, a. a. O. S. 735 f.
10 K. *Marx*, Thesen über Feuerbach, aus Die deutsche Ideologie, Berlin 1953, S. 593 ff.
11 *Korsch*, a. a. O. S. 736 und 902.
12 A. a. O. S. 739 ff.
13 A. a. O. S. 739.
14 A. a. O. S. 901.
15 A. a. O. S. 910/11. Daß diese Erkenntnis in der Tat im Zentrum des *Marx*schen Denkens gestanden hat, weist überzeugend nach I. *Fetscher*, Von der Philosophie des Proletariats zur proletarischen Weltanschauung, in Marxismusstudien, Bd. 2, Tübingen 1957, S. 26 ff., bes. 35 ff.
16 Was ist Sozialisierung?
17 Hierzu siehe vor allem die ausführlichen historischen und systematischen Darlegungen in Arbeitsrecht für Betriebsräte, bes. S. 62 ff., 79 ff.
18 Siehe hierzu sein Referat auf dem 2. Rätekongreß, Was heißt Sozialisierung?, Berlin o. J. (1919), bes. S. 10, 19.
19 Die proletarische Revolution und ihr Programm, 2. Aufl., Berlin 1922, S. 142 ff., 227 ff., bes. 248 ff.
20 Die Sozialisierung, Archiv für Soz. Wiss. und Soz. Pol., Bd. 45, S. 527 ff.
21 A. a. O. S. 582/3.
22 A. a. O. S. 582, 583.
23 A. a. O. S. 585.

[24] A. a. O. S. 584/5.
[25] A. a. O. S. 585, 586, 587.
[26] Die Tat, a. a. O. S. 911.
[27] F. Engels, Die Entwicklung des Sozialismus von der Utopie zur Wissenschaft, Berlin 1946, S. 54.
[28] Das Kapital, Berlin 1955, Bd. I, S. 803.

IV. TEIL:

# Ergebnisse und Probleme

Es kann natürlich nicht die Aufgabe dieser Untersuchung sein, zu der gegenwärtigen Diskussion von Mitbestimmung und Sozialisierung unmittelbar Argumente beizusteuern und zu diesem Zweck gewissermaßen aus dem historischen Material der revolutionären Bewegung von 1918/19 ein aktuelles politisches Programm herauszudestillieren. Auf der anderen Seite aber sind die Ergebnisse und Probleme der Novemberrevolution uns doch noch so nahe, daß wir gewisse Lehren und objektive Erkenntnisse aus ihrer Darstellung gewinnen können. Sie können freilich nicht sosehr in einer historisch vorgeformten Gesamtlösung bestehen als vielmehr in dem Hinweis auf die Lösung (beziehungsweise auf verfehlte Lösungsversuche) einzelner Probleme. Eine Reihe solcher einzelnen Probleme soll nun zum Abschluß sowohl auf dem Gebiet der Mitbestimmung als auch auf dem Gebiet der Sozialisierung skizziert werden.

# 10. KAPITEL

# Mitbestimmung

Das Problem der Mitbestimmung hatte in der sozialen Bewegung der Revolution 1918/19 zwei deutlich voneinander unterschiedene Aspekte: Erstens die spontane, in den Betrieben sich vollziehende, auf die betriebliche Verfassung unmittelbar einwirkende Bewegung der Arbeitnehmer, zweitens die theoretisch-programmatische Verknüpfung des Mitbestimmungsgedankens mit der Idee der Sozialisierung und den Vorstellungen einer sozialistischen Wirtschaftsverfassung. In diesem Kapitel soll vorwiegend der erste Aspekt behandelt werden.

## a) Die Bewegung der Arbeitnehmer

Der Versuch, die spontane, »ursprüngliche« Seite einer politisch-sozialen Bewegung herauszuarbeiten, hat stets etwas Mißliches. Keine Bewegung ist jemals gänzlich »ursprünglich«, sie ist immer auch schon durch bestehende Überlieferungen und Organisationen geprägt und wird durch Personen oder Gruppen geführt, deren Vorstellungen über die Motive der in Bewegung geratenen breiten Massen hinausgehen. Diese Feststellung gilt in besonderem Maße für eine ideologisch so stark geprägte und so wohlorganisierte Bewegung, wie die der deutschen sozialistischen Arbeitnehmerschaft. Trotzdem ist es gerade in bezug auf die Rätebewegung der Revolutionszeit – die wir hier meinen, denn der Mitbestimmungsgedanke wurde 1918/19 in der Gestalt der Räte und ihrer Rechte verfochten – nicht nutzlos, nach den »ursprünglichen«, »wirklichen« Triebkräften und Zielen der Arbeitnehmer zu fragen. Der Rätegedanke nach 1918 entwickelte sich nämlich so rasch, auf so breiter Front und – vor allem – so offensichtlich ohne die Anregung, ja geradezu gegen den Willen der traditionellen Organisationen, daß wir tatsächlich von einer weitgehend spontanen Bewegung sprechen können[1]. Die ungeachtet dessen noch verbleibende Schwierigkeit für eine Darstellung besteht darin, daß die geschichtlichen Quellen verständlicherweise gerade über die vielfältigen betrieblichen Bewegungen und die Vorstellungen der an ihnen beteiligten Arbeitnehmer recht dünn fließen, so daß die folgende Skizze keinerlei Anspruch auf Vollständigkeit erheben kann, sondern sich damit begnügen muß, allgemeine Tendenzen aufzuzeigen und an charakteristischen Einzelfällen zu verdeutlichen.

Der allgemeine Rahmen der betrieblichen Bewegungen in Richtung auf Mitbestimmung war der folgende: Unmittelbar nach dem Umsturz 1918 in vielen Großbetrieben und einigen größeren Industriezentren, in den darauf folgenden Wochen und Monaten in der übrigen Industrie, bildeten sich in den Fabriken, Werkstätten und Behörden betriebliche Arbeiterräte, bald kurz »Betriebsräte« genannt. Sie waren entweder aus schon bestehenden Arbeiter- und Angestelltenausschüssen hervorgegangen oder von den politischen Arbeiter- und Soldatenräten ins Leben gerufen worden (so die Zechenräte des west- und mitteldeutschen Bergbaus im Januar/

Februar 1919), oder sie hatten sich unabhängig von allen schon bestehenden Organen gebildet. In jedem Fall aber begannen sie, in geringerem oder höherem Grade gegenüber den bisherigen Unternehmern Kontroll- und Mitbestimmungsrechte zu beanspruchen.

Dabei waren allerdings die allgemeinen politischen Verhältnisse einer wirklichen, rechtlich anerkannten, länger dauernden Mitbestimmungstätigkeit nicht günstig. Die Zeit der praktischen Vorherrschaft währte für die Räte nur wenige Monate. Von Januar bis April 1919 dauerten die großen Kämpfe um die Erhaltung oder den Ausbau der Räte, danach ging ihr Einfluß rasch zurück, bis das Betriebsrätegesetz im Januar 1920 hinter alle weiter reichenden Versuche den Schlußpunkt setzte. So wird die Rätebewegung in ihren wirklichen praktischen Auswirkungen meist nur in kurzen vorübergehenden Aktionen sichtbar und bleibt im übrigen Protest und bloße Forderung.

Auf längere Zeit durchgeführte Versuche wirtschaftlicher Mitbestimmung der Arbeitnehmer kamen in der Regel nur in den öffentlichen Betrieben zustande. Der anonyme Eigentümer »Reich« oder »Land« war durch die politische Umwälzung unmittelbar betroffen worden. Der eigentliche Staatsapparat wurde demokratisiert oder sollte es wenigstens werden. Die Überlegung, daß logischerweise nun auch die staatlichen Wirtschaftsbetriebe »demokratisiert« werden müßten, lag nahe. Überdies wurden die leitenden Personen der Reichs- und Landesbetriebe, vor allem da, wo es sich – wie bei den Heeresbetrieben – um Militärpersonen handelte, häufig im Zuge des Umsturzes entfernt, und bei der Neuregelung schalteten sich die Arbeiterräte dann ein und sicherten sich einen geringeren oder größeren Einfluß. Nicht ohne Bedeutung war schließlich die Tatsache, daß der politische und wirtschaftliche Druck auf die Arbeitnehmer der Staatsbetriebe besonders hart gewesen war (sie besaßen zum Beispiel kein Koalitionsrecht) und es infolgedessen zu besonders heftigen Reaktionen kam.

Die Eigentümer und Leiter der privaten Unternehmungen hingegen, deren Rechtsstellung durch die Revolution nicht unmittelbar angegriffen worden war, vermochten sich der Einschränkung ihrer Befugnisse im allgemeinen mit Erfolg zu widersetzen. Trotzdem ist es ohne Zweifel in vielen Betrieben, vor allem in den ersten Monaten nach der Revolution, eine Zeitlang zu Zuständen gekommen, in denen der Betriebsrat kraft faktischer Machtstellung ein Kontroll- und Mitbestimmungsrecht nicht nur in personellen und sozialen, sondern auch in wirtschaftlichen Fragen ausgeübt hat. In welchen Formen und mit welchem praktischen Ergebnis das geschehen ist, läßt sich freilich nur in den allerseltensten Fällen feststellen. Hier bleibt uns in der Regel nur übrig, die uns bekannten betrieblichen Bewegungen auf die dabei erhobenen Forderungen und proklamierten Programme hin zu betrachten.

Verhältnismäßig wenig wissen wir von den Einzelheiten der betrieblichen Rätebewegung in Berlin. Sofort nach dem Umsturz hatten die ja schon während der Kriegszeit wohlorganisierten »Obleute« sich in ihren Betrieben – vorwiegend größeren und großen Betrieben der Metallindustrie – eine starke Stellung gesichert und gegen alle Widerstände dafür gesorgt, daß die Berliner Räteorganisation diese Stellung verteidigte und ausbaute. Sehr frühzeitig ging hier also die spontane Bewe-

[440]

gung der Belegschaften in die organisierte Rätebewegung mit der programmatischen Forderung nach »Kontrolle der Produktion« ein.

Ein uns bekanntgewordenes Beispiel weitgehender Mitbestimmung, allerdings aus einem kleineren Betrieb, soll jedoch ausführlicher dargestellt werden, da an ihm, wie es scheint, bemerkenswerte Tendenzen in der Arbeitnehmerschaft sichtbar werden. Im Sommer 1919 erschien im »Arbeiter-Rat« unter dem Titel: »Wird die Sozialisierung die Produktion steigern? Ein Beispiel aus der Praxis« die folgende Darstellung [2]. Es handelte sich um einen kleinen Metallbetrieb (die Größe der Belegschaft wird nicht angegeben), in Berlin SO, der sich zwar in privater Hand befand, aber ausschließlich für Rüstungszwecke und in staatlichem Auftrag einen bestimmten Eisenzünder als Spezialartikel herstellte. Als nach der Revolution die Produktion absank und die Löhne bedroht waren, wurde der Betrieb im Einverständnis mit der Leitung in eine »Genossenschaft« umgewandelt. (Die genaue Rechtsform wird leider nicht angegeben, ebenso nicht das Datum der Umwandlung; sie hat aber vermutlich Ende November 1918 stattgefunden.) Die kaufmännische Leitung verblieb dem Unternehmer, die technische wurde vom Arbeiterrat zusammen mit den Meistern übernommen. Es wurde der Belegschaft keine Gewinnausschüttung in Aussicht gestellt. Zweck der Geschäftsführung sollte vielmehr sein, einen Kapitalfonds für die Umstellung des Betriebes auf Friedensproduktion zu bilden. Ferner wurde aus wirtschaftlichen Gründen beschlossen, die Belegschaft um 80 Prozent zu vermindern. Die Entlassungen erfolgten allmählich, nach sozialen Grundsätzen und unter Zahlung einer Abgangsentschädigung.

Der Akkordlohn wurde abgeschafft und an seiner Stelle ein neuartiges Leistungssystem eingeführt. Ein fester Schichtlohn wurde vereinbart, und nach genauer Aufklärung der Arbeiter über Lage und Leistungsfähigkeit des Betriebes wurde von der Belegschaft selbst eine Normleistung pro Schicht beschlossen. Der Arbeitsbeginn wurde festgelegt, das Arbeitsende trat ein, wenn die Normleistung erreicht war. Es kam zu einem lebhaften Wettbewerb zwischen den einzelnen Werkstätten. Da die Leistung derart stieg, daß die Schichtlänge sich bis auf sechs Stunden verkürzte, setzte die Belegschaft freiwillig eine normale Arbeitszeit von acht Stunden fest. Auf Grund der erhöhten Leistung konnte ab 1. Januar 1919 eine erhebliche Lohnerhöhung bewilligt werden. Am 1. Februar 1919, also nachdem das Experiment etwa zwei Monate gedauert hatte, mußte der Betrieb infolge von Maßnahmen des Demobilisierungsamtes eingestellt werden. Der bis dahin angesammelte Reservefonds wurde an die Belegschaft nach einem von ihr selbst beschlossenen Modus ausgeschüttet. Während dieser Monate wurde die Belegschaft um 40 Prozent vermindert und auch die Zahl der Meister wurde verringert. Trotzdem stieg die Schichtleistung um rund 40 Prozent gegenüber der Höchstleistung im Kriege. Der Ausschuß sank von 10 auf 5 Prozent. Der Verbrauch an Werkzeug usw. verminderte sich gegenüber dem Monatsdurchschnitt des Jahres 1918 um rund 45 Prozent.

Die genaue Organisation der Betriebsleitung ist aus dem Bericht leider nicht deutlich zu ersehen; der allgemeine Rahmen ist aber erkennbar. Die das Arbeitsverhältnis betreffenden Fragen (einschließlich des heiklen Entlassungsproblems) wurden offenbar unter überwiegender Verantwortung der Arbeiter selber entschieden. An der wirtschaftlichen Leitung des Unternehmens nahm der Arbeiterrat verantwortlichen Anteil, an der technischen Seite allerdings in größerem Umfang als an der kaufmännischen. Dabei wurden die Rechte der laufenden kaufmännischen und technischen Leitung zwar – wie es scheint – nicht angetastet, die grundlegenden wirtschaftlichen Entscheidungen über den Betrieb aber wurden offenbar im Einvernehmen zwischen der Betriebsleitung und der Belegschaft gefällt.

Die hier geschilderten Verhältnisse können sicherlich nicht ohne weiteres als typisch angenommen werden, allein deswegen nicht, weil der Verzicht des Unternehmers auf seine Rechte der Belegschaft einen ungewöhnlich großen Handlungsspielraum ließ. Aber von allgemeinerer Bedeutung scheint uns die Tendenz zu sein, die verschiedenen funktionalen Zweige der Unternehmens- und Betriebsleitung aufzugliedern und sie der Einwirkung der Belegschaft in ganz verschiedenem Umfang zu unterwerfen. Wir kommen auf diesen Sachverhalt, der von großer Bedeutung ist und uns immer wieder begegnet, noch ausführlich zurück.

Ganz im Gegensatz zu Berlin begann die soziale Bewegung unter der Ruhrbergarbeiterschaft allmählich, auf den einzelnen Zechen unabhängig voneinander, ohne merkliche politische Organisation und offenbar völlig spontan. Trotzdem findet sich eine weitgehende innere Übereinstimmung der erhobenen Forderungen und durchgeführten Aktionen [3]. Ohne Kontakt mit den Gewerkschaften oder politischen Parteien, gelegentlich auf Initiative des örtlichen Arbeiter- und Soldatenrates, bildeten sich auf den Zechen Arbeiterräte. Sie bestanden aus Mitgliedern der alten Ausschüsse, oft durch neugewählte Vertreter ergänzt oder aus ganz neu gewählten Personen. In formloser, häufig ganz naiver Art und Weise trugen sie ihre Forderungen den Zechenleitungen vor und verliehen ihnen durch Demonstrationsversammlungen oder kurze Streiks Nachdruck.

Die Wünsche der Arbeiter gingen in zwei Richtungen. Erstens liefen sie auf Hebung ihrer materiellen Lage hinaus: Verbesserung der Lebensmittelversorgung, Verkürzung der Arbeitszeit, Erhöhung der Löhne. Zweitens aber – und diese Forderungen standen durchaus nicht in zweiter Linie – zielten sie auf eine Veränderung der betrieblich-sozialen Ordnung zugunsten der Arbeiter. Im deutschen Bergbau vor 1918 war die Haltung der Unternehmer gegenüber den Gewerkschaften schroff ablehnend gewesen. Die gewerkschaftlich Organisierten waren eine Minderheit, die oft unter Maßregelungen zu leiden hatte. Die nicht oder in »gelben« Verbänden organisierten Arbeiter hingegen genossen das Wohlwollen der Zechenleitungen. Nun erfolgte die Reaktion: Die Neuwahl der Ausschüsse, die Anerkennung der Gewerkschaften und – vor allem – der Beitritt der Unorganisierten zu den Gewerkschaften wurde fast überall gefordert. Ebenso entschieden rebellierten die Arbeiter gegen die im Bergbau aus betrieblichen, sozialen und politischen Gründen seit jeher besonders starre Beamtenhierarchie und ihre oft brutale, kasernenhofähnliche Herrschaft über die Arbeiter. Änderung der Lohnregelung, Abschaffung des strengen Strafsystems, Einsetzung gewählter Grubenkontrolleure, Beseitigung bestimmter, besonders drückend empfundener Aufsichtsfunktionen und – in regelmäßiger Wiederholung auf einer ganzen Anzahl von Zechen – die Absetzung von besonders unbeliebten Vorgesetzten wurden verlangt. Die schlichte Formulierung des Arbeiterrates der Schachtanlage 4/5 Gewerkschaft König Ludwig in Recklinghausen bringt diese Forderung der Arbeiterschaft überzeugend zum Ausdruck: »Die ... (folgen

Namen einiger leitender Personen)... werden ersucht, die Arbeiter als Menschen zu behandeln [4].«

Trotz der sehr viel stärkeren politischen Prägung durch die rege und gut organisierte USPD des Gebietes ging die Bewegung in Mitteldeutschland doch in dieselbe Richtung, und zwar auch in den nichtbergbaulichen Betrieben. Das geht zum Beispiel sehr klar aus den Forderungen hervor, die der neugewählte Arbeiterrat der Leuna-Werke am 9. November 1918 an die Direktion richtete: 1. Achtstundentag, 2. Beseitigung der Überstunden- und Sonntagsarbeit, 3. einheitliche Küche für alle Belegschaftsmitglieder, 4. (sehr charakteristisch, wie wir im Ruhrgebiet gesehen haben) »anständige Behandlung seitens der Vorgesetzten« und 5. als einziger politischer Punkt: Einstellung der Kriegsproduktion, was sich durch den Charakter des Werkes als eines reinen Rüstungsbetriebes erklärt [5]. Nach den Erinnerungen von *Bernhard Koenen*, dem damaligen Vorsitzenden des Betriebsarbeiterrates der Werke, wurde die in der Revolution errungene Machtstellung in den folgenden Monaten systematisch zu einer festen Kontrolle über die Geschäftsleitung ausgebaut, die unter anderem die Mitbestimmung bei Einstellung und Entlassung sowie die Möglichkeit, Entlassung oder Degradierung von Vorgesetzten zu erzwingen, umfaßte. Grundlage war die feste politische und gewerkschaftliche Organisation der Belegschaft im Betrieb selbst: Der Vertrauensmännerkörper arbeitete unangefochten, die Beiträge wurden im Betrieb kassiert und ein Mitteilungsblatt des Betriebsrats wurde durch Lohnabzug finanziert [6].

Später als im Ruhrgebiet, erst ab Dezember/Januar 1918/19, begannen im mitteldeutschen Bergbau die spontanen Bewegungen auf den verschiedenen Zechen. Trotzdem wiesen die einzelnen Aktionen in dieselbe Richtung wie die vergleichbaren Bewegungen im Ruhrbergbau. Allerdings ist dabei unverkennbar, daß die unterdessen weiter fortgeschrittene Organisierung der Rätebewegung einen erheblichen Einfluß auf sie ausgeübt hat. Wie auch im Ruhrgebiet in dieser späteren Periode begnügen sich die Forderungen der Arbeitnehmer nicht mehr mit dem bloßen Aufbegehren gegen den bestehenden Zustand, sondern sie zielen auf eine dauerhafte Neuordnung der innerbetrieblichen Verhältnisse, auf die »Demokratisierung« des Fabrikbetriebes durch die Betriebsräte und bringen diese Zielsetzung mehr oder weniger klar mit der Sozialisierung in Verbindung.

Besonders bemerkenswert ist die »wilde Sozialisierung« auf einem Kalischacht [8]. Am 2. Februar 1919 war von der Belegschaftsversammlung ein Betriebsrat, bestehend aus zwei technischen und einem kaufmännischen Beamten sowie vier Arbeitern gewählt worden. Als erstes löste er den alten Arbeiter- und den alten Beamtenausschuß auf. Dann erklärte er, »daß der Betrieb der Werke sozialisiert und durch den Betriebsrat mitverwaltet und kontrolliert werden solle«, die Verwaltung habe »nach den Beschlüssen des Betriebsrats« zu erfolgen. Ferner forderte der Betriebsrat die Absetzung eines Berginspektors W. Als diese von der Direktion abgelehnt wurde, entzog der Betriebsrat dem W. sein Kutschgeschirr (also in heutigen Begriffen seinen »Dienstwagen«) und unterstellte die Benutzung dem Obersteiger. Außerdem wurde eine neue Geschäftsverteilung im Betrieb vorgenommen, welche auf die Ausschaltung der Oberbeamten bei Belassung der mittleren und unteren hinauslief. Sodann nahm der Betriebsrat eine eigenmächtige Befahrung des Untertagebetriebes vor, fand eine Strecke in schlechtem Zustand und veranlaßte beim Obersteiger sofortige Abhilfe. Die Arbeitskräfte dafür ordnete der Betriebsrat selber ab. Erwähnenswert ist, daß auf einer zwei Tage später durchgeführten Betriebsversammlung, auf der ein offenbar sozialdemokratischer Gewerkschaftssekretär und der bekannte USPD-Führer und Vorsitzende des Halle-Merseburger Bezirks-Arbeiter- und Soldatenrats, W. *Koenen,* sprachen, der erstere den weitaus größeren Anklang und auch die Unterstützung des Betriebsrates fand. Es scheint also in diesem Betriebe nicht die radikale politische Agitation das ausschlaggebende Moment der sozialen Unruhe gewesen zu sein, sondern die aus den betrieblichen Verhältnissen und der Lebenslage der Arbeiter selbst hervorgewachsene Auflehnung gegen die bestehende Ordnung.

Auf denselben, jenseits aller bloßen politischen Agitation liegenden sozialen Hintergrund der Rätebewegung weist auch der durchaus spontan und fast naiv anmutende Inhalt zweier Briefe hin, in denen ein Schachtmeister und ein Bergarbeiter den staatlichen Behörden ihre Vorstellungen von einer vernünftigen Sozialisierung vortrugen [9]. Der Meister lehnt die politischen Arbeiterräte entschieden ab, befürwortet aber die Schaffung von Betriebsräten, die alle Fachrichtungen der Belegschaft umfassen und unbeschränkten Einblick in alle Unterlagen des Betriebes erhalten sollen. Die Leitung des Betriebes soll in genossenschaftlichem Zusammenwirken aller Betriebsangehörigen erfolgen, die Einkommenspyramide im Betrieb erheblich abgeflacht werden und der Reingewinn zu gleichen Teilen an Unternehmer und Arbeitnehmer fallen. Die Vorschläge des Arbeiters sind sehr ähnlich. Zwar möchte er den Eigentümern nur 5 bis 8 Prozent des Reingewinns zugestehen, aber auch er denkt nicht an eine Enteignung. Ihm ist ebenfalls der Betriebsrat die wichtigste Neuerung. Er hat für den Betrieb mit Sorge zu tragen, soll in alle Vorgänge Einblick erhalten und in jeder Weise gesichert und unabhängig arbeiten können. Die Beamten sollen – und das ist wichtig – zwar nach wie vor von den Eigentümern angestellt werden, aber in Zukunft der Bestätigung durch die Arbeiter oder den Betriebsrat unterliegen.

Die Bekundungen dieser beiden Männer sind vor allem deswegen von Interesse, weil es sich bei ihnen offenbar nicht um politisch besonders radikal gesonnene Menschen oder sozialistische Parteiaktivisten handelt und weil ihre Ansichten ebenso offensichtlich den Stempel persönlicher, aus eigener Erfahrung gewonnener Überzeugung tragen. Die politische Agitation der Rätebewegung hat, das wird in diesem wie an vielen anderen Beispielen deutlich, die Forderung nach betrieblicher Mitbestimmung nicht etwa von außen in die deutsche Arbeitnehmerschaft hineingetragen, sondern diese Forderung ist – ausgelöst durch die politische und soziale Erschütterung der Novemberrevolution – aus der Arbeitnehmerschaft selbst herausgewachsen. Die organisierte Rätebewegung hat hieran lediglich angeknüpft, die spontane Bewegung in feste Bahnen gelenkt, ihr ein Programm gegeben und ihre Tendenzen mit den überlieferten Vorstellungen des Sozialismus in Verbindung gebracht.

Wir müssen an dieser Stelle unsere Darstellung abbrechen und es mit diesen wenigen Beispielen aus der Bewegung der Arbeitnehmer bewenden lassen. Wir könnten das skizzierte Bild noch weiter ausmalen: Der Kampf der Angestellten um die Mitbestimmung bei der Einstellung und Entlassung, die Bemühungen von aktiven Arbeiterräten in der Preußisch-Hessischen Staatsbahn oder in den Werftbetrieben der Waterkant um eine Kontrolle der Betriebsleitungen und eine Selbstverwaltung der Arbeiter in sozialen Angelegenheiten, das Ringen um den vollen Einblick in alle geschäftlichen Unterlagen der Betriebsleitungen und so fort könnten – ausführlich geschildert – unsere Darstellung zwar ergänzen, aber ihr doch nichts wesentlich Neues mehr hinzufügen.

Wenn wir uns alle diese Tatsachen zusammen vor Augen halten, dann gewinnen wir zumindest ein ungefähres Bild von den unmittelbaren Interessen, die die Arbeitnehmer in ihrem Streben nach Mitbestimmung leiteten: 1. Wichtig war ihnen vor allem der Kampf gegen die überkommene Hierarchie, den »alten Betriebsabsolutismus«, wie es der Berliner Arbeiterrat *Burciczak* ausgedrückt hatte, und für eine irgendwie geartete »Demokratisierung« der innerbetrieblichen Struktur. Immer wieder fand diese Tendenz in dem Bestreben Ausdruck, bestimmte, besonders selbstherrliche und brutale Vorgesetzte zu entfernen und ganz allgemein bei der Benennung der unteren Vorgesetztenpositionen ein Kontroll- oder Mitbestimmungsrecht zu erlangen. 2. Damit stand der Wunsch in engem Zusammenhang, über die unmittelbaren sozialen Bedingungen der eigenen Arbeit (im Bergbau vor allem über die Sicherheitsvorkehrungen), über die Lohnfestsetzung, über Einstellung und Entlassung und ganz allgemein über die Arbeits- und Arbeitszeitordnung mitzubestimmen. Nicht selten wurde diese Forderung dahin ausgedehnt, diesen Bereich des betrieblichen Lebens teilweise oder gänzlich der Selbstbestimmung der Arbeitnehmer zu übertragen. 3. Als ebenso dringlich wurde ohne Ausnahme das Bedürfnis empfunden, in *alle* Unterlagen der Betriebsleitung unbeschränkt Einblick zu erhalten. Und 4. wurde immer wieder ein angemessener Anteil am Betriebsgewinn und ein Ausgleich der großen Vermögens- und Einkommensunterschiede zwischen Unternehmern und Arbeitnehmern gefordert. Die Institution, von der sich die Arbeitnehmer, auch die Beamten, die Erfüllung aller dieser Wünsche erhofften, war der von der Belegschaft demokratisch gewählte Betriebsrat. Dabei war die Einsicht vorhanden, daß diesen erweiterten Rechten auch entsprechende Pflichten gegenüberstanden: Die Sorge für den Betrieb wurde als eine der Hauptaufgaben des Betriebsrats empfunden. Nicht zuletzt aus diesem Grunde wurde die verstärkte Vertretung der Beamten beziehungsweise Angestellten im Betriebsrat von den Arbeitern stets als selbstverständlich gefordert oder zumindest hingenommen. Ja, es ist einer der wesentlichen und bezeichnenden Züge der Rätebewegung gewesen, daß sie sich immer leidenschaftlich um die Zusammenarbeit von Arbeitern und Angestellten bemüht und gegen ihre – von Unternehmerseite oftmals künstlich genährte – Trennung angekämpft hat.

b) *Einzelprobleme betrieblicher Mitbestimmung* [10]

Obwohl die Gesamttendenz der betrieblichen Rätebewegung in der soeben gegebenen kurzen Schilderung deutlich geworden ist, sollen noch einige Einzelprobleme betrieblicher Mitbestimmung herausgegriffen werden, mit denen sich die

Räte und ihre intellektuellen Wortführer praktisch oder theoretisch auseinandergesetzt haben. Sie kreisen mehr oder weniger alle um ein und dasselbe Grundproblem, um die Frage nämlich, wie eine möglichst weitgehende »Demokratisierung« des Betriebes, eine möglichst umfangreiche Selbst- oder zumindest Mitbestimmung der Arbeitnehmer mit den sachlichen Erfordernissen eines funktionierenden Betriebes in Einklang gebracht werden könne. (Wobei sich das Problem in doppelter Weise stellt: Als ein taktisches, wieweit man die alten Unternehmer und Betriebsleiter kontrollieren dürfe, ohne ihre noch für nötig gehaltene Mitarbeit einzubüßen, und als ein grundsätzliches, wieweit ein moderner Industriebetrieb überhaupt in völliger Selbstverwaltung seiner Belegschaft funktionieren könne; in völliger Klarheit sind diese Fragen freilich nicht gestellt und beantwortet worden.)

1. Abstufung und funktionelle Aufgliederung der demokratischen Mitbestimmung durch die Arbeitnehmer.

In der Regel findet sich die Abstufung: Kontrolle, Mitbestimmung, Selbstbestimmung (wobei der letztere Ausdruck nicht vorkommt; für die völlige Selbstverwaltung bestimmter Angelegenheiten durch die Belegschaft hat sich kein eigener Begriff durchgesetzt). Dabei meint »Kontrolle« die Überwachung bestimmter Tätigkeiten der Betriebsleitung, ohne daß der Betriebsrat selbst positiv mitzuentscheiden hätte; gelegentlich wird ihm freilich ein Einspruchsrecht zugedacht. Die Kontrolle setzt den vollen Einblick des Betriebsrates in alle geschäftlichen Unterlagen voraus. Sie verwirklicht sich in regelmäßigen Beratungen mit der Betriebsleitung und in dem Recht, Vertreter mit Sitz und Stimme in die Direktion und den Aufsichtsrat des betreffenden Unternehmens zu entsenden. In einigen Fällen wurde darüber hinaus das Recht in Anspruch genommen, die Erlasse der Direktion gegenzuzeichnen, eine Form der Kontrolle, die auch bei den Arbeiter- und Soldatenräten üblich war.

»Mitbestimmung« bedeutet – wie auch heute – die volle gleichberechtigte Befugnis der Mitentscheidung, wobei im Falle der Meinungsverschiedenheit eine höhere Instanz die endgültige Entscheidung trifft. Bei den radikalen Sozialisten ist dies der regionale Arbeiterrat, bei den gemäßigten Sozialisten der – meist paritätisch zusammengesetzte – regionale Wirtschaftsrat oder eine entsprechende Schlichtungsinstanz. Die Selbstbestimmung oder Selbstverwaltung wird entweder durch den Betriebsrat oder durch die Betriebsversammlung ausgeübt. Die funktionale Aufgliederung der Betriebs- und damit der möglichen Mitbestimmungsfunktionen ist sehr vielfältig. Eine schematische Gliederung wie die in »personelle«, »soziale« und »wirtschaftliche« Mitbestimmung findet sich nicht. Auch wird nirgendwo unterschiedslos »gleichberechtigte« Mitbestimmung für alle Funktionen gefordert. Vielmehr werden die verschiedenen Stufen der Mitwirkung nach sachlichen Erfordernissen den verschiedenen Funktionen angemessen. In der Regel werden folgende Funktionen des »Management« unterschieden: Verwaltung der sozialen Einrichtungen, Erlaß der Arbeitsordnung, Festsetzung der Arbeitszeit, Urlaubsregelung und Lehrlingsausbildung, Einstellung und Entlassung, Lohnregelung, kaufmännisch-finanzielle Leitung, technische Leitung.

2. Das Verhältnis von Betriebsleitung und Betriebsrat.

In der Regel erkennt die Rätebewegung die Notwendigkeit einer selbständigen kaufmännisch-finanziellen und technischen Betriebsleitung an. Sie beansprucht auf diesen Gebieten nur das Recht strenger Kontrolle. In die laufenden Geschäfte der Betriebsleitung darf der Betriebsrat nicht eingreifen. Gelegentlich verlangen die Räte bei entscheidenden wirtschaftlichen Fragen ein Mitbestimmungs- oder Einspruchsrecht. In dem ganzen großen Bereich der organisatorisch-sozialen, das »Arbeitskräftegefüge« (*E. Michel*) betreffende, Betriebsleitung soll freilich volle Mitbestimmung, wo nicht Selbstbestimmung herrschen. In technischen Fragen wird dem Betriebsrat die Mitverantwortung »für einen möglichst hohen Stand der Produktion« auferlegt und zugleich ein Mitbestimmungsrecht bei Einführung technischer Neuerungen zugedacht.

3. Selbstverwaltung im »Arbeitsgefüge«.

Von besonderem Interesse sind dabei die Vorschläge und praktischen Experimente, in denen einzelne Funktionen dieses Bereichs gänzlich der Selbstverwaltung der Arbeitnehmer übertragen werden. Häufiger findet sich das bei den rein sozialen Einrichtungen (Werksküchen, Pensionskassen, Wohnungen usf.) sowie beim Erlaß der Arbeitsordnung, die nicht selten der Belegschaftsversammlung in letzter Instanz zur Billigung vorgelegt werden soll. Auch das Disziplinarrecht wird häufig ausschließlich dem Betriebsrat übertragen. Sehr interessant ist der Vorschlag eines kommunistischen Entwurfs, daß der Betriebsrat die Aufgabe habe, »alle Arbeiter und Angestellten einzustellen und zu entlassen. Die Betriebsleitung hat nur die Zahl und die Art mitzuteilen [11].« Mag diese Regelung auch überradikal anmuten, so sei doch erinnert, daß *Alfons Horten* in seinem oben erwähnten Projekt in sozialisierten Betrieben der Belegschaft das gesamte »Arbeitskräftegefüge« zu eigener Regelung übergeben wollte.

4. Die Einstellung und Entlassung unterer Betriebsvorgesetzter unter Mitwirkung der Belegschaft.

Sie wird zwar in der Rätebewegung oft praktiziert und gelegentlich auch ausdrücklich gefordert, jedoch hat diese Forderung trotzdem in die offiziellen Programme und Entwürfe in der Regel keinen Eingang gefunden. Eine Ausnahme bildet zum Beispiel das österreichische Sozialisierungsprogramm, Punkt 11: »Auswahl der Werkmeister.«

5. Trennung von Mitbestimmung in der Betriebsleitung und Interessenvertretung gegenüber der Betriebsleitung.

Ohne daß dieses Problem klar erkannt und diskutiert worden wäre, zeigt sich in der Rätebewegung doch die Tendenz, die in engerem Sinne soziale, berufliche und tarifliche Interessenvertretung von den eigentlichen, vor allem den wirtschaftlichen Mitbestimmungsrechten zu trennen. Weitgehend – insbesondere bei den gemäßigten Strömungen – versuchte man die alten Arbeiter- und Angestelltenausschüsse beizubehalten und die Betriebsräte – als reine Organe der Mitbestimmung – neben ihnen zu errichten. Ein Rest dieser Tendenz wirkt noch in dem Betriebsrätegesetz nach, das ja Betriebsrat und Angestellten- beziehungsweise Arbeiterrat trennt, wenn auch nicht gerade in großer systematischer Klarheit. Gelegentlich wurde die reine Interessenvertretung auch einem System von Vertrauensleuten übertragen [12].

6. Abteilungsbetriebsräte oder -vertrauensleute.

Weit verbreitet – und erst im Betriebsrätegesetz endgültig ausgeschaltet – war das Bestreben, den Betriebsräten einen demokratischen Unterbau dadurch zu geben, daß in den einzelnen Werkstätten, Abteilungen, (im Bergbau) Steigerrevieren usw. besondere Betriebsräte oder Vertrauensleute gewählt wurden, die die unmittelbaren Probleme der Arbeitskollegen behandeln und dem Betriebsrat einen dauernden, lebendigen Kontakt zur Belegschaft vermitteln sollten. Auch diese Tendenz ist unmittelbar aus der praktischen Erfahrung der Arbeitnehmer selbst hervorgewachsen.

## Anmerkungen zu Kapitel 10

[1] Die ausführliche Begründung dieser Behauptung findet sich in meiner Untersuchung über betriebliche und wirtschaftliche Arbeiterräte in der Novemberrevolution.
[2] Jg. 1, Nr. 26, S. 12 ff.
[3] Vgl. *H. Spethmann*, 12 Jahre Ruhrbergbau, Bd. I, Berlin 1928, S. 89 ff., 121 ff., 123 ff.
[4] A. a. O. S. 90.
[5] Die Novemberrevolution 1918 und die revolutionären Kämpfe der Leuna-Arbeiter (Materialien und Dokumente). Hrsg. von der Kreisleitung der SED, Leuna-Werke, 1958, S. 13, 28 ff. Besonders interessant durch die abgedruckten Dokumente aus dem Werksarchiv.
[6] *Bernhard Koenen* auf einer Sitzung des Parteivorstandes der SED am 29. Juli 1948, in Unser Kurs, Funktionärsorgan der SED, Landesverband Sachsen-Anhalt, 2. Jahr, Heft 7, Oktober 1948, S. 21/2.
[7] Siehe oben das 3. Kapitel, Abschnitt c).
[8] Landeshauptarchiv Sachsen-Anhalt, Magdeburg, Rep F 38, Oberbergamt Halle, Vergesellschaftung der Betriebe, Heft 1, VIII b 73, Blatt 38 ff.
[9] Deutsches Zentralarchiv Potsdam, Reichsarbeitsministerium, Maßnahmen auf dem Gebiet des Arbeiter- und Angestelltenrechts, Betriebsräte, Bd. 1, Nr. 3481, Blatt 168. Landeshauptarchiv Sachsen-Anhalt, a. a. O., Blatt 63/4.
[10] Vgl. hierzu den Dok. Anhang Nr. 3 bis 12 und 14, 15, 17. Ferner einen kommunistischen Entwurf eines Betriebsrätegesetzes in Der Arbeiter-Rat, Jg. 1, Nr. 22, S. 9/10. Im übrigen verweise ich auf die bisher gegebene Darstellung und auf meine Untersuchung über betriebliche und wirtschaftliche Arbeiterräte in der Novemberrevolution und verzichte in der folgenden Zusammenfassung, außer in Ausnahmefällen, auf gesonderte Nachweisungen.
[11] Siehe Anm. 10.
[12] Vgl. Protokoll des Zentralrats der deutschen Republik, Sitzung vom 8. Juli 1919, den Bericht über die Torpedowerke Friedrichsort und andere Diskussionsbeiträge von Betriebsräten.

## 11. KAPITEL

# Sozialisierung und sozialistische Wirtschaftsverfassung

Genauso wie bei den Problemen der betrieblichen Mitbestimmung, die im vorigen Kapitel behandelt wurden, können wir auch aus den Bemühungen um eine sozialistische Gesamtverfassung der Wirtschaft nur einzelne Fragen herausgreifen; wir können die Diskussionen, die um diese Fragen in der Novemberrevolution geführt wurden, skizzieren und ihre Ergebnisse in kurzen Worten festhalten. Ein in sich zusammenhängendes Gesamtprogramm der wirtschaftlichen und sozialen Neuordnung werden diese einzelnen, thesenförmig formulierten Ergebnisse freilich nicht ergeben können, aus dem einfachen Grunde, weil die revolutionäre Bewegung 1918/19 ein solches Gesamtprogramm nicht hervorgebracht hat.

1. Sozialisierung und Verstaatlichung.

Fast völlige Einmütigkeit ergab sich unter den verschiedenen Richtungen des Sozialismus, daß die bloße Verstaatlichung nicht als eine echte Sozialisierung anerkannt werden könne. Zwar hielten, wie wir gesehen haben, führende sozialdemokratische Politiker im Grunde an der Idee der Verstaatlichung fest, aber die herrschende Auffassung war doch, daß die vergesellschafteten Industrien nicht unmittelbar durch den Staatsapparat, sondern durch gemeinwirtschaftliche Selbstverwaltungskörper übernommen werden sollten. Die Argumente dafür waren im wesentlichen: 1. die Unfähigkeit des bürokratischen Staatsapparates zu erfolgreicher Wirtschaftsführung und die Notwendigkeit unternehmerischer Initiative in den sozialisierten Industriezweigen, 2. die Gefahr einer nur noch schwer zu kontrollierenden Machtzusammenballung in den Händen der politischen Führung und 3. das Mißtrauen in den sozialen und demokratischen Charakter der Bürokratie, von der man sich als neuem Arbeitgeber nichts Besseres erwartete als von den privaten Unternehmern. Diese Einstellung beherrschte vor allem die Rätebewegung, insbesondere unter den Arbeitnehmern in ohnedies ganz oder teilweise verstaatlichten Industriezweigen (Eisenbahn, Bergbau usw.). Das letzte Argument führt bereits zu einem anderen Problem, das weiter unten (unter Punkt 5) noch ausführlicher behandelt werden wird, nämlich zu dem Zusammenhang von Sozialisierung und Mitbestimmung.

2. Machtstellung und Machtstreben der alten Unternehmerschaft.

In der Sozialisierungsdiskussion traten neben der rasch entschiedenen Frage der Verstaatlichung bald ein anderes Problem in den Vordergrund: die Frage, ob und in welchem Umfang man die Kräfte der alten Unternehmerschaft für die Leitung der sozialisierten Industriezweige benötigen werde. Die Auseinandersetzung hierüber führte sehr rasch zu einer Debatte über den soziologischen Charakter der Unternehmerschaft. Die Vertreter der Vollsozialisierung meinten, für die Direktorenstellungen der sozialisierten Wirtschaft genügend qualifizierte Kräfte finden zu können, und zwar sowohl aus den Reihen der bisherigen Privatunternehmer als auch aus den Reihen der Direktoren und der angestellten Fachleute der privaten Wirtschaft, da die neuen Positionen unabhängig, interessant und hoch dotiert genug sein würden, um Menschen von Talent, Initiative und Leistungsfreude anzuziehen. Die Gegner der Sozialisierung oder zumindest der Vollsozialisierung (wie die Minderheit in der Sozialisierungskommission) hingegen bestritten die Stichhaltigkeit dieser Annahme und beriefen sich dabei auf ihre – auf Grund ihrer sozialen und politischen Herkunft in der Tat glaubhaft – bessere Kenntnis des deutschen großindustriellen Unternehmertums.

Schon das Minderheitsvotum *Francke/Vogelstein* der ersten Sozialisierungskommission hatte – zurückhaltend im Ton, aber eindeutig in der Sache – festgestellt: »... daß gerade die hervorragendsten Männer des Wirtschaftslebens überhaupt nicht zur Annahme einer Direktorenposition zu bringen sind, sowohl aus allgemeiner Abneigung gegen ein solches wenn auch noch so gehobenes Anstellungsverhältnis, wie wegen ihrer verzweigten, auf viele andere Gebiete des Wirtschaftslebens übergreifenden Tätigkeit«, zum zweiten meinte es, »daß bei einem Teil dieser Personen auch eine sehr hohe Direktorantieme keinen Ersatz für den Anreiz bieten würde, den die mögliche Erhöhung der Kapitalrente und auch der Wertsteigerung des Kapitalbesitzes... hervorbringt«[1]. Und in den Verhandlungen der zweiten Sozialisierungskommission war es dann *Rathenau*, der mit drastischen Worten die Bedeutung der Erfolgswirtschaft hervorhob: »Den Generaldirektor möchten Sie, aber den kriegen Sie nicht. Zeigen Sie mir den Generaldirektor, der weiterarbeitet, wenn er nicht mehr für einen Betrieb arbeitet, in dem er weiß: von meinem Ertragnis hängt eine außerordentliche Unabhängigkeit meiner wirtschaftlichen Gestion ab. Denn das sind *Könige*, das sind nicht unterworfene Leute, das sind einfach freie Monarchen auf ihrem Gebiet[2].«

Die grundsätzlichen Kritiker der Sozialisierung hoben diesen Gesichtspunkt noch stärker hervor. Für wahre Unternehmer und Wirtschaftsführer sei in der sozialisierten Industrie kein Platz: »Den Anreiz für diese Leute bildet nicht allein der materielle Gewinn, sondern ganz besonders das durch den wirtschaftlichen Erfolg geschaffene Selbstbewußtsein nach innen und außen, die *wirtschaftliche Macht*. Dieser Anreiz schwindet mit dem Fortfall des Unternehmergewinns[3].« Und ein anderer Betrachter meinte ebenfalls, daß »die wirklichen Führer der Industrie auch durch das höchste Gehalt sich nicht bestimmen lassen, in eine abhängige Stellung zu gehen, weil sie eben nicht um des Einkommens halber, sondern wegen des Reizes einer möglichst freien selbständigen Wirksamkeit in einem großen Machtbereich arbeiten«[4].

Die politisch-ökonomische und soziologische Einschätzung der Unternehmerklasse durch den Marxismus wird hier von den Vertretern und Verteidigern der privatkapitalistischen Wirtschaft selbst schlagend bestätigt: Die Unternehmer verteidigen gegenüber der Sozialisierung nicht etwa, wie sie vorgeben, lediglich ein besonders vernünftiges und ergiebiges Wirtschaftssystem, sondern sie verteidigen mit Privateigentum, Unternehmergewinn und Konkurrenzwirtschaft eine bestimmte Form wirtschaftlicher, sozialer und damit auch politischer *Macht*, die sie gegenüber der übrigen Gesellschaft, insbesondere gegen die Arbeitnehmerschaft ausüben. Gebe eine sozialistische Wirtschaft den Wirtschaftsleitern noch so viel Handlungsfreiheit, Verantwortung und Geld, die soziale *Macht* kann sie ihnen nicht lassen; sie kommt dem demokratisch organisierten Gemeinwesen selber zu. Ist die Unternehmerschaft tatsächlich, so wie sie sich uns hier selbst dargestellt hat, eine machtausübende herrschende Klasse, dann ist ihre Existenz in der Tat mit einer demokratischen und sozialen Gesellschaftsordnung unvereinbar.

3. Enteignung oder Kontrolle der Privatunternehmer.

Ein Teil der im vorigen Abschnitt aufgeführten Verteidiger des privaten Unternehmertums, zum Beispiel *Francke/Vogelstein* und *Rathenau*, hatte mit seinen Argumenten keineswegs jede gemeinwirtschaftliche Ordnung verwerfen wollen, sondern nur die sogenannte Vollsozialisierung, das heißt die vollständige Ausschaltung des privaten Eigentümerinteresses aus der sozialisierten Industrie. Sie und andere Vertreter einer »gemeinwirtschaftlichen Regelung« ohne direkte Enteignung wollten auf die verschiedenste Weise die fortdauernde, von ihnen für unentbehrlich gehaltene Tätigkeit des Privatunternehmers mit dem berechtigten Allgemeininteresse verbinden. Durch »Sozialisierung« des Absatzes, durch Wegsteuerung »unberechtigter« Gewinne, durch »paritätische«, aus Unternehmern und Arbeitnehmern zusammengesetzte Organe, jedenfalls durch irgendeine Form der »öffentlichen Kontrolle« wollten sie Privatinteresse und Allgemeininteresse zusammen wirksam werden lassen.

Die isolierte »gemeinwirtschaftliche Regelung« des Kohlen- und Kalibergbaus erwies sich dabei aus den verschiedensten Gründen als ein Fehlschlag. Aber die spezifischen Mängel dieser Einzellösung hätten sich vielleicht beheben lassen. Die Durchorganisation der gesamten Wirtschaft hätte die Ausbeutung der Verbraucher durch die Produzenten eines bestimmten Industriezweiges verhindern können; auch eine bessere Kontrolle der betrieblichen Selbstkosten wäre nicht undenkbar gewesen.

Der rein ökonomisch-organisatorische Interessengegensatz von Einzelunternehmen und Gesamtwirtschaft, von einzelner Branche und Gesamtwirtschaft ist überwindbar und müßte in jeder, auch der vollsozialisierten Wirtschaft überwunden werden. Anders aber, wenn die bisherigen Unternehmer nicht nur rein ökonomisch-organisatorische, sondern im Grunde politisch-soziale Interessen vertreten, wenn sie als eine um gesellschaftliche Macht kämpfende Klasse handeln. Dann ist in der Tat ein Ausgleich *dieses* Privatinteresses mit dem Allgemeininteresse unmöglich und jede bloße »öffentliche Kontrolle« eine Illusion. Sie würde dann ein unfruchtbares Gegeneinander der Interessen hervorrufen; sie würde, wie der Vorschlag I der Sozialisierungskommission es ausgedrückt hat, »die private Initiative an ihren Nerv treffen, ohne gleichzeitig die Vorteile des gemeinwirtschaftlichen Gedankens zu erreichen«[5].

4. Der sozialisierte Industriezweig in einer nichtsozialisierten Volkswirtschaft, Sozialisierung und Planwirtschaft.

In der Debatte zwischen den Verfechtern der »Planwirtschaft« und denen der »Vollsozialisierung« sind die Probleme einer sozialistischen wirtschaftlich-sozialen *Gesamtordnung* auf beiden Seiten gelegentlich zu kurz gekommen. Wie die ersteren das soziologisch-politische Problem der Enteignung vernachlässigt haben (siehe oben die Punkte 2 und 3), so die letzteren zuweilen das Problem der wirtschaftlichen Gesamtordnung. Wie der Kopf der sozialistischen Gruppe in der Sozialisierungskommission, *Emil Lederer*, einmal klagte, bestand die Neigung zu meinen, daß »Sozialisierung in der *Wegnahme* und nicht in der Vergesellschaftung der Industrie bestünde«[6].

Im Grunde stand trotzdem für fast alle Verfechter der Sozialisierung, welcher Art auch immer, außer Frage, daß die Vergesellschaftung der Produktionsmittel vor allem anderen eine planmäßige Lenkung der gesamten Wirtschaft und infolgedessen auch eine planwirtschaftliche Gesamtordnung erfordere. Daß mit der isolierten Enteignung oder Kontrollierung bestimmter Industriezweige nichts gewonnen sei, wußte auch die Sozialisierungskommission. Schon in der Regelung der Entschädigungsfrage in ihrem Kohlenbericht bezog sie sich auf gesamtwirtschaftliche Erfordernisse, und ihre führenden Vertreter, *Lederer, Kautsky, Wilbrandt*, sowie ihr wissenschaftlicher Sekretär, *E. Heimann*, haben bei Gelegenheit ausdrücklich den von *O. Bauer* entworfenen Sozialisierungsplan der österreichischen Sozialdemokratie gutgeheißen, der im Grunde nichts anderes ist als die Verbindung der Sozialisierung, wie sie der Sozialisierungskommission vorschwebte, mit einer »planwirtschaftlichen« Gesamtordnung.

Über die organisatorischen Grundlagen einer solchen Ordnung bestand ebenfalls weitgehende Einmütigkeit: Zusammenfassung der Wirtschaft in »Industrieverbände«, »Wirtschaftsbünde« oder »Gilden«, die mit geringerer oder größerer Unabhängigkeit die Aufgabengebiete ihres Wirtschaftszweiges selbst verwalten, wobei Arbeitgeber, Arbeitnehmer, Konsumenten und Staat an ihrer Verwaltung teilhaben, wenn auch in einem zwischen den verschiedenen Vorschlägen geringfügig differierenden Stärkeverhältnis. Die ökonomischen Prinzipien dieser Planwirtschaft freilich blieben in gewissem Sinne ungeklärt. Die allgemeinen Vorstellungen kreisen um eine direkt gelenkte Bedarfsdeckungswirtschaft mit zentral manipulierten Preisen. Die theoretischen und praktischen Probleme des Zusammenhangs von Investitionen und Konsumtion, von zentraler Lenkung und Marktfunktion, von Kostenrechnung und Preisbildung in einer sozialistisch geordneten Volkswirtschaft steckten damals erst in den Anfängen einer Lösung. Die ökonomische Wissenschaft und Erfahrung hat seit 1918/19 derartige Fortschritte gemacht, daß wir tiefer reichende Aufschlüsse aus der ökonomischen Diskussion der damaligen Zeit nicht erwarten dürfen. Wir haben daher auch auf eine ausführliche Darstellung verzichtet.

5. Mitbestimmung und Sozialisierung.

Es bestand zwischen den verschiedenen Vorschlägen zur wirtschaftlich-sozialen Neuordnung in der Novemberrevolution Übereinstimmung darüber, daß die Mitbestimmung der Arbeitnehmer in der Form der Räte ein wesentlicher Bestandteil der neu zu schaffenden Gemeinwirtschaft sei. Theoretisch begründet fanden wir diesen Zusammenhang freilich nur bei *Korsch* und – mit Einschränkungen – in der reinen Rätebewegung, während die Verfechter einer streng gesamtwirtschaftlich orientierten Sozialisierung dazu neigten, das Allgemeininteresse gegenüber den »syndikalistischen« Tendenzen der Arbeitnehmerschaft mehr oder weniger entschieden hervorzuheben. Aber eine Sozialisierung ohne Einbau des Rätesystems, das heißt ohne unmittelbare Mitbestimmung der Arbeitnehmer, ist nirgends ernsthaft vorgeschlagen worden.

Obwohl wir den theoretischen Hintergrund des engen Zusammenhangs von Sozialisierung und Mitbestimmung bereits oben ausführlich behandelt haben[7], sollen die wesentlichen Gesichtspunkte noch einmal zusammengefaßt werden. Zwei grundlegende Argumente werden vorgebracht, die allerdings aufs engste zusammengehören und gewissermaßen die subjektive und die objektive Seite desselben Sachverhalts darstellen: a) Die Arbeitnehmer können und werden keine Sozialisierung als wirkliche Vergesellschaftung anerkennen, wenn sich ihre unmittelbare Lebenslage nicht verändert, wenn sie an ihrem Arbeitsplatz, in ihrer Werkstatt, in ihrem Betrieb und Unternehmen nicht freier sind und nicht wirkungsvoller über die Gestaltung ihrer Lebensumstände verfügen können als unter der kapitalistischen Herrschaft. Die bloße Auswechslung des Arbeitgebers macht für sie keine Sozialisierung aus; b) es besteht die Gefahr, daß die noch weiter fungierenden Teile der alten Unternehmerklasse, aber auch die neueingesetzten gemeinwirtschaftlichen Direktoren (Manager) eigene Interessen vertreten und diese gegenüber den Arbeitnehmern und gegenüber der Allgemeinheit durchsetzen, wenn sie nicht wirkungsvoll demokratisch kontrolliert werden. Es ist sehr fraglich, ob die zentralen parlamentarischen Institutionen oder die in der Minderheit befindlichen Arbeitnehmervertreter der Gemeinwirtschaftskörper (bei O. *Bauer* oder bei den Vorschlägen der Sozialisierungskommission für den Reichskohlenrat ein Viertel bis ein Drittel der Sitze) diese Kontrolle leisten können, wenn nicht die unmittelbare demokratische »Kontrolle von unten« durch die Mitbestimmung der Räte hinzutritt, und zwar in einer wirksamen, der »Kontrolle von oben« gleichberechtigten Form.

Das erste Argument ist mit geringen Abweichungen in fast allen Vorschlägen anerkannt worden, das zweite Argument hingegen uneingeschränkt nur von der reinen Rätebewegung und in gewissem Sinne auch von *Cohen*. Die *Bauer*schen Pläne gestehen, wie gesagt, den Arbeitnehmern in den sozialisierten Industrien nur ein Drittel der Sitze in den Verwaltungsräten zu und in den noch nicht enteigneten, sondern nur gemeinwirtschaftlich gelenkten Industriezweigen ein Viertel. Die Sozialisierungskommission schlägt zuerst 25 von 100, dann 35 von 100 Arbeitnehmervertreter vor. In den Räten der Wirtschaftsverfassungspläne *Wissell/Möllendorfs, Sinzheimers* und der Gewerkschaften besitzen die Arbeitnehmer zwar die Parität mit den Unternehmern, kommen aber durch das Hinzutreten von Konsumentenvertretern und anderen auch in die Minderheit; überdies sind die Rechte dieser Räte beschränkt (außer bei *Wissell/Möllendorf* und natürlich bei *Cohen*).

Die reine Rätebewegung hingegen geht von der Voraussetzung aus, daß die Arbeitnehmer und kleinen Selbständigen die große Mehrheit des Volkes darstellen und deshalb ohne weiteres auch die Räteorganisation beherrschen dürfen. Das allgemeine oder »Konsumenten«interesse *(Korsch)* gegenüber dem Arbeitnehmer- oder »Produzenten«interesse verkörpert der ebenfalls auf dem Rätesystem aufgebaute Staat (allerdings tritt im Reichswirtschaftsrat des reinen Rätesystems – etwas unvermittelt und ohne weitere Begründung – neben die eigentlichen Arbeiterräte noch eine Vertretung des Konsums; hier ist der Aufbau offenbar nicht ganz durchdacht). Es ist das reine Rätesystem also keineswegs eine Auslieferung der Wirtschaft an die »syndikalistischen« Gruppeninteressen der Arbeitnehmer, zumal ja auch in den wirtschaftlichen Arbeiterräten selbst die verschiedenen Branchen- interessen miteinander ausgeglichen werden können und die Arbeitnehmer selber nicht nur Produzenten, sondern mindestens ebensosehr auch Konsumenten sind und sich nach ihren Konsumenteninteressen entscheiden. Zusätzlich gleicht dann noch die staatliche Verfassung die mögliche Gegensätzlichkeit der Interessen aus. Einer der

Führer der Ruhrbergarbeiterbewegung im Frühjahr 1919 hat deren Ziele und auch die Ziele der gesamten radikalen Rätebewegung klar ausgesprochen: »Die Gesamtheit übernimmt die Bergwerke in ihren Besitz und gibt sie in die treue Hand der Bergarbeiter ... Im Verein mit dem Staat, der als Vertreter der Gesamtheit auftritt, soll der Bergarbeiter die Produktion in allen Einzelheiten organisieren.« Die Allgemeinheit und die Arbeiter werden eine »freie Arbeitsgemeinschaft« zum Wohle der Gesamtheit bilden [8].

Im übrigen aber betonte die reine Rätebewegung nachdrücklich das politische Erfordernis der »Kontrolle von unten«. Sie wies immer wieder darauf hin, daß die parlamentarische Kontrolle schon auf politischem Gebiet »im Laufe der Zeit infolge der Komplizierung der Staatsmaschine vollständig illusorisch geworden« sei [9] und daß sie gegenüber einer sozialisierten Wirtschaft völlig versagen müsse. Außerdem wollten die Arbeiter nicht die Sozialisierung als einen »bürokratisch-parlamentarischen Akt von oben«, sondern sie wollten selbst kontrollieren und mitbestimmen [10]. Dieses Beharren auf der gleichberechtigten »Kontrolle von unten« durch die mitbestimmenden Arbeitnehmer führt nun freilich zu einem schwierigen Verfassungsproblem.

6. Das Problem einer selbständigen Wirtschaftsverfassung.

Wenn Sozialisierung nicht Verstaatlichung, sondern Übernahme der Wirtschaft durch selbständige Gemeinwirtschaftskörper bedeuten und wenn zugleich das Rätesystem einen Platz in der neuen Wirtschaftsordnung erhalten sollte, dann erhob sich unvermeidlicherweise das Problem einer selbständigen Verfassung dieser Wirtschaft und ihres Verhältnisses zur politischen Verfassung. Alle Neuordnungsentwürfe enthalten deswegen auch in geringerer oder größerer Bestimmtheit den Entwurf einer eigenen Wirtschaftsverfassung. Einmütigkeit bestand darüber, daß diese Wirtschaftsverfassung die gesamte sozialistisch geordnete Wirtschaft in einer Form der »sozialen Selbstverwaltung« organisieren solle. Erhebliche Meinungsverschiedenheiten gab es jedoch, wie wir gesehen haben, über die Frage, ob diese Wirtschaftsverfassung – ähnlich der kommunalen Selbstverwaltung – dem Staat ein- und untergeordnet werden müsse oder ob man sie der politischen Verfassung mehr oder weniger gleichberechtigt an die Seite stellen dürfe. Es ist kaum zu bezweifeln, daß eine Lösung im zuletzt genannten Sinne den Grundsätzen der strengen parlamentarischen Demokratie widersprochen haben würde.

Diese Grundsätze haben sich damals gegenüber der Rätebewegung durchgesetzt, und sie stehen auch heute noch derart unerschütterlich in Geltung [11], daß es überflüssig erscheinen könnte, sie überhaupt zu diskutieren. Trotzdem ist es nicht ganz nutzlos, diese scheinbar selbstverständlichen parlamentarisch-demokratischen Prinzipien einmal auf ihre unausgesprochenen Voraussetzungen hin zu befragen und die abweichende Auffassung der Rätebewegung dagegenzuhalten. Die sozialphilosophische Grundlage des parlamentarisch-demokratischen Prinzips ist die Trennung von Staat und Gesellschaft. Dieses Begriffspaar steht seit der Epoche der klassischen bürgerlich-liberalen Verfassungen im Zentrum unseres politischen Denkens. Dabei wird der »Staat« mit der öffentlichen, politischen, auf die Allgemeinheit sich beziehenden Sphäre gleichgesetzt und die »Gesellschaft« mit der privaten, individuellen und – in der Sache – mit der wirtschaftlichen Sphäre. In der ersteren wirkt der Mensch als »Citoyen«, als Staatsbürger, frei, den anderen Bürgern gleichberechtigt und auf das allgemeine öffentliche Wohl bedacht; in der letzteren wirkt der Mensch als »Bourgeois«, im freien Spiel der Kräfte seine privaten, im wesentlichen wirtschaftlichen Interessen verfolgend. Jedwede politische Organisation, jede Verfassung, die »Demokratie«, ihre Normen und Institutionen, sie alle haben nur in der ersten, der öffentlichen Sphäre ihre Stätte, beziehen sich ausschließlich auf den Menschen als Staatsbürger [12].

Der Marxismus hat demgegenüber seit jeher eingewandt, daß politische Freiheit und Gleichheit fiktiv seien, solange in der wirtschaftlichen Sphäre, die er ohnedies als die in letzter Instanz entscheidende betrachtete, Unfreiheit und Ungleichheit herrschten. Aber auch die nichtmarxistische Sozialwissenschaft hatte seit der Mitte des 19. Jahrhunderts immer klarer die Ansicht ausgesprochen, daß die gesellschaftliche Sphäre nicht ausschließlich als privat und individuell gestaltet begriffen werden könnte und daß zumindest im Bereich der industriellen Wirtschaft große Gebiete einer eigenen, wenn auch nicht unmittelbar staatlichen, so doch öffentlich geregelten sozialen Ordnung bedürften. Bürgerliche Sozialreform und Sozialpolitik, denen sich vor 1914 zumindest in der Praxis die freien Gewerkschaften angenähert hatten, waren der praktische Ausdruck dieser wissenschaftlichen Strömung.

An beide Überlieferungen, die marxistische und die sozialreformerische, knüpfte die Rätebewegung an, als sie die Vorstellung einer eigenen Sozial- und Wirtschaftsverfassung neben der im engeren Sinne politischen Verfassung entwickelte. Es steht mit dieser zwiefachen geistigen Herkunft in Zusammenhang, daß es der von Sozialpolitik und Arbeitsrecht zum Sozialismus gekommene *Hugo Sinzheimer* und der ursprünglich am äußersten rechten, »revisionistischen« Flügel der Sozialdemokratie stehende *Max Cohen* waren, die den Gedanken der Wirtschaftsverfassung am ausführlichsten von allen Rätetheoretikern begründet haben (neben dem Marxisten *Korsch*, dessen Vorstellungen freilich ebenfalls von den Gedanken der bürgerlichen Sozialpolitik beeinflußt sind und die der Sozialpolitik einen wichtigen Platz in der gesellschaftlichen Entwicklung einräumen [13]). Die Rätetheorie geht bei ihren Anschauungen von der Voraussetzung aus, daß in der modernen industriellen Gesellschaft die Wirtschaft, insbesondere die großbetriebliche Produktion, einen eigenen Bereich öffentlicher, politisch bedeutsamer sozialer Organisation darstelle, der neben dem im engeren Sinne öffentlich-politischen stehe und der auch von der individuellen oder gesellschaftlichen Sphäre des privaten Lebens durchaus verschieden sei. Oder auf die Probleme der Arbeiterschaft bezogen: Nicht nur der Arbeiter als »Staatsbürger«, sondern auch der »Arbeiter als solcher«, der »Arbeiter als Produzent« bedürfe verfassungsmäßig verankerter demokratischer Kontroll- und Mitbestimmungsrechte.

Mit dieser Auffassung wird der Gedanke der homogenen politischen Nation gleichartiger Bürger mit einer einheitlichen, demokratisch legitimierten »souveränen« Staatsgewalt verlassen. An ihre Stelle tritt die Vorstellung eines politischen Körpers, der den tatsächlichen sozialen und ökonomischen Verhältnissen entsprechend gegliedert ist und den Sinn der »Demokratie«, nämlich das möglichst umfassende Selbstbestimmungsrecht ihrer Bürger, durch eine Mehrzahl räumlich und sachlich gegliederter demokratischer Organe verwirklicht. Damit wird nun freilich auch der Boden der völligen formalen Gleichheit aller Staatsbürger verlassen oder zumindest eingeschränkt, denn eine Wirtschaftsverfassung muß auf die gegebenen sozialen Verhältnisse Rücksicht nehmen und – ihnen entsprechend – sachlich Verschiedenes verschieden behandeln. Dort, wo dieser Grundsatz mit dem Klassenkampfgedanken verbunden und – wie in der reinen Rätebewegung – bis zur Ausschaltung der »Kapitalisten« aus den Räten fortgeführt wurde, mußte er freilich in scharfen Gegensatz zu den traditionellen demokratischen Prinzipien geraten.

Der Streit zwischen der Rätebewegung und den Vertretern der uneingeschränkten parlamentarischen Demokratie entsprang allerdings nicht nur dem reinen Gegensatz der Prinzipien, sondern auch und vor allem taktischen, machtpolitischen Gegensätzen. Eine eigene, selbständige, mit politischen Rechten ausgestattete Wirtschaftsverfassung, in der die Arbeitnehmerschaft vermittels ihrer Räte eine starke, wo nicht beherrschende Stellung eingenommen haben würde, hätte unbeschadet aller wechselnden parlamentarischen Mehrheitsverhältnisse eine dauerhafte Verbesserung der gesellschaftlichen Position der Arbeitnehmer bedeutet. Das Festhalten an der reinen parlamentarischen Demokratie und an dem unbestrittenen Vorrang der politischen Verfassung hätte andererseits einer antisozialistischen Parlamentsmehrheit die Gelegenheit gegeben, auch sehr weitgehende sozialistische Strukturveränderungen wieder rückgängig zu machen oder deren ursprünglichen Sinn völlig zu verkehren. Eine gemeinwirtschaftliche Verfassung, in deren Organen die Arbeitnehmer nur als Minderheit vertreten sind, könnte durch eine antisozialistische Regierung – zusätzlich gestützt auf die außerparlamentarischen sozialen Machtmittel der besitzenden Klassen – ohne Schwierigkeiten in einen staatskapitalistischen Riesentrust verwandelt werden, in dem die kapitalistische Klassenherrschaft fester verankert sein würde als in der klassischen kapitalistischen Marktwirtschaft. Nur eine dauerhafte, das heißt verfassungsmäßig fest verankerte wirkungsvolle Mitbestimmung, wenn nicht partielle Selbstverwaltung der Arbeitnehmer in der Wirtschaft, könnte die Errungenschaften einer wirtschaftlich-sozialen Neuordnung wirklich sichern. So erschien es jedenfalls der Rätebewegung.

*Anmerkungen zu Kapitel 11*

[1] Bericht SK, S. 55.
[2] *Ströbel*, a. a. O. S. 173; vgl. auch Bericht SK, S. 17/8.
[3] *Gestaldio*, a. a. O. S. 198.
[4] *H. von Beckerath*, Probleme industriewirtschaftlicher Sozialisierung, Annalen für soziale Politik und Gesetzgebung, Bd. 6, 1918/19, S. 477 ff., 518/9.
[5] Bericht SK, S. 12.
[6] *E. Lederer*, Deutschlands Wiederaufbau und weltwirtschaftliche Neueingliederung durch Sozialisierung, Tübingen 1920, S. 71. Vgl. auch den schon erwähnten Sozialisierungsaufsatz von *E. Heimann*, bes. S. 557 ff.
[7] Siehe oben das 6. und 9. Kapitel.

[8] *J. Karski,* Die Sozialisierung des Bergbaus, Essen 1919, S. 15.
[9] A. a. O. S. 9.
[10] Die Sozialisierung des Bergbaus und der Generalstreik im rheinisch-westfälischen Industriegebiet. Herausgegeben von der Neunerkommission zur Vorbereitung der Sozialisierung des Bergbaus im rheinisch-westfälischen Industriegebiet. Essen o. J. (1919), S. 9. Siehe ferner im Dok. Anhang Nr. 2.
[11] Vgl. die Argumentation, mit der *H. Deist* den Gedanken eines durchgehenden Rätesystems verwirft, Neue Gesellschaft, Jg. 4/1957, Heft 2, S. 99 ff.
[12] Noch vor kurzem hat *S. Landshut* auf Grund eben der im Text dargelegten Auffassung den Begriff der »Wirtschaftsdemokratie« als unsinnig zurückgewiesen. Wege zum sozialen Frieden, Hrsg. *Ortlieb/Schelsky,* Stuttgart-Düsseldorf 1954, S. 36 ff.
[13] Arbeitsrecht für Betriebsräte, Berlin 1922, bes. S. 22 ff., 62 ff., 66/7.

**Dokumente**

Nr. 5

*Mitteldeutsche Vereinbarungen vom 12. März 1919*
(Erste, unredigierte Fassung)

1. Die Wahlen der Arbeiter- und Angestelltenausschüsse sollen nach den geltenden gesetzlichen Vorschriften durchgeführt werden.
2. Arbeiter- und Angestelltenausschuß des einzelnen Betriebes wählen aus ihrer Mitte in gemeinsamer geheimer und unmittelbarer Wahl als ausführendes Organ den Betriebsrat. Er besteht aus höchstens fünf Mitgliedern, unter denen sich ein kaufmännischer und ein technischer Angestellter des Betriebes befinden müssen. Er arbeitet nach den Richtlinien, die ihm gemeinsam beide Ausschüsse oder die Betriebs- beziehungsweise Belegschaftsversammlungen einschließlich der Angestellten gaben.
3. Für den Betriebsrat wird anliegende Dienstanweisung vereinbart.
4. Die vereinbarten Richtlinien wird die Regierung den Arbeitgebern mitteilen und ihnen ihre Annahme dringend empfehlen.

*Vorläufige Dienstanweisung für den Betriebsrat*
1. Der Betriebsrat ist die Vertretung aller Arbeiter und Angestellten des Betriebes.
2. Der Betriebsrat hat das Recht der Einsichtnahme in alle Betriebsvorgänge, soweit hierdurch keine Betriebsgeheimnisse gefährdet werden. (Er sorgt mit der Betriebsleitung für einen möglichst hohen Stand der Produktion.)
Die Betriebsleitung teilt im Einvernehmen mit dem Betriebsrate jedem Mitglied desselben bestimmte Arbeitsgebiete zu.
3. Der Betriebsrat sorgt mit für die peinliche Durchführung der Werk- und gewerbepolizeilichen Unfallverhütungsvorschriften. Er wird bei Unfalluntersuchungen von der Betriebsleitung hinzugezogen.
4. Drei vom Betriebsrate aus der Mitte der Arbeiter- und Angestelltenausschüsse bestimmten Personen, die mindestens fünf Jahre im Beruf und soweit es sich nicht um neu eröffnete Betriebe handelt, mindestens ein Jahr lang in dem Unternehmen tätig gewesen sind, ist auf Wunsch Einblick in alle wirtschaftlichen Vorgänge des Betriebes zu gewähren.
5. Bei Gehalts- und Lohnfragen haben sich Betriebsrat und Betriebsleitung im Rahmen der in den wirtschaftlichen Organisationen getroffenen Vereinbarungen zu verständigen.
6. Über die Einstellung und Entlassung von Arbeitern und Angestellten haben sich Betriebsrat und Betriebsleitung nach den zwischen den wirtschaftlichen Organisationen getroffenen Vereinbarungen zu verständigen.
7. Der Betriebsrat erhält von der Betriebsleitung ein Zimmer zur Verfügung gestellt, in dem er jederzeit zusammenkommen kann. Zweckmäßig sind gemeinsame, in festen Abständen stattfindende Besprechungen des Betriebsrates mit der Betriebsleitung unter deren Vorsitz, in denen man das Arbeitsprogramm des Betriebes und die Tätigkeit der Mitglieder des Betriebsrats besprechen wird. Die Mitglieder des Betriebsrates erhalten für ihre Tätigkeit im Betriebsrat ihren vollen Lohn beziehungsweise Gehalt.

[461]

8. Über alle in gemeinschaftlichen Sitzungen des Betriebsrates mit der Betriebsleitung gepflogenen Verhandlungen wird in der Sitzung ein Protokoll verfaßt, worin festgelegt wird, welche Angelegenheiten bekanntgegeben werden dürfen. Betriebsleitung und Betriebsrat verpflichten sich auf genaue Einhaltung dieser Vorschriften. Bei Verstößen behält sich die Betriebsleitung vor, den Schuldigen zur Verantwortung zu ziehen und ihn nötigenfalls schadenersatzpflichtig zu machen.
9. Die Wahlperiode des Betriebsrates beträgt ein Jahr. Wiederwahl ist zulässig. Spricht jedoch in einer Betriebsversammlung, in der mindestens die Hälfte der im Betriebe tätigen Arbeitnehmer anwesend ist, die Mehrheit dem Betriebsrate oder einzelnen Mitgliedern ein Mißtrauensvotum aus, so muß unverzüglich eine Neuwahl vorgenommen werden.
10. Die Ausführung der gemeinsam mit dem Betriebsrate gefaßten Beschlüsse übernimmt die Betriebsleitung, der nach wie vor die Leitung des Betriebes zusteht.
11. Streitigkeiten zwischen Betriebsleitung und Betriebsrat entscheiden die zuständigen Körperschaften, sofern nicht durch das Zusammenwirken der Betriebsräte mit den wirtschaftlichen Organisationen der Arbeitnehmer einerseits und den Organisationen der Arbeitgeber andrerseits besondere Schlichtungsstellen errichtet werden.

(Aus: Das Gesetz über Betriebsräte, Hrsg. S. Aufhäuser, 2. Aufl., Berlin 1920, S. 25/6.)

*Nr 6*

*Vorläufige Dienstanweisung für die Betriebsräte im Bergbau vom 26. Mai 1919*

1. Der Betriebsrat tritt zusammen, wenn wenigstens zwei Betriebsratsmitglieder oder die Betriebsleiter dies schriftlich oder mündlich beantragen. Die Berufung erfolgt durch den von der Werksverwaltung hierzu bestimmten Vertreter innerhalb dreier Tage nach Einreichung des Antrages. Über die Verhandlungen und Beschlüsse ist eine Niederschrift in mindestens doppelter Ausfertigung aufzunehmen, wovon eine dem Betriebsrat auszuhändigen ist.
2. Dem Betriebsrat muß die Möglichkeit gegeben werden, sich durch die Kontrolle der Betriebsabteilungen und durch Einsichtnahme in alle einschlägigen Schriftstücke (Förder- und Versandlisten, Lohnbücher, Abrechnungen usw.), über den Gang des Betriebes, die Arbeits- und Angestelltenverhältnisse und den Betriebsertrag ausreichend zu unterrichten. Hiervon ausgeschlossen sind technisch-wirtschaftliche Betriebsvorgänge, die etwa patentamtlich geschützte Betriebsgeheimnisse betreffen. Änderungen der Betriebsweise, zum Beispiel Veränderung der Seilfahrtsordnung, Einlegung von Überstunden usw., dürfen von der Betriebsleitung nur im Einverständnis mit dem Betriebsrat vorgenommen werden.
3. Im Interesse einer gründlichen Kontrolle empfiehlt es sich, daß der Betriebsrat mit dem für die zu befahrende Betriebsabteilung bergpolizeilich verantwortlichen Beamten zusammenfährt, damit dieser nötigenfalls sofortige Aufklärung über etwa ermittelte Mißstände gibt und ihre schnellste Abstellung bewerkstelligt. Der Betriebsrat kann jedoch auch ohne Begleitung eines Beamten fahren; jedenfalls darf kein Zwang dahin ausgeübt werden, daß die Befahrung nur in Begleitung eines von der Werksverwaltung zugewiesenen Beamten vorzunehmen ist.
Der dem Betriebsrat angehörende technische Beamte muß für die Dauer seiner Amtsperiode von der bergpolizeilichen Verantwortung für seine Betriebsabteilung entbunden werden.
4. Der Betriebsrat muß, wenn es die Beteiligten verlangen, mit der Betriebsleitung zusammenwirken, bei der Erledigung von Differenzen über die Gedinge-, Schichtlohn- und Gehaltsfeststellung, werkseitige Kündigung von Arbeitern und Beamten sowie bei der Feststellung von Strafen, soweit sie in jedem einzelnen Falle mindestens zwei Mark betragen. Bei der Untersuchung der Ursachen von schweren Unfällen ist das für die betreffende Betriebsabteilung zuständige Betriebsratsmitglied stets hinzuzuziehen.
Als Richtlinien zur Erledigung von Streitfällen der aufgeführten Art dienen die Vereinbarungen zwischen den Gewerkschaften und der Organisation der Werksbesitzer.
5. Die dem Betriebsrat infolge seiner Amtstätigkeit entstandenen Lohn- oder Gehaltsverluste (einschließlich Teuerungszulagen, Regelmäßigkeits- und Förderprämien) sind mindestens im Betrage des Durchschnittseinkommens (Lohn oder Gehalt) der in Frage kommenden Belegschaftsklasse aus der Werkskasse zu ersetzen. Die geldliche Entschädigung für notwendige Sitzungen, die

der Betriebsrat außerhalb seiner üblichen Arbeitszeit abhält, muß durch eine verständige Vereinbarung zwischen Betriebsrat und Betriebsleitung geregelt werden. Für die Teilnahme an Unfalluntersuchungen ist auf alle Fälle dem Betriebsratsmitglied eine seinem Lohn oder Gehalt entsprechende Entschädigung aus Mitteln des Werks zu zahlen.

6. Die Ausführung der von dem Betriebsrat gemeinsam mit der Betriebsleitung gefaßten Beschlüsse *obliegt nur der verantwortlichen Betriebsleitung*. Der Betriebsrat kann selbständig keine Anordnungen für den Betrieb treffen, muß aber die Ausführung der Beschlüsse gewissenhaft kontrollieren. Auf allen Seiten muß für einen ungestörten Betrieb zum Zwecke eines möglichst hohen Standes der Produktion gesorgt werden. Dazu gehört auch, daß die Belegschaft von den im Interesse eines rationellen Betriebes von den durch Betriebsrat und Betriebsleitung gemeinsam zu beschließenden Maßnahmen rechtzeitig unterrichtet wird.
7. Der dem Betriebsrat überwiesene Arbeitsraum (Zimmer) muß allen billigen Anforderungen, die an einen Verwaltungsraum zu stellen sind, entsprechen.
8. Meinungsverschiedenheiten über die Auslegung der vorstehenden Bestimmungen entscheidet eine vom Reichskommissar des VII. Korpsbezirks berufene paritätisch zusammengesetzte Kommission unter dem Vorsitz eines ebenfalls vom Reichskommissar bestellten Unparteiischen.
9. Zuwiderhandlungen gegen diese Verordnung werden mit Strafen bis zu einem Jahr Gefängnis oder mit Geldstrafe bis zu 1500 Mark bestraft.

Dortmund, 26. Mai 1919

(Aus: Carl Severing, 1919/1920 im Wetter- und Watterwinkel, Bielefeld 1927, S. 53 ff.)

Nr. 7

*Richtlinien über die künftige Wirksamkeit der Gewerkschaften*
*und*
*Bestimmungen über die Aufgaben der Betriebsräte*
**vom Nürnberger Gewerkschaftskongreß 1919**

1. Die Gewerkschaften haben in der Periode der privatkapitalistischen Warenproduktion die Arbeiter zum Klassenkampf erzogen. Sie haben große Massen der Arbeiter in starken Verbänden gegen die Unternehmer vereinigt, sie in Lohnkämpfen geschult und durch wirtschaftliche Bildung zur Erkenntnis ihrer Lage und zum Verständnis der gesellschaftlichen Zusammenhänge gebracht. Die Gewerkschaften haben in jahrzehntelangem systematischem Kampf den Unternehmern nicht nur Arbeitszeitverkürzungen und Lohnerhöhungen abgerungen, sondern auch die Stellung der Arbeitnehmer in den von den Gewerkschaften beeinflußten Betrieben der Arbeitgeberwillkür entzogen. Sie haben der Arbeiterschaft die Anerkennung ihrer Organisation als gleichberechtigten Vertragsteil erkämpft und in beträchtlichem Umfange die gewerkschaftlichen Erfolge durch kollektive Arbeitsverträge sichergestellt. Sie haben ferner die Umwandlung des Arbeitsrechts, vordem ein einseitiges Herrenrecht des Unternehmers, zum paritätischen Recht angebahnt und gefördert sowie auf die Sozialpolitik und die Gesetzgebung einen steigenden Einfluß ausgeübt.
2. Am Vorabend der politischen Revolution hatten die Gewerkschaften die Unternehmer bereits zur Erfüllung der wesentlichsten Arbeiterforderungen gezwungen und sie auf den Weg der wirtschaftlichen Demokratie gedrängt, durch Schaffung von Arbeitsgemeinschaften, in denen alle Fragen des Wirtschaftslebens und der Sozialpolitik in gleichberechtigter Vertretung von Unternehmern und Arbeitern gelöst werden sollen. Alle diese Erfolge der Gewerkschaften sind wertvolle Errungenschaften, haben aber die berechtigten Forderungen der Arbeiterschaft und somit die Aufgaben der Gewerkschaften erst zum Teil erfüllt. Der Kampf der Gewerkschaften muß deshalb fortgesetzt werden.
3. Die Revolution hat die politische Macht der Arbeiterklasse gestärkt und damit zugleich ihren Einfluß auf die Gestaltung der Volkswirtschaft vergrößert. Der Wiederaufbau des durch den Krieg zerrütteten Wirtschaftslebens wird sich in der Richtung der Gemeinwirtschaft, unter fortschreitendem Abbau der Privatwirtschaft, vollziehen. Die Umwandlung muß planmäßig betrieben werden und wird von den Gewerkschaften gefördert.
4. Die Gewerkschaften erblicken im Sozialismus gegenüber der kapitalistischen Wirtschaft die höhere Form der volkswirtschaftlichen Organisation. Die von ihnen erstrebte Betriebsdemokratie und Umwandlung der Einzelarbeitsverträge in Kollektivverträge sind wichtige Vorarbeiten für die Sozialisierung. Die weitere Mitarbeit der Gewerkschaften auf diesem Gebiet ist unentbehrlich.
5. Die Gewerkschaften haben auch in der Gemeinwirtschaft und selbst in völlig sozialisierten Betrieben die Interessen der Arbeitnehmer gegenüber Betriebsleitung, Gemeinde und Staat zu vertreten. Sie sind deshalb auch im Zeitalter

des Sozialismus notwendig. Die soziale Fürsorge der Gesellschaft macht die gegenseitige Hilfe der Arbeiter in ihren Organisationen nicht entbehrlich. Die Gewerkschaften fordern von der Gesellschaft eine ausreichende Fürsorge für die Bedürftigen, insbesondere für die Erwerbsunfähigen, Erwerbsbeschränkten und ohne eigenes Verschulden Erwerbslosen. In dem Maße der Verwirklichung und Sicherung dieser öffentlichen Fürsorge können die gewerkschaftlichen Unterstützungseinrichtungen abgebaut werden.

6. Die Interessengegensätze zwischen Betriebsleitungen und Arbeitnehmern werden auch in der Gemeinwirtschaft nicht völlig beseitigt werden können. Selbst wenn Arbeitseinstellungen infolge des sozialen Arbeitsrechts und demokratischer Mitverwaltung der Arbeitnehmer eingeschränkt werden können und im Interesse der sozialistischen Volkswirtschaft durch schiedsgerichtliches Verfahren nach Möglichkeit verhütet werden müssen, können die Arbeitnehmer auf das Streikrecht nicht verzichten.

7. Das Mitbestimmungsrecht der Arbeiter muß bei der gesamten Produktion, vom Einzelbetrieb beginnend bis in die höchsten Spitzen der zentralen Wirtschaftsorganisation, verwirklicht werden. Innerhalb der Betriebe sind freigewählte Arbeitervertretungen (Betriebsräte) zu schaffen, die, im Einvernehmen mit den Gewerkschaften und auf deren Macht gestützt, in Gemeinschaft mit der Betriebsleitung die Betriebsdemokratie durchzuführen haben. Die Grundlage der Betriebsdemokratie ist der kollektive Arbeitsvertrag mit gesetzlicher Rechtsgültigkeit. Die Aufgaben der Betriebsräte im einzelnen, ihre Pflichten und Rechte sind in den Kollektivverträgen auf Grund gesetzlicher Mindestbestimmungen festzulegen.

8. Die Durchführung der in diesen Richtlinien aufgestellten Forderungen ist Aufgabe der gewerkschaftlichen Zentralorganisationen in den einzelnen Industrie- und Berufszweigen, die sich im Deutschen Gewerkschaftsbund zu einer Gesamtvertretung der Arbeit vereinigt haben. Den zum Deutschen Gewerkschaftsbund gehörigen Gewerkschaften kann jeder Arbeiter und jede Arbeiterin beitreten. Politische oder religiöse Überzeugung ist in diesen Organisationen kein Hinderungsgrund für den Beitritt.

9. In den Gemeindebezirken oder größeren Wirtschaftsgebieten übernehmen die aus Urwahlen mit beruflicher Gliederung hervorgehenden Arbeiterräte neben den innerhalb der allgemeinen Wirtschaftsorganisation ihnen gesetzlich zugewiesenen Pflichten und Rechten auch die sozialen und kommunalpolitischen Aufgaben der seitherigen örtlichen Gewerkschaftskartelle. An Stelle der letzteren treten Ortsausschüsse des Allgemeinen Deutschen Gewerkschaftsbundes, die ihre Tätigkeit auf die rein gewerkschaftlichen Aufgaben beschränken und daneben die Verbindung der Gewerkschaften mit den Arbeiterräten herstellen.

10. Außer diesen örtlichen Arbeiterräten sind Arbeitervertretungen für größere Bezirke und für das Reich auf Grund von Urwahlen nach dem Verhältniswahlsystem zu berufen. Dieselben können mit entsprechend zusammengesetzten Vertretungen der Betriebsleiter gemeinsam sozialpolitische und wirtschaftspolitische Angelegenheiten als Selbstverwaltungsorgane der Volkswirtschaft (Wirtschaftskammern) behandeln, Gesetzentwürfe ausarbeiten und begutachten

sowie Vorschriften für die Organisation der Betriebe und Wirtschaftszweige zu deren Sozialisierung auszuarbeiten und auf ihre Durchführung hinwirken.
11. Die Gewerkschaften können nach ihrem Charakter als Vertretung reiner Arbeiterinteressen nicht selber Träger der Produktion sein, als welche die Wirtschaftskammern zu gelten haben. Ihnen fällt aber die Führung einer zielbewußten Arbeiterpolitik innerhalb der Wirtschaftskammern zu. Sie haben grundsätzliche und praktische Richtlinien für die Arbeitervertreter aufzustellen und für dauernde Verbindung dieser Vertreter untereinander und mit den Gewerkschaften Sorge zu tragen. Sie müssen umfassende Maßnahmen treffen, um die Erkenntnis aller volkswirtschaftlichen Fragen und Produktionsbedingungen der Technik und Betriebsverwaltung in der Arbeiterschaft zu verbreiten und damit bei dieser die Kräfte auszulösen, die zur Durchführung der sozialistischen Wirtschaftsweise nötig sind.

*Bestimmungen über die Aufgaben der Betriebsräte*

Beim Abschluß von Kollektivverträgen sind die Einrichtungen und Aufgaben der Betriebsräte, gemäß Punkt 7 der Richtlinien über die künftige Wirksamkeit der Gewerkschaften, im Sinne der nachfolgenden Bestimmungen zu regeln.
1. In jedem dem Vertrag unterstehenden Betrieb mit mindestens 20 Beschäftigten ist aus den Reihen der über 18 Jahre alten Arbeiter und Arbeiterinnen ein Betriebsrat in geheimer Wahl zu wählen. In Betrieben mit weniger als 20 Beschäftigten vertritt der Vertrauensmann der Gewerkschaft die Stelle des Betriebsrates mit allen diesem zustehenden Rechten. In den Kollektivverträgen ist die Zahl der Mitglieder des Betriebsrates entsprechend der Zahl der im Betrieb Beschäftigten festzusetzen.
2. Die Wahl des Betriebsrats muß spätestens vier Wochen nach Inkrafttreten eines Kollektivvertrages respektive nach Eröffnung eines neuen Betriebs stattfinden. Sie erfolgt innerhalb des Betriebs unter der Leitung eines Vertreters der am Vertrag beteiligten Arbeitnehmerorganisation. Bei der Zusammensetzung des Betriebsrats sind die verschiedenen Kategorien und Branchen der im Betrieb beschäftigten Arbeiter und Arbeiterinnen nach Möglichkeit zu berücksichtigen. Für etwaige Zweigbetriebe ist je ein besonderer Betriebsrat zu wählen. Die Betriebsräte der zu einem Unternehmen gehörigen Teilbetriebe haben sich zur gemeinsamen Vertretung der Interessen der gesamten Arbeitnehmer zu verständigen und nach Bedarf gemeinsam zu tagen.
3. Alljährlich finden Neuwahlen der Betriebsräte statt. Für jede Neuwahl gelten die gleichen Vorschriften wie für die erstmalige Wahl. Wiederwahl ist zulässig. Für ausscheidende Mitglieder ist innerhalb vier Wochen nach ihrem Austritt eine Ersatzwahl nach den gleichen Wahlvorschriften vorzunehmen.
4. Der Arbeitgeber hat den Betriebsräten etwaigen Verdienstentgang oder Auslagen, die den Betriebsräten in der Ausübung ihrer Tätigkeit entstehen, in voller Höhe zu ersetzen.
Von den während der Arbeitszeit notwendigen Sitzungen ist der Arbeitgeber rechtzeitig zu verständigen.

[467]

5. Der Betriebsrat hat das Recht, in allen Betriebsangelegenheiten mitzuwirken, an denen die Arbeiterschaft beteiligt ist oder ein berechtigtes Interesse hat. Der Arbeitgeber ist verpflichtet, die notwendigen Beratungen des Betriebsrats im Betrieb zuzulassen und auf Verlangen daran mit seinem Rat und den notwendigen Auskünften teilzunehmen. Jede Benachteiligung eines Betriebsratsmitgliedes in seiner Beschäftigung und Entlohnung ist vom Betriebsrat respektive von der Schlichtungskommission zurückzuweisen.

6. Der Betriebsrat hat die Pflicht, alle den Arbeitern und Arbeiterinnen gesetzlich und auf Grund eines Kollektivvertrages zustehenden Rechte für dieselben wahrzunehmen und dem Arbeitgeber gegenüber zu vertreten. Er hat dabei das gute Einvernehmen der Arbeiterschaft untereinander und mit dem Arbeitgeber ebenso wie das gemeinsame Interesse an einem vorteilhaften Fortgang des Betriebs zu berücksichtigen. In Gemeinschaft mit dem Arbeitgeber hat der Betriebsrat sein Augenmerk auf die Bekämpfung der Unfall- und Gesundheitsgefahren in dem Betrieb zu richten und die Gewerbeaufsichtsbeamten und andere in Betracht kommenden Stellen bei dieser Bekämpfung zu unterstützen. Beschwerden des Arbeitgebers oder der Arbeitnehmer über ein dieser Vorschrift zuwiderlaufendes Verhalten des Betriebsrats sind durch die Schlichtungskommission zu entscheiden.

7. Im einzelnen hat der Betriebsrat mitzuwirken:
    a) bei Einstellungen und Entlassungen im Betrieb.
      Entlassungen dürfen nur nach Anhörung des Betriebsrats erfolgen;
    b) bei der Einstellung und Verwendung von Frauen und Jugendlichen zur Verrichtung von Männerarbeit;
    c) bei der Festsetzung kürzerer Arbeitsschichten wegen Mangels an Aufträgen oder von Überstunden, Nacht- und Sonntagsarbeiten in Fällen dringender Notwendigkeit.
   
   Der Betriebsrat hat:
    d) das Recht, bei jeder Lohn- und Akkordvereinbarung mit den einzelnen Arbeitern und Arbeiterinnen des Betriebs mitzuwirken. Er ist besonders in jeden Streitfall hinzuzuziehen, wobei er zu vermitteln und auf eine Einigung im Sinne des Kollektivvertrags hinzuwirken hat. Entlassungen wegen Lohn- und Akkordstreitigkeiten dürfen nicht erfolgen, solange nicht der Betriebsrat zur Schlichtung herangezogen wurde. Die Lohnbücher sind dem Betriebsrat auf Verlangen vorzulegen;
    e) bei der Regelung der Ferien für Arbeiter und Arbeiterinnen die Reihenfolge des Ferienantritts in Gemeinschaft mit dem Betriebsleiter festzusetzen;
    f) bei Beschwerden über die Beschäftigung und Behandlung der Lehrlinge mitzuentscheiden;
    g) bei vorhandenen Mängeln in der Unfallverhütung und den gesundheitlichen Einrichtungen des Betriebs einzugreifen;
    h) zur Schlichtung von Streitigkeiten jeder Art im Betrieb ist zuerst der Betriebsrat anzurufen.

8. Der Betriebsrat ist berechtigt, die Arbeiterschaft des Betriebs zu Versammlungen einzuberufen, die sowohl innerhalb wie außerhalb des Betriebs stattfinden

[468]

können. Während der Arbeitszeit dürfen Betriebsversammlungen nur in dringenden Fällen und nicht ohne Vorwissen des Arbeitgebers oder seines Stellvertreters stattfinden. An Versammlungen, die im Betrieb stattfinden, kann der Arbeitgeber in jedem Fall mit beratender Stimme teilnehmen.

9. An den Verhandlungen zwischen Arbeitgeber und Betriebsrat können Vertreter der beteiligten Arbeitgeber- und Arbeitnehmerorganisationen teilnehmen. Sie dürfen weder vom Arbeitgeber noch von den Arbeitnehmern des Betriebs zurückgewiesen werden.

(Aus: Protokoll, S. 57 ff.)

*Leitsätze des SPD-Parteitages zu Weimar 1919 über die Rätefrage*
*Resolution Cohen* (abgelehnt)

I.
1. Die Grundlage der sozialistischen Republik muß die sozialistische Demokratie sein. Die bürgerliche Demokratie wertet in ihrem Vertretersystem die Bevölkerung nach der bloßen Zahl. Die sozialistische Demokratie muß deren Ergänzung bringen, indem sie die Bevölkerung auf Grund ihrer Arbeitstätigkeit zu erfassen strebt.
2. Dies kann am besten durch die Schaffung von Kammern der Arbeit geschehen, zu denen alle arbeitleistenden Deutschen, nach Berufen gegliedert, wahlberechtigt sind.
3. Zu diesem Zweck bildet jedes Gewerbe unter Berücksichtigung aller in ihm tätigen Kategorien (einschließlich der Betriebsleiter) einen Produktionsrat, in den die einzelnen Kategorien ihre Vertreter (Räte) entsenden. Die Landwirtschaft und die freien Berufe bilden entsprechende Vertretungen.
    a) Die Räte gehen aus Wahlen hervor, die in den einzelnen Betrieben oder in den zu Berufsverbänden zusammengelegten Betrieben erfolgen;
    b) Der Produktionsrat des einzelnen Gewerbezweiges der Gemeinde wird mit dem Produktionsrat des gleichen Zweiges in Kreis, Provinz, Land und Reich zu einem Zentralproduktionsrat verbunden.
4. Jeder Produktionsrat wählt Delegierte in die Kammer der Arbeit, die in der kleinsten Wirtschaftseinheit beginnt.
5. Diese ist die Gemeinde respektive Großgemeinde; Gemeinden, die eine Wirtschaftseinheit bilden, werden zusammengelegt.
6. Die Produktionsräte der Kreise, Provinzen, Länder und der Gesamtrepublik tun dasselbe. Überall besteht eine allgemeine Volkskammer und eine Kammer der Arbeit.
7. Jedes Gesetz bedarf der Zustimmung beider Kammern, doch erhält ein Gesetz, das in drei aufeinanderfolgenden Jahren von der Volkskammer (Gemeindevertretung, Kreisausschuß, Provinzialvertretung, Landtag, Reichstag) unverändert angenommen wird, Gesetzeskraft.
8. Jede der beiden Kammern hat das Recht, eine Volksabstimmung zu verlangen.
9. Der Kammer der Arbeit gehen in der Regel alle Gesetzentwürfe wirtschaftlichen Charakters (vor allem die Sozialisierungsgesetze) zuerst zu. Es liegt ihr ob, auf diesem Gebiet die Initiative zu ergreifen. Der Volkskammer gehen in der Regel die Gesetzentwürfe allgemein politischen und kulturellen Charakters zuerst zu. Die Zuteilung der Delegierten auf die einzelnen Berufe wird durch besonderes Gesetz geregelt.

II.
1. Die Gewerkschaften sind die Vertreter der Arbeiter eines jeden Berufes. Die ausführenden Organe der Gewerkschaften in den Betrieben sind die Betriebsräte. Sie haben die bisherigen und die erweiterten Aufgaben der Arbeiter-, Angestellten- und Beamtenausschüsse zu erfüllen.

2. Die Regelung der Lohn- und Arbeitsbedingungen eines Gewerbe- oder Berufszweiges erfolgt von Organisation zu Organisation, also zwischen Gewerkschaft und Unternehmerverband.
3. Bilden die Arbeiterräte die Vertretung der Arbeiter für die Fragen der Produktion in den Produktionsräten, so sind die bisher errichteten Arbeitsgemeinschaften, in denen die Arbeitgeberverbände mit den Gewerkschaften zusammenarbeiten, Organe zur Regelung der Lohn- und Arbeitsverhältnisse sowie der übrigen Berufsfragen.
4. Die Produktionsräte sind die Vertreter der Produktion, die von den Arbeitern und Unternehmern gemeinsam getragen wird. Die Arbeiter werden hierbei durch die Arbeiterräte vertreten. Der Produktionsrat ist der Unterbau für die Sozialisierung.

*Resolution Sinzheimer* (angenommen)
I.

Auch in einem politisch vollkommen durchgeführten demokratischen Staatswesen genügt der nur politische Aufbau des Gemeinschaftslebens nicht, um den gesellschaftlichen Kräften und Bedürfnissen gerecht werden zu können. Der Weg zur größeren Auswirkung der gesellschaftlichen Interessen liegt nicht in der Ausschaltung der politischen Demokratie, sondern auf dem Gebiet der Wirtschaft in der Errichtung einer eigenen, neben der Staatsverfassung bestehenden Wirtschaftsverfassung, in der die gesellschaftlichen Kräfte selbst unmittelbar wirken.
II.
Die Bestimmungen über den Entwurf einer Reichsverfassung, welche für die Arbeiterinteressen Arbeiterräte, für die Produktionsinteressen Berufsgemeinschaften mit Wirtschaftsräten vorsehen und diese Räte in großen Zentralorganen zusammenfassen, sind eine geeignete Grundlage für den Aufbau einer Wirtschaftsverfassung. Sie wird aber nur dann in einer den Interessen der Arbeiterklasse dienenden Weise ausgestaltet werden können, wenn die folgenden Gesichtspunkte beachtet werden:
1. Die vertragliche Regelung der Lohn- und Arbeitsbedingungen muß grundsätzlich den freien Berufsverbänden vorbehalten werden. Soweit diese Regelung zu Arbeitsgemeinschaften führt, die auch Produktionsfragen ergreifen, sind die Arbeitsgemeinschaften als frei bewegliche Bestandteile im Aufbau der Wirtschaftsräte zu berücksichtigen.
2. Bei dem Aufbau der Betriebsarbeiterräte ist davon auszugehen, daß die Betriebe Gemeinschaften mit eigenen Interessen sind, zugleich aber auch innerhalb der Wirtschaftsverfassung den höheren Organisationsstellen der Berufsvereine und Berufsgemeinschaften eingegliedert sein sollen. Die Ausübung der den Betriebsarbeiterräten zu überweisenden Mitwirkungs-, Informations- und Kontrollrechte darf deswegen den übergeordneten Interessen jener Stellen nicht widerstreiten und muß an deren Bestimmungen gebunden sein.
3. Die Wirtschaftsverfassung kann erst dann als vollendet angesehen werden, wenn durch Ausschaltung des kapitalistischen Unternehmers das Interesse der

Wirtschaftsgemeinschaft als leitendes Prinzip gesichert ist. Diese Ausschaltung kann nicht durch die Räte, sondern nur durch Gesetzgebungsakte des Staates erfolgen, dem allein die Verfügung über das Wirtschaftsrecht zusteht. Von der Regierung ist neben der Ausführung des Rätesystems die planvolle Vorbereitung und Durchführung solcher Gesetzgebungsakte auf allen Wirtschaftsgebieten zu fordern, auf denen die wirtschaftlich-technischen Voraussetzungen für eine wirksame Sozialisierung vorhanden sind.

III.

Neben den sozial-organisatorischen Aufgaben, welche die Organe der Wirtschaftsverfassung zu lösen haben, müssen ihnen auch politische Funktionen zustehen, um in das Staatsleben sozialen Geist und soziale Lebendigkeit übertragen zu können.

Für die Gesetzgebung handelt es sich nicht um die Einräumung eines Mitbestimmungsrechts. Eine berufsständische »Kammer der Arbeit« ist grundsätzlich verfehlt, praktisch eine Komplizierung der Staatsgesetzgebung und politisch eine Gefährdung der demokratischen Weiterentwicklung zugunsten der Arbeiterklasse. Die politische Funktion der Räte der Gesetzgebung gegenüber ist auf das Recht der Beratung und Initiative nach dem Vorbild des Entwurfs einer Reichsverfassung zu beschränken.

Für die Verwaltung muß ein Recht zur Information und Beschwerde für die Arbeiterräte und Wirtschaftsräte bezüglich aller Angelegenheiten, die ihren Interessenkreis berühren, gesichert werden, um der bureaukratischen Kontrolle von oben eine soziale Kontrolle von unten gegenüberstellen zu können. Es ist die Aufgabe einer durchgreifenden Verwaltungsreformgesetzgebung, den Räten die Erfüllung dieser Aufgaben zu gewährleisten.

Die durch die Räte handlungsfähig gewordenen Arbeits- und Wirtschaftsgemeinschaften haben die Keimkraft in sich, über den Staat hinaus Interessengemeinschaften überstaatlicher Art zu bilden, die vielleicht die einzigen wahrhaften Grundlagen einer Völkerversöhnung bilden können.

*Resolution Katzenstein* (angenommen)

1. Das Ziel der Sozialdemokratie ist planmäßige Erzeugung und Verteilung mit allgemeiner Arbeitspflicht und maßgebender Mitwirkung der Arbeitenden an der Leitung der Wirtschaft. Dieses Ziel ist nicht durch plötzliche Aktion, noch weniger durch planlose Willkür, sondern nur auf dem Wege der durch die öffentliche Gewalt zu fördernden wirtschaftlichen und geistigen Entwicklung zu erreichen. Der Weg dazu besteht in Ausdehnung und Verwirklichung der Demokratie durch Erziehung und Organisation der Massen, nicht in der Errichtung einer neuen, gewaltsamen, allen Gefahren der Unzulänglichkeit und Korruption ausgesetzten Minderheitsherrschaft.
2. Auf wirtschaftlichem Gebiet steht die Partei, wie sie immer getan und seit 1885 in umfassenden Gesetzentwürfen bekundet hat, auf dem Boden der gesetzlichen Organisation der Arbeiter zur Wahrung ihrer Interessen, zur Mitbestimmung der Produktion und zur Mitwirkung an der Sozialisierung der Wirtschaft. Die

Förderung und das Streben nach gesetzlicher Anerkennung der Gewerkschaften, der Arbeiterausschüsse, Arbeiter- und Arbeitskammern lagen in dieser Richtung.

3. Die seit der Revolution in den Vordergrund getretenen Arbeiter- und Angestelltenräte sind berufen, innerhalb der Betriebe im Einvernehmen mit den Gewerkschaften die Arbeiterrechte wahrzunehmen, für die Verwirklichung des gesetzlichen Arbeiterschutzes und der Tarifvereinbarungen zu sorgen, Einblick in die Betriebsvorgänge zu nehmen und das Recht der Mitbestimmung in persönlichen Angelegenheiten der Arbeiter und Angestellten auszuüben. Den Räten der öffentlichen Beamten sind sinngemäß die gleichen Rechte einzuräumen.

4. Zur Wahrnehmung der über den Betrieb hinausgehenden gemeinsamen Arbeiterangelegenheiten, zur Vereinbarung der allgemeinen Arbeits- und Lohnbedingungen wie zur Erfüllung sonstiger wichtiger wirtschaftlicher und geistiger Aufgaben sind weiterhin Gewerkschaften und als deren Organe die örtlichen und die nach Wirtschaftsgebieten zu gliedernden Bezirks- beziehungsweise Landesarbeiterräte und der Reichsarbeiterrat berufen.

Solange und soweit die demokratische Organisation der politischen Orts- und Kreisverwaltungen noch nicht durchgeführt ist, muß diesen Arbeiterräten als Klassenorgan der Arbeiter, namentlich den Kreisarbeiterräten auf dem Lande, ein Kontroll- und Einspruchsrecht gegenüber den Behörden, den Klassenorganen der Besitzenden, zustehen. Entgegenstehende Bestrebungen der Behörden sind abzuweisen.

5. Zur Erfüllung der gemeinsamen wirtschaftlichen Aufgaben sind örtlich und bezirksmäßig gegliederte Wirtschaftsräte zu bilden. Sie sind nicht notwendig paritätisch, sondern mit Rücksicht auf Zahl und Bedeutung aus Unternehmern, Arbeitern und Angestellten sowie aus freien Berufsarbeitern, Vertretern der Wissenschaft und der sozialen Interessen zusammenzusetzen. Sie wirken auf dem Gebiete des wirtschaftlichen und sozialen Lebens als beratende, vorbereitende und ausführende Organe, denen durch Gesetz und Behörden auch Verordnungs- und Verwaltungsbefugnisse zu übertragen sind.

6. Die Landwirtschaftsräte und der Reichswirtschaftsrat sind berufen, Gesetzentwürfe wirtschaftlichen und sozialen Charakters vor ihrer Einbringung bei den gesetzgebenden Körperschaften zu begutachten. Sie können selbst solche Gesetzentwürfe vorlegen und im Reichstag und den Landtagen durch Beauftragte vertreten lassen. Dasselbe Recht ist den Landesarbeiterräten und dem Reichsarbeiterrat zuzugestehen.

7. Um die Rechte der Verbraucher zu wahren und den Mißbrauch der wirtschaftlichen Organisation zur Preistreiberei zu verhindern, sind Vertreter der Verbraucher, namentlich der Konsumgenossenschaften und der Gemeinden, in die Wirtschaftsräte zu berufen. Preisfestsetzungen haben unter paritätischer Mitwirkung dieser Vertreter zu erfolgen.

8. Eine Mitwirkung der Arbeiter- und Wirtschaftsräte an der allgemeinen Gesetzgebungs- und Verordnungstätigkeit in Reich, Staat und Gemeinde, die zu einem verwickelten Zwei- und Mehrkammersystem führen müßte, lehnt der Parteitag ab.

(Aus: Protokoll, S. 106/7, 113/4, 126/7.)

## Artikel 165 der Weimarer Reichsverfassung

Die Arbeiter und Angestellten sind dazu berufen, gleichberechtigt in Gemeinschaft mit den Unternehmern an der Regelung der Lohn- und Arbeitsbedingungen, sowie an der gesamten wirtschaftlichen Entwicklung der produktiven Kräfte mitzuwirken. Die beidseitigen Organisationen und ihre Vereinbarungen werden anerkannt.

Die Arbeiter und Angestellten erhalten zur Wahrnehmung ihrer sozialen und wirtschaftlichen Interessen gesetzliche Vertretungen in Betriebsarbeiterräten, sowie in nach Wirtschaftsgebieten gegliederten Bezirksarbeiterräten und in einem Reichsarbeiterrat.

Die Bezirksarbeiterräte und der Reichsarbeiterrat treten zur Erfüllung der gesamten wirtschaftlichen Aufgaben und zur Mitwirkung bei der Ausführung der Sozialisierungsgesetze mit den Vertretungen der Unternehmer und sonst beteiligter Volkskreise zu Bezirkswirtschaftsräten und zu einem Reichswirtschaftsrat zusammen. Die Bezirkswirtschaftsräte und der Reichswirtschaftsrat sind so zu gestalten, daß alle wichtigen Berufsgruppen entsprechend ihrer wirtschaftlichen und sozialen Bedeutung darin vertreten sind.

Sozialpolitische und wirtschaftspolitische Gesetzentwürfe von grundlegender Bedeutung sollen von der Reichsregierung vor ihrer Einbringung dem Reichswirtschaftsrat zur Begutachtung vorgelegt werden. Der Reichswirtschaftsrat hat das Recht, selbst solche Gesetzesvorlagen zu beantragen. Stimmt ihnen die Reichsregierung nicht zu, so hat sie trotzdem die Vorlage unter Darlegung ihres Standpunktes beim Reichstag einzubringen. Der Reichswirtschaftsrat kann die Vorlage durch eines seiner Mitglieder vor dem Reichstag vertreten lassen.

Den Arbeiter- und Wirtschaftsräten können auf den ihnen überwiesenen Gebieten Kontroll- und Verwaltungsbefugnisse übertragen werden.

Aufbau und Aufgabe der Arbeiter- und Wirtschaftsräte, sowie ihr Verhältnis zu anderen sozialen Selbstverwaltungskörpern zu regeln, ist ausschließlich Sache des Reichs.

Nr. 15

## Resolutionen des Verbandstages der Transportarbeiter im Juni 1919

I.

Die deutsche Arbeiterschaft stützt ihre Auffassung über die wirtschaftliche und kulturelle Entwicklung auf die von den Vorkämpfern der Arbeiterbewegung festgestellten Tatsachen und formulierten Grundsätze, wonach keine Wirtschaftsepoche für sich in Anspruch nehmen kann, die letzte Erfüllung des vorwärtsstrebenden Menschengeistes zu sein. Deshalb werden die Arbeiter auch in der sozialistischen Gesellschaft ihre wirtschaftlichen Interessenvertretungen nötig haben, um mit deren Hilfe die wirtschaftlichen und politischen Errungenschaften sicherzustellen.

II.

Die Gewerkschaften sind nach wie vor der Revolution die berufenen Organe zur Vertretung der Interessen der Arbeiter auf wirtschaftlichem, wirtschaftspolitischem, sozialem, sozialpolitischem und rechtlichem Gebiete.

Nachdem durch die Revolution die Voraussetzungen für die Entwicklung des sozialistischen Wirtschaftssystems geschaffen sind, haben die Gewerkschaften weitere wichtige Aufgaben bei der Sozialisierung und Demokratisierung der gesamten Wirtschaft zu erfüllen.

Die Durchführung der Betriebsdemokratie und Kontrolle der gesamten Volkswirtschaft erfordert die Mitarbeit aller Kräfte der Arbeiterschaft. Dies geschieht zweckmäßig durch die mit den Gewerkschaften in engste organisatorische Verbindung gebrachte Institution der Betriebsräte.

III.

Die Betriebsräte sind ausführende Organe der Gewerkschaften in den Betrieben. Sie üben ihre Tätigkeit im Einvernehmen mit den Gewerkschaften nach den mit diesen vereinbarten Grundsätzen aus.

Die Betriebsräte haben
1. die wirtschaftlichen Interessen der Arbeiter, Angestellten und Beamten gegenüber den Unternehmern oder Betriebsleitungen wahrzunehmen;
2. soweit tarifliche Abmachungen über die Lohn- und Arbeitsbedingungen für den Betrieb nicht bestehen, bei der Schaffung solcher in Verbindung mit den Gewerkschaften mitzuwirken;
3. die Innehaltung der vertraglichen oder sonst für den Betrieb maßgebenden Lohn- und Arbeitsbedingungen zu überwachen;
4. bei Annahme und Entlassung von Arbeitskräften mitzuwirken;
5. einen mitbestimmenden Einfluß auf die Ausgestaltung aller Betriebseinrichtungen auszuüben;
6. durch hierzu besonders geeignete Vertreter der Arbeiter und Angestellten unter Wahrung eventueller Geschäftsgeheimnisse Einsicht in die Abschlüsse und geschäftlichen Dispositionen der Betriebsleitungen zu nehmen;
7. darüber zu wachen, daß die Vorschriften zur Verhütung von Unfall- und Gesundheitsgefahren in den Betrieben durchgeführt werden und gegebenenfalls geeignete neue Vorschläge zu machen.

IV.

In allen privaten, kommunalen und staatlichen industriellen, gewerblichen und sonstigen Unternehmungen oder Verwaltungen mit mindestens 20 Beschäftigten sind aus den Reihen der wahlberechtigten Arbeiter, Angestellten und Beamten Betriebsräte zu wählen. In Betrieben mit weniger als 20 Beschäftigten sind die Funktionen der Betriebsräte den Vertrauensleuten der zuständigen Gewerkschaften zu übertragen.

Über die Wahl der Betriebsräte, Zusammensetzung und Zahl ihrer Mitglieder sowie das Wahlverfahren sind Bestimmungen in einem besonderen Reichsgesetz über die Betriebs- und Arbeiterräte zu schaffen. Die Einleitung und Durchführung der Wahl der Betriebsräte ist den zuständigen gewerkschaftlichen Organisationen zu übertragen.

Der 10. Verbandstag des Deutschen Transportarbeiterverbandes erblickt in der Gemeinwirtschaft gegenüber der privatkapitalistischen Wirtschaft die höhere Form der volkswirtschaftlichen Organisation.

Er fordert daher Regierung und Gesetzgebung auf, durch Gesetz die Überführung des privaten Handels, der privaten Verkehrs- und Transportbetriebe in den Besitz des Staates und der Gemeinden einzuleiten.

Für die Berufszweige des Handels-, Transport- und Verkehrsgewerbes, deren sofortige Sozialisierung nicht durchführbar ist, sind Wirtschaftsräte zu bilden, die die Aufgabe haben, die Sozialisierung vorzubereiten.

(Aus: F. J. Furtwängler. ÖTV, Stuttgart 1955, S. 281/2, 289.)

R. WILBRANDT, Denkschrift betreffend Sozialisierung des Kohlenbergbaus (Auszug)

...

3. Daher muß sobald als möglich eine *Regierungserklärung* klarstellen,
   a) *daß* sozialisiert wird und in welchem Sinne;
   b) daß bis zur Erledigung der noch dafür notwendigen Vorarbeiten irgendwelche privaten »Sozialisierungs«Akte, wie zum Beispiel Absetzung von Direktoren, Betriebsführern usw., als lediglich störend zu unterbleiben haben; daß dagegen die durch die Verordnung vom 18. Januar 1919 legalisierten Räte sowie die Essener Neunerkommission (unter der Kontrolle der Reichsbevollmächtigten) als gesetzlich anerkannte Organe fungieren sollen, und
   c) daß der Betrieb nicht in Staatsbetrieb umgewandelt, vielmehr Staats- wie Privatbetrieb im Sinne weitgehender Selbstverwaltung des Gewerbes nach sozialistischen Grundsätzen zu höchster Steigerung der Leistungen gebracht werden soll.
4. Die Umgestaltung muß *sozialistisch* sein.
   a) Entsprechend der durch die Novemberrevolution entstandenen politischen Lage, in welcher eine *Ruhe* und damit eine ungestörte *Kohlenförderung* nicht anders als durch Erfüllung der sozialistischen Postulate erreicht werden kann; wie die Erfahrung in all den Wochen und zuletzt die seit dem 13. Januar 1919 eingetretene, nur der Sozialisierungsidee zu verdankende Verbesserung der Lage bewiesen hat.
   b) Weil nur so die *Willigkeit* erzielt werden kann, ohne die die Kohlenförderung nicht wieder aufwärts geht; die Steigerung der Leistungen der Zeche Viktoria-Lünen, insbesondere aber die Verminderung der Feierschichten hat daselbst seit der Übernahme des Betriebes durch die Arbeiter selbst den freudigen Willen zur Arbeit offenbart, sobald die Bergleute sich *befreit* und auf dem Wege zum Sozialismus fühlten.
   c) Weil nur so das *Pflichtgefühl* gegen die Gesamtheit erweckt werden kann, das bisher unter dem Druck der Kapitalistenherrschaft nicht aufkam, sondern stets von Haß und Erbitterung gegen die herrschende und ausbeutende Eigentümerklasse durchkreuzt worden ist.
   d) Weil nur so die *Selbstbescheidung* auf das im Rahmen des Gesamtinteresses Mögliche eintritt, während der Kampf gegen das Kapital und seinen Profit, insbesondere seinen Kriegsgewinn, auch über das Nötige und Mögliche hinaus zu immer weiteren Lohnforderungen führt.
   e) Weil nur so der gerade hier im Ruhrgebiet generationenlang angewachsene Gegensatz von Bergherrentum und zersplitterter Bergarbeiterschaft über die damit entstandene, immer wiederkehrende Streikgefahr hinweggebracht werden kann. Diese Streikgefahr kann nur durch Heranziehung und Befriedigung aller Richtungen (wie in der Essener Neunerkommission), nur durch eigene verantwortungsvolle Mitarbeit der Bergleute selbst, nur durch Er-

füllung ihrer instinktiv gefühlten Klassenforderung, also nur durch positive praktische, sozialistische Arbeit überwunden werden. Nur so ist echte dauernde Beruhigung möglich. Sonst ist alle »Beruhigung« verdächtig und auf die Dauer ohne nachhaltigen Erfolg.

5. Die sozialistische Umgestaltung ist durch das Rätesystem schon *begonnen*. Die Mitwirkung der Arbeiter an der *Selbstverwaltung des Bergbaues* ist damit in die Wege geleitet. Die auf die Verordnung vom 23. Dezember 1918 zurückgreifende Begrenzung der Befugnis solcher Zechenräte ist *allgemein bekannt* zu machen und nach eingehender Belehrung der Arbeiter selbst und der Unternehmer, Direktoren usw. in die Tat umzusetzen. Jede Behinderung ist den Unternehmerorganen streng zu untersagen. Jeder Übergriff der Räte über ihre Befugnis hinaus ist ebenso streng zurückzuweisen (wie letzteres durch die Bekanntmachung der Neunerkommission vom 21. Januar 1919 bereits geschehen ist). Die Vorbereitung der Sozialisierung ist ausdrücklich als Aufgabe der Reichsbevollmächtigten auszusprechen und demgemäß ihre Kontrollbefugnis gesetzlich festzulegen. Sie muß sich auf alle Maßnahmen erstrecken, die nötig sind, um die Kohlenförderung zu heben, die Vertriebskosten zu vermindern und die Verwertung der Kohle selbst wie ihrer Nebenprodukte aufs gerechteste und produktivste durchzuführen ... Die Verteuerung der Kohle auf dem Wege von der Zeche bis zum Konsumenten muß klargestellt und durch entsprechende Maßnahmen überwunden werden. Dies ist auf dem Gebiete der Absatzorganisation die analoge, den Aufgaben der Räte (Beseitigung des Antreibesystems, Durchführung der Sicherheitserfordernisse auch auf Kosten der Profite, Verhütung von Raubbau an Menschenkraft und Natur usw.) an die Seite zu stellende *Reinigungsarbeit*, die gegenüber der kapitalistischen Produktion und Verteilung zu leisten ist. Die kapitalistische Produktion *selber* aufzunehmen durch Überführung des Privateigentums an Produktionsmitteln in die Hand der Gesamtheit, aber ohne eine parlamentarisch und bureaukratisch beengte und schwerfällige Verstaatlichung der Betriebe, sondern als freie Selbstverwaltung des Gewerbes und Belebung (statt Ertötung!) der privaten Initiative, bei den Bergleuten und Angestellten wie bisher nur bei den Eigentümern und ihren leitenden Organen: dies zu beginnen, muß die inzwischen vorzubereitende Aufgabe der nächsten Wochen sein.

II.
*Die Durchführung der Sozialisierung*
...
B. Die Verwaltung
läuft weiter, jedoch
1. unter Heranziehung der Bergleute auch zur Umgestaltung des Betriebes zwecks Erhöhung der Produktivität:
   a) Förderung des maschinellen Betriebes, unter Heranziehung von Beratern aus den gewählten Vertretern der Bergarbeiter, Steiger und Beamten. Ausbildung gewählter Arbeitervertreter in besonderen Kursen, zwecks Mit-

arbeit an der Steigerung der Produktivität mittels zu erprobender und dann allgemein zu lehrender Methoden. Regste Anteilnahme der Bergleute an der Betriebsverbesserung, allgemeine Hebung ihrer technischen Bildung. Einführung der besten Arbeitsmethoden nicht durch Befehl, sondern auf Grund eingehender Aussprache, so daß die eigene *Überzeugung* der Arbeitenden selber die Trägerin der Verbesserung wird.

b) Heranziehung geeigneter Bücherrevisoren zusammen mit Vertrauensleuten der Arbeiter zum Zweck einer Einblicknahme in die Geschäftsführung und einer entsprechenden Belehrung der übrigen Arbeiter und Angestellten, insbesondere über die ökonomischen Notwendigkeiten im Rahmen der Weltkonjunktur. Einrichtung entsprechender Kurse nach dem Muster der Privatwirtschaftslehre (Buchführung, Bilanzkunde, Betriebslehre, Konjunkturlehre usw.) wie an den Handelsschulen.

c) Die Räte haben Vertrauensmänner der einzelnen Betriebe in die von den Bergarbeiterorganisationen mit den Unternehmern gebildeten Arbeitsgemeinschaften zu entsenden. Die Betriebsvertrauensleute bilden das Bergarbeiterparlament, das gegenüber den die Verhandlungen im einzelnen führenden Vertretern die aufsichtsführende Instanz ist.

2. Gegenüber den leitenden Beamten Beschwerderecht der Untergebenen an dafür einzusetzende paritätische Schlichtungsinstanzen, die gegebenenfalls auf entsprechende Änderung des Verhaltens oder auf Abberufung hinzuwirken haben.

(Aus: *R. Wilbrandt,* a. a. O. S. 259 ff.)

*Nr. 19*

*Wirtschaftspolitisches Wahlprogramm
der Deutsch-österreichischen Sozialdemokratie 1919* (Auszug)

Wähler und Wählerinnen!
Die demokratische Republik gibt dem Volke die Macht, in voller Freiheit sein Geschick zu bestimmen. Aber die *politische Freiheit* ist für uns nur ein Mittel, die *wirtschaftliche Ausbeutung* aufzuheben. Die wirtschaftliche Ausbeutung ist die Folge der kapitalistischen Eigentumsverteilung.

Der Bauer ist Eigentümer des Bodens, den er selbst bearbeitet, der Handwerker Eigentümer der Werkzeuge, die er selbst gebraucht. Das ist echtes *Arbeitseigentum*. Dieses Arbeitseigentum wollen wir nicht antasten.

Aber daneben gibt es noch ein anderes Eigentum: das Eigentum der Kapitalisten an Fabriken und Bergwerken, das Eigentum des Adels und der Kirche an den großen Grundherrschaften, das Kapitaleigentum der Banken, der Börsenmagnaten, der Großhändler. Dieses Eigentum ist Ausbeutungseigentum. Es ist das Werkzeug der Müßigen, die Arbeitenden auszubeuten. Dieses Eigentum wollen wir aufheben. Was bisher Privateigentum der Ausbeuter war, soll Gemeineigentum des ganzen Volkes werden.

Diese wirtschaftliche Umwälzung kann aber nicht mit einem Schlage erfolgen. Nur in planmäßig allmählich fortschreitender Arbeit können wir sie vollziehen. Die einzelnen Maßregeln hängen natürlich immer von den jeweiligen wirtschaftlichen und politischen Verhältnissen ab, die nicht vorausgesehen werden können. Aber in großen Zügen können wir doch heute sagen, wie wir uns den allmählichen Aufbau einer sozialistischen Gesellschaft vorstellen.

Am Beginn der Wahlbewegung für die konstituierende Nationalversammlung stehend, veröffentlichen wir also unser wirtschaftliches Wahlprogramm, damit jeder Wähler und jede Wählerin wissen, auf welche Weise wir unser Ziel verwirklichen wollen und werden, wenn das Volk unserer Partei die Mehrheit in der konstituierenden Nationalversammlung geben sollte!

*Sozialisierung der Industrie*
1. Diejenigen Industriezweige, in denen die Gütererzeugung in wenigen Großbetrieben konzentriert ist, werden vergesellschaftet. So werden zum Beispiel vergesellschaftet der Erz- und Kohlenbergbau, die Eisen- und Stahlindustrie usw. Die Kapitalisten, deren Betriebe vom Staat enteignet werden, werden entschädigt. Der Entschädigungsbetrag wird nach der Höhe des Reingewinns, den die Betriebe vor dem Kriege abgeworfen haben, berechnet; die Kriegsgewinne bleiben bei der Bemessung des Entschädigungsbetrags außer Betracht.

Der Staat beschafft sich die zur Entschädigung der enteigneten Kapitalisten erforderlichen Mittel aus einer progressiven Vermögensabgabe, die von allen Besitzenden eingehoben wird. Auf diese Weise muß die ganze Kapitalistenklasse die Kosten bezahlen, die der Staat aufwenden muß, um einen Teil der Kapitalisten zu enteignen.

Jeder vergesellschaftete Industriezweig wird durch einen von der Regierung vollständig unabhängigen Verwaltungsrat verwaltet. Der Verwaltungsrat wird folgendermaßen zusammengesetzt: Ein Drittel der Mitglieder bilden die Vertreter des Staates, die von der Nationalversammlung, aber nicht aus ihrer Mitte, gewählt werden. Ein zweites Drittel bilden die Vertreter der Arbeiter, Angestellten und Beamten, die in dem Industriezweig beschäftigt sind; sie werden von den Gewerkschaften und Angestelltenorganisationen gewählt. Das letzte Drittel bilden die Vertreter der Konsumenten. In den Verwaltungsrat der Industriezweige, die Rohstoffe erzeugen, werden als Vertrauensmänner der Konsumenten Vertreter der Unternehmer und der Arbeiter derjenigen Industriezweige berufen, die diese Rohstoffe verarbeiten. In die Verwaltungsräte derjenigen Industriezweige, die Verbrauchsgüter erzeugen, werden die Vertreter der Konsumenten von den Konsumvereinen gewählt.

Dem auf diese Weise zusammengesetzten Verwaltungsrat obliegt die Leitung des vergesellschafteten Industriezweiges; der Regierung steht kein Einfluß auf die Leitung zu. Insbesondere obliegen dem Verwaltungsrat die Ernennung der leitenden Beamten, die Festsetzung der Preise, die Abschließung kollektiver Arbeitsverträge mit den Gewerkschaften der Arbeiter und der Angestellten, die Verteilung des Gewinns.

Der Gewinn jedes vergesellschafteten Industriezweiges wird in folgender Weise verwendet: Ein Drittel fällt dem Staatsschatz zu. Ein Drittel wird als Gewinnanteil auf die Arbeiter, Angestellten und Beamten des Industriezweiges verteilt. Das letzte Drittel wird im Bedarfsfall zur Vergrößerung oder zur technischen Vervollkommnung der Betriebe verwendet; ist dies nicht notwendig, so wird das letzte Drittel dazu verwendet, die Warenpreise zu ermäßigen.

Die Leitung der einzelnen Betriebe wird durch technische Beamte und kaufmännische Angestellte unter gesetzlich geregelter Mitwirkung von Arbeiterausschüssen, die von den Arbeitern, Angestellten und Beamten der Betriebe gewählt werden, besorgt. Jede Bureaukratisierung der Verwaltung ist zu vermeiden. Der Grundsatz, daß von jeder Erhöhung des Erträgnisses ein Drittel zur Erhöhung der Bezüge der Beamten, Angestellten und Arbeiter verwendet wird, bürgt für intensive Arbeit im Betrieb und pflegliche Behandlung der Arbeitsmittel. Den Beamten kann ein besonderer Gewinnanteil zugestanden werden.

2. Den *Gemeinden* wird durch Gesetz das Recht eingeräumt, Betriebe, die lokalen Bedürfnissen dienen (Gas- und Elektrizitätswerke, Straßenbahnen, Fuhrwerksunternehmungen, Brotfabriken, Molkereien und dergleichen), zu enteignen.

Ebenso werden die Selbstverwaltungskörper der Kreise und Bezirke berechtigt, Betriebe, die den Bedürfnissen ihrer Verwaltungssprengel dienen (zum Beispiel Lokalbahnen, Überlandzentralen, Brauhäuser, Mühlen und dergleichen) zwangsweise zu enteignen.

Die Grundsätze über die Höhe der Entschädigung der bisherigen Eigentümer der enteigneten Betriebe und über die Verwaltung der vergesellschafteten Betriebe finden auch in diesen Fällen sinngemäße Anwendung.

Als *Entschädigung* erhalten die enteigneten Unternehmer Schuldtitel, Wertpapiere, die ihnen für nicht mehr als 30 Jahre Anspruch auf einen festen jährlichen Zins geben. Der Zins wird aus dem Erträgnis der kommunalisierten Unternehmungen bezahlt.

Ein ähnliches Enteignungsrecht kann unter gesetzlich festzusetzenden Voraussetzungen auch Konsumvereinen, Produktivgenossenschaften und landwirtschaftlichen Genossenschaften zugestanden werden.

3. Diejenigen Industriezweige, *welche zur Vergesellschaftung noch nicht reif sind*, werden in Industrieverbänden organisiert. Jeder Industrieverband umfaßt alle Unternehmungen seines Industriezweiges. Die Industrieverbände treten an die Stelle der bestehenden Kartelle, Zentralen und Kriegsverbände. Jeder Industrieverband wird von einem Verwaltungsrat geleitet. Der Verwaltungsrat wird in folgender Weise zusammengesetzt: ein Viertel der Mitglieder bilden die Vertreter des Staates, die von der Nationalversammlung, nicht aus ihrer Mitte, gewählt werden; *ein Viertel die Vertreter der Unternehmer des betreffenden Industriezweiges;* ein drittes Viertel die Vertreter der Arbeiter, Angestellten und Beamten des Industriezweiges; das letzte Viertel die Vertreter der Konsumenten.

Der Industrieverband soll durch Errichtung von Konstruktionsbureaus, Laboratorien und Materialprüfungsanstalten, durch die Normalisierung der zu erzeugenden Waren und durch die Aufteilung der Erzeugung der einzelnen Warengattungen auf die einzelnen Betriebe die technische Entwicklung des Industriezweiges fördern und die Erzeugungskosten herabsetzen. Der Industrieverband kann den Einkauf der Rohstoffe und den Verkauf der Waren in seinem Zentralbureau konzentrieren, dadurch die Konkurrenz zwischen den einzelnen Unternehmern aufheben und der Gesellschaft die Kosten des Konkurrenzkampfes ersparen. Der Industrieverband regelt die Größe der Produktion, er paßt sie dem Bedarf an und verhindert dadurch schwere Krisen. Der Industrieverband setzt die Preise der Waren fest; er hat sie so festzusetzen, daß der Gewinn der Unternehmer einem angemessenen Arbeitslohn für die von ihnen geleistete Arbeit ungefähr gleichkommt. Der Industrieverband schließt endlich die kollektiven Arbeitsverträge mit den Gewerkschaften der Arbeiter und Angestellten ab; die von ihm abgeschlossenen Verträge sind für alle Unternehmungen des Industriezweiges verbindlich. Die Kosten der Tätigkeit des Industrieverbandes tragen die Unternehmer des Industriezweiges.

Im Rahmen der vom Industrieverband erlassenen Vorschriften bleibt die Leitung der einzelnen Betriebe den Unternehmern überlassen. Doch wird den Arbeiterausschüssen Mitwirkung an der Verwaltung der Betriebe durch Gesetz gesichert. Eine der wichtigsten Aufgaben der Industrieverbände besteht darin, die Erzeugung in den technisch vollkommensten Betrieben zu konzentrieren. Der Industrieverband hat das Recht anzuordnen, daß technisch unvollkommene Betriebe stillgelegt werden und ihr Produktionsanteil auf die technisch vollkommeneren Betriebe übertragen wird. Die Eigentümer der stillgelegten Betriebe werden auf Kosten derjenigen Unternehmungen, denen ihr Produktionsanteil zugeteilt wird, entschädigt. Ist auf diese Weise die Erzeugung schließlich in wenigen, technisch vollkommenen Betrieben konzentriert, so wird der Industriezweig vergesellschaftet. Die Organisierung der Industrie im Industrieverband ist also eine Übergangsstufe zu ihrer Vergesellschaftung.

(Punkte 4–7 betreffen Sozialisierung der Landwirtschaft.)

## Sozialisierung der Banken und des Handels

8. Die Verwaltungsräte der Großbanken werden nicht mehr von den Aktionären gewählt, sondern in folgender Weise zusammengesetzt: ein Drittel der Mitglieder wird von der Nationalversammlung, aber nicht aus ihrer Mitte, gewählt; zwei Drittel der Mitglieder werden von den Organisationen der Industrie, des Handels und der Landwirtschaft, von den Gemeindevertretungen, den Konsumvereinen und den Gewerkschaften gewählt.

Auf diese Weise verwaltet, können die Banken unschwer zu einer nationalen Zentralbank verschmolzen werden. Durch die Fusion wird der Zinsfuß gedrückt. Die Effektenbörse verliert ihre wirtschaftliche Funktion. Die Zentralbank, die die gesamten verfügbaren Kapitalien des Landes beherrscht, hat die Aufgabe, diese Kapitalien unter planmäßiger Anpassung an den gesellschaftlichen Bedarf den einzelnen Produktionszweigen zu erhalten und dadurch Krisen zu verhüten.

Bei der Gewährung von Kredit muß die Bank die Konsumvereine, die landwirtschaftlichen Genossenschaften und die Produktionsgenossenschaften der Arbeiter begünstigen, die Entwicklung ihrer Eigenproduktion fördern.

In ähnlicher Weise werden auch die Hypothekenbanken und die Versicherungsgesellschaften sozialisiert.

9. Der Großhandel mit Kaffee, Tee, Baumwolle wird vergesellschaftet. Ferner wird die Einfuhr derjenigen Waren vergesellschaftet, deren Produktion im Inland vergesellschaftet ist, sowie derjenigen, deren Vertrieb im Inland in Zentralbureaus von Industrieverbänden monopolisiert wird. So obliegt zum Beispiel dem Verwaltungsrat, der die Eisenproduktion im Inland leitet, auch die Einfuhr ausländischen Eisens.

Der Kleinhandel bleibt grundsätzlich frei. Doch wird den Gemeinden das Recht zuerkannt, die großen Warenhäuser zu kommunalisieren und einzelne Zweige des Lebensmittelhandels zu monopolisieren. Die Entwicklung der Konsumvereine und der landwirtschaftlichen Einkaufsgenossenschaften wird durch Steuerfreiheit gefördert.

(Punkt 10 betrifft Sozialisierung des Wohnbodens.)

### Arbeiterausschüsse

11. In jedem Gewerbe, Landwirtschafts-, Handels- und Verkehrsbetrieb, der mehr als zwanzig Arbeiter beschäftigt, ist ein Arbeiterausschuß zu wählen. Die Rechte der Arbeiterausschüsse werden durch Gesetz geregelt. Sie haben mitzuwirken bei der Aufnahme und Entlassung von Arbeitern, bei der Regelung der Arbeitszeit und Arbeitslöhne, insbesondere bei der Festsetzung von Akkordlöhnen, bei der Regelung und Kontrolle der Arbeitsleistung, bei der Auswahl der Werkmeister, bei der Verhängung von Ordnungsstrafen, bei der Schlichtung von Streitigkeiten im Betriebe, bei der Anordnung der Maßregeln, die zur Verhütung von Unfällen und zum Schutze der Gesundheit der Arbeiter erforder-

lich sind. Sie verwalten selbständig die Betriebswohnungen, Betriebskonsumanstalten und Betriebsküchen. Sie haben das Recht der Einsichtnahme in die Lohnlisten, Kalkulationen und Bilanzen. Jedes Mitglied eines Arbeiterausschusses kann nur dann entlassen werden, wenn vor einem fachkundigen Gericht bewiesen wird, daß er seine Arbeit nicht mit der Sorgfalt eines ordentlichen Arbeiters verrichtet.
(Punkte 12–17 betreffen Sozial- und Finanzpolitik.)

(Aus: *R. Wilbrandt*, Sozialismus, Jena 1919, S. 191 ff.)